新供给经济学研究系列出版物

战略与路径：教育、医疗、社保、住房“四大民生领域”的创新性研究

黄剑辉　主　编
王静文　副主编

中国财经出版传媒集团
中国财政经济出版社

图书在版编目（CIP）数据

战略与路径：教育、医疗、社保、住房“四大民生领域”的创新性研究 / 黄剑辉主编. -- 北京：中国财政经济出版社，2021. 3
新供给经济学研究系列出版物
ISBN 978 -7 -5223 -0327 -7

Ⅰ. ①战…　Ⅱ. ①黄…　Ⅲ. ①社会保障－研究－中国　Ⅳ. ①D632. 1

中国版本图书馆 CIP 数据核字（2021）第 006969 号

责任编辑：孙　琛　　　　责任印制：党　辉
封面设计：王　颖　　　　责任校对：胡永立

中国财政经济出版社 出版
URL：http：//www. cfeph. cn
E－mail：cfeph@ cfeph. cn

社址：北京市海淀区阜成路甲 28 号　邮政编码：100142
营销中心电话：010－88191522
天猫网店：中国财政经济出版社旗舰店
网址：https：//zgczjjcbs. tmall. com
北京财经印刷厂印刷　各地新华书店经销
成品尺寸：185mm×260mm　16 开　26. 5 印张　496 000 字
2021 年 3 月第 1 版　2021 年 3 月北京第 1 次印刷
定价：98. 00 元
ISBN 978－7－5223－0327－7
（图书出现印装问题，本社负责调换，电话：010－88190548）
本社质量投诉电话：010－88190744
打击盗版举报热线：010－88191661　QQ：2242791300

教育篇课题组成员

课题组组长：

黄剑辉　中国民生银行研究院院长

课题组副组长：

李岩玉　中国民生银行研究院院长助理

课题组成员：

董运佳　中国民生银行研究院产业发展研究中心主任助理

施元雪　中国民生银行研究院产业发展研究中心（总撰）

黄　赫　中国民生银行研究院产业发展研究中心

廖贝妮　中国民生银行研究院产业发展研究中心

孙　莹　中国民生银行研究院宏观经济研究中心

张雨陶　中国民生银行研究院宏观经济研究中心

伊　楠　中国民生银行研究院宏观经济研究中心

袁雅珵　中国民生银行研究院区域经济研究中心

孔　雯　中国民生银行研究院区域经济研究中心

程斌琪　中国民生银行研究院宏观经济研究中心博士后

医疗篇课题组成员

课题组组长：

黄剑辉　中国民生银行研究院院长

课题组副组长：

李岩玉　中国民生银行研究院院长助理

课题组成员：

董运佳　中国民生银行研究院产业发展研究中心主任助理

王　润　中国民生银行研究院产业发展研究中心研究员（总撰）

刘　昊　中国民生银行研究院产业发展研究中心研究员

郭晓蓓　中国民生银行研究院产业发展研究中心研究员

丁　阳　中国民生银行研究院民营企业发展研究中心研究员

赵金鑫　中国民生银行研究院区域经济研究中心研究员

孔　雯　中国民生银行研究院区域经济研究中心研究员

孙　莹　中国民生银行研究院宏观经济研究中心研究员

张雨陶　中国民生银行研究院宏观经济研究中心研究员

伊　楠　中国民生银行研究院宏观经济研究中心研究员

程斌琪　中国民生银行研究院宏观经济研究中心博士后

社保篇课题组成员

课题组组长：

黄剑辉　中国民生银行研究院院长

课题组副组长：

王静文　中国民生银行研究院宏观经济研究中心副主任

应习文　中国民生银行研究院区域经济研究中心副主任

课题组成员：

孙　莹　中国民生银行研究院宏观经济研究中心

张雨陶　中国民生银行研究院宏观经济研究中心

伊　楠　中国民生银行研究院宏观经济研究中心

袁雅珵　中国民生银行研究院区域经济研究中心

孔　雯　中国民生银行研究院区域经济研究中心

赵金鑫　中国民生银行研究院区域经济研究中心

刘　昊　中国民生银行研究院产业发展研究中心

庞宇辰　中国民生银行研究院民营企业发展研究中心

程斌琪　中国民生银行研究院博士后

住房篇课题组成员

课题指导：

洪　崎　中国民生银行前董事长

郑万春　中国民生银行行长

课题组组长：

黄剑辉　中国民生银行研究院院长

课题组成员：

王静文　中国民生银行研究院宏观经济研究中心副主任

应习文　中国民生银行研究院区域发展研究中心副主任

徐继峰　中国民生银行研究院民企发展研究中心主任助理

董运佳　中国民生银行研究院产业发展研究中心主任助理

张丽云　中国民生银行研究院金融发展研究中心主持工作

伊　楠　中国民生银行研究院宏观经济研究中心（执笔）

程斌琪　中国民生银行研究院博士后

以改革创新释放消费潜力，加快构建“双循环”新发展格局

（代序）

改革开放40多年来，通过持续推动对内改革和对外开放，中国取得了令全世界刮目相看的经济发展成就，不仅在经济规模上成为世界第二大经济体，人均国民收入按照世界银行可比口径，也已处于中等收入经济体的上半区。

然而，由于受多种因素影响，持续多年的经济全球化已呈减缓之势，国际政治、经济、科技、文化、安全等方面的格局都在发生深刻调整，当今世界正面临习近平总书记多次强调的“百年未有之大变局”，而新冠肺炎疫情的全球大流行又加剧了这一变局，使形势愈加错综复杂。这一变局的突出表现，就是在中国在推进现代化寻求和平崛起、“东升西降”的过程中，将面临一系列需要应对的逆全球化不良因素与种种挑战，需要审慎和理性地处理国际关系变化，继续把握和平发展的机遇期。我国原有的发展轨道、战略策略组合有必要适当调整，力求在供给侧结构性改革这一打造现代化经济体系的主线上，实现高质量发展。在这一背景之下，中央提出要加快形成以国内大循环为主体、国内国际双循环相互促进的新发展格局，其源于对国际局势、环境变化的深刻洞察和对我国发展阶段、国情等的清晰把握，是具有前瞻性、战略性的重大战略抉择。

一个开放经济必然是双循环，其中的内循环概念和我国已经强调多年、已被社会方方面面广泛接受的“扩大内需”一脉相承。当前的政策新意，主要体现在强调“以内循环为主体”，即依仗业已相当雄厚的支持中国可持续发展的国内统一大市场，在把控诸多内部确定性因素的情况下，使中国更好地站稳

基本盘，抗御外部不确定性的困扰与冲击。当然，以内循环为主体，绝不是排斥外循环，国际经济大循环要继续进行，只是其相对分量可以适度调低，要更多地发挥内循环的作用，二者相辅相成、相互促进。

中国拥有全球最多人口，市场规模广阔，通过老百姓收入的不断提高进而促使消费规模不断扩大和投资消费良性互动，是必须把握好的内循环支柱。国家统计局发布的数据显示，2020 年我国 GDP 同比增长 2.3%，但社会消费品零售总额同比下降 3.9%。在其他多项经济指标纷纷实现由负转正的同时，消费仍显较为低速，具有进一步提升的必要和较大的空间。

造成 2020 年消费萎缩的原因是多方面的。从短期看，是居民消费受到新冠疫情这个黑天鹅事件的巨大冲击为主；中长期看，居民收入增加导致边际消费倾向递减，也会在相对数上减少一般消费支出；特别是百姓“后顾之忧”较多而引发“预防性储蓄”，是我国居民消费倾向不高的重要原因之一。随着疫情受控，消费回到或接近潜在增长率是大概率事件。届时，我国消费需求不足的原因，将更突出地表现在老百姓的“后顾之忧”上。

针对这个问题，亟需以教育、医疗、养老、住房等社会保障和公共服务制度安排的改进与健全，减少国人的后顾之忧，降低百姓的“预防性储蓄”动机，从而相应提高边际消费倾向，使居民在当期收入增加的同时“更敢花钱”，增进美好生活的质量与体验。

比如，近些年我国的社会保障制度建设在缓解贫困和调节收入分配方面发挥了一定的作用，但是与发达国家相比仍有较大改进空间，有待加强顶层设计和加快改革，完善多层次保障体系。法律制度层面，当前我国只有《社会保险法》，补充养老、医疗等并未被纳入其中，难以满足现实需要。2020 年疫情期间，据农业农村部统计，未纳入登记失业率指标的中国新增返乡留乡农民工超过 800 万人。如此规模庞大的农民工群体，就业不稳定，享有的社会保障不完善，必然会在较大程度上限制我国消费需求潜力的释放。

在上述情况交织而成的中国经济社会背景下，《战略与路径：教育、医疗、社保、住房四大“民生领域”的创新性研究》一书的问世，我认为正逢其时。本书运用独具特色的“长周期 + 广视野 + 定量分析”框架，分别研究教育、医疗、社保、住房四大制度改革的战略思路。“长周期”即居高望远分阶段梳理我国四大制度改革的历史沿革，总结经验与不足；“广视野”即放眼全球总结提炼国际国内四大体制改革实践经验和启示，供我国学习借鉴；“定量分析”即力求精准通过对我国教育、医疗、社保、住房水平进行纵向与横向比较看进步、找差距、析成因。基于上述研究分析，本书中又顺理成章、颇具针对性地提出了可在实践中积极推动的相关改革创新战略思维、推进路径与政策建议。

这本书是中国新供给经济学研究群体中的中青年学术带头人之一、中国民生银行研究院院长黄剑辉同志领衔开展的相关课题研究成果的结集，从社会保障和公共服务制度创新改革的代表性事项和重点领域入手，探寻中国构建“双循环”新发展格局的要领，以求找出打通国内大循环堵点的金钥匙。这是已有新供给经济学和“中国2049战略”研究等一系列成果的基础上，第一本及时回应中央新近作出“扭住供给侧结构性改革，同时注重需求侧改革，打通堵点”表述而从需求侧切入、对中国经济进行深刻分析、研究的专著，内在逻辑是以需求侧管理所依托的制度安排创新优化，与供给侧结构性改革对接为更高水平的配套改革，内容相当厚重。期待黄剑辉院长牵头的团队，今后能够推出更多有价值的成果，为国家的改革开放、为民众的福祉增进，继续贡献智力支持的力量。

贾　康

2021年1月

目　录

教育篇

医疗篇

社 保 篇

住 房 篇

教育篇

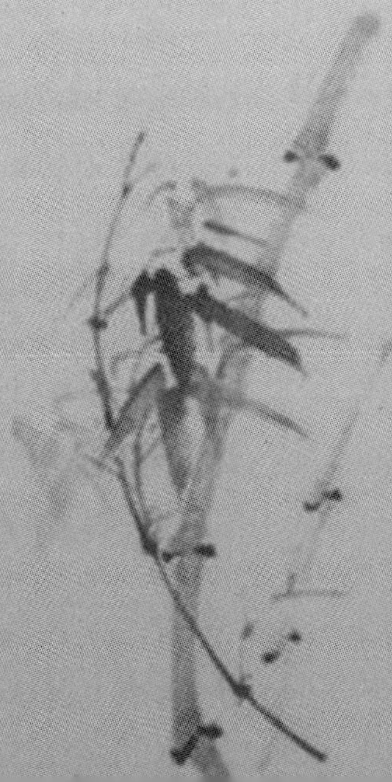

内容提要

教育是民族振兴、社会进步的基石。教育兴则国兴，教育强则国强。实现中华民族伟大复兴的中国梦，归根到底靠人才、靠教育。党的十九大报告中指出，“永远把人民对美好生活的向往作为奋斗目标，增进民生福祉是发展的根本目的。必须多谋民生之利、多解民生之忧，在发展中补齐民生短板、促进社会公平正义，在幼有所育、学有所教、劳有所得、病有所医、老有所养、住有所居、弱有所扶上不断取得新进展”。近年来，教育领域呈现出现代化、国际化、终身化、全民化、信息化、民主化、个性化等多重趋势，依靠传统的经验式决策与管理已不能满足教育发展的需要。深化办学体制和教育综合改革，充分激发教育事业发展生机活力已进入“深水区”。教育理念有待矫正，教育发展不平衡不充分，学校治理模式不完善，教师队伍建设亟待加强，家庭与学生负担较重等问题仍然突出，实现“政府管好教育、社会办好教育、学校潜心治校办学、教师安心热心从教、家长精心用心育才、学生全心专心向学”，促进我国教育水平跨越式发展，亟待深化体制机制改革。

本篇从回归教育本质、创新教育理念出发，运用“长周期 + 广视野 + 定量分析”方法论，基于现状分析（问题导向）、未来经济社会的发展需要（需求导向），从治理方（各级政府、各级学校）、教师、学生、家长四类主体出发，对我国教育体制机制改革进行阐述。本篇分阶段梳理我国教育体制机制改革的历史沿革，总结提炼了美国、英国、德国、日本、韩国、新加坡、中国香港、中国台湾等国家和地区，以及我国部分地方政府教育体制机制改革、教育本质探索、教育治理模式的经验和启示，结合教育市场需求空间分析，以改革开放为引领，提出我国教育体制机制改革“回归教育本质、政府市场双到位、公立民营双发展、本土国际双开拓、公平质量双兼顾、教师学生双满意”的战略愿景，以及短中长期发展目标，并从回归教育本质、理顺政府市场关系、加大财政经费投入、推进学校自主办学、激发民办教育市场活力、打造人才供需闭环、加快教育数字化、强化教师队伍建设、打造良好家庭教育、推进教育国际化等方面提出政策建议。

一、迈向 2049 年的中国亟待加快教育体制机制改革

保障和改善民生要抓住民众最关心最直接最现实的利益问题。实现“两个一百年”奋斗目标，实现民族复兴与“中国梦”，关键靠人才、靠教育。党的十九大报告

强调，优先发展教育事业。建设教育强国是中华民族伟大复兴的基础工程，必须把教育事业放在优先位置，深化教育改革，加快教育现代化，办好人民满意的教育。我国教育体制机制改革过程中，中央历来高度重视，在教育事业多个阶段、多个领域发布愿景规划。

当前，我国教育理念有待矫正，教育发展不平衡不充分问题亟需破解，各级学校治理行政化、机关化问题亟待解决，教师队伍建设有待加强，应试式、灌输式教育模式影响学生身心健康，使广大家长负担沉重，推动教育体制机制改革刻不容缓。

截至2019年年末，我国GDP总量已经达到99万亿元，按年平均汇率折算，人均GDP突破1万美元大关，达到10276美元。从发达国家教育事业发展的经验来看，人均GDP接近或达到1万美元时，各国高等教育发展进入快速提升期。我国正处于这一黄金时期，要把握好这一时期高等教育发展的新要求，积极有效推动高等教育发展，为经济社会的当前和长远发展打好基础。与此同时，消费结构升级为建立高质量教育体系创造广阔空间，“互联网＋教育”为推动教育高质量发展提供重要抓手。可以预见，教育高质量发展将为加快经济发展方式转变提供持续动力。

二、我国教育体制发展历程及改革成效

我国教育发展历史悠久，源远流长，每一个时期与阶段，均有鲜明的时代烙印。春秋战国，中国由奴隶社会向封建社会转化，官学逐渐衰废，私学逐渐兴起。私学的蓬勃发展冲破了“政教合一”的枷锁，“有教无类”将教育辐射面由少数贵族扩大到广大平民；秦代，以法为教，以吏为师，实现一统，遵循法家思想，实行文化专制，注重法治与高等教育；汉代，罢黜百家，独尊儒术，兴太学以养士，繁荣私学，官学与私学并行的教育体制影响深远；魏晋南北朝，儒学独尊有所突破，专科教育迎来发展，私学兴盛，地方教育制度正式确立，“九品中正制”成为重要的人才选拔制度；隋唐五代，学校体系完善，开创开科取士，崇儒兴学，佛教、道教、儒教三教并立，形成相对完整的封建社会学校教育制度，创立科举，开放留学；宋辽金元，书院盛行，理学兴起。书院提倡学术自由。重视科举，重用士人，注重兴学，重视蒙学；明清，加强思想控制，实行文化专制，“兴文教、崇经术”，封建社会由盛而衰，闭关锁国，思想禁锢；民国，曲折中前进，1927年后推行“三民主义”，强调集权和统一，将教育作为巩固政权的工具，教育步入早期现代化。

新中国成立以来，1949—1978年，我国教育体制在新中国成立后的百废待兴中不断探索，基本形成了教育事业计划管理体制，奠定了社会主义现代化教育的体制基础；1978—1984年，教育思想拨乱反正，教育秩序得以恢复重建，我国教育确立教育现代化的任务，提出“三个面向”和培育“四有新人”的发展道路，恢复高考与高校增设

使高等教育重新走向正轨；1985—1991 年，我国步入教改探索期，确立以体制改革为中心的改革任务和目标，我国基础教育逐步形成了以县、乡为主管理的格局，学校办学自主权初步落实，“基本扫除青壮年文盲，基本普及九年义务教育”成为发展主线；1992—2002 年，引入市场机制，实行“教育产业化”的经济主义发展路线，义务教育向着全面普及迈进，逐步形成以政府办学为主、民办教育共同发展的多样化教育资源供给；2003—2009 年，从效率走向公平，教育公共政策的基本价值逐步从追求经济效益向促进教育公平、教育均衡转变，义务教育全面普及，推进各级各类教育协调发展，推进职业教育和学前教育发展；2010 年至今，教育走向现代化，步入建设教育强国的教改深化新阶段，教育领域矛盾已表现为人民群众接受优质教育的需求与教育发展不平衡不充分之间的矛盾，我国进入推进教育治理体系与治理能力现代化的新阶段。

三、教育体制机制改革的国际经验借鉴与启示

综合分析先进国家和地区的教改经验、教训，有选择地借鉴“他山之石”，能够有效推动我国教育多元化发展，改良我国教育生态治理。

相较而言，美国基础教育覆盖高中，确保每个孩子获得平等优质的教育资源。基础教育阶段设立特许学校，拥有很强的独立性，改变了公立学校“千校一面”的沉闷局面。高等教育与地方经济社会发展紧密结合，且高校类别划分细致，体系完善。“以绩效为本”的优秀教师评估体系广受青睐。英国教育体系历史悠久但不失灵活性。基础教育亦涵盖高中阶段，公立学校完全免费。中央政府与地方教育当局职权范围清晰，国家财政拨款占近 80%。注重教师素质培养和均衡划配，职业教育与市场、就业紧密衔接。德国学制具有典型的第二次世界大战后打造工业帝国的痕迹。基础教育囊括高中阶段，中等教育具有浓厚的研究型、技术型分流特点。职业教育体系完善，注重学前教育，致力于构建完善的教育质量评估体系。日本义务教育为小学和初中阶段。注重强化教育立法，重视保障基础教育资源的平等性，持续加大教育投入，建设高质量的教育环境。优化学科设置、教育结构健康良性发展，注重体育、美育，以及职业教育和普通教育的优化配比。韩国决定到 2021 年实现高中免费义务教育全覆盖。通过因材施教提高研究生培养质量，通过公私合作及补贴推动高等教育发展，通过顶层设计强化教育信息基础设施建设，注重对教育提供较高的财政投入。同时，存在资金投入缺乏督导与有效评价、配置，教改受政府换届影响明显，高等教育与就业脱节，高校毕业生失业率高等问题。新加坡义务教育时间为 10—11 年，其教育体制优势在于根据国家经济发展需求灵活制定教育制度，始终保持同经济增长相适应的教育投资，促进教育信息化。同时，也存在着过度中央集权压抑自主办学积极性，单一教育体制忽视学习者的个体差异，学生负担过重，教学缺乏本土化特色等有待完善之处。中国香

港义务教育惠及高中。教育注重国际化，注重学校性质多元化，升学阶梯多元化，注重育人为本，以人的全面发展为宗旨。但是，香港教育中重视“两制”、忽视“一国”，导致的对国家认同感不强，国家意识和民族观念淡漠。公立教育经费支持不足，办学条件下降，私立教育日趋贵族化、精英化，导致一定程度的教育机会不公。中国台湾实施12年义务教育，涵盖高中阶段。注重职业教育发展，实施创造力教育。民办教育较好地填补了多样化、多层次的学习需求。但是，教育经费投入不足、支出结构不甚合理，教育发展偏离服务经济发展的轨道，高等教育国际化水平亦有下降。

综上，教育牵系着一个国家未来人才、人力资本的发展，以及国力国情的提升。教育的投入，亦是对国家未来的投入。各主要发达国家均高度重视财政经费在教育方面的投入，将教育置于优先发展的位置。其中，欧美发达国家普遍实现了高中教育义务化，而亚洲发达国家及地区，亦逐渐趋向将高中教育纳入基础教育。同时，各国均注重建立机会均等、质量均衡的基础教育，注重民办教育、职业教育发挥其独有的特色与作用。值得借鉴的经验还体现在，注重完善教育法律体系，鼓励激发自主办学积极性，注重教师队伍建设，注重教育国际化、信息化，教育发展与经济发展相匹配，高等院校分类发展，科学定位，突出特色。需要注意的是，亚洲国家的学生普遍比欧美国家有着更大的学习压力和学习时长。过度追求教育普及率，但与社会经济脱节，将贻误时机，荒废人才，浪费人力。教育应因材施教，满足人的多样化发展，但在打造国家认同感、建设集体认知、注重德育、培养正确的社会观等方面，需予以整体培育。

四、我国部分地方政府教育体制改革创新实践及启示

从国内改革经验看，各地地方政府在教育体制改革各领域的有益尝试与成果经验，为我国教育整体迈向现代化提供了借鉴意义。近两年，地方教育制度创新的新特征体现为以下四个方面。

一是加强放管服改革，推进区域教育治理现代化。重庆市綦江区加强放管服改革，推进区域教育治理现代化。通过开展学区自治，激活社会责任。通过开展学校自治，唤醒主体责任；通过开展联盟自治，弥补校际差距。经过创新实践，綦江区初步构建起现代教育治理体系。新体系在政府和学校之间搭建桥梁，形成新的机制和模式，优化教育生态、提升教育质量。

二是乡村振兴，推进城乡教育一体化。山西省运城市芮城县为解决城市学前教育的刚性需求，快速提升农村幼儿园的办园水平，实现乡村儿童就近入园。芮城县推动农村薄弱幼儿园的城乡一体化的办园模式，乡村幼儿园在法人、资金投入、人员调配、保教管理等方面实现了“四位一体”运作，办学的硬件、软件均得到优化，城乡教育不均衡现象得到缓解。芮城县实现了穷县办强教育的目标，被称为“山西特色，国家水平”。

三是追求公平而有质量的教育。广东省深圳市福田区把改造和提升城中村学校作为促进教育均衡发展的重中之重。制定了“资源整合提力，校园环境提亮，特色课程提优，教学水平提质”整体提升目标，成立了全国首个“城中村学校品牌创建联盟”，通过科研引领、课程特供、名师引进、“一校一策”的精准指导，在改革模式、建校品牌、资源配置、教育服务等多个维度上进行创新探索，整体提升城中村学校办学品质。

四是加强新时代教师队伍建设。山东省面对中小学教师队伍建设领域的痛点难点，就加强和规范中小学编制管理进行了全面制度设计；严格落实国家编制政策，强化顶层设计，坚持问题导向，从完备学段编制政策、细化中小学编制标准、完善管理机制、提高编制效益等方面入手，着力打破部门条块管理界限，破解编制管理难题，通过探索创新、发力改革，在重要领域和关键环节取得了突破性进展。

五、我国教育市场需求空间分析

从世界主要经济体比较角度分析，我国教育市场具有较大需求空间；从我国省级区域比较角度分析，三四线城市有较大增长潜力；从人口要素、居民人均可支配收入等角度分析，人力资源结构优化、“互联网+”、人工智能、消费升级等将推动教育需求高速增长。

我国教育总支出可以分为公共财政部分和居民部分，我国人口结构、人均可支配收入和经济发展等因素都与公共、居民教育费用支出水平具有一定相关关系。本篇利用我国1978—2018年的统计数据，通过构建经济模型，定量回归人口年龄结构、经济发展、居民收入、升学率对教育支出的影响，预测中央财政教育支出、地方财政教育支出与居民教育支出，以此三项之和来测算未来教育市场需求空间的大小。从测算结果可以看出，随着中国经济的发展，我国中央财政和地方财政对于教育的支出都会稳步增加。同样，居民收入持续提升，也会加大对教育的投入。不可忽视的是，人口基数大小也会影响未来教育市场空间。在我国人口红利下降趋势下，将有限的“人力资本”升级为无限的“人才资本”是教育的使命与责任所在。研究结果显示，2020年，我国教育市场规模将超过8万亿元；2030年，教育市场规模将超过16万亿元；2050年，教育市场规模有望超过50万亿元。

六、我国教育体制机制改革的战略愿景及发展目标

根据上述研究，打造2049年“富强、民主、文明、和谐的社会主义现代化强国”要求教育必须做足支撑富强，营造民主，引领文明，共享和谐的大文章。我们建议，我国教育体制机制改革的战略愿景可确定为：回归教育本质、政府市场双到位、公立民营双发展、本土国际双开拓、公平质量双兼顾、教师学生双满意。

到2025年实现以下目标：教育现代化取得重要进展，呈现较高水平，现代信息技术与教育实现深度融合，资源和服务标准体系全面建立，学习型社会建设取得重要进展。教育总体实力和国际影响力大幅提升，新增劳动力平均受教育年限达到14年。

到2035年实现以下目标：总体实现教育现代化，迈入教育强国行列，成为学习大国、人力资源强国和人才强国，新增劳动力平均受教育年限达到15年。实现基本公共教育服务均等化，建成服务全民的终身学习体系。实现中国特色世界先进水平的优质教育。教育理念更加注重以德为先，更加注重全面发展，更加注重面向人人，更加注重终身学习，更加注重因材施教，更加注重知行合一，更加注重融合发展，更加注重共建共享。

到2049年实现以下目标：我国建成社会主义现代化教育强国，形成良性教育生态。中国教育稳稳地立于世界教育的中心，引领世界教育发展的潮流，汇聚世界顶级高端人才，构建成为人人向往的文明社会。中国教育的标准成为世界教育的标准。人民受教育权益得到完全的维护，接受高质量教育的美好愿景获得完全的满足，新增劳动力平均受教育年限达到16年。

七、政策建议

推进教育改革发展，实现更高质量、更加公平、更有效率、更可持续的发展，完成国家赋予的历史使命和战略任务，必须以改革开放为引领，着力于为第四次工业革命培养劳动力。促进个体与世界、与自然万物共融共通，在绿色发展的环境下，为“富强、民主、文明、和谐”的社会主义现代化强国培育人才。遵循以下基本原则：坚持党的领导，坚持优先发展，坚持立德树人，坚持服务导向，坚持促进公平，坚持改革创新，坚持依法治教，坚持开放育人，坚持多元发展。

一是以“回归教育本质”为目标，创新教育理念。适应时代需要，让教育回归育人本质；立德树人，“五育”融合，注重德育；因材施教，打造与社会接轨，多元发展的课程体系；注重身心健康，增强体魄，强化美育，复合型培养；将减负与增长知识有机结合，规范校外培训机构；改变应试教育模式，完善高考评价体系；建设终身学习型社会，打造全民学习的社会氛围。

二是以理顺政府市场关系为核心，转变政府职能。由管理走向治理，加快实现教育治理能力和治理体系现代化；培育国家教育制度供给、变革与治理能力①，发展优质“中国模式”教育体制机制；简政放权，赋能社会，统筹中央同地方政府、学校、社会的协同关系；注重城乡、区域、群体间教育均衡发展，完善基本公共教育服务体系；匹配经济发展与就业需要，紧密结合区域发展重大战略；完善教育体系督导与问

① 国家制度能力是国家的根本竞争力，更是一种“现代性”的特质。具体表现为制度建设与制度供给的能力、推动制度变革的能力和运用制度进行治理的能力。

责机制。

三是以民众共享经济发展成果为导向，加大教育财政经费投入。加大各级政府在教育领域的财政投入力度；优化调整教育经费投入结构；完善教育财政体制机制与监督评价机制。

四是以完善学校治理结构为关键，提升自主办学质量。完善学校董事会（理事会）、校务委员会、教职工代表大会、家长委员会制度，可参照国际经验及工商企业的治理模式，设立由出资人、校友、社会贤达、教师代表、学生代表共同参与的学校管理董事会或理事会，负责重大问题的决策；突出教师治学，教育家治校理念，去除学校行政化；政府为引导，学校为主力，科学育人为目标，打出各阶段重点分明、特色鲜明的教育组合拳。学前教育保普及，保公平，保质优；义务教育提升巩固水平，实现均衡发展；高中教育找准定位，提升普及水平与教育质量；高等教育倡导内涵式发展，培养核心技术生力军；职业教育培养优质技能人员，促进校企联合、产教融合。

五是以多元化办学格局为补充，激发民办教育市场活力。加强顶层统筹，健全民办教育的法律体系；凸显自主办学特色，保证差异化、多元化、个性化需求；拓宽民间资金参与教育事业发展的渠道，避免基础教育过度资本化、产业化。

六是打造高等学校、职业学校等人才供给主体与各级政府、工商企业等用人需求主体之间的闭环反馈机制。建立高等教育、职业教育同要素市场的有机衔接和闭环联动；明确博士后人员定位，注重创新性产学研成果考评。

七是以平台战略为指引，加快布局高效对接供需的信息化、数字化教育。打造先进技术与人文关怀并存的智慧校园；多元共建教育信息化发展机制；运用平台化思维，以“互联网＋”促进教育公平；鼓励多元市场主体参与，激发在线教育新模式。

八是以提升教师职业获得感、荣誉感、认同感为重点，加强教师队伍建设。建立高素质、专业化、创新型教师队伍，令教师精心执教；完善教师待遇和保障，令教师安心任教；弘扬尊师重教的社会风尚，努力提高教师政治地位、社会地位、职业地位，令教师热心从教。

九是以打造良好家庭教育环境为依托，发挥家长在育人树才中的关键影响力。政府层面完善制度供给与公共服务，将家庭教育纳入公共服务体系；社会层面多元手段与方式，满足家长、家庭各类教育需求；学校层面注重家校合作，将家庭作为学校教育的基石与延伸；家庭层面打造良好原生态家庭，树立良好家风。

十是以开放育人的国际化教育格局为着力点，践行构建人类命运共同体。强化治理能力，推进教育对外开放提质增效；“走出去”，开创教育对外开放新格局；“引进来”，开创人才引进新局面；以文化促交流，提升软实力，打造命运共同体；积极引入国际评价体系，积极参与全球教育治理。

回归教育本质　公立民营双发展
教师学生双满意

——迈向 2049 的我国教育体制机制改革战略研究

教育是民族振兴、社会进步的基石。教育兴则国兴，教育强则国强。实现中华民族伟大复兴的中国梦，归根到底靠人才、靠教育。党的十九大报告指出，“永远把人民对美好生活的向往作为奋斗目标，增进民生福祉是发展的根本目的。必须多谋民生之利、多解民生之忧，在发展中补齐民生短板、促进社会公平正义，在幼有所育、学有所教、劳有所得、病有所医、老有所养、住有所居、弱有所扶上不断取得新进展”。深化办学体制和教育综合改革，充分激发教育事业发展生机活力已进入“深水区”。教育理念有待矫正，教育发展不平衡不充分，学校治理模式不完善，教师队伍建设亟待加强，家庭与学生负担较重等问题仍然突出，实现“政府管好教育、社会办好教育、学校潜心治校办学、教师安心热心从教、家长精心用心育才、学生全心专心向学”，促进我国教育水平跨越式发展，亟待深化体制机制改革。

本篇从回归教育本质、创新教育理念出发，运用“长周期 + 广视野 + 定量分析”方法论，基于现状分析（问题导向）、未来经济社会的发展需要（需求导向），从治理方（各级政府、各级学校）、教师、学生、家长四类主体出发，对我国教育体制机制改革的思路加以阐述。本篇分阶段梳理我国教育体制机制改革的历史沿革，总结发达国家和地区以及我国部分省市教育体制机制改革、教育本质探索、教育治理模式的经验和启示，结合教育市场需求空间分析，以改革开放为引领，提出我国教育体制机制改革的战略愿景、短中长期战略目标及政策建议。

一、迈向 2049 年的中国亟待加快教育体制机制改革

（一）党的十九大报告提出永远把人民对美好生活的向往作为奋斗目标，加快教育体制机制改革势在必行

1. 中央高度重视教育体制改革

党的十九大报告指出，“永远把人民对美好生活的向往作为奋斗目标，增进民生

福祉是发展的根本目的。必须多谋民生之利、多解民生之忧，在发展中补齐民生短板、促进社会公平正义，在幼有所育、学有所教、劳有所得、病有所医、老有所养、住有所居、弱有所扶上不断取得新进展”。

保障和改善民生要抓住人民最关心最直接最现实的利益问题。党的十九大报告强调，优先发展教育事业。“建设教育强国是中华民族伟大复兴的基础工程，必须把教育事业放在优先位置，深化教育改革，加快教育现代化，办好人民满意的教育。要全面贯彻党的教育方针，落实立德树人根本任务，发展素质教育，推进教育公平，培养德智体美全面发展的社会主义建设者和接班人。推动城乡义务教育一体化发展，高度重视农村义务教育，办好学前教育、特殊教育和网络教育，普及高中阶段教育，努力让每个孩子都能享有公平而有质量的教育。完善职业教育和培训体系，深化产教融合、校企合作。加快一流大学和一流学科建设，实现高等教育内涵式发展。健全学生资助制度，使绝大多数城乡新增劳动力接受高中阶段教育、更多接受高等教育。支持和规范社会力量兴办教育。加强师德师风建设，培养高素质教师队伍，倡导全社会尊师重教。办好继续教育，加快建设学习型社会，大力提高国民素质”。

国家“十三五”发展规划指出，“全面贯彻党的教育方针，坚持教育优先发展，加快完善现代教育体系，全面提高教育质量，促进教育公平，培养德智体美全面发展的社会主义建设者和接班人”。强调要增强教育改革发展活力。深化教育改革，增强学生社会责任感、法治意识、创新精神、实践能力，全面加强体育卫生、心理健康、艺术审美教育，培养创新兴趣和科学素养。深化考试招生制度和教育教学改革。推行初高中学业水平考试和综合素质评价。全面推开中小学教师职称制度改革，改善教师待遇。推动现代信息技术与教育教学深度融合。依法保障教育投入。实行管办评分离，扩大学校办学自主权，完善教育督导，加强社会监督。建立分类管理、差异化扶持的政策体系，鼓励社会力量和民间资本提供多样化教育服务。完善资助体系，实现家庭经济困难学生资助全覆盖。

2019 年政府工作报告指出，要“发展更加公平更有质量的教育。深化教育教学改革，推进城乡义务教育一体化发展，多渠道扩大学前教育供给，推进高中阶段教育普及，推进一流大学和一流学科建设，国家财政性教育经费占国内生产总值比例继续保持在 4% 以上，切实把宝贵的资金用好，努力办好人民满意的教育，托起明天的希望”。

2. 国家发布多项“教育现代化”远景规划

2019 年 2 月，中共中央、国务院印发《中国教育现代化 2035》，是我国第一个以教育现代化为主题的中长期战略规划，是新时代推进教育现代化、建设教育强国的纲领性文件。文件提出，推进教育现代化的总体目标是：到 2020 年，全面实现“十三五”发展目标，教育总体实力和国际影响力显著增强，劳动年龄人口平均受教育年限明显增加，教育现代化取得重要进展，为全面建成小康社会作出重要贡献。在此基础上，再经过 15 年努力，到 2035 年，总体实现教育现代化，迈入教育强国行列，推动我国成为学习大国、人力资源强国和人才强国，为到本世纪中叶建成富强民主文明和谐美丽的社会主义现代化强国奠定坚实基础。

随后，中共中央办公厅、国务院办公厅印发了《加快推进教育现代化实施方案（2018—2022）年》（以下简称《实施方案》）。《实施方案》提出了加快推进教育现代化的实施原则：立足当前，着眼长远；聚焦重点，带动全局；问题导向，改革创新；分区规划，分类推进。总体目标是：经过 5 年努力，全面实现各级各类教育普及目标，全面构建现代化教育制度体系，教育总体实力和国际影响力大幅提升。实现更高水平、更有质量的普及，教育改革发展成果更公平地惠及全体人民，教育服务经济社会发展的能力显著提高，社会关注的教育热点难点问题得到有效缓解，多样化可选择的优质教育资源更加丰富，人民群众受教育机会进一步扩大，学习大国建设取得重要进展。

2017 年 9 月，中办、国办印发《关于深化教育体制机制改革的意见》（以下简称《意见》）。《意见》指出，深化教育体制机制改革的主要目标是：到 2020 年，教育基础性制度体系基本建立，形成充满活力、富有效率、更加开放、有利于科学发展的教育体制机制，人民群众关心的教育热点难点问题进一步缓解，政府依法宏观管理、学校依法自主办学、社会有序参与、各方合力推进的格局更加完善，为发展具有中国特色、世界水平的现代教育提供制度支撑。

2017 年 1 月，国务院印发的《国家教育事业发展“十三五”规划》（以下简称《规划》）确定了“十三五”时期教育改革发展的指导思想、主要目标、战略任务和保障措施，是近期我国教育改革发展的行动纲领和指导性文件。《规划》强调，要以创新、协调、绿色、开放、共享的发展理念统领教育改革发展，坚持党的领导，坚持社会主义办学方向，以全面提高教育质量为主题，以教育的结构性改革作为主线，全面深化教育改革，加快推进教育现代化，为全面建成小康社会和实现中华民族伟大复兴的中国梦作出更大贡献。

3. “两个一百年”奋斗目标的实现归根结底要靠人才、靠教育

现代教育追求的是人的全面发展，“两个一百年”奋斗目标的实现，归根结底要靠人才、靠教育。中国教育改革发展已进入一个新的阶段，也随之出现了一些新问题。解决问题需要制度改革，也需要理念革新。时代的前进方向也是教育改革的指针。我国处于一个飞速变化的时代，各种科技进步不断涌现，以互联网、新能源、人工智能等为代表的科技产业正在重塑世界，对知识结构和教育体系也形成巨大的冲击，教育需要适时而变。未来的国际竞争，是围绕人才展开的竞争。随着科研体制改革、科研评价机制改革、高等教育管理方式等相关改革的推进，中国的大学将加速高素质人才

培养，提高国民整体受教育水平，以迎接未来的高水平竞争。国运兴衰，系于教育。中国由大国迈向强国，实施创新驱动发展战略，推动“一带一路”建设，对多元多样的人才需求更加强烈，对高端创新人才的需求日益紧迫。未来，必须以前瞻性眼光看待问题，将各项教育改革内容细化、量化，确保改革落实到位、保障完成主要目标，才能为实现“两个一百年”奋斗目标、实现中华民族伟大复兴的中国梦奠定坚实基础。

（二）教育理念有待矫正，学校治理结构有待优化，“上学贵、上学难”问题突出，推动教育体制机制改革刻不容缓

1. 教育理念有待矫正

教育最重要的经济功能，就是为社会生产力的发展培养所需要的人才。从农耕文明时期，到工业文明时期，再到当今的知识经济，社会生产力在不断进步，对劳动者的能力素质要求不断发生变化。作为教育的主体，学校的人才培养目标和教学模式也需要不断变化和调整，以适应生产力发展的需要。

具体来说，农耕文明时期，从事“士、农、工、商”任何行当，都需要掌握一套完整的知识或手艺，“私塾”“子承父业”“师傅带徒弟”是典型的知识或技艺传承方式。工业文明时期，实现了手工生产向机器生产的飞跃，分工协作、流水线作业是主要生产方式，教育的主要目标是培养具有文化知识和劳动技能的劳动者。进入知识经济时代，智力资源成为首要依托，知识开始超越资本和劳动力，成为生产要素中最重要的组成部分，教育的主要任务是培养出大批具有创新意识的人才。

改革开放 40 多年来，人们对教育在发展生产力、加速经济增长方面的作用有着深切的体验。但是，当前的教育理念还停留在工业文明时期，教育理念存在有待矫正的诸多问题，表现在更多关注教育的功利价值，忽视人文精神的培养，特别是忽视教育对人的素质、价值、创新能力以及创新精神的培养。在当今世界百年未有之大变局下，在后工业时代向知识经济转变过程中，要始终立于国际竞争的不败之地，迫切需要矫正不合时宜的教育理念，努力培养出适合知识经济时代要求的创新性人才。

2. 教育发展不平衡不充分问题亟须破解

党的十九大将教育摆在优先发展的战略位置，充分肯定了党的十八大以来，全面深化教育综合改革取得的明显成效，要求深化教育改革，加快教育现代化，让每个孩子都能享有公平而有质量的教育。

与此同时，人民对获得更好教育期盼与当前教育领域不平衡不充分发展之间的矛盾仍然突出，具体表现在：教育法律体系有待完善，教育法律在国家法律体系中并不具有独立法律部门的地位，教育法律法规体系建设的整体设计和系统性有待增强，覆盖周延性需要改善，配套实施规则有待健全。教育机会与资源分布有待均衡，社会总资源对教育分配比例偏低，地域间、区域内教育资源配置差异较大，各教育阶段间教育资源分配不合理，校际间、学校内教育资源配置不合理。财政支出结构有待优化，财政教育支出总量不足，区域间教育支出不均衡，城市与农村之间差异明显，不同阶段教育之间支出分配不均衡。政府“放管服”力度有待加强，教育管理主要还是行政化管理，教育主管部门对学校具体事务干涉过多，权力下放不充分，财权、人权、事权不匹配，行政管理缺位、越位、错位。民办教育发展活力有待释放，发展仍然不充分、不规范、不平衡，面临着民办学校的属性问题，产权、资产和会计制度问题，政府责任问题以及学校治理问题等亟待解决。教育减负效果有待深化，教育减负实施效果欠佳，出现“学校减负、社会增负，教师减负、家长增负，校内减负、校外增负，线下减负、线上增负”的现象。教育现代化步伐有待加快，推动教育现代化进程的内部诱导性改革与制度变迁尚且不够，中西部地区教育现代化潜力巨大、但困难不小，信息技术、互联网+平台等现代因素尚未充分发力，教育现代化发展尚需提升质量、加快速度。

3. 各级学校治理行政化、机关化问题亟待解决

党的十八届三中全会确定了推进国家治理体系和治理能力现代化的改革目标。党的十九大再次强调，新时代中国特色社会主义全面深化改革总目标是完善和发展中国特色社会主义制度、推进国家治理体系和治理能力现代化。

推进学校治理现代化是新时代中国特色社会主义教育治理现代化的必然要求。《国家中长期教育改革和发展规划纲要（2010—2020）》明确提出，要“建设依法办学、自主管理、民主监督、社会参与的现代学校制度”，为推进现代教育治理体系建设指明了方向。

然而现实中，在微观教育主题层面，各级学校治理仍然存在行政化、机关化的问题，主要体现在三个方面：一是学校与政府关系的“下级化”，政府与学校的关系异化为行政关系，违背了学校作为教育机构的基本属性；二是学校内部管理的“官僚化”，不尊重教育教学规律，未能充分体现教育家治校；三是学校与社会关系的“级别化”，一所学校的社会地位主要由学校的行政级别决定，忽视了办学声誉和专业性的重要性。

解决各级学校治理行政化、机关化问题，迫切需要改变政府对学校管得过多，把办好学校的责任归还给学校；变革学校内部治理结构，探索实施教授、教育家治校制度；探索实施多维度的学校评估机制，积极引入第三方评价机制，最终形成政府管教育、学校办教育、社会评教育的良好局面。

4. 教师队伍建设有待加强

兴国必先强师。百年大计，教育为本；教育大计，教师为本。教师承担着传播知

识、传播思想、传播真理的历史使命，肩负着塑造灵魂、塑造生命、塑造人的时代重任，是教育发展的第一资源，是国家富强、民族振兴、人民幸福的重要基石。

人民对高质量教育向往更加迫切。当前，中国特色社会主义进入了新时代，开启了全面建设社会主义现代化国家的新征程。我国社会主要矛盾已经转化为人民日益增长的美好生活需要和不平衡不充分的发展之间的矛盾，人民对公平而有质量的教育的向往更加迫切。

但是，我国教师队伍建设依然存在重视不足、保障不力、素养不够、结构失衡、封闭循环等突出问题，严重制约教育教学质量的提升，亟须解决。具体而言，一是对教育和教师工作重视不够，在教育事业发展中重硬件轻软件、重外延轻内涵的现象还比较突出；二是师范教育体系有所削弱，对师范院校支持力度不够；三是教师待遇保障不力，尤其是民办教师、编外教师、乡村教师等特定群体的保障力度有待加强；四是教师队伍整体素养偏低，对新理念、新技术应用与接受能力不强，职业使命感、自豪感偏弱；五是教师队伍学科结构和城乡结构失衡，准入、招聘、交流、退出等机制还不够完善；六是封闭循环居多，教授、教师的来源国际化、多元化程度地，未能实现校内教师与校外合格人才的双向流动。

5. 应试式、灌输式教育模式影响学生身心健康，并给广大家长带来较沉重负担

应试教育、灌输式教学是对当前我国教育弊端的高度概括，是“万般皆下品、唯有读书高”的传统文化与西方“主智主义”相结合的产物。从教育学的角度看，应试教育是指脱离社会经济发展和人的发展需要，以应付升学考试为目的，违反教育学规律的一种教育模式。应试教育下，学校花费大量的或全部的教学时间与精力，采用填鸭式或灌输式方法，向学生灌输书本知识；分数成为衡量学生学习水平的标准，升学率的高低成为检验学校教育质量的准绳，结果是造就了一大批高分低能的“优秀学生”。

应试教育存在内容片面、脱离社会实际、加重学生负担、不利于教师素质提高等诸多危害。具体来说，一是教育内容片面。应试教育以升学考试的需要为标准，并以此作为决定教育内容的依据。由于升学考试只涉及知识的积累与提取，造成学生学习知识只是机械背诵和复述，不去理解知识的涵义，缺乏对知识的验证能力。二是脱离社会实际。应试教育只注意考试，只关心升学率，在教育教学上不顾经济建设和社会发展实际，不考虑不能升学学生需要，职业教育、职业技能培训发展不足。三是加重学生负担。应试教育源于升学竞争，激烈的升学竞争势必加重学生负担。沉重的学习负担和考试压力使学生失去了青少年应有的欢乐，损害了他们的身心健康，也给学生家长带来了无形的压力。四是不利于教师素质提高。由于评价学校好坏、教师水平高低的标准是升学率，应试教育迫使教师把主要精力和时间放在对付各种考试上，加重了教师身心负担，不利于其提高自身素质和业务水平。

（三）我国人均 GDP 超过 1 万美元，建立高质量教育体系是实现经济发展惠及广大群众的当务之急

1. 经济实力提高为建立高质量教育体系奠定坚实基础

党的十九大报告指出，建设教育强国是中华民族伟大复兴的基础工程，必须把教育事业放在优先位置，深化教育改革，加快教育现代化，办好人民满意的教育。我国在经济建设中取得重要进展，经济实力不断强大，为建立高质量教育体系提供了坚实的保障。改革开放以来，我国经济保持了 40 余年的高速增长，截至 2019 年年末，我国 GDP 总量已经达到 99 万亿元，按年平均汇率折算，人均 GDP 突破 1 万美元大关，达到 10276 美元。从发达国家教育事业发展的经验来看，人均 GDP 接近或达到 1 万美元时，各国高等教育发展进入快速提升期。我国正处于这一黄金时期，要把握好这一时期高等教育发展的新要求，积极有效推动高等教育发展，为经济社会的当前和长远发展打好基础。

2. 消费结构升级为建立高质量教育体系创造广阔空间

消费对中国经济增长的重要性日趋明显，已成为名副其实的经济增长压舱石和稳定器。2013 年以来，我国总体上进入了品质消费阶段，消费结构升级正呈现出诸多新特点。其中，教育是消费升级最重要的体现。近几年，我国家庭教育支出占家庭年收入比重达到 20% 以上，且年增长保持在 10% 以上，城镇居民的人均年度教育消费支出基本也保持在 10% 左右的增速。在消费升级背景下，教育的高端化、国际化、个性化、多元化是必然的趋势。教育培训等新型消费升级，有助于全面提升人力资本，满足人民的美好生活需要，也为建立高质量教育体系创造了广阔空间。

3. “互联网 + 教育”为推动教育高质量发展提供重要抓手

“互联网 + 教育”运用互联网、云计算、大数据等新一代信息技术，对教育内容、组织方式、教学流程等进行改造赋能，旨在打造更有效率的教育学习平台，促进教育需求与教育供给精准对接，有助于形成与数字信息环境相适应的新型教育生态系统。“互联网 + 教育”突破时空的局限，促进了教育资源共建共享，催生了个性化、定制化的教育新形态，有助于实现教育公平、促进优质教育均衡发展。当前，“互联网 + 教育”已经成为我国推进教育信息化、推动教育高质量发展、让教育发展成果更多更公平惠及全体人民的重要抓手和重点发展方向。

4. 教育高质量发展为加快经济发展方式转变提供持续动力

中国经济正在经历深刻的结构调整和再平衡。在这种情况下，中国正在加快发展方式转变，更加注重内需与外需、消费与投资的平衡，更加注重创新驱动发展，推动中国经济从高速增长向高质量发展转变。在促进经济发展方式转变的众多因素中，教育具有基础性、先导性、全局性的重要作用。提高教育质量，促进教育高质量发展，

是实现经济发展模式从资源依赖型和投资驱动型转变为创新驱动型的基础，是实现产业结构升级重要的人力资源保障，在扩大内需的过程中也具有不可或缺的重要作用。

二、我国教育体制发展历程及改革成效

（一）春秋战国至民国时期教育体制演进

新中国成立前，我国的教育制度更多地与政治活动相联系，具有鲜明的阶级特征，其伴随着社会政治经济发展需要而不断地发展变化，每一个历史阶段都有着深深的阶级烙印。教育发展标志着社会的不断进步，教育制度历史演进中的经验启示仍值得当今借鉴。

1. 我国古代历朝教育变革情况（见表1－1）

表1－1　　我国古代历朝教育体制变革情况

时期	代表人物	推行政策	政策内容	影响
春秋战国	孔子、孟子、墨子、荀子、老子等	推行私学教育	儒家崇尚以德治国；墨家主张兼相爱，交相利；道家主张无为而治；法家主张以法治国	私学的蓬勃发展冲破了“政教合一”的枷锁，使教育从政治活动中分离出来，将教育辐射面由少数贵族扩大到广大平民
秦代	秦始皇、李斯	整理统一文字；严禁私学；推行吏师制度；推行礼教；设置博士官	规定以统一前秦国小篆为统一书体；采取“颁挟书令”和“禁私学”；以法为教，以吏为师；重视以血缘为纽带的宗法观念；征召六国博士70人于朝廷，备作政府顾问	秦代教育改革使文化教育发展受到了一些阻碍，但也有不可忽视的重要影响。秦王朝为巩固封建统治秩序所采取的统制思想和政法教育并行的教育方针有效培养了一些法治人才，对汉以后影响深远
汉代	董仲舒	罢黜百家，独尊儒术；开创太学，改革选士制度；兴教化，正万民	推行以儒家文化为核心的教育基础；兴太学，有目的、有计划地培养儒术人才；选举贤良，“量材而授官”，推动了汉代察举制的创立	为巩固封建统治发挥了重要作用，扩大了官员队伍，为平民接受教育提供了更多机会，促进了思想文化的发展繁荣
魏晋南北朝	魏文帝曹丕、颜之推	魏文帝推出九品中正制； 颜之推撰写《颜氏家训》	九品中正制的选官标准根据士人的世、状、品三条来评定。 颜之推论家庭教育：及早施教，勿失时机；论士大夫教育：培养“德艺周厚”的各类统治人才	办学形式的多样化和开放的教育政策促进了教育思想的纷争交合和繁荣发展，冲击了传统的教育思想。“九品中正制”形成了“上品无寒门，下品无士族”的现象，但对当时的家学教育发展也起到了一定促进作用

续表

时期	代表人物	推行政策	政策内容	影响
隋唐五代	隋文帝、唐太宗、唐玄宗、韩愈	隋文帝创立科举制；唐太宗崇儒兴学；唐玄宗建立了较为完整的官学管理制度；韩愈丰富了古代教育学理论	隋文帝创始科举制度，成为隋以后历代封建王朝设科考试选拔官吏的制度；唐太宗“大阐文教”，推行尊崇儒教的国策，组织撰写《五经正义》；唐玄宗时期，封建教育制度形成了完备的形态，具有一套有效的管理体系；韩愈认为教育的目的是“学所以为道”	隋唐时期推行的教育制度使得政治、经济和科学文化进一步发展，封建制度进一步巩固，封建文化教育高度兴旺发展，也为当今教育事业发展提供了不少启示
宋元辽金	范仲淹、王安石、蔡京、程颢、程颐、朱熹	三次兴学：庆历兴学、熙宁兴学、崇宁兴学；程朱理学的创立	庆历兴学：令州县立学；改革科举考试内容；振兴太学。 熙宁兴学：改革太学；扩建和整顿地方官学；恢复与创立武学、律学、医学等专门学校；编撰《三经新义》。 崇宁兴学：州县普遍设学；扩建太学；以学校取代科举取士；兴办专门学校。	教育支持政策为经济发展提供了保障，教育制度得到了较大完善，不仅较好地满足了世人求学的需要，更为社会教育的普及发展、人才的培养储备、学术研究的深入开展和科学进步提供了保障
明清	明太祖、魏源、康有为、梁启超	明太祖推崇程朱理学；魏源提出“师夷长技以制夷”；维新派提出教育改革	明太祖下令，学者讲学“一宗朱子之学”“非濂、洛、关、闽之学不讲”，明确规定国家取士，说经者以宋儒传注为宗；魏源主张学习西方的自然科学；维新变法要求变科举、兴学校、求西学，废除八股取士	清末教育变革奠定了中国教育从封建教育向近代教育转型的基础。不同阶级、阶层在不同时期提出了不同的教育改革方案，推动了中国教育朝着近代化的方向迈进一步

资料来源：中国民生银行研究院整理。

2. 民国：曲折中前进，改革中发展

民国时期相对动荡，国家面临着列强入侵、政局动荡、军阀混战、内战连绵等诸多战乱和危机。尽管如此，民国时期的教育依然在无数仁人志士的努力下取得了相当的进展。

民国时期的教育体制发展可以 1927 年为界划分为两个阶段。1912—1927 年的民国初期，中国教育早期现代化在艰难曲折中前进。辛亥革命胜利后，南京临时政府在成立之初即在教育方面着手改革清代学制弊端，其主要措施如下：一是整肃封建教育，规定“小学读经科一律废止”“小学手工课，应加注重”“废止旧时奖励（科举）出身”等，并着手编写新教科书；二是制定新的教育宗旨，教育部总长蔡元培阐明了教育方针的五个方面，即军国民教育、实利主义教育、公民道德教育、世界观教育、美感教育；三是建立新的教育行政机构，取消清末学部的建制，代之以教育部，总管全国教育事务。学制方面，这一时期教育部建立了壬子癸丑学制制度，成为民国时期最早的新式学制系统。但在北洋军阀首领袁世凯夺得辛亥革命果实后，则在教育领域掀起了恢复封建主义的逆流，包括恢复尊孔读经、提出复活封建主义的教育宗旨、实施双轨制国民教育等举措。1915 年以后的新文化运动和五四运动则从教育思想观念上对尊孔读经的封建教育核心带来了猛烈冲击。新文化运动主要推动了以下改革举措：一是彻底批判封建礼教；二是开展国语和白话文教学；三是建立男女平等教育；四是开展示范教育和大学改革。学制方面，1922 年北洋政府制定了采取美国“六三三”分段标准的壬戌学制，其较壬子癸丑学制更加简明灵活，并且较为注重基础、民众教育，成为民国时期最具代表性的一个学制系统。总体而言，除袁世凯复辟帝制时期外，这一阶段的教育方针为教育早期现代化发展起到了领航作用，也为民主平等的教育夙愿实现开拓了道路。

1927 年后，民国教育进入新阶段。这一时期的教育方针带有明显政治教育色彩。国民党政府实施“三民主义”教育方针，实际上是大地主大资产阶级利益在教育上的要求，强调集权和统一，实施教育控制措施，将教育作为巩固政权的工具。不过，这一时期加强教育法律法规和制度政策的制定、修订与完善，在保障各级各类教育正常运作的过程中，也发挥了一定积极作用。

民国时期教育作为中国教育早期现代化的一个重要历史阶段，在政府和民间力量的共同努力下，对推动传统教育变革和促进新式教育成长都做出了重要贡献。蔡元培、徐特立、黄炎培等杰出教育家的教育思想至今影响深远。从民国时期教育体制变革历程可以看出，教育方针的制定对教育事业发展至关重要。必须重视教育的作用，将教育与个体和社会的发展紧密结合起来，要注重学生的全面发展、尊重学生的个性发展，积极推动建立适合的教育方针，使之更好地服务于民众生活和国家发展。

（二）新中国成立以来教育体制发展情况

1. 1949—1978 年：*百废待兴，构建新中国教育体制基础的教育初创期*

新中国成立之初，各项事业都处于百废待兴的状态，到十一届三中全会之前的这段时间里，我国教育事业逐渐恢复，也在“文化大革命”时期遭到破坏。1949 年 9 月，政治协商会议通过了《中国人民政治协商会议共同纲领》，指出“中华人民共和国的文化教育为新民主主义的，即民族的、科学的、大众的文化教育”，为教育的恢复和探索指明了方向。1949 年 12 月，新中国成立后召开了第一次全国教育工作会议并确定全国了教育工作总方针，我国开始从半殖民地半封建教育向新民主主义教育转变。1951 年 10 月，中央人民政府政务院颁布《关于改革学制的决定》，规定各级各类学校的地位、年限和互相衔接的关系，确立了我国学制并沿用至今。1952 年 6 月开始对全国高等学校的院系设置进行改造，从英、美模式的高校体系改造成苏联式的高校体系。1952 年 3 月，为规范中小学教育，中央教育部颁布了《中学暂行规程（草案）》和《小学暂行规程（草案）》，制定新的中小学各科教学大纲，形成了我国中小学学校课程设置的基本框架，建立起了新的基础教育课程体系。1956 年 3 月，中共中央、国务院发布《关于扫除文盲的决定》，我国开展了大规模扫盲教育，以夜校、识字班、读报组、冬学、田间地头小黑板识字等方式，取得了显著成效，文盲率从 1949 年的 80% 下降到 1965 年的 38.1%。1966—1976 年的“文化大革命”期间，我国教育事业受到严重破坏。1966 年 5 月，“五七指示”成为“文化大革命”期间办学的方针，造成了教育制度和教学秩序的混乱。1971 年 4 月，《全国教育工作会议纪要》中提出了“两个估计”，新中国成立后 17 年的教育工作被全盘否定，知识分子被批判、斗争，长期受到压抑。高校“教育革命实验”、知识青年上山下乡、“破师道尊严”浪潮、大中小学“开门办学”等一系列“教育革命”把新中国的教育引入歧途，教育环境混沌不堪。

1949—1978 年，我国教育体制在新中国成立后的百废待兴中不断探索。主要成效有：一是建立起适合当时国情的教育体制；二是基本形成了教育事业计划管理体制；三是奠定了社会主义现代化教育的体制基础。主要不足是：“文化大革命”使我国教育事业遭到破坏。

2. 1978—1984 年：拨乱反正，确立教育现代化的教育重建期

1978 年 12 月中国共产党十一届三中全会的召开标志着中国特色社会主义事业进入新的历史时期，也为教育领域在这一时期拨乱反正提供了重要的政策支持和社会环境。改革开放之初，教育领域急需拨乱反正，重建被破坏的教育制度，通过否定“两个估计”解开知识分子的精神枷锁，为教育体制重建扫清障碍。在这一关键历史时期，邓小平同志明确指出“一定要在党内形成‘尊重知识，尊重人才’的气氛”，提出“教育事业必须同国民经济发展要求相适应”的要求。并做出“知识分子是工人阶级一部分”和“科学技术是第一生产力”的重要论断，在全国范围内开展了“实践是检验真理的唯一标准”大讨论和教育本质问题大讨论，逐步形成了教育是生产力的新认识，为教育领域改革开放奠定了思想认识基础。邓小平同志提出的教育要“三个面向”和培育“四有新人”为教育改革与发展指明方向。1977 年 12 月开始恢复中断 7 年的高考招生，1977—1978 年，恢复了“文化大革命”期间被撤销的西南政法学院、中国人民大学、北京农业大学等一批大学，至 1978 年年底，恢复和增设 169 所普通高等学校，我国高等教育重新走向正轨。1978 年 12 月我国派出第一批 52 名公派赴美留学生，标志着我国教育进入对外开放的历史新时期。1980 年，教育部先后颁发了在 20

世纪60年代三个条例基础上修改而成的《全日制中学暂行工作条例》《全日制小学暂行工作条例》和《全国重点高等学校暂行工作条例》，即“高教六十条”“中教四十条”“小教三十条”，整顿和恢复教学秩序。1980年12月，中小学学制由“文化大革命”中的10年恢复为12年，并在中小学重新建立重点学校制度。1980年，第五届全国人大通过《中华人民共和国学位条例》，规定我国的学位分为学士、硕士、博士三级。1980年12月，《中共中央、国务院关于普及小学教育若干问题的决定》中，对轻视知识、轻视知识分子的根源做了进一步的分析。1982年1月，《中共中央关于检查一次知识分子工作的通知》，从历史上给知识分子平反。

1978—1984年，我国基本恢复了之前的教育体制，确立教育现代化的任务，逐步走出了一条中国特色社会主义教育发展道路。主要成效有：一是教育思想拨乱反正，打破教师和知识分子的精神桎梏；二是通过修订和颁布大中小学暂行工作条例，使得我国教育秩序得以重建；三是教育要“三个面向”和培育“四有新人”的提出，为教育发展指明了方向；四是高考招生恢复和高校恢复与增设，使我国高等教育重新走向正轨。主要不足是：原有教育体制在经济社会体制改革背景下变得不适应，例如家庭联产承包责任制极大地促进了农村生产力的解放，但农村集体经济的削弱使原有的农村社队筹资兴办的学校教育经费短缺的问题日益显现，乡镇政府开始通过征收农村教育费附加等形式来筹措农村教育经费。

3. 1985—1991年：简政放权，全面开展教育体制改革的教改探索期

在这一时期，我国改革高度集中的计划经济体制，同时也将教育管理和体制改革作为改革的切入点，我国教改进入新一阶段探索期。1985年5月，《中共中央关于教育体制改革的决定》（以下简称《决定》）颁布，提出与“以经济建设为中心”的政治路线相一致的“教育必须为社会主义建设服务，社会主义建设必须依靠教育”的新的教育方针，是对1958年“教育为无产阶级政治服务”方针的否定。教育从为政治服务转而为经济建设服务，成为我国教育体制发展迈向新时期的起点。《决定》提出“从教育体制入手，有系统地进行改革。改革管理体制，在加强宏观管理的同时，坚决实行简政放权，扩大学校的办学自主权；调整教育结构，相应地改革劳动人事制度。改革同社会主义现代化不相适应的教育思想、教育内容、教育方法”。1986年通过《中华人民共和国义务教育法》，调动地方办学积极性，对促进基础教育的发展发挥了积极的作用。1988年4月，国家教委下发《关于高等学校逐步实行校长负责制意见》，扩大高等学校办学自主权，改革高校招生和毕业分配制度，学校逐步实行校长负责制。至1989年年初，已有100多所高等学校实行了校长负责制。

1985—1989年，我国教育确立以体制改革为中心的改革任务和目标，简政放权，

开展教育体制改革的探索。主要成效有：一是我国基础教育逐步形成了以县、乡为主管理的格局，学校办学自主权初步落实，中小学实行校长负责制，高等学校试行校长负责制，高校毕业生就业制度逐步改革；二是以法律的形式确定“国家实行九年制义务教育”“基本扫除青壮年文盲，基本普及九年义务教育”成为20世纪90年代中国教育发展的一条主线。主要不足是：教育机会不足的矛盾依然突出，农村教育经费是由县乡政府和农民共同负担，各地经济发展水平的差异导致城乡之间、地区之间教育发展存在很大差异。

4. 1992—2002年：引入市场机制，教育产业化的教改推进期

在发展主义、经济主义背景下，教育以扩大规模、总量增长和提高宏观效率为主要目标，在利用市场机制扩大资源、营利创收的同时，呈现出一种“经济主义路线”的教改推进模式。1992年，中共中央和国务院颁发的《关于加快发展第三产业的决定》，明确将教育定义为第三产业，教育由“上层建筑”被重新定义为“社会生产力”的一部分，纳入国民经济的分析框架，“教育产业和产业化”得以提出。1999年，《中共中央国务院关于深化教育改革全面推进素质教育的决定》将民办学校由此前的“补充”地位提高为“和公办学校共同发展”；提出扩大高中和高等教育规模，以教育消费拉动经济内需并带动相关产业发展的思想。2001年，《国务院关于基础教育改革与发展的决定》确定可以对薄弱学校和新建的学校等公办学校实行民办学校机制的改革试验，成为日后公办学校实行“民营机制”的“转制学校”的理论依据。2002年，国务院出台《关于进一步加强农村基础教育改革的决定》，鼓励在农村办学体制、运行机制、教育结构和教学内容与方法等方面进行改革探索。由此引发“盘活国有教育资产”“出卖公办学校”的争议。2003年年底《民办教育促进法》的出台，进一步确定了发展民办教育和教育产业的合法性。

1992—2002年，我国教育体制改革主要是引入市场经济，实行“教育产业化”的经济主义发展路线。主要成效有：一是义务教育“两基”目标基本实现，开始向着全面普及迈进；二是建立多渠道筹措教育经费和教育成本分担的制度，支撑了普及义务教育和高等教育大众化；三是逐步形成以政府办学为主、民办教育共同发展的多样化教育资源供给。主要不足是：在政府教育投入不足的情况下，通过“教育产业化”的路线虽然扩大了教育规模，增加了教育机会，但各种乱收费、高收费等现象成为突出问题。

5. 2003—2009年：从效率走向公平，落实科学发展观的教改提升期

随着科学发展观和建设和谐社会任务的提出，在这一阶段，教育公共政策的基本价值逐步从追求经济效益向促进教育公平转变。从2003年下半年起，围绕解决农村义务教育问题，对农村教育、义务教育、教育公平的关注逐渐取代了“教育产业化”思

路。2003 年 12 月，中共中央、国务院作出《关于进一步加强人才工作的决定》，提出加快构建现代国民教育体系，更好地为经济社会全面发展培养人才。并指出要统筹城乡教育，进一步加强农村教育。全面普及九年义务教育，积极发展高中阶段教育，全面推进素质教育。2005 年 5 月，教育部发出《关于进一步推进义务教育均衡发展的若干意见》，正视和着手解决择校热、“上学难、上学贵”的问题。要求各级教育行政部门有效遏制城乡之间、地区之间和校际之间教育差距扩大的势头，要采取有效措施遏制义务教育阶段择校之风。坚持义务教育阶段公办学校免试就近入学，不得举办或变相举办重点学校。具有优质教育资源的公办学校不得改为民办或以改制为名实行高收费等。2005 年 12 月，国家发改委、教育部《关于做好清理整顿改制学校收费准备工作的通知》，全面叫停各地审批新的改制学校，对大规模改变公办学校的公益性、以教育牟利的“改制学校”“名校办民校”进行清理整顿。2006 年 6 月，新修改的《义务教育法》通过，确立了各级政府分担义务教育经费的机制，以及促进义务教育均衡发展的方针。对“应试教育”和“教育产业化”政策的清理进入了法制轨道。2006 年 10 月，中国共产党第十六届中央委员会第六次全体会议通过的《中共中央关于构建社会主义和谐社会若干重大问题的决定》，提出“坚持教育优先发展，促进教育公平”的方针。实施农村义务教育免费的政策、促进义务教育均衡发展、整顿改制学校的政策，以及控制高等教育发展规模，重在提高质量等政策。从 2006 年起，控制高等教育的发展规模，高校招生数量的增长率控制为 5%，将高等教育纳入内涵发展、提高质量的轨道。2007 年 5 月，国务院发布文件，建立健全普通高校、高等职业院校和中等职业学校家庭贫困学生资助政策体系。

2003—2009 年，政府采取了一系列措施增加教育投入，进入以科学发展观为基底，步入从效率走向公平的教育改革提升期。主要成效有：一是全面普及免费义务教育，在 2000 年总体实现“两基”目标之后，面向发展基础薄弱的西部地区和农村地区，通过实施西部地区“两基”攻坚计划以及一系列教育工程专项，加快普及义务教育；二是遏制城乡之间、地区之间和学校之间教育差距扩大的势头，把均衡发展作为实现“两基”之后义务教育发展的一项重要任务；三是推进各级各类教育协调发展，推进职业教育和学前教育发展；四是通过转移支付、专项和政策倾斜等方式加大对农村地区、边远贫困地区、民族地区教育支持。主要不足是：教育资源不均衡依然突出，区域、城乡、校际之间的办学条件和师资水平依然存在较大差距。

6. 2010 年至今：推进教育现代化，建设教育强国的教改深化新阶段

新时期，我国教育领域矛盾已表现为人民群众接受优质教育的需求与教育发展不平衡不充分之间的矛盾，我国进入深化教育领域综合改革、推进教育治理体系与治理能力现代化的新阶段。2010 年 7 月，中共中央、国务院印发《国家中长期教育改革和

发展规划纲要（2010—2020年）》，提出“到2020年，基本实现教育现代化，基本形成学习型社会，进入人力资源强国行列”。的战略目标。2016年12月，习近平总书记在全国高校思想政治工作会议上讲话指出，高校立身之本在于立德树人。要坚持把立德树人作为中心环节，把思想政治工作贯穿教育教学全过程，实现全程育人、全方位育人。2017年10月，在党的十九大报告中，习近平总书记指出：“建设教育强国是中华民族伟大复兴的基础工程”，要“优先发展教育事业”；2018年9月召开的全国教育大会上习近平总书记提出：“教育是国之大计、党之大计”，把教育的地位和作用提高到前所未有的高度，并指出加快推进教育现代化、建设教育强国、办好人民满意的教育。2018年11月，中共中央、国务院印发《关于学前教育深化改革规范发展的若干意见》中指出，推进学前教育普及普惠安全优质发展，更好实现幼有所育。2019年2月，中共中央、国务院印发了《中国教育现代化2035》，中共中央办公厅、国务院办公厅印发《加快推进教育现代化实施方案（2018—2022年）》，制定教育现代化文件，是中国特色社会主义进入新时代，党中央、国务院作出的重大战略部署，是贯彻落实党的十九大精神和全国教育大会精神、加快教育现代化的重要举措。2019年6月，中共中央、国务院印发《关于深化教育教学改革全面提高义务教育质量的意见》，这是新中国成立以来第一个以中共中央、国务院名义印发的针对义务教育教学改革的文件。

深化教育领域综合改革是本阶段教育体制改革的重心，我国教育体制改革开始走向促进教育现代化，建设教育强国，实现中华民族伟大复兴中国梦的道路上。主要成效有：一是深化人才培养体制改革，建立教育标准体系，创新教育教学方法，完善职业教育产教融合、校企合作机制，高校积极开展基础学科拔尖学生培养试验计划、卓越系列人才培养计划、科教结合协同育人行动计划等一系列计划；二是深化考试招生制度改革，2014年启动的考试招生制度改革，是恢复高考以来最系统最全面的一次改革，涉及各级各类教育；三是深化办学体制改革，为民办教育发展提供了良好的政策环境，推动民办教育发展壮大；四是深化教育管理体制改革，深入推进管办评分离，构建政府、学校、社会之间的新型关系；五是深化教育保障机制改革，2012年国家财政性教育经费支出占国内生产总值的比例首次达到4%，之后几年连续保持在4%以上。主要不足是：教育体制机制等方面还存在不足，管理体制上，政府职能尚未根本转变；办学体制上，民办学校发展不充分；教育普及上，义务教育虽已全面普及，但成果不稳固，部分地区中小学生失学辍学问题依然突出。①

① 佘宇，单大圣：《中国教育体制改革及其未来发展趋势》，载《管理世界》，2018年10月15日。

三、教育体制机制改革的国际经验借鉴与启示

（一）美国：基础教育特色鲜明，高等教育长期领先

1. 历史沿革

（1）20 世纪 50—70 年代：由联邦政府主导的精英教育转向重视基础和公平教育。早期美国联邦政府在教育领域主要发挥搜集教育数据与事实，通报各州的教育状况与进展的作用。从第二次世界大战时期开始，联邦政府开始转向以自己的战略需要和政策工具来改革、创造满意的美国教育。1958 年，美国总统亲自批准颁布了《国防教育法》，标志着科技依托教育，国防依托教育的改革应运而生。这次教育改革主要强调“天才教育”以培养科学精英集团，着重提高对自然科学、数学和外语的教学力度，目的是消除美国基础教育中对科学基础忽视的弊端，符合美国当时急需培养高级人才、发展尖端科技、增强军事和经济实力、继续保持超级大国地位的要求。1965 年，联邦政府通过了《初等和中等教育法案》（ESEA），这是 20 世纪 60 年代联邦政府对初中等教育投资最大的一个项目，政府花费了大量资金帮助贫穷的孩子接受普通教育，建设学校图书馆等，旨在保障教育公平。20 世纪 70 年代，联邦政府大力支持基础教育，强调严格管理，提高教育质量，目的是使教育重点回到基础学科，主张培养学生的基本技能，强调读、写、算等基本能力的培养。

（2）20 世纪 80 年代至 20 世纪末：联邦政府教育危机意识增强。1979 年卡特政府设立教育部，体现了联邦政府加强参与教育的连续性。20 世纪 80 年代，随着联邦政府行政权力的集中，其干预教育改革行为变得越来越普遍。在里根总统授权之下，国家教育质量优异委员会发布了调查报告——《国家处在危急之中：教育改革势在必行》，要求进行一次全面的教育改革。报告的发布标志着新一轮教育改革的起点。这次改革最显著特点是由联邦政府发起的一轮自上而下的改革，内容主要涉及加强中学五门“新基础课”教学（英语、数学、自然科学、社会科学和计算机科学），提高教育标准和教育要求，提高师资就业准备的质量标准，联邦政府、州和地方官员必须负起领导责任等。里根政府将美国教育的运行轨道引向了以“标准化的课程与考试”来提高学生的学习成绩上。20 世纪 90 年代，布什政府和克林顿政府相继发布了《美国 2000 年：教育战略》和《2000 年目标：美国教育法》等旨在振兴美国教育的法案，加了大在教育领域的“标准化运动”。

（3）21 世纪以来联邦政府实施国际教育竞争新战略。2002 年，小布什政府颁布了《不让一个孩子掉队》法案，再次强调要加强基础教育，同时着重于帮助边缘学

生。法案倡导以绩效责任的方式促进教育改革，将标准化的考试加以制度化，并以其作为考察公立学校教育水平的手段，受联邦拨款的公立学校必须接受考试制度以及针对所有考核不合格学校的处罚制度。2015 年，奥巴马总统签署了《每个学生都成功》法案，该法取代了《不让一个孩子掉队》法案。新法案废除了旧法案中对各州的各种统一要求、统一标准，终结了原本规定的联邦以测试成绩为基础的问责制，代之以州问责制，代表着联邦政府强势控制公立学校成绩的时代终结，并将教育的控制权以及广泛的自主权和灵活度归还于各州和地方学区，联邦政府的职能再次回到了旧法颁布前的状态，即通过制定政策、颁布法律，对美国教育发展施加间接影响，而非直接控制。

2. 现阶段情况与特色

（1）基础教育。体系设置。K－12 教育是美国基础教育的统称。“K－12” 中的 “K” 代表（幼儿园 Kindergarten），“12” 代表 12 年级（相当于我国的高中三年级），“K－12” 指从幼儿园到 12 年级之间的教育，覆盖了 5—18 岁的年龄段。由于各学区可以自行制定各级学校的学制，因此美国基础教育的学制在各州并不完全一致，例如有的学区采用“6＋3＋4”学制，即小学 6 年（幼儿园到五年级）、初中 3 年（六年级到八年级）、高中 4 年（九年级到十二年级），有些学区则采取“7＋3＋3”的学制。根据美国法律规定，儿童在 6—16 岁必须入学接受教育。

管理机构。学区制是美国基础教育的一大特色。按照美国宪法规定，教育属于州一级政府的责任，但州政府主要通过州宪法和法令规定一般性的教育方针和政策，通过教育财政来调控学区，实际的教育管理权则主要由学区行使。学区是州的最基层教育行政单位，直接负责管理学校事务，也是学生就学的区域单位。

资金来源。根据法律规定，美国合法居留人均享有免费接受义务教育的权利，不必缴纳学杂费和课本费。全美各学区的经费来源渠道基本相同，联邦、州和地方三级政府共同分担教育经费，这主要是由美国地方分权政体决定的教育基本模式。美国基础教育经费完全由政府承担。经费来源主要分为三个部分，包括联邦、州和地方（学区）三级政府拨款，其中以州和地方提供经费为主。政府教育拨款大多来自政府预算，即政府日常收入所依赖的各项税收。

课程设置。从教学内容上来讲，美国基础教育课程设置广博。1993 年，克林顿总统发布的《2000 年目标：美国教育法》在前任政府规定的英语、数学、科学、地理、历史这 5 门核心课程的基础上又增加了外语、艺术、公民课程，从而使核心课程科目数量增至 8 门，进一步拓展了基础教育课程范围。2002 年，小布什政府推行的《不让一个孩子掉队》法案则十分强调英语、数学和科学 3 个基础科目的重要性，将其列为核心课程，要求各州和高等院校结成数学和科学方面的伙伴关系，从而加强 K－12 阶段的数学和科学教育。法案还要求各州制定高中生在阅读和数学方面必须达到的最低熟练标准，由各学区每年提交学生进步报告。

办学主体。除传统的公立学校外，特许学校（Charter School）这一概念经过20世纪70—80年代的酝酿，在90年代慢慢开始在美国被实践。特许学校是一种新型的公立学校，通常隶属于某个学区，但却拥有很强的独立性。特许学校由教师、管理者、学生父母和社区代表与地方教育委员会共同协商，经州及地方法令批准后，便可按照该章程建立一所学校。与传统的公立学校相比，特许学校拥有更大的自主权，其在预算、聘用教师、教学目的、教学方式、课程设计等方面都可以自由贯彻自己的偏好。特许学校的建立和发展改变了美国基础教育中公立学校“千校一面”的沉闷局面，同时也为学生提供了更加丰富多样的教育途径。

教师队伍建设。美国基础教育教师专业发展包括职前教育阶段、初任教师阶段和在职成长阶段。职前教育培养是教师成长的初始阶段，侧重于课程学习，以培养教师的教育理念和教学能力，课程分为普通教育和专业教育。普通教育也称学术基础教育，包括人文学科、社会学科、自然学科等基础教育课程。专业教育包括任教学科专业科目、行为学科、教学理论和实践、教学实习等专业课程。

为激发教师教学积极性，美国一方面将教师评价作为内部机制，另一方将教师工资改革作为保障教师教学质量的外部机制。目前，NBPTS（美国国家专业教学标准委员会，National Board for Professional Teaching Standards）“以绩效为本”的优秀教师评估成为美国实施绩效工资以来广受教师青睐的认证。这一认证基于教师自愿，不具有强制性，可以补充而非取代各州的教师认证。NBPTS为有经验的教师建立了全国统一的高级标准，拿到这一认证证书的教师能够进入教师专业能力分层的最高一级，并享受最高级别的薪酬和职业待遇。

（2）高等教育。总体情况。美国的高等教育享有世界声誉，不仅教学质量全球知名，而且具备开展最尖端科研和创新工作的能力。由高校创造的专业知识和实用技术，不仅推动着美国的经济增长，而且为国家智力和文化的繁荣奠定了坚实基础。一方面，美国拥有较为完善的高等教育体系，2016年共有高校4726所，在校生2100万，全日制在校生1800多万。美国政府对高校的投入占GDP的8%，为全世界之最，加之完善而又行之有效的制度体系，使美国高校具有全世界其他国家高校无法比拟的创造力和驱动力，每年吸引全球众多学子前往就读。另一方面，美国高等教育覆盖水平也不断提高。美国人口普查局2019年2月发布的数据显示，自2000年以来，美国25岁及以上人口中，最高学位为硕士的人数翻了一番，达到2100万人；博士学位持有人数增加了1倍多，达到450万人。目前美国成年人口中，13.1%的人拥有硕士学位、专业硕士学位或博士学位，而2000年这一比例为8.6%。从2000年至2018年，25岁及以上人口获得学士及更高学位的人数占比从25.6%升至35%。

体系设置。在美国由基础教育升入高等教育阶段，需由学生依据在校成绩及学术能力评估测试（Scholastic Assessment Test，SAT）或美国高校考试（American College Test，ACT）的成绩分数，自行申请大学入学。

美国高校可分为公立和私立，其中公立可分为州立和社区立，私立可分为营利性和非营利性。根据《高等教育机构卡内基分类法》（2000版），美国高校分为五大类：一是以提高就业和专业技能为主的社区学院，二是主要培养专业人才的高校，授予从学士学位到博士学位的各级专业学位，三是主要培养学士的学院，四是主要培养硕士研究生的高等院校，五是主要培养博士的大学，一般为研究型大学。总体来看，美国以提高劳动者素质、提高就业技能为目标的高校和社区学院占高校总数的四成多，培养本科生和专业性人才的高校占高校总数的近三成，而以培养硕士和博士研究生为主的研究型大学数量较少，占比仅为两成多。

管理机构。尽管联邦政府教育部从1867年就开始设立，但是它的权力有限，只是作为一般性的指导和咨询机构而存在。该部门对全国高校实施调控的途径仅包括拨款、立法、评估认证、科研投入和颁发指导性文件，因此联邦政府对高校是没有直接管理权。相对于联邦政府的有限权力，州政府拥有是否让学校办学、要求学校规范办学的权力，因此美国高校均由各州政府管理。作为主体的州负有主要责任，地方承担具体责任，联邦则仅具有广泛影响。州政府的教育责权来源于州和州立法机关，与联邦教育部没有直接的隶属关系。各州决定教育行政的基本方针，但大部分的实际管理权属于地方学区。美国高校执行董事会管理模式，董事会掌握着管理大学的基本权限。

资金来源。美国高校资金来源在公立和私立高校之间差异较大，主要在于私立学校不享有州政府拨款。公立学校的收入来源有六大项，包括政府拨款（联邦、州及地方社区等）、学生学费、研究经费和培训经费、私人捐款和捐赠基金，以及学校从属企业的收入，私立学校的资金来源则不包括州政府及地方社区拨款。尽管高校可以通过基金会、捐款等多种途径获得办学经费资助，但政府拨款仍是美国公立高校的主要办学经费来源。

（3）职业教育。体系设置。美国的职业教育不是层次教育，而是一个独立的人才培养门类的教育。职业学院既培养专科层次的技能型人才，又培养应用型本科人才，同时也具备硕士、博士学位的授予权，是一套独立的人才培养类别。职业教育从中职、高职、应用型本科到实战型研究生一应俱全。同时，美国的职业技术教育集技能教育与升学教育于一体，为学生提供了广阔的成长空间。美国职业院校实行学分制，学生只要修够学分，就可以直接升入本科读三年级或四年级。高职学生中五成至八成的学生能够通过学分制渠道升入本科，其他学生则进入市场就业。通过为学生搭建就业和深造一体化的平台，美国职业教育有效实现了人才分流。

资金来源。美国职业教育的首要主体是各社区学院。社区学院基本由政府出资兴办，大部分教师薪酬和各项教学费用也由政府投入，大部分实习实训基地则由企业提供。总体来看，美国政府投资金额占其职业教育所需资金的90%以上，保证了美国职业教育稳定的投入渠道和资金支持。

课程设置。美国的职业教育十分贴近市场，课程设置和教学组织与市场的紧密度更高。通过面向市场，美国的社区学院从专业设置到课程教学大纲、教材选择，再到教学实施和实习实训，均以市场需求为导向进行岗位技能培训。美国很多企业直接在社区联合办学，按照企业自身需求，由企业帮助组织指导教学，安排实习实训，培养出来的学生定向到企业就业。由于贴近市场，这种市场化的职业教育受到了企业和群众的欢迎，就业前景良好。

3. 主要优势

（1）教育权责划分清晰。美国通过近半个世纪的教育改革，使联邦政府、州、地方之间的教育权责划分不断完善，形成了国家建议、州级标准、学区决策、学校实施的一体化的教育体制。各级教育机关的职能翔实明确，各层级机构间的职能环环相扣、承上启下，不冲突、不重叠，大大提高了机构管理的效率和劳动力使用价值。以美国高等教育管理体制为例，从官方角度看，既有联邦政府的行政、立法、司法部门的参与，也有州政府和法律部门的充分介入。从非官方角度看，既有各种民间组织和人士的直接介入，也有行业协会的参与。因此，美国的高校既不是“独立自治”，也不是政府的“垄断经营”，而是代表美国各方利益的机构。正是在权责划分清晰的体系下，才使得美国高等教育得以在发展过程中不断进行自我调整，从而更好地适应外部社会环境、更稳健地持续发展。

（2）学校形式多样。美国近年来试行的教育改革引入了许多半国家、半市场化的教育形式，包括特许学校，契约学校、教育外包等，希望通过教育形式百花齐放的局面，给予学生和家长更多的教育选择权。特许学校（Charter School）的出现就属于一个典型案例。特许学校的出现不仅为美国众多的家庭提供了选择公立学校的机会，而且打破了公立学校独家经营的局面，促使公立学校提高教育质量；其创立的学校自主管理的运作方式已成为美国公立教育体系中创造性和高效率的样板。

（3）教育资源配置更趋均衡。美国教育改革过程中，政府对弱势群体的关注日益增加，注重扩大教育覆盖群体，为其提供更多的教育机会，努力实现教育资源更加公平的配置，缩小教育差距。一是在扩大受益群体方面，随着教育项目投入的资金增加、范围扩大，美国教育项目受益人群也在不断扩大，受益人从幼儿园到大学不等，涉及更多州、少数族裔、边疆和偏远地区以及低收入家庭儿童和弱势儿童；二是在教师资源配置方面，政府一方面为任教于办学薄弱学校和边远学校的教师提供一定的优惠政策和财政补助，吸引优秀教师到学校任教。另一方面，基于薄弱学校实际需求和教师自愿的原则，推动全国范围内的优秀教师流动，实现优质教师资源的共享；三是在平衡优质教学资源方面，各地方学区通过建立网络资源共享平台，将优质课程进行学区内共享，统一教学质量标准，使每位学生均有机会享受到优质的课程资源。

（4）教育经费具有较高独立性和透明度。在教育预算经费上，美国地方教育实行预算单列，为一级科目。从预算管理的权力来看，教育预算管理较为独立，地方政府的基础教育预算管理机构对上只对市长和议会负责，而对下只对该区的公民负责，因此不受同级的财政部门和其他部门干涉，效率较高，并且预算监管简单易行，预算编制透明度较高。

（5）教师评价体系完善。美国教师队伍建设与薪酬待遇历来遵循以“绩效为本”的评估标准，但绩效的内涵并非一成不变。起初，美国将绩效定义为以上级主观评价为主的教师教学表现，而后随着考试的普及，绩效主要指教师指导学生考试的分数情况。目前，绩效的内涵不断扩展，既包括教师的知识和技能，也包括教师课堂教学表现和教学效果，即学生进步情况，同时也考虑教师的职业发展意向和动力问题，有效增强了教师内生发展动力。

（6）高校与地区发展紧密结合。美国高校与地区发展及国家建设通常结合得非常紧密，发挥大学的知识效应已成为地方经济发展的一种模式。这些大学通过技术转化，推动了产业创新，从而直接带动当地经济发展。例如，以斯坦福大学、伯克利大学为主导发展起来的美国“硅谷”科学工业园区极大地促进了地方及行业发展。麻省理工学院依托自身的技术和优势在本州内创办了600多家公司，康奈尔大学和弗吉尼亚工业学院与州立大学专门设立了经济开发办公室，主要进行生物技术和先进材料的研发，以刺激当地与本州的经济发展。加州大学系统因在农业方面的突出成绩引起了政府的高度重视，从而加大了对大学的支持力度，而大学的发展又能够为地区的建设与发展提供很大的支持，二者相得益彰，相互促进。

4. 经验启示

（1）教育改革需兼顾公平与质量。美国教育改革始终致力于保证教育机会均等，历届联邦政府均努力扩大弱势群体的受教育机会，改善其受教育环境和条件。从美国基础教育的发展经验看，要厘清各级政府之间的协作关系，明确中央、地方、县市在基础教育财政投入上的权利和义务，始终融入“保障教育资源均衡配置”的执政理念，逐步建立起政府主导监督、市场合理供给、社会广泛参与的良好格局，促进教育事业蓬勃发展。在现有财政条件下，以义务教育入学机会公平为根本，合理分配教育资源以缩小城乡、区域、学校、群体之间的教育差距，把更多资源向贫困地区、弱势群体投放，重点解决好农民工子女、经济困难学生等社会反映强烈的焦点问题，进而实现学生在入学权利和教育质量方面的平等。

（2）加强法律保障。美国联邦政府作为国家教育政策的执行者，在通过行政手段进行各方协调以外，更多是通过立法赋予政策的合法性与权威性，从而保障教育政策的严格执行。虽然我国宪法很早就明确赋予了公民平等的受教育权利，但是由于缺乏切实有效的政策法规，教育平等长期流于形式。仅仅把握教育公平的内涵并制定相应的政策，仍然难以解决实践中的教育失衡问题。因此，出台更加翔实的教育法案，使其作为法律形式存在的教育政策，能够为教育改革提供更为坚实的指引，并进一步明确教育权责的合理划分，为教育财政投入和监督提供全方位的法律保障。

（3）重视基础教育。美国第二次世界大战后进行的基础教育改革始终把基础教育质量的高低与国家发展紧密联系在一起。一个国家的发展离不开教育，而基础教育是教育的根基。因此，我国有必要进一步增强对基础教育的重视程度，逐步加强教育投资以基础教育为主的方向，实施更高标准的义务教育经费保障和更大范围的教育统筹。

（4）完善教师评价与激励体系。美国对优秀教师进行的评价各个环节都十分严格，涉及面广、要求高。评价及突出了教师行为、教师专业发展、教师能力培养，也强调教师的教学实践反思，让教师在实践中体验生活，做到理论和实践的有力结合，同时注重培养教师的集体意识，发扬教师的合作精神。未来，我国也应参照这一标准，不断完善教师教学能力评价和鉴别、形成教师专业能力分层，才能产生更加合理的岗位和薪酬激励，从而保证同时从内部和外部激发教师教学潜力和动力。

（5）促进高校服务地方经济和社会发展。美国高校在自身建设与发展过程中，与当地经济和社会发展紧密连接，最终形成了相互促进和良性循环的双赢局面。在我国2800多所高校当中，地方行业型高校占90%以上，目前这类高校多数与地方经济和社会发展的契合度不大，人才培养往往不能满足地方经济建设的需要，因而地方对大学的支持也不够。未来，我国大学“双一流”建设应明确要求以服务经济社会发展为导向。

（二）英国：历史悠久，运作灵活

在西方近现代国家中，英国具有最古老的教育体系之一。在经过几百年的沿革后，英国的教育体系已较为完善，同时具有极强的灵活性。总体来看，英国教育分为三个阶段，包括义务教育，延续教育和高等教育。在义务教育阶段，英国政府资助学生从3岁开始接受教育。3—5岁主要采取幼儿园和托儿所两种形式，5—11岁为小学教育，最后11—16岁为中学教育。学生完成中学教育后可以获得普通中等教育证书（GC-SEs）。延续教育阶段，学生可就读两年大学预备班，预科结束后学生需拿到普通教育高级证书（A－Levels），随后才能进入大学攻读学士学位。高等教育阶段，大部分本科课程为期三年（或四年），本科毕业后学生可继续读研究生进行深造。

值得注意的是，在英国灵活的教育体制中，这一标准教育路径并非英国教育的唯一路径。中学毕业获得普通中等教育证书后，学生也可以继续在各类职业技术学院读基础课程。这种模式适合职业规划偏重手工操作的学生。读完基础课程的学生与拿到普通教育高级证书的学生一样，均可接受大学教育，同时还可以获得他们所选职业方向的实习机会。

1. 历史沿革

（1）20 世纪 80 年代至 20 世纪末：教育自由化阶段。以撒切尔夫人为首的保守党政府在 20 世纪 80 年代推行“教育自由化”的理念，即倡导教育的市场化改革，将政府和学校视为教育的“生产者”，家长和学生视为教育的“消费者”，鼓励家长自由择校，学校间自由竞争，通过市场调节机制达到提高教育质量、培养精英人才的目的。1988 年 7 月，英国国会通过了《1988 年教育改革法》。该法规定，英国实行义务教育阶段的全国统一课程，政府为此制定了《国家课程标准》，作为各地学校教学的依据。法案还规定实行全国统一的成绩评定制度，家长有权利为子女选择就读学校并参与学校管理，学校可以摆脱地方教育当局的管理，把资源的控制权下放给学校。这些举措进一步加强了中央政府对教育的控制管理，削弱了地方教育当局的权限。

（2）20 世纪末至今：保障教育均衡、提升教育质量阶段。由于撒切尔夫人倡导的精英化教育模式严重损害了弱势学生的受教育权，受到了人们的批评和指责。为实现教育的均衡发展，1997 年重新上台执政的工党政府将教育放在与经济等同的地位，“把增加教育投入、改革教育体制、提高教育质量作为政府立法的首要目标”。自此以后，英国政府始终以实现“每所学校都成功，每个孩子都优秀”的均衡教育为目标，以薄弱学校改造为重点，以照顾绝大多数学生的利益为出发点，对基础教育进行大刀阔斧的改革。

2. 现阶段情况与特色

（1）基础教育。体系设置。英国的联邦制体制使得其教育体制也较为复杂灵活，即使同一个地区，同一座城市，不同学校的办学体制也不尽相同。总体而言，基础教育分为三个年龄学段：第一阶段 5—7 岁，为一至二年级，7 岁参加第一阶段考试；第二阶段 7—11 岁，为三至六年级，11 岁参加第二阶段考试；第一、第二阶段属于小学教育。第三阶段 11—14 岁，为七至九年级，属于初中教育，14 岁参加第三阶段考试。第四阶段 14—16 岁，为十至十一年级，属于高中教育，16 岁参加第四阶段考试，即全英高中毕业统考（GCSEs）。高中毕业考试后，学生根据自己的意愿，可以学习其他应用型的技术性课程，为今后的就业做准备，也可以接受相当于大学预科的教育，学习有关课程，为接受高等教育做准备。学生在 18 岁或 19 岁可以参加普通教育高级证书考试（A – Levels），即大学的入学考试，从而进入大学学习。

管理机构。经过英国政府多年来的教育改革，目前英国的教育行政管理体制形成了中央集权和地方分权相结合的基本格局。基础教育的教育方针、课程计划、学校标准、教师标准及部分学校的办学经费，由国家教育行政部门统一掌握和控制；而学校的具体培养目标、服务方向、基本规模、部分课程、校长任免及部分小学的办学经费则由地方教育局控制。每所学校都有学校董事会，在董事会中，地方教育当局代表、地方社团代表、家长与学生代表及教职员代表人数相等。学校董事会与地方教育部门共同管理学校，形成一种相互促进、相互监督的制度，学校每年的事务、财务除了向当地教育部门汇报外，还要接收董事会的审核，使教育政策更加完善、合理。

资金来源。从办学主体来看，英国中小学分为公立学校和私立学校。公立中小学由政府出资，私立中小学由私人和民间团体出资，私立中小学的办学条件和经费来源均优于公立学校。

英国基础教育完全免费，在任何一所公立学校，只要有空位置，就必须接收学生。为保证教育经费支出的公平，英国中央和地方政府划拨给公立学校的经费与学校招收的学生人数挂钩，同时适当考虑各地的经济发展和消费水平。学生人数越多，学校从政府得到的经费越多，从而促使学校努力提高教学质量，尽可能吸引多的学生就读。

具体来看，经费主要由三部分组成。一是国家中央财政配给地方政府的教育资金，这部分资金来自国家税收。国家根据教育部门上报的教育经费预算计划，经过国会审核，确定划拨给地方教育部门的资金；二是地方政府配给地方教育部门的教育资金，这部分资金来自地方政府税收。地方政府根据教育部门的预算计划，确定划拨给地方教育部门的资金；三是社会捐款。

课程设置。英国中小学开设的课程分为国家课程和学校课程。国家课程包括两类：核心课程和基础课程。核心课程包括数学、英语、科学三门课程，基础课程包括宗教教育、历史、地理、设计与技术、信息传播与技术、现代外语、音乐、美术、体育和公民等 9 门课程，共计 12 门必修课程。国家课程实行全国统一课程计划，保证所有的受教育对象都可以接受到他们所需要的课程内容。学校在开设国家课程的基础上，为了充分体现学校的特色，可以自主开设选修课，即学校课程。此外，学校还负责对孩子的思想品德进行培养、升学与就业进行指导。学校不仅仅重视理论课程的教育，还将劳动体验、社区活动等活动课程纳入学校课程。

教师队伍建设。英国悠久的教育发展历史使其成为西方发达国家推进教师教育发展的代表。英国教师专业发展与美国相似，但更加强调政府的领导作用。教师专业发展分为三个阶段：职前专业准备阶段、入职培训阶段和在职培训阶段。职前教师的专业课程涵盖了教育理论的相关课程、教学法、学科专业课程和教学实习。在职教师培训采取自主学习、校内研修和校外进修等。同时，英国的教师评价系统比较完善，通过颁布法律，确立了教师评估机构，有规范的评估标准，如《教师法》《学校教师评估条例》《中小学管理》等。

（2）高等教育。总体情况。英国高等教育资源丰富，科研实力强，拥有世界上最古老的高等学府。2016 年《泰晤士高等教育周刊》世界大学排名前 200 位的高校中，英国高校占 32 所，同年 QS 世界大学排名前 10 的高校中，英国占 4 所，前 100 名中英国有 18 所。全英拥有英国政府承认独立学位授予权的高等教育机构共 164 所，另有可以提供完整学位课程但不具备单独学位授予权的“指定机构”654 所，这些机构可以通过与具有学位授予权的大学合作来使自己的学生获得大学学位。

管理机构。英国高等教育的治理可以分为国家层面、中间层面和高校层面。国家层面有教育和技能部，政府中有一名部长，负责制定宏观政策；英国高等教育质量保障署负责制定全面的高等教育质量保障工作的指导方针和战略规划。中间层面有大学拨款委员会、学生贷款公司、研究委员会、产业机构、全民医疗服务中心等。高校层面有理事会，是英国大学里最高的管理机构，其组成人员复杂，不仅有大学教授、其他教学人员、学生代表，还有政界、商界的代表。理事会拥有整个学校，包括房地产和职工经费等。

资金来源。英国高校的经费来源主要有政府拨款、学费、研究性收入、捐赠和其他收入。随着政府紧缩政策，政府拨款逐年减少，加之高等教育大众化进程加快，导致高校就读人数增加、教学资源紧张，因此目前英国高校主要经费来源为学费收入，通过与收入挂钩、逐年分期偿还的方式，由学生和纳税人共同负担。

（3）职业教育。体系设置。英国义务教育阶段后，由延续教育体制提供学术教育的预科或中高等职业教育。英国职业教育的“现代学徒制”为学生获得深入、全面的职业指导提供了制度保障。在现代学徒制下，各地方培训与企业协会（TECs）、学徒和企业雇主三者之间达成契约性协议，规定各自的责任和义务，并就行业技能、课程设置、培训计划等进行协商确定，保证现代学徒制顺利实施。经过多年的发展，英国的现代学徒制已成为当今国际高等职业教育界竞相研究的成功典范。

课程设置。一般情况下，英国高职教育机构为 16 岁以上学生提供范围广泛的课程。包括英语语言课程、部分普通中等教育证书、中学高级水平考试及同等水平的课程、职业课程、预科课程，以及本科学位课程等。高职教育机构普遍实行“三明治”合作教学计划，即实施三阶段人才培养模式：先在企业工作一年，对工作建立初步的体验和认识，再回到学校完成 2—3 年课程，使实践联系理论，然后再到企业工作实践 1 年，把理论应用到实践，即所谓的“1 + 2 + 1”和“1 + 3 + 1”教学计划。此外，英国还实行第 1、2、4 学年在学校学习 3 年理论，第 3 学年到企业进行为期 1 年的实践培养方式。

3. 主要优势

（1）教育逐级分权管理。英国政府在教育改革过程中始终寻求管理权的平衡化，中央政府与地方教育当局各有自己清晰的职权范围。英国政府在教育管理中，并未将权力全部上收，而是同地方教育当局和学校之间以协作、协调为基础，从而进行科学、合理的教育管理。教育管理参与各方，如中央与地方的行政官员、教师以及民间团体，互为合作伙伴关系。中央、地方、学校的三级分权管理模式，在国家统一要求的前提下，使学生有共同的发展，同时又考虑地方和学校的特色，给予一定的自主权，发挥学校特色，因地制宜，从而提高教育质量，促进学生的全面发展，促进教育的多样化发展。

（2）财政支持充足。英国是世界上最发达的资本主义国家之一，拥有雄厚的经济实力，为教育的发展奠定了坚实的财政基础。英国基础教育的经费来源主要有国家的教育拨款、地方的税收和社会的捐助等，其中国家财政拨款占近 80% 的比例。近年来，为提升基础教育质量，提高教育的国际竞争力，促进教育的均衡发展，政府将增加基础教育投入、改革教育体制作为政府的首要任务。足够的财政投资、师资和设备配置，促进了基础教育阶段各门课程实习实验和学生课外活动的开展，从根本上保证了基础教育的资源均衡和质量提高。

（3）教育资源配置均衡。为了鼓励优秀教师到薄弱学校任教，英国政府规定，加盟薄弱学校的教师除了可以享受高额的补助、共享教育教学网络外，表现优异者还能获得更多的学历提升的机会。政府一方面严格教师准入和聘用制度，严把教师质量关；另一方面，通过实施优惠政策，吸引优秀教师到薄弱学校任教，提升薄弱学校的师资水平，进而壮大薄弱学校的师资队伍，增强学校的教育实力，为教育资源的均衡配置奠定坚实础。

（4）职业教育贴近市场、标准清晰。英国职业教育坚持职业取向，贴近市场。一方面重视实训，工读交替的“三明治”课程与现代学徒制培养模式将职业教育与技术培训融为一体，旨在培养学生实际工作和动手实践能力；另一方面围绕市场和企业需要设置课程，并根据社会发展变化不断对课程或专业设置进行动态调整，保证了学生对社会、经济及市场变化的适应。

同时，英国职业教育构建了清晰的评估标准体系。英国政府推行国家职业资格证书制度（NVQs），即按国家制定的职业技能标准或任职资格条件，通过政府认定的考核鉴定机构，对劳动者的技能水平或职业资格进行公正、科学的评价和鉴定，对合格者授予相应的国家职业资格证书。资格申请者按照规定的标准，有目的地学习，从低到高逐步获得新资格。由于社会职业体系本身就按照工种的不同呈梯级状存在，这种具体化的评定标准利于适应社会职业的多样化和个体增强学习、培训的有效性。

4. 经验启示

（1）教育改革需重视公平。20 世纪 90 年代末以来，英国政府始终将教育改革的重心放在扩大入学机会上，保障每一个孩子都能享有平等的入学机会、接受优质的教育。未来，我国教育改革一方面要确保基本实现入学机会均等，另一方面可将教育改革的重心转向对薄弱地区和学校的改造和扶持上，通过增加教育拨款，制定改造薄弱学校的专项计划，改革监督体制等政策，以加大对薄弱学校的扶持，扩大优质学校的范围，提升教育质量，力求实现各个学校在基础设施、师资队伍、学生学业成就等方面的均衡，为每一个学生的成功创造有利条件。

（2）加大基础教育投入。英国较为均衡的基础教育建立在雄厚的财务支持、合理的师生比例以及班级规模上。当前，我国义务教育的经费主要来自地方政府，而各地区由于经济发展不平衡，因此在义务教育的投入上差异较大。在经济欠发达地区，在政府教育经费严重不足的情况下，义务教育的普及与质量也难以得到保障。因此，国家需继续加大对义务教育的投入，使学校的重心能够真正放在基础教育质量的提高上。

（3）提高职业教育实践性与办学层次。英国职业教育贴近市场、实践性强。未来我国高职院校也应借鉴英国工读交替的教学方式，立足地区资源优势、产业结构特点和自身教育教学特色，建立以就业为基本目标的人才培养模式。通过加强实习、实训基地建设，切实增加技能训练与实践环节在人才培养过程中的比重。此外，英国职业教育的办学水平和层次较高，学生不仅可以进入普通大学进行深造，高等职业教育毕业生还可获得等同于学士学位水平的文凭。当前，我国职业教育仍只有学历证书，而没有学位证书。未来，我国可以考虑在国家示范性高等职业院校开展副学士试点，甚至开发职业学士乃至职业硕士、博士的学位制度，从而提升职业教育的层次和社会地位，提高职业教育的教育水平并与国际社会接轨。

（4）完善教师评价与激励体系。英国在教育改革过程中始终注重不断完善教师评价与激励体系。未来，我国在教育改革过程中也应加强教师教育政策的整体性，在职前教师教育、初任教师的入职教育和在职教师培训方面作出整体部署，以保障教师的整体质量。在课程设置、质量监测、教育实习、优秀教师评价和教师资格认证等方面均应建立完善的督导、评估系统，激励机制和问责制度，以确保教师专业水平和教学能力的不断提升，从而不断完善教师专业发展，保障教师队伍的质量。

（三）德国：以实际应用为主线，注重教学质量

第二次世界大战结束后，作为战败国的德国满目疮痍，民不聊生，是一个被彻底肢解和濒于灭亡的国家。但是在这种情况下，德国在很短的时间内就迅速崛起，成为当时资本主义世界第二经济强国，后来虽被日本超越，但一直是欧洲第一强国。究其原因，对教育的重视，是第二次世界大战后德国迅速重生的关键因素。

1. 历史沿革

（1）早期德国教育发展历史。15 世纪前，德国经济尚不发达，政治体制由多个四分五裂的封建小公国组成。不少小公国由于经济落后，没有学校这种提供教育的场所。其他有学校的公国也只提供宗教教育和宫廷教育，教育体系由教会把控，德国整体教育水平落后于欧洲。

（2）德国国家教育的创立阶段（15—17 世纪）。15 世纪，德国各种社会矛盾交织，仍处于四分五裂的状态，政治上不统一，经济发展遇到很大障碍。但是德意志民族与罗马教会的矛盾成为德国社会各种矛盾的焦点，在这样背景下，马丁路德宗教改革勃兴，创立了新教路德宗。

1526 年，路德上书萨克森选侯，提出选侯应负起教育青少年的责任，政府应该负担学生的费用。发表于 1530 年的《论送子女入学的责任》一文中，路德提出国家应实行强迫义务教育的问题。路德所设想的国家学校教育制度包括家庭教育、小学教育、拉丁学校和大学四个教育阶段。

1538 年，德国路德派教育家、斯特拉斯堡市督学 J. 斯图谟在该城开办欧洲第一所文科中学，旨在培养新教牧师、教师与官吏，定名为古典文科中学。学习年限为 8 年，后增至 10 年。除宗教课程外，以教授拉丁语、希腊语等古代语文和古希腊、罗马著作为主要内容。

1559 年，维滕堡公国颁布了义务教育法，施行强迫教育。并同时建立了一个完整的学校制度，它包括德语学校、拉丁学校、文法学校、高级修道院学校、大学等。德国各公国纷纷效法，大批学校建立起来，使德国成为当时教育最发达的国家。

（3）德国近代教育体系的建立（18 世纪至第二次世界大战结束）。1717 年，普鲁士国王弗里德里希—威廉一世就颁布了一项《义务教育规定》，明文规定“所有未成年人，不分男女和贵贱，都必须接受教育”。威廉一世的儿子弗里德里希继位后，坚决贯彻义务教育的基本国策，于 1763 年 8 月 12 日亲自签署了世界上第一部《普通义务教育法》，在整个帝国推行。1794 年，普鲁士邦国以法令形式把教育机构收为国家机构，其他各公国纷纷效法，国家从教会中夺回了教育权，德国又成为西方国家从教会手中夺回教育权最早的国家。一些西方教育史家认为，德国的国民教育制度的建立

早于法国100年，早于英国200年。

2. 现阶段情况与特色

德国是联邦制国家，根据联邦德国《基本法》，文教事务属各州职权，即各州享有文化教育的立法权。因此，各个邦、州的教育体系结构不尽相同，但都实行12年义务教育，大致可分为三个阶段，五个类别。

（1）学前教育阶段（3—6岁）。1837年，福禄贝尔在勃兰登堡开办了一所儿童学前教育机构，1840年将其改名为幼儿园（kindergarten），德国成为学前教育机构——幼儿园的发源地。目前，德国年满3岁的儿童就可以在幼儿园接受学前教育。但是，根据《关于德国学校民主化的法律》规定，幼儿园作为非义务的教育机构，属于国民教育体系，是自愿性的。因此，在德国，并不是所有孩子都会去幼儿园，也有家长选择在家里陪孩子以游戏的方式进行学前教育。

（2）基础教育阶段（6—18岁）。在德国，孩子年满6周岁后就要进入基础教育阶段。基础教育属于义务教育，是强制性的，儿童如年满六周岁后不参加基础教育，其家长会受到惩罚。德国有16个联邦州，教育事业由各个联邦州负责，不同邦、州义务教育阶段时间长短不同，一般为12年左右。

基础教育阶段又可以分为小学阶段和中学阶段。在小学阶段，学生们将学习包括数学，德语，专业知识和体育等课程。在小学，学校不仅注重学生的书本知识教学，也非常注重培养学生的课外兴趣。在小学阶段的前两年，学校评定学生的标准不是学习成绩，而是发现学生的特点，为学生未来的发展方向提出建议。在小学的第5年，学生需要参加中学的升学考试。

德国的中学分为普通中学（也称“主要学校”）、实科中学、综合中学和文理中学四种类型。其中，普通中学只对学生进行基础教育，数学或外语这类专业学科不在课程范围内。普通中学通常与工厂企业保持密切联系，并开设实践课使学生能够在毕业后迅速开始职业生涯。

实科中学是一种既具有普通教育性质，又具有职业教育性质的新型学校，学制设置是5—10年级。实科中学的学生课程安排从数学、外语到化学、艺术、哲学、体育等，但是外语教学种类相对较少。实科中学的毕业生主要进入技术或者经济专科学校。

文理中学是德国学生唯一能够在中学毕业后获得进入大学资格（Abitur文凭）的学校，要求学生在文、理科方面全面发展，课程安排从数学、外语到化学、艺术、哲学、体育等，内容十分全面。

综合中学实施因材施教的原则，学生可以根据各自的能力选择较高要求的或较简单的课程。有的综合高中也开设类似于文理中学的高中部，毕业生也可以获得高中文凭。

（3）高等教育阶段（18岁以后）。德国大学分为综合性大学、应用科学大学、艺术院校三种。其中综合性大学是指开设不同领域（如哲学、理学、工学、法律、经济、医学与艺术）专业，包含理工大学、师范大学、全科大学以及体育大学、行政管理大学等，一般设有工科、理科、法学、经济学、社会学、神学、医学、农学，以及林学等学科。

应用科学大学专业设置更偏向实践应用领域，主要包括工程技术、信息技术、商学、法律实务、社会工作、工业管理、生物工程、化学工程、护理等。此外，各州应用科学大学的专业设置与所在区域的产业特色紧密结合，并会根据产业发展和各地经济结构的变化对专业设置和培养方案进行及时调整。

艺术院校除音乐、电影学院外，还包括戏剧学院和美术学院。这类大学数量不多，规模也较小。在德国，艺术院校有和综合大学同等的地位，在艺术科学领域内有授予博士的权利。

德国高等职业教育主要包括两种类型的院校：高等专科学校与职业学院。职业学院学习期限约3年，在招生时学生一般都接受过职业学校教育或者有过工作经验。在教学时采用“双元制”教学模式，学生会在学校和企业分别学习，且随着年级升高，在企业学习的时间会增多，实践能力因此得到锻炼，一般学生毕业后就可以直接上岗工作。

高等专科学校是应用科学教育型的高等教育机构，课程设置与就业结合非常紧密，提供技术、经济和工商业、社会和设计等方面培训的学程或大学学业。

（4）德国教育改革。2002年1月，德国联邦教育与科学部部长布尔曼女士组织的教育论坛结束，提出了十二条教改建议，主要内容为：

一是强化学前教育和基础教育。明确学前和基础教育机构的教育任务，调整学前教育课程并培训授课教师。

二是注重因材施教。设立注重个性化和社会化学习为重点的全日制学校。为残疾学生提供个性化帮助，使他们能够在普通教育机构学习。

三是提倡终身学习。包括完善对非正规学习结果的认证，使其能成为进一步学习的资格证明，让高等院校成为继续教育的场所，建立继续教育数据库等。

四是培养下一代的责任心。让学生拥有参与决策和自我管理的机会，培养学生独立的能力，使年青一代的责任心得到锻炼。

五是改革教师教育。将教育改革所要求的内容嵌入教师教育与教师继续教育之中。

六是促进男女平等。创造男女平等接受教育的机会，支持女性也别是高学历女性在科研领域担任领导岗位。

七是提高学生素质。避免不同类型学校发生固化现象，提高职业教育和大学教育之间的融合性。

八是引入新媒体技术。使学前教育和基础教育阶段学生有机会接触新媒体和国际互联网。

九是消除差生歧视。提高学生学习兴趣，对学习能力不强的学生提供就业支持，为那些没有获得职业教育证书的中青年人提供第二次培训的机会。

十是加强移民教育。对移民和移民子女进行德语培训，加强不同文化间的交流与学习，吸收有移民背景的人进入教师队伍。

十一是开放学习场所。促进区域性的社会组织、文化机构、企业与学校的合作，吸收家长和社会各方力量参与教育工作。

十二是下放权力。调整国家监督的方式方法，让学校拥有更多的自主权，加强教育质量的内部与外部评估工作。

3. 中德教育对比

（1）定向教育的必要性。在德国，义务教育一般为9年（柏林、不莱梅等州为10年），儿童六岁进入小学接受4年教育后，在五六年级会进入定向教育阶段。有些州会设立专门的定向阶段学校。更多的州是将这一阶段的学习放在中学阶段，学生在三种不同的中学教育中轮换，充分探索自己未来的教育方向，避免了小学4年后就必须匆忙选择教育模式的弊端。在我国，基础教育阶段学生毕业后，需要直接进入中学，没有体验不同教育方式的机会，学生可能并未选择最适合自己的发展方式。

（2）职业教育重视程度。德国职业教育的发展，在全球处于领先地位。德国职业教育为所有人开放，不管是普通人还是有不良经历者，而且也开放给那些只想学习、“活到老、学到老”、没有以“学以致用”为目标的人。根据权威组织的统计，德国大学毕业生占同龄人的比例仅为20%，将近80%的年轻人接受的是职业教育，并以此走上工作岗位。与德国职业教育的优势相比，中国职业教育显然存在一个很大的问题，就是在大多数家长和社会的立场上，初中毕业后，很少有家长愿意让孩子进入职业学校学习。

4. 经验启示

借鉴德国十二条教改经验，对我国教育有如下启示：一是重视学前教育。提高对学前教育的重视程度，幼儿园在课程设计时注重培养儿童兴趣和对自然科学的探索，在幼儿园阶段就采取适当的方式进行外语教学；二是构建教育质量评估体系。不仅注重教学过程管理，也要关注教学结果，注重对教学的质量评估；三是改革高等教育资源分配方式。一方面鼓励高校拓宽收入渠道，另一方面引入竞争机制，实行绩效拨款，将拨款与高校的教学、科研质量等挂钩。

（四）日本：注重教育的公平性、实用性

20 世纪中叶，日本借助其在科技优势、人才优势、资本优势和企业经营管理方面的优势，从第二次世界大战后的废墟中迅速崛起，经济取得突飞猛进的发展。作为“后发型赶超”国家的典型代表，教育对日本经济腾飞可谓是功不可没。我国与日本同属亚洲国家，日本在教育发展过程中的经验和教训非常值得我们借鉴。

1. 历史沿革

（1）早期日本教育发展历史。公元 3 世纪开始，儒学由中国传入日本。日本宫廷开始设立学习儒学的私学，成为日本最早的有组织的教育形式。593 年，日本用明天皇之次子圣德任推古天皇摄政，他致力于提倡佛教和儒学，制定了具有较大影响力的《十七条宪法》，建立新的政府及宗教和文化机构，并多次派遣留学生、僧人访华学习儒学和佛法。

（2）大化改新时期日本教育发展。大化二年（646 年）正月初一，孝德天皇颁布《改新之诏》，正式开始学习中国唐朝律令制度等进行改革，史称为大化改新。大化改新后，日本全面学习中华文化与唐制，通过大化改新确立了封建制社会和天平盛世。当时，日本设官治学，一方面继续向中国派遣留学生，另一方面仿照中国唐朝的教育制度，建立日本的贵族教育制度。

（3）幕府时期以前的日本教育发展。奈良时代（710—794 年）：这个时期日本上承飞鸟时代之余绪，持大化革新之余威，天皇大权在握，与唐朝的交往进入鼎盛时期，全面向唐朝学习，文化上则进入唐风时代，社会生活各方面都有着很深的唐朝痕迹；平安时代（794—1192 年）：这个时期天皇的大权逐渐旁落，摄关政治大行其道。由于奈良时代充分吸收了唐朝文化的养分，这一时期开始结合自身的实际进行改造，以适应自身的发展。文化上进入了国风时代，开始留意保持和发展自己的民族特色。

（4）幕府时期的日本教育发展。幕府时期，教育机构分为幕府直接管理的官校、各藩管理的藩校、乡村面向平民子弟的乡校、寺院所设的寺子屋和个人开始的私塾等形式。其中，幕府直接管理的学校和藩校早期以学习儒学为主，后期也开始学习西方兵工、医学等近代自然科学只是。乡学教授日常生活需要的读、写、算和道德、风尚教育。寺子屋以教授生产、生活所需的实用技术为主。私塾前期多教授儒学，后期也有了教授西方文化的私塾。

（5）明治维新后的日本教育发展。明治维新时期，政府极为重视初等教育，规定儿童六岁入学，学制为四年。1886 年的《小学令》则分两阶段实施：前四年为义务教育，后四年为收费制。同时在一些贫困地区设三年制简易小学；明治政府在教育改革过程中，大力发展初等教育，并规定了中学应承担两大任务：开展实业教育及为学生

升入高等学校作准备而实施的基础教育；中学分为寻常中学和高等中学两类；明治时期的高等教育属于“英才教育”，教学目标是为近代化事业培养高级管理人才。1886年颁布《帝国大学令》改东京大学为帝国大学，明确其任务为适应国家发展，培养大批科技人才。

（6）第二次世界大战时期的日本教育发展。1931年九一八事变后，日本军国主义盛行，日本文部省成立了教育审议会，开始了战争时期的教育改革。首先，将小学改为国民学校，初级六年、高级两年。第二次世界大战爆发后，日本国民学校的教科书中增加了军事题材等与战争相关的教学内容，可以说国民学校的实质就是兵营式学校；其次，成立了青年学校。青年学校是实业教育和军事教育的联合，大部分未能升入中学的小学毕业生都进入青年学校。尤其是卢沟桥事变后，青年学校开始实施义务教育，男子在19岁之前要在青年学校接受训练，20岁以后加入军营。这一时期的教育主要是为军国主义服务，学校的本应开展教育活动基本停止。

（7）第二次世界大战后的日本教育发展。1947年颁布的《教育基本法》和《学校教育法》明确提出国民享有受教育的平等机会，实行男女同校的九年义务教育制度。《教育基本法》《学校教育法》颁布，确立了战后教育的新理念，主张教育机会均等，学制改为六三·三四学制（小学六年和初中三年的九年为义务教育，一般叫作六三制。再加上高中三年和大学四年，总称为六三·三四制）。义务教育由6年延长至9年，教育投资重点放在九年制义务教育上，同时重视发展高等教育，保证全体国民文化教育水平的普及的同时又可以通过高中教育和高等教育培养急需的初级和高级技术人才、管理人才。

2. 现阶段情况与特色

日本的教育体系与中国类似，由小学、初中、高中和大学组成，小学学制为6年，初中学制为3年，高中学制为3年，大学学制为4年。学校的种类，除小学、初中、高中、大学外，还设有特殊教育学校、高等专科学校、短期大学和专修大学。

（1）学前教育阶段。日本幼儿园比较注重培养儿童自理能力，学校教学内容中，几乎没有语文、数学、外语、音乐等教学科目，而是以培养儿童良好习惯的素质教育为主。

（2）义务教育阶段。日本的小学学制为6年，虽然是义务教育，但学校分为国立、公立和私立三种，学生可以跨学区入学。日本小学在设置课程时，除语文、社会、算数、理科、生活、音乐、美术、体育这类课程外，还会在一、二年级设置生活课程，四、五、六年级设置社会课程，五、六年级设置家庭课程。此外，日本小学还开始道德课程，培养学生的道德观、明辨是非的能力以及基本礼仪。

（3）中等教育阶段。日本的中等教育包括初中阶段和高中阶段，学制都为3年，合计6年。在日本，初中属于义务教育阶段，学科设置分为必修课和选修课，必修课包括语文、社会学科、数学、理科、音乐、美术、卫生体育、工艺、家政课，选修课包括外语、艺术及由地方教育部门设立的其他科目。

日本的高中不属于义务教育阶段，学制有全日制、通信制和定时制三种，种类分为普通学校、职业学校和综合学校三类。普通学校的学生主要学习普通科，为以后进入大学做准备。职业学校主要以职业教育为主，学科设置开设农业、工业、商业、水产、家庭、数理和英语等学科，学生毕业后可直接在相关领域就业。综合高中所开设的科目比普通高中及职业高中更多，以选修方式进行普通教育及专业教育，主要目的是适应学生的性格、能力、兴趣、特长等特点，为学生提供更多样化的选择。

（4）高等教育阶段。日本高等教育机构分为职业教育体系和学术研究体系，由高等专门学校、专修学校、短期大学、普通大学、研究生院组成。

职业教育体系包括高等专门学校、专修学校和短期大学。高等专门学校主要培养面向制造业的技术人才，教学设置注重实践，学生可以学到制图、实习和实验方面的知识。专修学校以职业教育为主，学科设置较为丰富，培养符合社会需求的多样化人才。短期大学教学注重实务，培养学生在校期间获得各种资格证书，使其具备就业和实际生活技能。

学术教育体系由普通大学和研究生院组成。普通大学学制一般为4年，但是医学类的学院学制为6年，教学以学术研究为主。日本的研究生院主要以学术和应用研究为主，设有硕士及博士课程，硕士课程为2年，博士课程为3年。医学和牙医、兽医学没有硕士课程，只有4年的博士课程。

（5）21世纪日本教改情况。进入21世纪以来，日本面临着新的竞争，保证义务教育质量、提高义务教育水平成为教育改革的新方向。为此，日本多个部门针对不同的教育阶段提出了措施。

基础教育。一是以目标为导向，强调质量，注重教育结果；二是提高教师的被信赖度和威信，对教师加强职前和职后教育，改革教师资格认证制度；三是加强地方和学校的自主性，激发教育的创造性；四是明确教育经费来源，提供良好的物质条件。

高等教育。一是高等教育适应时代需要，对于有自身优势的国立和私立大学，政府通过财政和信心两方面予以支持；二是建设世界一流水平的教育、研究基地；三是改革大学的专业设置与评价机制；四是建设世界一流研究生院，振兴研究生教育。

继续教育。一是通过远程教育等方式，提供多种方式的继续学习；二是利用公共设施，开办学习班、讲座，充实和完善社会教育；三是完善继续教育的认证和评价制度，促进学历证书与职业资格的相互贯通；四是加大对继续教育的经费投入，为继续教育提供财政保障。

社会技能。一是培养个人的自理能力和团队协作能力；二是培养个人的耐挫折能力和随机应变能力；三是在基础教育阶段和中等教育阶段注重培养学生的生存技能；四是培养学生的职业技能，大学也需要使课程设置能够满足社会需求，使其能适应社会需要；五是完善教育环境。

培养未来人才。一是充分发挥学生的个性和创造性，培养多样化人才以适应全球化不断变化的形势；二是学校要制定教学目标，培养在各领域能够排名顶尖的世界级人才；三是培养学生的国际化视野，鼓励年轻人走出国门，接受异国文化的熏陶。

互联网教育。一是避免因为贫穷等原因造成的教育资源差距过大，确保教育机会的均等化，为贫困学生提供财政援助；二是为有各方面困难的国民给予相应的帮助，使其获得教育的机会；三是确保教育设施的安全性，营造能够安全、安心学习的高质量的教育环境。

3. 中日教育对比

（1）教育的平等化和自由化。随着日本社会经济发展的变革推进，日本教育体系的自由、平等开始体现。学生、家长可以自由选择学校、老师，学校也是自由的，学校的教师可以指定自由的教育计划，学校可以是公立的，也可以是私立的。目前中国的教育体制机制下，学校必须按照教学大纲安排课程，按照管理办法执行教学管理，无法激发教育主体的积极性和创造能力。此外，日本允许开设不同种类的学校，不管是公立的，还是私立的，都能够得到最好的发展。中国的私立学校虽然近些年发展较快，但整体看，国家资源分配仍主要是向公立教育倾斜。

（2）重学历与重能力。随着信息化社会发展，日本教育观开始重视能力，重视培养多样化人才，学历和能力构成多元化的评价体系，让更多的人的能力能够被发掘，从而得到培养和重用。另外，日本还提出了“终生教育”的理念，让教育从封闭转为开放，让所有想学习的人都能够得到教育机会，将所有的教育基础设施向全社会开放，学校还通过开办公开讲座、建立教育协作体系、建立更多专修学校等形式，来带动终生教育的观念推广。

4. 经验启示

结合我国的实际情况，从日本的教育改革和发展的经验中，可以得到如下几点启示：

一是加强教育立法，为教育的发展保驾护航。日本非常注重法治建设，教育领域也不例外，有一套全国统一的、完善的教育法规体系。我国的教育立法历经了多年的努力，已逐步构建了基本的教育法规框架，但我国的教育法制体系还存在完备性不足、立法程序与法律完备性有所欠缺和立法进展缓慢的问题。

二是重视保障基础教育资源的平等性。日本政府非常重视教育的均等性。中国应借鉴日本教育立国、基础教育均等化旳理念，完善学前教育体系，确保九年义务教育普及率，注重贫困地区的教育资源投入。

三是加大教育投资，建设高质量的教育环境。日本的教育投入非常注重结构分配，对于基础教育、重点教育和高等教育都有响应的投资。与之相比，我国对于不同阶段的教育投入存在着差距，应该进一步明确中央和地方在教育资金的分担比例，确保每一阶段的教育都有足够的教育投入。应该对高等教育多元化发展予以关注。

四是优化教育结构，注重职业教育。日本的教育体系有着完备的职业教育体制。在我国，存在着基础教育与职业教育衔接不畅，职业教育机构同质化程度过高，不能满足社会发展需要。我国应该借鉴日本的经验，合理确定基础教育、职业教育与普通高等教育的比例，完善职业教育机构种类，注重职业教育培养的实用性，提高劳动者素质，从而更好地为经济建设服务。

（五）韩国：高等教育建设突出，教育信息化水平领先

1. 历史沿革

（1）20 世纪 70 年代教改以国家发展需求为导向。20 世纪 70、80 年代是韩国教育改革的试验期。在社会转型过程中，韩国视教育为第二经济，以国家重大发展需求为导向进行改革。具体措施包括：采用就近入学制；为大学院系确定录取人数配额，严控教授任命；建立教育改革审议会，推动高等教育改革；加强研究生教育，建立定期评估制度，推动自治化；对私立大学实行公费补助；规范四年制本科教育管理与评估机制；实行学位学分制、学位培养制；实施宽进严出的招生计划。1980 年，韩国高等教育毛入学率增至 14.7%，基本进入大众化阶段。

（2）20 世纪 90 年代教改建立现代化教育制度。20 世纪 90 年代是韩国教育改革的扩充期。金泳三政府于 1994 年成立总统教育改革委员会，确定逐步实现高等教育完全自治的目标。1995 年，韩国制定并公布“主导世界化、信息化时代的新教育体制改革方案”，主要集中在 9 大领域 48 项课题上。具体措施包括：改革初等、中等学校教育课程；构建新职业教育体制；建立远程教育制度；导入专门研究生院制度；修订教育关系法令体制等。

（3）21 世纪金大中政府实施智慧韩国工程。面向 21 世纪的智慧韩国工程（Brain Korea 21 Project，BK21）旨在通过改革实现第二次建国立国方针。21 世纪初，韩国注资 12 亿美元，用于发展世界一流大学研究生院、推进大学国际化试验、培养高质量研发人才和地方优秀大学、改革大学教育体系，培育电影、电信等新兴行业下一代人才。为保障 BK21 工程顺利运行，韩国政府设立 BK21 工程管理支持委员会，进行跨部门协调和分配学术研究任务。

（4）李明博政府致力提升教育自主性。2008—2013 年，李明博政府实施《通过提升公立教育的竞争力、减少影子教育支出的教育方针》。具体措施包括：提升公立学校教育体系自主性和多样性，强化其竞争力；改革学校录取体系。同时，政府还赋予私立学校在课程设置和教师招聘上更多自主权；完善教师考核体系和学校信息公开体系；为低收入家庭的学生提供教育和经费支持。

（5）近年高等教育改革侧重结构优化。基础教育方面，韩国主要探讨进行学制改革，内容是缩短学制总年限。高等教育方面，韩国一直贯彻“教育服务经济建设”理念，遵循经济发展与市场规律进行高等教育结构优化改革。具体措施包括：鼓励高校参与经济建设环节，促进产学研结合；鼓励高校与地方企业合作，利用专业能力扶持企业发展；通过企业或产业发展引导和扶持学生发展，增强大学生社会实践能力；以学生为本，积极推进弹性教育；将专业设置与市场实际需求相结合，优化专业设置与招生人数。

2. 现阶段情况与特色

韩国各级各类学校均有公立和私立。其基础教育体制与中国十分相似，包括小学 6 年、初中 3 年、高中 3 年。但韩国高等教育尤为发达，是亚洲第一个进入高等教育普及化阶段的国家，也是全球高等教育入学率最高的国家之一。目前，私人办学大量进入韩国课外辅导和高等教育领域，造成民众负担加重、社会阶层差距拉大。因此，韩国政府愈加倾向更平等的普通教育，并设专项基金持续投入教育信息基础设施建设。

（1）由精英教育转为更平等的普通教育。韩国实行教育平等化政策已有 40 多年历史，但一直存在入学不平等问题。以往，精英高中学生基本上都来自富裕家庭，学费达到普通高中三倍以上，变相侵占了教育资源，间接鼓励学生过度竞争，拉大了社会阶层差距。为继续探索教育公平，韩国教育部于 2019 年宣布开始将精英高中统一转为普通高中，废除自主招生权力，督促所有高中以普通方式招收学生，并计划加大投入以提高教育质量。

（2）私人教育蓬勃发展。私人教育也被称作“影子教育”，韩国建国之初起政府就积极扶持该领域，主要目的在于降低教育普及成本。如今，以营利为目的的私人办学早已退出基础教育领域，转向溢价更高的课外辅导和高等教育。据韩国开发研究院（KDI）研报显示，目前韩国私立教育机构数达到近 10 万家，讲师人数近 30 万人，数据超出此前历史最高水平。韩国教育部和统计厅数据则显示，2016 年韩国全国青少年每月平均课外教育花费为 24.4 万韩元，高中生达到 46.5 万韩元。正因为均等化的公立教育不能满足市场需求，韩国私立教育才得以蓬勃发展。

（3）专项基金和补贴保障教育信息化建设。教育信息基础设施建设需投入大量财力物力，为保障资金投入力度和持续，韩国信息通信部设有专项“信息化促进基金”。

韩国教育部直属学校的教育信息化建设资金则全部来自该基金；省、市直属学校教育信息化资金一半来自该基金，另一半来自地方政府的投入。与此同时，为缓解地方教育管理部门压力，教育部还将大部分中央政府补贴投入教育信息基础设施建设上，用于增强教育信息化、教育管理信息化等。此外，政府还与企业建立长期稳定的战略伙伴，鼓励企业参与教育信息基础设施建设。

3. 优劣势分析

（1）优势。一是高等教育普及率名列世界前茅。1995 年韩国就迈入高等教育普及化阶段，当时高等教育毛入学率达到 52%。目前，韩国是全球高等教育入学率最高的国家之一，七成年轻人拥有本科学历。此外，据韩国教育部发布的数据显示，如今在韩国国内取得博士学位人数比 20 世纪 90 年代增长了 5 倍以上。

二是教育经费投入较高。韩国教育经费投入占 GDP 比重约 6.5%，其中，私人投入一直都是教育经费筹措的主要来源，其高等教育公共财政投入甚至不到总投入的 40%。多渠道持续的高投入，使韩国教育竞争力位于世界前列。

三是信息化基础设施建设水平较领先。21 世纪时，韩国每所中小学校都已组建起局域网，并设有 13000 个计算机实验室，成为世界首个通过因特网与全球其他万余所学校建立联系的国家。目前，韩国中小学校的因特网连接速率普遍在 100M 以上。据世界银行 2013 年发布的《全球信息技术报告》，韩国学校因特网连接速率排名第 7。此外，韩国还建有学校信息技术基础设施建设教育通信系统平台（Educational Information Network，EDUNET），该平台提供丰富教育信息资源和服务，其用户数量逐年攀升超过 600 万人。

（2）劣势。一是高校毕业生失业率居高不下。尽管韩国自 1996 年起就进入高等教育普及化阶段，但目前其高校毕业生就业率仅在 75% 左右。即“啃老族”占大学毕业生比例约 25%，这一人群形成新贫困阶级。由于没有稳定收入，职业生涯发展困难，摆脱贫困可能性小，因此成为整个社会的巨大负担。与此同时，严峻就业形势还影响到高学历人才就业，同等岗位竞争愈加激烈，硕士、博士等高学历人才也面临不同程度的就业困难。

二是私人教育发展可持续性有待验证。目前，韩国“课外教育过热”现象相对其他国家较严重，以 2015 年为例，韩国私人教育市场规模相当于国家总预算的 8.8%，比 OECD 国家平均水平高出 3 倍。韩国学生人均接受私人教育的费用约 29 万韩元，后者已连续第 6 年增加，同时创下最高纪录。据美国宾夕法尼亚大学研究数据，韩国是家庭在教育上花费最多的国家。私人教育发展不但加剧了升学竞争，而且加重了家庭经济负担。

4. 经验启示

（1）可借鉴的经验。一是通过因材施教提高研究生培养质量。韩国根据研究生培养目标、课程设置、学位证书种类等将研究生院分普通研究生院、专门研究生院和成人研究生院“三院制”，并依照受教育者个性特点采取相应培养措施，体制具备极大灵活性，保证了研究生培养质量。对我国而言，随着研究生招生规模不断扩大，应借鉴韩国经验探索提高研究生培养质量，避免研究生教学培养环节中出现的同质化问题，通过因材施教差别培养策略，有针对性地加强教学管理。

二是通过公私合作及补贴推动高等教育发展。在 BK21 构建世界一流大学的制度框架下，韩国政府将资金注入大学公私合作项目（Public - Private Partnerships，PPPs）。与此同时，为使大学质量水平与世界水平看齐，韩国致力培育多样化的大学模式。通过名次等级给予大学行政和财政支援，引入世界一流大学的文化和制度，并设立具有世界水平的“尖端学术信息中心”，从而使大学教育国际化。对我国而言，也应该整合高等教育这一公共物品需求和潜在私有行为体的供给，推动高等教育顺利转型。

三是通过顶层设计强化教育信息基础设施建设。韩国在教育信息基础设施建设方面取得了较好成就。为从国家层面推动计算机教育发展，韩国自 1996 年起，每隔 5 年发布一次教育信息化发展规划。伴随着不同阶段教育信息化发展任务的演变，其教育信息基础设施建设目标和重点也随之改变。当前主要强调推出 SMART 教育信息化战略，建设重点智慧教育环境，包括基于云的数字教材课堂和在线评价系统、教育云服务平台等。对我国而言，也应重视教育信息化的顶层设计与宏观规划、注重组织机构体系设置、强调资金投入与可持续保障等方面。

（2）可吸取的教训。一是资金补助教育发展易造成马太效应。从一定程度上讲，BK21 造成了韩国高等教育强者越强、弱者越弱的马太效应——首尔地区教育资源过分集中，地方高等教育资源则尤为匮乏。以高校数量为例，首尔地区就占据 77 所，第二大城市釜山仅 23 所，其他地区甚至达不到首尔地区的 1/3。地方性高校每况愈下，甚至无法完成招生计划，进而降低录取标准，严重影响了教育质量。为补救该两极分化的风险，韩国政府后续推出“21 世纪智慧韩国工程后续工程”（Brain Korea 21 Project plus，BK21plus），向全国大学再投资 21 亿美元，尤其使地方大学得到更多资金补助。

二是历届政府教改推进虎头蛇尾。韩国教改路径是自上而下的政府主导型改革，不同利益主体的教育诉求缺乏有效表达。在这种决策模式下，教改政策的合理性难以保障，其推进也难得到拥护。因此，韩国历届政府都推出了自身的教改方针，但前后届政府教育政策往往不连贯。如 20 世纪 70 年代高等教育的实验大学改革，虽取得了一定成果，但到下一届政府时期仍难得继续施行。

（六）新加坡：生均素质高，管理体系简明高效

1. 历史沿革

（1）初次教改提出发展实用教育。20 世纪 70 年代，当新加坡国民经济发展重点

转移到新兴工业上时，政府提出“发展实用教育以配合工业化和经济发展需要”战略规划，使单轨制的普通教育转变为双轨制的普通教育与职业教育。具体措施包括：在实施普及免费6年小学教育基础上，将中学分为义务教育（进行普通教育）、职业教育（进行普通职业教育、商业教育和技术教育）两阶段；在高等教育中重新整合大学，建立新加坡国立大学和南洋理工学院（南洋理工大学前身），调整专业结构，加强国际合作。

（2）20世纪80年代教改强调提高质效。20世纪80年代初，新加坡教改着重提高教育质量与办学效益。具体措施包括：形成分流教育、精英教育制度，以及加强学校评估等。1985年后，政府根据经济形势需要，出台一系列“优化教育”改革措施，推行“教育储蓄计划”（将免费教育从小学扩展至中学），同时使职业教育和高等教育获得长足发展，私立教育开始起步。值得注意的是，这一时期，新加坡教育管理统一由教育部承担，其管理权限涵盖制定教育内容、方针政策等，学校只负责执行国家政策。

（3）20世纪90年代教改突出提升思考技能。20世纪90年代，新加坡教改突出改革课程，开放教材，加强信息技术教育。1997年，新加坡提出“思考的学校，学习的国家”教育愿景，期望学生在思考技能、信息技术和国民教育三个方面获得提高。具体措施包括：加强对教师培训、制订可行的教育计划、改善学校设施等。1999年，改革集中于“提升学前教育质量”，采取设定学前教育的理想成果、资格要求与教师培训、改进课程框架、制定幼儿园质量标准并实施构建质量评估体系等一系列改革措施。

（4）新世纪教改着重培育主动性。在高等教育方面，为改变行政化、官僚化和低效率，新加坡政府于2005年对新加坡国立大学、南洋理工大学进行改革。核心是将两所大学少许自主权扩大至全部，使其成为企业型非营利有限公司。改革后，两所大学重组大学理事会，自行分配经费、制定学费等。同时，新加坡教育部成立“大学自主指导委员会”，以监督和确保改革顺利进行。在基础教育领域，新加坡于2009年提出培养“充满自信的人、主动学习的人、能作出贡献的人和心系祖国的人”四个目标。

（5）近年教改贯彻“少教多学”方针。近年来，为适应时代的发展和国家的需要，新加坡在诸多方面对教育体制进行革新。主要措施包括：淡化甚至考虑取消小学分流制度；进行全面中小学课程改革，贯彻教学内容和方式的“少教多学”方针；实施中学“直通车计划”，为准备升大学的学生提供直接从中4升读高中课程；大力扶持和发展工艺教育学院和理工学院，将职业教育作为教改重点来抓；创办体育学校、艺术学校等各类专门学校；扩大大学规模，计划创办第四所大学。

2. 现阶段情况与特色

新加坡实行分流式精英教育，整个教育体系良性发展。教育系统涵盖10年义务教育，包括6年的小学教育和4年的初中教育。办学体制方面主要以国家办学为主，社会办学为辅。特色体现在：

（1）利用多层分流学制建构高性能基础教育系统。新加坡充分开发本国人力资源，确立了符合该国国情的“教育分流制度”。从小学到中学毕业，政府以考试为导向对学生进行四次生源分流：小学四年级结束时，学生将根据分流考试（数学、母语、科学）成绩，分别纳入EM1（20%）、EM2（70%）、EM3（10%）三个层次，前两层次学生于五、六年级继续修读高阶课程，而第三层次学生仅学习基础课程；小学毕业时，学生再参与分流，约10%、50%学生分别进入特选中学接受特别、快捷课程教育，40%学生进入社区学校学习普通课程；初二时，学生将针对自然科学和社会科学分流；初中毕业后，又面临初级学院、理工学院和工艺教育学院3类学校甄别、选拔的第四次分流，约25%学生进入初级学院，为上大学做准备，39%、21%学生分别进入理工学院、工艺教育学院以升学和就业。值得注意的是，新加坡政府曾宣布，中学阶段分流制度将执行至2024年停止，小学和中学部分考试也逐步取消。

（2）学前和基础教育兼具活力和收益。在教育部严格监管的前提下，新加坡学前教育机构基本由私人举办，各类幼稚园和学前班良性竞争，为其小学生源打下了良好基础。中小学基础教育模式多样，兼具活力及收益。相当数量的国际学校和私人学校覆盖小学和中学教育，不但提供与公立教育相同的教育内容，而且具有优越教学条件和特色教学模式。同时，新加坡中小学还吸引世界各地的小留学生，具备大量海外生源；机构和学生构成的多样化使其整体基础教育具备活力和额外收益。

（3）职业教育和高等教育包罗万象。新加坡高等教育机构有大学、理工学院、教育培训机构、艺术和商业等专科院校。由新加坡政府投资经营的国立高等院校有新加坡国立大学、南洋理工大学、淡马锡理工学院等8所。此外，新加坡还拥有上百所私立院校，大量私人资本进入语言学院、大专、大学等，涉及工商管理、信息技术、体育及企业培训等。新加坡政府准许私立教育机构颁发最高至大专的文凭，允许代理他国和地区的大专以上学位课程。

（4）教师队伍建设具备持续性和高水准。新加坡政府意识到教师素质的重要性，从源头上选择排名在前30%的优秀学生进行面试，从而保证了教师队伍质量。在职前培养方面，新加坡推动教师积极参与专业发展培训项目和课程。教师候选人必须得到新加坡国立教育学院（新加坡唯一的教师教育机构）颁发的教育文凭、教育研究生文凭，以获得发展路线上的晋升。

3. 优劣势分析

（1）优势。一是基础教育取得全球性优异成效。在2019年由经济合作与发展组织（OECD）发布的国际学生能力测试（PISA）结果中①，新加坡学生在阅读、数学和科学方面的表现排名第二，其成绩远高于评比国家平均水平。从趋势上看，新加坡基础教育呈现积极发展态势。不论长期还是短期评估中，新加坡在上述三项能力素养方面的数据都呈现上升趋势。在 2015 年的 PISA 测试中，新加坡上述三项能力均排第一，尤其在首度举办的 PISA 创造性问题解决测验中，新加坡学生明显领先，表现出陌生环境中迅速解决错综复杂问题的能力。

二是教育投资保持良好稳定性和透明度。自独立以来，新加坡历届政府始终将教育投资作为国家发展战略的重要组成部分。政府长期坚持对教育的高度关注、高额投入，且随着经济发展不断加大经费投入。同时，由于建立了严格的教育财务管理制度，教育经费使用高效透明。新加坡政府会适时向社会公众公布筹措教育经费的分配和使用情况，并接受各界监督和建议。新加坡教育行政机关不仅要对本级政府教育投资的分配利用负责，同时还督导下级政府对教育机构的投资分配使用，以便及时发现解决问题。

三是教育管理体系简明，政策执行效率高。相对其他国家，新加坡教育管理体系较严密，一切涉及办学、投资的事务都须经中央政府严格审批。由于不涉及中间组织，因此教育管理效能较高。教育部作为最高教育管理机构，直接管理新加坡各类学校。教育部职能包括制定和执行教育政策，主管政府所办或资助的各类学校；监督私立学校；与有关部门共同管理相关职业学校；对不隶属于教育部管理的大专院校、成人教育等给予政策指导。

（2）劣势。一是分流式精英教育导致高等教育普及率相对较低。相对其他实行高等教育普及化的国家而言，在分流式的精英教育制度下，新加坡仅有 20% 左右学生能够上大学。在社会和企业都逐渐革新其人才聘用方式的新时代，政府以考试成绩和学业成就排名区分学生才能的标准颇受质疑，或将导致社会不平等现象越来越严重。

二是在文化创意教育上存在短板。虽然新加坡在教学模式上吸取了东西方长处，但其存在流于机械、华文教育和英文创意写作等方面皆有欠缺等问题，主要归结于教育导向。在当今社会亟须具备创造力、充满好奇心并能自我引导的终身学习人才，需要提出新颖想法并付诸实施的情况下，新加坡教育目标与这一社会需求恰恰相反。

4. 经验启示

（1）可借鉴的经验。受地域、自然资源制约，新加坡走教育兴国之路，重视教育投资和提高国民素质。为适应新时代社会经济发展要求，新加坡陆续推行一系列教育改革措施。作为以华人为主体的国家，新加坡在语言、文化及生活方式与中国有诸多

---

① 举办时间为 2018 年。

相似之处，其教育管理体制可为我国借鉴。

一是根据国家经济发展需求灵活制定教育制度。新加坡政府一以贯之地把教育和国家长远发展战略相结合。1965 年独立后，为使教育获得更好发展，新加坡实行中央集权制的教育管理模式。通过这种直接管理形式，为国民经济发展提供大量劳动力和专门人才，对加快新加坡经济发展起到了重要作用。2006 年后，在国家经济、多元文化社会发展推动下，新加坡教育管理体制转变为地方分权制。新管理模式下，学校被赋予更大的办学自主权。通过这种间接管理形式，学生灵活性及变通性得以提高，对新加坡外向型经济发展起到了巨大推动作用。对我国而言，可以在经济转向高质量发展阶段，灵活制定相匹配的教育制度，注入“因材施教”教育理念，培养时代需要的全面发展人才。

二是始终保持同经济增长相适应的教育投入。新加坡重视教育事业发展。以高等教育投入为例，其经费从 1979 年的 5000 万新元上涨至 1989 年的 4. 34 亿新元，同时高等教育拨款占总教育拨款比重到达 25%。实际上，自 80 年代开始，新加坡教育经费年投入同比增加近 30%；政府在 90 年代进一步提高投入，教育预算占国民生产总值比重升至 5%，仅次于国防开支。近年来，越来越多人意识到不能仅靠政府单方面投入、补贴，因此政府愈加关注私人部门投入的重要性，新加坡教育投入的经济来源从单一化趋向多元化。对我国而言，应保持与经济增长相适应的公共教育投入，也应注重社会资本投资教育的潜在贡献，通过逐年递增的经费投入为教育发展提供坚实保障。

三是采用先进教育理念和积极拓展多元办学渠道。新加坡的教育办学体制较开放和多样。以高等教育为例，1994 年新加坡管理大学就面向全社会招生，成为新加坡历史上第一所开放型大学，该校模仿宾夕法尼亚大学沃顿商学院的模式而建，是该国排名前三的主流大学。2005 年年初，该校正式划归私有。与此同时，新加坡还积极促进民办教育发展，将民办教育纳入经济社会发展总体规划，制定民办教育发展的目标和措施，着重提升其教育质量的和建立教育品牌。

四是鼓励在教育领域中应用信息技术。为促使教育信息化工作，新加坡设有教育技术部，并实施信息技术导师项目和信息技术示范学校项目。以后者为例，政府通过试点方式选取部分学校在教学中应用信息技术，形成典型信息技术教学应用模式，并在全国范围内积极推广。此外，新加坡还鼓励软件企业根据学校需求定做教育软件、提供售后技术支持等。在实行层级管理教育的同时，新加坡还建立了咨询系统和包括督学、视学的信息反馈系统，形成了以最高决策机关为核心、连续循环的教育管理网络。对我国而言，可设置专职部门，负责制定与实施教育领域的信息化政策。还可形成以督学反馈为核心内容的全国性教育管理网络，以确保教育决策的科学性、可行性和准确性，促进教育计划执行的质量提高。

（2）可吸取的教训。一是过度中央集权压抑高校积极主动性。从独立建国时起，新加坡政府就着手解决大学领导权问题，逐步将学校人事及教育大权收归政府。虽然教育资源聚拢在经济发展中发挥了巨大作用，但同时也导致管理体制存在过度中央集权、高校欠缺积极主动性等问题。相应地，培养出来的学生灵活性及变通性较弱，不利于新加坡外向型经济发展。对此，新加坡通过下放管理权进行调整和改革，以期扩大学校自主权。具体表现为中央政府下放大学管理权给教育部，教育部下放一定权力给大学，大学再下放部分权力给院系等。

二是单一教育体制忽视学习者的个体差异。在20世纪70年代新加坡经济腾飞时，政府曾持续双语教育，但效果欠佳——学生“损耗率”高、识字率非常低。究其原因，是由于僵硬的单一教育体制导致。这种“一刀切”体制往往缺乏伸缩性和弹性，忽视学习者的个体学习能力和水平差。让所有学生使用同样课程大纲，学习统一的课程，并遵行同样的考试标准，是不符合人本发展的自然规律的。

三是难以全面贯彻因材施教方针。教育分流制度是新加坡教育制度发展史上的里程碑和重要分水岭，该制度真正贯彻了因材施教的教育理念。但是，需要注意的是，在分流制度改革的过程中，曾出现难以排除政治和经济干扰等问题。李光耀表示：“在1978年之前政府没有很好地抗拒在语文问题上的政治干扰，没有让学生按照自己的学习进度去专修一种语文，充分发挥自己的能力。”值得注意的是，分流制主要依据学生考试成绩和智力测试，而对学生的学习兴趣、能力和家庭背景等因素重视不足。

（七）中国香港：民主化、以学生学习为中心

香港拥有特殊的地理位置和历史因素，其教育体系融合了中国文化和西方教育的双重特色，教育理念先进、教学方式灵活、国际化程度高，在某些方面对内地教育发展起了示范作用。

1. 历史沿革

（1）初步建立阶段。香港开埠前，中文学塾作为其唯一的初等教育机构，没有明确的教学年限规定和程度划分，所设课程以读书习字为主，同时重视道德、人伦的陶冶。

19世纪40年代英国割占香港后，将教育交由英国教会负责办理，教会学校得以出现并迅速发展。1843年11月，香港第一所教会学校建立，标志着香港现代教育制度的开始。教会学校多为初等教育性质，一般实行免费教学，课程除圣经、英文等西方科目外，也包括中国文学、写作、历史和地理等传统知识。同时，中文书塾也得到不同程度的发展。

19 世纪 60 年代，随着国内外形势发生变化，英国政府开始加强对教育的控制，成立教育司署①专门负责教育事务，并确立了“重英轻中”的教育政策，在一些公立学校将英文定为必修，中文则改为选修，以培养对香港及中国内地产生影响的亲英势力。

（2）改革发展阶段。第二次世界大战后，香港的经济结构发生了巨大变化，迫切需要高素质的劳动力资源。因此，港英政府对旧的殖民教育体系进行改造，以普及教育取代精英教育，逐步建立以智力投资为主导、适应香港经济社会需求的、门类较为齐全的、多层次的现代化教育体系。20 世纪 70 年代，香港开始实行九年制免费普及教育，同时大力发展职业教育，加强高等教育。

这一时期香港的教育注重智育，德育、体育、美育、劳育则大多流于形式，导致绝大多数香港青少年国家民族意识薄弱。20 世纪 80 年代，香港教育当局开始推进学校公民教育发展，于 1981 年、1985 年、1986 年和 1996 年先后颁布了《学校德育指引》《学校公民教育指引》《中学性教育指引》和《学校公民教育指引》（修订版）。但这四份《指引》只是参考性文件，并未硬性规定学校执行，也未能将公民教育列为独立的必修科目，致使香港的公民教育不能真正落到实处。

（3）调整巩固阶段。1997 年香港回归后，教育改革的思路从数量普及转向追求质量发展，以在各个教育阶段提供优质教育为目标，以终身学习、全人发展为理念，力求塑造民主化的、以学生学习为中心的教育制度。

教改的大方向：一是强化国民教育体系。由于长期的殖民历史，香港回归后国民教育备显特殊和重要。为建立青少年学生作为中国人的身份认同，产生“我是中国人”的归属感和自豪感，香港教育局采用“多重进路”的方式推行国民教育，即在中小学相关学科指定部分内容必须讲授国民教育，要求初中学生必须在个人、社会及人文教育学习领域修习中国历史，同时加强普通话学习；二是加强整体规划，完善管理体制。香港回归前，港英政府在推行多形式、多层次、多渠道办学等方面取得了一定的成绩，但缺乏全盘计划，各个环节之间经常出现脱节现象，且大学预科教育设置不统一，导致管理混乱。对此，特区政府加强正规教育与非正规教育之间的衔接、配合乃至交融，逐渐淘汰大学预科制度和大学 3 年制，使香港学制朝向与国际接轨的“6334”转变；三是建立民主、科学的教育制度。回归后，香港政治民主化程度得到长足发展，从过去权力高度集中的港督独裁体制转而实行“一国两制”“港人治港”“高度自治”，教育工作者的民主意识亦逐步加强，参政议政积极性不断提高，教育决策更加民主化、科学化。

---

① 1865 年成立，1900 年改组为教育科及教育署，1983 年改组为教育统筹科，1997 年香港主权移交后更名为教育统筹局，2007 年改称教育局。

改革范围覆盖课程与教学、学制及其衔接、评估与考试、师资与管理等教育的各个领域；课程改革方面，打破了学科分化的传统，代之以统整课程的组织形式，将学校的科目分为八个主要学习领域，为学生提供整合性的学习经历，提供让学生发展及应用共通能力、价值观和态度的情境。课程架构由学习领域、共通能力、价值观和态度三个互有关联的部分组成，打破了固有的科目边界，由强调知识的灌输转为注重学生如何“学会学习”。课程改革横跨小学、中学与高中教育，同时影响至大学。改革实施采取从中小学至高中分段推进的策略，“终身学习、全人发展”理念贯穿改革始终。为了支持课程改革，教师培训、课程资源建设、到校支援等工作也有序展开；学制改革方面，与内地并轨，将原来的英式“63223”学制①，改为“6334”学制②。新学制下，高中教育扩展至全港学生，而不再是只有1/3的学生可以升读预科，所有学生都可以享受12年免费教育；在四年制大学课程的模式下，学生将有更多时间接受均衡而全面的大学教育；评估机制方面，改变过去选拔性的、精英主义的、考试主导的评估方式，改为促进学习的评估，减少高风险的公开考试，避免学生过早分流，失去发展的机会。

2. 现阶段情况与特色

（1）教育制度。香港教育主要由香港特区政府教育局管理，制度上大致可分为幼稚园教育、小学及中学教育、专上教育、特殊教育、其他教育及训练五部分，教育局对小学、中学、特殊学校都有相关资助条例。

幼稚园教育为学前教育。香港幼稚园属私营机构，由志愿团体或私人开办，分非牟利幼稚园及私立独立幼稚园两类。幼稚园所提供的教育，目的是培育儿童在德、智、体、群、美各方面的全面发展，养成良好的生活习惯，以及激发儿童学习兴趣和培养积极的学习态度，为未来学习奠定基础。

小学及中学教育为义务教育。香港通过公立学校为所有儿童提供12年免费普及小学、初中及高中教育。小学及中学提供五育并重及多元化的学校教育，以配合全港学生的不同需要，使学生吸收更多知识，确立价值观和掌握技能，为日后升学或就业打稳基础，以及促进学生的个人成长。

专上教育也称高等教育，是指中学修业后任何不低于中学修业后的教育程度而属专业、技术、学术性质的教育。在香港举办专上教育的机构大致可分为法定大学、法定学院、注册专上学院、职业训练局院校、一般院校和于“中华民国”教育部注册的香港院校。香港目前超过七成适龄人口有机会接受专上教育，其中约五成有机会修读

① 即小学6年、初中3年（中一至中三）、高中2年（中四、中五）、预科2年（中六、中七）、大学3年。

② 即小学6年、初中3年、高中3年、大学4年。

学位课程。

特殊教育是为有特殊教育需要的儿童提供的教育，帮助他们充分发展潜能，成为社会上独立而有适应能力的人。按现行政策，教育局会根据专业人士的评估和建议，在家长的同意下，转介有较严重或多重残疾的学童入读特殊学校，以便接受加强支援，而其他有特殊教育需要的学童则会入读普通学校。

其他教育及训练主要包括职业专才教育、毅进文凭课程、指定夜间成人教育课程资助计划。职业专才教育为中学离校生及在职人士提供更多学习机会；毅进文凭课程为高三离校生和成年学员提供另一学习途径，让他们取得就业和进修所需的正式学历；指定夜间成人教育课程资助计划资助成年学员修读由认可办学机构于指定中心提供的夜间中学课程。

（2）教育发展。香港教育资源紧张，高等教育毛入学率仅为 17%，约为内地的 40%，公立幼儿园和小学大部分施行半日制教育。根据香港特区政府教育局统计资料，2018/2019 学年，香港共有 1033 所幼稚园，幼稚园教师人数为 14145 人，受训教师占 97.3%，学生与教师比例为 8.4：1；有 587 所小学，小学教师人数为 27362 人，受训教师占 96.1%，学生与教师比例为 13.7：1；有 506 所中学，中学教师人数为 28971 人，受训教师占 96.3%，学生与教师比例为 11.3：1；有特殊教育学校 61 所，特殊教育学校教师人数为 1872 人，受训教师占 99.0%，学生与教师比例为 4.2：1。

香港教师待遇高，其经济社会地位仅次于律师、医生和金融行业。香港中小学分为公立、资助、直资和私立四种，其中公立、资助学校办学经费全部或几乎全部来自政府，其合格教师最低一档工资亦高达 2 万港元/月，而目前香港大学毕业生初入职场的平均工资是 1.4 万港元/月。

表 1-2　　香港 2018/2019 学年教育发展情况

	学校数量（所）	教师人数（人）	受训教师占比（%）	学生与教师比例
幼稚园教育	1033	14145	97.3	8.4：1
小学教育	587	27362	96.1	13.7：1
中学教育	506	28971	96.3	11.3：1
特殊教育	61	1872	99.0	4.2：1

资料来源：香港教育局网站，中国民生银行研究院整理。

注：数字是指该学年 9 月中的情况。

（3）教育经费。香港特区政府在坚决推动教育改革的同时，加大财政投入力度，以保障改革顺利进行。2018/2019 财年，香港教育支出为 115.26 亿港元，较上一个财年增长 24.9%，占财政支出的比重高达 20.6%，高于内地 6 个百分点。

表 1－3　　香港 2018/2019 财年教育支出

	2013/2014 财年	2014/2015 财年	2015/2016 财年	2016/2017 财年	2017/2018 财年	2018/2019 财年
教育支出总额（百万港元）	76392	73724	78968	82436	88465	110526
教育支出占政府支出比重（%）	17.6	18.6	18.1	17.8	18.8	20.6
教育支出占 GDP 比重（%）	3.6	3.3	3.3	3.3	3.3	3.9

资料来源：香港教育局网站，中国民生银行研究院整理。

注：财政年度（四月至三月）。

3. 内地与香港地区教育对比

与内地相比，香港教育体制主要优势在于：一是改革相对社会化。特区政府在作出教育决策前，注重采纳教育咨询组织的建议，还会征求学校、家长等对教育发展的意见，形成了全社会关注教育改革、助力教育改革的氛围，以及全民支持、共同担当的局面，具有广泛的社会代表性；二是学校性质多元化。特区政府采取多渠道办学的教育政策，除政府办学外，还鼓励社会团体及个人投资教育，并通过资助、津贴的方式扶持私立学校发展；三是教育国际化。香港教育国际化特色明显，主要表现在师资国际化、生源国际化和教学国际化三个方面；四是升学阶梯多元化。特区政府通过专上教育、职业专才教育、毅进文凭课程、指定夜间成人教育课程资助计划，为中学毕业生和抱有不同理想的青年人提供灵活、多元及多阶进出的升学阶梯，大学并非唯一的升学途径，更不是成功的唯一指标；五是教师专业化。20 世纪 90 年代，香港的教师教育已经实现大学化，香港教师必须是由大学或高等院校来培养，没有其他途径。香港回归后，特区政府鼓励教师教育机构积极对教师教育相关方面进行学术研究，发展更多有效方法来促进教师教育水平的提高。

同时，香港教育体制中亦存在一些问题：一是国民教育尚未达标。香港部分青年中存在对国家认同感不强、国家意识和民族观念较为淡漠的现象，主要表现为重视“两制”、忽视“一国”，重视权利、忽视义务，重视自身、忽视国家，导致香港青年频繁参与激进本土主义运动；二是教育机会不公。回归以来，香港公立和政府资助学校数量持续下降，而私立和国际学校数量则在上升，使得教育制度日益贵族化，阶层固化进一步加剧。作为承担了香港 70% 以上中小学生教育的公立和政府资助学校，政府规管严格、财力有限，教育水平远远低于私立和国际学校，而私立和国际学校都是学位世袭制，报读时首先要先看孩子的祖父母、父母、兄弟姐妹是否在该校毕业；三是少子化冲击教育体系。近年来，香港生育率持续下降。根据香港特区政府统计处的最新数据，2018 年香港出生人数为 53700 人，较 2017 年下降

5%，生育率[①]则由 2017 年的 1.125 下降至 2018 年的 1.072，在全球 224 个国家或地区中排行倒数第 4 位，仅高于新加坡、中国澳门和中国台湾。低生育率导致适龄学生人数不断下降，不少学校都面临收生不足、经营困难的问题。

4. 经验启示

一是推动教育优质均衡发展，需要民办教育的大力支持。改革开放以来，随着人民群众多样化教育需求日益增加、民办教育政策不断完善，社会力量兴办教育的热情不断高涨，内地民办教育事业快速发展。截至 2018 年年底，内地拥有各类民办学校 19.35 万所，占全国的 35.35%；民办学校在校生规模为 5378 万人，占全国的 19.51%。但在此过程中，民办教育也存在行业内无序竞争、招生及管理两难并存、教师队伍不稳定难以吸引人才、扶持政策与公办教育难以同日而语、办学质量有待提高等问题。下一步，有必要支持民办教育从外延扩张转向内涵提升的发展模式，规范民办学校办学行为，促进民办教育健康发展。

二是教育国际化是教育强国之路的必然选择。扩大教育开放、加强国际交流与合作，坚持以开放促改革、促发展；开展多层次、宽领域的教育交流与合作，促进教育改革发展，提升我国教育国际地位、影响力和竞争力；适应国家经济、社会对外开放的要求，培养大批具有国际视野、通晓国际规则、能够参与国际事务和国际竞争的国际化人才。

三是打造高水平的职业学校和专业，是缩小高素质人才供需差距的重要手段。香港具有特色鲜明的职业教育体系，内地可借鉴其经验。转变政府定位，变革职业教育财政投入模式。通过政策倾斜和公共拨款，实现政府对职业教育的管控意图；加大对职业教育的宣传，打破公众对职业教育的固有看法，弘扬崇尚技艺、尊重技工的社会风气，营造良好的职业教育发展氛围；推动职业教育与产业界合作，加强行业协会的纽带作用和对职业教育的指导作用；全面提升职业教育内涵，以经济需求为出发点培养人才，建立全覆盖的职业教育及培训体系，完善职业教育质量保障体系。

四是学习应超越学科课程和考试的局限。香港通过课堂内外各种不同形式的学习活动，让学生获得全面的学习体验，促进其独立学习的能力，达到全人发展和终身学习的目的。因此，课程的设计应以学习经历为着眼点，注重培养学生的学习习惯、学习能力、实践能力和探究能力。

（八）中国台湾：普通教育与职业教育并重并立

经济发展是台湾教育发展和变革的原动力。第二次世界大战后，台湾教育之所以

---

① 平均每名女子生产婴儿数目。

发展较快，主要原因就是经济的持续发展对教育不断提出新的要求。通过分析台湾教育与经济发展的互动关系，可为我国教改提供借鉴。

1. 历史沿革

（1）20 世纪 50 年代至 60 年代。这一时期，台湾重点依靠“美援”发展纺织、肥料、水泥等劳动密集型进口替代工业，社会生产领域对劳动者素质要求较低。

因此，台湾当局把教育改革的重点放在推进小学阶段义务教育①和发展成人补习教育上，全面实施劳动教育。1950 年 6 月，台湾“教育部”颁布《戡乱建国教育实施纲要》，强调教育为“立国之本”。1953 年台湾开始实施第一个“四年经建计划”时，把补习教育纳入正规教育体系。

（2）20 世纪 60 年代至 80 年代中期。这一时期，台湾抓住国际分工变化的机遇，利用低廉工资的国际比较利益，大力发展加工出口工业带动经济发展，经济结构逐步从劳动密集型向资本与技术密集型转变，社会生产领域对劳动者的文化素质有了更高的要求，迫切需要受到职业与技术培训的劳动力。

因此，台湾当局把教育改革的重点放在延长义务教育年限、大力发展高职、专科教育及各种技艺培训中心上，同时适度扩充高等教育规模，采取提高质量、重点发展研究生教育的策略，进一步完善高等教育结构。1967 年 8 月，台湾“行政院”颁布《九年国民教育实施纲要》，提出从 1968 学年度起实施九年义务教育；1968 年 4 月，又出台了《九年国民教育实施条例》，对义务教育的组织、管理、课程、师资和经费等作了具体规定。

到 20 世纪 80 年代中期，台湾的劳动力构成主要是接受过中等教育者。据台湾统计资料，1956 年台湾就业人口中文盲占 35.0%，而 1984 年就业人口中，大学以上学历占 6.0%，高中以上学历占 23.5%，初中程度占 19.5%，小学占 35.9%②。

（3）20 世纪 80 年代中期至今。1986 年以来，台湾实行了自由化、国际化、制度化的经济转型，进一步健全和完善市场经济体制，以产业升级和拓展美国以外的外贸市场作为重大调整内容，以通信、信息、消费电子、半导体、精密器械与自动化、航天、高级材料、特用化学及制药、医疗保健及污染防治等十大新兴产业为支柱产业。随着高科技产业的迅速发展，对高新技术人才需求大大增加，发展高等教育成为当务之急。

这一时期，台湾教育改革主要内容包括：一是推行 12 年义务教育，广设综合高中。2003 年起，台湾将义务教育延长至 12 年；二是普及高等教育。2002 年起废除大学联考，改为多元化入学，如推荐甄试、保送甄选、自学方案分发等，高中毕业生均

---

① 台湾义务教育又称国民教育。

② 张学书，曲士培：《台湾社会教育》，山西教育出版社，1999 年版。

有机会上大学。通过大学整并、大学分类发展、引进民间资源，整合高等教育资源；三是加速高等教育国际化。发展国际一流大学与顶尖研究中心，扩大招收外国学生，鼓励精英留学，全面提升大学生外语能力，营造国际化大学校园；四是改进职业技术教育。通过调整职业技术教育体系、畅通职业技术学生升学与进修渠道、改进职业技术教育课程、强调职业技术实务导向等，持续推动职业技术教育改进与发展；五是实施小班教学、开放式教育，以满足学生的个别需要，提高教育质量；六是拓宽师资培养的来源和途径。改革过去长期由专门师范院校负责培养教师的传统做法，凡开设教育课程的大专院校均可担负培养师资及其他教育专业人员的任务。师范教育改公费制为自费为主、辅以公费的方式。

2. 现阶段情况与特色

（1）教育制度。台湾现行的学制为“6334”[①]，除国民中小学为义务教育外，高级中等以上学校教育（含五专）分为“普通教育”与“技职教育”两大体系。

学前教育非义务教育，并未纳入学制，但近年来台湾当局积极投入资源，以减轻家长育儿负担，接受学前教育的5岁幼儿人数逐年增加。

就学龄而言，小学6年，在学年龄为6—12岁；初中3年，在学年龄为12—15岁；高级中等学校（分为普通型、技术型、综合型及单科型）3年，在学年龄为15—18岁；大学学士班4年，硕士班1—4年，博士班2—7年，在职或特殊状况者各校可以自行延长。

学制系统中，学生有两次重要的选择与分流，初中毕业后可选择高级中等学校或五专[②]就读，入学方式以免试入学为主，特色招生为辅；普通型高级中等学校毕业后可参加大学申请入学或相关入学考试；技术型高级中等学校学生毕业后，可衔接高等教育阶段2年制专科学制及4年制技术学院或科技大学。

此外，为提供一般社会大众更广泛的进修机会，台湾还设有进修补习学校，提供多元的终身学习管道，并对有身心障碍的学生，设有特殊教育，让各类学生均能适性发展。

（2）教育发展。2018学年，台湾地区各级学校总数为10902所，较2012学年减少594所，减幅为5.2%，教师数减少2.3%，学生数减少13.6%，学校、教师、学生数量总体呈逐年下降趋势；每位教师任教学生数为14.7人，较2012学年减少1.9人，显示学生享有更佳的教学质量；每平方千米校数为301.2所，较2012学年减少16.4所，学校密度缩小。

① 即小学6年、初中3年、高中3年、大学4年。

② 全称为“五年一贯制专科生”，是指应届初中毕业生直接考入高等学校，接受学制五年的文化素质、专业理论和专业技能的大学专科教育。

随着升学管道日益畅通，学生升学率有所提高。2017 学年初中毕业生人数为 224751 人，继续升学人数为 224296 人，升学率为 99.8%；高级中等学校普通科及综合高中毕业生为 116486 人，继续升学人数为 109852 人，升学率为 94.3%；专业群科毕业生为 101408 人，继续升学人数为 80539 人，升学率为 79.4%。

表 1－4　　台湾教育发展概况

学年度	学校数量（所）	教师人数（人）	学生人数（人）	每位教师任教学生数（人）	每平方千米学校数（所）
2012	11496	301911	5007275	16.59	317.66
2013	11426	303113	4859558	16.03	315.72
2014	11078	303078	4729465	15.60	306.11
2015	10948	299917	4616078	15.39	302.48
2016	10882	294911	4504363	15.27	300.66
2017	10884	293554	4403690	15.00	300.71
2018	10902	295010	4325121	14.66	301.21

资料来源：台湾“教育部”网站，中国民生银行研究院整理。

（3）教育经费。台湾当局在扩大教育规模，提高教育质量，培养经济发展所需的各级各类人才的同时，不断增加对教育的经费投入。2018 年，台湾教育经费总额为 6099 亿新台币，较 2008 年增长了 1.3 倍；教育部教育经费为 2425 亿元，较 2008 年增长了 1.5 倍。

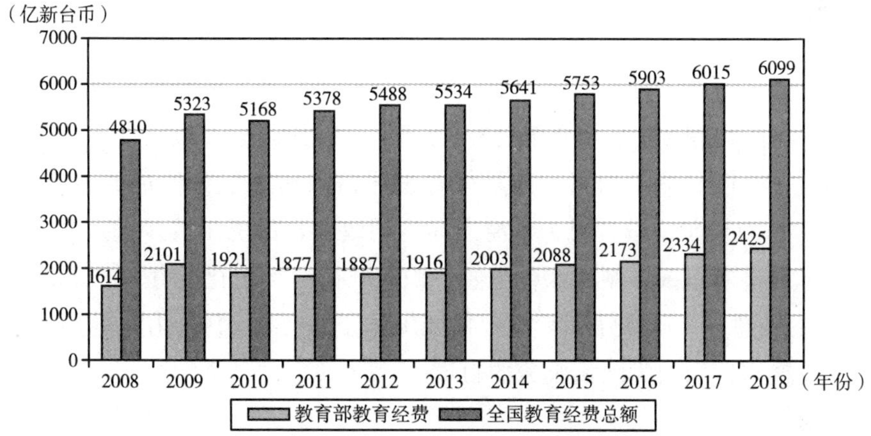

图 1－1　台湾 2008—2018 年教育经费概况

数据来源：台湾“教育部”网站。

3. 内地与台湾地区教育对比

与内地相比，台湾教育有以下优势：一是技职教育蓬勃发展。台湾地区技职教育体系独立完善，包括高职教育（相当于内地的中职教育）、专科教育、本科教育、硕士教育及博士教育五个层次。技职教育学制合理，法律法规制度健全，职业证照制度完善，对学生的升学、就业或就业后的加薪、升迁都很有帮助。技职教育重视学校与企业的合作，并积累了很多经验与做法，如请进好的技师到学校教学、鼓励教师赴企业深度研习、鼓励学生到业界学习和体验等；二是私人办学比重大，质量较高。当前台湾地区技职学校中私立学校约占55%，专科学校中私立学校约占81%，大学及独立学院中私立学校约占65%，私立学校的学生数占全部大学生数的60%以上；三是实施创造力教育。21世纪是知识经济时代，而知识的生产、利用和传播都离不开创新，创造力是创新的基础和发展知识经济的前提。20世纪80年代以来，台湾地区创造力教育水平不断提高，创新氛围已经形成，促进了文创产业蓬勃发展。2017年《台湾文化创意产业发展年报》显示，2016年台湾地区文化创意产业机构总数为63339家，较2015年增长0.72%，文化创意产业就业人数为26.1万人左右。

同时，台湾教育体制中也存在一些问题：一是生源数量下降。据台湾“内政部”，2018年台湾户籍登记人口为2358.89万人，较上年增加1.77万人，增长率为0.75‰，首度下降至1‰以下，且人口增加数、增幅都是历年最低。低人口增长率导致适龄学生人数不断下降，叠加教育资源结构性过剩，进而引发学校招生数量不足、学生综合素质不高等问题；二是教育经费投入不足、支出结构不合理。2018年，台湾地区教育经费占国内生产总值的比重为3.3%，低于OECD国家平均数1.5个百分点。在教育资源配置方面，教职员人事费和退休抚恤经费合计占教育经费八成以上，教学业务经费相对不足；三是高等教育质量下降，国际化水平低。由于学生少大学多，台湾高等教育的毛入学率基本达到百分之百，教师与学生比例严重失调，导致学生学业水平降低、毕业生学业认可度下降、毕业生就业困难的现象，造成高层次人才的浪费。台湾地区学术水平国际化程度低，高等教育仍处于学术输入阶段，虽然许多大学已经与国外大学签约合作，但都流于形式；四是教育发展偏离服务经济发展的轨道。近年来，随着“台独”势力蔓延，教育成为台湾当局达到政治目的的工具。进入21世纪以来，台湾当局改革教科书编撰体制和课程纲要，积极推行“乡土化教育”①，这实际上是基于从“台湾主体意识”异化出的“台独意识”，进行“去中国化”的历史、文化教育，将教育发展宗旨引向为政治服务的轨道。

4. 经验启示

一是教育发展要与经济发展相适应。教育主要是为物质生产部门和非物质生产部门提供人力资源支持，教育发展滞后会制约经济发展的速度。随着我国经济转向高质

① “乡土化教育”即用台湾地方方言（闽南话）讲学，对台湾中小学生进行台湾历史、地理、人文、风俗、社区等各个方面内容的教育。

量发展阶段，迫切要求高等教育顺应知识创新速度加快、科技变革加剧的发展趋势，及时调整教育结构、课程设置和教学内容，将教育人口覆盖面优势转化为高素质人才竞争力优势，为全面建成小康社会提供充足的高层次人才和持续不断的创新动力。

二是完善的教育法律法规体系为培养适用型技术人才提供了法律保证。台湾教育法律法规体系完善，从教育层次看，有《大学法》《专科学校法》《职业学校法》《高级中学法》《国民教育法》《幼稚教育法》等；从教育类别看，有《社会教育法》《补习学校法》《师范教育法》等。法律法规制定后，都有较为完备的规章规程作为保证，并根据经济社会发展变化适时修订，逐步完善。教育法规对各级教育起到了规范、促进和保证质量的作用。下一步，要把学校管理纳入法治轨道，不断完善教育法律法规体系，包括针对缺乏细则的法律法规制定其下位法，清除或修改违反上位法的下位法，对于法律定位模糊的法律主体加以澄清，明确行为主体的法律责任和权利，建立有效的公众意见反馈机制等。

三是教育发展不可“重量轻质”。台湾在发展教育方面过于重视数量的增加，而忽视了教育质量的提高。提升教育质量，应树立多样化教育质量观，不同院校需要形成自身独特的人才培养目标与衡量标准，以满足不同群体、个体的发展需求；合理调整高校结构与布局，丰富高校办学层级、种类，避免高校的单一性、趋同性；在学校内部建立质量保障机构，负责根据国家规定、市场需求、学生发展愿景等拟定学校发展规划、发展目标、发展定位，并在教育管理工作中予以保障实行；加强学校课程品质建设，树立学生为本的课程理念，考虑学生的主体性与差异性，开发体现学生特点的课程体系。

（九）借鉴与启示

综合如上教育先进国家和地区的教改经验、教训，有选择、有批判地借鉴其他国家办学和治校的经验，能够有效推动我国教育多元化发展，改良我国教育生态治理。

相较而言，美国基础教育覆盖高中，以“学区制”作为教育行政管理的基本单位，确保每个孩子平等优质的教育资源。基础教育阶段设立特许学校，是一种新型公立学校，拥有很强的独立性，改变了公立学校“千校一面”的沉闷局面，高等教育与地方经济社会发展紧密结合，且高校类别划分细致，体系完善。公立与私立、普通与职业教育相辅相成。“以绩效为本”的优秀教师评估体系广受青睐，注重教育法制的完善。

英国教育体系历史悠久但不失灵活性。基础教育亦涵盖高中阶段，公立学校完全免费。其教育逐级分权管理体系完善。中央政府与地方教育当局各有自己清晰的职权范围，财政拨款力度大，国家财政拨款占近80%。注重教师素质培养和均衡划配，加强职业教育与市场、就业紧密衔接。

德国学制具有典型的第二次世界大战后打造工业帝国的痕迹。基础教育囊括高中阶段，中等教育具有浓厚的研究型、技术型分流特点。与别国不同，德国职业教育体系完善，受到普遍青睐，占据主流。同时，德国注重学前教育，致力于构建完善的教育质量评估体系，优化高等教育资源分配方式。

日本义务教育分为小学和初中阶段。第二次世界大战前后，经历了教育军国主义、教育精英化向教育公平、教育均等化的过渡。日本注重强化教育立法，为教育的发展保驾护航，重视保障基础教育资源的平等性，持续加大教育投入，建设高质量的教育环境。优化学科设置、教育结构健康良性发展，注重体育、美育，以及职业教育和普通教育的优化配比。

韩国决定到2021年实现高中免费义务教育全覆盖。其教育亦经历了由精英教育转为更平等普通教育的过程。韩国教育体制的优势在于，通过因材施教提高研究生培养质量，通过公私合作及补贴推动高等教育发展，通过顶层设计强化教育信息基础设施建设，注重对教育提供较高的财政投入；同时，存在资金投入缺乏督导与有效评价、配置，教改受政府换届影响明显，高等教育与就业脱节，高校毕业生失业率高等问题。

新加坡义务教育时间为10—11年，以其优质、完善的教学质量闻名，其教育体制优势在于根据国家经济发展需求灵活制定教育制度，始终保持同经济增长相适应的教育投资，采用先进教育理念，积极拓展多元办学渠道，在教育领域中应用信息技术，促进教育信息化；同时，也存在着过度中央集权压抑自主办学积极性，单一教育体制忽视学习者的个体差异，未能因材施教，学生负担过重，教学缺乏本土化特色等有待完善之处。

中国香港义务教育惠及高中。教育注重国际化是其一大特色，注重学校性质多元化，升学阶梯多元化，注重育人为本，以人的全面发展为宗旨，时期优势所在；香港教育中重视“两制”、忽视“一国”，导致的在对国家认同感不强，国家意识和民族观念淡漠应以警示。公立教育经费支持不足，办学条件下降，私立教育日趋贵族化、精英化，导致一定程度的教育机会不公。

中国台湾实施12年义务教育，涵盖高中阶段。台湾注重职业教育发展，实施创造力教育。民办教育较好地填补了多样化、多层次的学习需求。但是，台湾教育经费投入不足、支出结构不甚合理，教育发展偏离服务经济发展的轨道。

综上所述，教育牵系着一个国家未来人才、人力资本的发展，以及国力国情的提升，教育的投入，亦是对国家未来的投入。各主要发达国家均高度重视财政经费在教育方面的投入，将教育置于优先发展的位置。其中，欧美发达国家普遍实现了高中教育义务化，而亚洲发达国家及地区，也逐渐趋向将高中教育纳入义务教育。同时，各国均注重建立机会均等、质量均衡的基础教育，注重民办教育、职业教育发挥其独有的特色与作用。值得借鉴的经验还体现在，注重完善教育法律体系，鼓励激发自主办学积极性，注重教师队伍建设，注重教育国际化，以及教育发展与经济发展相匹配，高等院校分类发展，科学定位，体现特色。

需要注意的是，亚洲国家的学生普遍比欧美国家有着更大的学习压力和学习时长。过度追求教育普及率，但与社会经济脱节，将贻误时机，荒废人才，浪费人力。教育应因材施教，满足人的多样化发展，但在打造国家认同感，建设集体认知，注重德育，培养正确的社会观等方面，需予以整体培育。

四、我国部分地方政府教育体制改革创新实践及启示

从国内改革经验看，地方政府在教育体制改革各领域的有益尝试与成果经验，为我国教育整体迈向现代化提供了借鉴意义。近两年，地方教育制度创新的新特征体现为以下四个方面：一是加强放管服改革，推进区域教育治理现代化（以重庆市綦江区为例）；二是乡村振兴，推进城乡教育一体化（以山西省运城市芮城县为例）；三是追求公平而有质量的教育（以广东省深圳市福田区为例）；四是加强新时代教师队伍建设（以山东省为例）。

（一）重庆市綦江区：加强放管服改革，推进区域教育治理现代化

改革开放以来，我国教育体制改革不断深化，政府、学校、社会之间关系逐步理顺，但政府管理教育还存在越位、缺位、错位的现象，学校自主发展、自我约束机制尚不健全，社会参与教育治理和评价还不充分。为进一步提高政府效能、激发学校办学活力、调动各方面发展教育事业的积极性，近年来，国家从宏观层面多次强调加强放管服改革，推进区域教育治理现代化。十八届三中、四中、五中全会明确提出要深入推进教育领域管办评分离。2015 年，教育部颁布《关于深入推进教育管办评分离促进政府职能转变的若干意见》，提出要建立新型的教育管理体制、学校制度和评价制度。《国家教育事业“十三五”规划》将“基本实现管办评分离，政府依法管理，学校依法自主办学，社会各界依法参与和监督的格局，教育治理体系和治理能力明显提升”作为教育现代化的重要目标。2019 年，中共中央、国务院印发《中国教育现代化 2035》，要求推进教育治理体系和治理能力现代化，完善学校治理结构，推动社会参与教育治理常态化，建立健全社会参与学校管理和教育评价监管机制。

重庆市高度重视教育领域的放管服改革，积极推进教育治理现代化发展。2017 年，重庆市教委、市发改委、市财政局等五部门联合下发《重庆市关于深化高等教育

领域简政放权放管结合优化服务改革的实施意见》，要求推进高校内部治理体系建设、改革高校人员及岗位管理制度、强化监管优化服务等。重庆市綦江区率先启动区域内教育领域综合改革，用大教育观推动教育的大治理格局，先后启动教育领域改革项目307个，形成了“三个自治”的新型教育治理体系，构建起政府、学校、社会之间新型治理关系，为全区教育改革发展构建了和谐健康的生态环境。

1. 教育情况及困境①

重庆市綦江区是中国西部重庆的南大门，位于四川盆地东南与云贵高原结合部，以山地、丘陵为主，东西宽65千米，南北长82千米，辖区面积2748平方千米，人口120万。綦江是典型的大农村、大山区，城乡二元结构突出、区域发展不平衡、“三大差距”明显。

截至2018年，全区现有各级各类学校177所，其中公办学校103所，民办学校74所，另有教育督导责任区9个，直属单位11个。全区学生11.9万人，其中公办学校学生近10万人。在职教职工约8700人，其中公办学校教师约7500人，退休教职工4500人。

作为城乡结合的山区，在推进教育改革之前，綦江区教育资源极度不均衡，恶性择校的问题较普遍，区教委的治理无法深入每所学校。全区中小学生中近三成学生学业不合格，高中招生困难，普及率仅为47%。8000多名教师中，每年有200多名转岗或流失。綦江区经过广泛调研和深入思考，在深入推进区域课程改革实践的基础上，大胆探索以学区自治、学校自治、联盟自治为重点的管办评分离教育治理改革。

2. 创新实践

（1）学区自治：激活社会责任。綦江区在古南、文龙、三角三个学区先行开展学区自治试点工作，在总结试点区工作情况的基础上，2015年，区教委、区政府教育督导办联合下发《关于开展学区自治试点工作的指导意见》《关于成立学区自治委员会联络办公室的通知》两个指导性文件，在全区内开展学区自治工作。

“学区自治委员会”成员由辖区内各街镇领导干部、区（镇）人大代表与政协委员、当地社会知名人士、教师、家长、学生等6类群体选出代表7—9人组成。针对边远农村学校，学区自治委员会还依托所在村居两委，设立自治小组，让教育治理辐射“神经末梢”，实现全覆盖。

学区自治委员会下设三个工作小组：监督评价小组，对学校办学进行监督评价，撰写评价报告；学区业务自治组，针对监督评价过程中发现的问题，研讨解决方案，推进学区自治体系深入完善；学区自治执行组，监督学校进行问题整改，解决学校办

① 重庆市綦江区案例资料来源于綦江区教委、21世纪教育研究院。

学难题，引导社会尊师重教。

学区自治委员会有四个方面的主要工作。一是民主监督。学区自治委员会定期或不定期到辖区内学校调研，听取工作汇报，了解教育教学情况；通过座谈会、实地调查、电话调查、问卷调查等方式，监督学校依法办学、学生行为规范情况，收集师生、家长、社区群众对学校的建议与意见，了解老百姓对学校的满意度情况，形成书面材料反馈学校，并督促学校整改。

二是对辖区内学校实施多元评价。学区自治委员会构建了学区自治多元监督评价指标体系，包含 3 个一级指标、12 个二级指标。学区自治委员会开学、期中、期末组织监督评价组按照评价指标体系采取现场观察、人员访谈等形式，全方位、多角度对学校进行评价，形成报告，向学校反馈，向区教委报告，在区域范围内公开，区教委将评价结果运用于学校考核。

表 1－5　　重庆市綦江区学区自治多元监督评价指标体系

一级指标	二级指标
规范办学	办学思想、制度管理、开放办学、课程建设、依法办学、安全稳定
办学效果	学业水平、学生品德行为表现、目标达成
社会满意	社会评价

资料来源：21 世纪教育研究院。

三是科学引导。学区自治委员会引导社会宣传国家教育方针政策、学校规范办学情况、学校发展情况、教师爱岗敬业事迹等，形成尊师重教的社会氛围。

四是开展有效帮助。学区自治委员会及时收集排查不利于学校发展的社会问题，积极化解学校与当地矛盾纠纷；在学校活动、教师表彰、困难师生帮扶方面和学校周边环境整治上，积极与政府、社会各界沟通、协调，争取资金支持；与村居签订育人环境责任书，形成学校、社会联动，打造良好育人环境；主动争取街镇对教育的支持。

在学区自治过程中，綦江区教委、区政府不仅做到权力下放，同时注重“放管结合”。除了颁布两项指导文件以外，区教委、区政府会对学区自治委员会开展履职管理，同时对组成人员进行教育教学、督政督学等业务指导，有效提升履职能力。定期开展学区自治委员会履职情况总结交流，对各学区自治委员会履职成效进行评比，并根据评比结果为学区自治委员会匹配相应工作经费。

（2）学校自治：唤醒主体责任。一是“一校一规划”，彰显学校自主办学特色。綦江区实现“一校一章程”，依照章程自主办学。同时，根据地域条件，历史传承，未来定位等因素，自主设计学校三年发展规划，列出阶段性目标和时间路线图，再请专业机构对学校发展规划进行评估后实施，目前各学校已制定各类发展规划 100 余个。每年由区教育督导评估中心对学校达成规划的情况实施督导评估，既为学校自主发展提供了空间和舞台，又为学校健康发展提供了科学的指导。区教委定期开展评估，并根据自主规划目标达成情况安排校长岗位交流调整，确保规划扎实有效推进。

二是校长任期目标责任制，强化学校自主办学权利。学校管理和办学由校长负责，明确将学校中层干部和教职工聘任、内部机构设置、紧缺学科人才和优秀毕业生选聘，一定额度的设施、基建项目招标和管理，招生和校企合作等在学校依法自主办学方面具有关键作用的管理权限下放给学校。学校依法行使人事、财务、教育教学、教师发展等方面的管理自主权。试点学校显示，各学校均提前、超额完成预定办学目标任务，目前已在全区102所学校实施，持续为全国农村地区学校自治管理改革探路。

三是创新考核体系，体现学校自主办学地位。精简考核指标，近两年减少考评项目60%，考核指标精简为15个，考核主体为5个，减少了不必要的考核内容，让学校有更多精力专注办学；创新设立自主选择考核指标，由学校根据本校实际自主设计体现学校多样化、特色化发展内在要求的B考核指标，报区政府教育督导室审定后实施，自主设计指标不得与统一指标重复。突出综合素质，探索构建科学完善的中小学素质教育督导评估指标体系，市教委发文推广，并上报国务院教育督导委员会，成为全国农村中小学素质督导评估试点地区。

（3）联盟自治：弥补校际差距。綦江区联秉持“各美其美、美人之美、美美与共、未来大同”的初心，在区域内开展了“三独立、三统一”的联盟自治模式。其中，学校法人、办学理念和财务相互独立，而管理制度、干部师资调配、教育教学活动相互统一。

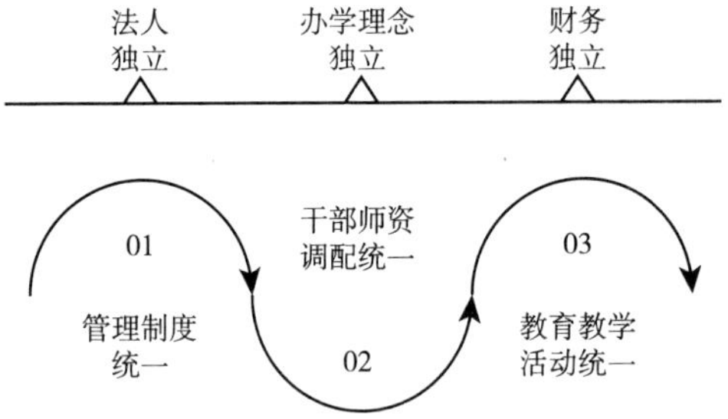

图1-2 重庆市綦江区“三独立、三统一”联盟自治模式

资料来源：21世纪教育研究院。

一是强校带弱校联盟，结对帮扶。结合城乡中小学结对帮扶“领雁工程”，大力扩展帮扶范围，实行城区学校、优质学校一帮一、一帮多，引领带动边远薄弱学校内涵均衡发展。通过定期开展教师互派顶岗教学、教研资源网络互联共享、双方学生共同参加活动竞赛、师生走访慰问交流等活动，辐射引领边远村小教育教学质量整体提升，让弱势群体共享优质教育资源。

二是跨区域联盟，横向比较。为了让改革者联合起来，重庆市綦江区教委相继与贵州桐梓、习水等部分学校成立了渝黔毗邻农村小学联盟，与江津、巴南、铜梁等六个区县市级重点中学成立了“七校联盟”，与南川区、万盛经开区联合成立职教、幼教、特教三区联合考核联盟。

三是集团办学，做大优质资源“蛋糕”。其中，以綦江中学为龙头的城区优质初中学校联盟，整合綦江中学、古南中学、通惠中学优质初中教育资源，实行集团化办学。通过教育集团办学，有效突破现有的干部人事管理限制，不断优化干部人事调配机制体制。通过教师交流、教育设备互通、教育信息化共享，有效解决教育资源均衡配备。通过培养学生在集团核心教育文化下的无差异化价值观，形成优势互补，特色共现。

3. 创新成果

目前，綦江区已初步构建起现代教育治理体系。新体系将原先分割的体制和条块连接起来，在政府和学校之间搭建桥梁，形成了一套新的机制和模式，优化教育生态、提升教育质量。

（1）教育质量明显提升。一是学业成绩大幅上扬。綦江区实现教育质量的持续提高，提前两年进入重本“千人时代”。在2017年高考中綦江区重本上线1045人，重本上线率达23.47%，增长率达9.9%。在全国义务教育质量监测报告发布中，綦江区七个指标荣获“十星”最高等级，八成指标超全国平均水平，整体教育教学质量居于全国中上水平，特别是艺术教育质量位居全国前列。

二是综合素质显著提升。綦江区学生参加国际国内各项赛事捷报频传，在市级及以上的科技、体艺等各类竞赛获奖多达400余人次。

三是办学理念日趋彰显。綦江区“健康尊严，张扬个性”的区域办学理念，为綦江学子浸染上人生底色。全区学生视力不良检出率低于全国16.1%，学生发育较好率增长了1.36%，学生肺活量平均增加了59ml，身高增加了0.43厘米。重庆市基础教育质量监测中心在《2016年重庆市教育质量报告》中指出，“綦江区中小学学生发展状况总体良好，多项指标名列全市前茅”，其中，“学生健康感受平均值在全市位列第一名”。

（2）教育生态逐步优化。一是育人环境得到优化。綦江区各学区自治委员会成立以来，先后为各学校协调解决建设、环境、安全等沉积问题100多项。协调解决了教师周转房建设、化解矛盾修建围墙、硬化校园外道路方便师生出行、协调安装学校供气管道等，沟通解决了学校划片招生问题。

二是尊师重教氛围浓厚。学区自治委员会协调社会各界对贫困学生、留守儿童捐资助学2000人次，资助金额达100余万元。从2015年起，举办“綦江好教师”评选表彰活动，各学区自治委员会利用自身优势，在全社会广泛宣传“綦江好老师”先进事迹，协调各街镇对优秀教师进行表彰，三角、石壕、扶欢等镇设立教育奖励基金，筹资达500余万元。

三是群众满意度不断提升。各学区自治委员会在区内各小区、各街镇广泛聘请教育行风监督员，定时咨询群众意见、及时回应教育热点，实现群众教育满意度明显提升，綦江区教委连续四年群众满意度调查和目标绩效考核名列区级部门前茅。

4. 启示借鉴

（1）转变政府职能，强化教育领域放管服改革。一是要简政放权。教育行政部门首先应积极转变政府职能，优化管理模式。要明确、精简教育行政部门权力范围，合理建立权力清单、责任清单。对可以下放又能事后监管的权力要合理下放到基层，给予基层最大的主动权；对于不能下放的权力，要简化行政事务流程，不过度设置教育事项审批、前置备案、评审事项。建立检查工作归口管理机制，整合各种常规性和临时性检查，尽量减少对学校不必要的检查活动，为学校营造良好的办学环境[①]。

二是要管理转型。长期以来，政府在教育领域职能履行中习惯于“以审代管、以罚代管”。教育治理现代化，需要管理层从垂直式、自上而下、科层制的“管理”思维，转变为横向、民主、法治的“治理”思维。重视教育治理宏观环境的管理，减少教育执行中微观事项的管理；削弱对办学主体的行政性管理，转向服务型管理；加强事中的督促性管理，减少事后的评价性管理。

三是要优化服务。在教育治理过程中，政府应该最大限度地发挥服务功能，合理配置权力、责任、教育资源。同时，需要政府积极为学校、社会力量等参与治理的主体提供公共政策、信息咨询等服务，且根据不同主体提供多样化、差异化的服务。

（2）营造良好环境，鼓励多方科学参与教育治理。一是精准成立社会组织，丰富组织结构。可多方面协调教育专家、基层干部、学生家长等教育领域重要参与者，充分发挥各参与者的优势，从不同角度共同攻克教育改革中的难点、痛点。

二是打通基层参与教育治理的渠道。可充分运用现代技术手段，搭建教育治理服务网络平台，加强各治理主体交流，提高上传下达效率；以公众号的形式披露宣传教育治理现代化发展的政策法规，及各方治理进展、问题及对策，强化多方监督。

三是需要健全相关制度、法规。政府需健全基层参与教育治理的相关制度、法规，优化社会治理环境，让社会力量、学校、相关组织合法、合规地参与到教育治理体系

---

① 袁贵仁：《深化教育领域综合改革，加快推进教育治理体系和治理能力现代化》。

中，保证参与者的合法权益。

（3）多方引入、分类指导，提高教育治理能力。一是提高学校的办学能力和管理水平。学校是教育体系的神经末梢，体系的高效运转离不开每个末梢的活力。要重视培养校长的先进理念、优秀品德、管理能力，扎实落实校长在规划学校发展、营造育人文化、领导课程教学、引领教师成长、优化内部管理和调适外部环境等六大专业职责[①]。同时，鼓励校长及学校管理层将教学主动权交与教师，激发教师的主动性和参与意识；让学生合理参与到教学方法创新工作中。建立新型的政校关系，在办学模式、育人方式、资源配置、人事管理、合作办学、服务社区等方面给学校予更多的自主决策空间，增强学校办学活力。[②]

二是提高市民参与教育治理的能力。市民往往能够以“旁观者”的身份更清楚地看到教育系统的问题，察觉体制内的弊端。应丰富市民参与教育治理的方式，鼓励市民以问卷、调研、座谈等多种形式研判教育现状；多向市民宣教教育治理现代化相关知识、基本理论概念及要求，引导市民合法、合规地督政、督学，合情、合理地提出改革需求和建议。

三是引入专业指导。教育行业的专业性较强，需要教育学、管理学、心理学、社会学等方面的专业人才的专业指导，从而保证教育治理的科学性和合理性。可组建以行业协会、业内专家、退休教师为主的专业团队，从而对区域教育治理工作起到指导、监测、诊断的作用。

（4）促进教育督导适应性转型。在教育治理现代化进程中，还应重视教育督导的现代化转型，应系统性提升教育督导现代化水平，从而为教育治理能力现代化发展提供助力。

一是建立大数据应用平台。教育治理现代化，需要以现代化技术予以辅助。在教育督导过程中，可强化大数据思维，打通行政部门、学校和社会的数据隔阂，建立数据标准化应用，构建开放共享的大数据督导平台，便于教育决策、政策执行和项目评估的高效进行。

二是要建立科学的第三方评价体系。长期以来，教育成果由政府部门予以评价和判定，这种单一的评价方式容易出现行政性评价多，专业性评价少；结果性验收评价多，跟踪性评价少；规范性评价多，诊断性评价少；定性评价多，定量评价少的局限性[③]。现代教育治理体系是由政府、学校、社会等多方主体共同组成的，各方发挥自

① 当前学校治理能力存在的问题与提升对策。

② 周洪宇：《深化教育领域“放管服”改革，加快推进教育治理现代化》。

③ 王璐，王世赟：《厘清“管、办、评”职责，构建政府、学校、社会新型教育治理关系》，载《教育测量与评价》，2018 年第 5 期。

身优势和专业性参与到教育治理过程中。治理过程、成果有必要引入独立于上述主体的第三方予以评价，从而推动教育治理的现代化和合理性发展。第三方评价的优势在于，既打破了第一方评价囿于自身视野、利益而不能自觉、客观、公正地评价自我发展的局限性，又革除了政府在教育管理和评价中既担任裁判员又担任教练员的管评不分弊端，从而消除单一主体治理中容易发生的政府失灵、市场失灵、社会调节失灵现象①。可组建教育、统计分析、研究领域的专家，成立教育科学研究院、教育评估与质量监测中心等组织进行第三方科学评价。

（二）山西省运城市芮城县：乡村振兴，推进城乡教育一体化

我国城乡教育不均衡的现象仍然存在，主要表现在硬件设施、教学水平、生源结构等方面存在差距。城乡教育一体化以城乡联系论为基础，站在经济社会的高度，把城市教育和农村教育纳入整体系统统筹兼顾②。推动城乡义务教育一体化改革发展，关乎新型城镇化、脱贫攻坚、乡村振兴和全面建成小康社会等重大战略目标的实现③。2016 年 5 月，中央全面深化改革领导小组审议通过了《关于统筹推进县域内城乡义务教育一体化改革发展的若干意见》，明确指出统筹推进县域内城乡义务教育一体化发展。习近平总书记在党的十九大报告中也指出：推动城乡义务教育一体化发展，高度重视农村义务教育，办好学前教育、特殊教育和网络教育，普及高中阶段教育，努力让每个孩子都能享有公平而有质量的教育。

山西省始终坚持城乡一体均衡发展方向，将城乡义务教育一体化作为“山西局部进入全国改革第一方阵”的重大事项。2017 年，《山西省人民政府关于统筹推进县域内城乡义务教育一体化改革发展的实施意见》颁布，搭起支撑改革发展的平台、环境、制度、政策等四梁八柱主体架构，全力推进全省城乡教育一体化改革发展进入快车道。同年，《运城市人民政府关于统筹推进县域内城乡义务教育一体化改革发展的实施意见》出台，对运城市城乡交易一体化发展提出明确目标、核心领域、重点项目。在运城市城乡教育一体化改革中，运城市芮城县成为推进城乡教育一体化发展的典范，被教育部确定为“国家学前教育改革发展实验区”，是山西省贯彻落实国家《3—6 岁儿童学习与发展指南》试点县。近年来，芮城县不断强化政府职能，以推进城乡一体化办园为突破口，缩小城乡教育差距，通过“四位一体”等举措扩大普惠资源，着力解决城乡居民“入园难”“入园贵”问题。

---

① 杨明：《教育治理现代化呼唤第三方评价》，载《中国教育学刊》，2016 年第 12 期。

② 余善云：《城乡教育一体化：重庆实践的启示》，载《重庆第二师范学院学报》，2015 年第 1 期。

③ 陈宝生：《国务院关于推动城乡义务教育一体化发展提高农村义务教育水平工作情况的报告》，2018 年。

1. 教育情况及困境①

芮城县隶属于山西省运城市，位于山西西南端，黄河中游，地处晋、秦、豫三省交界处。20 世纪 90 年代，芮城县部分规模较大的村集体办幼儿园被承包，致使幼儿园公、私难分。一些规模较小的村集体办的幼儿园因长期缺乏有效投入，导致农村幼儿园投入无主体、办园条件差、自聘教师工作无着落、“小学化”严重等问题接连出现。农村学前教育发展脆弱、迟缓。受限于上述窘境，芮城县幼儿园无法顺利招生。部分农村幼儿园所收费用难以支付教师工资，同时也因为经费缺乏，无力派遣教师外出学习、培训，教师的专业发展受限。

2. 创新实践

为解决城市幼儿入园的刚性需求，快速提升农村幼儿园的办园水平，实现就近入园，2012 年，芮城县出台了《关于进一步规范学前教育管理的意见》，首次开启了由城区优质幼儿园在农村办分园，全面管理农村薄弱幼儿园的城乡一体化的办园模式。

（1）改革农村幼儿园办园体制。为解决个人无证办园、小规模的村集体幼儿园条件差和一些民办幼儿园恶性竞争三方面问题，芮城县打破原有的行政管理壁垒，从三方面入手改革幼儿园办园体制：一是收购无证园，二是接管集体园，三是并购民办园，使上述三类幼儿园均变成县直园管理的公办幼儿园。

（2）“四位一体”提升幼儿园管理水平。2012 年开始，芮城县政府主导，通过落实城乡法人一体、资金投入一体、人员调配一体、保教管理一体的“四位一体”举措，启动了由城区优质幼儿园一体化管理农村薄弱园的办园模式。

一是城乡法人一体化。2012 年起，芮城县教育局开始实施“名园带动战略”，薄弱幼儿园以县直幼儿园（以下简称“县直园”）分园的形式，直接接受县直园的管理运营。县直园园长为县直园和分园的共同法人代表，实行“一个法人，一体化管理”。

二是人员调配一体化。总分园教师享有平等的外出学习机会；职称评定统一进行；总园每年派教师分批次去农村分园支教，参与分园教育教学和教研活动，带领分园进行课题研究；分园的年轻教师在初入职均在总园接受培训，并进行一年以上的跟岗学习。

三是资金投放一体化。农村分园将所收保教费用全部交于县直园，再由县直园集中交予县国库。分园的各项支出每月从总园进行结算，保障各分园的日常运营。

四是保教管理一体化。为了提高农村标准化办园，纠正分园“小学化”倾向，全县幼儿园实行了“四个统一”，分别是保教计划统一、活动安排统一、考核评价统一、

① 本案例资料来源：胡志中，《乡土学前教育的芮城实验》，中国青年报；赵岩，《“四位一体”打通学前普惠路——山西省芮城县学前教育城乡一体化调查》，中国教育报；贾力军，李林霞，《“起跑线”上的新实验——芮城学前教育改革启示录》，山西新闻网。

每周食谱统一，使农村幼儿在学、玩、食等方面与总园幼儿保持一致。

表 1-6　　保教管理一体化“四个统一”

类别	内　容
保教计划统一	鉴于分园教师少、教师水平参差不齐，每周的保教计划都是由教研小组讨论制订，并将其分享给分园教师，分园教师根据本园幼儿的实际情况，对计划的部分进行改动。
活动安排统一	所有幼儿园采取统一的一日生活作息时间安排，保证所有幼儿园每天都有整块的区域活动时间和不少于 2 小时的户外活动时间，保障了幼儿充分的游戏时间。
考核评价统一	改变原有以考试为主的方式，所有幼儿园都采取质性评价的方法，对幼儿学习品质、生活习惯、知识、技能、社会性发展等方面进行评估，同时为帮助教师评估幼儿的发展阶段，把握幼儿不同的发展目标，全县组织教师系统学习高瞻课程的《儿童观察记录量表》并在实践中进行运用。
每周食谱统一	改变原有幼儿园随意的食谱搭配，所有幼儿园采用统一食谱，这些食谱都由专门的保健医生根据科学、营养的原则进行搭配，满足了幼儿身体发育的营养所需。

资料来源：张琴秀，郑玉田：《城乡学前教育一体化下农村教师　提升研究——以山西省芮城县为例》，《陕西学前师范学院学报》，2019. 11。

（3）多措并举保证教师权益。一是对轮岗教师进行资源倾斜。对于到农村幼儿园轮岗的教师，在评优、职称评定、岗位晋升方面予以政策支持，以补贴交通费等方式对其进行经济补偿；二是增加教师编制。从 2014 年开始，芮城县整合中小学、企事业单位的编制，增加幼儿园编制岗位，保证每所农村幼儿园至少有 1—2 名编制教师。尤其是在 2017 年，芮城县把全县 116 个入编名额全部分配到教育领域，其中 26 个分配给幼儿园，大大增加了农村幼儿园高质量教师的储备。

（4）革新课程设置提升教学水平。为贯彻落实教育部颁布的《3—6 岁儿童学习与发展指南》（以下简称《指南》），芮城县县教科局明确规定，全县幼儿园每天户内外游戏活动不得少于 3. 5 小时，教师主导的集体教学活动不超过 1 次，其余为生活活动时间。芮城县总园积极在农村分园开展游戏活动推介会，改变原有以上课为主的教学安排，全面铺开游戏课程设置。引导幼儿园在室内创设积木区、家庭区、美工区、玩具区、图书区五大基本活动区角，让幼儿根据兴趣和需要自主选择区域、自主选择材料、自主选择伙伴进行游戏；户外游戏活动中，设置玩沙、玩水、玩泥、玩色、玩搭建、玩民间游戏等各种活动。同时，充分结合乡村特色，利用乡土资源。幼儿园的玩具不少都取自纸箱、轮胎、PVC 管、麦秸、玉米棒等生活废旧物品，鼓励幼儿在石头、草席等乡土气息浓厚的废旧材料上绘画，开展多种活动。通过革新课程设置，提升幼儿园教学水平，体现《指南》倡导的“游戏中学习”理念。

3. 创新成果

经过改革，芮城县城乡幼儿园在法人、资金投入、人员调配、保教管理等方面实现了“四位一体”运作，乡村幼儿园办学的硬件、软件均得到优化，城乡教育不均衡现象得到缓解。芮城县实现了穷县办强教育的目标，被称为“山西特色，国家水平”。

（1）办学条件整体得到改善。截至 2018 年 7 月，芮城县已投入资金 3863 万元，用于农村园基础设施的建设和改善，实现了农村幼儿园办园标准化，提高了农村幼儿园教师待遇。新（改、扩）建 21 所公办园，其中城区园两所，农村园 19 所，占全县公办园总数的 44.6%①。

（2）教师权益得到保证。目前，芮城县各村级公办园均配有 2—3 名编制教师，乡镇中心幼儿园配有 5 名以上编制教师，率先在全运城市实现幼儿园教师入编常态化。幼儿园教师编制不仅是对教师职业身份的认证、对教师专业水平的认同，也是薪资正常发放、养老金缴纳的保障。

（3）农村生源质量得到保证。随着农村幼儿园办园条件和水平的提高，优质生源回流明显，15 所农村分园的在园儿童由“收编”时的 863 人，增加到 1326 人，净增 463 人②。优质生源为农村教育的可持续发展提供了保障。

（4）学前教育普及率达到国家水平。截至 2019 年年初，芮城县拥有幼儿园 61 所，教职工 1000 余人，学前三年毛入园率 98.5%，普惠性幼儿园覆盖率 98.79%③，学前教育普及率已达到国家水平。

（5）学前教育水平整体提升。游戏课程设置全面铺开，各园共收集整理了 400 多个传统游戏和一物多玩游戏④，在自主游戏中培养幼儿交往、合作、创造等各方面能力，彻底改变了过去幼儿园以上课为主的作息时间和教师讲、幼儿听的学习方式，打破了集体教学活动一统天下的局面。全新模式消除了学前教育“小学化”顽症，辐射带动了区域学前教育水平整体提升。同时，游戏课程对幼儿的身体发育起到了良好的助推作用。抽样调查显示，芮城县全县各年龄段幼儿的身高、体重两项指标绝大部分都符合《指南》要求。

4. 启示借鉴

（1）统筹布局，建立城乡教育一体化发展规划。城乡教育一体化发展需要站在全局高度，统筹经济、人文、社会等各方面的综合发展，需要完备的顶层设计、高屋建瓴的宏观指导。同时，需要让各层级深入认识城乡教育一体化的特殊意义和作用，尤其是要加强对县级政府及其教育部门相关人员的培训。

山西省政府先后开展 4 次专题研究，打出一整套推动城乡教育一体化发展的“组合拳”；开动员部署会、试点启动会、工作调度会、现场推进会，紧盯进度，精准落

---

①② 数据来源：胡志中：《乡土学前教育的芮城实验》，载《中国青年报》，2018 年 7 月 23 日 09 版。

③ 数据来源：芮城县教育科技局副局长肖建宏在“地方教育制度创新论坛暨第六届地方教育制度创新奖颁奖典礼”上的讲话。

④ 贾力军，李林霞：《“起跑线”上的新实验——山西芮城县学前教育改革启示录》，2018.5。

实。省教育厅坚持目标导向和改革思维，以“1+X+Y”综合施策（“1”指构建以省政府《实施意见》总牵引的一系列制度体系，完善顶层设计；“X”指聚焦发展重点，选择若干试点，先行探索突破；“Y”是指选定若干课题，建立固定观察制度，提供决策参考），以8大计划集中攻坚（“配建学校交钥匙计划”“消除大班额计划”“寄宿制学校建设计划”“乡村小规模学校教学点扶持计划”“乡村教师发展计划”“县管校聘管理改革计划”“义务教育办学模式改革计划”“特色学校创建计划”），最大限度地释放改革效应，使城乡教育走向一体化发展轨道。

（2）厘清责权，明确各级政府职能。城乡教育一体化不仅需要省级作出统筹规划，也需要强化市、县一级政府在具体工作中作出详细安排。在国家和山西省均出台城乡教育一体化发展规划之后，运城市、芮城县均迅速给出相应工作安排。为确保运城市城乡教育一体化各项目标和任务全面落实，按照问题导向、项目推进的具体思路，运城市决定在学校布局与建设、教师队伍建设、教育治理与服务能力提升等重点领域启动实施以下七个重点项目，简称“四工程三计划”。落地到芮城县的具体情况，芮城县出台了《关于进一步规范学前教育管理的意见》，具体指导芮城县学前教育公私合作办园的一体化运作模式。

（3）资源联动，形成城乡发展共同体。城乡教育资源严重不平衡是造成城乡教育水平差距的重要原因。在城乡教育一体化的大背景下，应主动探索城乡教育的联动模式，形成捆绑式发展。如芮城县通过“四位一体”等举措，让城乡幼儿园共享优秀的人力资源（园长、师资）、管理经验、教学能力、晋升渠道、学习机会，充分发挥优质地区对薄弱地区的带动作用，形成城乡发展共同体。除此以外，还可探索城乡学校结对发展、名校集团式发展等模式，推动城乡教育资源联动，形成城乡发展共同体。这样的城乡一体化发展，并不会造成“削峰填谷”，而是“填谷追峰”，有利于弱势地区变强，优质地区更优。

（4）精准投入，强化乡村教育质量。乡村教育质量的提升离不开硬件和软件的共同配合。在硬件方面，需要财政持续投入，按照“保基本、补短板”的原则，推动乡村学校改造升级和标准化建设。例如，建设标准化的教室、操场、宿舍、综合楼等硬件设施，切实保障乡村学校的基本办学条件，及学生必需的学习条件。引进现代化教育系统、互联网教育平台，增强乡村学校对家长和学校的吸引力，稳定优质生源。

软件方面，提升校长水平，保证乡村教师权益，优化乡村教学质量。校长是一个学校的领航人，要实现农村学校的高质量发展，需要提升校长水平，可从城区学校中挑选能力强的副校长或中层到乡村学校任教，或推动城乡校长间的交流学习。盘活师资队伍，健全完善乡村教师激励机制，在评优、评定、聘用等方面为乡村教师开辟绿色通道；提升乡村教师工资水平；给予乡村教师交流培训学习机会。集中力量提升农村教育质量，形成城乡教师轮岗交流机制，提升乡村教师队伍水平；科学、合理地设置教学课程，通过“互联网+”的方式连接城区优势教育资源，补齐教学短板。

（5）因地制宜，突出基层教育特色。充分发挥乡村特色，如深度挖掘地域乡土文化资源，开发具有农村特色的学校课程，健全学校课程体系；注意加强与农民生存、农村发展紧密联系的基础教育、职业教育和社区教育的发展；开发结合“生命、生计、生活”的“三生教育”，“体能、技能、潜能”的“三能教育”①，重视实用技能和可迁移、可发展的基础性能力。

（三）广东省深圳市福田区：教育公平，兼顾质量

“城中村”是我国城市化进程快速发展的必然结果，成为众多经济发达城市不可回避的一类现象。受特殊区域条件、经济水平和思想观念等方面的影响，城中村面临着突出的教育问题，为整座城市的教育均衡发展带来挑战。一方面，由于工资待遇相对低、工作条件不理想等诸多原因，城中村学校往往难以吸收高素质、高学历的教师任教，师资力量薄弱；另一方面，城中村学校的软硬件设施薄弱，成为另一个教育不公平因素。此外，许多城中村孩子的父母也有安于现状、自身文化程度不高等特点。这导致城中村大量青少年成绩不理想、文化程度偏低，不利于城中村家庭子女的健康成长。广东省深圳市福田区作为全球人口最密集的城区之一，其城中村则以更大的密度承载着全国各地涌来的务工人员及其子女，城中村学校的办学水平和教育质量相对较低，曾经是影响福田区义务教育均衡化发展的一个瓶颈。但近年来，福田区致力于整体提升城中村学校品质，实现区域教育优质均衡发展，取得了突出成效，其整体提升城中村学校品质，推进教育均衡发展项目被誉为深圳改革开放以来最符合市情的教育行动和接地气的教育举措。作为城中村学校改造的典范，福田区的经验值得其他地区，尤其是其他特大城市借鉴学习。

1. 教育情况及困境

深圳是我国户籍人口和非户籍人口严重倒挂的一个城市，在北上广深4个一线城市中为唯一一个户籍人口未达50%的城市。其中福田区2018年年末常住人口163.37万，流动人口115.52万。作为深圳的政治、文化和金融中心，福田区有许多深耕多年的老牌基础教育名校，是深圳名副其实的教育强区。但与此同时，福田区也是深圳人口聚集度最高的一个区，人口密度甚至超过香港。大量非户籍人口的涌入对学位数量的要求不断增加，远远超出了中小学校的原设计规模，这使得福田区在教育均衡发展方面存在一些障碍，其中突出的一个问题就是传统城中村学校与非城中村学校的校际

① 杨东平：《实事求是、因地制宜地解决农村教育的突出问题》。

差异问题，具体矛盾主要源于以下三个层面：

一是生源层面，生源质量参差不齐，家长对子女教育不够关心。深圳外来务工人员基本租住在城中村，福田区共有18所城中村学校，约占全区中小学的1/4，通常是原村办学校，坐落于城中村，后经政府改制为公办学校，生源中以流动儿童为主的非户籍学生达70%以上。部分学生家庭居住条件相对较差、学习基础薄弱且流动性大，父母对子女接受教育的关心程度普遍不高。

二是教学层面，教师难以获得职业成就感，教学质量滑坡。由于城中村学校所存在的生源问题，学校教师教学压力大，普遍缺乏职业成就感与归属感，存在畏难情绪，并造成许多优秀教师严重流失，进一步削弱了城中村教育的师资力量。

三是学校层面，硬件环境不能满足教学需求。近几年城中村的入学需求不断攀升，使周边学校出现了规模较大、班额较大的状况，城中村学校普遍面积不足，教室、功能室、教师办公室紧缺，影响了教育教学质量。如建于1924年、拥有近百年历史的岗厦小学，地处福田区中心地带，占地面积7489平方米，校舍建筑面积居全区倒数第二位，为解决学位问题，连会议室都改造成了教室。

以上矛盾导致福田区城中村学校的办学水平、教育质量相对较低，整体教育环境与福田国际化中心城区的要求出现了一定差距。城中村学校普遍面临学生数量萎缩、优质生源大量流失、非深户籍学生比例大、教师队伍结构性问题突出、教育质量提升艰难、社会信任度不高等一系列问题。上述问题又互为因果，形成恶性循环，师资和生源数量与质量日益下滑。虽然福田区的18所城中村学校地处城市中心，且办学历史悠久，甚至并非薄弱学校，却因“城中村学校”的标签日渐陷入生源流失严重、教育功能弱化的泥淖。如何提升城中村学校的教育质量，促进区域教育的优质均衡，让外来务工人员子女在家门口就能上到好学校，是福田区教育发展面临的重要课题。

2. 创新实践①

2015年以来，福田区对区内18所城中村学校展开全面调研，将城中村学校提质工程列为福田区教育发展“十三五”规划的重点工程之一，把改造和提升城中村学校作为促进教育均衡发展的重中之重。为此，福田区教育局进行了完整系统的顶层设计，制定了“资源整合提力，校园环境提亮，特色课程提优，教学水平提质”整体提升目标，成立了全国首个“城中村学校品牌创建联盟”，通过科研引领、课程特供、名师引进、“一校一策”的精准指导，在改革模式、建校品牌、资源配置、教育服务等多个维度上进行创新探索，整体提升城中村学校办学品质。

① 案例主要参考资料来源：深圳市福田区教育局《2018年城中村学校提质行动举措和成效》《深入开展城中村品牌学校创新行动》《对18所城中村品牌学校实施办学品质提升》；陈梦谣《深圳福田建立教育新生态》；南方都市报《福田区城中村学校是怎样变得高大上的》。

（1）创新联盟共建模式。2017 年福田区 18 所城中村学校成立“城中村品牌学校创建联盟”，开创了全国城中村学校组团式共建的先河，通过互联互通的方式结合内外部力量共同推动学校校舍改建、办学水平提高、扩大优质学位覆盖面，整体提升城中村学校办学品质，让非户籍居民的子女也能在家门口接受良好的学校教育。

一是首创以整体提升为目标的“联盟 + 行动”改革模式，擦亮学校品牌。通过资源整合提力、校园环境提亮、特色课程提优、教学水平提质四方面整体提升办学品质；通过与村内股份公司合作，探索实施“联盟 + 基金会 + 学校”三位一体的办学新体制；通过联盟校的交流与合作，探索实施城中村学校的内联和外联制度；通过文化建设创新，将学校文化建设和传统城中村文化有机融合；通过与中国教育科学研究院缔结战略合作关系，共建教育综合改革试验区，借助国家教育智库，聚焦新品牌学校建设。

二是推进校际结对帮扶。2018 年 5 月，福田区发布《福田区城中村品牌学校建设工程校际结对互助提升活动方案》，促成 18 所城中村学校与福田区内的优质名校结对帮扶，以签订协议的形式共同推进城中村品牌学校提质升级。基于互助提升的目标，由结对校向联盟校输出教育帮扶，通过采取跟岗研修、学科帮扶、项目结对等活动形式，对联盟校骨干教师、中青年教师、新入职教师予以重点关注、发掘培养，建立跨校教师学习共同体。2019 年进一步深入开展创建“特色品牌学校”行动，通过“名校 + 薄弱学校”结对协同发展，邀请专家入校，精准定位，一校一策进行指导，提升城中村学校品质发展。

三是创办联盟交流刊物。创办福田区城中村品牌学校创建联盟内部刊物《联盟快讯》，由 18 所成员校轮流承办，记录联盟成长发展历程，加强成员校教育教学管理实践的共通、共享，自主举办校际多学科教研活动，促进课堂教学共商、共研。

（2）校园软硬件环境提升。在城中村学校提质改革实施过程中，福田区教育局精准施策，对城中村学校进行资源整合提力，推进学校硬件改造提升和校园文化内涵提升。

一是通过改造和扩建提升学校环境。制订城中村学校改扩建计划，加大城中村和薄弱片区学校建设经费投入，加强城中村学校硬件建设，满足学校的教育教学发展需要，整体提升校园环境。福田区于“十三五”期间开展城中村学校内外装修、综合楼扩建、信息化设备设施、功能室升级等方面的改扩建工程。加大城中村学校改造力度，新沙小学、新洲小学、梅丽小学和皇岗中学进行整体拆除，总投资 15 亿元；皇岗中学改扩建工程投入资金 7.2 亿元，打造未来学校。对福南小学、上沙小学、众孚小学等城中村学校进行维修改造，总投资 238 万元。对上沙小学、下沙小学等 7 所城中村学校设备投资 1348.53 万元。

二是通过校园文化建设提高校园文化品位。投入专项资金，加强传统城中村学校校园文化建设，精心打造富有特色的高品位学校环境。加强社区本土文化与学校文化的融合，创建既符合现代化教育先进理念、又符合学校历史特色和学生需求的独特校园文化品牌。福田区教育局联合区城市管理局推进联盟校既有公共建筑实施立体绿化改造工程，在水围小学、下沙小学两所学校总共投入400万元，加强校园文化景观建设。目前各联盟校已形成一批各具特色、令人赏心悦目的文化景观。

（3）教师队伍交流提质。福田区为提升城中村学校教师队伍整体素质，通过加大教师交流力度，引导优秀教师到城中村学校任教，同时在教师培训学习方面提供更多的机会与资金支持，充分激发教师队伍活力。

一是充实城中村学校师资力量。福田区就城中村学校教师队伍结构性问题突出、教学压力大、教学任务重等问题，采取了一系列措施，如建立教师队伍结构性区内调剂与补给制度、进一步完善教师轮岗制度、加强对城中村学校的智力支持等。出台《福田区教育系统面向全国选聘高端教育人才公告》，从全国范围内引进高端教育人才，主要分配至城中村学校，引导区内优秀教师到城中村学校任教。2019年按照城中村联盟学校新增编制数50%的比例引入硕士研究生及以上学历，80%的比例引入世界一流大学建设高校（A类）、“6+1”部属师范类高校毕业的优秀师资力量进入联盟校。

二是建立名师流动示范岗，鼓励区内名师与城中村学校教师“结对”，提升师资整体水平。鼓励名师到传统城中村学校任教发挥引领作用，并给予一定补贴。通过名师工作室主持人流动示范岗，深入18所“城中村”学校开展听课评课、教师培养、课题研究、示范辐射等工作，发挥“帮、扶、带”的引领示范作用，促进城中村学校教师专业发展。截至2018年9月，工作室主持人执教公开课24次，听评课122节，主持人讲座58次，参与教研活动83次，覆盖18所城中村学校。福田区教育局还安排区名师工作室召集人分别与城中村学校教师“结对”，双方研修互动，建立教师学习共同体，促进彼此专业发展，并有针对性地开设适合城中村学校学生个性化发展的特需和特色课程。

三是加大区内外教师交流轮岗。实施校长常态轮岗制，尤其鼓励城中村学校与城区学校的校长进行角色轮换，促进校长群体的经验迁移，激发校本管理思维创新。实施区内师资流动策略，制订《区属学校教师交流轮岗工作实施方案》，力争用2—3年时间实现全区义务教育学校教师交流轮岗制度化，实现全区教师资源均衡配置，让优质师资向薄弱学校倾斜，促进师资力量均衡化。

四是举办教学交流活动。福田区举办“课堂革命 福田表达”专场活动，面向全国同行开放打造福田课堂新生态。2018年已开展小学语文、小学数学、中学语文、校园足球、STEM（科学、技术、工程、数学）教育五场活动，为城中村品牌创建联盟校教学提质、师资发展打造了广阔平台。上沙小学、下沙小学、新沙小学将每年 3 月定为新品牌创建联盟三沙教学交流活动月，通过机制化课堂教学交流活动为学科教师搭建专业成长的平台。

五是科研引领促进学校提质。组建“城中村内学校教育质量提升对策行动研究”课题研究团队，申报《义务教育均衡视域下城中村学校发展实践研究——以深圳市福田区为例》课题，已立项成为广东省教育科学研究项目，先后完成了《“城中村与非城中村学校学生自尊、自信心和学习适应性状况”调查报告》《“城中村学校教育现状及提升对策”调研报告》等报告。通过社会购买服务方式开展《福田区“城中村”品牌学校创建现状、机制、策略研究》，基于福田区城中村儿童教育现状、品牌学校创建联盟改革的背景和措施，研究评估福田区提升城中村学校品质的改革措施成效。

（4）特色课程丰富提优。福田区鼓励城中村学校在全面发展基础上，以优势项目为增长点，培育学校特色文化，并将其渗透到学校各方面，带动办学品质整体提升。城中村学校在落实国家规定课程教学的基础上，结合传统城中村学校现实和学生的特定需求，有针对性地为学生提供个性化的特需和特色课程，以弥补学生家庭教育资源不足形成的缺漏。

各学校的特色课程已初步形成“校校有特色”的局面。各学校各自在特色课程上发力，增加课程建设专项经费，丰富特需特色课程，广泛利用社会丰富的教育资源，开设德育、体育、艺术、科技等多样性、选择性的第二课堂。其中创客教育课程、阅读写作课程、艺体特色课程等享誉市内外。众孚小学被授予“中国少年科学院科普教育示范基地”“国家体育总局棋牌管理中心”“全国象棋特色学校”等荣誉称号。上沙股份公司与上沙小学、上沙中学合作，建立专门的奖学制度，聘请了广东美术学院、深圳大学专家赴校开发乡土教育课程。下沙小学成为福田区首批 17 所 STEM 课程实验校之一。“学校、家庭、社区”三元联动模式的校园足球受到专家和领导的广泛赞誉。截至 2018 年 9 月，福田区已在 18 所联盟校指导建立 40 余个涉及体育、艺术、科技、国学等“品牌新学校”特色项目。

（5）资源整合与倾斜。福田区教育局在校园建设、师资配备、教育研究等多方面对城中村学校给予适当资源和政策倾斜。

一是提质改造薄弱学校，增加优质学位供给。福田区教育局 2016 年 5 月出台的《深圳市福田区教育发展“十三五”规划》计划在“十三五”期间新建和改扩建义务教育学校 20 所，增加学位 14910 个，投资总额 13.952 亿元。2016 年 12 月出台的《福田区供给侧结构性改革（2016—2018 年）总体工作方案》提出要“创新方式增加学位供给，满足学位需求”。福田区首创“小初结合”模式。在学位紧张的片区，实行小学六年级学生提前到对应片区初中就读，空出小学学位用于扩招的方式。2016 年，福田区将福民小学与皇岗中学、梅山小学与梅山中学、南华小学与上步中学进行小初结合，累计增加小学学位 305 个。

二是建立随迁子女入学政策，保障流动儿童适龄入学。福田区全面建立以居住证为主要依据的随迁子女入学政策，保障流动儿童适龄入学。全力资助困难学生，确保孩子不因家庭困难而失学辍学。加大力度，善用资源，鼓励城中村学校创造性利用场地，重视儿童八小时以外的学习生活，为儿童安排辅导作业、自主阅读、体育、娱乐游戏、拓展训练等寓教于乐的活动。

（6）家校、社区联动合作。福田区在现有家校合作的基础上，加强家庭、学校、社区的联系，尤其加强与城中村股份公司的联系与合作，充分挖掘社区教育资源，在家庭、学校、社会间搭建起一座沟通桥梁，建立起城中村学校学生的社会支持系统，资源共享、形成合力，为孩子的发展拓展新的空间。增加专业社工，进一步加强学校教育与家庭教育的紧密联系。通过家校联动、社区联动等机制，提升家长群体素质。

3. 创新成果

福田区近年来的城中村学校改革卓有成效。2017 年，城中村学校整体提升工程荣获第二届南都“深圳教育改革创新奖”，被誉为“最有温度的教育民生实事”；2018 年，项目入围 21 世纪教育研究院联合澳门同济慈善会举办的“第六届地方教育制度创新奖”和北师大中国教育创新研究院组织的第四届教博会创新成果；2019 年，“整体提升城中村学校品质，推进教育均衡发展”项目在全国地方教育制度创新论坛暨第六届地方教育制度创新奖颁奖典礼中荣获优胜奖。

（1）城中村学校变身优质学区。从入学率相对较低到学位供不应求，福田的城中村学校正在发生蜕变，已成为当地的优质学位片区，影响力和认可度大大提高。以竹林小学为例，作为福田区第一批城中村提质改造学校，竹林小学位于竹子林片区，随迁子女众多，开办以来社会声誉不高，入学率相对较低。为切实帮助这所学校提升品质，2016 年 5 月，福田区将新成立的教科院放在了竹林小学，并将学校更名为教科院附小，在办学理念、课程体系、教学格局等方面进行大胆改革。一年后，学校的综合评价和周边居民认可度得到极大提升，2016 年招生扩招 4 个班，2017 年又在此基础上扩招 2 个班，出现了学位供不应求的局面。随后，福田区将片区内的竹林中学、竹园小学进一步整合，更名为（福田区）教科院附中、教科院二附小，借助教科院智库的力量，使得竹林片区一跃成为福田区的优质学位片区。① 2018 年，南园小学等 5 所城中村学校顺利通过办学水平评估。新洲中学围绕“真教育”和“善文化”的幸福教育

① 颜慧敏：《推进均衡发展　教育“福田模式”受关注》，深圳新闻网，http：//news. sznews. com/content/2017 - 10/09/content_17469850. htm，2017 - 10 - 09。

理念，狠抓九大教育生态建设，98.3%的教师认同学校办学理念，家长对学校的满意度达到96.34%。

（2）义务教育均优发展。随着福田区引领全国率先建立的“城中村品牌学校创建联盟”、城中村学校品牌建设工程等多项改革措施的深入推进，辖区校内外教育资源实现互联互通、优化整合，城中村学校逐步实现教学环境、质量和品牌的升级，教育供给体系全面优化。福田教育行政管理部门结合实际、实事求是，做了大量工作；福田区城中村学校有活力、懂创新，校本课程遍地开花，在国内已处于领先水平。城中村学校改革使得外来务工人员的子女在家门口也能接受良好的学校教育，有力地促进了福田教育从义务教育均衡发展变为义务教育均优发展。

4. 启示借鉴

城中村学校的教育发展问题不仅是单纯的教育问题，同时还折射出综合复杂的社会问题。研究福田区城中村学校改革发展的困境及解决方案，能够为深圳市其他区域以及其他大中城市城中村学校改革乃至教育均衡发展提供有价值的参考。

（1）深刻把握教育均衡发展的内涵。福田区对教育均衡发展具有深刻的理解，其认为教育均衡不仅仅是在家门口有好学校，还应该是优质均衡，是全区域从外延到内涵的发展，是域内底部学校的提质升级，教育均衡的目标是“让更多人享受更好的教育”。[①] 福田区教育局局长田洪明曾指出，提升城中村学校的办学水平，增强城中村学校的综合实力，让流动人口子女接受优质教育，不仅有利于城中村儿童的健康发展，同时也是促进教育公平和义务教育均衡发展的重要举措。从这一认知出发，福田区精准把握辖区教育不公的核心矛盾，将城中村学校改造提质上升到福田区教育品质整体提升、发展与一流国际化中心城区相匹配的一流教育的高度，在这一高度指引下，将城中村学校品质提升、破解学位困境、深化教育制度改革等作为抓手，从实处着手自下而上推进教育优质均衡发展，取得了良好成效。

（2）政策措施设计体系化。推进教育均衡优质发展是一项系统性工程。为此，福田区采取系统性的政策措施设计，从顶层设计、核心目标、政策理念、制度体系到具体课程、教学方法、教师培养、文化建设，从学校、家庭、社区层面到学生、教师、家长层面成体系推进，形成一整套完整的政策措施体系。福田区将“城中村学校提质工程”列为教育发展“十三五”规划中推进义务教育优质均衡发展的重点工程，并年年将城中村学校品质提升作为区教育重点工作之一。福田区教育局加强沟通协调，争取区政府和上级部门大力支持，局机关各科室和学校密切配合、协同作战，并成立整改落实工作组，为学校提供指导和帮助。各学校则做好宣传动员，做到盘清家底、盘

---

① 颜慧敏：《推进均衡发展 教育“福田模式”受关注》，深圳新闻网，http：//news.sznews.com/content/2017－10/09/content_17469850.htm，2017－10－09。

整用房、盘算预增。一套组合拳使城中村学校提质工程成效显著。

（3）大力开展模式创新。推进教育的优质均衡发展不仅需要教育规模扩充，还需要教育质量的提升，二者难以两全。为处理好这一矛盾，使外来务工人员子女不仅能够上学，并且还能够接受优质教育，福田区通过体制机制的大力创新，创造性地推出“联盟+”创新集团化办学、“联盟+基金会+学校”三位一体办学新体制、名师工作室主持人流动服务示范岗、“名校+薄弱学校”校际结对帮扶、“特色品牌学校”校长常态轮岗制、“小初结合”、特色课程、课堂革命等一系列创新手段和模式，开创城中村学校提质先河，优化城中村教育供给，从而创建出了对全市乃至全国基础教育优质均衡发展均有引领和借鉴意义的“福田模式”。

（四）山东省：加强新时代教师队伍建设

教育大计，教师为本。教师是教育发展的第一资源和重要基石。改革开放以来，我国教育事业取得了历史性成就，教育总体水平不断提升，教育发展的主要矛盾已经发生转变，人民对多样、特色、优质教育的需求更加强烈，从而对教师队伍提出了更高的要求，教师队伍的规模和质量已成为影响教育事业健康持续发展的一项根本因素。其中，教师编制的配置问题是稳定教师队伍的重要举措，直接关系到教育事业的健康发展。但由于教育现代化和城乡教育一体化发展改革提出的新要求，以及新型城镇化、全面二孩政策及高考改革等带来的新挑战，我国各地教师队伍普遍存在着教师总量性和结构性缺编问题，制约着高水平教师队伍的建设，因此中小学教师编制问题成为深化教师队伍管理体制改革的一大重点任务。为此，党中央、国务院高度重视中小学教师编制管理问题，在2018年1月出台的《中共中央 国务院关于全面深化新时代教师队伍建设改革的意见》（以下简称《意见》）中明确，要创新和规范中小学教师编制配备，并提出合理核定教职工编制，盘活事业编制存量，优化编制结构等重点任务。

以《意见》为指引，全国31个省（自治区、直辖市）陆续推出本省关于全面深化新时代教师队伍建设的实施意见，对本省教师队伍建设进行全面谋划部署，并将加强中小学教师编制管理作为深化教师管理体制机制改革的首要任务。其中，山东省作为国家教育体制改革试验区，承担着义务教育均衡发展、推进素质教育、改革职业教育办学模式、改革人才培养模式、健全教师管理制度以及基础教育综合改革等专项改革试点与综合改革试点任务，近年来在中小学教师编制管理改革等教师队伍建设方面亮点频现，其创新中小学教师编制管理的经验值得各地结合实际学习借鉴，并在全国教育体制改革创新实践中予以推广。

1. 教育情况及困境

山东是孔孟之乡，有尊师重教的悠久传统，作为我国的人口大省和教育大省，其生源数量多，教师队伍庞大。截至 2018 年年底，全省共有普通高等学校 145 所，普通小学 9674 所，普通初中 3051 所，普通高中 620 所，中等职业学校（不含技工学校）398 所，特殊教育学校 149 所，幼儿园 20231 所，在校生总数 1836 万人，各级各类教职工数 142.22 万人，专任教师 120.82 万人，比上年增加 3.73 万余人，办学规模和在校生规模均居全国前列。①

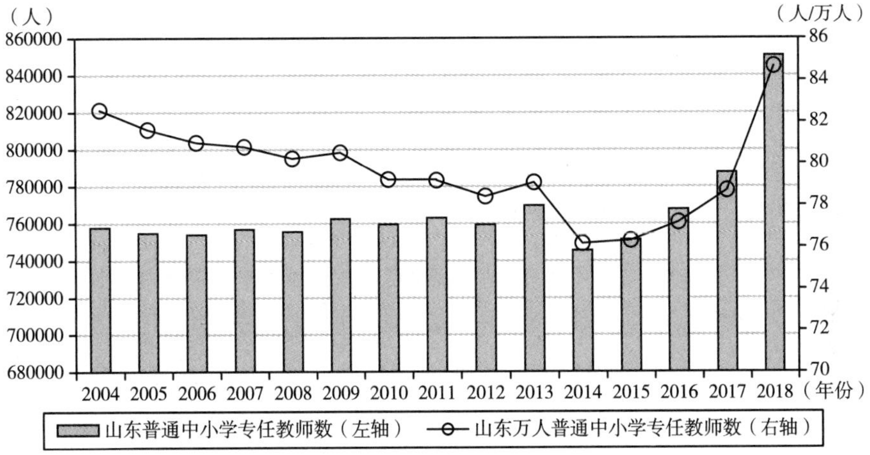

图 1－3　山东省 2004—2018 年普通中小学专任教师数

数据来源：Wind，中国民生银行研究院整理。

然而，山东省虽师资总量雄厚，人均数量却并不突出，普通中小学专任教师数排名全国前列，而万人普通中小学专任教师数则长期徘徊在全国 15 名左右的中游水平。优化中小学教师资源配置是山东省教育体制创新改革的重要课题。自 2014 年以来，山东省全面加强中小学教师队伍建设，深化中小学教师编制改革，师资力量得到有效补充，区域不均现象也明显缓解，万人普通中小学专任教师数由 2014 年的 76.2 人升至 2018 年的 84.7 人，增长了 11.2%；2018 年普通小学、初中和普通高中生师比分别为 16.68∶1、12.26∶1 和 11.9∶1，均优于教育部公布的 19∶1、13.5∶1 和 12.5∶1 的标准。②

具体来看，过去曾有四大问题长期困扰着山东省中小学教师队伍建设。

（1）总体超编与结构性缺编并存，城乡分布极不平衡。总体超编、结构性缺编并存是制约山东省教师队伍发展的瓶颈。一方面，全省教师数量超编，2016 年编制核定前，山东中小学教职工共有 85.5 万人，按标准算超编 8.61 万人。③ 另一方面，城乡师

① 数据来源：山东省庆祝新中国成立 70 周年主题系列新闻发布会。

② 数据来源：Wind，中国民生银行研究院整理。

③ 数据来源：《教育蓝皮书：中国教育发展报告（2018）》。

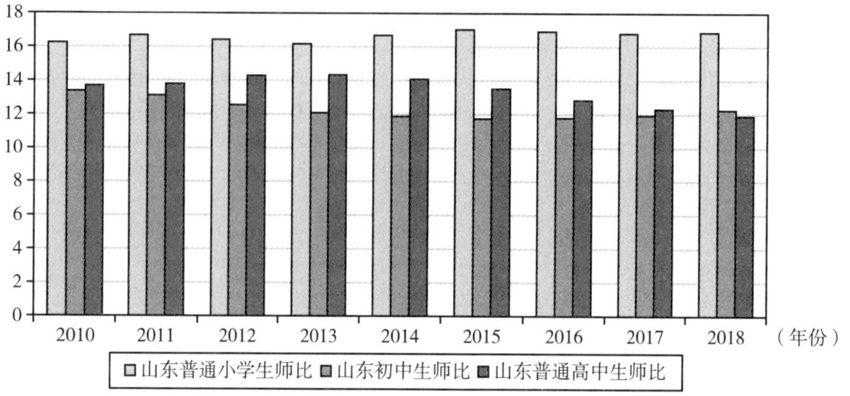

图 1-4　山东省 2010—2018 年中小学生师比变化

数据来源：Wind，中国民生银行研究院整理。

资配置结构性失衡。城镇地区大班额现象普遍，随着城镇化进程的加快，城镇常住人口剧增，随迁子女迅速流入，城镇师资力量配备相对不足问题逐渐凸显。按照国家规定，小学每班不超过 45 人，中学每班不超过 50 人；学生数超过 56 人的班级称之为大班额，学生数超过 66 人的称之为超大班额。2016 年之前，山东省普通中小学共有班级 27.6 万个左右，其中大班额约占 11 万个，超过 40%；超大班额 2 万多个，占 9% 左右，全省 17 个地级市均不同程度地存在大班额问题，个别县（市、区）大班额比例高达 90%。[①] 同时，乡村地区师资力量薄弱，虽然表面上总量超编，但结构性缺员大量存在，中小学教师数量不足、青黄不接，年龄大、学历低等问题严重，尤其是音、体、美、英语、计算机等学科专任教师紧缺，农村小规模学校教师数量也难以满足教学需求。

（2）教师编制缺乏区域流动性，导致区域供需矛盾突出。固定的编制管理模式使得教师编制在区域层面引进和流动困难，跟不上学校及学生数量的变化，不能动态地满足区域及学校内的编制需求，造成教师编制区域及学校分布不均。一些地方虽然整体超编并缺乏中小学教师，但无法进行补充，也无法从其他地方调用或共享编制资源。即使在同一区域内，教师配置也需要经过编制、人社部门审批，教育部门对本区域教师编制缺乏统筹管理权，难以根据生源流动及时动态调配、统筹使用，存量盘活不足，供需矛盾得不到有效解决，编制使用效益较低。

（3）编制管理不够灵活，无法满足基层复杂的现实情况。定编核编制度滞后，且不够灵活，对特殊地区特殊因素考虑不周，影响了中小学教师队伍根据实际需要进行及时调整。“一刀切”的“生师比”教师核编方式忽略了基层复杂的现实情况。如沂

① 胡怀旭：《咬定青山不放松 山东省破解城镇中小学大班额问题工作纪实》，中国山东网，http：//edu. sdchina. com/show/4249832. html，2018-01-03。

蒙山区等教学点数量多，但规模小、布局分散的偏远地区，教师配备很容易超编，实际上学校“标准上超编”与“现实中不足”的“超编缺人”现象突出，单纯按照师生比的标准核定教师编制，无法满足较小规模小学开齐课程的基本需求，教师工作任务繁重、压力大的现象普遍；青岛等人口净流入地区，则面临外来流动儿童数量增加较快，而学校无法灵活地调整教师编制数量的困境；山东不少中小学女教师占比多达七成到九成，“二孩”政策落地后，育龄女教师多的学校面临无人接替休产假教师的“产假式缺编”困境。①

（4）教师待遇相对较低，城乡、区域间存在较大差异。我国于1994年起实施的《教师法》明确规定，“教师的平均工资水平应当不低于或者高于国家公务员的平均工资水平，并逐步提高”。但过去这一法律条文事实上在不少地区并没有切实落实。教师工资待遇偏低不仅是山东一省的问题，也是我国的普遍现象，成为影响教师的职业认同感并导致教师队伍不稳定的重要因素。一是教师工资长期偏低。中小学教师的工资低于公务员、医生、律师等其他专业领域工作人员，与付出不能匹配。财政体系对教育经费的投入不足，尤其是部分财力弱的县区保障薄弱；二是落后地区教师待遇偏低。虽然新世纪以来山东省教师工资收入得到普遍提高，但由于各市县经济发展水平差异较大，经济发展水平相对落后地区以及农村地区的教师待遇偏低。2009年杨玉春②对部分地市的中小学教师待遇问题调研显示，早在2006年1月，山东省所有县市、区农村中小学教师月均工资都基本达到或超过了国家必保工资标准，但在实际中，个别经济欠发达地区的农村初聘教师月工资仍然徘徊在低位，城乡间、市域间及市域内也存在不平衡，不利于激励欠发达地区教师和义务教育的均衡发展；三是教师工资构成不合理。教师工资主要取决于职称、职务等，工作质量对其影响很小。同时教师的绩效评价多从德、能、勤、绩四方面入手，但在具体标准上非常模糊，且操作复杂③。国家设立的教育系统特殊岗位津贴由于长期没有提高标准，也未很好地发挥激励作用；四是教师中的特殊群体缺乏收入保障。编制外教师、合同制教师和代课教师普遍存在，但工资待遇与编制教师存在很大差异。

（5）教师培训支持不足，制约高素质教师队伍建设。过去，山东省教师培训经费投入不足，制约了教师继续教育的开展。部分地区对教育和教师工作重视不够，在教育事业发展中重硬件轻软件、重外延轻内涵的现象比较突出，对教师队伍建设的支持力度不够。部分教师素质能力难以适应新时代人才培养需要，思想政治素质、师德水平和专业化水平需要提升。农村教师整体素质偏低，专业教师少，正规师范类毕业的

---

① 案例参考《教育蓝皮书：中国教育发展报告（2018）》。

② 杨玉春：《中小学教师待遇问题调研报告》，载《当代教育科学》，2009年第5期。

③ 晋浩天：《教师薪酬体系究竟哪儿不合理》，载《光明日报》，2014－12－04（06）。

少，民办教师转正的多，总体素质不能满足基础教育改革与发展对教师的要求。

2. 创新实践①

面对中小学教师队伍建设领域的痛点难点，山东省自2014年实施基础教育综合改革以来，就加强和规范中小学编制管理进行了全面制度设计；2016年再出台《山东省人民政府办公厅关于进一步加强中小学教师队伍建设有关问题的意见》，进一步明确了教师编制管理政策措施。在国家编制政策框架下，山东省严格落实国家编制政策，强化顶层设计，坚持问题导向，从完备学段编制政策、细化中小学编制标准、完善管理机制、提高编制效益等方面入手，着力打破部门条块管理界限，破解编制管理难题，通过探索创新、发力改革，在重要领域和关键环节取得了突破性进展。

（1）健全多元化编制配备标准，多渠道增加编制总量。山东省在统一城乡中小学教职工编制标准基础上，进一步细化中小学教职工编制标准，构建起生师比和班师比相结合、特殊情况适当倾斜的编制核定标准。新的教师编制核定主要依据三个原则：

一是标准班额学校按国家规定的生师比核定编制。对达到标准班额数的学校，按国家2014年生师比标准核定编制，即小学标准班额人数45人，生师比标准19：1；初中标准班额50人，生师比标准13.5：1。

二是达不到标准班额数的学校按班师比配备编制。对乡村小学、教学点等达不到标准班额数的学校，按班师比配备教职工，小学按照每年级（教学班）配备2.4名，初中按照每年级（教学班）配备3.7名。

三是对特殊情况学校可适当增加编制。对承担教学改革任务较重或育龄女教师较多等特殊情况的学校，可按不超过教职工总量5%的比例适当增加编制。

以上原则充分考虑了城乡、校际、国家二孩政策等因素，有效缓解了育龄女教师增多等造成的临时性师资紧张，更好地满足了各类中小学校发展的用编需求。全省按照班师比核增编制约5.64万个，按照5%比例核增编制约3.77万个。在学生基数减少39.11万人的背景下，2016年6月重新核编后的山东教职工编制总量增加8764人。②

（2）推进编制科学化管理，实施动态调整和灵活管理。一是规范编制核定工作机制。明晰省、市、县三级教育、机构编制、财政部门权责，构建起中小学教职工编制管理逐级联动的工作机制。中小学核编以县为单位，由县级教育行政部门提出中小学教职工编制方案，机构编制部门按照编制标准会同财政部门核定中小学教职工编制，

① 案例主要参考资料来源：《教育部办公厅关于中小学教职工编制管理创新工作案例的通报》、教育部《创新中小学编制管理 提高编制使用效益——山东省中小学教师编制改革经验介绍》、教育部《创新中小学编制管理 提高编制使用效益——山东省、安徽省中小学教师编制改革经验介绍》。

② 王友文，魏海政：《253万个学位这样得来——山东创新机制化解城镇中小学大班额纪实》，《中国教育报》，2017-12-18。

县级人民政府报市人民政府核准；核准后的方案由市人民政府下达各县，并报省政府备案。

二是实行动态调整机制。按照“总量控制、统筹城乡、结构调整、有增有减”的原则，建立起中小学教师编制总量控制、动态调整机制。机构编制部门会同教育、财政部门每3年核定一次编制总量，教育行政部门每年根据班额、生源以及师资结构等情况具体分配至各学校，实行动态调整，并经机构编制和财政部门备案后组织实施。

（3）实施“县管校聘”改革，提高编制统筹使用效益。山东省自2015年起率先在全省整体推进中小学教师“县管校聘”管理改革，使教师由“学校人”变为“系统人”，打破教师交流轮岗的管理体制障碍。其核心是下放编制管理权限，将原有的编制直接核定到学校的方式调整为将核定的编制下达到教育行政部门，由教育行政部门负责动态管理使用，编制的动态调整情况报同级机构编制部门备案。

一是强化县级统筹管理职能。厘清教育、编制、人社部门管理边界。县级机构编制部门、人社部门主动放权，按照管人与管事相统一原则，明确编制部门负责核定编制总量、人社部门负责核定岗位总量，教育部门在总量内具体统筹管理教师编制、岗位分配、招聘使用、交流轮岗、考核评价等具体事务，强化了教育部门对教师资源统筹管理的功能，形成事权和人权对称的机制。

二是开展跨校岗位竞聘。县级教育行政部门根据学校的编制余缺情况，统一组织县（市、区）域内符合条件的校长、教师参加岗位竞聘。县（市、区）在统筹各学校班额、生源、师资结构等情况的基础上，合理设定各学校竞聘岗位，实施了直接聘用、校内竞聘、跨校竞聘。

三是优化交流轮岗机制。山东规定自2016年起县域内中小学教师交流不再申报用编进人计划，可由县区教育行政部门根据现实情况提出教师交流方案，经编办、人保部门协商、同意后执行，教师管理机制得到极大优化。县级教育行政部门有计划地组织交流轮岗，每年交流轮岗的教师不低于符合交流轮岗条件的10%。教师交流工作完成后，编制部门及时更新完善编制实名制人员信息。

四是合理调配富余人员。县级教育行政部门按照核定的中小学教职工编制、岗位和教学工作量指导学校确定聘用人员。现有教职工超出编制员额的，管理、教学辅助和工勤人员超过规定比例的，予以调配分流。同时，采用政府购买服务方式聘用新增教学辅助和工勤人员，腾出更多编制用于补充专任教师。

“县管校聘”制度有效加强了教育部门对县域教师编制、岗位的统筹，促进了教师城乡合理流动和均衡配置，增强了编制和教师资源的使用效益。通过实施这一改革，2015—2018年全省交流轮岗校长教师达14.83万人，调配分流富余教师、教辅人员7.31万人。

（4）设立临时周转编制专户，加大区域调剂力度。山东省通过设立临时周转编制专户等创新举措，加大区域内的编制调剂力度，有效解决了教师结构性紧缺的问题。

一是设立中小学教师临时周转编制专户。这是山东省中小学教师编制改革最具创新性的一大举措。山东省在“有编即补、退补平衡”的基础上，在编制总量范围内充分利用事业单位改革和精简压缩收回的编制以及高校、公立医院实行人员控制总量后收回的空余编制，设立中小学临时周转编制专户。临时周转编制不计入中小学编制总量，由机构编制管理部门单独管理，主要用于满编超编中小学补充急需专任教师。通过教师自然减员后，临时周转编制教师则转为中小学编制，周转编制相应核减。山东17市设立临时周转编制专户2.2万名，既保证了教育用人，又没有突破编制红线。同时，山东省出台幼儿园、特教学校、中等职业学校教职工编制标准，缓解了长期以来挤占中小学教职工编制问题。

二是构建县、市、省三级逐级调剂机制，加大编制调剂力度。在“县管校聘”统筹县域城乡教职工编制的基础上，山东省加大编制调剂力度，明确同一县域内中小学教职工编制可以互补余缺，核定的中小学教职工编制总量超过原有总量的，县域内可先通过统筹调剂事业单位编制存量解决；若县域内难以调剂的，可由设区市调剂解决。2016年，全省县级调剂其他事业单位编制用于教育4536名，市级调剂县域间编制8755名。个别设区市也无法统筹解决的，还可由省级机构编制部门协调解决，如莱芜市通过省编办协调编制1000名。

（5）健全乡村教师补充机制，加强乡村教师队伍建设。山东省于2015年出台《山东省〈乡村教师支持计划（2015—2020年）〉实施办法》，在健全乡村教师补充机制、完善城乡校长教师交流机制、改革完善乡村教师培养模式、提高乡村教师职业获得感等方面进行了一系列探索，取得了明显成效。

一是健全乡村教师补充机制，充实师资力量。山东在2016年启动了贫困乡村学校短缺学科教师补充计划，2016—2017年两年时间新增乡村教师1.8万名，补齐短缺学科教师缺口。实施省属高校免费师范生培养计划，2016—2018年连续3年招收1万人，毕业后预留编制、岗位安排到乡村学校任教。开展农村学校特级教师岗位计划，在每个农村义务教育学区设立1个特级教师岗位，实行任期制，任期内享受特级教师待遇。实施西部经济隆起带、省扶贫开发重点地区人才支持计划和“三区”人才支持计划教师专项计划，分别安排500名、1000名优秀骨干教师到77个县（市、区）中、小学支教，省财政安排专项资金对支教教师的交通、工作等费用予以补助。

二是深化编制改革，破解编制难题。在中小学教职工编制总量控制、动态调整机制的框架下，优先保障农村贫困人口集中区域乡村中小学教师编制需要。完善编制标准。在统一城乡编制标准基础上，向贫困地区农村学校倾斜。建立了农村教师机动编制，以县为单位，按不超过农村中小学教师编制总量5%的比例核定教师机动编制，用于补充农村中小学急需学科教师。2017年，山东核增1.2万名农村机动编制。

三是通过“县管校聘”机制交流轮岗，统筹优化城乡师资。强化补充交流，全面推行交流轮岗制度，推进城乡教师队伍建设一体化。2016年，全省交流轮岗教师2.09万人，其中城镇学校向贫困地区乡村学校交流1.22万人。实施校长职级制改革，建立校长交流制度，加大城乡、校际间交流，乡村学校校长县域内竞争上岗，用5年时间，完成乡村学校校长轮换。2015—2018年，全省城镇学校到农村学校交流教师3.58万人，有2753名城镇校长到乡村学校任职、交流。

（6）全面提高教师地位待遇，强化教师职业吸引力。在深化教师编制管理改革的同时，山东省着力提高教师地位待遇。2018年11月山东省出台的《关于全面深化新时代全省教师队伍建设改革的实施意见》强调，全面提高教师地位待遇，完善教师待遇保障机制，提高乡村教师待遇，落实民办学校教师权益，以稳定教师队伍。具体来看，山东省在提高教师地位待遇方面作出了以下努力：

一是要求建立中小学教师工资与当地公务员工资长效联动机制。在核定中小学绩效工资总量时，要统筹考虑当地公务员上年度实际收入水平。学校所在地调整公务员工资待遇时，必须同时间、同幅度考虑中小学教师，确保中小学教师平均工资收入水平不低于或高于当地公务员平均工资收入水平。

二是建立中小学教师绩效工资增量机制。取消绩效工资基础性绩效和奖励性绩效工资比例要求，让学校统筹分配，更能有效体现教师和管理人员的工作量和工作绩效，绩效工资分配向班主任和特殊教育老师倾斜。在核增绩效工资总量时，对农村小班额学校、寄宿制学校、民族班办班学校、考核优秀学校等单位，可适当上浮绩效工资水平。

三是着力提高乡村教师待遇。全面落实乡镇工作补贴政策，并向艰苦偏远乡镇教师倾斜。对乡村教师提供“两贴、两房、一体检、一荣誉、一特岗”等惠师政策。“两贴”即乡村教师享受乡镇工作人员津贴补贴政策，同时根据距离县城远近发放交通补助；“两房”即为乡村教师在乡村学校提供周转宿舍，同时在城区给予优惠购房的政策；“一体检”即每年给乡村教师做一次管用的体检；“一荣誉”是指为在乡村学校从教30年、20年颁发荣誉证书；“一特岗”是指在每个乡村义务教育学区设立1个特级教师岗位，实行任期制，鼓励优秀教师竞争上岗聘期内享受特级教师津贴。同时，进一步深化职称制度改革，在乡村中小学从事专业技术工作10年以上申报中级职称，从事专业技术工作20年以上申报副高级职称，从事专业技术工作30年以上申报正高级职称，可不受单位岗位结构比例限制，进一步调动农村教师工作积极性。2019年起，建立农村学校教师“单独评审，定向使用，兑现待遇，离开无效”的基层高级职称评审制度，使乡层教师职称晋升变为“双轮”驱动，着力解决乡村学校“下不去、留不住”教师问题。

（7）完善招聘选拔、培训考核等机制，保障教师队伍素质。一是强化师德师风建设。按照“四有好老师”要求，把“师德学养”作为教师队伍建设的核心，贯穿于教师准入、培训和管理的全过程。注重发挥典型引领作用，开展“齐鲁最美教师”“教书育人楷模”等推选活动，弘扬师德典型崇高精神，营造重师德尊师教浓厚氛围。

二是加快校长职业化“进程”。山东省将推进中小学校长职级制改革作为事业单位去行政化突破口，在全国范围内率先实行校长选拔任用制度，将校长岗位面向社会选拔优秀人才，并实行职级制，作为学校落实办学自主权的重要举措，在青岛、潍坊、菏泽等7个设区市先行试点的基础上，于2016年在全省全面推开。职级制的实施，使长期以来校长责任大、付出多、待遇低、职业吸引力差的弊端得以解决，校长从优质学校交流到农村学校、薄弱学校的制度障碍不复存在，教育均衡发展得到有力推动。

三是完善并严格实施教师准入制度。山东省从2013年起在青岛、临沂、莱芜三市试点教师资格定期注册工作，注册不合格的不得从事教学工作，2015年在全省推开。同时提高教师职业准入门槛。在学历要求方面，自2013年起，申请小学教师资格，应当具备大学专科及以上学历；申请初级中学、高级中学教师和中等职业学校文化课、专业课教师资格，应当具备大学本科及以上学历。自2015年起，申请幼儿园教师资格，应当具备大学专科及以上学历。

四是扩大教育部门和学校用人自主权。教师招聘可由设区的市教育行政部门组织，可以县为单位，不分城区、农村学校岗位，统一招聘、统一分配，也可按学校组织招聘。部分岗位采取先面试后笔试的方式招聘教师，为选聘优秀人才进入教师队伍提供保障。

五是完善激励考核机制，释放教师队伍活力。完善教师考核评价办法，强化课时量在职称评聘和考核评价指标体系中的权重。提高班主任津贴标准，提高中级、高级职称岗位比例5—7个百分点，全省增加中、高级职称8.8万个，拓展了教师职业发展空间，调动了教师的教学积极性。

六是创新培训模式，培养高素质教师队伍。按照“面向全员、突出骨干、倾斜农村、高端引领”的整体思路，紧紧抓住山东教育发展需求和教师成长诉求，创新培训模式，构建起由“齐鲁名师名校长建设工程”“万名骨干教师培训工程”“互联网+教师专业发展工程”“乡村教师素质提升工程”组成的省级培训体系架构，不断增强培训的针对性和实效性，促进广大教师持续专业成长。

3. 创新成果

山东省在中小学教师编制管理、“县管校聘”管理改革、职称岗位管理、培养培训等方面持续改革创新，教师队伍建设效果明显，改革举措得到国家肯定，基本形成了“省级统筹、市级指导、以县为主”、编制动态管理、教师县管校聘、校长职级管理、激励约束相结合的教师队伍建设改革新机制。2017 年 12 月被教育部总结为“教师队伍建设改革山东模式‘10 条经验’”，并分别荣获 2018 年由中国教育报、中国教育新闻网主办的第五届全国教育改革创新优秀奖以及 2019 年由 21 世纪教育研究院联合澳门同济慈善会举办的第六届地方教育制度创新奖优胜奖等诸多奖项。

（1）教师编制管理更加科学。山东省通过完善编制配备标准、多渠道增加编制总量、建立灵活的编制管理模式、实施“县管校聘”改革以及设立临时周转编制专户等方式，有效地加大了教师补充力度，缓解了临时性、结构性的师资紧张问题；同时使得城乡学校、校际之间师资配置得到优化，有效提高了编制使用效益。2016—2018 年，全省补充中小学教师 11.51 万人，较好地解决了师资短缺难题。全省 16 市全部完成校长职级认定和聘任工作，初步建立起以职级制为核心的校长管理体制。

（2）城乡师资配置得到优化。一是实现了教师资源城乡统筹配置、动态调整。山东省中小学教师“县管校聘”管理改革的实施，使教师管理的权责边界更加明确，县域内教师交流轮岗、跨校竞聘、学区走教普遍开展。截至 2016 年年底，“县管校聘”已在全省 137 个县（市、区）全部推开，其中青岛、潍坊、淄博、滨州被列为全国义务教育教师队伍“县管校聘”管理改革示范区，12 个县被确定为省级改革示范区，涌现出潍坊市寿光市、淄博市淄川区、威海市文登区等一批改革典型。交流轮岗、跨校竞聘、学区走教等在全省普遍开展，城乡学校、校际之间管理水平和师资条件差距逐步缩小。

二是“大班额”得以有效减少。自 2015 年山东省启动实施解决“大班额”问题以来，截至 2019 年年底，全省已累计完成投资 1528 亿元，新建改扩建中小学校 3859 所，新增中小学学位 327.52 万个。中小学 56 人以上大班额教学班比例，由 2014 年的 23.49% 降至 5.98%，下降 17.51 个百分点，66 人以上超大班额基本消除，如期完成 2019 年“将全省大班额控制在 6% 以内”的社会承诺，并明确将对现存有大班额教学班的普通中小学校，一校一策制定消除大班额问题工作方案，2020 年消除 56 人以上大班额。①

（3）职称评聘制度不断完善。山东省职称评聘政策的改革打破了教师专业技术职务晋升“天花板”。2016 年中学中高级岗位分别提高 5 个百分点，小学中高级岗位分别提高 7 个百分点，2019 年分别按照 1%、2%、3% 的比例，在小学（幼儿园）、初

① 巩悦悦：《山东省教育厅厅长邓云锋：三年建成三万套乡村教师周转宿舍》，载《齐鲁晚报》，2020-01-21（A07）。

中、高中增设正高级教师岗位。小学、初中、高中专任教师中高级职称比例分别达到3.82%、13.98%、20.99%，其中正高级865人，职称结构更加合理。

（4）教师队伍日益壮大、素质提升。一是师范生培养力度不断增强。2016—2019年招收省属公费师范生1.7万名，今后每年培养5000名；预留编制和岗位、上学不缴费，按照“一专多能”和全科教师的目标进行培养；同时，建立公费师范生入职竞岗选聘制度，保障培养质量。2019年师范类专业在校生共计14.17万人。

二是名师培育工作效果明显。2018年，10名教师列入国家“万人计划”教学名师人选，入选人数列全国第2位。高校高层次人才队伍日益壮大，拥有驻鲁两院院士26人，国家“千人计划”专家125人，国家“万人计划”专家75人，长江学者81人，国家杰出青年基金获得者97人，泰山学者627人，其中青年专家163人。

（5）城乡义务教育迈向一体化。城乡教师队伍建设一体化是城乡义务教育一体化发展的关键。山东省强化补充交流，推进城乡教师队伍建设一体化，2017年全省137个县（市、区）全部通过国家义务教育发展基本均衡评估认定，成为整体通过人口最多、县（市、区）数量最多的省份。山东推动城乡义务教育一体化的经验做法，还得到了全国城乡义务教育一体化改革发展现场会的推广。

4. 启示借鉴

山东立足省情、创新举措，在不突破总量的前提下对教师编制进行灵活调控，有效破解了各种编制难题，为合理配置教师资源，提高教育质量，促进教育公平提供了丰富经验。教师编制结构性不足是各地的普遍问题，山东省因地制宜、开拓进取的创新思路值得各地积极借鉴。

（1）把握国家政策机遇窗口期推进改革。山东省主动把握有利的内外部政策机遇，与国家政策对接，解决自身教师编制问题。

一是紧抓国家政策支持机遇。2010年7月《国家中长期教育改革和发展规划纲要（2010—2020年）》发布，同年国家教育体制改革试点在山东等地开展。山东紧抓这一契机，在国家政策形势支持下，推出一系列的综合改革措施，推动解决教师编制短缺实际问题。2018年在中共中央、国务院出台《关于全面深化新时代教师队伍建设改革的意见》的契机下，山东省及时推出《中共山东省委 山东省人民政府关于全面深化新时代全省教师队伍建设改革的实施意见》，对本省包括加强中小学教师编制管理在内的教师队伍建设工作进行全面谋划部署，出实招深化新时代教师队伍建设改革部署要求。

二是注重做好与国家和省重大规划的有效衔接。山东省积极加强教师队伍建设与国家和省教育规划纲要、国家教育“十三五”规划、省国民经济和社会发展规划以及其他专项规划的衔接。统筹城乡、区域教育发展，科学把握发展速度和节奏，处理好各级各类教育发展之间的关系以及规模、结构、质量、效益的关系，抓住若干关键问题，提出具体对策措施和实施办法。

（2）注重顶层设计，强化高位推动。在山东省改革中小学教师编制的过程中，尤其强调政府主体责任以及顶层设计的重要作用，将这一任务上升到“一把手”工程的高度，高点站位、高位谋划、高位推动，从而使相关工作更为顺畅，得到强有力的组织保障。

一是省高层领导高度重视，政府主体责任严格落实。山东省由高级别的省领导来推动教育相关决策的机制，对市、县政府起到了很强的示范作用，在推动重大教育改革事项决策、资源统筹配置、简化议事程序、部门协同联动等方面展现了明显的领导优势。对解决城镇普通中小学大班额的问题，山东省出台文件要求实行目标责任制，省、市、县（市、区）政府逐级签订责任书，市、县（市、区）主要领导对解决学校大班额问题负总责。山东省连续数年将与中小学教师编制相关的义务教育均衡发展、“全面改薄”、解决大班额问题列入对各地市综合考核的重要内容，作为评价各级政府教育工作的重要指标，从而将这一工作作为一项政府主导、教育等各部门积极参与、全社会鼎力支持的重大民生工程，举全省之力推进，确保按时完成工作任务。

二是打破部门条块管理界限，化解多部门协作难题。教育行政部门主动会同机构编制、财政等部门组成联合调研组，深入基层调研，促使有关部门更好地理解教育方面的困境，与教育部门达成共识。山东省进而通过专题研讨班等方式进一步促进相关部门对教师编制不足的了解，最终达到各部门统一协调，共同推动解决教师编制不足政策的出台。最后，教育行政部门主动设计并提出兼顾教育需要和相关部门工作要求的解决方案，化解了多部门协作的难题。

三是加强编制管理顶层制度设计，出台一系列省级文件。在教育行政部门和相关部门的共同努力下，山东出台了一系列省级层面的政策文件来完善中小学教师编制管理政策，这些政策文件有力地保障了教师编制改革工作的持续性，并为各地市提供了政策依据和行动指南。

表 1-7　　2014 年以来山东省中小学教师队伍建设相关政策文件

文件名称	出台时间	相关政策内容
《关于全面改善我省贫困地区义务教育薄弱学校基本办学条件的实施意见》	2014.7	抓好村小学和教学点教师队伍建设，充分利用中小学教师机动编制政策，加强英语、科学、信息、音乐、体育、美术等紧缺学科教师的配备。推进县域内校长教师交流轮岗，提高城镇中小学校长、教师到乡村学校任职任教的比例
《关于推进县（市、区）域义务教育学校校长教师交流轮岗的意见》	2015.4	加快建立和不断完善义务教育学校校长教师交流轮岗制度，促进校长教师优质资源的合理配置，重点引导优秀校长和骨干教师向农村学校、薄弱学校流动

续表

文件名称	出台时间	相关政策内容
《关于推进中小学教师县管校聘管理改革的指导意见》	2015.4	加强县（市、区）域内义务教育教师的统筹管理，推进“县管校聘”管理改革，打破教师交流轮岗的管理体制障碍
《山东省人民政府办公厅关于解决城镇普通中小学大班额问题有关事宜的通知》	2015.9	通过撤并、改企转制等方式收回的事业机构编制资源，优先保障新设中小学机构编制需要。用2年时间，实现有空编的中小学教师补充到位。建立中小学教师临时周转编制专户，对满编超编的中小学确需补充专任教师的，使用临时专户编制予以补充
《乡村教师支持计划（2015—2020年）》	2016.1	达不到标准班额的村小学、教学点，按生师比与班师比相结合的方式核定编制。落实农村学校机动编制政策，机动编制全部用于补充乡村学校急需的学科教师
《山东省政府办公厅关于进一步加强中小学教师队伍建设有关问题的意见》	2016.4	按照“总量控制、统筹城乡、结构调整、有增有减”的原则，建立县域内中小学教职工编制总量控制、动态调整机制。县级机构编制部门会同财政、教育行政部门根据生源变化和教育教学改革需要，每3年核定一次教职工编制总量。完善中小学教职工编制标准。重新核定中小学教职工编制
《关于建立普通中小学大班额问题长效防控及监测机制的通知》	2017.6	加快推进2015—2017年解决城镇普通中小学大班额问题规划建设。按照各市与省政府签订的目标责任书要求，如期完成学校建设、学位新增及教师补充工作任务
《关于确定首批中小学教师“县管校聘”管理改革示范区的通知》	2017.9	确定济南市章丘区等12个县（市、区）为首批山东省中小学教师“县管校聘”管理改革示范区
《关于全面深化新时代全省教师队伍建设改革的实施意见》	2018.11	各地要在现有事业编制总量内，盘活事业编制存量，优化编制结构，向教师队伍倾斜，充分利用教师编制周转专户政策，优先保障教育发展需要。要加大教职工编制统筹配置和跨区域调整力度，根据生源增长及时核定、调配编制

资料来源：山东省教育厅网站，中国民生银行研究院整理。

（3）加大教育经费及配套保障措施投入力度。山东对教育投入的大力支持是其能够出台政策解决中小学老师编制问题的关键内部因素之一。

一是教育经费投入快速增长。2018年全省教育经费总投入为2634.93亿元，比2012年的1667.62亿元增加967.31亿元，增长58%。其中，财政性教育经费收入2169.87亿元，比2012年的1406.48亿元增加763.39亿元，增长54.3%。山东公共财政教育经费支出占公共财政支出比例连续多年维持在20%左右，在全国名列前茅。

二是加大配套基础设施建设投入。2015—2017年，山东抓住学校建设“人、地、钱”三要素，强化政策支持，创新工作机制，累计投入1220.17亿元，建设中小学2963所，共计新增学位253万个。在校园建设用地方面，省、市、县三级统筹保障，

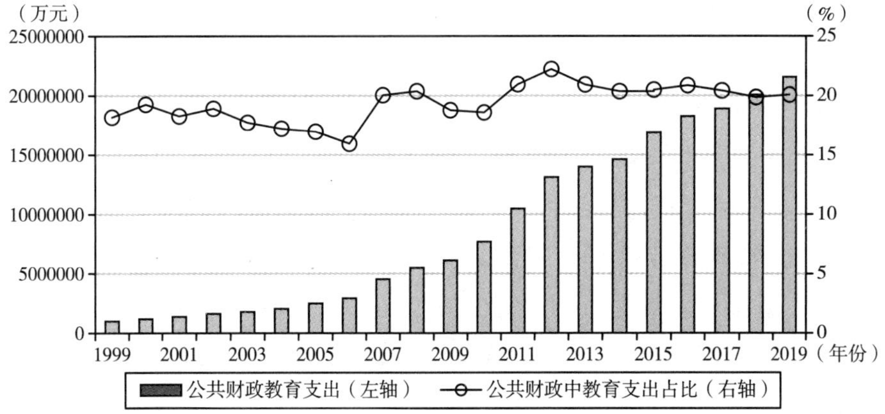

图1－5　山东省1999—2019年公共财政教育支出及其占比

数据来源：Wind，中国民生银行研究院整理。

确保学校建设用地应保尽保，2015年以来省级层面累计统筹新增用地指标30000亩，有效缓解了学校建设土地指标紧缺的问题。在建设资金方面，加大财政金融支持力度，安排42亿元以奖代补资金，用于奖补各地解决城镇大班额问题发生的人员经费和建设费用。同时落实各市和县（市、区）经费投入主体责任，寻求金融机构支持，协调政策性银行和商业银行为解决大班额问题提供金融服务。在多方面努力下，困扰多年的城镇中小学大班额问题得以基本解决。

（4）坚持问题导向和靶向施策。山东省在教师编制改革任务上尤为注重坚持问题导向和靶向施策，积极回应社会关切，抓重点、补短板、强弱项、重谋划，紧紧围绕总体超编与结构性缺编并存、区域供需矛盾突出、编制管理缺乏灵活性等影响全省教育发展的突出问题、重点难点和深层次的制度瓶颈，在编制配备、县管校聘、交流轮岗、职称岗位、考核评价、提高待遇等方面出台了一系列政策文件，提出有针对性的破解之策，启动实施一批教育重点工程和项目，从而以重点突破带动全局。

例如，针对日益严峻的大班额问题，山东省政府办公厅2015年9月专门出台《关于解决城镇普通中小学大班额问题有关事宜的通知》，既有工作重点，又有时间表和路线图，提出2017年底解决城镇普通中小学大班额问题。通过调整完善学校建设规划、保障学校建设用地、足额均衡配置师资、加大财政金融投入力度、编制解决大班额工作专项规划与实施方案，坚持问题导向、堵疏结合、城乡一体、标本兼治的原则，结合实际，找准症结，区分情况，分别针对教育资源短缺、教育不够均衡、实施操作不当等不同原因产生的大班额问题，采取“一县一策”“一校一策”的办法精准施策，按进度完成任务。

（5）结合地方特点因地制宜大胆创新。山东省在教师编制管理改革的实践中，注重突出体制机制创新。把改革创新作为推动教育现代化的根本动力，贴合自身实际大刀阔斧精准发力，拆除体制机制藩篱，破解编制、待遇等问题，探索出了一条加强教师队伍建设的新路。

一是充分考虑各类群体和各个区域的不同情况，避免“一刀切”。例如其中小学教职工编制标准在城乡统一的基础上，充分考虑城乡、校际、国家二孩政策等因素为不同地区和不同学校带来的特殊影响，进一步细化编制标准，构建起生师比和班师比相结合、特殊情况适当倾斜的编制核定标准，与时俱进地满足了各类中小学校发展的用编需求。此外，针对农村地区一线教师结构性紧缺的实际，通过“机动编制”补充农村师资，有效地解决了农村学校结构性缺编以及占编不顶岗的问题。

二是政策执行层面注重地方先行试点。山东把市域统筹推进作为基础教育综合改革的基本原则之一，并且注重开展地方试点和经验总结，从而形成各级联动、区域衔接的教育改革总体格局。其中烟台、潍坊、威海、滨州获批成为省级基础教育综合改革试验区，青岛获批成为省级教育综合改革试验区，以地方试点先行带动改革全面突破。2015 年，山东省就推进县（市、区）域义务教育学校校长教师交流轮岗开展地方试点，按照“试点先行、逐步推开”的原则，各市遴选部分县（市、区）进行试点，在取得经验的基础上积极稳妥推进，用 3—5 年时间实现县（市、区）域内校长教师交流轮岗的制度化、常态化。

三是大胆创新勇出新招。山东在中小学教师编制改革工作中勇于创新、敢出新招。其在全国首创中小学教师临时周转编制专户制度，有效地盘活编制资源，促进县域内教育资源的均衡配置，最大限度地支持中小学教育事业发展，成为一大创举。

五、我国教育市场需求空间分析

（一）从世界主要经济体比较角度分析，我国教育市场具有较大需求空间

1. 人口出生率

2018 年、2017 年中国人口出生率分别为 10. 94‰、12. 43‰，微高于高收入国家水平，显著低于世界、中等收入、低收入国家水平。人口死亡率分别为 7. 13‰、7. 11‰，低于世界、高收入、中等收入和低收入国家水平。人口自然增长率分别为 3. 81‰、5. 32‰，人口自然增长率骤减源于出生率下降和死亡率上升。

20 世纪 60 与 80 年代两次生育高峰给中国带来人口红利，进入 90 年代后中国出生率急速下降，人口老龄化问题越趋严峻。类似地，日本自 80 年代中期起出生率迅速下降，加之死亡率攀升引致近年人口负增长。

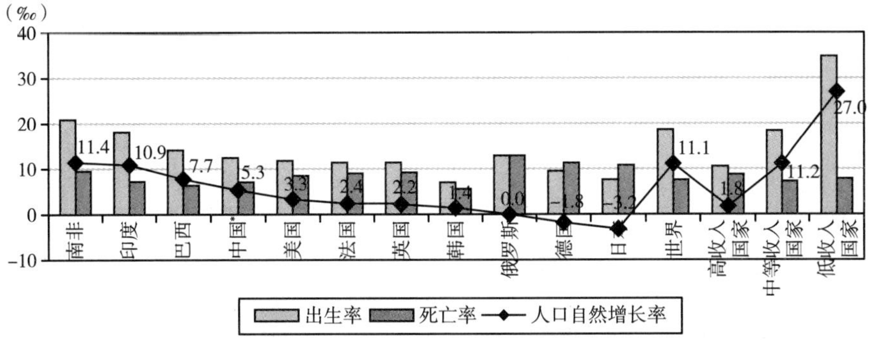

图 1－6　世界主要国家 2017 年出生率、死亡率与自然增长率

数据来源：世界银行 WDI，中国数据来源为国家统计局。

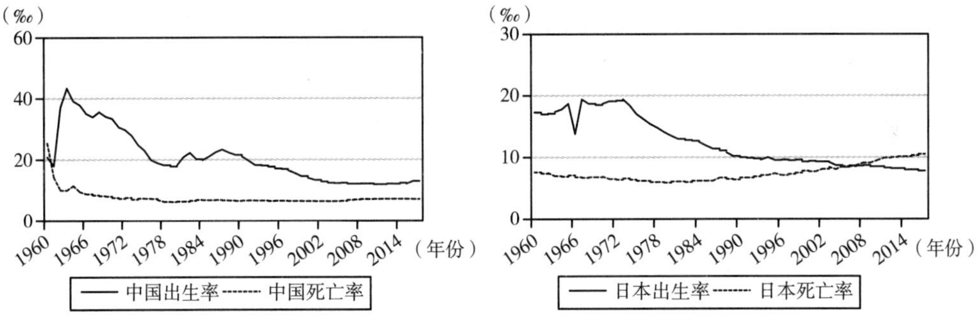

图 1－7　中国与日本的历史人口增长情况对比

数据来源：世界银行 WDI。

2. 万人专任教师数

2018 年，中国每万人拥有专任教师（不含高等教育）94.7 人，高于日本、韩国的水平。与其他“金砖国家”相比，低于巴西的 104.8 人，高于俄罗斯、南非和印度，与欧美发达国家万人专任教师普遍在 100 人以上的水平相比仍存在一定差距。

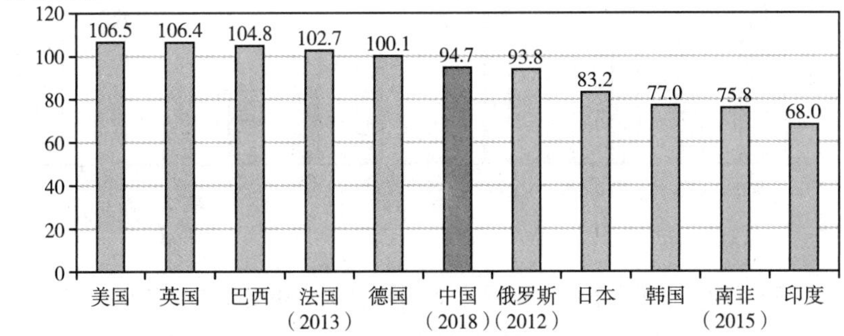

图 1－8　世界主要国家 2017 年万人中小学专任教师数

数据来源：世界银行 WDI，中国来源为统计年鉴。

注：因多数国家数据不连续，采用各国可获取的最新数据比较。

2018 年，世界平均每万人专任教师数为 89.2 人，其中，高收入国家为 105.8 人，中等收入国家为 88.1 人，低收入国家为 68.8 人。中国人均教师数量已高于世界平均水平及中等收入国家水平。

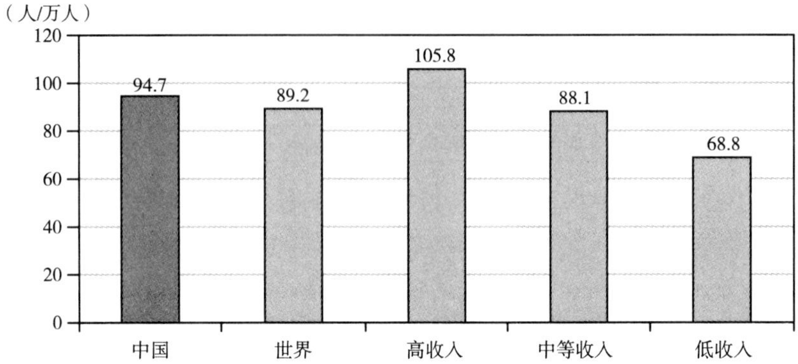

图 1－9　世界及按收入分组国家的万人专任教师数

数据来源：世界银行 WDI。

注：数据时间均为 2018 年。

3. 高等教育学历人口比重

2018 年，中国 24 岁以上高等教育学历人口比重为 21.6%，较 2017 年提升 0.2 个百分点，但较世界主要国家存在较大差距。主要国家中，俄罗斯高等教育人口比重达 53.1%，位列第一。日本、韩国、美国、英国等国高等教育人口占比相对较高。总体来看，OECD 平均高等教育人口比重为 36.5%，G20 平均水平为 29.8%，中国与之相比仍存在较大差距。

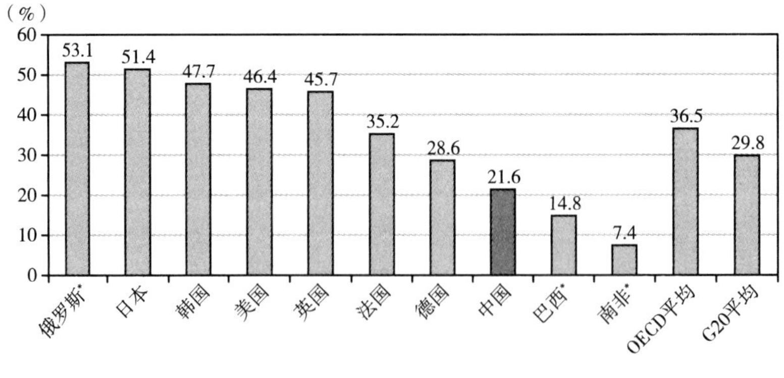

图 1－10　世界主要国家 2017 年 25—64 岁人口中受高等教育人口比重

数据来源：联合国教科文组织（UNESCO），中国数据来源为国家统计局人口抽样调查数据中大专及以上学历人口除以 24—65 岁人口。

注：标＊号数据为 2015 年，中国为 2018 年。

改革开放以来，中国在高等教育领域也实现了较快进步，1982 年 24 岁以上高等教育人口比重仅为 1.4%，到 2000 年已上升至 6.8%。2005 年起高等院校扩招学生开始毕业后，24 岁以上高等教育人口比重增长进一步加快。

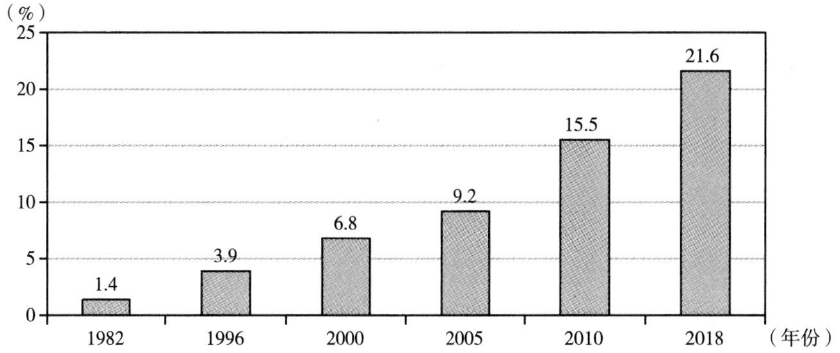

图 1-11　中国 1982 年以来高等教育人口比重

数据来源：国家统计局年度抽样调查数据。

4. 高等教育毛入学率

高等教育毛入学率是指“高等教育在校学生数除以 18—22 岁年龄段人口数”，反映的是适龄人口中能接受到高等教育的人口的百分比。2018 年中国高等教育毛入学率为 50.6%，较 2017 年上升 1.5 个百分点，但与主要发达国家相比差距巨大。韩国高等教育毛入学率为 94.3%，美国为 88.2%，均远超中国。世界平均水平为 38.0%，2014 年中国首次超过世界平均水平。

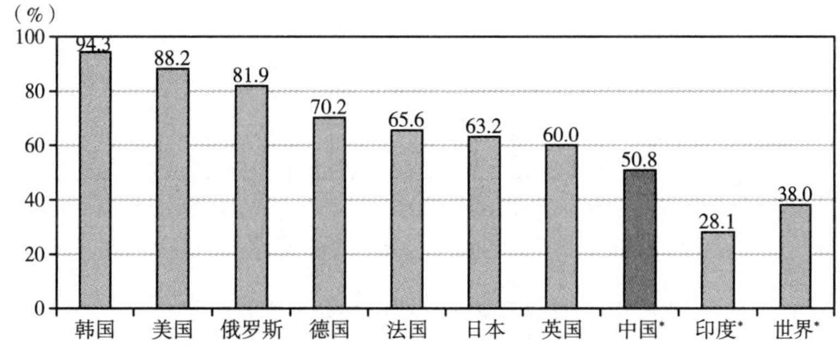

图 1-12　世界主要国家 2018 年高等教育毛入学率

数据来源：世界银行 WDI。

注：标 * 国家数据时间为 2015 年。

改革开放以来，中国高等教育毛入学率提升较快，1970 年中国高等教育毛入学率仅为 0.1%，1980 年上升到 1.1%，1990 年上升到 3.0%。随着近年来高等院校的扩招，2018 年毛入学率升至 50.6%，较 1990 年大幅提升了 47.6 个百分点。

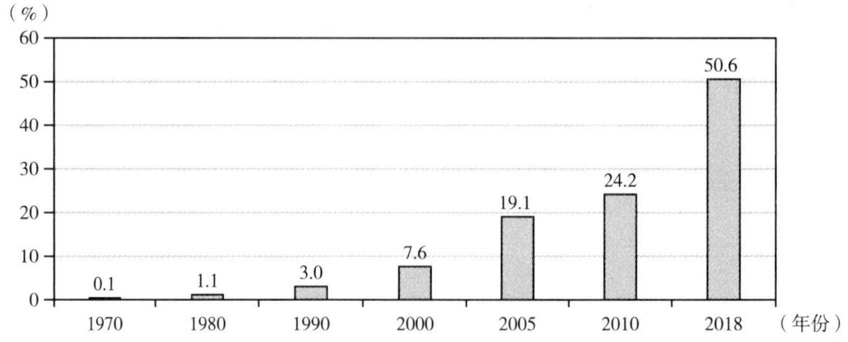

图 1－13　中国 1970 年以来高等教育毛入学率

数据来源：世界银行 WDI。

5. 预期受教育年限

预期受教育年限指的是中国学生在当前的教育环境下所能接受教育年限（从小学开始计算）的期望值。2015 年中国学生的预期受教育年限为 14.0 年，较 2014 年提高了 0.2 年，高于世界平均水平。澳大利亚是所有国家中预期受教育年限最长的，达 22 年，主要欧美发达国家预期受教育年限均在 15 年以上。“金砖国家”中，巴西、俄罗斯的预期受教育年限都高于中国；南非为 13.8 年，与中国接近；印度为 12.2 年，低于世界平均水平。

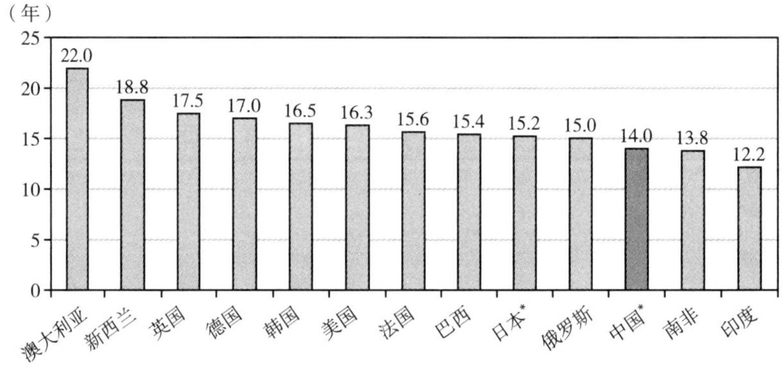

图 1－14　世界主要国家 2017 年预期受教育年限

数据来源：联合国教科文组织（UNESCO）。

注：＊数据为 2015 年。

联合国教科文组织公布的数据显示，世界平均预期受教育年限为 12.4 年，其中高收入国家为 16.4 年，中等收入国家为 12.5 年，低收入国家为 9.2 年。中国学生的预期受教育年限已超过中等收入国家水平，但距高收入国家仍存在差距。

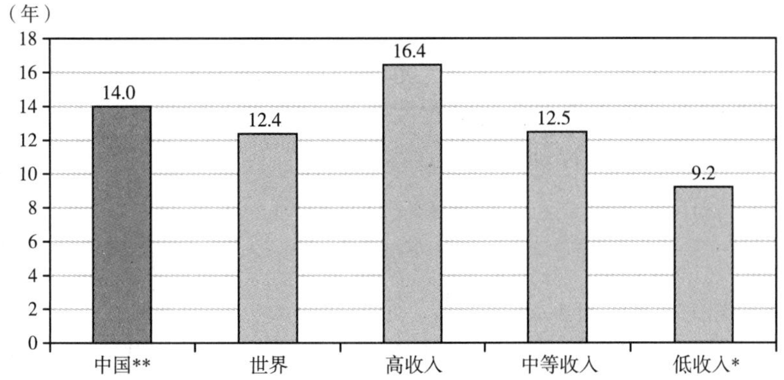

图 1－15　世界及按收入分组国家的预期受教育年限

数据来源：联合国教科文组织（UNESCO）。

注：* 数据为 2017 年，** 数据为 2015 年，其余为 2018 年。

（二）从我国省级区域比较角度分析，三四线城市有较大增长潜力

1. 自然增长率

2018 年，全国人口自然增长率为 3.81‰，较上年下降 1.51 个千分点；西藏人口自然增长率 11.05‰，排名全国第一；此外，海南、广东、广西和青海人口自然增长率高于 8‰。分省份看，29 个省区市人口自然增长率出现下滑；新疆和山东下滑幅度最大，分别为 －5.27‰和 －4.06‰。唯有 2 个省区市人口自然增长率提升，分别是云南和吉林；其中，吉林人口自然增长率提升 0.1 个千分点至 0.36‰，云南人口自然增长率提升 0.02 个千分点至 6.87‰。

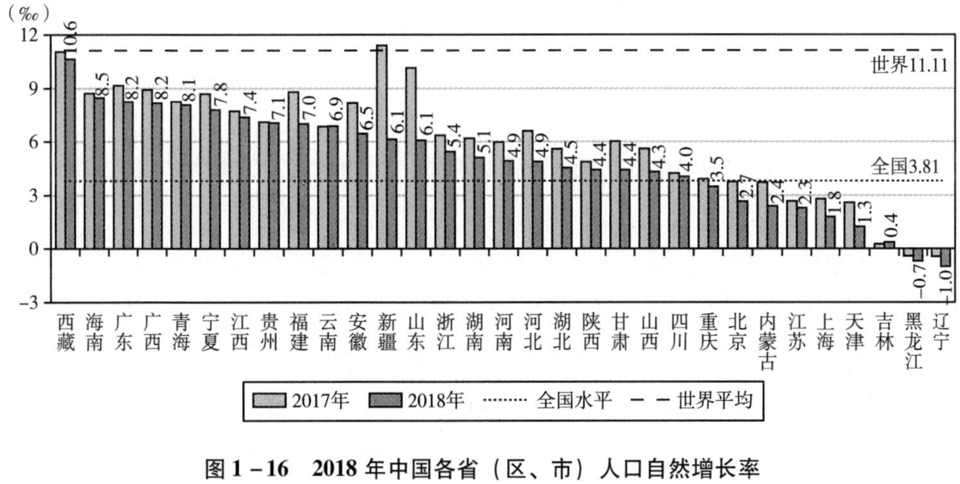

图 1－16　2018 年中国各省（区、市）人口自然增长率

数据来源：中国统计年鉴，世界银行 WDI。

注：世界平均数据为 2018 年数据。

2. 平均工资水平

近年来，我国城镇就业人员工资水平逐年提升。2018 年，我国城镇非私营单位就业人员年平均工资为 82413 元，较上年名义上涨 10.9%，增速提升 1 个百分点；实际增长 8.7%，高于 GDP 实际增速 2.1 个百分点。分地区看，全国共有 8 个省区市高于全国平均水平，其中北京、上海、西藏和天津四地平均工资超 10 万元，分别为 14.58 万元、14.04 万元、11.60 万元和 10.07 万元。在低于全国平均水平的 23 个省区市中，有 16 个分布在 8 万元至 7 万元之间，有 7 个低于 7 万元。就差距看，北京和上海平均工资水平是湖南等地区的两倍多。就增速看，13 个省区市的名义增速高于全国平均水平，其中安徽、河南和青海的工资水平名义增速较高，分别为 14.2%、13.8% 和 12.8%。

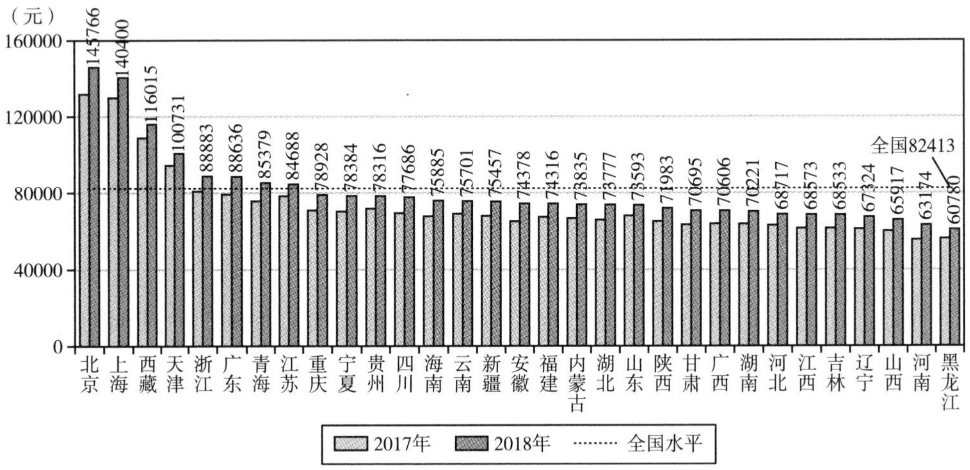

图 1－17　2018 年中国各省（区、市）平均工资水平

数据来源：人力资源和社会保障部。

3. 最低工资水平

2018 年，我国各省区市月最低工资标准的平均值为 1774 元，比 2017 年提高 4.82%。有 11 个省区市高于全国平均水平，20 个省区市低于平均水平。上海、广东和北京排名全国前三位，月最低工资分别为 2420 元、2200 元和 2120 元。安徽、重庆和青海排名后三位，月最低工资分别为 1550 元、1500 元、1500 元。从区间分布看，最低工资标准在 1600 元以下的地区有湖南、安徽、重庆和青海四个省市；在 1600 元至 1700 元之间的省区市有 14 个；高于 1700 元的省区市有 13 个。就调整幅度看，15 个省区市上调最低工资标准。其中，广西、四川和西藏上调幅度排名前三位，分别为 20%、18.7% 和 17.9%。

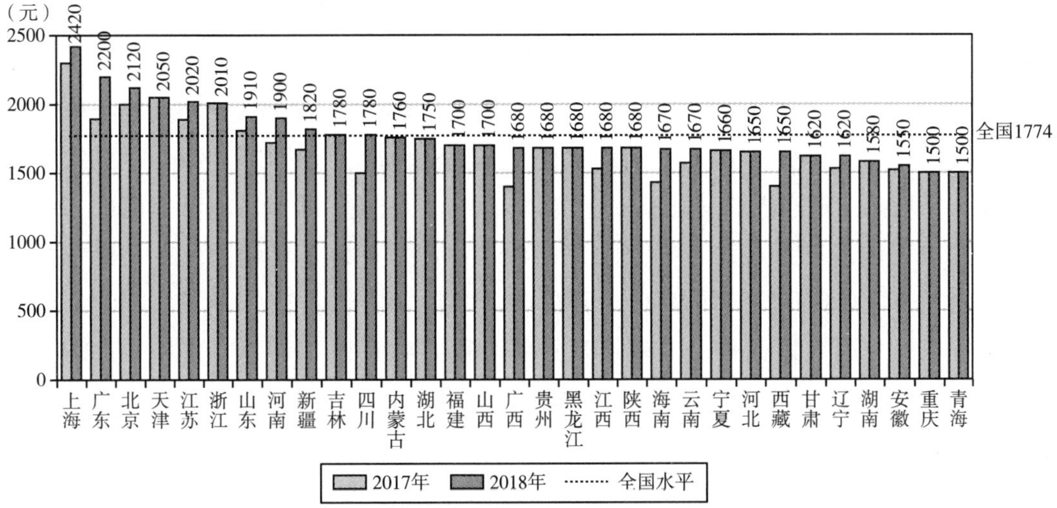

图 1-18　2018 年中国各省（区、市）最低工资水平

数据来源：人力资源和社会保障部。

4. 万人专任教师数

2018 年，全国万人专任教师数为 94.7 人。其中，15 个省区市万人专任教师数高于全国平均水平，15 个省区市低于全国水平。新疆、贵州、西藏、河南、甘肃等中西部五省区每万人专任教师数最多，分别为 124.7 人、121.9 人、121 人、115.4 人和 113 人。天津、黑龙江、上海等三省市位列全国末三位，分别为 77.1 人、76.4 人和 66.3 人。总体来看，中西部地区万人专任教师数普遍高于东部地区。与 2017 年相比，全国万人专任教师数增加了 1.9 人，31 个省区市万人医师数均呈现不同程度上升态势；新疆、青海、广东和四川 4 个省区增长最快，较 2017 年分别上升了 11.5 人、10.2 人、9.3 人和 9.1 人。

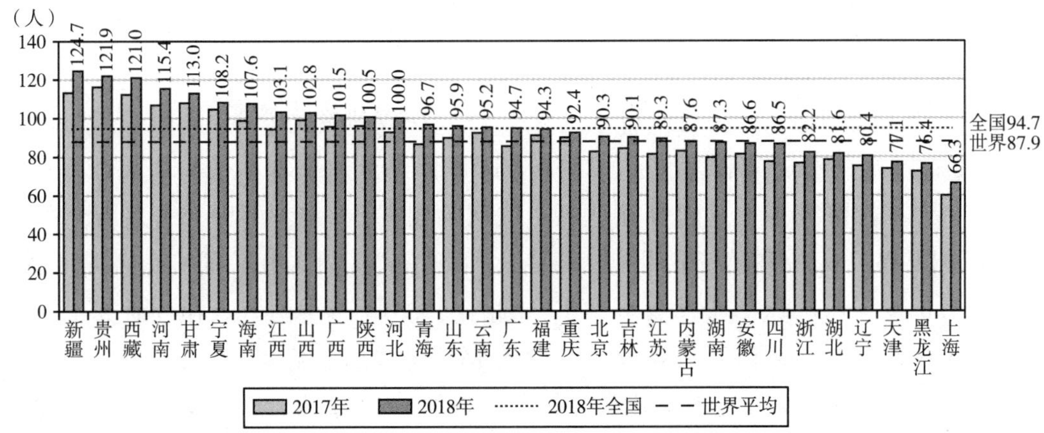

图 1-19　2018 年中国各省（区、市）万人专任教师数

数据来源：中国统计年鉴　世界银行 WDI。

注：世界平均数据为 2016 年数据。

5. 高中及以上学历人口比重

2018 年，全国受高中以上教育人口比重为 31.56%，有 14 个省区市高于全国平均水平，17 个省区市低于全国平均水平。分地区看，北京、上海和天津持续保持绝对优势，组成第一梯队，受高中以上教育人口比重居全国前三，分别为 68.6%、53.2% 和 50.6%，显示出三地在人口文化素质上的强大优势。云南、贵州、西藏等西部三省区位列全国末三位，分别为 22.3%、21.3% 和 14.4%。与 2017 年相比，2018 年全国受高中以上教育人口比重上升了 0.22 个百分点。其中，海南、安徽、青海、湖北和陕西五省高中以上学历人口比重上升较快，分别上升了 4.4 个、3.8 个、3.8 个、2.4 个、2.3 个百分点。宁夏、上海、湖南、吉林四省区市高中以上学历人口比重下降较快，分别下降 3.6 个、2.2 个、2.1 个、1.9 个百分点。

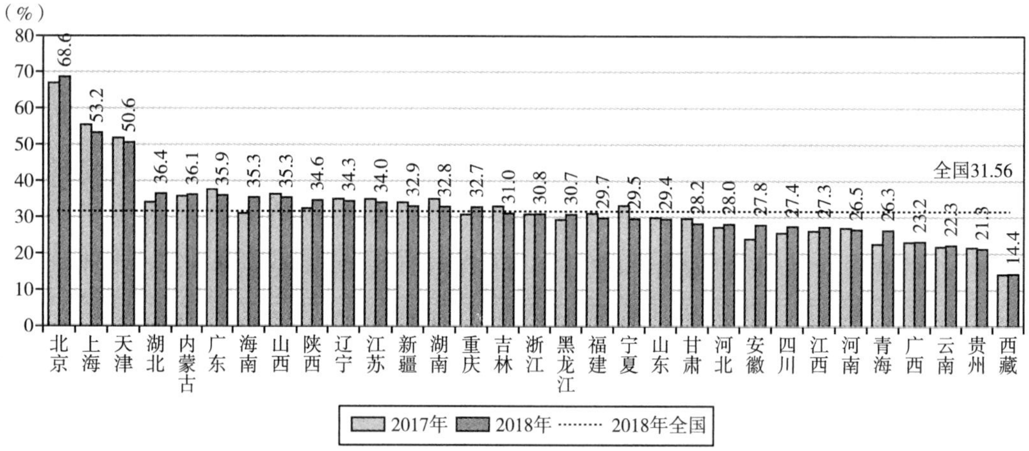

图 1-20　2017 年、2018 年中国各省（区、市）高中以上学历人口比重

数据来源：中国统计年鉴。

6. 万人在校研究生数

2018 年，全国在校研究生 273.1 万人，万人在校研究生数为 19.6 人。分地区看，9 个省区市高于全国平均水平，22 个省区市低于全国平均水平。北京市每万人拥有 156 个在校研究生，远超其他地区，位列全国首位。上海以 65.4 人居全国第二，天津以 43.7 人位列第三。贵州、河南和西藏三省区万人在校研究生不足 6 人，分别为 5.8 人、5.3 人、5.2 人。与 2017 年相比，2018 年全国万人在校研究生人数增加了 0.6 人。各省区市万人在校研究生人数呈现增加趋势，其中，北京、天津、四川、上海和陕西五省市增长幅度最大，分别增加了 12.2 人、8.7 人、3.1 人、2.7 人、2.2 人。

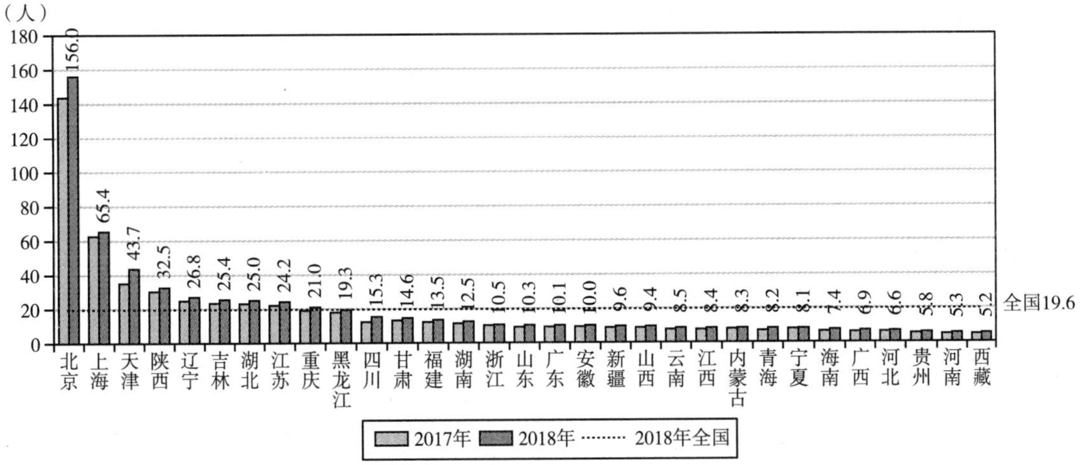

图 1－21　2017 年、2018 年中国各省（区、市）万人在校研究生数

数据来源：中国统计年鉴，各省区市统计年鉴。

（三）从人口要素、居民人均可支配收入等角度分析，人力资源结构优化、“互联网＋”、人工智能、消费升级等将推动教育需求高速增长

1. 新生人口数量减少，教育供给有待进一步转型

教育能够直接促进经济增长，影响途径主要有提高生产率、收益、劳动力流动性、企业家才能和技术革新。实施效果的显现主要依靠一国的人力资本要素。改革开放以来，丰富且廉价的劳动力资源推动了我国经济社会的长期增长。然而近年来，随着计划生育政策的贯彻执行和经济社会发展的加速转型，我国人口出生率开始下降。2011 年 11 月，中国各地全面实施双独二孩政策，2012 年出生人口略微回升；2013 年 12

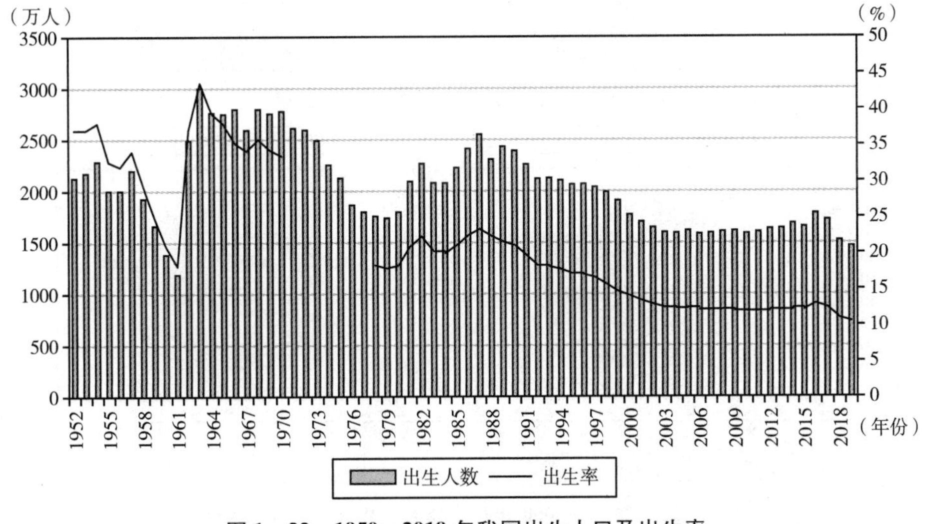

图 1－22　1950—2019 年我国出生人口及出生率

数据来源：WIND。

月，中国实施单独二孩政策，2014 年出生人口和出生率都有所提升，但幅度不大。2015 年 10 月，实施全面二孩政策，2016 年人口出生率有了较大幅度提升。但二孩需求释放后，2017 年出生人口、生育率分别降低为 1723 万人、12.4‰，2019 年，全年新生人口 1465 万人，人口出生率为 10.48‰。

此外，部分省份面临人口低增长问题。2018 年，全国人口自然增长率为 3.81‰，较上年下降 1.51 个千分点；西藏人口自然增长率 11.05‰，排名全国第一，相比之下，天津与东北地区低生育问题突出，黑龙江与辽宁均为负增长。

从未来我国人口结构变化趋势（见图 1－23）可以看出，我国各年龄段人口结构已由人口红利充足的“金字塔形”（2000 年）逐渐向中老年人口占比较大的“纺锤形”（2030 年）过渡。最终，由于低生育率造成 20 岁以下人口出现不同程度断层，劳动人口占比快速下降，人口结构将表现为老龄化严重的“倒金字塔形”（2050 年）。

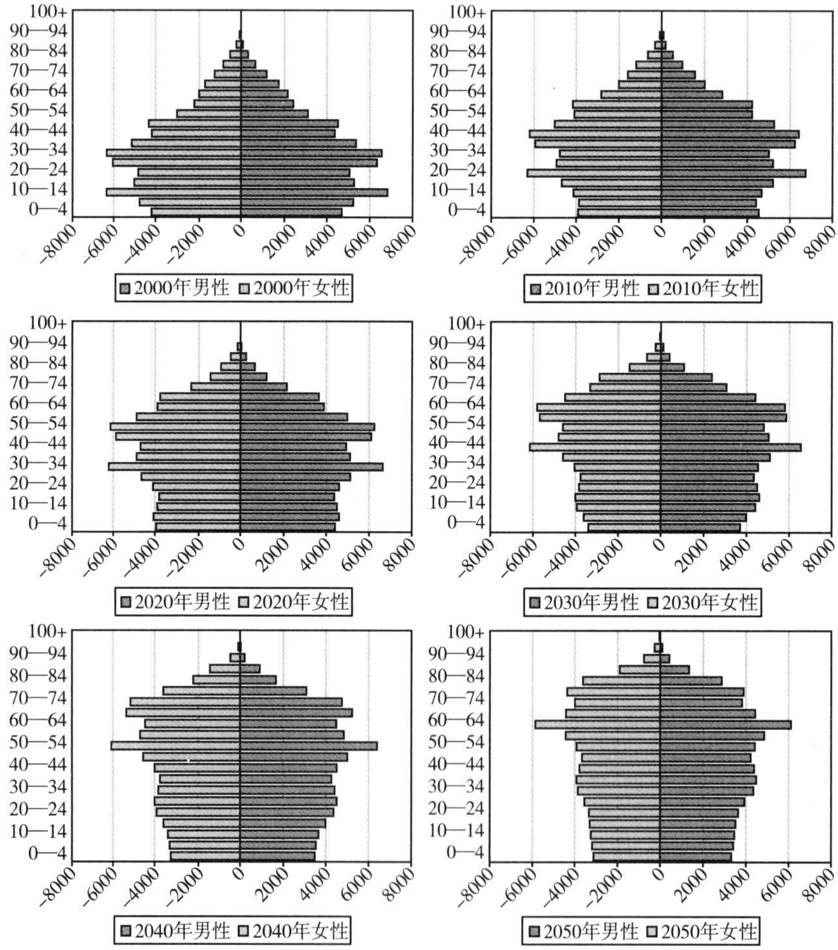

图 1－23　2020—2050 年每十年我国各年龄段人口结构

数据来源：联合国经济和社会事务部（UNDESA），中国民生银行研究院整理。

2. 基础公共服务进一步改善，教育支出不断扩大

新中国成立70年来，中国教育事业发生巨大变化，从文盲率80%到实现基础教育全民普及，我国已建立起世界规模最大的教育体系，教育总体水平跃居世界中上行列。党的十八大以来，我国不断加大财政投入，将教师队伍建设作为教育投入重点予以优先保障。各级财政坚持教育优先发展战略，不断加大教育投入。2013—2018年，全国一般公共预算教育支出累计16.2万亿元，年均增长7.9%。财政性教育经费占GDP比例连续7年保持在4%以上。

2018年全国教育投入总量达46135亿元，是1952年11.6亿元的3977.1倍，年均增长13.4%，教育支出已成为公共财政第一大支出。

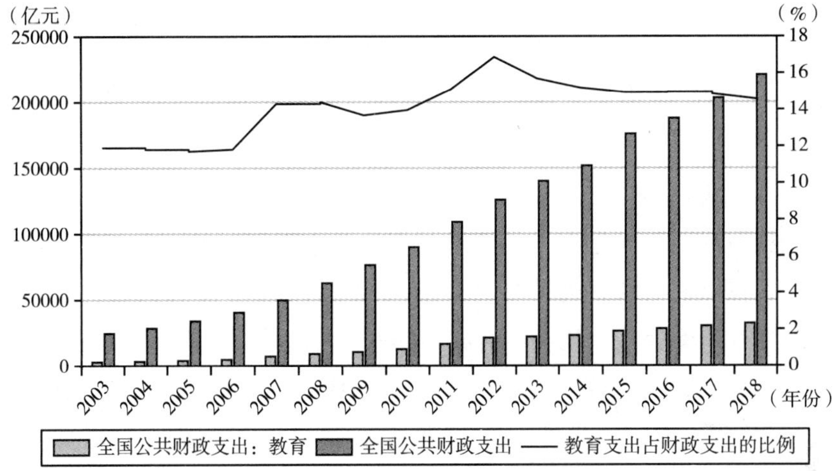

图1-24　2013—2018年我国财政教育支出情况

数据来源：WIND。

3. 消费升级，居民家庭教育投入不断提高

改革开放以来，我国居民人均收入增长明显，居民消费水平也稳步提升。2000—2019年，我国人均GDP从959.37美元增长至9770.85美元，增长了10倍有余。同期，我国城镇居民人均可支配收入由6280.0元增长至42359.0元，农村居民人均可支配后入由2282.1元增长至16021.0元，分别增长了6.74倍和7.02倍。

城乡居民对教育文化的需求也逐渐增长，相应的教育、文化和娱乐消费支出也逐渐扩大。居民可支配收入大幅增长导致对教育、文化和娱乐消费开支负担能力有所提高，加上对于教育的重视程度提高，个人教育、文化和娱乐消费支出占比也逐渐提高。

2013—2018年，全国人居消费支出由13220元增长至19853元。全国居民人均教育消费现金支出由821元增长至1398元，占个人现金消费比重由7.5%上升至8.6%。

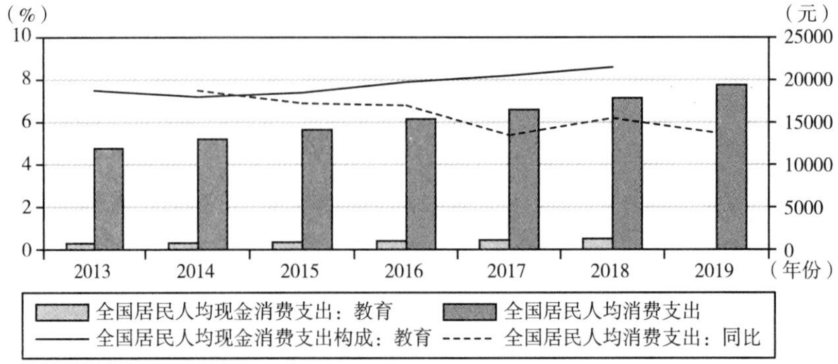

图 1－25　2000—2019 年我国居民教育支出及占现金支出的比重

数据来源：国家统计局，中国民生银行研究院整理。

4. 民办教育稳步发展，占全国的比重进一步提升

“十三五”规划中明确提出推进教育现代化，做到“坚持教育优先发展，加快完善现代教育体系，全面提高教育质量，促进教育公平”。规划中所提及的完善现代教育体系，不仅是完善已有的公办教育，更重要的是形成公立与私立并举，充分利用国家财政与民间投资，共同构建一个可以满足绝大多数人需求的完善的教育体系。

2019 年，全国共有各级各类民办学校 18.35 万所，比上年增加 5815 所，占全国比重 35.36%；招生 1779.75 万人，比上年增加 57.89 万人，增长 3.36%；各类教育在校生达 5378.21 万人，比上年增加 257.74 万人，增长 5.03%。其中：民办幼儿园 16.58 万所，比上年增加 5407 所，增长 3.37%；民办普通小学 6179 所，比上年增加 72 所，增长 1.18%；民办初中 5462 所，比上年增加 185 所，增长 3.51%；民办普通高中 3216 所，比上年增加 214 所，增长 7.13%；民办中等职业学校 1993 所，比上年减少 76 所，下降 3.67%；民办高校 750 所（含独立学院 265 所，成人高校 1 所），比上年增加 3 所。普通本专科招生 183.94 万人，比上年增加 8.57 万人，增长 4.89%；在校生 649.60 万人，比上年增加 21.14 万人，增长 3.36%。硕士研究生招生 735 人，在学 1490 人。

从结构看，目前民办教育在学前教育和小学、中学阶段增速较快，高等教育阶段也有较快的发展，但民办中等职业学校一直处于减少趋势，这与近些年我国中等职业学校数量一直呈缩减趋势有关。

5. 在线教育突飞猛进，占全国的比重进一步提升

随着信息技术与移动互联网的爆发式发展，越来越多的产业与移动互联网开始进行融合，并引领了这些产业突破瓶颈，找到新的发展机遇。教育产业也是如此，移动互联网与教育产业的融合，促成了在线教育产业的全面兴起。

由于目前中国教育资源的分布不均，优质的教育资源往往集中在一线城市，因此二、三线城市对于优质教育资源的需求非常大，同时，一线城市因其较快的节奏，工

作人群在越来越大的竞争压力下，其学习成长需求也出现了井喷式增长。而在线教育的兴起正好满足了这些旺盛的教育需求，因此当在线教育在中国萌芽后，一直保持着较快增速。

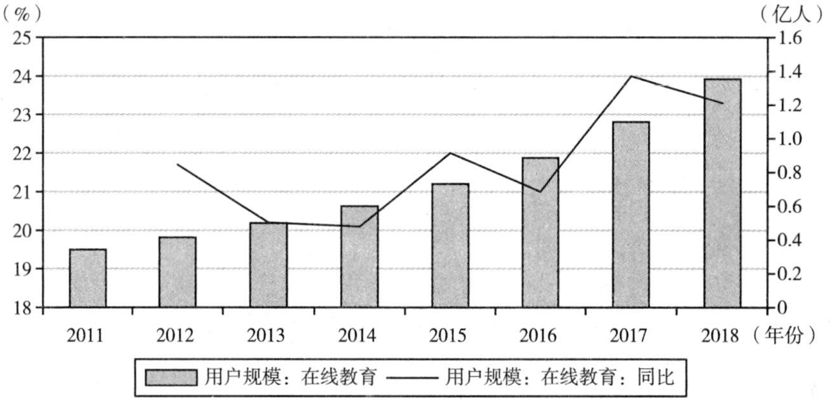

图 1－26　2011—2018 年在线教育发展情况

数据来源：WIND。

在线教育除了学校教育（K12 教育）外，还包括了学龄前教育（早教）、大学的高等教育（高等教育）、职业教育培训（职业教育）、语言类教育培训（语言教育），以及其他教育培训（其他教育，包括兴趣类教育培训以及老年大学等）等细分市场，从 2017 年数据可以看出，高等教育市场占整个在线教育市场的 50% 以上，其次是企业在线教育和职业教育。

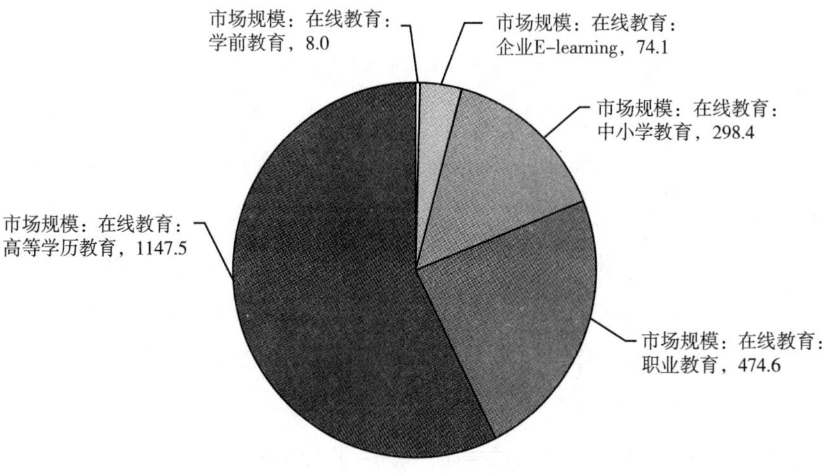

图 1－27　2017 年在校教育市场分布

数据来源：WIND。

（四）未来我国教育市场需求空间测算

我国教育总支出可以分为公共财政部分和居民部分，我国人口结构、人均可支配收入和经济发展等因素都与公共、居民教育费用支出水平具有一定相关关系。本篇将利用我国1978—2018年的统计数据，通过构建经济模型，定量回归人口年龄结构、经济发展、居民收入、升学率对教育支出的影响，预测中央财政教育支出、地方财政教育支出与居民教育支出，以此三项之和来测算未来教育市场需求空间的大小。

1. 中央财政教育支出和地方财政支出

中央财政教育支出（$y1$）和地方财政支出（$y2$）均考虑和三个变量有关：GDP（$v1$），城乡居民教育消费支出（$v2$）和适龄人口（$v3$），其中适龄人口按照总人口乘以5—35岁人口比例计算得出。采用多元回归方式对y进行回归再预测，三个变量分别采用最小二乘回归拟合后，再进行预测，回归数据从2000—2019年，若缺少相关数据以无效数据替代，不参与回归计算，由于数据量纲不同，进行适当归一化操作，获得回归公式如下：

$$y1 = 7510 + 0.0249v1 + 0.5038v2 - 0.7183v3$$

$$y2 = 4861 - 0.0705v1 + 9.8990v2 - 6.2497v3$$

$$\log(v1(t)) = 4.1035 - 0.039t + 2.8391\log(t)$$

$$v2(t) = -2893 + 197.47t$$

$$v3(t) = 8087 - 338.1t + 1.8871t^2$$

全国居民人均消费教育支出（y）考虑和三个变量有关：居民人均可支配收入（$v1$），适龄人口（$v2$）和全国升学率（包括小学升初中$v3$、初中升高中$v4$、高中升大学$v5$），其中适龄人口按照总人口乘以5—35岁人口比例计算得出。采用多元回归方式对y进行回归再预测，变量$v1$和$v2$分别采用最小二乘回归拟合，变量$v5$采用带约束的最小二乘拟合（即要求预测所得的高中升高等教育的升学率在90%—99%），而根据2010—2019年的数据可以发现，变量$v3$（即小学升初中的升学率）基本已保持在99%以上，故在2020—2050年均设为99%，变量$v4$（即初中升高中的升学率）基本已保持在95%左右，故在2020—2050年均设为95%，回归数据从2000—2019年，若缺少相关数据以无效数据替代，不参与回归计算，由于数据量纲不同，进行适当归一化操作，获得回归公式如下：

$$y = -7195 + 1.0285v1 + 0.5162v2 - 0.03v3 - 0.1304v4 + 0.5537v5$$

$$\log(v1(t)) = 5.4656 + 0.0543t + 1.0325\log(t)$$

$$v2(t) = 8087 - 338.1t + 1.8871t^2$$

$$v3(t) = 0.99c1$$

$v4(t) = 0.95c2$

$\log(v5(t)) = 4.2314 + 0.1684\log(t) - 0.0205\log(t)^2$

此外，由于统计口径问题，只能获取“全国城镇居民人均消费支出：教育、文化和娱乐”的数据，并无教育的单独支出统计值。但是可以获取“全国居民人均现金消费支出：教育、文化和娱乐”（y_c3）和“全国居民人均现金消费支出：教育、文化和娱乐：教育”（y_c1）的统计值，因此我们采用这两个值的比值作为调整系数，最终获得“全国城镇居民人均消费支出：教育、文化和娱乐：教育”的预测值为：

$$\hat{y} = r \times y = \overline{\left(\frac{y_{c1}}{y_{c3}}\right)} \times y$$

预测获得2020—2050年中央财政教育支出如表1-8所示。

表1-8　2020—2050年我国中央、地方财政教育支出及居民人均教育支出预测结果

年份	中央财政教育支出（亿元）	地方财政教育支出（亿元）	居民人均教育支出（元）
2020	5312	34000	3120
2025	6484	42722	4647
2030	7798	50963	6864
2035	9264	58695	10050
2040	10891	65894	14588
2045	12684	72541	21009
2050	14650	78620	30043

数据来源：中国民生银行研究院测算。

2. 我国教育市场需求空间测算

根据人口信息网对于未来中国人口的预测，考虑到未来计划生育进一步放开的可能，采用总和生育率（TFR）分别为1.7和1.8的情况，对居民教育支出进行测算，并与中央财政教育支出和地方财政教育支出加总，计算出两种情况下全国教育支出如表1-9所示。

表1-9　2020—2050年我国教育支出预测结果

年份	中央财政教育支出（亿元）	地方财政教育支出（亿元）	居民教育支出［TFR1.7］	居民教育支出［TFR1.8］	全国教育支出［TFR1.7］	全国教育支出［TFR1.8］
2020	5312	34000	44740.8	45364.8	84052.8	84676.8
2025	6484	42722	67288.56	68450.31	116494.6	117656.3
2030	7798	50963	99596.64	101793.1	158357.6	160554.1

续表

年份	中央财政教育支出（亿元）	地方财政教育支出（亿元）	居民教育支出［TFR1.7］	居民教育支出［TFR1.8］	全国教育支出［TFR1.7］	全国教育支出［TFR1.8］
2035	9264	58695	145423.5	149343	213382.5	217302
2040	10891	65894	209337.8	216340	286122.8	293125
2045	12684	72541	296647.1	308412.1	381872.1	393637.1
2050	14650	78620	413391.7	432619.2	506661.7	525889.2

数据来源：中国民生银行研究院测算。

从测算结果可以看出，随着中国经济的发展，我国中央财政和地方财政对于教育的支出都会稳步增加。同样，居民收入持续提升，也会加大对教育的投入。不可忽视的是，人口基数大小也会影响未来教育市场空间，在我国人口红利下降趋势下，将有限的“人力资本”升级为无限的“人才资本”是教育的使命与责任所在。2020 年，我国教育市场空间将超过 8 万亿元；2030 年，教育市场空间将超过 16 万亿元；2050 年，教育市场空间有望超过 50 万亿元。

六、我国教育体制机制改革的战略愿景及发展目标

当前，我国正处在实现“两个一百年”奋斗目标的历史交汇期。几代人砥砺奋进，使我国业已构建成世界规模最大的教育体系，攻克了“穷国办大教育”的世界性难题，实现了教育的飞跃发展。进入新时代，随着教育领域综合改革的深入推进，满足人民群众对于更高质量、更加公平的教育的向往成为教育事业的新发展方向。打造 2049 年“富强、民主、文明、和谐的社会主义现代化强国”要求教育必须做足支撑富强、营造民主、引领文明、共享和谐的大文章。站在历史节点交汇处，应以纵横的历史观、世界观，明确我国教育事业发展的战略愿景与阶段目标，从问题导向和目标导向出发，找准教育改革与发展的定位，立足传统，面向现代化；立足中国，面向世界；立足当下，面向未来。

（一）战略愿景

以建设有中国特色的社会主义理论为指导，坚持党的基本路线，全面贯彻教育方针。以改革开放为引领，面向现代化，面向世界，面向未来，加快教育改革和发展。进一步提高劳动者素质，培养大批人才，建立适应社会主义市场经济体制和政治、科技体制改革需要的教育体制，更好地为社会主义现代化建设服务。具体而言，就是建立“回归教育本质、政府市场双到位、公立民营双发展、本土国际双开拓、公平质量双兼顾、教师学生双满意”的新时期教育体制机制。

1. 回归教育本质

教育改革是一项长期而艰巨的系统工程。我国教育的系统性问题，主要体现在教育现代化进程中，将教育过度技术化、手段化、功利化、标签化。教育群体性焦虑，“抢跑”导致的“透支性厌学”，以及将学生作为标准化产品，机械化、产业化地“生产”也使教育偏离了本源与实质。

教育是丰富自我、提升自我、完善自我的载体。教育的本质是让学生通过知识学习逐步获得超越知识本身的能力。教育不是挟裹升学、成名、致富等名帖的“技术迷信”，而是让学生在焕发自身潜能的过程中激发自我，释放能量，知行合一，有效供给社会。应倡导以人为本，关怀人的生命、人的尊严和价值。

回归教育本质，应倡导教育回归生活，回归自然。切实从孩子的心理年龄和认知水平出发，通过具体的科学化管理和人文关怀，积极解决大众化教育阶段出现的各种偏离教育本质的浮躁问题。呼唤有品格、有情怀的教育理念，要促进生命个体的健康成长，实现生命个体由自然人向社会人的高度转化，提高生命的涵养。

2. 政府市场双到位

平衡好教育领域政府与市场的关系是长期以来教育体制改革的“硬骨头”。“教育市场化”改革已成为世界各国教育改革的趋势，引发社会各界对教育公平的激烈论辩。某种程度上，当前在社会公平方面出现的问题，并不是在引入市场机制方面做得太多，而是在政府公共治理改革方面做得太少。教育市场化并不意味着政府公共教育职能的丧失和政府责任的转嫁，政府仍是维护和促进教育公平的主体。市场应打破政府对教育多方面的垄断，作为保障民众教育选择权利的工具和补充。教育良性发展，需要政府与市场协同发力，共同推进教育改革持续创新。

政府市场双到位，政府应提供教育“基本”服务，“非基本”服务则应由市场发挥作用，丰富服务供给，释放居民消费潜力。首先，政府应有效履行责任。完善国家基本公共服务标准，补齐基本公共服务短板。在以政府为主导提供的基本公共服务领域，如学前教育、义务教育领域，应义不容辞做到保基本、广覆盖、可持续，且保障范围要逐步覆盖城乡全体居民；服务标准上，要尽力而为，量力而行，且应随着经济发展水平和财政保障能力的提升予以动态调整；其次，政府应转变管理职能。由全权管理者，转别为资源调度者、市场监督方。政府管理角色的转换，并不意味着作用的降低，反而对其统筹管理提出更高要求；最后，由市场和社会提供的“非基本”教育供给。充分释放学校自主办学权利，充分利用市场机制引导各方力量积极参与，满足多层次、个性化的需求。进一步激发社会领域民间投资的活力，不断丰富公共服务的供给，释放居民的消费潜力。

3. 公立民营双发展

与西方不同，我国公立学校较之民办学校享有更多的政策支持与财政惠及，因此普遍吸纳了更为优质的生源与师资力量，民办学校除在少数省市创出特色与口碑外，多数仅作为学生无法步入公立学校的求全选择。随着教育适龄人口减少，民办教育生源问题日益尖锐，且普遍存在低水平重复建设、同质化严重、产权不清、保障不足等问题。事实上，民办教育作为公立教育的重要补充，为促进我国建设教育强国，实现教育现代化发挥了重要作用。实践证明，切实办好人民满意的教育，仅仅依靠公办教育难以实现。正是我国长期存在的优质教育资源供给不足以及教育资源分布不均衡等问题，为民办教育行业发展提供了客观环境与动力源泉。民办教育是人民创办、人民享有的教育资源，能够提供差异化、多层次的教育服务，是对公立教育的有益补充，同样是我国教育事业发展的重要力量。

打造健全的教育体系，就要完善顶层设计，促进公立、民营学校均衡发展，协调发展，尤其要倾注力量，促进民办教育健康有序发展，激发市场活力、社会活力。发挥宏观调控与市场机制调节作用。这其中，公立学校要保基本、保均衡，以提供安全规范的基本公共服务为主，重点倾注于学前、义务教育等阶段。民办教育以提供选择性、多样化、多层次教育为主。政府应逐步清理对民办学校的各类歧视政策，明确鼓励引导社会力量兴办民办教育，将民办教育置于改善民生的重要地位，引导分类发展，对非营利性的民办教育给予更多的政策支持，构筑公立民营共同发展的良好局面。

4. 本土国际双开拓

教育的本土国际双开拓，强调既要注重本土特色，发展中国特色、中国模式的社会主义教育，培养社会主义事业的接班人，又要拥抱世界，面向未来，开放育人，以广阔的胸襟与格局，全面融入全球教育治理体系中。

方向决定道路，道路决定命运。我国教育事业的发展，有其自身独特的历史、文化、政治、体制、阶段性因素和需求。培养什么样的人、如何培养人，应紧密结合时代需要、战略需要，扎根中国大地办教育，打造振兴中华、复兴伟业的时代人才。应集中力量解决自身突出问题和短板。因此，发展教育事业，应秉持我国自身的道路、理论、路径，须以中国特色社会主义文化涵养时代新人，以社会主义核心价值观培育时代新人。

开放育人，是我国一以贯之的教育国际化路径，是我国由教育大国走向教育强国的必要抓手。通过对外开放，“走出去” + “引进来”，能够促进我国尽快形成科学合理的教育制度，满足人民多样化、高质量的教育需求，促进世界各国真正了解中国智慧、中国文化、中国道路，为中国与世界提供广泛的交流桥梁。教育对外开放，就是要增进国际理解，扩大人文交流，最终致力于构建人类命运共同体。

5. 公平质量双兼顾

当今世界教育正在发生革命性变化。确保包容、公平和有质量的教育，促进全民享有终身学习机会，成为世界教育发展新目标。教育公平的关键是保障公民平等的受教育权利。重点在资源合理配置，统筹区域、城乡、校际间的整体投入。

当前，教育改革步入深水区，人民日益增长的教育需要同优质教育服务能力相对不足的矛盾日益突出，教育呈现多元化、个性化、终身化、碎片化的需求状态。我国教育应着力解决“既要有学上，也要上好学”的问题。从现状看，一方面，多重因素交织，人们对优质教育、良好发展的向往日趋迫切，留学成为越来越多中产家庭的选择，留学低龄化倾向日益显现，中国已成为世界最大的留学生净输出地，优质生源和优秀人才流失严重；另一方面，城乡教育差距日益突出，教育经费拨付、教学软硬件差距拉大，虽然义务教育已实现普及，但教学质量、师资力量良莠不齐。扩大优质教育资源，建立世界一流学府、学科，培养世界顶级教师、大师，是教育改革的重中之重。

公平与质量看似无法兼顾，实则并不矛盾。党的十九大报告中提出“努力让每个孩子都能享有公平而有质量的教育”。我国教育体制改革的进程中，公平与质量一直如同天平的两端，形成两种改革范式。倡导公平的范式以均等化为目标，以社会为中心；倡导质量的范式以多样化为目标，以人为中心。随着我国教育从外延式向内涵式发展，教育公平与质量的政策重心也应从公平范式向质量范式转移。构建以多样化为重心的公平—质量体系已经成为新时代教育改革发展的新使命。

6. 教师学生双满意

人才成就未来，教育成就梦想。人才和人力是国家最大的资源，教育与经济社会发展息息相关。今天的学生就是实现“两个一百年”奋斗目标，实现中华民族伟大复兴中国梦的重要基础。人民满意的教育首先应该让学生满意。教育改革不仅要瞄准国家重大发展战略与需求，还须坚持以学生为中心，以人为本，以实现人的全面发展为终极目标。当下，以学习者为中心，全民学习、终身学习、个性化学习的理念日益深入人心。教育模式、形态、内容和学习方式正在发生深刻变革。要适应知识经济、创新驱动时代的经济社会发展需要，积极推进启发式、互动式、场景式教育，实现学生德智体美劳全面发展。注重五育融合、五育互育，形成更高水平的人才培养体系。培养学生的关键能力，注重学生的身心健康发展，做到因材施教，立德树人，知行合一。

教师承担着传播知识、传播思想、传播真理的历史使命，肩负着塑造灵魂、塑造生命、塑造人的时代重任，是教育发展的第一资源。“育才造士，为国之本；教育大计，教师为本”。潜心立德树人，是广大教师的使命。时代越是向前，知识和人才的重要性就愈发突出，教育和教师的地位和作用就愈发凸显，因此更要坚持把教师队伍建设作为基础工作。具体而言，一是要增强教师教书育人的责任感和荣誉感，通过更好的制度设计让教师专注于教书育人，有热爱教育的定力、淡泊名利的坚守；二是要提高教师的政治地位、社会地位、职业地位。让教师成为人人尊崇的职业。教育投入应多向教师倾斜，不断提高教师待遇，让广大教师安心从教、热心从教；三是深化教师管理领域的综合改革，统筹编制，盘活存量，采取同工同酬等多种形式增加教师总量和职业吸引力，创新资源配置与供给。借此，锻造一支高素质专业化创新型教师队伍，让教师队伍成为建设社会主义现代化强国的重要支撑力量。

（二）发展目标

1. 短期目标

到 2025 年实现以下目标：教育现代化取得重要进展，呈现较高水平，现代信息技术与教育实现深度融合，资源和服务标准体系全面建立，学习型社会建设取得重要进展。教育总体实力和国际影响力大幅提升，新增劳动力平均受教育年限达到 14 年。

教育体系搭建：教育体制机制更具活力，法律体系更加完善，实现更高水平、更有质量的教育均衡。自主办学活力凸显，教育改革发展成果更公平地惠及全体人民。城乡、区域差距进一步缩小。教育服务经济社会发展的能力显著提高，社会关注的教育热点难点问题得到有效缓解。多样化可选择的优质教育资源更加丰富。学习大国建设取得重要进展。

教育阶段建设：全民终身学习的现代教育体系建设取得显著进展、学前教育普惠性及监管体系得到完善、城乡义务教育一体化发展提质增效、高中阶段教育基本普及并优质发展、职业教育产教融合体系进一步完善、高等教育实现内涵式发展、特殊教育环境进一步改善。

教育信息化：信息技术与教育教学、教育治理深度融合。在线教育重构教育市场。学校信息化人才培养模式和教学方法取得新进展，大数据、云计算等新一代信息技术手段广泛应用于教育治理。“互联网 + 教育”平台建设有效助力教育均衡，“三通两平台”建设①持续深化，智慧教育形成示范效果。

教育国际化：教育总体实力和国际影响力显著增强。留学归国政策进一步完善。高层次国际化人才数量显著增加，中外合作办学质量提高。“一带一路”“孔子学院”扩大人文交流成果显著。教育对外开放呈现新局面，教育改革试验平台和对外开放窗口作用日益彰显，教育治理能力显著提升，人力资源开发新高地建设取得阶段性成果。

2. 中期目标

到 2035 年实现以下目标：总体实现教育现代化，迈入教育强国行列，成为学习大国、人力资源强国和人才强国，新增劳动力平均受教育年限达到 15 年。实现基本公共

---

① 即“宽带网络校校通、优质资源班班通、网络学习空间人人通”，建设教育资源公共服务平台和教育管理公共服务平台。

教育服务均等化，建成服务全民的终身学习体系。实现中国特色世界先进水平的优质教育。教育理念更加注重以德为先，更加注重全面发展，更加注重面向人人，更加注重终身学习，更加注重因材施教，更加注重知行合一，更加注重融合发展，更加注重共建共享。

教育体系搭建：建立以师资配备、生均拨款、教学设施设备等资源要素为核心的标准体系和办学条件标准动态调整机制。教育质量评估监测机制逐步完善，考试评价制度更为科学公正。初步建成全过程、全方位人才培养质量反馈监控体系，形成全社会共同参与的教育治理新格局。

教育阶段建设：中国特色社会主义思想学习获得深化。建成服务全民终身学习的现代教育体系，普及有质量的学前教育。实现优质均衡的义务教育，健全控辍保学工作责任体系。全面普及高中阶段教育。职业教育服务能力显著提升。分类建设一批世界一流高等学校，建立完善的高等学校分类发展政策体系，高等学校科学定位、特色发展。推进适龄残疾儿童少年教育全覆盖，全面推进融合教育，促进医教结合。

教育信息化：建设智能化校园，统筹建设一体化智能化教学、管理与服务平台。利用现代技术加快推动人才培养模式改革，实现规模化教育与个性化培养的有机结合。创新教育服务业态，建立数字教育资源共建共享机制，完善利益分配机制、知识产权保护制度和新型教育服务监管制度。推进教育治理方式变革，加快形成现代化的教育管理与监测体系，推进管理精准化和决策科学化。

教育国际化：实现教育对外开放新格局，打造中国特色世界先进水平的优质教育。国际交流合作水平全面提升，我国同其他国家学历学位互认、标准互通、经验互鉴。“一带一路”教育行动、“孔子学院”“孔子课题”持续促进中外民心相通和文明交流互鉴。中外合作办学质量显著提升。实施留学中国计划，建成并完善来华留学教育质量保障机制，全面提升来华留学质量。中外高级别人文交流机制获得完善。在联合国教科文组织等国际组织和多边组织的合作更具话语权。深度参与全球教育治理，深度参与国际教育规则、标准、评价体系的研究制定。①

3. 长期目标

到2049年实现以下目标：我国建成社会主义现代化教育强国，形成良性教育生态。中国教育稳稳地立于世界教育的中心，引领世界教育发展的潮流，汇聚世界顶级高端人才，构建成为人人向往的文明社会。中国教育的标准成为世界教育的标准。人民受教育权益得到完全的维护，接受高质量教育的美好愿景获得完全的满足，新增劳

① 参考教育部《教育现代化2035》，2019年2月；中共中央办公厅、国务院办公厅《加快推进教育现代化实施方案（2018—2022年）》，2019年2月。

动力平均受教育年限达到16年。①

教育体系搭建：形成世界领先的具有中国特色社会主义特点的教育体系。教育法治完善，财政支持力度达到世界领先水平。学校自主创新力量活跃，公立与民营学校有机衔接。形成世界领先的教育督导评价问责机制。

教育阶段建设：城乡实现全面的优质均衡教育体制。学前至高等教育全面普及。各阶段学习特色鲜明，高等教育分类定位清晰，合理配比。教育与社会经济建设高度匹配。

教育信息化：新一代信息技术颠覆传统教育教学方式。人工智能、虚拟现实、增强现实深度融入教学过程。大数据、云计算等积极助力教育体系优化与治理。城乡一体化智慧校园全面建成。教师、学生、学校、家庭、社会学习维度获得优化与重构。智慧教育导向下，人机协同教育模式成熟。信息化助力人才优化培养，因材施教，实现个性化、碎片化、终身化、国际化的优质高效学习。

教育国际化：中国成为世界最大留学输入国，中华文化与各国文化实现深入融合与普遍认同。世界各国师生积极来华学习交流中国的发展经验，在交流过程中实现共同进步。中国在世界教育发展规则，标准、评价体系的研究制定拥有主要话语权。中国将尽自己的努力，为世界教育发展提供中国方案、中国智慧。中国版的教材、汉语言文字和文化将走向世界。

七、政策建议

推进教育体制机制改革，实现更高质量、更为公平、更有效率、更可持续的发展，须以改革开放为引领，着力于为第四次工业革命培养劳动力。促进个体与世界、与自然万物共融共通，在绿色发展的环境下，为“富强、民主、文明、和谐”的社会主义现代化强国培育人才。遵循以下基本原则：坚持党的领导，坚持优先发展，坚持立德树人，坚持服务导向，坚持促进公平，坚持依法治教，坚持尊师重教，坚持开放育人，坚持多元发展。

（一）以“回归教育本质”为目标，创新教育理念

《中国教育现代化2035》提出推进教育现代化的八大基本理念：更加注重以德为先，更加注重全面发展，更加注重面向人人，更加注重终身学习，更加注重因材施教，更加注重知行合一，更加注重融合发展，更加注重共建共享。人民满意的教育首先应

① 参考《教育部党组书记、部长陈宝生谈“中国教育2049”》，https：//www.sohu.com/a/212955892_287574。

该让学生满意。教育改革不仅要瞄准国家重大发展战略与需求，还须坚持以学生为中心，以实现人的全面发展为终极目标。

1. 适应时代需要，让教育回归育人本质

教育的本质是育人，根据个体的特点，因材施教，培养其成为身心健康、顺应时代发展与第四次工业革命客观需要的有用之才。教育体制机制改革，首先应明确教育理念与教育本质，从而修正改革前进的方向、校正教育者的行为。让教育回归育人的本质，需要政府、社会、学校、教师、家长、学生的共同协作。摈弃浮华，脚踏实地，实事求是，教师回归教学与研究造诣，学生潜心于知识与实践，尊重科学育人的生命规律。

2. 立德树人，“五育”融合，注重德育

“五育”融合，德育为先。一是深化人才培养机制，突出素质教育。全面落实立德树人根本任务，广泛开展理想信念教育，厚植爱国主义情怀，加强品德修养，增长知识见地，培养奋斗精神，不断提高学生思想水平、政治觉悟、道德品质、文化素养。针对未成年人、青少年心理健康的培养、形成正确积极的人生观、价值观、世界观。弘扬民族精神和时代精神，加强爱国主义、集体主义、社会主义教育；二是注重青少年的内在同理心建设，培养共情。将学习视为一种社会活动，将知识作为一种社会概念，提倡扁平式学习，促进在沟通中达成共识的协作意识。只有个体充分置身于时代与世界的普遍联系中，才能更好地融入大背景、大时代，清晰领悟自身所处的位置、扮演的角色、努力的方向；三是倡导绿色教学，回归自然。以科学的思维重新审视人与自然、与万事万物的联系。在打造人与自然和谐的生态圈中探索发现，追本溯源，寻求灵感，感知世界。

3. 因材施教，打造与社会接轨，多元发展的课程体系

进入科技革命新时期，信息技术的发展瞬息万变。人工智能、人机交互，5G、数字化等持续涌现的新兴技术，极有可能在未来几十年内颠覆传统教育模式。今天所学的知识与技能，极有可能在未来几十年被机器取代。因此，学生学习的课程体系、学科设置应与时俱进，激发个体的潜能，及时更替。

具体而言，其一，科学规划大中小学课程，分类制定课程标准，充分利用现代信息技术，丰富并创新课程形式。健全国家教材制度，统筹为主、统分结合、分类指导，增强教材的思想性、科学性、民族性、时代性、系统性，完善教材编写、修订、审查、选用、退出机制；其二，创新人才培养方式，推行启发式、探究式、参与式、合作式等教学方式以及走班制、选课制等教学组织模式，培养学生创新精神与实践能力。构建课程体系以多元化的课程促进和满足学生的多元化发展，实现课程与学生之间的良性互动。把教材体系、教学体系有效转化为学生的知识体系、价值体系；其三，在高

中教育，高等教育领域，注重前沿科技、生命科学、信息技术等重点领域职业培训，配合工业革命与经济社会变革趋势，设计相匹配的课程体系。其四，大力推进校园文化建设。重视家庭教育和社会教育与学校教育的融合。

4. 注重身心健康，增强体魄，强化美育，弘扬劳动精神

与国际相比，我国各年龄段的近视发病率呈现发病年龄早、进展快、程度深的趋势。据不完全统计，小学生的发病率约30%，初中生约60%，高中生约80%，大学生约90%。[①] 青少年肥胖率也逐年攀升。义务教育为主的各个学习阶段，对体、美、劳的教育力度仍不均衡。因此，应进一步增强学生综合能力、综合素养的养成，树立健康第一的教育理念，全面强化学校体育工作，全面加强和改进学校美育，弘扬劳动精神，强化实践动手能力、合作能力、创新能力的培养。将体、美、劳纳入人才培养全过程，实施复合型培养。

5. 改变应试教育模式，将减负与增长知识有机结合

中小学生课业负担过重问题是近年社会舆论焦点。虽然国家出台政策坚决纠正查处，但多年来收效甚微，“减负”甚至被称为行为艺术。在2018年，21世纪研究院撰写的减负研究报告中，可以看到减负政策并未获得大部分家长认可，且家长对减负态度存在矛盾。减负并非没有负担，而是让学生的学习负担合理、适度。

一是建设多元化职业生涯上升渠道。升学压力是造成学业负担过重的主要原因。基础教育阶段沉重的课业负担，本质上是低水平重复建设，目的仅在于提高对有限知识集的熟练程度、用于应付高考，而并不能够很好地衔接高等教育。需增加社会范围内的机遇总量，改善基础教育生态，建立宽广、多元的发展道路，降低升学的集体焦虑。其一，改革中高考制度，采用多元化、体现素质教育的录取标准，拓展灵活畅通的学业、职业上升渠道，改变“一考定终身”单一发展路径，打破精英化教育思维，从源头上打消家长的顾虑，实现身心减负；其二，杜绝教师减负，家长增负。规范校外培训机构，统筹学校、社会和家庭教育，同步改进中小学教育教学，提高学校教育质量和课后服务能力，强化学校育人主体地位，积极推动家长转变教育观念，做到标本兼治、务求实效。引导校外培训机构向美育、体育、劳动方面开展，注重培养兴趣爱好，避免推波助澜，家长跟风。

二是注重学习效率培养。其一，注重校内教学为主。提高教师素质与教学效率，改变老师课内不讲，促使学生课外补习的情况；其二，注重学习效率提升，提升学习兴趣，减少案头学习时长。根据2018年PISA测试结果，我国京、沪、江、浙四省市学生学习时间较长，学习效率不高，幸福感偏低，学校归属感弱。虽然我国四省市团

---

① 《我国近视患病人数超过4.5亿，居世界首位》，人民网，2018年6月6日，https://baijiahao.baidu.com/s?id=1602390826620419627&wfr=spider&for=pc.

队在此次测试中以优异成绩获得阅读、数学、科学三项评分第一名，但我国四省市团队的周学习时长为57小时，位居参评国家之首。我国以全球最长学习时间换取的“胜利”，牺牲了学生的幸福感和满意度（位居全球底端）。因此提升学生课内学习效率，平衡学习与课余生活，改变学生评价体系，才能进一步优化教育机制与效果。

三是改变应试教育模式，完善高考评价体系。逐步改变精英化思维，完善客观评价体系，严格控制评分误差，解决考试公平与区域公平间的矛盾。目前的高考实现了“分数面前人人平等”，但现实操作中，高校对不同区域的录取名额并非均衡分配，迫使各省的录取分数并不统一，“高考移民”现象持续存在。需改变“错误的教育政绩观”和“片面的考试评价观”。各级政府和教育行政部门，不应片面地以升学率考评学校和教师、给学校下达升学指标。要深化中高考命题改革和招生入学改革，切实提高命题质量，注重考查学生的综合素质，规范招生入学秩序，缓解竞争压力，确保人才选拔模式与人才培养机制真正衔接。

6. 建设终身学习型社会，打造全民学习的社会氛围

单线条、单时间序列的学校教育已不能满足人们持续增长与更新的知识诉求，持续学习、终身学习是社会发展的必然趋势与需求。建立乐于学习、持续学习的社会氛围，是增强国家整体文化实力的有力保障。

一是构建服务全民的终身学习体系。办好继续教育，推进开放大学建设与发展，加强信息技术与教育教学的深度融合。稳步推进高等教育自学考试相关工作。做好继续教育学习成果认证、积累与转换试点总结。构建更加开放畅通的人才成长通道，完善招生入学、弹性学习及继续教育制度，畅通转换渠道。建立全民终身学习的制度环境，建立跨部门跨行业的工作机制和专业化支持体系。

二是建立健全国家“学分银行①”制度和学习成果认证制度。强化职业学校和高等学校的非学历继续教育与城乡社会培训服务功能，开展多类型多形式的职工继续教育。扩大社区教育资源供给，加快发展城乡社区老年大学教育，推动各类学习型组织建设。推进农民工“求学圆梦行动”深入实施。学习工作化，工作学习化，满足全民基本的终身学习需求的新兴教育社会，建造全民学习、终身学习的学习型社会。

三是推动开展国家资历框架研究，持续优化完善专业技术资格体系。给予稀缺专业资格人员以适当的政策福利。通过科学客观的评定，促进公民整体技能水平的提升，打造人人持续向学、一心向上的社会氛围。推动各级各类学校开放资源，开展学习型

① 所谓“学分银行”（school credit bank）是一种模拟或是借鉴银行的功能特点，使学生能够自由选择学习内容、学习时间、学习地点的一种管理模式。“学分银行”的主要内容为累积学分，它突破传统的专业限制和学习时段限制，将技能培训与学历教育结合起来。“学分银行”制度将学生完成学业的时间从固定学习制改变为弹性学习制。

城市建设监测活动，加快建设学习型社会。

（二）以理顺政府市场关系为核心，转变政府职能

1. 培育国家教育制度供给、变革与治理能力，发展优质“中国模式”教育体制机制

一是将教育置于兴国安邦、民族复兴的战略要位，发展具有中国特色、世界领先的优质教育。教育必须承担起实现中华民族伟大复兴中国梦赋予的历史使命，毫不动摇地坚持中国特色社会主义教育发展道路，不断深化对中国特色社会主义教育发展规律的认识，树立科学的教育发展观、质量观、人才观。其一，坚持社会主义特色教育体系，树立国家通用语言文字认同感，铸牢中华民族共同体意识；其二，深化民族团结进步教育，加强各民族交往交流交融，共同团结奋斗、共同繁荣发展；其三，引导人们树立正确的历史观、民族观、国家观、文化观。紧紧围绕“五位一体”总体布局和“四个全面”战略布局，以创新、协调、绿色、开放、共享的发展理念统领教育改革发展。

二是由“法制”走向“法治”，完善教育法律体系，坚定教育强国战略。其一，增强改革的系统性、整体性、协同性，加快完善顶层设计，完善教育治理的法律框架；其二，与时俱进，推进教育法治建设，做到教育立法、教育行政、教育司法、教育普法四者有机统一协调，发挥法治的引领和推动作用；其三，推进“六修五立”切实落地，即修订教育法、职业教育法、高等教育法、学位条例、教师法、民办教育促进法，制定有关考试、学校、终身学习、学前教育、家庭教育等完善的法律体系；其四，密切关注教育领域的新变化、新趋势，注重人工智能、互联网教育等教育信息化、现代化新领域的法律建设。

三是转变政府职能，完善教育标准，由管理走向治理。由管理走向治理，加快实现教育治理能力和治理体系现代化。切实改变“一收就死，一放就乱”的管理现状，不断建设、健全国家制定制度和实施制度的能力。具体而言，建设现代化的教育治理体系：其一，结合国力国情，制定符合自身发展目标与特色的教育政策；其二，有效督导实施并实现预期效果与目标；其三，顺应时代需要与内外部环境变化，积极参与全球教育治理标准建设，适时调整与时俱进的教育政策体系，推动制度变迁，根据教育国家标准对教育事业进行规范化管理。

2. 简政放权，赋能社会，统筹中央同地方政府、学校、社会的协同关系

一是简政放权，尊重人民首创精神，赋能社会。简政放权，就是要推动政府由直接管理向间接管理转变，微观管理向宏观管理转变，由教育管理向教育治理转变。集中精力办大事，谋全局，减少和规范对学校的行政审批事项，依法保障学校充分行使自主办学权利，同时，赋予地方政府更大的自主权。赋能社会，就是要充分调动学校、

企业、公众的积极性，把自上而下的改革与自下而上的改革结合起来，形成多元主体协调互动的运作方式，为公众提供有梯度、有多样化选择性的教育服务。

二是培育教育公共市场，完善各级政府、学校、企业、社会的权责关系。党的十八届三中全会强调要发挥市场在社会资源配置中的决定性作用，明确提出，要健全政府补贴、政府购买服务、助学贷款、基金奖励、捐资激励等制度，鼓励社会力量兴办教育，实质上是建立教育公共市场体系。建立教育公共市场体系，是将教育作为公益事业，实现政府、社会、校企的共同利益，需要进一步明晰分工与合作。其中，学校、企业是资源汇聚方，需按照效率效能原则遴选优质公立或民办教育提供者；政府要由教育服务的直接提供者逐步转变为监督方和评估方。社会公众是教育服务的创建者、监督者、享有者，需要通过社会力量强化问责。协调好三方关系，就要推进政校分开、管办分离与教育督导、政府问责有机结合。

3. 注重城乡、区域、群体间教育均衡发展，完善基本公共教育服务体系

《国家中长期教育改革和发展规划纲要（2010—2020年）》把促进公平作为国家基本教育政策，把促进义务教育均衡发展作为促进教育公平的重点任务，同时提出要合理配置教育资源，向农村地区、边远贫困地区和民族地区倾斜，加快缩小教育差距，保障公民依法享有受教育的权利。当前，我国义务教育已完成普及，教育部数据显示，2019年我国高中毛入学率已达到89.5%。促进教育公平已不再是仅仅解决“有学上”的问题，而是努力实现“上好学”的集体诉求。

一是缩小城乡教育差距，推进义务教育均衡发展。加快乡村振兴，实现脱贫攻坚，优化产业结构，引导劳动力转移，从源头解决城乡二元问题，逐步留住人才、吸引人才、提升整体素质，才能从根本上实现贫困地区教育质量的提升。现阶段，应注重城乡资源的宏观调配，加快完善覆盖城乡的基本公共教育服务体系，促进城乡教育一体化发展，推进义务教育学校标准化建设，均衡配置教师、设备、图书、校舍等资源。在保证校舍、操场等基础设施建设的情况下，注重图书馆、教具、体育器械等现代化教学用品的充实与完善。

二是保障城乡适龄儿童平等地接受基础教育，保障弱势群体享受基本公共教育服务的权利。教育是阻断贫困代际传递的根本之策。当前，我国城乡二元经济结构仍然较为突出。大量农村人口进城务工，随迁子女及留守儿童的上学问题，成为实现教育公平的痼疾。虽然《义务教育法》明确规定非户籍义务教育儿童享受与户籍儿童同等权利，但一些教育资源聚集城市设立的“五证”等诸多门槛，使得相关规定的执行效果欠佳，县（区）级财政压力大，省一级统筹力度不足。在此问题上，要加强省级统筹能力，资源配置向乡村、特殊群体、弱势群体适当倾斜。推进随迁子女入学待遇同城化，有序扩大城镇学位供给。完善流动人口子女异地升学考试制度。实现困难群体

帮扶精准化，健全家庭经济困难学生资助体系，推进教育精准脱贫。

三是促进学校集团化合理有序发展。集团化办学不是物理整合，而是化学反应，因此重点不在扩张规模和速度，而是带给教师学生实际效益。截至2019年1月，北京已形成158个教育集团、410余所集团学校，北京25%中小学已经入“团”。《中国教育报》报道，截至2019年2月，上海已建设学区、集团190个，覆盖70%以上的义务教育学校，基本形成学区化集团化办学格局。在学校集团化建设过程中，需合理确定集团规模，避免盲目求大求全，避免有名无实，流于形式，千校一面。发挥集团化在管理体制、办学体制、教育资源配置方面的创新作用。

四是优先保障农村教育发展，加快消除城乡义务教育差距，实现城乡教育更高层次的均衡发展。因地制宜，根据省情乡情实施特色化、差异化政策。保障农村小规模学校建设，打造乡村“小而美”的校园文化。以保基本、补短板、促公平为出发点，主动适应经济社会发展和人民群众的需求。统筹利用好、布局好各类教育资源。

4. 匹配经济发展与就业需要，紧密结合区域发展重大战略

一是教育与经济社会发展需要有效衔接。吸取韩国高学历失业比例居高的教训，关注教育与时代需要、社会经济发展对人才的需求相匹配，及时完善课程体系设置，建立多渠道育才育人途径。

二是创新体制机制，探索新时代区域教育改革发展新模式。其一，高起点高标准规划发展雄安新区教育，加快发展现代职业教育，以新机制新模式建设雄安大学；其二，深化粤港澳高等教育合作交流，促进教育资源特别是高等教育相关的人才、科技、信息等要素在粤港澳大湾区高效流动；其三，构建长三角教育协作发展新格局，进一步加大区域内教育资源相互开放的力度，搭建各级各类教育协作发展与创新平台，实现资源优势互补和有序流动；其四，促进海南教育创新发展，依托海南自由贸易试验区打造新时代教育全面深化改革开放的新标杆。

三是优化教育资源区域布局，缩小区域教育差距。科学规划、分类指导、统筹推进东部、中部、西部和东北地区教育发展。其一，新增教育资源重点向革命老区、民族地区、边疆地区、集中连片特困地区倾斜。其二，推动东部地区率先实现教育现代化。支持东北地区加快提升教育服务支撑老工业基地全面振兴的能力。加快中西部地区教育发展，深入实施中西部高等教育振兴计划和中西部高校基础能力建设工程，支持中西部建成一批高水平大学。立足中西部经济社会发展实际，大力发展职业教育，提升教育发展综合实力。进一步支持赣南等原中央苏区和其他重点贫困革命老区教育发展。

5. 完善教育体系督导与问责机制

现代化教育体系建设，需要持续完善督导评价与问责机制。目前我国的教育评价

机制存在着自管自评、评价标准欠科学、评价机制欠完善、评价方式欠丰富、评价过程欠规范等问题。教育部2018年发布我国首份《中国义务教育质量监测报告》，引发社会各界高度关注与热议，体现了国家建造多层次、多渠道、全覆盖的科学教育评价体系的决心。完善教育监测评价与督导问责机制，需要全面发力，重点突破，向纵深层面发展。

一是以制度建设为核心，促进教育评价的科学化。破解扭曲的“五唯”评价标准，即坚决克服“唯分数、唯升学、唯文凭、唯论文、唯帽子”的顽瘴痼疾。“五唯”问题已带来了科研游戏化、空壳化、泡沫化，造成了学术的“灰色地带”，损害了我国学术研究的公信力与国际声誉。推进科学的人才评价标准、评价机制，要以促进学生成长、教师发展、民族前途和国家未来为前瞻，要持续创新，深化实践，围绕德育、素质教育科学评价体系再创新、再探索、再完善、再优化，真正促进人才师资培养，教育全面发展。首先，建立新型教育督导机构，围绕新时期教育改革的重点、难点，统筹协调督导评价工作，既要坚决治理现存问题，又要维系学校良好的教学生态和秩序，避免过度干扰正常教学工作；其次，深化考试招生制度、教育质量综合评价机制、人才评价体制机制，以及教师职称评价体系的改革；最后，建立现代人事管理制度，规范人事管理制度，规范“帽子满天飞”的人才评价乱象。为人才成长、人才引进、人才评价营造宽松清净的环境，扭转人才称号待遇终身制。科学搭建有梯度、有空间、有通道的教师晋升与薪酬绩效体系。

二是以第三方评价为着力点，促进教育评价多元化。借鉴联合国教科文组织、OECD等国际经验，依靠社会力量，切实发挥第三方评价的作用，逐步提升第三方评价机构的公信力。以政府购买社会教育评价服务为着力点，扶持第三方评价机构探索创新现代教育评价核心技术，逐渐形成具有行业竞争力、国际影响力的权威评价机构。引导并提高家长对教育评价活动的认知，提升评价结果的质量。

（三）以民众共享经济发展成果为导向，加大教育财政经费投入

改革开放以来，我国教育投入体制经历了一个拓展投入渠道，政府职能下降又回升的历程。我国教育财政体制改革取得了很大成就，教育财政投入逐渐充足，学生资助体系逐步完善，经费投入结构日趋合理。但仍一定程度上存在教育拨款体制不完备，经费配置不公平，校际间、群体间、城乡间、区域间教育资源不平衡，各级政府、行政部门之间责任划分不合理，统筹制度不健全等问题。

1. 加大各级政府教育财政投入力度

一是加大教育财政的投入总量和占GDP比重。当前，我国正由教育大国向教育强国迈进，实现教育现代化需要加大教育经费投入。纵观世界教育发达国家教育经费配

置的历史，无不体现出对教育的高度重视和对教育经费投入的重点保障，教育一直是公共财政支出的重点方向。对比 OECD 国家，我国的教育经费投入占 GDP 及财政支出的比重偏低，在国际处于中上位置。

二是确保公平、落到实处，加大地方政府教育财政投入力度。我国义务教育经费投入实行国务院和各级人民政府根据职责共同负担，省、自治区、直辖市人民政府负责统筹落实的体制。在实际执行过程中，县（区）一级承担基础教育经费比例过大，责任过重，承压较高，而中央和省级政府承担次要责任，由于省级政府在这一统筹过程中参与较弱，一定程度造成纵向失衡，省内差距拉大。因此，应突出省级政府在教育支出方面的责任，对薄弱县（区）形成省级调配助力。保证政府一般性转移支付向基本公共教育服务倾斜，重点扶持省内薄弱县（区）、薄弱学校、困难群体，努力实现覆盖面广、普及普惠的拨付与使用。执行过程中分级推动，根据省情合理划分各级政府责任。

2. 优化调整教育经费投入结构

一是优化区域间教育经费拨付，中央经费拨付更多向贫困及少数民族地区倾斜。加大对革命老区、民族地区、边疆地区、贫困地区义务教育的转移支付力度。近年来，部分经济落后地区的教育经费投入的提高幅度远高于经济发达地区，二者之间的相对差距在减小，但绝对差距却持续扩大，省际横向差距存在拉大趋势。教育部数据显示，2010 年，贵州、上海的普通小学生均预算公共经费支出分别为 403.33 元、13016.14 元，2018 年分别为 2180.27 元、21887.3 元，“中部坍塌”严重。从财政经费配比与拨付情况看，不可一味着眼于教学楼等基建项目，乡村教育的基础设施（如体育器械等）、餐食、教具、校车等内涵式投入，需要分配合理的经费。

二是公共财政增量资金适度向学前教育和职业教育倾斜，普惠性民办教育也应在一定程度上享有财政惠及。由于历史阶段及发展需要，我国教育公共财政在义务教育、高等教育领域投入较大，并取得了较好的建设成效。我国教育公共财政支出中，小学教育、初中教育、高等教育支出多年来位列前三。学前教育、职业教育财政支出的相对薄弱，也直接显现出我国教育在这两个领域的建设效果欠佳。同时，民办教育因其属性原因，往往较难获得公共财政支持，民办教师与学生在一定程度上，未能获得与公立学校等同的福利。因此，从均衡角度以及建设需要的角度，建议公共财政增量资金适度向学前教育和职业教育倾斜。且要兼顾民办教育，尤其是基础教育阶段的民办机构（民办园、民办学校），多分担了流动儿童教育的需求，应享有相应的财政支持。对于教育经费的直接分配，可参考医疗账户，试点教育账户的设立。

三是优化校际间、学校内部经费投入结构。当前，我国对学校拨款采取的是“基本支出预算拨款加项目支出预算拨款”的形式。多年来，学校基本支出偏低，项目支出偏高，项目拨款缺乏客观标准，分配过程和结果不够公开透明，校际差距大，高等学校尤为突出。同时，政府的拨款绝大多数属于间接分配，即主要分配到公立学校，难以惠及民办学校及相关学生群体。因此，应考虑更为科学的项目支出与基本支出划配比例，优化学校内部经费投入结构，确保经费切实惠及师生与教学。

3. 完善教育财政体制机制与监督评价机制

教育财政体制改革进程中，尤其是市场经济高速发展初期，一些重要措施未能有效执行。如《中华人民共和国义务教育法》《中华人民共和国教育法》规定的各级政府财政性教育经费“四个增长”和“两个比例提高”很多年份未能有效执行；1993年《中国教育改革和发展纲要》提出教育经费占GDP比例应逐步提高，2000年达到4%，但由于缺乏有效的执行与督导，这一目标直至2012年才完全实现，教育经费的体制机制建设，问责督导机制仍待完善。①

其一，要持续提升经费使用科学化、公开化、透明化、公平化。2016年以来，中央逐步加大对地方政府教育转移支付的公开化、规范化，但目前，大多数省级教育转移支付资金分配的公开程度远低于中央政府。公众无从得知经费的分配办法、公式和分配结果，亟待规范化，透明化；其二，要强化教育财政法律法规的执行力度，不钻法律空子，避免法律形同虚设。严格执行法律法规的相关规定和义务；其三，要及时出台办法的实施方案、实施细则，对于中长期规划，更应制定分段完成的时间节点，分步有效推动实施；其四，要关注经费投入使用的效率效能问题。认真调研城乡、学校建设情况和经费情况，满足学校、学生、教师真实所需，关注投入与使用是否对等。避免出现基建过度化等因缺乏有效调研判断产生的投入与效能失衡情况。

（四）以完善学校治理结构为关键，提升自主办学质量

充分发挥基层特别是各级各类学校的积极性和创造性，鼓励大胆探索、积极改革创新，形成充满活力、富有效率、更加开放、有利于高质量发展的教育体制机制。提高学校自主管理能力，完善学校治理结构，继续加强高等学校章程建设。鼓励民办学校按照非营利性和营利性两种组织属性开展现代学校制度改革创新。推动社会参与教育治理常态化，建立健全社会参与学校管理和教育评价监管机制。

1. 创新学校管理体制，完善学校法人治理结构，发挥学校自主性

一是推进现代学校制度建设，健全自主办学法律管理体系。完善自上而下的管理体制，立足建设创新型法治国家，政府依法管理，学校依法自主办学；打破政府作为教育的管理者、举办者和评价者“三位一体”的格局，使学校拥有依法自主办学的

① 杨东平主编，杨旻，黄胜利副主编：《中国教育发展报告（2019）》，社会科学文献出版社2019年版。

“主办方”身份。政府需从问题出发，通过清单管理，填补法律空白等方法，推动并巩固自主办学。建立与完善学校法律顾问制度与法律救济制度，支持与保障学校依法自主办学权益。

二是建立健全学校法人治理结构，完善基于学校章程的学校内部治理结构。由于我国是先建学校后补章程，学校章程存在同质化、模式化，需要进一步完善以学校章程作为学校的“宪法”，结合自身情况，彰显办学理念、目标和特色，促进学校治理结构的完善。如尝试建立决策、执行、监督三权制衡的治理结构。完善学校董事会（理事会）、校务委员会、教职工代表大会、家长委员会制度，逐步建立起教师、家长、学生、社区代表和教育专家参与的学校治理机制。鼓励和引导校长向教师、学生、家长和社会让渡权力。可参照国际经验及工商企业的治理模式，以开放思维，设立由出资人、校友、社会贤达、教师代表、学生代表共同参与的学校管理董事会或理事会，负责重大问题的决策。

三是突出教师治学，教育家治校理念，去除学校行政化。学术第一，教师治学，教育家治校，令学校逐步脱离行政化，回归教育本源，体现在各阶段的学校治理过程中，尤其在高等学校办学中，更应注重教育家治校理念的实践，校长首先应是一名教育家。一方面，倡导教授、老师治校，去除学校官本位思想，不仅能够调动教师教学积极性，也是尊重权威，激发专业人才发挥专业作用。去行政化的核心目的是要按照教育规律、人才成长规律、学术发展规律教书育人，让学校回归“教场”而非“官场”。另一方面，建立师资国际化、多元化、多渠道引进与流动机制，打破封闭循环现状，促进以治学为先的教育家治校办学理念扎根。

四是民主监督，社会参与，建立并完善多元参与的学校事务监督、评价与问责制度。一方面，逐步完善校务公开与社会报告制度。及时公布办学质量、财务、规划与发展情况等信息，以利于政府、教师、家长等对学校的客观综合评价。另一方面，促进学校发展多元评价机制。如构建教师学术委员会，加强教师、学生自律管理；发挥家委会在增进学校、教师、家长、学生沟通方面的作用；通过社会第三方机构评价增强监督与问责力度。注重党政分开，各司其职，避免以党代政。尝试探索由党委书记兼任学校监事会主席，代表公众及教师、学生发挥党对校董会重大决策的监督保障作用，促进权责利对等。

2. 政府为引导，学校为主力，科学育人为目标，打出各阶段重点分明、特色鲜明的教育组合拳

（1）学前教育：保普及，保公平，保质优。改革开放以来，宏观政策对学前教育的关注度不足，资源分配较少，学前教育发展的矛盾较其他阶段更为突出，改革的紧迫性更强。办好新时代学前教育，要以实现民众“幼有所育”美好期盼为目标。

第一，发挥好政府财政分配与管理科学统筹，逐步追赶 OECD 国家教育经费拨付比重。确保学前三年教育实现普及，保证充足、科学、均衡的经费支持。优化治理结构，改变学前教育经费由多部门分割管理的现状，提高资金统筹能力与调配效率，改变财政经费重分配、轻管理的现状。改变资源向发达地区公办幼儿园聚拢，民办及经济欠发达地区的儿童较难享受到财政资助的情况，切实解决“入园贵”的问题。

第二，注重城市、乡村均衡发展。注重发展社区小微幼儿园，乡村小微幼儿园。切实解决农村幼儿园萎缩，市县幼儿园承压问题，注重确保流动生、留守儿童等特殊群体享有同等权利。在农村学前教育领域，政府应保基本，广覆盖，解决因资源供给不足导致的“入园难”。

第三，确保公立园、民办普惠园尽快普及，民办营利园适量发展，满足特色化需求。确保学前教育以公益性质为主，允许特色化、差异化发展。规范办学体制，提供安心、安全的学前育儿环境。

第四，建立地方教育部门管理，上级支持和指导的监管机制，避免监督管理多头开展，权责不清。规范学前领域办园思路，避免过度资本化、产业化、准小学化，鼓励教育家办园。

第五，注重教师素质提升，确保专任教师、教师总量的规模与占比持续增长。鉴于儿童身心发展阶段尚处于初期，学前教育较之其他教育阶段具有特殊性和复杂性。需对幼教编制予以科学划配，建立持证上岗、持续培训的机制，提升幼教整体素养。

第六，以促进人口增长为出发点，探索教育前移的托育服务。近年来，出生人口大幅减少，生育意愿大幅降低，2018 年我国出生率创 1949 年以来新低，全面二孩政策不及预期。“敢生不敢养”已成为社会现实问题。事实上，入托率与生育率存在正相关关系。2014 年 OECD 国家 0—2 岁平均入托率达 34. 2%，我国 0—3 岁入托率仅为 4. 1%。探索托幼机构建设，是减轻家长负担，完善婴幼儿早期教育，促进生育的重要抓手。

（2）义务教育：提升巩固水平，实现均衡发展。改革开放 40 年来，我国义务教育实现跨越式发展，探索解决了“穷国办大教育”的世界性难题，并全面完成普及九年义务教育。义务教育总体发展水平正逐步接近世界中等发达国家水平，取得了举世瞩目的成就。当前，义务教育由“效率优先式重点发展”转向“公平导向下的均衡发展”已成为新时代强音。要从普及化向均衡化发展，实现从“有学上”转变为“上好学”的内涵式发展，提倡素质教育。

第一，继续将义务教育摆在优先发展的战略地位。巩固阶段性普及成果，健全控辍保学工作责任体系。确保每个儿童不因其家庭、性别、民族、健康状况等原因而受到不公正的对待。

第二，确保“基本均衡发展”向“优质均衡发展”迈进。目前，中西部地区仍是我国义务教育均衡发展的“硬骨头”。农村义务教育经费总体投入仍然不足，保障机制尚未落实到位，“中部塌陷”“滞拨”“挤占”现象犹存。推进教育均衡，一是缩小城乡差距，着力实现教育脱贫攻坚战，注重乡村小规模学校在保证义务教育方面发挥的特殊作用，避免“一刀切”撤校并校，变缩小差距为鼓励差异、特色发展，加快城乡一体化发展；二是保证城区校际资源均衡。发挥好学校集团在平衡教育资源、创新办学体制方面的作用，有步骤有实施消除大班额，为择校热降温；三是财政经费重点发挥矫正和补偿作用，保证落后地区基础设施、教师待遇、经费投入，对难以一己之力发展教育的贫困地区、贫困市县，要加大扶持力度；四是精准补充师资队伍，聚焦高质量专业化发展。实现教师数量与质量的同步发展，解决学科结构性缺口、优质师资“难招难留”等现实困境。

（3）高中教育：找准定位，提升普及水平与教育质量。首先，全面普及高中教育，逐步义务化。以学习大国、人力资源强国和人才强国的建设为内在追求，逐步完成高中教育高质量普及。高中处于15—18岁的年龄阶段，正是学习与身心发展的关键时期、可塑性极强。随着社会发展对个体综合能力要求日益提升，仅仅完成初中学习难以对接社会的技能需求。全面普及不是简单的数量普及，而是城乡、区域、质量等多方面的均等与均衡，对于提升我国劳动年龄人口平均受教育年限、厚植人力资本、支撑产业转型升级、提升我国人类发展指数等都具有不可替代的作用。

其次，“五育”并举，注重人格养成以及人生规划、三观确立。高中学生正值个人世界观、人生观和价值观形成的关键时期。因此，要尊重和依据15—18岁青少年身心发展规律，强化高中阶段育人功能和质量，注重高中阶段在理想信念、思想道德、公民意识等方面的引导和全面教育。寻求正确定位，高中教育具有为学生适应高等教育、职业发展和社会生活做准备三重工具性任务。推进高中阶段教育在内涵和外延上实现全方位提升，重点在于发展内涵，为每位学生提供有质量的高中阶段教育和寻求全面而有个性发展的平等机会。

最后，完善高考改革、学制改革，将高中逐步回归基础教育为主的定位。长期以来，我国高中教育在“育人”“升学”“就业”三个方向存在争议，形成了“基础教育”“大学预科”“复杂性质”三个定位观点。事实上，放在个体的全生命历程中，虽然高中教育承前启后，也仅是一个短暂的学习阶段，但随着终身学习时代的到来和高中教育的全面普及，其基础教育性质将更加凸显。对于高中阶段的定位，应立足于教育系统的整体性和人的发展全过程，将其发展任务确立于为学生的终身发展奠基，为适应高等教育、职业发展和社会生活做准备。

（4）高等教育：倡导内涵式发展，培养核心技术生力军。进入21世纪以来，我国高等教育事业发展迅速，成绩显著，已进入大众化阶段。现阶段我国高等教育突出问题在于缺乏创新人才的培养和产出。公办高校体制僵化、学科设置陈旧、人才培养质量不高，政府投资收益率低，不能适应经济社会发展需要。民办高校人才培养具有实用特征，但办学困难重重，基础投入不足，教育质量不高，未能实现多元供给。促进我国高等教育现代化发展，应抓住改革与开放这条主线，坚持财政投资一视同仁、市场竞争一律平等、国民选择始终如一。注重“科研+实践”，注重民办高校扶持，打破“五唯论”，注重创新人才培养，打造“双一流”教育重镇。

第一，倡导高校体制现代化改革。其一，公办高校实施分类管理，少部分公办国投，大部分面向社会，引入市场机制与民间资本，国投民参相结合，实行董事会制办学体制；其二，鼓励民办高等教育发展，加大民办高等教育的财政投入比重，实行与公办改行董事会制的大学基本相同的生均财政补贴制度，鼓励市场竞争办学模式。

第二，着力创建世界一流大学，培育创新人才。一个国家要先成为高等教育中心，才能成为科学活动中心。我国已成为全球第二大经济体，抢占教育高地，打造一流大学集群是大势所趋。目前我国已拥有世界最大的高等教育体系，是高等教育大国，下阶段，应向着打造高等教育强国迈进。要通过创新驱动，打造中国模式与中国特色，如一味采用追随战略，则难以实现弯道超车。创建世界一流大学，是对未来战略发展的科技保障和人才保障，要引导分类发展，优化高等教育结构体系，扎实推进研究性综合大学“双一流”建设。

第三，因材施教，改革人才培养模式。深化分类考试、综合评价、多元录取的高考综合改革，拓展高等教育入学机会。参考欧美高校转学制度，构建创新型、复合型、应用型、技术技能型人才成长的多样化培养模式。

第四，增加产学研结合与校企合作，契合时代与社会就业需要。其一，促进博雅教育与实践技能相结合。健全有利于高校毕业生更充分更高质量就业的促进机制，扎实推进高校招生就业制度体系和治理能力现代化；其二，杜绝高等教育放任化，加强本科基础阶段的教育力度，渗透职业规划与社会实践，逐步实施宽进严出的教学体制。充实学生的真才实学；其三，完善分类考试制度，健全“文化素质+职业技能”的考试评价体系；其四，完善学科设置。持续深化新工科、新农科建设，积极推进新医科、新文科建设。与时俱进，推陈出新，注重学科配置与社会供求相结合。优化职业高校、专科高校在实科方面的配置，合理配置纯理论性文科在该类院校中的占比。

第五，加强国际化视野的培养。加强学校、师生的国际交流机会。借鉴国外模式，创建普通大学、专业大学、职业大学联通互动机制，创新探索二次择校、转学等机制，进一步创造机会，精准培养人才。结合本土实践，丰富高等教育发展理论。

第六，完善大学质量评估体系与治理结构建设。其一，促进内生性的自我评估，而非应对监管问责的免责性评估。推进分类评估，加强高等教育质量保障；其二，优化教师评聘制度，创建“校内 + 校外”复合型教师聘任机制。完善教授在治学治校方面的话语机制。

（5）职业教育：培养优质技能人员，促进校企联合、产教融合。现代职业教育强调终身性、高技术性、面向职场和产学合作，对促进国家产业转型升级、建设创新型国家具有重要的战略意义。我国职业教育根据时代需要，经历了多次政策变动，当前存在教学质量欠佳、传统观念束缚、资源配给不均衡等问题。职业教育在新时期国家人才队伍建设中的特殊作用不容忽视。

第一，加强校企联合，调动企业积极性。在职业教育中增加企业实习的比重，由学校、行业协会、企业出具综合评价。为企业培养具有职业素养、熟练操作技能的后备军。由企业配置实习薪酬，政府统筹补贴。改变过去单一化的校企合作模式，扩大与学校对接的集团范围，构建以学校为中心和多个企业带动的互动模式。

第二，建立职业教育与普通教育开放沟通体系，尤其在高等教育领域，适当放开双向升学转学，双向课程引入，联合培养等机制。促进人才的职业选择，破除精英化思想，打通流动机制。

第三，提高生均技能，培养高级技工。拓展职业研究生阶段的建设，为实现产业链升级提供有力后备。2019 年我国高级技工缺口高达 2200 万，与此同时，职业学校却面临招生困难。逐步提升职业教育在培养优质技术人员方面的作用，加大财政、教师资源配置，系统性优化职业教育、高中教育、高等教育的内在联系与分工逻辑。

第四，依托职业教育，解决城乡、地区间特色发展需要。根据区域特色发展需要，着力发展区域重点职业教育，推动提升职业教育服务区域经济社会发展和脱贫攻坚的能力。充分发挥职教扶贫重要作用，实现贫困地区特别是民族地区职业院校为本地区人才培养服务，进而为民族地区经济社会发展服务。

（五）以多元化办学格局为补充，激发民办教育市场活力

改革开放以来，国家一度支持鼓励社会力量以多种形式办学，满足人民群众日益增长的教育需求。1982 年《中华人民共和国宪法》首次以最高法的形式确立了民办教育的合法性。民办教育获得与公办教育共同发展的宽松环境。当前，民办教育发展中存在顶层设计与整体规划不足、法人属性存在争议、产权及合理回报不明确、办学自主权落实不到位、教师权益保障不力、内部法人治理结构不完善等问题。

1. 加强顶层统筹，健全民办教育的法律体系

一是合理规划功能定位与规模比例。目前，民办教育的顶层设计和整体规划不明晰，尚未将民办教育纳入整个教育系统进行统筹考虑，缺乏从未来人口变动态势和教

育发展大势来预测民办教育需求，亟待进行顶层定位和顶层设计。其一，依据未来中国经济社会发展和生源结构等因素的变化趋势，加强对民办教育需求的合理预测和总体规划；其二，将民办教育纳入整个教育体系来统筹，针对各学段民办与公办教育结构比例，科学确立民办教育的功能定位与发展规划。

二是完善民办教育法律体系。其一，明确民办学校法人属性。长期以来，民办学校因法人属性无法有效界定，连带其社会地位、财产来源、投资回报、税收优惠、教师身份等未能合理界定，无法从政策端获得应有的法律保障。因此，应从法律端尽快完善民办教育相关法律保障，明确法人属性、法人地位，消除隐性壁垒，为民办教育扫除制度障碍；其二，保障民办教育应有权益。依法落实民办学校和师生与公办学校及师生平等的法律地位和权益。清理并纠正对民办学校的各类歧视政策。制定完善促进民办教育发展的税收、财政优惠政策。

三是明晰产权归属，推进分类管理。产权是民办教育发展中的突出问题，既影响举办者办学热情，又关系到能否根本实现民办学校资产保全和师生权益保障。民办学校的法人财产权至今未得到全面落实，合理回报未能明确界定。因此，应维护民办学校法人财产权，保障举办人合理回报的诉求，鼓励民办教育按照营利性、非营利性分类管理，自选属性，配套相应政策支持。基于地区和发展的差异，可试点先行，逐步推进，确保分类平稳过渡。

四是健全学校治理体系，提升办学效率。一方面，克服民办学校办学行为的随意性，改变当前民办学校家族式、家长式的粗放管理模式，切实形成规范、科学的办学机制；另一方面，建立健全决策机制，完善学校董、监事会，职工代表大会决议制度，完善章程，推进校务公开、财务规范，避免短期行为，依法民主管理。

2. 凸显自主办学特色，保证差异化、多元化、个性化需求

民办学校办学的灵活性和自主权，是其办学特色的前提和保障。随着人口红利消退，民办教育遇到萎缩瓶颈。多数民办教育为了解决特殊群体的上学需求，为政府分担了一定的教育压力，但在一定程度上受到监管要求，灵活性自主性有待释放，低水平重复建设、同质化严重，并未办出比较优势与核心竞争力。在国外，私立学校较之公立学校，普遍拥有更大的灵活性和更广泛的自主权。充分发挥我国民办教育的优势，关键是落实民办学校的自主权。

随着基础教育逐步普及，教育的高质量发展将是新的议题，应提倡公办教育以提供公共服务为主，民办教育以提供选择性服务为主。应逐步放开民办学校在合理规模内自主招生、跨区域招生，根据国家课程标准自主选择或编写教材，自主设置课程和专业，自主开展教学试验，根据相应的教师准入标准自主招聘教职员工。营利性民办学校按质定价自主确定收费标准，依照市场机制办学。进一步激发民办教育体制机制

上的优势和活力，满足人民群众多层次、多样化的教育需求。

3. 拓宽民间资金参与教育事业发展的渠道，避免过度资本化、产业化

完全依靠政府财政投入发展教育事业，将教育变为政府包办的形式，既是财力无法承担的，又无法满足公众多样化需求。民办教育具有公共性与市场性的双重属性，要鼓励民间资本投入，促进民办教育优质发展。应确立公共投入保基本、广覆盖的基础上，调动社会资金力量，鼓励多元化供给。自2002年《中华人民共和国民办教育促进法》出台，我国民办教育获得了长足的发展，民办教育日益受到风险投资公司的青睐，国内有超过370家民办教育机构获得了风险投资、私募股权投资和教育上市公司的资金募投，涉及金额超过190亿元。

目前我国民间资本在民办教育各个学习阶段均有涉及，以2018年数据来看，主要聚集在素质教育、职业教育、语言留学等领域，未来需进一步引导加大投入。一是鼓励和引导民间资金重点参与培训继续教育、高等教育。以社会需求为导向，逐步拓宽渠道，积极鼓励民间资金参与在职人员职业培训、农村劳动力转移培训、转岗培训等各类非学历教育与教育培训，推进终身学习体系和学习型社会建设。完善政府统筹协调和监管机制，培育、规范非学历教育和教育培训发展环境，建立健全培训服务质量保障体系；二是拓宽资本进入和运作渠道。发挥教育信托、基金、助学贷款、办学贷款、校企联合、职业教育中企业资助、社会力量办大学等多元融资、助学渠道；三是避免过度资本化。资本逐利的天性，股东对回报的期待，有可能左右办学的初心和校长的决策。教育不是暴利和速利的行业，需要葆有育人初心，倾注长期、持续的投入。应规范学前民办教育、校外辅导机构管理、运作与宣传。避免因资本过度扩张，缺乏有效管理导致的学生权益受侵害、学习负担加重现象。

（六）打造高等学校、职业学校等人才供给主体与各级政府、工商企业等用人需求主体之间的闭环反馈机制

1. 建立高等教育、职业教育同要素市场的有机衔接和闭环联动

一是学校端，人才培养目标要匹配经济发展需要。其一，将国家、企业的人力资源需求融入我国人才培养的各个环节。根据劳动力市场需求调整专业设置、校企“双元”联合开发教材，以培育时代需要的优质人才为根本目标；其二，形成同政府部门上下联动协同机制，盘活编制存量，优化编制结构，加强“双师型”教师队伍建设，完善职业教育师资培养制度。设置一定比例的特聘岗位，畅通高层次技术技能人才兼职从教渠道；其三，通过改革绩效工资制度，调动学校内部人员参与校企合作的积极性。

二是企业端，要实现校企深度合作，构建校企命运共同体。知行合一，探索工学

结合的人才培养模式。引导企业深度参与职业教育人才培养工作。其一，提升企业在校企联合过程中的参与度。拓宽合作领域，寻找利益结合点，明确校企双方的责任义务。校企共同研究制订人才培养方案，及时将新技术、新工艺、新规范纳入教学标准和教学内容，强化学生实习实训。其二，提升企业评价权重，将企业综合评价作为结业与入职的必要参考维度。企业同时可将实习培养的人员作为人才后备力量和优化人力成本的手段；其三，厚植企业承担职业教育责任的社会环境，推动职业院校和行业企业形成命运共同体。

三是政府端，提供有效的制度供给与资源供给。有效发挥政府引导效能，完善产教融合推动政策与财政补贴。其一，完善制度供给。完善相关法律法规，促进产教融合市场机制有效拓展；其二，创新财政支持。通过经济手段调动企业参与职业教育校企合作的积极性。如在开展国家产教融合建设试点基础上，建立产教融合型企业认证白名单，对名录内企业给予“金融＋财政＋土地＋信用”的组合式激励，按规定落实相关税收政策。试点企业兴办职业教育的投资符合条件的，可按投资额一定比例抵免该企业当年应缴教育费附加和地方教育费附加；其三，规范资质认证与评价体系。通过行业协会等专业机构研发资格认证，规范资质评价体系；其四，部门联动，发挥地方政府效能，分级落实。形成发改委、教育部、人力部、社会保障部门等紧密联合、有效衔接的团队机制，制定统一的职业教育与培训发展规划，统筹管理我国技术技能人才培养培训工作。根据区域发展战略，逐级制定符合区域发展需要的校企联合、产教融合规划。带动各级政府、企业和职业院校建设一批资源共享，集实践教学、社会培训、企业真实生产和社会技术服务于一体的高水平职业教育实训基地，服务学校教学与企业生产；其五，拓宽“双师型”教师队伍来源，促进“固定＋流动”等创新编制体系，建设完善教师培养培训基地等支撑措施，面向战略性新兴产业和先进制造业人才需要，打造一批覆盖重点专业领域的“国家工匠之师”。

2. 明确博士后人员定位，注重创新性产学研成果考评

博士后制度是我国培养高层次创新型青年人才的一项重要制度。自1985年建立以来，培养了一批高层次创新型人才，取得了一批重要科研成果，为推动科技进步和经济社会发展作出了积极贡献。但与此同时，正如2015年发布的《国务院办公厅关于改革完善博士后制度的意见》所指出，我国博士后制度还存在定位不够明确、培养质量有待提升等问题。

在国外，博士后一般被视作科研人员。在国内，博士后的定位却日益模糊，其职能在“学生”“科研人员”和“企业职工”中不断摇摆。在此背景下，建议进一步明确博士后研究人员定位，充分发挥高校、科研院所、企业在博士后招收培养中的主体作用，一方面加强博士后人员招收管理，严格控制设站单位招收本单位同一一级学科、

超龄、在职的博士后人员比例，避免博士后申请人因国家给予博士后解决户口等特定待遇而“钻空子”。另一方面完善以创新性科研成果为核心评价标准博士后绩效考核评价体系，对现行博士后优惠政策给予客观审视，优惠政策应与博士后的德能匹配，提升博士后科研工作水平和成果产出。

（七）以平台战略为指引，加快布局高效对接供需的信息化、数字化教育

第四次工业革命带来的科技创新发展，驱使我国必须实现创新能力的大幅提升，运用新的科技手段，培育大批创新型人才。政府支持、技术进步和人们对教育的重视，共同促成了中国在线教育的蓬勃发展。互联网特别是移动互联网快速发展，为中国教育带来了新的契机，也使城乡之间、地区之间、学校之间教育发展不均衡现象得到缓解。企业在将 IT 技术引入教育服务方面取得了飞跃式发展。未来在线教育应在加强师生互动交流、教师专业化成长、符合学习科学规律的个性化学习、更主动的在线教育的供给侧改革等方面作出更多努力，从长远看，学校教育与在线教育深度融合的新生态已然是大势所趋。

1. 打造先进技术与人文关怀并存的智慧校园

一是逐步实现新型信息技术在教育教学中的运用。物联网、云计算、大数据是当前智慧校园建设过程中研究与运用最广泛的三项技术，而传感技术、智能感知技术、虚拟技术等以人工智能为基础的信息技术将是智慧校园下一步建造的趋势。鼓励学校以 5G 技术为驱动优化网速，奠定网络基础，建设多种先进技术同时接入智慧校园的资源通道，实现数据挖掘系统、云计算分析系统、专家决策系统、智能服务系统的无缝衔接与流畅切换，注重建设技术与使用技术相匹配。

二是着力建造智能教育生态系统。智慧校园建设既要形成一体化的技术系统与管理平台，又要推进教育信息区域协同发展。运用平台化思维，搭建教学、管理、科研体系资源互通的网络平台。建立数据存储与分析模型，在深度算法和人工智能支持下深入分析数据背后的教育本质，评估教学质量，将新一代信息技术有效运用于教育教学服务中。

三是以人本服务理念为出发点实施教育信息化供给侧改革。“供给侧”式智慧校园建设是遵循学校教育发展需求和特点所开发的理性建设，而非基础设施的叠加。智慧教育的本质在于提供更加便捷的教学管理服务，更加个性化学习体验。目标是通过智能化教学体系，优化学习效果。建设过程中，要坚持以用户体验为中心，建立针对角色用户的节点模型，增强信息服务的能力。

2. 多元共建教育信息化发展机制

以政策法律为保障，健全教育信息化系统发展的法律法规和制度政策；形成与教

育信息化发展相匹配的师资、资金、设施等资源投入模式；规范多元参与运行体系；优化教育信息化监督与第三方评估机制。优化教育信息化生态系统与安全环境，实现信息技术与教育教学深度长效发展。

3. 运用平台化思维，以“互联网+”促进教育公平

随着互联网技术、大数据、人工智能等现代信息技术的发展，深层次的教育需求和矛盾都将通过创新的服务模式来解决，以进一步促进教育公平的实现。

一是发挥远程教学在不同区域、不同教学阶段的独有力量。网络教育扶贫是实现教育公平的有效方式。利用网络直播、慕课、AI、VR/AR 等现代化信息技术教学手段，建立优质教育资源共享机制。应加快农村学校教育信息化的建设步伐，大力发展各学习阶段现代远程教育。加大教育资源的开发和整合力度，促进义务教育优质资源共享共用，全面提高农村学校和城镇薄弱学校的教育教学质量。

二是着力打造优质教育资源共享的公共教育服务平台。运用平台化思维，使教育资源更大范围获得共享。这其中，国家主要负责建设免费、资源共享、省市县全覆盖的资源共享平台。该类平台应具备开发兼容性强、适用面广、操作便捷、资源丰富的特质，实现以全国一体化方式，为农村地区、偏远地区、贫困地区、民族地区的学校提供优质资源；市场端则提供补充型、多样化有偿服务平台。该类平台将以创新、丰富、优质等特征作为发展路径，为社会提供多样化、定制化、个性化选择渠道，同时也可以政府、学校等机构包买形式，为特定人群提供学习服务。

三是注重发展精准贴合区域实际情况与发展需要的教育信息化路径。精准扶贫的数字教育资源建设应具有针对性，应以当地基础设施为基础，结合生产实际，以学生认知为核心予以定制化开发。在“学校联网攻坚”行动中，仍存在农村地区、贫困地区智慧校园建设水平低下、信息技术的选用存在追时髦、赶潮流的混乱性、智慧学校教育服务应用水平低等问题。在此背景下，要从乡村人本化需求切入，落实新型技术以需求为基础的教育信息化“供给侧”改革。

4. 鼓励多元市场主体参与，激发在线教育新模式

2020 年新冠肺炎疫情的爆发，在“停课不停学”的要求下，各地教育部门与数据技术公司联合，开发出了诸多用于网络互动授课的平台，加速了大数据与人工智能在教育教学中的运用，促使未来的课堂教学发生重大变革。

一是鼓励多元市场主体参与，探索多元授课模式。后疫情时期，社会各界对“云课堂”的认可与需求将会激增，无疑为在线教育爆发式增长带来了客观的窗口期。这一特殊阶段，在线教育获客率、日活率、市占率均将迎来激增，有望加速触顶甚至打破天花板，迎来行业重构。因此，应积极引导社会资本支持在线教育发展，鼓励互联网龙头企业、数字出版传媒企业、通信企业入局，发挥传统教育机构线上化、纯在线

教育企业的专业优势，整合社会力量参与优质资源供给，举办在线教育机构，开发在线教育资源，提供优质教育服务，构建扶持政策体系。

二是以需求为导向，激发市场主体在低线化城市布局。目前在线教育领域行业集中度偏低，2017 年 CR4 为 6.5%，但领军企业逐步显现，主要聚集在互联网平台企业，行业初步“开采”已经完成。以 BAT 为引领的互联网平台企业本身已具备辛迪加垄断特质，为中小企业入局增加了困难。在线教育的爆发式增长，势必吸引新的资本进入，并在竞争中力争重构格局，从供求两端为企业创造机遇。在此过程中，由于一、二线城市的需求趋于饱和，以及三、四线城市的强烈需求，应鼓励社会资本运用互联网平台便利，创新开拓低线城市的在线教育市场。

三是引导信息化教育安全渗透 K12 教学领域。体验粗糙和效果模糊是在线教育发展核心问题。用户为效果付费是在线教育的基本逻辑。在线教育主打的 B2B2C 等模式，以及人工智能等技术手段，目前主要运用于成人教育。受行业监管等多重因素，在青少年群体内仅完成初期探索。鼓励在线教育发展，应进一步探索“直播 + AI”模式在多个教学领域和阶段的运用。

5. 合理监管，规范信息化、线上化教育的科学有效运用

一是打造规范安全的互联网教育市场。其一，实施“互联网 + 监管”的有益尝试，依托全国校外线上培训管理服务平台开展备案及日常管理工作，为教育行政部门、企业、学生和家长提供便利；其二，对作为新兴产业的教育 APP 实施包容审慎监管，放宽准入许可，加强事中事后监管，在严守底线的前提下为新业态留足发展空间；其三，督导规范线上培训辅导健康发展。杜绝“线下减负、线上增负”，传播有害信息、广告丛生、应试导向等问题，在尊重市场机制前提下，规范付费退费、定价机制，提升服务水平与用户体验。

二是主次分明，坚持人本思想运用信息技术。人工智能等信息技术的运用，应以因材施教、打造以学习者为中心的差异化、个性化、定制化教学方法为出发点，提供均衡优质的教学体验，获得更高的学习效果。技术投入与教师、学生、家长之间的关系，应以人本思想为出发点，其中技术始终作为辅助角色，而非应试教育的工具、推手。结合 2015 年 PISA 测试数据研究表明，学校信息技术资源的投入对学生科学素养成绩的影响并不显著，而学生在校内使用信息技术的程度与其成绩呈显著负相关。因此，教育始终应围绕学习主体，科学合理运用技术手段，应发挥教师、家庭主体的引导作用，而非科技的附庸，使信息技术与教学过程真正有机结合。

（八）以提升教师职业获得感、荣誉感、认同感为重点，加强教师队伍建设

1. 建立高素质、专业化、创新型教师队伍，令教师精心执教

兴国必先强师，全面加强教师队伍建设，已成为我国加快教育现代化、建设教育

强国、实现中华民族伟大复兴的一项重大政治任务和根本性民生工程。

一是注重师德师风培养。其一，严把教师入口关，围绕教师立德树人的根本任务，聚焦师德师风建设，全面提升教师专业素养和创新能力，提升职后教师师德培训的专业化水平。发挥教师在学生树立正确三观，有效引导、正确评价学生等方面的作用；其二，重视对师范院校、师范专业的投入支持力度。深化反思—实践取向的教师专业学习，增进教师的专业智慧和创新潜能；其三，教育以育人为本，打破义务教育重应试、轻培养，高校重科研、轻教学的问题；其四，建立政府、学校、社会多方参与的评价监督体系，形成社会公认的舆论道德评价体系。

二是注重业务能力培养。其一，对教师职前职后课程进行全程规划，构建“学科专业”和“教育专业”并重，“理论课程”和“实践课程”并重的课程体系；其二，逐步提升教师整体学历水平，尤其是学前、职教、特殊教育领域。在职教师深造持续优化；完善教师资格准入制度，健全教师职称评审与考核制度；其三，有效推进“国培计划”，加强教师在职培训的均衡性；其四，探索建立集团牵头校和成员校之间互派干部双向交流、互派教师轮岗交流的制度，探索集团内干部教师培养、培训、评价和考核等机制。发挥集团内优秀干部和骨干教师的示范带头作用，搭建干部教师成长发展平台，促进集团内干部教师专业发展、素质提升；其五，注重教育学领域专业人才的培养，形成人才发展与技术提升的良性循环，鼓励高校毕业生从事教师职业。

三是注重教师结构优化。当前，我国教师结构同样呈现区域、学习阶段的差异，呈现中西部紧缺，乡村紧缺，民办紧缺，学前、特殊、职业教育紧缺，学科分布不均衡的情况。这与教学条件、薪酬待遇、编制保障、社会地位、职业发展等不无关系。其一，各级政府应进一步加大教师队伍结构优化，统筹考虑区域、城乡、校际差异，采取针对性的政策举措，定向发力，实现教职工统筹配置和跨区域调整。对农村、偏远地区、民族地区实行定岗招聘制度和短期轮岗交流制度，建立教师编制动态调配机制，鼓励有经验的教师定点支教。以配套政策助力区域、学制、学段间师资均衡；其二，鼓励引导美术、体育、音乐等专业高校毕业生任教，逐步均衡学科间教师配比严重不均状况。

四是注重国际化视野养成。新时期高素质、专业化、创新型教师队伍，势必需要与国际接轨，积极借鉴国际先进经验，拓宽教师国际视野。通过建立与国外学校的双向交流机制，创办网络平台、空中课堂等形式，丰富教师团队与国际交流的途径。

2. 完善教师待遇和保障，令教师安心任教

一是完善薪酬待遇及社会保障。其一，提升教师工资水平，改善教师工资结构，建立健全教师工资增长机制。建立科学的绩效工资管理机制，适当提高奖励性绩效工资所占比例，按照多劳多得、优劳优酬的绩效奖励激励原则，科学合理核定人员薪酬；

其二，建立健全教师经费保障机制，落实教师福利待遇。加大对贫困地区乡村教师的保障力度，如落实重大疾病救助、周转房建设、改善生活条件等，完善教师社会保障。

二是优化编制，完善编外教师福利待遇。其一，建立科学合理的动态编制体系，建立省市县三级统筹管理的编制调配机制；其二，着力改善民办教育教师身份二元制、编制乱散，同工不同酬，晋升、考评不科学，职称评定困难等问题，完善编外教师薪酬待遇同等化，提升代课教师的任教积极性。

3. 弘扬尊师重教的社会风尚，努力提高教师政治地位、社会地位、职业地位，令教师热心从教

一是注重舆论与社会风尚的养成。建立以政府部门牵头、主流媒体参与、社会多方合力建设的新型尊师重教文化，重振师道尊严。注重舆论评价的专业性、权威性、导向性建设，杜绝炒作、吸睛、不实报道，以及隐含的“五唯”价值观，积极展示教师的真实形象，合理引导公众培养正确认知，树立尊师重教的社会风尚。力争形成优秀人才争相从教、教师人人尽展其才、好教师不断涌现的良好局面。

二是提升教师政治地位、社会地位、职业地位。发掘大师级学者、示范型教师、创新型园丁。建设国家教师荣誉制度，发挥教师表彰对社会心理的辐射、引导和强化作用，让尊师重教逐步成为大众心理结构中稳定的要素，推动教师成为一种充满荣誉感的、受人尊重与崇尚的职业。为各级教师提供在专业领域校内外参政议政的话语机制，形成有效的建言献策机制。

三是建立正确的教师评价体系。教师的考核机制、职称评定机制应打破“五唯论”。对教师水平的整体评价、考核，应结合教学理论与教学实践、教学效果，形成综合客观的评价结果。

（九）以打造良好家庭教育环境为依托，发挥家长在育人树才中的关键影响力

家庭是人生的第一所学校，家长是孩子的第一任老师。人的生命过程中，家庭占据着不可替代的位置。优质的家教与原生家庭，对个人的早期心理发展、观念树立、习惯养成等发挥着至关重要的作用，并直接联系着群体、社会、国家。目前我国家庭教育呈现一定的发展困境，突出表现为缺失型、权威型、暴力型、攀比型和溺爱型。而打造全新教育闭环系统，家庭教育在教育全过程中的重要性不容忽视。

1. 政府层面：完善制度供给与公共服务，将家庭教育纳入公共服务体系

家庭教育是国民教育系统的重要组成部分，是学校教育和社会教育的起点与基石，对家庭成员的发展至关重要。应将家庭教育纳入公共服务体系，形成政府、社会、学校、家庭联动的教育工作体系，为子女的幸福人生奠基。

具体而言，一是需加快启动家庭教育立法研究与家校共育共治机制实践试点。明

确政府主导下多部门、多方面共同参与的联动机制，针对监护人履行监护培育义务、规范家庭教育服务机构、家庭教育培训机制、正确处理“校闹”等应予以法律完善。

二是以建设基本公共服务体系为着眼点，细化家庭教育领域专项经费支持与经费预算。加大家庭教育指导工作经费投入，通过家委会、家长学校、家长课堂、购买服务等形式，统筹完善多方联动的家庭教育体系。

三是注重亲职教育，提升家庭教育科学性。完善家庭教育指导体系，改变或加强家长的教育观念，如通过专业团队研发指导手册、举办培训宣讲等，提升父母抚养和教育子女的知识技能。尤其要根据儿童发展的不同阶段，予以细化分类。

四是形成自上而下、多部门、多方面有效协同的治理体系。教育部、妇联等部门要统筹权责，协调社会资源支持服务家庭教育。全社会要担负起青少年成长成才的责任。各级党委和政府要为学校办学安全托底，解决学校后顾之忧，维护老师和学校应有的尊严，保护学生生命安全。

2. 社会层面：多元手段与方式，满足家长、家庭各类教育需求

家是最小国，国有千万家。社会作为无数小家庭构成的“大家庭”，无数家长的“大家长”，担负着提供家庭教育资源的重任。社会为教育提供平台与依托，其本身就是“大课堂”“大舞台”“大熔炉”。一方面，家庭教育的软件设施有待提升，社会层面可通过树立楷模，加强宣导，充实培训，完善社区教育体系、社区活动等多种举措，提升家长家庭教育观念，增长家庭教育常识、传授家庭教育方法；另一方面，社会层面需完善文化教育设施建设，提升家庭教育硬件设施供给水平，促进亲子陪伴，家教家风树立拥有较好的场景启发。

3. 学校层面：注重家校合作，将家庭作为学校教育的基石与延伸

家校合作是指家庭和学校互为主体，在教育孩子的过程中，团结协作，行使共同的权利和履行同等的义务，各自发挥优势，并联合社会力量，形成协同一致的合力，整合各种资源，共同育人①。学校教育是主渠道、主阵地、主课堂，应发挥专业性作用；家庭教育是基础与基本，应发挥延续性，恒常性作用。家校合作过程中，学校层面应着力提升家长的重教观念，做好家校衔接，创新探索家委会、家长会、家访等有效沟通交流手段，共享家庭教育的信息，凝聚家校互助的力量。尊重人的禀赋差异，因材施教，实现个人自由、全面发展，全方位走进子女，为孩子设立适合的发展方向与通道，缓解教育焦虑。

4. 家庭层面：打造良好原生态家庭，树立良好家风

教育技巧的全部奥秘在于爱护与陪伴。家长、家庭对个体成长的影响贯穿生命始

---

① 陈中梅：《家校合作是现代教育的必然选择——城区小学家校协同教育实践探索》，载《教育学术月刊》，2018 年第 6 期。

终。家庭教育的本质是生活教育。家长对子女的教育过程中，一是相互走进，树立平等双向的家庭教育观。注重营造温馨幸福、积极健康、民主和谐的家庭氛围，学会换位与共情。合理运用家长的权威，接受子女的知识反哺；二是共同成长，言传身教。充实教育学和心理学相关知识，了解子女的身心发展特点，注重儿童早期性格、人格奠基，抓住关键期进行教育；三是涵养家庭，树立雅正家风。优化家庭精神环境，运用家风这一无声的力量，滋养孩子生命的底色。需注意，虽然在当代子女教育的全过程中，祖辈参与发挥了重要作用，但父母永远是养育孩子的第一责任人，父亲与母亲的角色缺一不可。

（十）以开放育人的国际化教育格局为着力点，践行构建人类命运共同体

教育能够实现更为安全、健康、繁荣、环保的世界，促进社会、经济、文化发展，促进宽容及国际合作。一国总体教育水平，决定了其分享全球发展成果，以教育为主要内容的人文交流，是中国外交的重要舞台和推进文明交流互鉴的深厚力量。我国已是当今全球最大的留学输出国，亚洲最大的留学输入国。文化的交流与输出，文明的互鉴互赏，相知相通，需要教育传播。教育的“三个面向”是我国始终坚持的道路，打造教育强国，应持续加强教育对外开放和中外人文交流，积极参与全球教育治理，共商共建共享和谐世界。

1. 强化治理能力，推进教育对外开放提质增效

一是完善开放育人政策制定，助力开放育人提质增效。以放眼世界的视域，结合国家发展局势，及时调整政策，完善标准。着力提升开放育人的质量、水平、效益。政策向培养国际组织人才、非通用语言人才、稀缺专业人才等方向倾斜。

二是做好教育开放“走出去”“引进来”综合统筹。这其中不仅包括人员的流动，更是文化的流通。不仅要重视“师夷长技”，也要力争获得世界更大范围的广泛认同，打造命运共同体。

三是推进中外高级别人文交流机制建设。全面提升国际交流合作水平，推动我国同其他国家学历学位互认、标准互通、经验互鉴。把扩大教育国际合作交流作为推进“双一流”建设的重要抓手。

2. “走出去”，开创教育对外开放新格局

一是完善境外办学体制，推动中外合作办学。其一，统筹协调外交、商务、文化、教育等部门力量，调动社会积极性，鼓励多渠道开展境外办学、中外合作办学，完善办学准入和退出机制，提升中外办学教学质量；其二，加强教育供给侧改革，建设结构合理的教育输出。通盘考虑基础教育、高等教育、职业教育的境外需求，外国生源、华人华侨生源的学习需求，以及先进应用技术、中国经验在输入国的借鉴需求，科学

谋划、系统输出教育服务。拓展人文交流领域，加快建设中国特色海外国际学校。鼓励有条件的职业院校在海外建设“鲁班工坊”；其三，融入当地文化，避免“水土不服”。从人文视角结合当地实际开设切实需要的专业。

二是提高国际化人才培养质量，开创留学工作新格局。其一，创设良好留学政策环境。围绕“支持留学、鼓励回国、来去自由、发挥作用”的方针，完善留学生回国创业就业政策，使留学人员学有所长，学有所用，树立报国之心；其二，将留学工作作为促进中外人文交流、国际交流合作的重要抓手，推进开放思维、互利意识，打造人类命运共同体；其三，加快培养高层次国际化人才，服务国家人才战略，聚焦前沿，培养尖端人才。选派优秀青年至世界高水平大学、科研机构、大型企业深造研习，培养高精尖稀缺人才，培养报效祖国的家国情怀，服务创新驱动的战略布局。

3. “引进来”，开创人才引进新局面

一是统筹推进来华留学生和优秀人才引入政策。实施更为开放的人才政策，不拘一格，不唯地域，突出“高精尖缺”导向，积极主动引入国外高端人才。实施留学中国计划，建立并完善来华留学教育质量保障机制，全面提升来华留学质量。配以适当的往来、居住、移民优惠政策。通过来华留学、来华任教、来华创业，加快培育信息化、产业化的国际人才服务市场体系，助力人才强国战略。

二是创造留学归国人员有利的就业环境。人尽其才，推进“千人计划”“万人计划”，吸引吸纳留学人员归国，学有所成，建设祖国。

三是建设与国际接轨的人才招聘方式。引入国际先进的人才分析评价机制，搭建海外人才数据库、人才信息服务平台。发挥重大工程聚才作用，全球化布局产业孵化基地、科研基地，使外国人才、留学人员在海外也可支援国家建设。

4. 以文化促交流，提升软实力，打造命运共同体

一是扎实推进“一带一路”教育行动。加强与共建“一带一路”国家教育合作，建设“一带一路”教育资源信息服务综合平台，建立国际科教合作交流平台，实施高等学校科技创新服务“一带一路”倡议行动计划。深化与共建“一带一路”国家人文交流，创建“一带一路”合作交流国际组织，与节点省份签署共建国际合作备忘录。实施“丝绸之路”留学、师资培训、人才联合培养等推进计划，扩大“一带一路”沿线国家签署学位学历互认。

二是促进孔子学院和孔子课堂特色发展。其一，发挥教育人文交流的桥梁和先导作用，创新孔子学院办学模式和合作机制，优化孔子学院区域布局，加强孔子学院能力建设。拓宽办学模式，结合当地社会发展和市场需要，实现孔子学院的区域化和功能化发展；其二，打造一批高端特色的孔子学院，输出国学、国粹、汉语文化，促进民心相通，交流互鉴，讲述好中国故事，传播好中国声音，阐释好中国特色，提升中

国文化软实力，开启中华文化传播的新模式。

三是加强民间文化交流，加大汉语国际教育工作力度。注重汉语语言文字及汉文化输出，加大汉语国际教育工作力度。体现“四个自信”，扩大国际对中华文化、中国模式、中国道路的理解认同。培养非通用语言人才，培育知华、友华，致力于中外友好事业的人才。大力支持中外民间交流，尤其是中外体育、艺术等人文交流。

四是注重国际化智库建设。深化国际合作和人文交流，以开放推动教育现代化，增强国际影响力，注重国际化教育智库建设，为中国教育国际化提供系统理论支撑。

5. 积极引入国际评价体系，积极参与全球教育治理

一是加强与联合国教科文组织等国际组织和多边组织的合作。积极参与全球教育治理，深度参与国际教育规则、标准、评价体系的研究制定，积极融入、参与国际教育测评项目。推进与国际组织及专业机构的教育交流合作。健全对外教育援助机制。

二是对标国际先进教育国家优质教学经验、培育方法、教育发展指标。及时优化调整本土教学质量，提升全民国际素养，与国际接轨，积极参与国际对话。

医疗篇

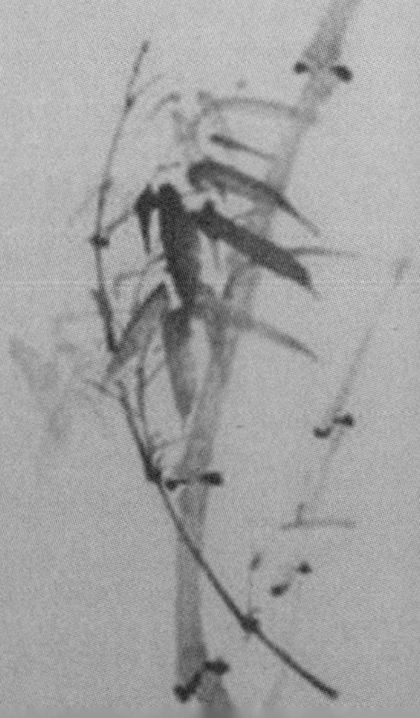

内容提要

党的十九大报告指出，“永远把人民对美好生活的向往作为奋斗目标，增进民生福祉是发展的根本目的”“在幼有所育、学有所教、劳有所得、病有所医、老有所养、住有所居、弱有所扶上不断取得新进展”。医疗卫生事业直接关系到人民的健康福祉，是满足人民对美好生活向往的最基础前提。当前，我国医疗卫生体制机制改革已涉入“深水区”，广大人民群众“看病难、看病贵”的问题依然较为突出，新冠肺炎疫情暴露出的公共卫生短板引发广大民众对现行医疗卫生体制机制弊端的广泛关注。

本篇基于“需求导向”“问题导向”，从医疗卫生体制机制改革的政策背景、存在不足、时代发展需要三方面入手，通过回顾我国医疗卫生体制机制改革的发展历程，分析美国、英国、德国、丹麦、日本、韩国、新加坡、中国香港、中国台湾等国家和地区，以及我国福建省三明市、江苏省宿迁市等地方政府推进医疗卫生体制机制改革的经验与启示，结合我国医疗卫生市场巨大的需求空间，研究提出我国医疗卫生体制机制改革“政府市场双到位、公立民营双发展、中医西医双融合、公平效率双兼顾、医生患者双满意”的战略愿景和短中长期发展目标，并从完善顶层设计、加大财政投入、加快公立医院体系改革、加快对内对外开放、推广数字化互联网医疗、加强医务人员权益保障、设立医疗消费者权益保护局、强化国际合作等方面提出政策建议。

一、迈向2049年的中国亟待加快医疗卫生体制机制改革

自党的十五大首次提出“两个一百年”奋斗目标，到党的十九大清晰擘画全面建成社会主义现代化强国的时间表、路线图，医疗卫生体制机制改革始终是全面建成小康社会，建设富强、民主、文明、和谐、美丽的社会主义现代化国家的重要内容和关键组成部分。当前，我国医疗卫生体制机制改革已步入“深水区”，面临医疗卫生法律法规有待健全、公共卫生服务短板有待补齐、分级诊疗体系有待重塑、现代医院管理制度有待完善、民营医疗机构经营环境有待优化、药品供应保障体系有待改进、多层次全面医保体系有待建立、“互联网+医疗健康”应用有待推广等诸多深层次问题，推动医疗卫生体制机制改革刻不容缓。

2019年，我国人均GDP超过1万美元，经济中高速增长为建立高质量医疗体系奠定坚实基础，消费结构升级为建立高质量医疗体系创造广阔空间，医疗卫生服务行业发展为经济增长方式转变提供充足动能，科学技术创新为建立高质量医疗体系提供有

力支撑，建立高质量的医疗体系成为实现经济发展惠及广大群众的当务之急。

二、我国医疗卫生体制机制改革的发展历程

回顾我国医疗卫生体制机制改革的发展历程，在新中国成立前，我国医疗卫生体系经历了长期低水平发展。在1840年以前，权贵阶层垄断医疗资源，民间郎中成为百姓就医的主要渠道；1840—1948年，近代西方医疗体系由传教士全面带入中国，为我国近代医学的发展起到了积极作用。

新中国成立以来，我国医疗卫生体制机制改革取得了较为突出的成就，主要经历了计划经济时期医疗卫生体制的建设阶段，改革开放后医疗卫生体制的市场化探索和推广阶段，以及医疗改革的公益性回归、新医改启动阶段。在1949—1977年的计划经济时期医疗卫生体制的建设阶段，确立了政府的主导投入地位，较好地实现了公平性，在城市和农村实现了低水平、广覆盖的医疗保障体制，保证了福利为核心的医疗卫生政策的高效制定和实施，但也面临整体发展水平不高、效率低下、医疗费用上涨过快、国家财政负担较大等问题；在1978—2003年的医疗卫生体制市场化探索和推广阶段，医疗卫生政策刺激了医院创收，医疗卫生服务的数量和质量大大提高，一定程度地解决了当时存在的医院微观效率低下、服务供给不足的问题，财政支出负担过重的问题得到了明显改观，但同时也影响了医疗机构公益性的发挥，医疗卫生资源配置不合理问题逐步凸显，百姓看病难、看病贵的问题日益显现；2003—2008年，医疗改革的决策方向逐渐回归到公益性的轨道上来，实现医疗保障的全面覆盖和相对公平成为医疗卫生决策的主要考量方向；2009年以来，新医改启动，带来了积极的变化，但新医改仍然具有继续完善的空间，需要进一步深化体制机制改革。

三、医疗卫生体制机制改革的国际经验借鉴与启示

从全球改革经验看，医疗卫生体制机制改革是世界性难题，全球各主要国家和地区均积极探索在力所能及的范围内，为民众提供与经济发展水平相适应的医疗保障。不同国家和地区的医疗卫生体制发展模式各不相同，有自身较为突出的优势，也面临着不同的问题。

美国是所有发达国家中唯一一个没有实现全民医疗保险的国家，建立了高度市场化的商业医疗保险体系，其医疗水平在全球领先，但高昂的医疗服务费用也备受诟病；英国坚持公平普惠的国家卫生服务体系，是全球历史最悠久、最健全的国家卫生体系，真正实现了对全体英国国民“从襁褓到坟墓”的免费医疗服务全覆盖，然而，在追求高福利水平与公平性的同时，也以政府的巨大财政压力和低效率为代价；德国的医疗卫生服务体系比较完善，近些年来仍然一直在不断推行各项改革，改革的基本目标包

括减少政府财政支出、强化医疗卫生服务提供者的竞争、提高医疗服务质量与效率、减少医疗服务的不平等性等方面；丹麦与英国类似，实施全民免费医疗保险制度，居民有权免费到指定医疗机构就医，也同样面临患者平均候诊时间过长、医疗保险水平过高带来国民高税率以及国家财政负担加剧等问题；日本积极通过控制医疗费用以提升医疗绩效，伴随着老龄化和医疗技术的进步，到20世纪90年代末，医疗费用每年迅速增加，加之在经济泡沫破灭之后，财政状况持续恶化，为此日本政府进行了多次带有浓厚财政对策色彩的医疗制度改革；韩国强制性医疗保险计划覆盖全民，国民已能够真正享受到平等医疗服务，具备完善、总体覆盖面广的优势，但仍不可忽视该体制下医保水平较低、民众医疗费用负担过重等问题；新加坡的医疗卫生体制明确“个人负责”为主、“政府补助”为辅的责任定位，建立起兼顾公平和效率的医疗保障体系，私立医院给予医生的竞争性报酬迅速上升，为留住经验丰富的医护人员，公立医院提高了相关津贴，也因此面临繁重的财政压力；中国香港以公立医疗为主，私立医疗为辅的二元医疗体系，形成了政府为主导的筹资体系，但卫生总费用持续增长给香港政府带来巨大压力，同时，全民保障式的医疗服务必然伴随着医疗服务的供给短缺和效率低下；中国台湾的全民健康保险以低保费、公平和适宜的医疗品质著称，被认为是全球医疗保障制度中较为成功的范例之一，但也存在健保资金财务状况不佳、健保药费负担沉重、医疗资源过度使用、对低收入群体而言门槛较高等问题。

从国际经验看，不同国家和地区面临的问题和挑战有诸多相似之处，通过借鉴吸取其经验、教训，可为我国医疗卫生体制机制改革提供有益参考。需要注意的是，医疗卫生体制机制改革需要综合考虑本国经济社会发展水平、医疗卫生资源条件、政治制度、文化等基本国情，我国不能直接照搬其他国家和地区的医疗卫生体制机制，而是需要结合现实国情和主要矛盾，因地制宜地进行改革，并渐进式地制定出符合我国实际情况的战略愿景、发展目标以及改革方案。

四、我国部分地方政府推进医疗卫生体制机制改革正反两方面的经验教训

从国内改革经验看，福建省三明市以公立医院回归公益性、医生回归看病角色、药品回归治病功能为导向，以“建机制、堵浪费、调结构、增效益”为总体思路，实施“三医联动”，整体推进市县22家公立医院综合改革。通过改革，适当控制了医药费用增长过快势头，抑制了过度扩张和对基层人才、病人“双虹吸”效应，得到了中央领导、国家有关部委的高度认可。三明市的“三医联动”“一盘棋”推进改革，是改革成功的关键，也正是三明医改难能可贵的地方，值得全国推广和学习借鉴。江苏省宿迁市医改的重点是政府退出医疗服务市场，由“办医院”转向“管医院”。同时，建立社会投资机制、鼓励市场竞争机制、引入企业经营机制。医疗机构在改革中不断

引进社会资本、加大投入。在宿迁民营医院规模不断扩张、服务量及份额不断提高，人员总量不断扩大的背后，管理理念落后、医疗服务水平不高、高级医疗人才匮乏及优质医疗资源短缺等问题越来越突出，没有从根本上解决患者看病贵的问题。

五、我国医疗卫生市场需求空间分析

从世界主要经济体比较角度分析，我国医疗卫生市场有较大需求空间；从我国省级区域比较角度分析，中西部医疗卫生市场有较大增长潜力；从人口结构、居民收入、城镇化水平角度分析，放开计划生育、老龄化将推动医疗卫生需求高速增长。

本篇利用我国1978—2018年的统计数据，通过构建经济模型，定量回归研究人口老龄化、儿童人口增加、居民收入提高、城镇化水平提高对医疗费用支出的影响，并结合对2020—2050年全国卫生费用支出总额数据的预测，以此来测算未来医疗卫生市场需求空间。研究表明，2020—2050年全国卫生费用支出规模将不断提升，医疗卫生市场需求明显扩大。预计到2030年，我国医疗卫生市场需求将达到15万亿元，2040年达到29万亿元，2050年达到37万亿元。

六、我国医疗卫生体制机制改革的战略愿景及发展目标

根据上述研究，我们建议，我国医疗卫生体制机制改革的战略愿景可确定为：政府市场双到位、公立民营双发展、中医西医双融合、公平效率双兼顾、医生患者双满意。

短期目标：到2025年，主要健康指标进入中高收入国家行列，人均预期寿命达到78.0岁，每千常住人口执业（助理）医师数达到2.8人；加快推进“管办分开”“政事分开”；公立医疗机构在公平可及性、就医便利性方面全面改善，民营医疗机构进一步发展；医生患者双方满意度均得到提升，医患关系得以缓解。

中期目标：到2030年，主要健康指标进入高收入国家行列，人均预期寿命达到79.0岁，每千常住人口执业（助理）医师数达到3.0人；政府与市场边界基本明确；以社区为基础的“正三角”公立医疗服务体系①基本建立，民营医疗机构经营环境大幅改善；医患纠纷大幅下降。

长期目标：到2049年，主要健康指标进入中等发达国家行列；人均预期寿命达到81.0岁，每千常住人口执业（助理）医师数达到3.3人；政府与市场有机融合、各司其职；形成公立医院、民营医院协同发展的多层次供给体系；全面实现和谐医患关系。

---

① “正三角”医疗服务体系指优质医疗资源、病人向社区等医疗机构下沉而形成的医疗服务体系。

七、政策建议

医疗卫生体制机制改革是较为复杂的系统工程，涉及卫生、医疗、药品、社会保障等多个领域，需要打破利益固化的藩篱，形成新的利益平衡。需要阶梯式进行公共卫生服务体系、医疗服务体系、医疗保障体系和药品供应保障体系“四位一体”的联动改革。

一是以理顺政府市场关系为核心，完善顶层设计并统筹推动医改政策落地。具体包括推动并完善立法，为医疗卫生体制机制改革提供法制保障；提升疾控中心（CDC）管理层级并强化其权责，提升突发公共卫生事件应急管理能力，补齐公共卫生管理短板，形成“防治并重”的发展模式；转变政府职能，建立公平、高效的医疗服务体系；推动药品生产流通领域供给侧改革，完善药品供应保障体系；多措并举，加快实现“全覆盖、保基本、多层次、可持续”的医保体系。

二是以民众共享经济发展成果为导向，各级政府逐步加大医疗卫生财政投入。包括高度重视“社会性基础设施”① 建设，提升医疗卫生财政支出占比；实现政府监督和体制改革相结合，确保财政投入带动效应；充分发挥补短板、调结构、降费用功能，推动财政资金的合理利用。

三是以加强覆盖城乡、全民的公立医疗体系建设为重点，着力改革管理体制机制。包括推进医疗资源在区域、城乡和层级优化配置，完善分级诊疗体系；推动公立医院管理体制改革；完善现代公立医院绩效考核、患者服务、预算管理、成本核算等制度机制，逐步推行公立医院编制备案制。

四是以加快对内对外开放为抓手，促进多元化、高质量、高效率的供需匹配。一方面，加快对内开放，推进非基本医疗卫生服务领域充分引入社会资本，为民营医院发展创造良好环境，促进民营医院可持续健康发展；另一方面，加快对外开放，持续完善外资医疗机构准入制度，稳步加大外资医疗机构服务供给。

五是以提升医疗服务覆盖率和便利性为目标，积极布局数字化互联网医疗。包括完善数字化服务流程，提升民众就医便利性；推进“互联网+”在线诊疗，拓展医疗服务空间和内涵；推进医疗服务的数字化技术改进，提高服务质量和效率。

六是以提高医务人员职业获得感为关键，切实保障医务人员合法权益。包括完善考核和薪酬分配机制，推进医务人员收入合法化、合理化、阳光化；加强权益保障与宣传引导，提高医务人员职业尊严。

七是以提升患者满意度为宗旨，设立医疗卫生消费者权益保护局。在各级卫健委

① 社会性基础设施主要包括教育、科技、医疗卫生、体育、文化等社会事业。

内部设立医疗卫生消费者权益保护局，致力于健全完善医疗卫生领域的消费权益保护机制和保护措施，组织受理、调查和调解医疗卫生消费投诉，开展监督检查、教育、咨询等工作，多管齐下缓解医患矛盾。

八是以强化医疗卫生领域国际合作为着力点，践行构建人类命运共同体。包括完善重大公共卫生事件应对的国际合作机制，共同维护世界公共卫生安全；从国家、医疗卫生主管部门、社会组织、医疗机构等多个层面，开展常态化的机构与人才交流；强化医药创新研发国际合作；推动中医药产业现代化进程，并从人才培养、理论研究、临床应用等方面，持续推动中西医融合发展。

政府市场双到位　公立民营双发展
医生患者双满意

——迈向2049的我国医疗卫生体制机制改革战略研究

医疗卫生事业直接关系到人民的健康福祉，是满足人民对美好生活向往的最基础前提。“要体现一个社会的善良，各级医院就是其面孔；要体现一个社会的良知，让人民群众病有所医、及时善治，就是其镜子”①。新中国成立以来，历届政府高度重视医疗卫生体制机制改革工作，取得了较为突出的成就。党的十九大报告指出，“永远把人民对美好生活的向往作为奋斗目标，增进民生福祉是发展的根本目的。必须多谋民生之利、多解民生之忧，在发展中补齐民生短板、促进社会公平正义，在幼有所育、学有所教、劳有所得、病有所医、老有所养、住有所居、弱有所扶上不断取得新进展”。当前，我国医改工作已涉入“深水区”，广大人民群众“看病贵、看病难”的问题依然较为突出，新冠肺炎疫情暴露出的公共卫生短板引发广大民众对现行医疗卫生体制机制弊端的广泛关注。如何补齐公共卫生服务短板、破解医疗运行机制不完善、药品价格虚高、医保体系不够健全等突出问题，已成医疗卫生体制机制改革的当务之急。

本篇运用“长周期+广视野+定量分析”方法论，坚持问题导向和目标导向，系统分析了我国当前医疗卫生体制机制改革面临的深层次问题，分阶段梳理了我国医疗卫生体制机制改革的历史沿革，并在借鉴和吸收国内外医疗卫生体制机制改革的经验和教训的基础上，形成我国医疗卫生体制机制改革的战略愿景、发展目标及政策建议。

一、迈向2049年的中国亟待加快医疗卫生体制机制改革

（一）党的十九大报告提出永远把人民对美好生活的向往作为奋斗目标，加快医疗卫生体制机制改革势在必行

1. 中央高度重视医疗卫生体制机制改革

党的十九大报告指出，“永远把人民对美好生活的向往作为奋斗目标，增进民生

① 引用自秦朔所著《春节，这一课》，新浪财经.http：//finance.sina.com.cn/zl/china/2020-02-02/zl-iimxyqvy9760588.shtml。

福祉是发展的根本目的。必须多谋民生之利、多解民生之忧，在发展中补齐民生短板、促进社会公平正义，在幼有所育、学有所教、劳有所得、病有所医、老有所养、住有所居、弱有所扶上不断取得新进展”。医疗卫生事业直接关系到人民的健康福祉，是满足人民对美好生活向往的最基础前提。党的十九大报告强调要“深化医药卫生体制改革，全面建立中国特色基本医疗卫生制度、医疗保障制度和优质高效的医疗卫生服务体系，健全现代医院管理制度。加强基层医疗卫生服务体系和全科医生队伍建设。全面取消‘以药养医’，健全药品供应保障制度。支持社会办医，发展健康产业”。

国家“十三五”发展规划指出，“深化医药卫生体制改革，坚持预防为主的方针，建立健全基本医疗卫生制度，实现人人享有基本医疗卫生服务，推广全民健身，提高人民健康水平”。强调要“实行医疗、医保、医药联动，推进医药分开，建立健全覆盖城乡居民的基本医疗卫生制度。全面推进公立医院综合改革，坚持公益属性，破除逐利机制，逐步取消药品加成，完善公立医院补偿机制。建立现代医院管理制度，落实公立医院独立法人地位。完善基本药物制度，健全药品供应保障机制。鼓励研究和创制新药，将已上市创新药和通过一致性评价的药品优先列入医保目录。鼓励社会力量兴办健康服务业，推进非营利性民营医院和公立医院同等待遇”。

2019 年政府工作报告指出，“继续提高城乡居民基本医保和大病保险保障水平，加强重大疾病防治。抓紧落实和完善跨省异地就医直接结算政策。深化公立医院综合改革。促进社会办医。加快建立远程医疗服务体系，加强基层医护人员培养，提升分级诊疗和家庭医生签约服务质量”。

2. 国家发布多项“健康中国”的远景规划

2016 年 10 月，中共中央、国务院印发《“健康中国 2030”规划纲要》。文件指出，要“加快建立更加成熟定型的基本医疗卫生制度，维护公共医疗卫生的公益性，有效控制医药费用不合理增长，不断解决群众看病就医问题。推进政事分开、管办分开，理顺公立医疗卫生机构与政府的关系，建立现代公立医院管理制度。清晰划分中央和地方以及地方各级政府医药卫生管理事权，实施属地化和全行业管理。推进军队医院参加城市公立医院改革、纳入国家分级诊疗体系工作。健全卫生计生全行业综合监管体系”。

2016 年 12 月，国务院印发《“十三五”深化医药卫生体制改革规划》，指出要“全力推进卫生与健康领域理论创新、制度创新、管理创新、技术创新，加快建立符合国情的基本医疗卫生制度，实现发展方式由以治病为中心向以健康为中心转变，推进医药卫生治理体系和治理能力现代化。到 2020 年，普遍建立比较完善的公共卫生服务体系和医疗服务体系、比较健全的医疗保障体系、比较规范的药品供应保障体系和综合监管体系、比较科学的医疗卫生机构管理体制和运行机制”。

2019 年 6 月，国家卫生健康委制定了《健康中国行动（2019—2030 年）》，围绕疾病预防和健康促进两大核心，提出将开展15个重大专项行动，促进以治病为中心向以人民健康为中心转变，努力使群众不生病、少生病。规划到2022年，覆盖经济社会各相关领域的健康促进政策体系基本建立，全民健康素养水平稳步提高。到2030年，居民主要健康指标水平进入高收入国家行列，健康公平基本实现。

3. 医疗卫生体制机制改革是实现“两个一百年”奋斗目标的重要基础

自党的十五大首次提出“两个一百年”奋斗目标，到党的十九大清晰擘画全面建成社会主义现代化强国的时间表、路线图。医疗卫生体制机制改革始终是全面建成小康社会，建设富强、民主、文明、和谐、美丽的社会主义现代化国家的重要内容和关键组成部分。2020年是我国全面建成小康社会的决胜时期，也是建立健全基本医疗卫生制度、推进健康中国建设的关键时期。当前，人民生活水平不断提高，健康需求日益增长，但我国卫生资源总量不足、结构不合理、分布不均衡、供给主体相对单一、基层服务能力薄弱等问题仍比较突出，维护和促进人民健康的制度体系仍需不断完善。特别是随着医改进入攻坚期和深水区，深层次体制机制矛盾的制约作用日益凸显，利益格局调整更加复杂，改革的整体性、系统性和协同性明显增强，任务更为艰巨。

此外，我国经济发展进入新常态，工业化、城镇化、人口老龄化进程加快，以及疾病谱变化、生态环境和生活方式变化、医药技术创新等，都对深化医改提出了更高要求。面对新的形势和挑战，唯有推动医改由打好基础转向提升质量、由形成框架转向制度建设、由单项突破转向系统集成和综合推进，用中国式办法破解医改这个世界性难题，为保障人民健康、促进经济社会发展增添新动力，助力全面建成小康社会。

（二）居民“看病难、看病贵”仍然突出，公共卫生服务存在明显短板，医患矛盾愈演愈烈，推动医疗卫生体制机制改革刻不容缓

1. 医疗卫生法律法规有待健全

健全医疗卫生法律体系，加快转变政府职能，完善与医疗卫生事业发展相适应的监管模式，提高综合监管效率和水平，推进监管法制化和规范化，是推进医疗卫生体制机制改革的重要保障。但当前，医疗卫生法律法规和制度建设仍有待健全。一是中医药法规、医保基金监管等方面的法律法规短板仍需补齐；二是医疗卫生领域“放管服”改革迟滞，尚未建立行政事项审批的清单制度，医疗卫生领域行政审批制度仍需优化；三是多元化的监管体系未形成合力，尚未形成政府监管主导、第三方广泛参与、医疗卫生机构自我管理和社会监督为补充的多元化监管体系；四是在属地管理中，基层监管机构的规范化建设和能力建设不足，对执法人员“双随机”抽查、违法违纪“黑名单”等制度执行不严格。

2. 公共卫生服务短板有待补齐

公共卫生服务事业包括疾病预防、传染病控制、妇幼保健、精神病防治等，各地

成立如疾病预防控制中心（CDC）、妇幼保健中心、传染病防治站所、精神卫生中心等机构，以各级政府的财政及中央专项经费等来保障。公共卫生服务事业是促进基本公共卫生服务逐步均等化的重要内容，是深化医疗卫生体制机制改革的重要工作。然而，长期以来受各级政府“重医轻防”理念所影响，对公共卫生管理重视程度不足，2019 年年底新冠肺炎疫情的爆发，更是暴露了我国在公共卫生服务体系的诸多短板。

（1）忽略公共卫生的基础性地位。首先，长期以来，我国各级政府对于不产生收益的公共卫生服务财政投入不足，导致公共卫生系统基层网络薄弱，公共卫生系统在技术、设备、人才资源等各方面较为落后，基层疾病预防控制中心、妇幼保健中心、传染病防治站所、精神卫生中心等机构以提供公益性服务为主，未能充分发挥疾病防控作用；其次，我国科研机构针对公共卫生的导向性研究不足，缺乏对重大传染病发现、防控、治疗的长效研究机制，部分研究成果不能对传染病的快速有效防控起到关键技术支撑作用；最后，我国对野生动物售卖监管乏力，在食品安全、环境卫生、生态文明建设存有一定缺陷。

（2）公共卫生管理专业性缺乏、运行效率低下。首先，我国地方政府干部队伍在经济建设方面履历丰富，但对公共卫生管理知识储备不足、危机意识不强、防控意识不够，极易造成重大决策失误，错过治理窗口期；其次，我国卫生行政部门及下属事业单位、高校和研究机构有大量的公共卫生管理专业人员，但当前体制下，专业技术人员的工作和政府的行政管理分离，专业团队与相关政府部门的沟通协调机制不够顺畅，导致智囊团的作用未能及时发挥，在疫情早期防控决策过程中未起到关键助力作用；最后，我国各地医疗机构网络直报工作队伍专业知识参差不齐，识别和应对重大突发传染病能力不足，甚至还存在少数医疗机构缺乏专门从事传染病网络直报工作人员。基层疾病预防控制中心、妇幼保健中心激励机制不够，优秀人才长期不足。

（3）突发公共卫生事件信息披露机制不健全。一方面，我国突发公共卫生事件信息披露法律法规有待完善，2003 年“非典”疫情后，我国针对突发公共卫生事件管理出台《中华人民共和国突发事件应对法》《中华人民共和国传染病防治法》《突发公共卫生事件应急条例》《中华人民共和国政府信息公开条例》等，建立了我国突发公共卫生事件信息披露制度，但法律法规仍存有一定缺陷。如《突发事件应对法》中规定政府统一、及时发布突发事件发展和处置过程中的信息，“统一”二字为政府垄断突发公共卫生事件信息留下隐患，限制了新闻媒体独立、及时、准确报道突发公共卫生事件；另一方面，当前部分地方政府信息公开意识较为淡薄，出于维持稳定、避免引起社会恐慌等目的，习惯性抵制和阻碍信息披露工作，相关法律法规对信息披露问责制度缺乏定量描述，也导致地方政府对相关信息披露重视程度不足。

（4）突发公共卫生事件应急管理能力欠缺。首先，由于长期未发生大规模突发公共卫生事件，地方政府、医疗机构缺乏医疗防护物资储备意识，各地医疗战略物资储备普遍不足，部分医院甚至储备量为零；其次，相关部门对突发公共卫生事件应急预案准备不充分，未能在第一时间高效地开展医疗资源调配、应急场所征用等工作，应急管理效率亟待提升；最后，突发公共卫生事件舆情管理有待优化，“封、堵、防”为核心的舆情治理理念产生了一定的负面影响。

3. 分级诊疗体系有待重塑

分级诊疗制度是优化和完善医疗卫生服务体系的重要举措。但在实践过程中，“基层首诊、双向转诊、急慢分治、上下联动”体系运行存在着诸多问题。一是分级诊疗制度功能设计不完善。居民基层首诊意向低，对基层医疗机构的信任度不够。基层向上级医院转诊有优势，上级向下级转诊实现度极低。急慢分治没有明确的轻重缓急标准和界定主体；二是资源配置结构不合理，基层卫生服务人员和资源不足、服务能力有限，三级医院就医人员却人满为患；三是医疗信息碎片化、存在盲区。各级医院信息系统相对独立，一体化平台建设严重滞后，患者医疗信息严重脱节；四是“三医联动”机制不健全。医疗、医保、医药“三医联动”是推进分级诊疗的关键路径，但是我国医疗卫生领域的人事编制、绩效考核、收入分配、法人治理等深层次体制机制改革单兵突进，缺乏部门之间的协同合作，尤其是医保支付方式改革、医药购销领域秩序规范落后于医疗卫生服务体系改革进度，严重制约了分级诊疗制度的整体推进。

4. 现代医院管理制度有待完善

自2017年改革以来，当前我国医院管理制度与具有中国特色的权责清晰、管理科学、治理完善、运行高效、监督有力的现代医院管理制度目标仍有较大差距。一是在公立医院管理体制方面，医院和政府关系不清、政事不分、管办不离。取消公立医院行政级别事项推进缓慢，对医院人事编制、科室设定、岗位聘任、收入分配等的管理干涉过度。公立医院法人治理机制不健全，公立医院全面预算管理制度、成本核算制度、财务报告制度、总会计师制度、第三方审计制度和信息公开制度有待加速；二是医院的运行机制方面，在取消药品加成的过程中，调整医疗服务价格、加大政府投入、改革支付方式、降低医院运行成本等配套的补偿机制未能有效落地。在诊疗、手术、康复、护理、中医等体现医务人员技术劳务价值的项目上，价格和价值不匹配。对于特需医疗服务和其他市场竞争比较充分、个性化需求比较强的医疗服务价格有待放开；三是医院编制方面，公立医院编制管理方式改革、实行备案制、完善编制管理办法等有待突破。对于各级医疗机构引进高端人才和短缺人才的管控过严。

5. 民营医疗机构经营环境有待优化

一是医疗机构缺乏公平的竞争环境。与公立医院相比，民营医院难以享受同等待遇，多数未取得医保定点资格、税收压力大、人才吸引能力弱、贷款融资难度大。近年来，党中央、国务院高度重视社会办医的健康发展，陆续出台相关政策，但中央政府层面对于支持和鼓励社会办医的政策多属于指导性的方针，在医保、税收、人力资源、职称评定、融资支持等方面缺乏较为具体的落实机制和硬性规定。地方政府执行中有较大区域差异性，多数地方政府发展民营医院的动力不足，即便放开了对社会办医的审批程序，但由于缺乏明确的政策法规，在执行过程中存有主观随意性大、程序不透明等问题，成为限制民营医院发展的“玻璃门”。同时，政府对公立医院的“管办合一”，导致民营医院难以与由政府投资、政府管理的公立医院相抗衡。二是民营医疗机构自身经营有待规范。民营医疗机构在丰富医疗供给体系，提供多元化医疗服务，提升诊疗效率方面发挥着重要作用。但在实际经营发展过程中，也存在着诸多乱象。例如，少数民营医疗机构存在国家明令禁止的投资分红、医商结合、变相承包、无证行医和异地行医行为；部分民营医疗机构逐利心切，刊登违规广告，使用无证人员，与公立医疗机构互抢病号，雇佣医托，扰乱医疗市场秩序；行业自律严重不足，有些民营医疗机构招揽生意口号多变，吹嘘包治百病，无病说有病、小病说大病、小手术变大手术，过度医疗现象较为突出。

6. 药品供应保障体系有待改进

在实施药品生产、流通、使用的全流程改革中，破除以药补医，调整利益驱动机制是当务之急。推动各级各类医疗机构全面配备、优先使用基本药物，建设符合国情的国家药物政策体系，理顺药品价格，促进医药产业结构调整和转型升级任重道远。一是在药品供应领域，低价药、“救命药”、“孤儿药”以及儿童用药的供应不足。药品及医疗器械创新能力不足，质量与国际先进水平仍有较大差距。仿制药质量和疗效评价体系不健全，中药生产尚未实现现代化和标准化；二是在药品流通领域，全国统一开放、竞争有序的市场格局尚未形成，地方保护时有发生，流通企业向智慧型医药服务商转型仍需时日，电商医药发展亟待规范；三是在药品和高值医用耗材集中采购方面，国家谈判药品品种数量仍有较大的提升空间，医保衔接政策仍需理顺，区域联合采购和专科医院联合采购推动力度不足，采购的高值医用耗材编码标准要统一；四是在基本药物制度方面，仍需推动基本药物在目录、标识、价格、配送、配备使用等方面实行统一政策，加强特殊人群的基本用药保障。

7. 多层次全面医保体系有待建立

当前，我国多层次医保体系在基本医保、大病保险、医疗救助、疾病应急救助、商业健康保险和慈善救助等方面的衔接互动、相互联通机制有待健全。一是在基本医保方面，需要不断完善可持续筹资和报销比例调整机制，厘清政府、单位、个人缴费责任，建立同经济社会发展水平、各方承受能力相适应的筹资机制；二是在医保支付方式方面，城乡之间、地域之间、不同层级之间的医疗保障不能实现互联共通，对民众就医报销等产生了极大的不便，造成了部分保障真空或断层；三是在重特大疾病保障方面，需将低收入家庭的老年人、未成年人、重度残疾人、重病患者等纳入低收入救助对象；四是在商业健康保险方面，部分地方政府和医保管理部门自己办理基本医保，排斥商业保险机构参与，商业保险机构经办基本医保也存在目标不明确、路径不清晰、效果不理想等问题。

8. “互联网 + 医疗健康”应用有待推广

2016 年国办印发《关于促进和规范健康医疗大数据应用发展的指导意见》，为“互联网 + 医疗健康”发展指明了方向，明确了目标。这一模式实现了患者、医疗机构及医生、政府多方共赢，呈现广阔发展空间，但在全面推广的过程中也存在着诸多制约：一方面，基础设施建设滞后，信息互联互通、资源共享尚不能实现，成为制约“互联网 + 医疗健康”发展的硬件软肋。目前绝大多数地方的医疗机构之间难以实现互联互通，患者检验检查结果不能共享，医院孤岛现象相当严重，阻碍了不同级别医疗机构之间相互转诊，居民电子病历数据库、区域信息平台等均无法建立；另一方面，“互联网 + 医疗健康”的准入门槛、从业规范、监督管理等相关标准还未建立。远程诊疗过程中上下级医疗机构之间权责利关系，以及上级医疗机构收费标准、医疗事故责任划定等也没有明确。

（三）我国人均 GDP 已超过 1 万美元，建立高质量的医疗体系成为经济发展成果惠及广大群众的当务之急

1. 经济中高速增长为建立高质量医疗体系奠定坚实基础

人民健康是民族昌盛和国家富强的重要标志，而强大的国家经济实力也为建立高质量的医疗体系奠定了坚实基础。改革开放以来，我国经济保持了 40 余年的高速增长，截至 2019 年年末，我国 GDP 总量已经达到 99 万亿元，按年平均汇率折算，人均 GDP 突破 1 万美元大关，达到 10276 美元。从发达国家医疗卫生事业发展的经验来看，人均 GDP 在 1 万美元是各国医疗卫生水平快速提升期，我国正处于这一黄金时期。此外，2019 年 GDP 同比增长 6.1%，在世界主要经济体中名列前茅。这也是我国经济增长连续 18 个季度保持在 6%—7%，经济发展的韧性持续显现。这不仅表明我国在经济建设中取得重要进展，也表明强大的经济实力为建立高质量医疗体系提供了坚实的保障。

2. 消费结构升级为建立高质量医疗体系创造广阔空间

随着我国经济的快速增长，工业化、城镇化、人口老龄化、疾病谱变化、生态环境及生活方式变化等，也给维护和促进健康带来一系列新的挑战，医疗卫生服务供给总体不足与需求不断增长之间的矛盾日益突出。截至 2019 年年末，我国居民人均可支配收入达到 30733 元，同比增加 8.9%，居民人均消费支出 21559 元，同比增长

8.6%。在医疗卫生领域，2018年年末，我国医疗卫生机构达到997433个，床位数达840.41万张，每万人口拥有卫生技术人员68人。卫生总费用达59121.9亿元，人均卫生费用4236.98元。卫生消费结构的全面升级，是全面提升民族健康素质、实现人民健康与经济社会协调发展的战略需要，也为建立高质量医疗体系创造了广阔空间。

3. 医疗卫生服务行业发展为经济增长方式转变提供充足动能

随着我国经济由高速增长向高质量增长的转变，各种新业态层出不穷，成为拉动经济增长方式转变的“新引擎”。医疗卫生服务行业涵盖医疗服务、健康管理与促进、健康保险及相关服务，涉及药品、医疗器械、保健用品、健身产品等，是典型的现代服务业和战略性新兴产业。此外，医疗卫生与养老、旅游、互联网、健身休闲、食品等行业融合，催生健康新产业、新业态、新模式。基于互联网的医疗卫生服务，健康体检、可穿戴设备、智能健康电子产品和健康医疗移动应用服务等也为经济增长方式转变提供了新动能。

4. 科学技术创新为建立高质量医疗体系提供有力支撑

科学技术是第一生产力，国家不断加强医药卫生科技创新体系建设，持续组织国家科技重大专项和重点研发计划项目，提升科技创新能力。依托各类重点实验室、国家临床医学研究中心和协同研究网络，大力推进临床诊疗指南和技术规范的研究和推广。加快科技成果转化和应用，提供更多满足人民群众健康需求的医药卫生技术和健康产品。当前，我国已启动实施脑科学与类脑研究、健康保障等重大科技项目和重大工程。发展组学技术、干细胞与再生医学、新型疫苗、生物治疗等医学前沿技术，加强慢病防控、精准医学、智慧医疗等关键技术突破，重点部署创新药物开发、医疗器械国产化、中医药现代化等任务，显著增强了重大疾病防治和健康产业发展的科技支撑能力。

二、我国医疗卫生体制机制改革的发展历程

在新中国成立前，我国医疗卫生体系经历了长期低水平发展，医疗资源极其匮乏，并且被权贵阶层垄断。新中国成立以来，我国医疗卫生体制机制改革取得了较为突出的成就，主要经历了计划经济时期医疗卫生体制的建设阶段，改革开放后医疗卫生体制的市场化探索和推广阶段，医疗改革的公益性回归、新医改启动阶段。全面梳理我国医疗卫生制度的历史沿革，有助于充分吸取历史经验和教训，准确把握医疗卫生事业改革方向。

（一）古代至1840年：权贵阶层垄断医疗资源，民间郎中成为百姓就医的主要渠道

中国古代的社会医疗体制从周朝就已开始萌芽，然后随着生产力的发展和社会的

进步，在唐朝开始兴盛，至宋朝已达到封建时代的顶峰，到元朝和明朝发展平缓，最后在清朝走向消亡。

春秋战国时期，权贵阶层垄断着大部分的医疗资源，医者们时常需要为权势尊贵者诊治疾病。在医者诊治的这类病者中，最为特殊的是诸侯国国君。例如，医缓为晋景公诊断、医和为晋平公诊断、医均为楚宣王割瘟、扁鹊为齐桓公诊断、扁鹊为秦武王诊断、文挚为齐闵王治病、青靡为魏襄王王后治病。两汉时期，医者群体的规模较春秋战国时期已有大幅度增长，尽管如此，权贵阶层仍然继续垄断医疗资源。

南北朝时出现了地方医疗机构，例如南齐时期的六疾馆和北魏时期的别坊，其中北魏的别坊规定对洛阳的鳏寡孤独进行救助，如果是没有满60岁但身体残疾患病且没有亲属的百姓都可送到别坊进行医治，别坊中配备有四名医师和药物。虽然当时已经有了面向百姓的医疗机构，但仅仅是一种区域性的救助机构，没能覆盖全国范围。

唐朝时期，根据朝廷规定，在庙宇中都要配备一名药师和医师，并储存一定量的药品，使寺庙承担了类似于现代的诊所或医院的功能。在两宋时期为百姓提供医疗保障的地方医疗机构主要是惠民局、和剂局这类的官办药店，其主要目的是以便宜的价格为百姓提供优质的药品，同时店里还配备由政府雇用的医生为患者诊疗。而根据《宋史》的记载，各州县都设立惠民局和和剂局，到南宋时已经遍布宋朝统治的各个地区。同一时间，政府还广为设置安济坊、居养院、慈幼局一类的医疗救助机构，但和南北朝时间的六疾馆、别坊，唐朝时期的悲田养病坊一样，其功能类似于现在的救助站。

明朝继续沿袭了前朝的做法，在朱元璋时期就设置了惠民药局，凡是军民贫苦患疾病的，都会给他们诊疗救治，覆盖范围较前朝更为广泛，且在全国各地都有设立。到了清朝，由于统治者的不重视，没有沿袭前朝设立的惠民药局，但沿袭了前朝的社会救助制度，清朝设立了很多社会抚恤机构，其中最主要的有育婴堂、普济堂、养济院等，但是这些机构仅仅是给予贫困百姓衣服和粮食，极少给予医疗救助。

总体而言，中国古代两千多年来的封建社会医疗呈现以下特征：一是医疗资源主要掌握在达官贵人手中，普通百姓很少或者基本没有机会获得医疗资源。各省虽设有官医、施医局，但大都有名无实，民间郎中两千多年来一直是百姓的唯一就医渠道；二是中国传统医疗医事制度在医学教育与管理上相当放任，医学教育没有产生一个如科举考试那样严格的遴选制度，对医生行医的管理也没有严格的措施，悬壶济世者中充斥着不少庸医。同时，许多人在科举落榜的情况下选择从医，从医者的社会地位并不高。

（二）1840—1948年：教会医疗事业兴起

1840年鸦片战争后，清政府割让香港，并开放了广州、福州、厦门、宁波、上海五个通商口岸，西方传教士大规模进入我国传教、开办医院及学校。教会医院的根本宗旨是传教和辅助侵略，但也将一种新的医疗机构和方式传入我国，即“医院”。近代我国教会医院的起源是1835年伯驾于广州创办的眼科医局。两次鸦片战争之后，教会医院带领西医技术在我国大规模地发展起来，从沿海逐渐深入内地。

1860年之后，40年间由教会创办或与教会有关的医院有约100所，20世纪后又在原来的基础上增加不少数量，在中国台湾、中国香港也建立了教会医院，与19世纪相比不但在医院设备上较从前完善，数目更是增加了4倍多。早期由于教会医院目的是宣传宗教，扩大教会的影响力，取得我国民众的信任，因而一般是不收费的。据统计，1876年新教在华创办教会医院16所、诊所24所。

1900年以后的前20年，教会医学事业快速发展，其重要特征是教会医学校在各地出现，如广东女子医学校、北京协和医学堂、汉口协和医学校、济南共和医学校、上海震旦大学医学院、福州协和医校、沈阳教会医学院、上海圣约翰大学医学院、成都华西协和大学医学院系、湘雅医学校。据1913年的统计，教会医学校学生500人。1915年统计，在华教会学校23所，各类护士学校、药学校、助产学校36所。教会医院的增长虽不及医学教育显著，但是，1900年后的前10年，一些著名的教会医院也已全部重建，原有的医院几乎均建在现代化的建筑里。据1905年的统计，教会医院遍及全国20多个省区共有166所，诊所241个，教会医生301人。到1915年，医生数量达383人。1936年《中华年鉴》统计，全国20个省有教会医院426所。目前，无论上海，还是全国各地，最好的三甲医院其前身大都是教会医院。

总体而言，近代西方医疗体系由传教士全面带入中国，促进了我国医学学科的发展，对我国人民的卫生保健事业产生了重要影响，教会医学的发展为我国近代医学的发展起到了不可磨灭的积极作用。客观上，国外教会建立了一批享有很高知名度和医疗水平的教会医院，时至今日，国内一些著名医院的前身都是教会医院，如美国洛克菲勒基金会创办的北京协和医院，由美国、英国、加拿大等五个教会组织创办的华西医院，由英国教会创办的齐鲁医院，以及由湖南育群学会与美国耶鲁大学雅礼协会联合创建的湘雅医院。

（三）1949—1977年：新中国成立后医疗卫生事业快速发展

新中国成立后，政府在医疗卫生制度建设领域采取了一系列卓有成效的措施。原政务院于1951年2月颁布了全国统一的《中华人民共和国劳动保险条例》，规定凡职工在100人以上的国营和公私合营企业要对职工实行劳动保险。这个条例包括了除失业保险以外的老年、疾病、生育等基本社会保险项目，并对保险费的征集、保管和支配的项目标准、保险事业的执行和监督都作了明确的规定。这个条例确定了我国企业职工社会保障体系的框架结构，但它仍不是一个针对医疗保障的专门法规。1952 年 6 月，原政务院颁布了《关于人民政府、党派、团体及所属事业单位的国家机关工作人员实行公费医疗预防措施的指示》，这是新中国成立后第一个针对医疗保障的专门法规。同年 8 月，原政务院批准了《国家工作人员公费医疗预防的实施办法》，9 月，原政务院又颁布了《关于各级人民政府工作人员在患病期间待遇的暂行办法》，并于 1954 年 7 月和 1955 年 12 月，分别对上述规定进行两次修改。在新中国刚成立的短短几年中，这些法规的建立对保障广大职工、干部的健康起到了积极作用。但同时，这些法规仍有不够完善需要改进的地方，其中包括：一是国家机关、事业单位同企业的医疗保障待遇具有明显区别，前者无论在医疗条件和享受待遇方面都要优于企业，但在供养直系亲属方面低于企业；二是医疗的全过程实行免费，甚至不收挂号费，个人不需要支付任何费用；三是仅考虑城市职工，广大农村还未建立起相应的医疗保障制度。

20 世纪 60 年代中期，国家对医疗保障制度进行了初步的改革。1965 年，国务院颁布了《关于改进公费医疗管理问题的通知》，1966 年，颁布了《关于改进企业职工劳保医疗制度几个问题的通知》。这两个文件对原有的医疗保障制度进行了部分改进，主要有：一是基本上统一了两种医疗保障制度的待遇，但企业仍保留负担亲属的待遇；二是看病收挂号费；三是补药除特批外，一律自理。这一时期，中央对在部分农村推行的农村合作医疗制度给予了充分肯定。农村合作医疗采取依靠农民自愿参加，以村或乡镇为单位筹资，农民自愿缴费，村镇适当补贴的方式进行。60 年代，相当部分的农村开办了合作医疗，“赤脚医生”应运而生，农村合作医疗制度得到较快发展。

总体而言，新中国成立后到 1978 年之间的中国医疗卫生决策是较为成功的，但也存在一些缺陷。主要成效有：一是较好地实现了公平性，在城市和农村实现了低水平、广覆盖的医疗保障体制，统一规划医疗卫生资源在不同卫生领域以及不同群体间分配的指导思想，人民健康水平显著提高，居民人均寿命由新中国成立前的 35 岁上升到了 1978 年的 68 岁，几乎增长 100%；二是确立了政府主导投入，以公有制为基础的计划管理体制保障了政策过程的一元主导性，保证了福利为核心的医疗卫生政策的高效制定和实施；三是从城市到农村、从劳保医疗制度到整体医疗保障制度的构建，这种渐进决策保证了医疗卫生事业发展的逐步有序推进。

主要缺陷有：一是整体发展水平不高，效率低下。医疗卫生发展相对滞后，由于国家财力资源投入有限，医疗从业人员专业技术水平较低，医学科学和医疗行业发展缓慢，医疗卫生服务仅能满足基本的医疗卫生需求，重大疾病、疑难病症难以得到有效救治。同时，严格的计划管理和政府集中统筹办医的模式，缺乏有效的竞争机制，极大地影响了医疗机构和医务人员的积极性；二是医疗费用上涨过快。公费医疗的经费由国家支付，国家根据职工医药方面的实际需要和国家财政收支状况，确定每人每年享受公费医疗待遇的预算。实际超支部分，由国家财政补贴；劳保医疗经费也是由企业本身负责管理，超支部分由企业自己承担。无论是公费医疗还是企业劳保医疗制度都未能体现个人在自身健康上的花费负担，这在一定程度上导致了医疗费用、药品费用的大量浪费，甚至出现套骗公家药品的行为；三是国家财政负担较大。由于实施财政供给制的医疗保障，国家工作人员的医疗保障基本由财政负担，直接影响的是费用控制管理体制的形成。企业职工甚至家属的医疗保障基本由企业自行负担，一定程度上影响到企业的生产效率，政府担负日益上涨的巨大医疗保障开支，财政负担越来越重；四是社会化程度低。劳保医疗经费是由企业从福利基金中提取，保障程度视经济效益而定。经济效益好的企业，基本是全免费；效益差的企业，往往基本医疗都难以得到保障，劳保实际上是企业自我保险。

（四）1978—1984 年：医疗领域改革孕育期

20 世纪 70 年代的“平均主义”分配方式带来了医疗卫生领域供给不足与过度浪费并存的局面，因此，激发活力、提高效率就成了改革开放之初医疗卫生决策的核心目标。1979 年，医疗卫生部门以党的十一届三中全会提出的全党工作重点转移到现代化建设上来的指导思想为契机，开始加强对卫生事业的管理。同年，按照当时的卫生部部长钱信忠的指示“要按客观经济规律办事，对于医药卫生机构逐步试行用管理企业的办法来管理。要让他们有权决定本单位的经费开支、核算、仪器购置，晋升晋级，考核奖惩”，原卫生部制定了“五定一奖”和对医院定额补助、经济核算、考核奖惩的政策，在加强对医院管理的同时，也开辟了医疗主体多元化的先河。1980 年，原卫生部《关于允许个体开业行医问题的请示报告》也得到国务院批准。这两项政策的出台标志着政策导向开始了市场化进程。

（五）1985—1991 年：医疗领域全面改革正式启动

党的十二届三中全会通过的《中共中央关于经济体制改革的决定》，确定了整个经济改革的重点：一是农村人民公社制度向家庭联产承包责任制转型；二是企业开始进行以“扩大自主权”为方向的改革试点。在这种经济改革思想影响下，放权让利、扩大医院自主权成为这一时期医疗改革决策的指导思想。党的十二届三中全会通过的《中共中央关于经济体制改革的决定》，标志着经济体制改革包括卫生体制改革全面展开。1985 年 1 月召开全国卫生局厅长会议，贯彻党的十二届三中全会《关于经济体制改革的决定》精神，部署全面开展城市卫生改革工作；同年 4 月，国务院批转了原卫生部起草的《关于卫生工作改革若干政策问题的报告》，确立“放宽政策，简政放权，多方集资，开阔发展卫生事业的路子”的医疗卫生决策指导原则。为了推动放权让利改革的顺利进行，1989 年国务院批转了原卫生部等部委《关于扩大医疗卫生服务有关问题的意见》，文件提出调动医院和医生积极性五条：第一，积极推行各种形式的承包责任制；第二，开展有偿业余服务；第三，进一步调整医疗卫生服务收费标准；第四，卫生预防保健单位开展有偿服务；第五，卫生事业单位实行“以副补主”“以工助医”。

总体而言，该阶段的医疗卫生政策刺激了医院创收，弥补收入不足，同时也影响了医疗机构公益性的发挥，医疗卫生资源配置不合理问题越来越突出，百姓看病难、看病贵的问题日益显现。

（六）1992—2003 年：医疗改革向“市场化”探索和推广

经过几年来医疗卫生领域的改革，医疗机构是否应当只注重效益而忽视公益性，在卫生部门内部展开了一系列争论。在 1993 年 5 月召开的全国医政工作会议上，时任卫生部副部长殷大奎明确表示反对市场化，要求多顾及医疗的大众属性和起码的社会公平。为统一认识，防止片面追求经济效益而忽视社会效益倾向，1997 年 1 月，中共中央出台《关于卫生改革与发展的决定》，明确提出了在医疗领域要改革城镇职工医疗保险制度、改革卫生机构运行机制等决策思路，并强调要重视医疗保障、医疗卫生服务和药品流通三大体制统筹协调的必要性。但是，由于对医疗卫生行业的属性和特点认识不够，尤其是地方政府普遍存在着不同程度地将医疗卫生行业等同于一般竞争性行业，将医疗卫生责任看作单纯的个人责任的看法和做法。在分税制的制度背景和当时政绩考核体系下，医疗卫生受到忽视，以至于《中共中央、国务院关于卫生改革与发展的决定》提出的许多正确的方针、政策，在实践中没能得到贯彻。

作为贯彻《关于卫生改革与发展的决定》的总体文件，国务院办公厅于 2000 年 2 月转发八部委《关于城镇医药卫生体制改革的指导意见》。这份文件确定了实行医药分业等几项原则。其中“鼓励各类医疗机构合作、合并”“共建医疗服务集团”“营利性医疗机构医疗服务价格放开”“依法自主经营、照章纳税”等内容，被解读为给完全“市场化”的医疗开了绿灯。之后继续出台了 13 个配套政策，包括《关于城镇医疗机构分类管理的实施意见》《关于卫生事业补助政策的意见》《医院药品收支两条线管理暂行办法》《关于医疗机构有关税收政策的通知》，等等。这一系列文件的出台推动了医院的产业化改革。2000 年 3 月，宿迁公开拍卖卫生院；2001 年无锡市政府批转《关于市属医院实行医疗服务资产经营委托管理目标责任的意见（试行）的通知》提出了托管制的构想；2002 年年初，上海市出台《上海市市级卫生事业单位投融资改革方案》推动医院的产业化改革。

总体而言，该阶段以市场化改革导向的医疗卫生政策取得了一定的成绩的同时也带来了诸多严峻的问题，主要成绩有：一是促进了医疗卫生服务的数量和质量大大提高。1980—2003年，全国的医疗机构数从180553个增长到282771个，每千人口卫生技术人员从285人增长到342人；二是“放权让利”的政策一定程度地解决了当时存在的医院微观效率低下、服务供给不足的问题；三是财政支出负担过重的问题得到了明显改观。

然而，这同时带来诸多严峻的问题：一是决策价值导向错误。由于缺乏对医疗卫生事业特殊性的清醒认识，政府选择了一条过度市场化的道路，致使政府逐步递减了对医疗卫生事业的投入，从而影响了基本公共卫生服务提供的公平可及性，城市与农村的医疗保障的差距进一步扩大，城市中不同人群基本保障待遇不平等进一步加剧；二是政策干预错位。医疗保障政策存在着严重的“重治轻防”，以致对于疾病的控制往往是事倍功半；三是政策制定错位，“以药养医”的医疗机构补偿机制导致患者医药费用快速不合理增长，百姓看病难、看病贵的问题日益突出。

（七）2003—2008年：医疗改革向公益性回归

2003年，肆虐全球的SARS公共卫生危机事件暴露出我国在公共卫生领域制度的建设仍然不完善，各种问题和漏洞依然存在。我国卫生政策在政府对现行卫生政策的反思中进入了坚持以科学发展观为指导，强调公益、改善民生的新阶段。2003年1月16日，国务院办公厅转发了原卫生部、财政部和原农业部的《关于建立新型农村合作医疗制度的意见》，已经停滞发展了近20年的农村医疗保障体系建设逐渐被纳入医疗卫生政策当中。同时，随着百姓看病难、看病贵问题的日益严峻，政府及社会各界对过去20年的医疗卫生领域的市场化改革的成功经验以及教训与不足的讨论也日益激烈。2005年7月，国务院发展研究中心发布了关于我国现阶段医疗改革的研究报告，报告指出中国医疗改革尚未成功，各种症结亟待解决和完善，归根结底，是近20年来医疗服务逐渐市场化、商品化所导致的结果。同年，原卫生部制定《关于深化城市医疗体制改革试点指导意见》，保持公立医疗机构的公益性质被确立为新时期医疗卫生决策的宗旨。

为促使医疗卫生事业回归到公益性目标上来，2006年9月，国务院成立了由十一个部委组成的医改协调小组着手制定新医改政策，由国家发改委主任和原卫生部部长共同出任组长。这一时期，通过探索民主决策途径来提高决策质量是医疗卫生决策的新亮点。2007年年初，医改协调小组委托六家研究机构对医改进行独立、平行研究并提出建议，后研究机构增至九家。2008年10月14日，《关于深化医药卫生体制改革的意见（征求意见稿）》启动征求意见。

本阶段医疗改革的决策方向逐渐回归到公益性的轨道上来，实现医疗保障的全面覆盖和相对公平成为医疗卫生决策的主要考量方向。

（八）2009 年至今：新医改全面启动

2009 年 1 月 21 日，在时任国务院总理温家宝主持召开的国务院常务会议上，新医改方案获原则通过，并宣布今后三年内将为实施上述重大改革投入 8500 亿元，目标之一就是三年内使城镇职工和居民基本医疗保险及新型农村合作医疗参保率提高到 90% 以上。2009 年 4 月，时任中共中央政治局常委、国务院副总理李克强出任深化医药卫生体制改革领导小组组长，进一步将落实和深化以人为本的医疗卫生发展政策作为主要医疗改革方向。2009 年 4 月 6 日，《中共中央国务院关于深化医药卫生体制改革的意见》出台。4 月 7 日，《医药卫生体制改革近期重点实施方案（2009—2011 年）》公布，总体目标是建立健全覆盖城乡居民的基本医疗卫生制度，为群众提供安全、有效、方便、价廉的医疗卫生服务。2020 年 3 月，《中共中央国务院关于深化医疗保障制度改革的意见》发布，提出到 2025 年，医疗保障制度更加成熟定型，基本完成待遇保障、筹资运行、医保支付、基金监管等重要机制和医药服务供给、医保管理服务等关键领域的改革任务。到 2030 年，全面建成以基本医疗保险为主体，医疗救助为托底，补充医疗保险、商业健康保险、慈善捐赠、医疗互助共同发展的医疗保障制度体系。

新医改启动后带来了积极的变化：一是重新确立了政府在提供公共卫生和基本医疗服务中的主导地位，强化政府责任和投入；二是把解决农民的医疗保障问题作为政府工作的重中之重；三是资源配置重点逐渐转移到了社区医院、乡村医院，城乡之间、医院之间、地区之间的医疗资源配置逐渐走向平衡，百姓看病难的问题在一定程度上得到了缓解；四是基本药物制度的逐步建立在一定程度上遏制了医院的逐利性，缓解了百姓看病贵的问题。

然而，新医改仍然具有继续改革和完善的空间，仍然有一些方面需要继续深化改革来实现：如政府责任边界如何划定，市场配置资源机制如何有效发挥，社会供应医疗服务渠道如何拓展，人民群众医疗福利有效改进如何确保等。这些问题对政府的新时期医疗卫生决策提出了更为严峻的挑战。

三、医疗卫生体制机制改革的国际经验借鉴与启示

医疗卫生体制机制改革是世界性难题，全球主要国家和地区均积极探索在力所能及的范围内，为民众提供与经济发展水平相适应的医疗保障。从全球主要国家和地区的医疗卫生体制的形成和发展来看，由于社会、政治、经济、文化发展以及社会价值取向不同，医疗卫生体制发展模式各不相同，有自身较为突出的优势，也面临着不同

的问题。研究不同国家、地区的医疗卫生体制机制改革的经验和教训，可为当下我国的医疗卫生体制机制改革提供有益借鉴，助力建立和完善适合我国国情的医疗卫生体系。

（一）美国：高度市场化的商业医疗保险体系

美国是所有发达国家中唯一一个没有实现全民医疗保险的国家，其医疗服务主要采用商业保险模式，即由雇主为雇员购买商业医疗保险，作为公司提供福利的一部分，而非由政府向全民提供医保。美国医疗服务呈现医疗费用高、医保覆盖低的特征。

1. 历史各阶段关键举措

（1）罗斯福签署《社会保障法案》。1935 年，美国经济仍处于大萧条的阴霾笼罩下。为摆脱经济危机的影响，罗斯福总统积极推行新政。作为其新政的重要组成部分，罗斯福总统签署了《社会保障法案》，建立了养老保险制度，确立了美国社会保障制度的基本框架，成为美国政府迄今为止提供的最主要社会福利。

（2）约翰逊签署《社会保障法案》修正案。1965 年，美国医疗保险制度建设迎来了里程碑。这一年，约翰逊总统签署了《社会保障法案》修正案，决定设立两项公共医疗保险项目——联邦医疗保险（Meidcare）和医疗补助保险（Medicaid），标志着美国医疗保障体系的正式建立。联邦医疗保险主要面向 65 岁以上高龄人士及残障人士，由联邦政府统筹运营；医疗补助保险则主要针对低收入贫困人群，经费由联邦政府与各州政府共同分担。参加这两项公共医保项目的个人，可以在看病、住院和购买药品时，获得政府提供的财政补贴以减免医疗费用。自此，一套以雇主主导的商业保险为主、政府公共医疗项目为辅的医疗保险体系，逐步在美国社会建立起来。

（3）奥巴马医改取得历史性突破。2010 年 3 月，奥巴马总统签署了《患者保护与可负担医疗法案》，又称“奥巴马医改”（Obamacare）。该法案长达 153 页，被誉为继 1965 年联邦医疗保险（Medicare）法案后，美国医疗系统最重要的改革法案。法案的主要目的在于降低医疗费用，扩大医保覆盖面，提高医疗质量，其中包含许多针对各州甚至地方政府的具体实施细则，并力求做到开源与节流并重、质量和数量并存。

具体来看，奥巴马医改措施主要集中在三方面。一是要让所有没有医疗保险的美国人都享受到医疗保险，保护已有医疗保险的人的利益，约束保险公司的行为。通过制订保险公司的赔付计划，不允许保险公司因为投保人有过往疾病而拒绝赔付；二是扩大医疗保障覆盖面，将没有医疗保障的美国人纳入医疗保障计划中；三是控制费用，尽可能降低医疗成本。

2. 改革成效和问题

近一个世纪以来，围绕扩大医疗保障覆盖率和控制医疗成本费用上涨两大宗旨，美国历届政府都试图进行医疗卫生体制机制改革，通过设立新的法律法规来完善医疗费用支付、服务与监管等。然而，受政治体制以及各方资本实力的制约，医改始终未能彻底改变美国医疗体制的逐利机制。

1935 年罗斯福总统签署的《社会保障法案》虽然建立了养老保险制度，但没能涉及医疗保险方面的内容。1965 年约翰逊总统签署的《社会保障法案》修正案为社会弱势群体提供了由政府出资的基本医疗保障。从此，美国医疗体制从单一私有制转变成以私有为主、公共为辅的“双轨”制，但医疗保障始终未能达到全民覆盖。美国医疗体系低覆盖、低效率和高成本的三大问题，不仅难以满足美国国民对健康的需求，更对国家长期经济发展造成极大的负面影响。

在此背景下，2010 年的奥巴马医改进一步增强联邦政府管制，通过增加公共医疗补助受惠人群和政府对中低收入人群购买保险的财政补贴，扩大医保覆盖面，并确实取得了显著的成效。然而，尽管奥巴马医改在理论上接近了全民医保，有效地提高了医保覆盖率，但仍实际沿用和巩固了过去几十年的“由雇主提供商业医疗保险”的医疗模式，而非像其他发达国家一样由政府提供全民医保，并在实际操作中未能触动既有利益格局，导致问题根源仍未消除，美国巨大的医疗费用支出持续攀升。同时，奥巴马医改还导致医疗保险价格的进一步上涨。对于达不到政府补助条件的中等收入阶层来说，医疗花销非但没有减轻，反而大大增加了。从表面来看，奥巴马医改使普通民众有更多机会获得医疗保险，但这并不是实际医疗成本降低的结果，而是政府介入分担了民众医疗开支所造成的表象。因此，尽管奥巴马医改是美国历史上规模最大的一次医改，但其本质上仍是一项治标不治本的政策。其改革的范畴仍然局限于医疗保险体系，而无法实现对医院、药品和管理等多个环节的综合改革，更无法实现全面医疗体系改革。

3. 主要优势

（1）医疗体制运行效率较高。从美国医疗保险体系来看，主要由公立及商业保险两大类组成，呈多元化特征。由于历史文化等方面的原因，美国在医疗服务领域奉行自由竞争主义，由市场来调节各方面的因素。因此，美国也是医疗体制市场化程度最高的国家，政府只对残疾人、老年人或者其他贫困人员实行基本的医疗卫生保障，而多数公民参加的是商业医疗保险。从医疗服务体制来看，美国的医疗服务体系以私立医院为主体，私立营利性医院占医院总数的近七成。各个私立医疗机构之间存在较为激烈的行业竞争，有利于医疗技术的提高，医疗服务的完善，也有助于降低医疗成本，提高医疗效率。

（2）医疗服务管理模式较为完善。美国政府对于医疗领域以市场调节为主。从监管主体来看，美国医疗领域里有代表医生、医院、医疗保险行业以及制药行业的四大协会。这些协会在医疗领域具有举足轻重的地位，对行业内医疗流程的规范与医疗质量的提升都具有关键作用。同时，政府也对医疗行业进行监管，包括管理医院注册、改造、登记以及各种治疗行为和医疗质量提升等。从医院所有权来看，无论是政府还是其他各类资本兴办的医院，均基本实行管办分离。

（3）医疗保障资金来源较为多元化。美国医保资金来源主要为企业和个人缴纳以及政府补贴。在商业医疗保险中，企业雇主为雇员交纳保险金，同时员工按一定比例交纳医疗保险的保费。在公立医疗保险项目中，费用主要由企业、个人和政府负担，政府以征收社会保障税和工资税的形式向企业和个人征收税款，建立联邦医疗保险信托基金。奥巴马医改后，美国的医疗保险获得了更多资金来源，政府资金投入、个人所得税和医保税的征收均增加了医保资金的筹募。

（4）医疗服务付费模式较为合理。从付费方式来看，美国的医保机构普遍对定点医疗机构实行预期付费方式。以按人头付费这种广为采用的付费方式为例，医疗社会保险机构根据医院或医生服务的被保险者人数，定期向医院或医生支付一笔固定的费用。医疗服务提供方所服务的被保险者人数越多，收入就越多；提供的医疗服务越多，收入越少。这种方式能够鼓励医疗机构和医生主动控制、降低医疗费用。从付费流程来看，为控制医疗费用上涨，医疗费用的报销是通过保险公司直接跟医疗机构挂钩，而不需要病人拿着医院账单去找保险公司索要保费。这样一来，商业保险公司成为监督医药费用的第三方，为了自身盈利会严格审查医院和医生为病人提供的医疗服务项目是否必要。

4. 关键启示

（1）医疗改革必须兼顾公平与效率。奥巴马医改显示，普惠式的全民医疗保障是彰显社会公平与正义的重要一环。美国医疗服务体制在坚持市场化的同时，同样重视卫生服务的公平性。我国由于人口基数大，各地区社会经济发展水平极不均衡，行政和财政体制制约程度不同，因此现有医疗保障体系仍存在筹资和保障水平不高、资源分配不均衡、适应流动性方面不足、可持续性发展后劲不足等问题。未来，我国仍需在医改过程中不断提高并均衡医疗保障待遇水平。

（2）鼓励多元化办医模式。美国医改的关键是加强政府、医疗机构、私营机构和民众之间的合作，并且鼓励社会资本依法兴办非营利性的医疗机构、促进非公立医疗卫生机构发展，形成投资主体多元化、投资方式多样化的办医体制，这些对于完善医疗保障体制、提高医疗服务质量都起到积极的作用。我国医疗改革也应注重鼓励和引导社会资本对医疗卫生事业进行投资，协调好公私资本的合作，加大对非公立医院的支持力度，提高非公立医疗机构的服务质量和水平。

（3）稳妥推进多层次医疗保险体系。美国的公共医疗保险与商业医疗保险各司其职，政府对于老人、儿童、低收入者等弱势群体实行特殊政策，为其提供医疗保险。我国医疗保险制度也应不断探索、稳妥推进社会医疗保险、商业医疗保险、医疗救助、个人自保相结合的多层次医疗保险制度体系。

（二）英国：坚持公平普惠的国家卫生服务体系

英国全民医疗服务体系（National Health System，NHS）始建于1948年，是全球历史最悠久、最健全的国家卫生体系，真正实现了对全体英国国民“从襁褓到坟墓”的免费医疗服务全覆盖。作为一种典型的政府主导型医疗服务体系，NHS历经内部市场化、政府职责调整等变革，但政府始终扮演主导角色，主要通过税收筹资，坚持公平普惠原则，核心理念是基于医疗需求而非支付能力向公众提供平等全面的免费医疗服务。

NHS实行由低到高的分级转诊制度。初级医疗服务是NHS医疗服务的主体，主要由家庭医生和社区诊所等构成，他们主要提供初级的医疗服务。当出现其无法处理的医疗问题时，可出具转诊证明，将病患推荐至二级医疗服务。二级社区医院主要是负责接收由全科医生转诊过来的重症病人以及为他们提供手术治疗，并且负责调配本社区的医疗资源。三级专科医院主要是负责接诊下级医疗机构转诊过来的疑难杂症，并开展医学研究工作。

1. 历史各阶段关键举措

（1）撒切尔夫人领导的保守党政府开启医疗服务改革。随着1979年撒切尔夫人领导的保守党上台和财政压力显现，英国开启了激进的医疗服务改革。1989年，撒切尔政府发布白皮书《一切为了病人》，首次提出了关于国家医疗服务体系改革的建议，并在1990年通过的《国家健康服务社区管理法案》中落实成为法律条款。白皮书提出，在NHS中引入“内部市场”这一理念，主要是通过政府部门权力下放、加大医院支配资金的自由度以及医院之间竞争的形成，以此提升NHS运行效率。白皮书要求以合同承包代替预算管理来支付医院服务费用，促进NHS协议转让到非NHS承包商手中，借此使医院服务的购买者和提供者相分离，使NHS真正成为医疗服务的管理与监督者。

（2）新工党与新NHS。1997年，由布莱尔率领的工党再次上台执政，开启了NHS现代化改革的新篇章。为兑现竞选期间“在不肆意增加NHS经费的基础上，对其服务效率和质量进行崭新改革”的承诺，布莱尔政府发布了白皮书《新NHS，现代而可靠》，提出了以伙伴关系为出发点的NHS运营方式，旨在改善医疗服务领域中数十年投资不足的状况。2000年，布莱尔政府公布了NHS发展蓝图——《NHS：投资与改革计划》。计划提出，在资金方面，政府将在接下来的5年中将每年医疗预算从500亿英镑增加至690亿英镑，以解决医疗资金投入不足的问题；在效率方面，将排队等候手术的平均时间由18个月缩短至6个月。

（3）卡梅伦联合政府的NHS改革。2011年，英国保守党与自由民主党联合政府在卡梅隆首相的带领下，向下议院提交了《健康与社会保健法案》，迈出了新医改的第一步。本轮新医改的目标是最大可能地消除机构臃肿，明确各组织职责，从而提升NHS效率和质量，减少财政支出规模。具体来看，主要有四项改革点最引人关注。

一是建立专家委员会，根据医学基础，对医疗服务规范和收费价格重新进行梳理；二是成立“全科医生联合会”，使全科医生能够自由执业。高水平的全科医生能够通过对地区人群更高水平的健康维护获得更多的绩效奖励，同时联合会对全科医生起到监督和规范的作用；三是引入市场竞争机制。在英国，初级保健信托机构（Primary Care Trusts，PCTs）的主要职能是为相当一大部分医疗保健服务付账，在一定程度上相当于我国的医保机构。改革决定取消初级保健信托机构，所有的医疗服务信托体系转变或加入基金机构，受到专门的健康理事会监管；四是设立健康国务大臣与医疗服务委员会，制定疾病的治疗规范和政策规范，推进公共健康服务。同时下设健康监管机构和监管理事会，分别对医师行为和基金会的经济行为进行监控。

2. 改革成效和问题

自撒切尔政府伊始，英国NHS改革历时近30年。1989年撒切尔政府将英国医疗服务系统转向市场化改革，引入“内部市场”，实现了医疗服务购买者和提供者的职能分离，由地区卫生局和资金持有诊所负责购买医疗服务，而NHS信托能够相对独立地提供医疗服务。同时，卫生行政部门通过设定标准、指南、定价规则等方式来影响NHS信托的行为。随后布莱尔政府和卡梅伦联合政府的医疗改革也在倡导市场竞争、强调回应性、提升医疗服务效率、提高公民满意度以及控制医疗费用异常增长方面取得了不错的效果。

然而，NHS在追求高福利水平与公平性的同时，也以政府的巨大财政压力和低效率为代价。因此，布莱尔政府和卡梅伦联合政府的医疗改革均遭到了一些抵触，主要源于政府能够提供的财政政策扶持力度较为有限，而历届政府上台后的改革只带来一时的影响，未能解决长期存在的医疗服务费用支出上涨过快和医疗资金不足的根本矛盾。尽管历届政府均作出很大努力，但英国医疗服务改革仍遗留下两方面主要问题。

一方面，NHS制度自身仍具制约性。由政府主导型的NHS面向英国全体国民，人员基数较大，然而有限的医疗服务人员难以保障工作效率，分级转诊制度也相对延长了病患等待治疗的时间。同时，在公益免费的背景下，存在提供低于标准的服务、推卸责任将病患转至其他医疗层级等现象，人为降低了医疗服务质量。

另一方面，医疗资源过度使用。在英国政党政治制度的推动下，历届政府为讨好选民都高度重视医疗保障水平，致使英国医疗保障水平和范围过高。同时，加之公众对自身健康的关注不断增加，病患身份逐渐向消费者身份转换，而 NHS 提供的免费医疗服务脱离了正常市场价值，导致民众能够不考虑自身成本地使用医疗资源，对医疗消费没有节约意识，进而推动医疗支出增长。面对非理性增长的医疗需求和支出，政府在“为民众提供免费医疗服务”的传统理念以及选民满意度的制约下，难以作出有效调控。

3. 主要优势

（1）医疗资源配置机制均衡。NHS 将所有的医疗服务都作为公共品向英国全民免费提供。NHS 以税收这一强制性方式筹集资金，将卫生支出列为国家预算项目，每年根据各地区的人口数量和年龄结构等直接影响医疗支出的因素向各区卫生管理局拨付款项。这种融资方式充分保证了 NHS 的全民覆盖和公平性。NHS 提供的服务中，只有极少数项目需要收取少量费用，而符合国家医疗救助条件的贫困人群均无需缴纳这些费用。此外，NHS 通过全科医生提供初级服务和逐级转诊实现的基层首诊、分级医疗，以及通过排队机制实现急慢分治，实现有限医疗资源的公平有效配置。

（2）医疗服务管理模式具有联动性。NHS 组织结构是以 NHS 委员会领导下全国一体化的组织模式。作为英国 NHS 最高领导机构的卫生部直接领导着地区卫生署和地段卫生署，各个层级的管理机构，各司其职，实行三级垂直管理体制模式。英国医疗卫生管理部门不仅拥有对医疗卫生资源的管理和分配权以及医疗服务的管理权，还担当着为患者购买医疗服务的职能。通过与医疗服务提供方签订合同的形式管理医疗资源和购买医疗服务，管理部门能够有效提高医疗服务效率、降低管理成本，并强化以病患的立场为出发点。

（3）医疗服务资金来源稳定。NHS 资金来源的主体是英国政府的财政拨款，其在整个 NHS 资金来源的比重高达 80% 以上，稳定性较高，而英国国民个人保健支出比例在整个医疗卫生费用中只占很少的一部分，这也是为何英国国民不存在看病贵问题的主要原因。

（4）医疗服务支付流程较简便。英国 NHS 支付流程的环节较少，医疗资金只在英国 NHS 管理机构与医疗服务供给者之间发生流动，患者基本不参与支付环节；而中国医疗服务是由患者在医疗过程中先行垫付资金，待患者痊愈之后再报销，这就涉及医疗资金支付的三方主体，使支付流程的复杂程度和所需时间都随之加大。

4. 关键启示

（1）强化政府在公共医疗服务供给中的保障责任。英国由政府主导的全民免费医疗模式显示出，政府需充分发挥应有的职能，维护好医疗服务供给中的公平与正义。完善医疗服务体系的过程中，必须强化政府的保障职能，以公平为先，为全体国民提供最基本的医疗保障。医疗改革的进程中，既要避免政府的过度干预，又要避免过度的市场化，充分利用“有形手”和“无形手”来实现政府与市场的相互协调、相互促进，避免出现“以药养医”、医疗费用攀升、医疗服务市场混乱、医护人员道德缺失等问题。

（2）在公共医疗服务中适当引入市场竞争。英国政府在NHS中建立内部市场的实践表明，医疗服务需求的日益多元化与个性化决定了政府与市场间需要采取相互合作、相互信任的方式，共同致力于公共医疗服务的供给。政府向公众提供基本医疗保障，更高层次的医疗需求和服务则可由市场进行操作与调节。在公共医疗服务中适当引入私人资本，建立内部市场竞争，不仅能够减缓财政和公共服务压力，而且益于改善医疗服务供给效率，带动管理机制转变，降低和控制医疗服务成本。

（3）构建有序的分级诊疗模式。分级诊疗是英国NHS体系中的基石。我国基本医疗保险实行了较为广泛的定点医疗制度，参保人可以自主选择定点医疗就医，但同时也导致了盲目寻医、重复就医的问题。我国可以借鉴NHS中分级诊疗这一有序的医疗服务体系，逐步引入双向转诊的制度，建立从一般疾病到专科疾病、从门诊到住院、从基层机构到综合医院、从疾病治疗到康复护理的双向转诊制度。同时，为了将医疗机构间的无序竞争变为有效的协同，最关键的是要将大医院的优质资源下放到基层医疗卫生机构，充分发挥基层医疗机构的作用。

（4）提高医疗保障覆盖水平。英国完善的医疗保障制度体系为其全民免费医疗覆盖提供了坚实基础。目前，我国的城镇职工基本医疗保险、城镇居民基本医疗保险和新型农村合作医疗保险仍较为割裂，需逐步推动各保险项目之间的整合和统一，使其在制度体系结构、管理流程等标准上趋于一致，逐步缩小各地区和城乡居民基本医疗保险的差距，最终实现融合。同时，我国目前提供的医疗保障水平比较低，患者的自付比例仍旧很高，可通过其他商业医疗保险计划来与基本医疗保险计划相衔接，提高医疗保障覆盖水平。

（三）德国：同舟共济与竞争高效相得益彰

1. 历史各阶段关键举措

尽管德国的医疗卫生服务体系比较完善，但是近些年来仍然一直在不断推行各项改革。进入21世纪以来，德国于2004年、2007年、2011年、2012年、2013年等进行了多次医疗改革。其改革的基本目标包括减少政府财政支出、强化医疗卫生服务提供者的竞争、提高医疗服务质量与效率、减少医疗服务的不平等性等方面。

（1）2004年医改：减少法定医保基金赤字。德国2004年医疗改革被认为是第二次世界大战后德国社会保障制度一次较大规模的变革，旨在减少医疗保险基金赤字，稳定法定医疗保险费率，提高医疗服务的质量和效率。

2004 年 1 月 1 日，德国正式实施《法定医疗保险现代化法》，拉开医改序幕。主要医改措施包括：一是减少成本或转移费用；二是对药品部门的费用进行控制；三是设立联邦联合委员会。其他措施还包括增强病人的个人权利与集体权利，重组较小的地区法定医疗保险医师协会，并要求所有协会配备全职经理等。

通过医疗改革，德国医疗保险费率得到降低，医疗保险开支有所下降，许多医疗保险基金开始扭亏为盈。

（2）2007 年医改：结构性改革兼顾效率与公平。以 2007 年 4 月 1 日实施的《法定医疗保险强化竞争法》为标志的医改方案是大联合政府中两派政治力量妥协的产物。

本次医改的主要措施包括：一是增加法定医疗保险服务目录；二是设立健康基金，疾病金收取保险费后统一交至健康基金；三是确立医疗保险普遍义务，采用标准化保险费率；四是建立风险结构平衡机制，以平衡疾病基金因严重、慢性、疑难疾病而增加的支出。改革还扩大了联邦联合委员会在质量保证、专业的门诊护理、免疫接种等方面的监管职权。

（3）2011 年医改：建立更加公平、透明、高效的医保体系。由于人口老龄化导致开支增加，以及失业人数增加导致缴费人群减少，疾病基金收支压力较大。尽管有政府法定医疗保险补助，许多疾病基金仍然入不敷出。为了解决法定医疗保险的财政亏空问题，建立一种更加公平、透明、高效、稳定的法定医疗保险体系，德国在 2011 年再次进行医疗改革。

2011 年医改的主要措施包括：一是统一设定医疗保险费率，不再由联邦政府每年设定；二是重新规制附加费用；三是引入社会补贴金，减轻低收入者负担；四是进一步强化不同疾病基金竞争；五是颁布《药品市场改革法》，调整药品生产商对药品的折扣规定，规范新药报销规定。其他措施包括发布《法定医疗护理结构法》，改善医疗服务供给结构，解决供给不足和供给过度的问题。

（4）2012 年医改：应对老龄化，重新界定长期护理保险。随着德国人口老龄化程度越来越严重，长期护理的需求日益扩大。德国于 2012 年颁布了《长期护理重整法》，旨在重新界定、巩固需求越来越大的长期护理保险。

2012 年医改的主要措施包括加强护理前的预防，支持家人提供护理，改善医疗保健，建立更加快速与透明的长期护理诊断程序机制，完善法定长期护理的融资，对私人保险提供长期护理给予优惠政策等。保费方面，长期护理社会保险费用由法律统一规定，雇员和雇主各负担一半；退休人员只支付保费的一半，另一半由养老保险基金支付。

（5）2013年以来的医改：提高医疗服务质量，强调病人权利。2013年，默克尔第三次担任联邦政府总理，医疗改革获得稳步、连续推进。新政府医疗改革的目的主要表现为继续提高医疗服务质量，加强偏远地区的医疗服务等方面。

2013年以来，德国医改主要措施包括：一是设立医疗服务质量与效率所，负责收集与分析相关数据；二是地区医师协会设立预约服务中心，方便就诊预约，减少等待时间；三是强调患者权利，颁布《病人权利法》；四是调整药品折扣率；五是2014年7月通过《进一步发展法定医疗保险资金结构与质量法》，允许疾病基金自由设置附加保险费率；六是2015年5月，公布具有里程碑意义的《卫生电子通信和应用法（草案)》，即《电子医疗法（草案)》。

2. 改革成效和问题

德国在2007年的医改既强调效率，又兼顾公平，不仅减轻了国家对医疗基金的财政投入负担，强化了医疗基金之间的竞争，而且保障了少数患有严重、慢性、疑难疾病的病人的权利；2011—2012年的医改是一次非常重要的改革，在以前多次改革的基础上，建立了更加公平、透明、高效、稳定的法定医疗保险体系，并且在应对老龄化，重新界定长期护理保险方面取得了较好的预期效果；2013年的医改提出了许多改善病人权利的措施，包括完善医疗服务的风险管理与医疗事故报告体系，提高医院的投诉管理水平，强化病人在医疗事故中的程序性权利等。总的来说，德国近几年的医疗改革没有实质性改变原有的医疗保险结构，而是在前几次改革基础上进行的持续性改革。

德国医疗卫生事业发展中面临的核心问题是筹资不足以支付需要。导致这一问题的原因与大多数发达国家类似：一是人口老龄化加剧，对医疗卫生服务的需求不断增长；二是医疗技术不断进步，各种新药、新治疗手段不断产生，导致费用成本逐步上升。此外，德国近年来较高的失业问题也影响了社保筹资的能力。

3. 主要优势

（1）均衡的医疗服务。医疗服务的均衡主要体现在：一是医疗卫生服务体系布局的均衡。政府对医疗卫生服务体系的规划基本原则之一就是让国民能够享受均衡的服务，规划的严格执行使服务的可及性得到较好的保障，也使医疗卫生资源在城乡之间、地区之间的差异很小；二是国民所享受到服务待遇的均衡。所有参加社保的人，在出现疾病问题后，不论其在哪一个法定医疗保险机构投保，也不论费率及实际缴费额的高低，所享受到的医疗待遇水平是基本一致的。即使没有购买私人保险，且发生医疗费用后自己无力承担，医疗服务机构也必须为其提供应有的服务，最终费用责任由政府的社会局承担。

（2）高保障水平、高支出水平。德国的医疗保障及服务水平非常高。从服务体系的情况看，其各级、各类医疗服务机构的技术及设备水平在所有发达国家中都堪称一流，居民就诊所获得的服务也是高水准的。只要病情需要，医疗服务机构所能够提供的任何医疗手段都可以使用，也不存在排队等候问题。高保障水平依靠的是高投入支撑，德国卫生费用占 GDP 比重为 11.3%，属于医疗费用占 GDP 比重超过 10% 的为数不多的国家之一，主要国家中仅位于美国和法国之后。

（3）公共卫生系统和医疗系统密切协作。德国的公共卫生系统和医疗系统有分有合、充分协作。部分公共卫生职能，如传染病控制等有专门体系，但是在传染病病例或疑似病例发现、报告等方面，则是充分发挥医疗机构的力量，且形成了严格、明确的制度；部分公共卫生事业，特别是妇幼保健、健康教育等职能则直接让医疗服务机构尤其是承担初级卫生服务的开业医生承担，集教育、预防、诊疗为一体。

（4）良好的以法律为基础的相互制约机制。医疗卫生事业能否健康发展的核心问题之一就是如何实现医、患、保等不同利益主体之间有效的相互制约。从德国的情况看，通过对开业诊所的总额预付、对医院的项目付费制，较好实现了对供给方过度服务问题的约束；通过给患者以选择权、政府及社会对医疗服务机构严格监督，控制了医疗卫生服务体系可能的服务不足问题；法定保险机构性质为非营利机构，利润与机构和人员收入没有联系，确保其不具营利动机。相比之下，对于患者的约束手段并不多，其中最重要因素是保障水平足够高且足够便捷，使其失去了过度利用服务的动机。

（5）政府和相关社会组织有机协作。在德国医疗卫生体系中，政府的作用主要是确定卫生发展规划，直接组织以传染病防治为主的公共卫生服务，制定法律法规并实施监督执法，对部分特定领域进行直接投资，主要是基本建设投资以及对社会保险难以覆盖的人群承担最终出资责任。与英国、北欧等福利国家相比，各种自治性社会组织在医疗卫生事业发展中的作用更加突出。涉及医疗卫生服务的各个层面都有自治管理机构，不仅是利益群体或组织的利益代表者，也是行业管理和行为规范的组织实施者。除专业性社会组织外，还有协调彼此关系的、同样是自治管理机构的联邦共同委员会。

4. 关键启示

（1）依法保障社会公平。德国医疗体系和医疗改革的核心精神在于社会公平。德国的医疗保险具有囊括全民的覆盖率，就业者、个体户和失业者都享有医疗保障，医保政策制定中考虑多种因素力求达到最大公平。目前，中国不同社会成员医疗卫生需求的实际满足程度差异较大，由于收入差距的扩大而产生严重的两极分化效应。富裕阶层的医疗卫生需求可以得到充分满足，大部分社会成员，特别是低收入城市居民和农村人口的医疗卫生需求还不能得到很好的满足。在中国的医改进程中，依法保障社会公平，应该是重中之重，应加快建立完善医保体系，本着低水平、广覆盖的原则，多方筹集资金，建立覆盖城乡居民的基本医疗保险制度。

（2）系统有效的制度设计。在医疗卫生事业发展中，医疗服务机构及从业人员的行为目标和行为方式具有决定性作用。德国的专业医疗服务机构采取以公立机构和非营利机构为主的体制，这些机构不以营利为目标，机构人员收入也普遍采用固定工资制度，与职位相关、与服务收入无关。开业医生为私营部分，收入与服务关联，但是政府实行严格的总量控制政策。通过各种制度设计，避免医疗服务机构的营利冲动以及由此导致的公共利益和机构利益冲突，确保公益目标实现。在医疗服务机构建设方面，必须坚持公立机构的主导地位，切断个人收入与服务收入的联系，通过有效的支持和约束手段确保其公益目标实现。

（3）逐步转变政府职能。德国在医疗卫生领域实施卫生服务购买者与提供者分离，政府并不直接经营医院，政府工作重点转变为相关政策和法规的制定、宏观调控以及对医院工作的监督评价上。通过公立医院自治甚至公司化管理，使医院能够在人、财、事等方面拥有更大的自主决策权；通过在医疗服务市场中引入和加强竞争机制，使医院变成自负盈亏的实体，产生硬约束与相应的激励机制，促使医院自身与整个社会医疗服务体制的协调发展。对于医疗领域的管理，我国政府许多时候存在越位现象，应逐步转变政府职能，实行管办分离，改变政府与公立医院之间的行政科层关系，逐步调整政府在医疗卫生服务体系中的角色和定位。

（4）医药分开，引入药品议价机制。德国是最早实行医药分开制度的国家之一。在德国，84%的药品通过药店销售，其中70%为处方药和可报销的非处方药，14%为不可报销的非处方药；其余16%的药品由超市销售，医院销售微乎其微。在医药生产和流通领域，德国并未实行完全放任的自由市场，国家监管非常严厉，尤其是在市场流通流域；同时，德国的药品议价制度也卓有成效地控制了药品的价格。“以药养医”是我国药品费用居高不下的重要原因，未来应进一步探索解决之道，参考和借鉴德国的药品价格制度。

（5）推进医疗服务电子化和信息化。推进医疗服务的电子化，不仅能够方便患者，还能方便医生，解决医疗机构运行成本，提高医疗生产力和效率。德国早在2015年5月公布了具有里程碑意义的《电子医疗法（草案）》，对医疗保险基本数据的现代化管理、急救信息的电子化储存、用药计划、电子形式医疗通知与账单的寄送、X光诊断服务电子化的津贴奖励等内容做了全面规定。互联网时代，“互联网+”已经深深影响并改造了许多行业。对于医疗行业来说，大力推进医疗服务电子化已刻不容缓。未来应加快移动医疗服务平台建设，支持远程医疗、智慧医疗发展，加强医疗卫生信息系统建设的顶层设计，促进数据整合和信息共享。

（四）丹麦：北欧国家高福利制度下的全民医疗体系

丹麦的医疗保障制度属于国家出资的全民免费医疗保险制度，居民有权免费到指定医疗机构就医，并且根据自身意愿选择性购买补充性医疗保险。丹麦医疗卫生体系覆盖面非常广，所有国民和符合要求的外国居民都享有公共卫生保健服务（包括全科医生和专科医生的服务以及所有公立医院在内），个人仅支付牙医及院外药物和一些辅助性理疗的费用等。

1. 历史各阶段关键举措

（1）疾病基金系统。丹麦医疗保障体系最早可追溯到18世纪，随着医院和医疗高收费方法的出现，民间开始成立疾病基金，基金会的收入主要用来为低收入人群提供除住院外的基本医疗服务。这种基金会组织在丹麦全国曾产生过50个。后来，为了争取国家对医疗的财政投入、获得更好的收入，丹麦的医生们积极投入政治运动。1891年丹麦通过了《丹麦医疗投资法》，这部法律使参加基金会的人和一部分低收入人群得到了免费医疗。

（2）全民医疗保险系统。1970年，丹麦进行了地方政府改革，实行去中心化的管理制度（Decentralized），废除了推行多年的疾病基金系统，全面建立医疗卫生服务系统，国家和地方两级政府之间进行了明确的责任分工：由州镇负责医院诊所和公共保险；社区负责照料老人、残疾人康复、青少年卫生与防疫。公共卫生系统交由地方政府负责，产生的费用由国家和地方税进行转移支付，进而实现全民医疗保险系统。

（3）公民基础卫生服务免费。2007年1月，丹麦改革政府体制，14个省级政府合并为5个大区政府，271个市政府减少为98个，国家卫生法案颁布施行，所有丹麦公民自动纳入医疗保险系统并免费享受由全科医生提供的基础卫生服务项目。医疗费用方面，公立医院和社区医生统归大区政府管理并划拨预算；病人出院后的康复、养老设施等则由市政府负责。

（4）超级医院计划。随着丹麦逐渐进入老龄化社会，医院收治患者的年龄结构将发生改变，与此同时，对疾病预防的重视也需要医院提供与以前不同的医疗服务。为适应时代变革，丹麦的医疗卫生官员启动了“超级医院计划”。在大城市中采用集中式的“超级医院”，专科医生成为治疗的核心力量，并优化患者就诊流程、提升医疗质量与效率，在确保患者安全的同时，改善患者住院环境。

2. 改革成效和问题

改革成效方面：一是让民众拥有多元化的医疗保险选择。首先是参与基本医疗，与一位家庭医生签约，遵循严格的全科医生首诊制，转诊必须经过签约的家庭医生准许，诊疗、转诊、住院等全过程不需要个人另外缴费；其次是不参与基本医疗，不签约家庭医生，每次就诊需支付诊疗费50美元（1美元约合7元人民币），没有就诊和转诊限制，转诊、住院等需要按一定比例支付相关费用。二是医疗保健系统全面实现数字化改革。丹麦医疗保健系统的特点是广泛的数字化。在所有医院，全科医生和市政医疗保健提供者都使用电子医疗记录（EHR）系统并以电子方式进行交流。丹麦大约存在着15种不同的EHR，它们之间能够互联互通，方便操作。三是建立了高效的医疗分级制度。丹麦建立了明确的医疗分级制度，由家庭医生担任国民第一“健康守门人”，在确保民众就医质量的同时，也能减少医疗资源的浪费，并提高医疗保健效率。

主要问题方面：一是患者平均候诊时间过长。患者如果想得到医院的正规治疗，需要获得全科医生的诊断，等待时间相当漫长，尤其是非紧急手术等待时间则更长。这一现象的主要原因是免费医疗带来的公共产品使用的拥挤性，以及全科医生供给不足；二是医疗保险水平过高带来的高税率问题。目前，丹麦医疗保险全民覆盖率达到100%，但丹麦个人所得税的税率高达56.4%。此外，在丹麦，还要缴纳许多物价税，在丹麦花费100克朗，要向丹麦国库平均缴纳31克朗的税；三是医疗支出高昂，国家财政负担加剧。在丹麦，随着人口平均寿命的逐渐延长，人口老龄化速度加快与慢性病患者逐年增多，在1000个市民里，有70—200人需要由全科医生面诊并进行长周期、全过程的保健方案指导，10人需要转诊至医院住院治疗。不断增长的医疗费用开支加大了丹麦的财政负担。

3. 主要优势

（1）有效的法律和制度约束。丹麦医疗保障制度是其福利制度的一个重要组成部分，其基本原则是保证所有丹麦居民都能够平等、免费获得各项医疗保健服务。同时，丹麦医疗保障制度是建立在明确法律约束之上的。政府、医生和居民三方以法律形式进行规范，通过详尽的法律条文明确规定各自的权利和义务，各级政府职责划分以及具体流程标准。这样一是可以减少制度监督和实际运行中的真空地带，二是避免各个责任主体的行为缺失、越位、懒政、不作为等现象的发生，是丹麦国民医疗体系得以长时间高效平稳运行的关键。

（2）稳定的医疗资金来源。丹麦绝大部分全科医疗服务是由私人医院或诊所提供，但费用是由国家公共财政负担。从筹资渠道来看，丹麦全民医疗体系资金来源比较单一，政府负责筹集所有医疗服务资项目的资金。中央政府以及市镇政府负责为居民全科医疗服务筹集资金后，通过不同渠道将所募资金交由大区政府管理分配，供家庭医生制度建设使用。大区政府可通过以下三个渠道获取医疗资金：第一，由中央政府发放的医疗专项资金，这是大区政府最主要的资金来源，占大区政府医疗服务费用开支的80%左右；第二，由中央政府提供的相关补贴，用来支付患者在各大区医院产生的相关费用；第三，来自市镇一级政府的补贴，用来支付该区内患者的住院治疗费用以及由全科医生提供的门诊服务费用。后两部分资金占大区医疗服务费用开支的20%左右，上述区市镇政府的补贴资金主要来源于地方税收和中央财政专项资金。

（3）合理的医疗服务定价体系。丹麦引入美国于1984年建立的“按病种偿付方式”，即按诊断分类定额预付制。该方式将医疗机构对病人提供服务全过程归为一个产品，并把某一种疾病诊断治疗整体费用作为该医疗服务的预算价格。医疗保险机构（政府）按此预算价格对提供医疗服务的医院付费。这种偿付方式从以医院成本为拨款参考的简单方式，转向以医疗服务作为医院预算依据的方式，可减少医院过度治疗现象，有助于全国医疗卫生费用支出控制。

（4）高质量的初级卫生保健体系。丹麦医疗保障十分注重国民的初级健康教育和健康管理。其中，分布广泛、高效、专业的社区全科医生是其初级医疗卫生服务体系的重要支撑，被誉为“健康的守门人”。几乎每一位病人都在社区中的健康中心拥有自己的社区全科医生，平均一位全科医生负责1500人。全科医生的主要职责是直接接受所辖社区居民的医疗咨询，给予初步医学诊断，并且有责任建议患者向相关专科医生进一步就诊。全国90%的患者会在社区全科医生诊所得到处理，只有10%的重症、疑难患者才会被转诊至医院。同时，社区诊所、医院对居民医疗健康教育工作也十分重视，通过设计制作各类宣传材料、定期组织座谈会、对出院患者进行随访和技能培训等途径，提高居民防病防疫、诊后自我恢复能力。

（5）严格的药房、药品管理制度。在丹麦，内政和卫生部、药品管理局负责审批药房的经营资格，负责药房开设地理选址，以便绝大多数居民购买药品。同时，药房归私人所有并负责经营，药剂师必须取得内政和卫生部发放的执业执照。但药剂师的收入水平由国家内政和卫生部与药品管理局协商一致后确定，每两年调整一次。各类药品定价由内政和卫生部负责制定。其中，对于常规药品，一般参照欧洲平均价格水平确定；对于新药和罕见病药品，由制造商提出价格方案后经协商确定，投放市场一年后会根据实际供需情况重新定价。1999年，丹麦成立国家理性药物疗法研究所，为各类药品合理定价和使用提供指引和参考。此外，处方药只能在国家授权批准的药房中销售，部分非处方药可以在药品管理局批准的商店销售，药品的销售渠道管理较为严格。

4. 关键启示

（1）适当提高医疗保证的公平性。医疗保障制度的构建需以“社会公平”优先，再“兼顾效率”。目前，我国医疗保障对广大农村人口、城镇外来务工人员、下岗职工等弱势群体不够充分。未来在医疗卫生费用支出分配中，还充分考虑地区之间的差异，城乡之间的差异，职业和群体之间的差异。国家应从财政上更多地补偿低水平地区，补偿低收入和弱势群体。地方政府也应充分发挥自身能力，建立与当地居民生活水平、当地居民生活状态相一致的医疗保险服务。当然，医疗服务必须与本国的具体国情和财力相适应，不能盲目崇尚高福利国家模式，必须要考虑本国的生产力发展状况和经济负担水平。

（2）提高各级政府管理、服务水平。未来应切实转变政府职能，统筹协调国家财政与地方财政的关系，统筹协调政府与医疗结构的关系，统筹协调医疗机构和患者之间的关系。政府不仅要充当财政资金的提供者，还要作为医疗服务的购买者，医疗体系的监督者。完善各项法律法规，利用法律法规约束医疗服务提供者行为，保护患者利益。另外，引入科学客观、系统的评价体系，制定可行的评价标准，对医疗服务提供者的服务质量进行评估，提供机构、医师医疗服务效率，提高医疗费用使用效率。

（3）建立“以患者为本”的医疗服务保障机制。丹麦医疗保障的成功离不开“以患者为本”的初衷。减少等待时间、保护患者权利、以患者为主导的医疗服务精神是其医疗卫生系统高效运行的原因之一。未来我国医疗卫生改革也应坚持该精神，提高服务质量和患者满意度。建立医患服务责任制度，通过信息系统透明化公布服务质量、医院绩效、医师绩效等相关信息提高公众监督效率，形成有效激励。依据医疗服务的提供者的服务质量支付费用，合理优化诊断系统，科学合理的费用评估体系，提高病人的权利，尤其是知情权，建立医疗卫生监测数据库，避免医生滥用和过度使用药物、治疗手段，保证患者的权益。

（4）合理引入竞争和激励机制。未来我国医疗卫生体系建设需注重通过系统科学的评估，对效率高和服务质量好的医疗服务提供者实施激励，给予更多的财政补偿，淘汰效率低和服务质量低的医疗服务提供者。制定合理的法律法规，提高医疗卫生从业人员的工资水平，增加违规行为的处罚，从根本上抑制医疗卫生从业人员违背职业道德和职业操守。引入合理的竞争制度，运行具有医师执业资格的私人诊所，民众在私人诊所看病，医生也能够得到相应的财政补偿。

（5）加大数字技术的医疗应用深度与广度。丹麦卫生系统的数字化程度世界领先，全科医生和市政卫生服务机构已在丹麦全国范围内实现数字化支持。信息技术已成为丹麦医疗保健服务中不可或缺的一部分。未来我国医疗卫生体系硬件建设也应加大数字化重视程度和投资力度。医疗数字化可有效提高疾病治疗效率和安全性，实现卫生系统资源的低成本共享。同时，高数字化也为人工智能、大数据、远程医疗、全息影像、5G 通信等技术对重大疾病早期发现、诊断诊治等提供支撑。同时，数字化为患者提供透明、便捷的信息获取渠道，提高了患者与医师就其自身治疗更加平等的合作可能。

（五）日本：控制医疗费用以提升医疗绩效

日本由于 1983 年制定了老年人保健制度，以及 1984 年保健法等大修改，医疗费用快速上升的状况得到了一定程度的缓和。但是，伴随着老龄化和医疗技术的进步，到20世纪90年代末，医疗费用每年再次迅速增加；加之日本经济在泡沫破灭之后，长期处于低迷状态，财政状况持续恶化。因此，在20世纪90年代中叶之后，日本政府进行了多次带有浓厚财政对策色彩的医疗制度改革。

1. 历史各阶段关键举措

（1）20世纪90年代后半期到2002年的医疗保险改革。20世纪90年代后半期，由于医疗费用的增加和经济低迷，使保险财政进一步恶化，预算组成中的最高限额雪上加霜，医疗保险改革的重点放在财政对策方面。1997年，日本修订了保健法。这次修订中，将就业人员保险的本人负担部分由10%提高到20%，要求个人负担一部分药费，政管健保保险费率由8.2%提高8.5%。2002年，日本再次修订健保法，从政治层面看，这次修订属于1997年以后修订的延续。主要内容包括：一是重新探讨各种制度和各年龄段的支付与负担。规定对就业人员保险本人的支付率为70%，对不满3岁幼儿支付率为80%；二是提高政管健保的保险费率。以总报酬为基准，将保费率由7.5%提高到8.2%；三是重新评估高龄患者的负担。取消定率10%负担上限，实现完整定率10%；四是减少老年人保健筹措资金负担。将老年人保健法医疗支付对象年龄从70岁提高到75岁。

（2）2006年的医疗制度改革。2006年的医疗制度改革与此前历次改革有所不同。此前的医疗制度修改往往是指医疗保险制度修改，2006年改革首次提出了医疗费合理化对策和医疗供给制度改革。本次改革要点包括：一是医疗费用合理化。重点评估保险支付的内容和范围，制订医疗费用合理化计划，由保险机构进行特定健康检查和保健指导；二是提供优质医疗的体制机制；三是建立新的高龄者医疗制度。制定后期高龄者医疗制度和前期高龄者医疗费的财政调整制度；四是重新评估保险支付的内容和范围。将收入与在职时相等的高龄患者自付比例提高到30%，将70—74岁高龄患者的自付比例提高到20%；五是以都道府县为主的保险机构进行合并重组。将政管健保由国家运营改为公共法人运营，财政单位也改为都道府县，保险费率反映各都道府县的医疗费水平。

（3）2007年医疗改革。2007年，日本颁布《医疗制度改革法》，国家医疗保险和地方医疗保险制度隔离，地方政府自主，医保费率上下浮动，适当提高老年人口医疗费用承担比例。实行“后期高龄者医疗制度”，为75岁以上老龄人专门设置，医疗费个人分担10%；70—74岁老龄人口，医疗费个人分担由10%提高到20%；70岁以上老龄人口，年收入达520万日元以上的夫妇，医疗费用个人分担由20%提高到30%。医疗费用分担部分一律从养老金扣除，如长期住院，餐费、取暖及照明等日常生活费用原则上自付。

（4）2009年的医疗改革。此前的医疗改革重点一直放在抑制医疗费用方面，改革的压力增大的同时，反作用力也逐渐增大，医疗相关人士的反对声音不断高涨，改革措施开始出现反复。2009 年医疗改革主要内容包括：一是废除后期高龄者医疗制度。但是围绕后期高龄者医疗制度废除后，地方保险运营主体扩大的问题，遭到知事会的强烈反对，而且有关提高 70—74 岁患者自付比例的问题也遭到了民主党内部的批判，无法提交国会；二是提高医疗报酬。由于经济环境和保险财政十分严峻，医疗报酬主体的修改幅度很小、仅为 1.55%，医院各科修改幅度为 1.74%；三是增加医生的培养数量。1982 年以来，日本一直对医生培养数量有所控制。这种情况通过确保医生紧急对策得到改变，民主党提出要将医生培养人数提高 1.5 倍。

2. 改革成效和问题

日本国民健康保险法的制定，是日本崛起前社会政策大战略中的重要一环，不仅解决了贫富差距的社会问题，稳定了当时社会的各种危机，也提高了日本国民整体的健康水平。日本医疗保险主要成效有：一是形成了强制加入的全民社会医疗保险。日本的医疗保障实行强制性加入的原则，要求符合条件的国民必须加入，从而实现全民保险的医疗保障制度。日本医疗保险的宗旨是为了国民在生病时能够得到起码的医疗，而不使患者的经济负担过重，使低收入者以及高风险者不被排斥于医疗保险制度之外。在保险费负担方面，保费负担确定不是根据风险大小决定，而是根据个人收入比例缴费。强制性的全民医疗保险制度使医疗保险覆盖面广，体现了医疗保险的社会性，为日本国民提供了良好的医疗保障。二是医疗保险基金来源多元化。日本的医疗保险基金体现了责任共担的原则，由政府、雇主和个人三方负担，使医疗保险基金来源多元化。具体来源包括患者个人在医疗机构就诊时支付的费用和医保以外的自费医疗费用；医疗保险等支付的费用；公费支付的部分。三是形成了具有法律约束性医疗保障制度。日本医疗保障制度的发展和改革始终建立在法律基础之上。日本政府为了保障国民的健康权利，制定了一系列的健康保险法律，如《雇员医疗保险法案》《国民医疗保险法案》《老年人健康法案》《医疗服务法案》等，均属于强制国民、用人单位参加的健康保险。把健康保险纳入法制的轨道，用法律来约束个人、用工单位、政府和卫生服务机构的健康保障责任，保证了医疗保障制度的有效执行和实施，有助于切实为全体国民提供良好的医疗服务。

问题在于：一是国家医疗负担较为沉重。随着医疗费总额的上升，国家对医疗保险的负担迅速增加；二是易受老龄化问题冲击。随着老龄化的加深，该模式有可能面临支付危机；三是增加雇主和雇员负担。为缓解财政支出压力而提高法定保险费率，将增加雇主和雇员财务负担；四是存在服务和负担不均。老年人医疗费负担不均，医疗机构数量分布不均；五是存在道德风险。社会医疗保险制度可能助长好逸恶劳的风气，对劳动力市场发展产生负面影响。

3. 主要优势

日本采取的社会医疗保险模式，指通过立法形式强制实施、以第三方医疗保险机构为主要医疗保障，政府不直接参与实施管理。

一是可以提供垄断性保险合同。许多病患并不具备足够的专业知识确定自己是否需要某种医疗服务，过多的商业健康保险选择不但不能帮助他们作出理性的决定，反而会滋生逆向选择问题，社会医疗保险制度提供了统一的保险合同而更具优势；二是可以降低逆向选择与道德风险。社会医疗保险与商业医疗保险的关键区别在于参与的强制性或者说可获得大量的财政补贴，这使其在很大程度上避免了商业健康保险面临的逆向选择和道德风险问题；三是降低营销成本。社会医疗保险的强制性决定了几乎没有营销成本，数据显示部分国家商业健康保险公司的营销成本已经超过了社会医疗保险制度的管理成本；四是增进社会公平。社会医疗保险制度是贯穿收入分配一次、再次及三次的调节工具，重要目标是促进社会公平，维护社会稳定。特别是当商业健康保险采取“撇脂策略”致使市场失灵时，社会医疗保险制度可以为全体社会成员提供普遍可及的医疗卫生服务。

4. 关键启示

（1）重视医疗保障立法。回顾日本医疗保障发展和改革历程，可以感受到无处不在的法治精神和原则。《中华人民共和国社会保险法》已于2011年7月1日起施行。作为社会保险的重要组成部分，医疗保障也需要在《中华人民共和国社会保险法》的框架下，结合医疗保障的特殊国情和发展规律制定专门的法律规范。建议实行法定医疗保障制度，中国公民和符合一定条件的外国国民必须参加基本医疗保险。

（2）理顺基本医疗保险管理体制。早期，日本将医疗保险管理和经办作为政府职能，全部由政府直接举办，并在厚生劳动省辖下保险厅，专门负责规划、预算、修订、监管医疗保险制度和制度执行。其后，日本按照管理和经办分开的原则，设立了法人治理的国民健康保险团体联合会和社会保险诊疗报酬支付基金组织。目前，我国基本医疗保障制度全面覆盖时间较短，法人化治理还有待完善，需要按照专业化、制度化、规模化、信息化等要求加强经办机构建设。

（3）着力解决好老年医疗保障问题。日本社会老龄化问题日益严重，65岁以上老人占总人口比重23%以上，且医药费支出占总费用支出的一半以上。为此，日本在老年医疗保障、介护保险、在宅治疗等方面采取了许多有效的措施。目前，我国社会老龄化问题也在逐渐显现，对老年医疗费用支出提出了较大挑战。日本老年医疗保障制度的启示包括：建立灵活的退休制度，鼓励员工在法定退休年龄后继续在企事业单位工作；加强老年医疗和养老服务设置的服务体系规划，加快老年养老护理和筹资体系的建设等。

（4）逐步实现医疗保险的全民覆盖。我国医疗保障全民覆盖的形式与日本比较相似，均为按照职业类型和居住地域两个途径实现。近年来，我国医疗保障全面覆盖的主要短板是农民工、非公有制经济组织从业人员和灵活就业人员的参保问题。为了解决上述问题，日本出台了《临时工健康保险法》，将临时工纳入医疗保险体制；其后，还将该制度并入健康保险，与一般企业职工享受同等待遇。建议我国将农民工、非公有制经济组织从业人员、灵活就业人员按照工作性质，逐步纳入城镇职工医疗保险，持续完善基本医疗保障制度。

（六）韩国：立法先行的全民医疗保障

在医疗保险体系方面，韩国的医疗保险资金主要来源于三部分：一是雇员和雇主按月平均工资保险费率缴纳的强制性保险费；二是一般税收；三是对烟草收取的额外费用。在保障内容方面，参保人主要享有两方面保障：一是医疗保健、定期健康检查等医疗服务。例如，针对医疗保健机构提供的疾病诊断、药品、住院、交通等服务，费用由参保人和政府共担。针对定期健康检查及癌症检查，费用由全国健康保险公司（NHIC）和参保人分别负担80%和20%；二是特殊参保人可享有非国家医疗保险范围内的补贴。例如，针对残疾人购买轮椅、助听器等医疗设备，可享80%的价格补贴。此外，针对领取最低保障补助、患有慢性疾病等非医疗保险阶层，政府制定相应的支援制度——医疗给付制度，由国家负担其医疗服务费用。

就医疗卫生体系而言，韩国医疗系统主要由综合医院、韩医院、私人医院、诊所及保健所等构成[①]，其中85%为私立，约10%是政府设立的大型医院或国立、公立大学医院，其余约5%隶属于其他社会团体。在医疗卫生管理方面，健康福利部（MOHW）是政府负责颁布相关法律、制定政策以及实施监管的机构；NHIC作为非营利组织，负责管理全国健康保险计划，并向医疗机构支付民众的医疗服务费用；医疗保险检查和评估机构（HIRA）为中立机构，负责审查医疗费用、评价医疗机构服务质量。

1. 历史各阶段关键举措

从20世纪60年代至今，随着韩国社会经济腾飞，其医疗卫生体制经历三阶段改革后日趋完善。

（1）自1963年起的第一阶段。政府主要通过完善和实施《医疗保险法》，逐步迎来全民医保时代。该法为医疗保险政策奠定法律基础，首先允许300人以上的大型企业自愿为雇员设立保险，由此拉开了韩国医疗保险计划的序幕；1970年该法将适用范

① 从等级来看，甲类医院涵盖所有科室，提供专门的急诊服务，并拥有500张病床，主要包括综合医院和大学附属医院；乙类医院具有四个以上科室，提供住院和门诊服务，拥有300—400张病床和急救室；丙类医院设置较少科室，主要提供预防疾病或早期治疗的医疗服务，包括私人医院和保健所。

围扩展至军人、公务员等，并划归为强制参保对象。为推进该法内容得到全面施行，韩国政府于1976年再次修订该法并制定了一系列配套法规，如《有关医疗保护之规则》《医疗保护法》等。进入20世纪80年代，政府逐步建立起地域医疗保险，完成对农村个体劳动者及家属的保障；至1989年，城镇个体劳动者及家属也被纳入医疗保险保障范围，韩国进入全民医保时代。

（2）自20世纪90年代起的第二阶段。政府完成了对医疗保险组织的整合；1997年，国会通过《国民健康保险法》；并根据该法组建起国民医疗保险管理公司、NHIC，上述机构分别统筹开展全国和地区医疗保险业务。

（3）自21世纪起的第三阶段。为改善医疗保险制度，一方面，韩国政府再度制定新法，将地区和全国医疗保险业务合并，统一由NHIC支付结算；并将收入阶层为中心的特殊人群的保障再度提高，由医疗扶助发展至医疗给付。另一方面，针对药费对医疗费用的占比过高问题，韩国全民医疗保险再次进行重大改革，重要举措之一即强制性分开医药，关闭医院门诊药房，门诊用药统一全由社会药房提供；计划通过“医药分开”改革减少“以药养医”的问题。尤其针对低收入阶层人群，韩国于2004年将其本人承担补偿制度的支付标准、诊疗费的个人承担比重分别降低至20万韩元和15%，同时引进本人承担上限制等。

2. 改革成效和问题

目前，韩国已拥有较为完善的医疗卫生制度，强制性医疗保险计划覆盖全民，国民已能够真正享受到平等医疗服务。从改革成效来看，自20世纪60年代开始的医改，主要建立了韩国形成医疗保险和医疗援助相结合的医疗保障体制，并成功实现对全国民众实施强制性医疗保险的计划。

不可忽视的是，历次改革夹杂了大量问题：一是在第一阶段改革中，1981年启动的地区医疗保险试点初期成效并不明显。究其原因，是时任政府未承担居民医保费用，仅支持医保计划的行政开支，从而导致民众投保积极性不高。针对该情况，政府决定将投保费改由政府和个人均担，才逐步调动起广大民众的投保热情。由此，医疗保险才在地区逐步普及与实施；二是在第三阶段改革中，“医药分开”改革触及医药界人士的利益，由此导致医生大罢工和示威游行，整个公共医疗卫生体系面临瘫痪。最终以政府提高医疗收费、医生待遇以及消费者增设处方调剂费等结果收场，医疗消费不降反升。尽管此后，为避免道德风险，韩国政府加码施行“药品零加成”，计划通过零利润价格管制消除医生配高价药的动机，该政策导致韩国本土小制药商退出市场，跨国药品生产商市场份额增加，进一步引致韩国制药工业竞争力削弱的负面影响。

3. 主要优势

（1）医疗卫生体制完善，总体覆盖面广。韩国具有法律保障的全民国家医疗保险体系。从1977年在500人以上大型企业试点医疗保险制度以来，韩国医疗保险覆盖率由全部人口的9%提升至96.9%。如今，医疗保险适用人口囊括城镇职工及被抚养者、农村和渔村地区私营业主及被抚养者两大群体，占总人口比例分别为52.6%、44.3%。其余3.1%无能力支付医疗保险费的人群的医疗费用也由国家财政负担，同样是医疗保险的受益对象，属于医疗保险的补充部分。

（2）医保筹资渠道广泛，稳定性较高。韩国医保资金来源包括企业、职工、家庭参保者缴纳的保险费及政府补助。筹资体系涉及差异化缴费，根据参保群体的经济活动分类，体现群组公平的同时，筹资稳定性也较高。具体而言，企业和职工保险费缴纳额按照标准月酬数和保险费率计算，一般劳动者与公务员保费由本人和雇主各担50%，私立学校教职员保费由本人、雇主和政府分担50%、30%和20%；家庭参保者保险费缴纳额按标准收入点数和每点金额计算，年收入超过500万韩元的家庭保费根据收入和财产确定，此标准以下的家庭保费根据性别、年龄和财产来确定；政府补助金主要来源于一般税收及部分烟草负担金。

（3）单一机构统筹医保，财政支出高效运行。“国民健康保险”是韩国负责全民医保的唯一机构，由之前各类医疗保险机构合并而成。该体系大幅减少了行政运营成本，显著提高了医疗服务质量。同时，该体系建立了社会连带责任制度，即让富人帮助贫人，让年轻、健康的人群帮助老人和病人等，使公共财政负担明显减轻。从量上看，公共财政仅支付总医疗支出的不到60%，医疗卫生总费用占GDP比例在6%左右，卫生预算占中央政府预算2%，这意味着在韩国医疗卫生费用的财政负担较轻。

（4）医疗卫生服务市场化竞争程度高，品质较好。韩国私立医疗体系是医疗卫生服务的重要构成，其占据了大量医疗资源，如88%的病床、91%的专家、90%的门诊服务以及93%的急诊救护。从韩国卫生费用的结构来看，其中65%由个人直接付费，23%来自社会保险，而政府仅负担12%，这意味着居民对医疗服务有较高的自由选择权。实际上，高达90%以上的国民选择私人医疗机构就诊。基于上述两点，韩国私立医疗体系竞争特质突出，医疗设备IT化程度较高，无纸化诊疗、机器人手术在甲状腺癌、大肠癌等领域应用广泛，技术实力和治疗效果媲美欧美发达国家。在充足医疗资源和崇尚礼仪的文化氛围下，消费者体验日益增强，医患关系良好，消费者对医疗服务品质的认可不断提升。

4. 关键启示

从成功经验来看，韩国医改主要归结于两点：一是在完善的法律体系条件下逐步改革，在经过反复试点后以法律形式强制实行改革措施；二是贯行政府筹资、建设和组织医疗卫生服务的原则。对于我国医改而言，韩国经验有两点重要启示：一是加快我国医疗保险及相关立法，使全民医疗保险制度运行立足于法律基础上，其实施能够有法可依，杜绝出现企业拒不参保、拖欠医疗保险费用、保险覆盖面难以扩大、医患矛盾升级等问题；二是应坚持政府筹资和规划医疗卫生服务体系的原则，降低医疗服务费用的前提是形成完善的医疗卫生体制。

实践中，韩国医疗卫生体制也存在众多问题：一是医疗保险制度效率不高，导致营利性医院挤出公立和非营利医院，居民医疗费用呈螺旋式上涨。尽管居民均享有医疗保险，但由于体制效率低下、个人自付费用太高、众多医疗服务项目未被保险覆盖等原因，导致大量居民倾向选择营利性医院。而这类医院往往过度依赖高新技术和药物，在缺乏法律规制的环境下，最终将成本转嫁给医疗卫生消费者，因此造成韩国医疗服务费用不断高企的现象；二是转诊系统不健全导致逐级转诊制度流于形式，因而存在小病到大医院、一病多医等医疗卫生资源严重浪费的情况；三是韩国医疗保险分别由300余个保险基金组织管理，每个机构均独立经营，因此存在缺乏规模效应、抗御风险的能力不强、管理成本过高的问题。

（七）新加坡：强制储蓄型医疗保险制度

新加坡医疗卫生体制由医疗保障体系和公共卫生服务体系两部分构成。这两个体系均强调政府与个人、公有与私营间合作互补，实现公平和效益的双重平衡。从医疗保障模式来看，采用强制储蓄型医疗保险，其结构主要分为三层：一是政府设立覆盖所有的工作人士的个人医疗储蓄计划Medisave①，旨在通过强制储蓄的方式有效防止个人过度消费，避免医疗资源浪费；二是设立针对重病或长期疾病的健保双全计划Medishield②，强调个人、雇主与政府的责任分担；三是通过为经济困难人士建立医疗保障基金Medifund，体现政府保护网的责任。从公共卫生服务结构来看，主要由政府提供的公共卫生体系和私立卫生体系组成，80%的常见病和多发病等基础卫生保健服务由私立体系提供，其余被政府公立体系的社区医院覆盖。对于住院医疗服务，公立和私立体系分别承担80%和20%。总体来看，新加坡医疗体系覆盖全民，公私联动。政府秉承国民必须对自己健康负责的理念进行制度设计，体现不同医疗情形下个人责任向政府责任的过渡。

1. 历史各阶段关键举措

20世纪60年代前，新加坡实行英国的免费公共医疗服务制度，由财政税收资金支持。独立后，新加坡逐渐发展出自身独具特色的医疗卫生体制。在20世纪80年代

---

① 类似中国的城镇在职职工基本医疗保险基金，患者每次治疗准许提取的限额根据病种不同从250新元到7550新元不等。

② 为大病提供保障，如住院治疗的普通病房每日可以提取450新元，ICU病房每日可提取900新元，社区医院病房每日可以提取250新元，手术费用的提取限额则从150新元到1100新元不等。

起，受全球新公共管理运动影响，一方面，新加坡医疗保障体制进行重大革新，逐步从一般赋税资助转向以个人储蓄为基础。一是在中央公积金制度为主体的社会保障制度①框架下，于1984年推出强制性的医疗储蓄计划②，设立个人医疗储蓄账户；二是配以针对大病的健保双全计划和救助性医疗保障基金。由此一来，新加坡医疗保障便形成独具特色的3M（Medisave、Medishield和Medifund）体系。此外，1994年新加坡还进行了医药福利制度改革③，确定公务员必须支付部分医药费用的原则，即将公积金医疗储蓄加补贴制度的适用范围扩展至公务员行列。另一方面，公共卫生服务体系同期开展了以竞争、效率、分权为主题的重大调整。1985—2000年，一是全面推行了公立医院收费制度改革，实行医疗费用总量控制，具体是实行提高收费标准和成本回收措施；二是对公立医院进行重组，并按照引入竞争、防止垄断的理念组建了东部新加坡保健和西部国立健保两大医疗服务集团；三是确保公立医院在非营利前提下施行公司化运作，总体实现“公办民营”管理。重症医院和专科医院的产权完全归政府所有，但以公司形式进行运作，即将管理权交予公司。对医院运营和医用品采购等实行市场化运作，大型设备则由卫生部所属控股公司统一采购，列入预算，“以病人为中心”进行“全面优质管理”。在2015年，新加坡对医疗保障制度作出进一步调整，中央公积金局将各年龄段雇员医疗储蓄缴费率均上调1个百分点，至8%—10.5%。总体来看，新加坡的医疗卫生体制机制改革以中央集权为基础，逐步体现了更多的个人责任，现行制度主要依靠公民强制储蓄和公立医院民营管理，很好地实现了公私共担、兼顾公平和效益。

2. 改革成效和问题

最初，免费公共医疗服务制度给新加坡政府造成严重的社会福利负担。自20世纪80年代开始的医疗卫生体制机制改革总体取得良好成效，使政府财政负担大大减轻，医疗资源配置得到优化（医疗服务质量得到提升的同时医疗费用实现降低）。例如，全面收费制度的推行使政府卫生支出以及卫生总费用实现了目标控制。随着收费标准提高，公立医疗卫生机构的成本回收对日常开支的占比有所提升，即其自我“造血”功能增强。再如，1994年针对公务员的福利改革为政府财政减轻了负担，杜绝了医疗费用增长过快、供需双方滥用医疗卫生资源的现象。

但是，改革也带来众多问题。一方面，从需求端看，改革同时也导致患者自付比

---

① 明确规定以雇员薪金为基数，按照法定比率将公积金存入相应账户；中央公积金账户中的特别账户供退休医疗使用，医疗储蓄账户供个人和亲属医疗支出。

② 此后，中央公积金局于1992年推出自雇人员医疗储蓄计划，规定年收入超过一定额度自雇人员必须以其净收入为基数，缴存固定比例的款项进入储蓄；1993年成立保障基金，据基金援助准则和申请人经济状况审批提供援助。

③ 1994年前，政府公务员和男性公务员眷属在政府医院或诊疗所接受门诊治疗时免付医药费。

例变高，经济负担加重。大部分人群主要以个人账户支付医疗费用，少量低收入群体才享有政府医疗补贴，居民的医疗服务消费能力总体减弱。与此同时，民众对公积金管理和使用存在质疑，提出政府存在管理透明低、资金使用限制过严、利息支付过低等问题。另一方面，从供给端看，新加坡模式使卫生费用筹资在公立与私立医疗机构之间存在巨大差异。政府对公立医疗机构资助比例较大，公立医疗集团中有将近一半的资金来源于政府补助。而私立医疗集团则完全按市场化规律运作，其筹资则主要依靠医疗服务收费，因此在公立和私立医疗筹资体系间显然未能实现较好公平。

3. 主要优势

（1）医保机制强调个人和政府共担，兼顾公平与效率。新加坡医疗保障制度可归纳为“3M”或“三保”制度，整体医保强调个人责任的基础作用，不以福利惰民，鼓励公众进行纵向的自我积累。注重政府与市场在医疗资源配置中的作用，对全体国民实行“集团化”的统一医疗保健管理，形成资源高效利用和公平分配机制，承担了横向的社会共济保障。整个医保体系兼顾公平与效率，资金筹集和运用多元、高效，使国民均获得了良好的基本医疗服务。据世界卫生组织《世界健康报告》对各国医疗卫生筹资和分配公平性的排名，新加坡位列全球第六。

（2）医疗基建世界领先，医疗水平全球一流。在政府主导的医疗体制管理下，新加坡医疗基建世界领先，医疗水平全球一流。在通过国际医院认证联合委员会（Joint International Commission，JCI）认证的亚洲医院中，新加坡占据1/3，可见新加坡医疗整体水平之高。从医疗体系构成看，新加坡设有公立、私立医院和专业医疗中心等3000多家医疗机构，各大医疗保健机构与世界其他顶尖医疗中心建有稳固合作关系。在眼科、心血管手术、癌症治疗方面技术领先，手术成功率也居世界前列。

（3）医疗体系管理严格且透明，服务质效高。在医生管理方面，新加坡采用严格的培训管理和英式医生考核体系，所有医生均需要参加英联邦的专科医生执照考试，才可晋升为主治医师；在医院管理方面，大多数公立医院均通过JCI国际认证，重视手术和有创诊疗流程的规范化和标准化，同时鼓励私立医疗市场化发展；在医疗服务价格管理方面，新加坡卫生部采用高透明度的医疗保健系统，该系统公布传染病控制、常见医疗服务平均住院费用等重要资料和统计数据，供医疗人员获取作出迅速反应，协助患者制定明智的诊疗方案；在护理管理方面，为确保病人得到最优照料，新加坡卫生部对护理人员及病人比例制定严格规定。实际上，践行“以病人为中心”的理念贯穿新加坡医疗服务全过程，严格透明的管理使服务高效、便捷，医疗条件完备、成熟。

（4）医疗支出增速较平缓，财政可持续性较强。新加坡政府设有部长委员会，负责控制医疗成本及保证资助增长。从公共医疗支出发展趋势看，新加坡公共医疗支出增速较平缓，公共医疗支出占 GDP 比例仅为 5% 左右。对比同属原英联邦体系、医疗卫生筹资体系均以税收为基础的英国和中国香港，新加坡避免了较高的道德风险和医疗资源滥用，可持续性更强。从全球范围看，新加坡公共医疗支出占 GDP 比重也远低于美国、英国等发达国家，OECD 国家这一指标平均水平为 10% 。

4. 关键启示

新加坡的医疗卫生体制机制改革较成功，主要归结于三点：一是明确“个人负责”为主、“政府补助”为辅的责任定位，建立起兼顾公平和效益的医疗保障体系；二是以资源优化配置为基础推行公立医疗卫生集团化，创新公立医院公司化运营；三是以需求为导向设置公民医疗服务“自由选择权利”，激活私营医疗服务活力以增强公共卫生服务的回应性。

新加坡医疗卫生体制机制改革值得借鉴的经验有：一是探索“手术在大院，康复在社区”的可行性，可探讨研究组建多个医疗服务集团开展市场竞争。通过集团管理模式促进公立医疗机构的资源整合，推进区域内大型医疗卫生机构和社区卫生机构、市级医院与县域医院的合并或合作，以优化资源配置和加快人才、技术和信息等要素流动；二是引入“以患者为中心”的理念，强调提高医疗服务质量和公民满意度。可以将服务满意度设为医疗卫生管理的重要价值取向，敦促公立机构将患者满意度置于服务中心，并对公立医疗卫生机构进行重组，以增强其管理灵活性和对公民医疗服务需求的满足；三是优化现行收费制度，引入总量控制和分层定价方式以促进医疗费用在不同患者群体间合理分担。具体可根据医院类型、医疗技术等情况设定费用总量控制。在保证医疗服务同质化前提下，依据病房条件进行分层定价，以提高医疗服务的公平性。

通过新加坡医疗卫生制度的现存问题，需要吸取的教训有：一是医疗计划无法覆盖特定医疗服务和病患人群。对于产科病房及长期护理的相关费用，医疗储蓄计划未能覆盖；对于先天畸形、人格障碍和艾滋病等健保双全计划也未能覆盖；对于加入健保双全计划前就已患有癌症、肾病等慢性病并接受治疗的患者，将无法保障。二是高昂的医护人才薪资给公立医院带来压力和财政负担。由于新加坡政策鼓励发展私营医疗机构，随着私营部门给予医生的竞争性报酬迅速上升，公立医院在保有人才方面面临压力。新加坡政府为留住经验丰富的医护人员，提高了公立医院相关津贴，加重财政负担。

（八）中国香港：公立医疗为主、私立医疗为辅的二元医疗体系

中国香港现行的医疗保障制度始建于 20 世纪 90 年代。20 多年来，该模式在保障香港市民的健康方面发挥了重要作用。

1. 历史各阶段关键举措

（1）初步建立阶段。中国香港早期的医疗服务主要依靠民间慈善机构提供。20世纪60—80年代，香港政府将民办的20多家非营利性医院纳入公立范围，由政府全部承担其经济投入，但是政府只投入资金，对该类医院没有管理权。1985年，顾问报告书《医院提供的医疗服务》发布，建议政府成立医院管理局接管公立医疗服务，统一和强化整个公立医院体系的管理，以配合社会发展、有效配置资源。1990年，《人人健康展望未来：基层健康服务工作小组报告》发布，明确医疗制度的基本宗旨为“不应有人因缺乏金钱而不能获得适当的医疗治理”。1990年12月，医院管理局（下称“医管局”）成立，成为政府以外第二大公立机构。1991年12月起，医管局负责管理香港公立医院及相关的医疗服务。医管局的成立，对于统一和强化整个公立医院体系管理、提高医疗资源使用效率起到了极为重要的作用，标志着香港医疗保障制度正式成型。

（2）改革完善阶段。为解决医疗经费支出急剧增长、公共医疗过度使用以及医疗架构分裂隔离等问题，港英政府和后来的香港特别行政区政府进行了多轮医疗卫生体制机制改革。1993年，香港政府发表《促进健康咨询文件》，提出增加额外收入来源以资助医院服务的五项方案，即百分率资助、目标对象、协调式自愿投保、强制式综合投保和编订治疗次序，为医院服务引入“能者多付”的理念。1997年香港回归后，特区政府委托美国哈佛大学专家小组对香港的医疗保障制度进行调研与评估。1999年4月，专家小组完成了《香港医护改革：为何要改？为谁而改?》的咨询报告。报告认为，香港医疗体制改革的指导原则是政府与市民分担责任，并提出了改革的短期、中期和长期方案。2000年，香港特区政府发布《你我齐参与，健康伴我行》咨询文件，提出医疗改革建议。医护服务方面，致力改善公立和私立医疗机构在基层护理及医院服务的相互联系；质量保证方面，设立医疗质量保证机制，从教育与培训、系统支援、规管等多个方面达成这一目标；医护服务经费方面，从降低成本提高生产力和改革公立医护服务收费两方面着手。2005年，香港特区政府发布《创设健康未来》讨论文件，就公立与私立医疗系统的融合、医院服务、医疗系统的基层医疗服务、第三层和专科医疗服务、长者服务、长期护理和康复护理服务、基建支持等方面提出多项建议。2008年，香港特区政府发布《掌握健康，掌握人生》医疗改革咨询文件，提出了医疗系统持续发展的三项建议：一是加强基层医疗服务，推动公私立医疗合作，发展电子病历互通记录，强化公共医疗安全网；二是改变医院护理主要由公立医院提供的结构，提升公私立医疗系统的整体效率；三是引入辅助融资提升医疗系统的持续发展能力，包括社会医疗保险、用者自付费用、医疗储蓄账户、自愿商业医疗保险、强制商业医疗保险、个人健康保险储蓄。中国香港这五次医疗改革，公众对推行医疗服务改革有广泛共识。但对个人账户、社会医保、保健储蓄等支持较少，主要原因在于市民习惯了质优价廉的公立医疗服务，无法接受强制性缴费，且雇主不希望增加用工成本。

（3）深化改革阶段。近年来，中国香港医改注重强调医疗保障是政府和市民的共同责任，核心目标是适当提高个人筹资责任，减轻政府财政负担，保证公立医疗系统的可持续性。引导更多市民使用私立医疗服务，舒缓公立医疗系统的巨大压力。主要措施包括自愿医保计划、长者医疗券计划和公私营协作计划。

2. 改革成效和问题

改革成效方面：一是形成了以政府为主的“二元医疗体系”，其服务提供者以公立医疗为主、私立医疗为辅。公立医疗以“全民保障”为原则，提供基本医疗服务；私立医疗以“用者自付”为原则，提供私人医疗服务；二是形成了管办分开的医疗管理体系。食物及卫生局是决策机构，负责制定医护服务政策和分配资源，并确保这些政策能够有效地推行。实际的服务提供和运营管理则完全交由卫生署和医院管理局。其中，卫生署负责公共卫生事务，医院管理局负责管理公立医院，分工明确。私立医疗机构由卫生署监管，卫生署负责私立医疗机构注册、验收、检查、接受私立医疗机构的投诉并作出调查；三是形成了政府为主导的筹资体系。支付方面，与公立医院为主的医疗供给模式相对应，香港的医疗服务为政府买单式。公立医院 92% 以上的经费由政府财政拨款，其医疗服务收入仅占总收入的 3%—6%。筹资方面，政府税收占香港卫生总费用的一半左右，居民自愿使用私立医疗服务所支付的费用约占 1/3，由雇主为雇员购买的团体商业医疗保险承担了 7%—8%，市民购买的消费型个人商业医疗保险承担了 7%—8%。需要注意的是，香港至今没有政府设立的社会医疗保险。

主要问题方面：一是卫生总费用持续增长给香港政府带来巨大压力。2019—2020 财年，香港医疗卫生预算占特区政府财政预算的比重达到 14.6%，如果不对这一制度进行改革，将对公共财政的可持续性构成巨大挑战，更威胁到现行医疗体系的运行。作为全球最长寿的经济体，香港社会人口老龄化非常严重，绝大多数长者高度依赖价格低廉的公立医疗服务，给公立医院带来巨大的服务压力。同时，随着新药、新医疗设备的不断涌现，用药和检查开支占医疗费用的比例不断攀升；二是全民保障式的医疗服务必然伴随着医疗服务的供给短缺。近年来，香港特区政府虽然努力提高公立医院的医疗服务效率，但仍存在除重症和急症外其他疾病轮候时间过长的问题。特别是在专科门诊，大部分新症患者需要等候十几周甚至几十周才能获得门诊服务。

3. 主要优势

（1）政府发挥主导作用，体现了公共医疗卫生的公益性。在政府大幅补贴成本的情况下，香港的公立医院能够不以经济利益为追求目标，而将主要精力放在提高医疗卫生服务的公平性和可及性、节约医疗支出、提高医疗服务质量等社会目标上。一是公平性和可及性较强。香港市民拥有平等的看病机会，不会因为经济问题而得不到必要的治疗。与此同时，医疗服务大致是平均地分配到香港每一区，市民平均花上不超过 30 分钟的路程便可获得服务；二是医疗服务效率高。香港拥有全球最高的人口预期寿命和最低的婴儿死亡率，但其卫生总费用仅占 GDP 的 5.8%，普遍低于同等收入国家和地区，在欧美发达国家和老牌福利国家中也是最低的。在彭博社 2018 年全球医疗卫生体系效率排行榜排名中，我国香港特别行政区高居第一；三是医疗服务涵盖面广、指导性强。香港的医疗服务讲究“整体性”，包括预防、治疗、康复、保健等过程。在社区会有相关的预防、保健措施。病人在医院看完病以后，医院还提供一系列后续服务，包括专门人员随访病情发展、术后配套治疗措施和康复训练等。

（2）充分发挥市场的作用，增加了医疗资源供给。面对人口老龄化和不断增加的健康卫生需求，香港政府除不断增加公立医疗资源外，还重视发展私立医疗机构从而增加资源供给。在私立医疗机构的设立上，只要符合法定的房屋、人员或设备条件要求即可申请注册，政府只负责监管，并在土地供给、人才培训、公私合作等方面给予支持。此外，公立医疗机构清晰的服务功能定位，也给私立医疗机构的补位发展留出了空间。限于资源约束，香港的公立医疗机构对于高使用量、复杂性低的服务需求投入较少，因此私立医疗机构除提供专科、高端服务外，也提供大量普通门诊和保健服务项目，成为公立医疗的有益补充。

（3）良好的制度设计，为公立医疗机构改革成功奠定了基础。医管局成立后的一系列改革，使公立医疗机构的管理和运营水平发生了根本性变化。一是在法制框架内将负责医疗卫生管理的决策部门和具体执行管理的部门分开，二者职能清晰、边界分明。二是将公立医院和私立医院的管理分开。公立医院由依法成立的第三方非政府部门——医院管理局监管，避免政府在医疗领域既当运动员又当裁判员。私立医院由特区政府部门的卫生署监管，政府仅负责维护医疗市场的环境，让私立医院可以在医疗市场上公平竞争。三是行政管理机构呈大部门、扁平化，可以做到应对迅速有效。四是杜绝和斩断了医院、医生利用医疗服务的专业性牟取非正当经济利益的动机和途径。政府统一拨款使医院没有谋利的压力。医护人员总体薪酬水平较高，一般比其他从业人员高 4—5 倍，没有“大处方”“过度检查”的经济动机。所有公立医疗机构的药物和医疗设备均由医管局集中采购，使公立医疗机构可以以较低的成本获得药物和医疗设备，切断了相关商家与医院、医生的利益链。

（4）重视利用信息技术来改善医疗服务。医管局建立了覆盖全港公立医院的综合医疗信息系统（CMS），并在 1995 年供所有医院和医生使用。CMS 是一个三层架构的信息整合平台，包括技术基础架构层、数据交换层和信息应用层。它可以和所有医疗系统整合，为医院、科室、诊所和医生提供信息支持，从而大大提高服务效率，避免了医疗资源的重复浪费，同时也有利于增加患者与医生、医生与医生之间的沟通，从而改善医患关系。2012年，香港特区政府启动了为所有公民建立电子健康档案的项目，以便公立和私立的医疗服务提供者能够共享病人信息。电子健康记录平台于2014年建立并投入使用，被称为电子健康记录共享系统（eHRSS）。患者可以自愿加入这个系统，医生需经过患者同意才拥有访问权。

4. 关键启示

（1）医疗卫生体制要与经济社会发展水平相适应。确保医疗卫生支出处于合理的水平，不会导致财政负担过重。建立医疗融资计划，应对未来老龄化社会的风险。注重向弱势群体倾斜资源，实现社会保障兜底功能。

（2）要充分发挥政府和市场的双重作用。香港的医改实践证明，走国家兜底式的全民医保和完全市场化的医疗保险都是行不通的。医疗市场既要有政府投入的以公益性为目标的公立医疗机构，提供相对低层次的医疗保障，也要有以盈利为目标的私立医疗机构，提供物有所值的高层次医疗服务，二者相辅相成、相互补充。政府要担负起医疗保障的主要责任，加大对医疗卫生的投入，特别关注低收入群体的医疗保障，让社会主义的医疗卫生制度真正体现公平性与互济性。同时大力鼓励私立医疗机构的发展，分流高收入人群。

（3）完善制度设计，保障可持续发展的能力。改革对医疗卫生投入的补偿机制，提高公立医院运行效率；调整劳务价格，完善公立医院医护人员激励机制和培训教育体系；将药品选择、采购与医院分离，切断药品购销利益链条；设立统一的医疗信息系统，整合医疗信息平台，减少各家医院各自开发的成本，达到医疗资源共享等。

（4）合理分布医疗资源，更好发挥有限优质医疗资源的作用。我国内地当前医疗资源分配极不均衡，城市大医院人满为患，基层医疗机构门可罗雀。今后有必要学习香港在医改过程中强调基层医疗体系建设的做法，加强全科医生培养和社区门诊、农村卫生院软硬件建设，通过医学科普宣传，使常见病、多发病的诊治能够下沉到基层。

（九）中国台湾：覆盖全民强制投保的社会保险制度

台湾的“全民健康保险”以低保费、公平和适宜的医疗品质著称，一直被认为是全球医疗保障制度中较为成功的范例。

1. 历史各阶段关键举措

（1）奠基阶段。台湾地区的健康保险制度产生于20世纪50年代。为保障劳工生活、安稳民心，台湾当局于1950年3月颁布“台湾地区劳工保险办法”，开始在公立企业施行劳工保险制度，揭开了强制性社会保险的序幕。此后，又陆续推出12种社会保险方案，包括军人保险、公务员保险、农民健康保险等。至1995年，台湾地区

59%的人口都已纳入保险范围。这个阶段的健康保险制度主要存在以下缺陷：一是保险种类虽然丰富，但只针对有劳雇关系的民众，年龄在14岁以下的孩童及65岁以上的老年人则无任何的健康保险方案保护，覆盖范围有限；二是由于存在多种健康保险制度，不同的保险制度在保险费率和保险给付水平上有所差异，导致了不同社会成员在享有健康保险上的差距；三是没有按照精算费率收费，造成财务收支失衡，要靠政府财政补贴；四是不同保险的主管机关不同，出现混乱管理和低效率的局面；五是免费医疗的实行，刺激了人们对医药需求的过度增长，医生与病人勾结舞弊现象普遍，使得医疗费支出膨胀。

（2）建立阶段。为解决保险制度缺陷同时满足日益增长的健康保险需求，在强大的舆论压力以及民进党的选战压力下，国民党当局历经7年（1986—1993年）的准备和筹划，于1994年7月19日由地方议会通过“全民健康保险法”，建立全民健康保险制度。1995年3月1日起，全民健康保险（简称一代健保）正式实施，标志着台湾医疗保险制度从传统的多元社会保险转向了一元全民保险，实行一元承保和单一支付。但公办公营的制度核心没有变，主要还是以国家行政为原则，以中央调控为手段。一代健保覆盖范围广、给付范围大，在提高就医公平性、可及性、居民健康水平等方面取得了显著的成效，但也存在诸多问题。一是保费负担不公。保费以经常性薪资而不是总收入作为计算基础，导致工薪阶段成为健保收入的主要负担者；二是财务赤字严重。全民健保实施以来，由于人口老龄化、重病患者人数增加、新药新技术不断被纳入覆盖范围、医疗资源浪费严重等原因，医保支出快速增长，导致收支缺口逐渐加大，到2012年为止，累积了2000亿新台币的财政赤字；三是医疗服务质量难以提高。就医成本远小于实际成本导致民众医疗服务需求大幅增加，而总额支付制度使得医院医疗费用不足，只能选择降低医疗服务质量。

（3）完善阶段。针对一代健保实施过程中产生的问题，台湾当局从2001年7月起着手健保体系改革，力图实现财政收支平衡与提高医疗品质等目标。2011年1月4日，台湾立法院通过了“全民健康保险法修正案”，于2013年1月1日起正式实施（简称二代健保）。二代健保从规划到正式施行，历时13年时间，其中有106条条文得到修正。具体改进措施包括：一是改善组织结构。成立全民健康保险会，合并医疗费用协定委员会和监理委员会的职能。成立卫生福利部国民健康保险署，整合健康保险的支出面和收入面，建立了收支联动机制。建立民众参与机制，让保险付费者代表参与有关保险费率等重大决策，咨询公开透明；二是维护财务平衡。扩大保险费征收范围，辅之以补充保险费来扩大费基，增加公平性。将保险费率从5.17%降至4.71%，将政府负担保险经费的比率从33.6%提高至36.0%，强化政府责任；改进支付方式，提升医疗品质。根据当年的药品费用额度修正下一年药品给付项目及支付标准；三是节制资源使用，减少不当医疗。建立家庭责任医师制度，落实转诊制度，提高医疗服务品质。规定除紧急情形外，不按规定就医的患者将得不到健保的给付。保障弱势群体，包括低收入者、受刑人员、被家暴者的权利。与此同时，二代健保进一步改进和推广一代健保期间行之有效的制度和计划，如总额预算支付制、DRGs 支付制度①等，在避免医疗资源浪费的同时努力提高医疗效率和质量。

2. 改革成效和问题

形成了覆盖全民的健康保险制度。台湾的全民健康保险以低保费、公平和适宜的医疗品质著称，一直被认为是全球医疗保障制度中较为成功的范例。全民健康保险制度是一种由个人、雇主及政府三方共同负担保险费用，以风险分担与所得再分配为特征，保证被保险人及其眷属获得及时必要的综合性医疗服务为目标的涵盖全民的社会保险制度。其基本原则是：覆盖全民、强制投保，即每位台湾居民都必须参加医疗保险；单一支付、独立管理，即全民健保与其他社会保险分开；三方分担、资金共筹，即保险费由被保险人、雇主及政府三方共同负担，收支不平衡时，依精算结果修正保险费率；核查严格，卫生资源配置合理，为被保对象提供适当的综合性医疗服务。从目标来看，全民健保定位于社会保险而非社会福利，作为社会保险中的重要一环，强调全民纳保，以量能负担的原则，通过互助合作，发挥均衡所得分配的功能，以此降低全体民众就医财务障碍，有效免除因病而贫风险，促进民众健康。

主要问题方面：一是健保资金财务状况不佳。针对医疗开支过度增长的问题，台湾当局引入总额预算支付制度来控制财务风险，取得了一定成效，但非经济因素造成的财务问题却无法解决，如人口老龄化、居民所得增加、医疗科技突破等，势必造成医疗费用日益高涨，在保险费率不变的情况下，健保收支平衡难以维持，而调高保险费率易遭到群体反对；二是存在药价黑洞。尽管健康保险局曾在 2006 年提出“药厂自清、不咎责”方案，但问题并没有根本解决，二代健保亦没有设计出很好的改善措施，造成台湾健保药费负担沉重；三是医疗资源过度使用。台湾健保在看病治病方面没有上限限制，且大部分由政府承担，个人负担很少，因此导致人为过度使用的现象；四是由于保费缴纳、大病起付线和封顶线等，是基于居民平均收入水平测算结果，由于低收入群体支付能力较弱，对低收入群体门槛较高。

3. 主要优势

（1）以完善的法律体系支撑医疗保险制度实施。台湾地区开办社会保险前，都要

---

① 中文翻译为（疾病）诊断相关分类，它根据病人的年龄、性别、住院天数、临床诊断、病症、手术、疾病严重程度，合并症与并发症及转归等因素把病人分入 500—600 个诊断相关组，然后决定应该给医院多少补偿。

先经过立法程序。“全民健康保险法”从1994年8月公布，到“二代健保”施行，期间经历了多次修正。“全民健康保险法”明确规定了在全民健保实施过程中，保险人、被保险人、特约医事服务机构的权利与义务、健保的各项具体制度、管理与监督等，对全民健保的平稳运行作出了巨大的贡献。

（2）引进医疗评鉴体系助力医疗品质提升。1978年台湾地区行政院卫生署开展医疗评鉴以来，通过对医院照顾措施执行情况，包括对患者的社会及经济状况、生理、心理的考虑情况，对本院无法救治病人的后续处理情况，尊重病人及其家属的情况，对文化及个人差异的照顾情况等进行评鉴，有力促进了公私医院以病人为中心优化服务流程，尽心尽力为病人提供服务和方便，推进医院的品质管理和文化建设。

（3）加强对私立医疗机构的支持和监管。尽管台湾全民健保制度是一种政府主导、面向社会筹资的全民社会保险制度，但是台湾96%的医疗门诊服务是由私立医疗机构提供的，政府不断通过加强对私立医疗机构的支持和管理，提高服务质量、降低医疗费用、规范医疗市场秩序、减少医疗资源的浪费。

（4）重视利用信息技术来改善医疗服务。台湾地区在建立全民健康保险的初期就积极推动信息管理，IC卡的启用为台湾全民健康保险的管理机构提供了很大便利，进一步提高了效率，持卡人的所有基本信息在卡中都有详细记载，减少了重复用药和重复检查现象的发生。此外，台湾地区还建立了互联互通的医疗卫生信息系统，为医疗机构内部管理以及政府对医疗机构监管提供了良好的信息平台。

4. 关键启示

（1）完善以医疗保险主导的购买服务体制模式。继续完善多层次的医疗保障体系，加快建立统一的基本医疗保障制度；鼓励发展补充医疗保险、商业医疗保险和慈善医疗救助事业，解决给付范围以外的医疗费用。

（2）促进形成有序竞争的医疗服务市场。通过制定优惠政策鼓励社会资本参与医疗服务市场，以多元化的服务主体促进必要的竞争。支持有实力的、有医疗管理背景的管理公司采取委托管理、BOT等多种管理形式参与公立医院的经营管理；支持社会资本参与部分公立医院，特别是经营不善的公立医院改组改制；支持社会力量办医，打造一批有较强服务竞争力的社会办医疗机构，形成若干具有影响力的特色健康服务产业集聚区。

（3）紧抓支付机制改革。中国台湾经验表明，科学的医保基金支付机制，有利于维护医保基金收支平衡，有利于引导医疗机构规范服务、提高质量、控制费用。因此，要在把握总体筹资能力的前提下，合理确定给付范围和给付水平。通过针对门诊和住院分别采取不同的支付方式，逐步建立基层首诊制。

（4）建立健全医疗保险法律体系。我国基本医疗保险应尽快立法，并出台相应的实施细则，明确医疗保险有关各方的权利、义务和利益关系，使医疗保险管理工作有法可依、有章可循，有效降低行政成本，为基本医疗保险的可持续发展打下坚实基础。

（十）借鉴与启示

从以上国家和地区的医疗卫生体制机制改革历程看，面临的问题和挑战有诸多相似之处，通过借鉴吸取其中的经验、教训，可为当下我国内地的医疗卫生体制机制改革提供有益参考。如，美国通过保险公司进行付费的机制使商业保险公司成为监督医药费用的第三方，为了自身盈利严格审查医院和医生为病人所提供的医疗服务项目，通过市场机制有效解决了医院过度医疗、乱开处方的问题；英国由政府主导的全民免费医疗模式优劣势均较为突出，对我国的主要启示是在完善医疗服务体系的过程中，必须强化政府的保障职能，为全体国民提供最基本的医疗保障的基础上，适当引入社会资本，建立内部市场竞争，不仅能够减缓财政和公共服务压力，而且益于改善医疗服务供给效率；德国84%的药品通过药店销售，其余16%的药品由超市销售的模式也为我国实行“医药分开”政策提供了一定参考；丹麦医疗保障制度是其福利制度的重要组成部分，其医疗保障制度建立在明确法律约束之上，通过详尽的法律条文明确政府、医生、居民各自的权利和义务，各级政府职责划分以及具体流程标准，减少了制度建设和实操过程中真空地带，是丹麦国民医疗体系得以长时间高效平稳运行的关键，值得我国学习借鉴；日本出台的《临时工健康保险法》，将临时工纳入医疗保险体制，为我国农民工、非公有制经济组织从业人员、灵活就业人员完善基本医疗保障制度提供了一定参考；韩国尽管全面享有医疗保险，但由于体制效率低下、个人自付费用太高、众多医疗服务项目未被保险覆盖等原因，导致韩国医疗服务费用不断高企，对我国医疗卫生体制机制改革起到一定警示作用；新加坡引入“以患者为中心”的理念，强调提高医疗服务质量和公民满意度，将服务满意度设为医疗卫生管理的重要价值取向值得我国公立医疗机构改革学习借鉴；中国香港的医改实践证明医疗市场既要有政府投入的以公益性为目标的公立医疗机构，提供相对低层次的医疗保障，也要有以营利为目标的私立医疗机构，提供物有所值的高层次医疗服务，二者相辅相成、相互补充；中国台湾通过医疗保险立法明确医疗保险有关各方的权利、义务和利益关系，使医疗保险管理工作有法可依、有章可循，有效降低行政成本，值得学习借鉴。

然而，不同国家、地区医疗卫生体制机制改革都需要综合考虑其自身经济社会发展水平、医疗卫生资源条件、政治制度、文化等基本国情。因此，我们不能直接照搬其他国家和地区的医疗卫生体制机制，需要结合我国的现实国情和主要矛盾，因地制宜进行改革，渐进式地制定符合我国实际的战略愿景、发展目标以及改革方案。

四、我国部分地方政府推进医疗卫生体制机制改革正反两方面的经验教训

（一）成功经验：三明医疗模式

“三明医疗模式”以公立医院回归公益性、医生回归看病角色、药品回归治病功能为导向，以“建机制、堵浪费、调结构、增效益”为总体思路，实施“三医联动”，整体推进市县22家公立医院综合改革。通过改革，适当控制了医药费用增长过快的势头，以及对基层人才、病人“双虹吸”效应，得到了中央领导、国家有关部委的高度认可。三明市的“三医联动”“一盘棋”推进改革，是改革成功的关键，这也正是三明医改难能可贵的地方，值得全国推广和学习借鉴。

1. 改革动因

三明既是一个老工业城市，也是一个经济不太发达的山区城市。近年来，三明作为老工业基地的职责几近落幕，但由此带来的职工赡养负担等问题仍在持续。多因素综合作用下，职工医保基金出现赤字。2010年和2011年的赤字分别为1.4亿元和2.1亿元[①]。一是老工业基地给三明市带来了沉重的职工赡养负担。三明市城镇职工医保赡养比逐年下降，2012年为1.97：1，并保持继续下降的趋势，到2015年下降到1.71：1。城镇职工基本医疗保险基金赤字，给财政造成负担。截至2011年年底，三明市城镇职工基本医疗保险基金亏损2.1亿元，占当年财政收入的14.4%；二是三明市青壮年人口外流情况日益突出。2011年年末，三明市常住人口251万人，低于其户籍人口20余万人，福州、厦门是其青壮年人口的主要流向地；三是医疗费用增长率远高于居民收入。2005—2011年，三明市22家县级以上公立医院收入年均增长17.30%。同期，三明市城镇居民人均可支配收入年均仅增长10.53%。在此基础上，三明本身存在的财政困难、赡养比持续下降、医保基金赤字等因素综合触发医改。2012年年初，三明正式启动医改。

2. 历史沿革

自医改以来，三明医改经历了治混乱、堵浪费，建章程、立制度，“治未病”、大健康三个阶段。现阶段，三明医改正处在由“以治病为中心”向“以健康为中心”转变的第三阶段，改革依然在路上。本篇将三明医改划分为三阶段，回顾三明市8年来

① 本部分数据来源于三明医保局。

在不同阶段解决的不同问题。

第一阶段：2012—2013年，重点开展重点药品价格监控，统一采购平台。三明市按照“为用而采，去除灰色、价格真实”的原则，实行了联合限价采购，将药品品规压缩至2287个；积极探索“两票制”，还原真实药价，避免了“过票、洗钱”、税收流失和医生拿回扣的局面；取消药品加成，破除“以药养医”机制，遏制药价虚高，减少药品浪费；统一采购平台，在不增加患者负担的前提下，通过调整服务价格、政府补助等措施弥补医院由此减少的差价收入。

第二阶段：2013—2016年，聚焦治病、整合医保阶段。在全国率先将原来分别隶属于人社部门、卫生部门的24个医保基金经办机构进行整合，组建成立医管中心；统一城镇职工目录、城乡居民目录、新农合三大群体的用药目录、诊疗项目、服务设置标准，破解同病不同价问题；按照“定额包干、超支自负、结余归己”的原则，全面实施住院费用按疾病诊断分组付费DRGs改革，实现城镇职工基本医疗保险、城镇居民医疗保险、新型农村合作医疗统一。

第三阶段：2016年至今，进入以健康为中心的“三医价值”阶段。此阶段主要依靠医联体为抓手，以组建总医院为载体，县乡村实现命运共同体，责任共担。一是构建“价值医疗”体系，将医疗评价指标转向患者受益上，如评估某种癌症晚期的患者是否要做手术，手术是否对生活质量有帮助；二是构建“价值医药”体系，更注重药品对患者病情的改善；三是践行“价值医保”理念，积极探索“钱随人走”的医保策略，促进医疗机构从“竞争型”向“协同型”转变。

3. 关键举措

（1）制定明确的目标、远景和实施路径。在领导小组成立之初，三明市启动了“三医一体化”新医改管理体系。建立了“政府主导，部门参与，医院合作，社会监督”的工作机制，提出了坚持“三个执着”，推进“三个回归”的改革方针，为随后的医改措施奠定基础。这些总结起来，实际上就是按照“腾笼换鸟”的思路来腾空间、调结构，将此前医药、耗材等不合理的空间腾出来，减轻医保基金的负担，使患者受益的同时，医院医生也能受益，从而让医疗体系进入良性循环。

（2）深化政府及医院管理体制改革。一是进行“自上而下”的管理体制改革，由三明市委市政府、市财政局、卫生和计划生育委员会、人力资源和社会保障局、食品药品监督管理局等多部门联合组成三明市深化医药体制改革领导小组办公室，全面统筹改革工作，把涉及公立医院改革的有关医药、医保、医疗等职能部门归口管理，形成高效的改革决策和推进机制，奠定了“三医联动”的基础。

二是突破体制机制创新，成立医保局整合职能。针对“三个医保”统一管理的问题，2016年，三明市在全国率先成立医疗保障管理局。三明市医保局将分设在人社、

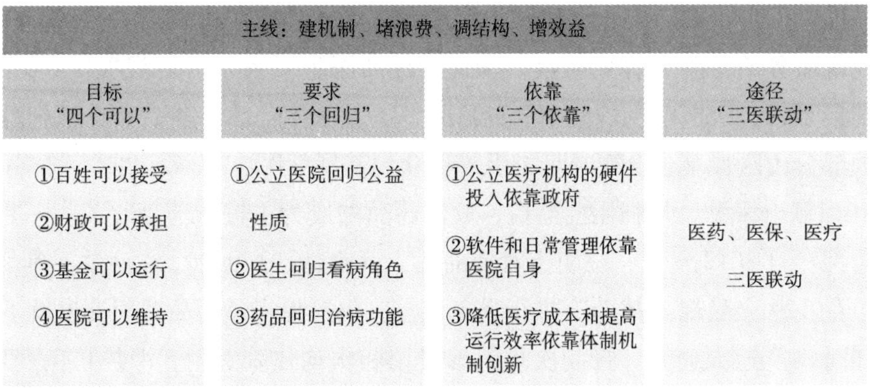

图2－1　三明医改纲领

资料来源：中国民生银行研究院根据公开资料整理。

卫计、财政、医保管理中心等部门的职责进行整合，同时将药品采购职能并入医保管理中心，彻底切断医院与药品供应商之间的资金往来和利益链条。

三是打破公立医院编制管理限制，弱化二级以上公立医院编制管理，编制使用审批制改为备案制，合理核定各级公立医院人员规模，由公立医院自主考录聘用人员；按现代医院管理制度的要求，实行医院院长聘任制，由同级医改领导小组聘任，聘期为每届5年，连聘不得超过2届，推进公立医院院长职业化、专业化建设。各级卫生行政部门领导一律不兼任公立医院院长职务。

四是出台优惠政策，扶持发展民营医院。近年来，三明市政府及有关部门，在坚持政府主导的原则下，解放思想，改革创新，先行先试，完善民营医院发展的扶持政策，积极探索“医养结合”发展新路。借鉴外地的经验和做法，国土部门对民营医院所需用地实行划拨或优惠供地，税务部门对税费采取更进一步的减免，政府更多地购买服务，以促进医养结合产业的长足发展。

（3）以薪酬制度不断完善、医疗服务价格提升为主进行医疗改革。一是建立科学考评体系，实行院长年薪制。6大类40项院长考核指标促进院长加强对医院医疗质量、服务能力提升的管理。院长年薪由财政支付。

二是提高医疗服务收费、增加医院可支配收入。通过医保核算，调整床位费、护理费、治疗费、手术费、诊察费等劳务性收费水平。工资总额控制，医务人员目标年薪制、年薪计算工分制。在总额控制下，根据不同级别、不同岗位开展薪酬分配。

三是在福建省率先实行分级诊疗和双向转诊制。引导参保人合理选择医疗机构就诊，推进城市医院与基层医疗卫生机构分工协作机制建设，防止过度医疗，形成基层首诊、分级诊疗、急慢分治、双向转诊的诊疗模式，提高医疗服务的协调性、连贯性、整体性。

四是推动医疗资源、人才、病种下沉。一方面，建立医师定期驻乡驻村制度，把医生到基层服务的时间和成效与收入挂钩，提高医生下乡入村的积极性；另一方面，合理确定县乡村三级医疗机构诊疗病种目录，下派医生门诊诊查费按下级机构标准收取，差额部分由医保基金全额补足，引导群众到基层就医。

（4）以联合采购、加强用药监控、取消药品加成为主进行药品改革。一是开展重点药品监控。自2012年起，三明市对辅助性、营养性、高回扣、“疗效不确切、价格很确切”的129个品规“神药”进行重点监控，仅监控当月药品费用支出就下降1673万元。同时，严控大处方、控制次均门诊费用和次均住院费用、严控抗菌药物使用。2014年，三明市确定了53种无需输液治疗的常见病、多发病，进一步规范药品使用。

二是全面取消药品加成。在药品的使用端，三明市实行县级以上医院药品零差率销售，破除“以药养医”机制，遏制药价虚高，减少药品浪费，促进合理用药。医院由此而减少的差价收入，在不增加患者负担的前提下，通过调整服务价格、政府补助、加强医院内部管理等措施进行弥补。

三是积极探索“两票制”。在药品的流通端，三明严格要求执行药品“两票制”，即按照“药品生产企业—配送企业—医疗机构”模式，药品从生产企业到配送企业开一次发票，配送企业到医疗机构再开一次发票，且货票同行，杜绝假劣药流入。

四是开展药品联合采购。三明市在保证质量的前提下，于2013年开始执行药品的联合限价采购，具体通过将三明全市的采购量打包，换取企业降低价格，实质是带量采购的雏形。2015年，三明市在继续做好药品限价采购的基础上，对全市医疗卫生机构临床使用的医用耗材（检验试剂）全部实行集中招标采购。2016年，建立跨区域药品采购联盟，通过以量换价，争取较低药品价格和较高供货率，也为此后国家层面推动的“4+7”药品集采积累了经验。

（5）不断完善医保支付方式。一是以药品为突破口、实现“三保合一”。2013年起，三明市将医保工作的重点转向“同病同价”，统一城镇职工目录、城乡居民目录、新农合三大群体的用药目录、诊疗项目、服务设置标准，破解同病不同价问题。为了便于统一管理医保用户，三明市建立了医疗保障管理信息系统，在这个系统中可以查询到各类型参保用户。同时，将医师和药师对应到医疗保险管理信息系统中，通过医师编码和药师编码，对医疗行为进行监管。同病同价和医疗行为的监管为三明开展医保收付费改革奠定了坚实的基础。

二是建设紧密型医联体、突破医保支付改革。2017年，三明市以组建总医院为载体，全面建设紧密型医联体，推动优质医疗资源下沉基层。截至2017年年底，三明市全市已组建10个县级总医院、2个市区紧密型医联体，初步建立了基层首诊、双向转诊、急慢分治、上下联动的分级诊疗制度。在整合前，县内各家医疗机构面临争相分食医保基金“蛋糕”的局面，而整合后，医保基金支付给医联体（即总医院），各家医疗机构必须统一目标、分工协作。

三是实施 C－DRG 收付费改革，节省医疗费用。按疾病诊断相关分组（C－DRG）收付费于 2018 年 1 月 1 日起实施。根据疾病病情严重程度、治疗方法复杂程度和实际资源消耗水平等，C－DRG 共分 788 组，按照“同病、同治、同价”的原则，不设起付线，由个人和统筹基金按比例分担。C－DRG 收付费改革试点第一年取得了一定成效后，2019 年又做了进一步完善，将单病种结余的金额按照 30% 的比例返给患者，这部分资金不从医院的结余里出，而是医保单独给予补贴。

（6）构建互联网医疗体系。目前我国医药产业长期存在重流通、轻研发的状况，许多制药企业约 50% 的成本投入流通环节，研发占比还不足 5%。与此同时，医疗、医药、医保数据孤岛现象严重。中国医改迫切需要一个实现“三医联动”综合改革的平台，三明医改正是这一改革方案的最早实践者。

一是搭建新型数字化药品采购平台。2013 年，三明市委托厦门海西医药交易中心设计开发新型数字化平台，落地实施药械联合限价采购与结算，监管部门可通过平台进行全流程监管，在技术上确保“三医联动”改革的落地。

二是打造数字化医保服务平台。通过一个平台即可了解全市医保基金运行、药械采购、医院运行等情况，做到了统一平台、统筹管理。基于连续、全面的健康数据，医保支付将更加关注居民的疾病预防和健康保障，真正实现少生病、不生病。

三是打造“三医联动”平台，搭建“三医联动”改革的信息高速公路，实现医疗、医药、医保三大系统的互联互通，建立覆盖诊前、诊中、诊后一体化的就医流程，基于连续、动态的个人医疗健康数据的监测和管理，构建以用户健康为中心的医疗服务体系，推动健康中国战略落地。

此外，医改涉及的环节多，千头万绪。对于医院和医生，政府通过节省医保基金、通过财政投入等方式，对其公益属性、劳动价值进行保障。而药品流通存在极强的市场化属性，政府无法对这部分的“损失”进行长期的弥补，更何况这些“损失”原本就有不合理的部分，而且涉及了药企、流通企业、医药代表等多个主体，影响范围广、影响程度深。如果三明医改长期处于自行摸索的阶段，遇到的阻力大，能走多远存在不确定性。而来自高层的肯定、来自相关部委的支持，使三明医改的可持续性更加确定。

4. 改革后主要成效

根据三明市医改办最新提供的数据，改革实施 7 年多以来，三明市实现了放缓医药总费用增速、减轻患者负担、降低药品费用的“三降低”以及提升医务人员薪酬、医院收入结构优化、城镇职工医保基金扭亏为盈的“三提升”。

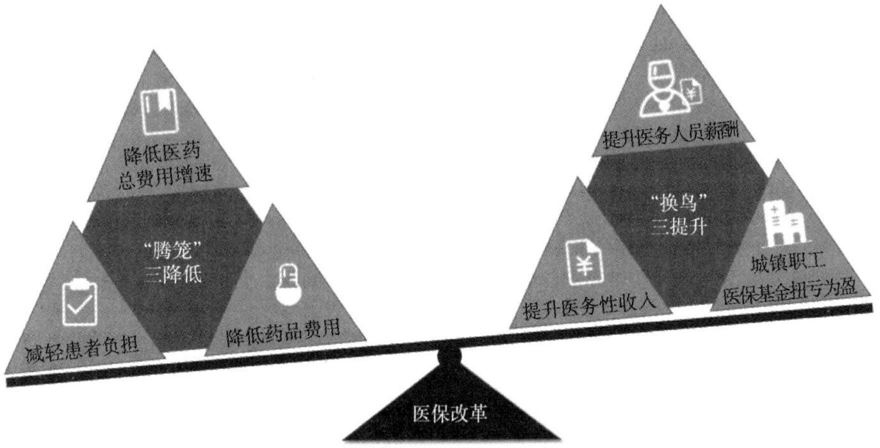

图 2-2　三明医改阶段性改革成果

资料来源：中国民生银行研究院根据公开资料整理。

（1）公立医院药占比持续下降，医疗服务价格稳步提升。三明市公立医院药占比由 2011 年的 47.1% 下降到 2018 年的 21%；医疗服务价格方面，体现医务人员劳动价值的服务价格大幅度提升，医院医疗服务性收入由 2011 年的 6.8 亿元增加到 2015 年的 15.3 亿元，占总医药收入的比重由 39.9% 提高到 64.8%，显著高于福建省与全国平均水平。

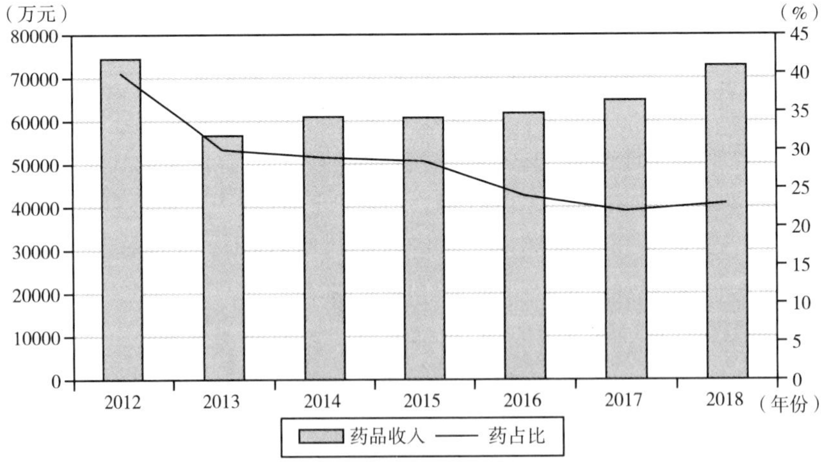

图 2-3　三明市 22 家县级以上公立医院药品收入和药占比

数据来源：三明市医保局，中国民生银行研究院整理。

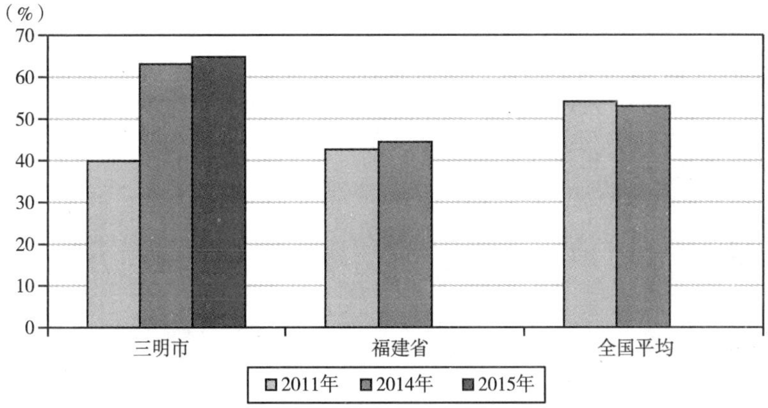

图 2－4　2011—2015 年医院医疗服务收入占比对比情况

数据来源：网络公开资料，中国民生银行研究院整理，其他年份资料不全。

（2）医药总费用节约效果显著。中国卫生统计数据表明，三明市已将公立医院医药总费用年增速控制在 8%—10%，明显低于 2014 年 15% 的全国与福建省平均水平。根据医改前后的医药总费用增长率估算，2015 年三明医改节约医药总费用约 5 亿元，改革以来累计节约近 10 亿元，预计 2020 年这一数字将达 20.7 亿元。

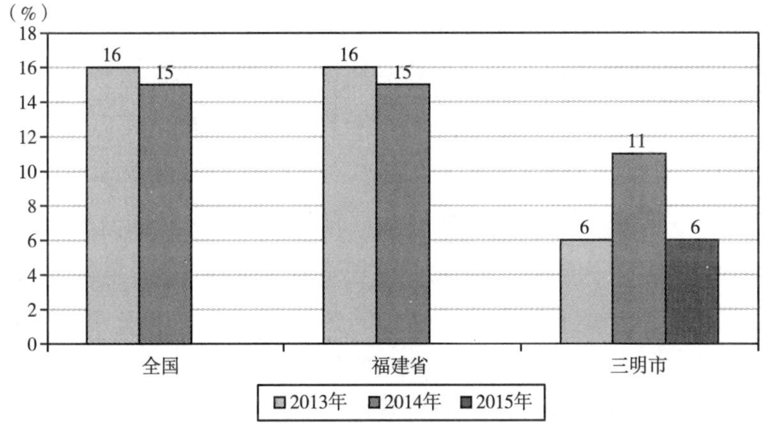

图 2－5　医药总费用增长率

数据来源：三明市医保局，中国民生银行研究院整理。

（3）患者医疗负担减轻。不仅是耗材价格下降，从最新的统计数据可以看出，利益链条被斩断了，药价的虚高水分被挤掉了，改革的“红利”很快显现出来。2017 年，三明市 22 家公立医院城镇职工医保住院次均费用个人自付部分由改革前 2011 年的 1818 元减少到 2017 年的 1680 元，下降 7.59%；城乡居民次均住院费用个人自付部分由改革前 2011 年的 2194 元减少到 2017 年的 1749 元，下降 20.28%。患者真正实现了减负。

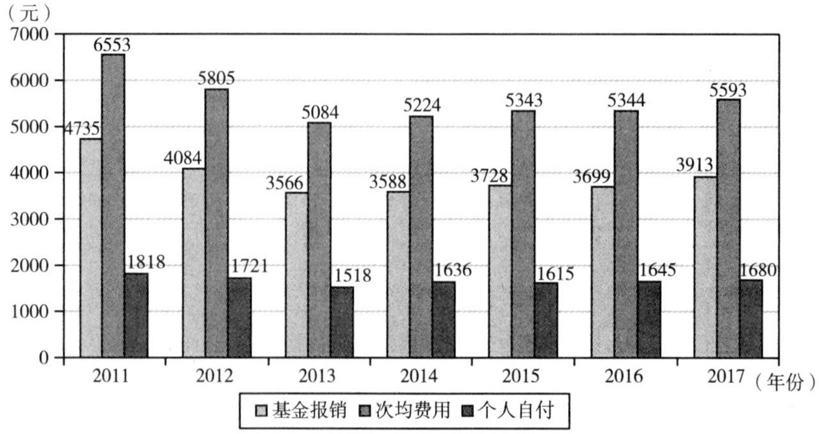

图2-6　三明县级以上公立医院城镇职工医保住院次均费用情况

数据来源：三明市医保局，涵盖22家县级以上公立医院数据，中国民生银行研究院整理。

（4）实现医保基金的连续结余。截至2018年年底，三明市城镇职工医保住院次均费用由改革前2011年的6553元下降到5847元，居民次均住院费用由4082元增加到4869元，年均增幅仅2.55%；与改革前相比，院长年平均工资从11.2万元提高到32.43万元，医务人员年平均工资从4.22万元提高到11.34万元；在赡养比逐年下降的情况下，城镇职工医保基金扭亏为盈，且连续7年保持结余。

（5）医务人员收入结构优化，平均薪酬提升。改革提高了医务人员薪酬满意度与工作积极性。调查显示：三明市公立医院医务人员目标薪酬兑现率为80%左右，医务人员的收入增幅为30%—200%，外科、妇产、儿科等操作性较多的科室医务人员收入增加幅度较大。三明医保局最新数据显示，通过医改，医务人员平均年薪由2011年的4.2万元增长到2018年的11.1万元，院长平均年薪由2011年的10.3万元增长到2018年的33.2万元，增幅分别达160%和200%。根据改革以来三明市公立医院医药总收入增长趋势及医务性收入占比情况进行测算，三明市公立医院实发工资总额占医务性收入比例在未来5年将保持在50%—55%。随着社会平均工资上涨，医务性收入的增长能满足医务人员工资上涨所需的医院实发工资总额合理增加。

5. 可借鉴的经验

（1）建立高效有力的医改领导体制和组织推进机制。三明医改得到党中央、国务院的高度重视。福建省委主要负责同志担任医改领导小组组长，省政府主要负责同志担任第一副组长，由一位政府负责同志统一分管医疗、医保、医药工作，将医改工作纳入政府目标管理绩效考核，带动各市县形成了强有力的推进机制。可以说，党委政府的政治决心，高效有力的推进机制彻底改变医疗、医保、医药“九龙治水”的管理体制。

（2）找到正确的改革路径——“三医联动”。三明市按照“腾笼换鸟”的思路和腾空间、调结构、保衔接的路径，深化“三医”联动改革。所有药品耗材实施联合限价采购，按照总量控制、结构调整、有升有降、逐步到位的原则，将腾出的空间在确保群众受益的基础上，重点用于及时相应调整医疗服务价格，建立动态调整机制，优化医院收入结构，建立公益性运行新机制。与此同时，改革完善医保基金管理。所有二级及以上公立医院实施按疾病诊断相关分组收付费改革，建立医保经办机构与医疗机构的集体谈判协商机制，合理确定医保支付标准。

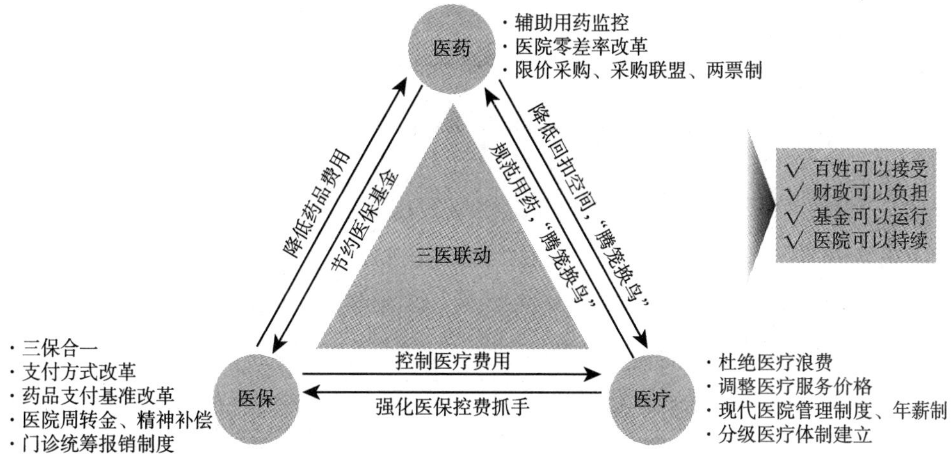

图 2－7 “三医联动”机制

资料来源：中国民生银行研究院根据公开资料整理。

（3）遵循一条“一堵二提三保障”的改革机理。一是堵住药品耗材价格虚高回扣的浪费，还给白衣天使一片蓝天白云的行医环境；二是提高医疗服务价格，提高医务人员的阳光薪酬；三是政府为人民提供医疗保障：包括，成立医疗保障局和医疗保障基金管理中心，进行“三保合一”的医保制度保障；为公立医疗机构承担基本建设和大型设备购置的建设保障；为公立医疗机构正常运行兜底的财政保障。

（4）强化医疗机构监督管理。三明市切实加强医疗服务监管，严格医疗机构用药管理，规范公立医院集中采购药品目录。对医院运行、门诊和住院次均费用增长、抗菌药物和辅助用药使用等进行监控，对不合理用药等行为加大通报和公开力度。福建省加强三级公立医院绩效考核、院长目标年薪制考核、公立医院综合改革效果评价等有效衔接，加大考核结果统筹应用力度。

（5）积极探索市场化医改路径。三明医改的成功还在于厘清政府与市场的关系，不因人员变动而“动荡”，让市场之手充分发挥作用而不使坏。主要体现在四方面：一是建立现代医院制度，着力在医院去行政化方面下功夫，确保医院持续健康发展；

二是深化人事制度、职称晋升制度改革，进一步完善绩效考核制度，确保年薪制更加充满活力；三是探索药品价格市场化形成制度，特别是医保支付价改革，突出重围，不被利益集团所“绞杀”；四是建立医疗服务价格动态调整，努力让价格与价值相符。

（6）上下联动促进优质医疗资源下沉。三明市在每个县（市）组建紧密型县域医疗共同体，医保基金和基本公共卫生服务经费按人头对医共体总额付费，实行总额包干、结余留用。采取有效措施激励基层做实家庭医生签约服务、强化慢性病管理，引导上级医院主动帮扶家庭医生和乡村医生等提高服务水平。福建省以医保总额付费为纽带，在全省半数以上县（市）组建紧密型县域医疗共同体。

（二）吸取教训：宿迁医疗模式

宿迁医疗卫生体制的改革是经济落后地区穷则思变的典型代表。从改革的目标来看，宿迁医改是政府在财政压力极大的背景下寻求与市场经济相适应的医疗卫生体制的过程。面对经济落后的现实，宿迁采取的是超常规的发展模式，以赶超经济发达地区。宿迁医改的两个重点，一是政府退出医疗服务市场，由“办医院”转向“管医院”，同时负责公共卫生；二是建立社会投资机制、鼓励市场竞争机制、引入企业经营机制。改革近20年来，宿迁市对社会资本投资兴办医疗一直全放开，积极引导鼓励社会资本投入。医疗机构在改革中不断引进社会资本、加大投入，但是在宿迁民营医院规模不断扩张、服务量及份额不断提高，人员总量不断扩大的背后，管理理念落后、医疗服务水平不高、高级医疗人才匮乏及优质医疗资源短缺等问题越来越突出，没有从根本上解决患者看病贵的问题。

1. 改革时代背景和历史沿革

（1）时代背景。一是财政医疗保障缺乏。一方面，财政赤字占GDP比重上升，财政负担加重，从1996年到1999年，宿迁政府财政赤字率整体上升，占GDP比重从0.32%上升到2.26%；另一方面，卫生经费在宿迁财政支出中次序较为靠后，根据财政支出的先后顺序，财政赤字加大的政府捉襟见肘，往往难以保障财政支出顺序较后的项目投资。宿迁领导者认为，作为影响国家长治久安的大事，政府应该首先负担义务教育和公共卫生的责任，而市场更倾向投资医疗行业。

二是宿迁当地人均收入水平不高，患者支付能力低。1996年，剔除通货膨胀因素后农民真实年人均纯收入仅为1848元，城市居民真实人均收入也只有2733元。2000年，城市居民的医疗卫生支出在消费支出中的比重为10.90%，农村居民则为11.85%。根据上述内容，宿迁政府在巨大的财政压力下难以提供有效的第三方担保，导致城市居民保障面小、保障水平低，而农民基本无医疗保障。

三是医疗服务供给不足，质量堪忧。改革之前，宿迁政府将有限的资金投入医疗服务，公共卫生投入严重不足。在公立医院垄断的背景下，医疗设备短缺，服务供给不足，医疗人员缺乏激励及约束机制，“看病难、看病贵”现象普遍。同时，乡镇卫生院生存艰难、公共卫生条件非常落后。改革前宿迁每千人医生数只有 0.6，远低于全国平均 1.65 的水平。即使在江苏省内，宿迁也排在大多数城市后面。

（2）历史沿革。在宿迁特定的背景下，从 2000 年开始，宿迁市拉开了以“社会办卫生—卫生产业化—产业民营化—民营规范化”为改革思路的医疗改革序幕，形成了后来广受争议的“宿迁模式”。

第一阶段：2000—2005 年，改公办医院为民办。宿迁市政府根据县区乡镇卫生院改革的经验启动了全市社会事业改革，在其下辖的沭阳县以条件好、中、差各挑选一家乡镇卫生院（即沂涛、南关、青伊湖）进行试点，实施“管办分开、医卫分离、医防分设”，变“政府统揽卫医”为“政府主办公共卫生，社会主办医疗事业”，大力促进医疗卫生事业改革。到 2004 年，全市包括精神病医院在内的市、县、乡医院全部由“公办”改制为“民办”。

第二阶段：2006—2010 年，民营医院发展进入提升质量新阶段。前一阶段的宿迁医改一时风头正劲，吸引不少卫生经济学者前往宿迁调研。因此进入 2006 年，民营医院从前一阶段数量上的变化发展到质量上的提升。其中，作为非营利性医疗机构，钟吾医院 2006 年 3 月升格为二级综合医院；2005 年 11 月 9 日，宿迁市中医院经宿豫区改革指挥部批复实行股份制改造，中医院成立董事会，政府持股，实行公助民营。从 2016 年开始，医院连续五年收到宿豫区政府超过 3700 万元的总投入，政府出资比例已经占到了 75%。

第三阶段：2011 年至今，形成医疗服务市场公平有序的竞争格局。2011 年，《宿迁市医疗机构设置规划（2011—2015 年）》印发，鼓励社会资本创办民营医疗机构。同时，明确了医疗机构设置发展“总量控制、结构调整、提高质量、做精做强”的原则。2014 年市政府出台《宿迁市专科医院发展规划（2014—2020 年）》，要求认真履行关于鼓励发展民办医院发展的优惠政策，切实解决资产归属、投资人合理回报及土地政策等问题。2015 年，宿迁市政府出资 20 多亿元，重新建造了一所 2000 张床位的大型三甲公立医院。2016 年，政府又印发了《关于进一步规范社会办医管理的若干意见》，规范了社会办医法人治理结构，进一步扫除社会办医道路上的阻碍。

2. 关键举措

（1）制定明确的改革目标。宿迁改革的主要目标有两个：一是经济发展的目标，二是领导者的政治目标。宿迁市领导对基于公共卫生和医疗服务概念的重新认识，明确了二者的不同属性，在此基础上界定了政府与市场、不同层级政府的责任、权利和义务。核心思路是公共卫生由政府主导，医疗服务靠市场机制调节，实现政府和市场的有效分工。此外，政府要推进医疗保险计划，建立科学合理的第三方支付体系。

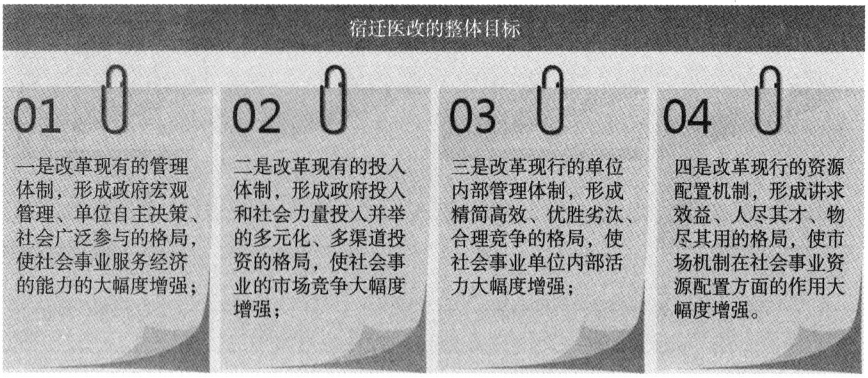

图 2－8　宿迁医改的整体目标

资料来源：中国民生银行研究院根据公开资料整理。

（2）集中政府资金，扩大公共卫生服务。医改的实质是对医疗资源的结构性调整。由于宿迁是新建市，很多公共基础设施为零基础，由于基础设施建设公益性强、收益性差，市场机制难以调节，政府责无旁贷。所以宿迁将社会资本引入医疗服务领域，将政府财力向公共卫生领域倾斜。

一是加快建设“521 工程”。为了加快公共卫生医疗服务体系建设，政府收拢五指，集中财力，建设“521 工程”。所谓“521 工程”，指的是 5 大工程、2 项监督、1 个保障。即建设市级 5 大中心，包括疾病预防控制中心、传染病防治中心、公共医疗卫生救护中心、妇幼保健中心、血液采供中心及市、县、乡、村配套网络；完善医疗卫生和药品监督两大监督体系和一个医疗体系（城市职工医疗保险和农村新型合作医疗制度）。

二是改革体制，乡镇实行医防分设。为改变“重医轻防”局面，政府集中精力抓防保，将医疗让位于社会。乡镇医院开展医疗服务，鼓励民间资本投入；由政府举办的乡镇卫生院开展公共卫生，政府保证卫生院的经费投入。宿迁“一乡两院制”的设计目前全国仅有。社会办医疗，把医疗产业做强；政府办公共卫生，把公共卫生事业做大，以此实现总量增长。

（3）资产置换，吸引社会资金办医。一是改革存量，对国有医疗机构进行产权制度改革。为保证改革稳步推进，2000 年宿迁市在沭阳县分别挑选好、中、差条件的乡镇卫生院各一家进行试点，于 2001 年全面展开，所有乡镇医院以净资产转让、无形资产竞拍、股份合作制、兼并托管等形式进行了改制，同时本着“靠外、靠大、靠强”原则，对县级以上 11 家医院进行了改制。改制的方式分为三种：以净资产转让，无形资产竞拍；股份合作制；兼并托管。在这场动荡的改革中，宿迁市124个乡镇医院和9个县级以上的医院进行了产权置换。

二是扩大存量，大力发展民营医院。早在2000年，宿迁市政府就出台了《关于鼓励社会力量兴办医疗卫生事业的意见》，民营医院发展就此拉开了序幕。经过几年的改革，通过招商引资、资产置换、扩大医疗资源总量，新办医院59家，宿迁成为全国首个社会医疗资产大于医疗卫生资产的地级市。2006年2月，政府再次出台《关于进一步加快民营医院发展的意见》，更加注重在政策上给予支持，在硬件和软件上为民营医院创造良好的条件。

（4）引导医疗卫生人才合理流动。2003年和2004年，政府先后出台了《宿迁市医疗机构卫技人员管理办法》和《关于医疗机构全员人事代理的实施意见》，建立市、县区卫生人才服务中心，所有医疗卫生服务人员签订合法的聘用合同，在卫生人才服务中心鉴证，进行人事代理，合法有序流动。现在宿迁卫生系统正在提升人才结构，提出的“引博引硕”口号，旨在吸引更多高层次人才到宿迁发展。

3. *改革后主要成效*

（1）解决了许多公立医院垄断时期的顽疾。一是维护居民健康。1997—2009年，江苏其他城市居民报告的四周内患病率大幅上升，但是宿迁这个指标的上升幅度远小于其他城市。宿迁医改使宿迁居民患病的概率下降10个百分点。

二是改善医患关系。最近几年，我国恶性医患冲突事件频频爆发，宿迁从未发生任何一起恶性医患冲突事件，而且医改后的宿迁居民更加信任身边的医疗卫生机构。宿迁居民去县（区）外就医的概率比江苏其他城市低2.3个百分点；居民生病后一般跑几家医疗机构后才得到满意的治疗。为了得到满意的治疗，宿迁居民生病后跑的医疗机构数比江苏其他城市少0.5家。最后，宿迁居民看病所花交通费用比江苏其他城市少12.8%，所费交通时间少34.0%。

三是提高医疗服务水平，改善群众就医条件。转制后的医院普遍增加了投资和设备扩充，表现在新设医院和医疗服务机构的显著增加。不争的事实表明，宿迁的医改对宿迁的卫生事业发展带来了积极影响。自2000年推行医疗卫生体制机制改革以来，宿迁市医院床位数、卫技人员数、卫生总资产呈持续上升趋势且上升幅度明显高于全省平均增幅，明显大于徐州、连云港、淮安地区，特别是连云港和淮安地区。

表2-1　　2009年苏北五市人均卫生资源比较

地区	每万人拥有的县级医院数（个）	每千人拥有的县级医院病床数（张）	每千人拥有的县级医务人员数（名）
宿迁市	0.05	0.72	1.03
徐州市	0.03	0.60	0.85

续表

地区	每万人拥有的县级医院数（个）	每千人拥有的县级医院病床数（张）	每千人拥有的县级医务人员数（名）
连云港市	0.06	0.74	0.93
淮安市	0.03	0.45	0.60
盐城市	0.11	0.96	1.11

数据来源：中信建投证券研究发展部《宿迁医改案例分析》，中国民生银行研究院整理。

（2）形成新型公共卫生体系。从宿迁市政府对改革方向和目标的设计来看，全面的市场化是改革的核心要点。在整体的设计方案中，政府对医疗与公共卫生的监管理念开始转变，采取经济与法律手段为主、行政手段为辅的措施，与市场一起各司其职。新型公共卫生防保体系逐步形成。

表 2－2　政府与市场在医疗卫生服务中的分工

领域	属性	主要提供者			评判	例证
		理想状态	改革前	改革后		
公共卫生	纯公共品	中央政府	本级政府	本级政府	越位	SARS
	地方性公共品	地方政府	本级政府	本级政府	适当	妇幼保健
医疗	私人物品	市场	本级政府	市场	适当	肾移植
	地方性公共品	地方政府	本级政府	政府＋市场	不足	医疗保障

数据来源：中信建投证券研究发展部《宿迁医改案例分析》，中国民生银行研究院整理。

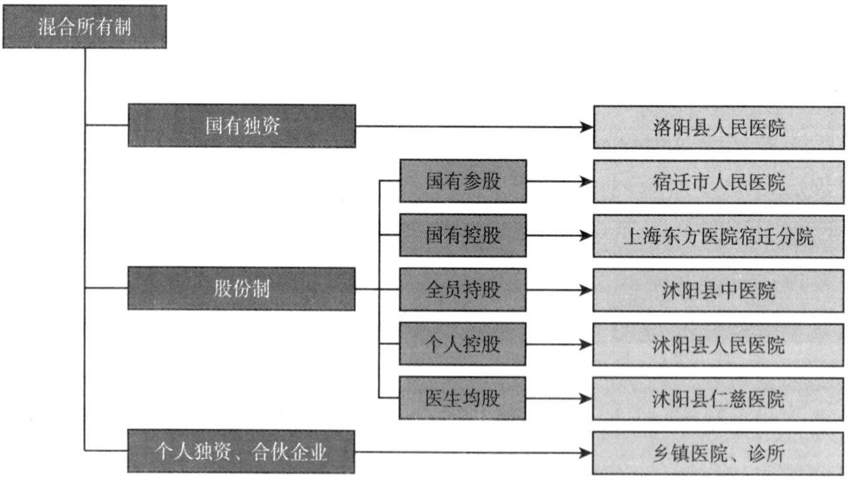

图 2－9　宿迁改革后医院所有制的形式

资料来源：中国民生银行研究院根据公开资料整理。

宿迁医改并没有“一刀切”，将所有公立医院都“卖光”，而是保留部分优质公立医院的同时，鼓励民营医院发展，增加市场竞争。

（3）政府财政压力开始下降，公共卫生投入大幅度增加。政府通过盘活医院资产的财务收入，悉数进入专项基金，全部用于公共卫生的开支，政府在卫生领域的职能开始正常发挥。宿迁地区 2010 年卫生总资产、净资产无论总量还是增幅，都远远超过连云港市和淮安市，增幅也远远超过徐州市。2010 年宿迁卫生总资产、净资产分别达到徐州市的 67% 和 64% 。此外，还新建、扩建了五大中心，显著增强了公共卫生的基础设施。

表 2 –3　　宿迁市与全省及周边地区卫生机构历年总资产比较（万元）

年份	江苏省	徐州市	连云港市	淮安市	宿迁市
2004	5272315	417484	176015	192765	102735
2005	6191002	483327	196114	219023	146648
2006	7093985	552242	225269	277251	143437
2007	8464320	691418	260120	318200	202301
2008	10439286	771233	307399	377847	265352
2009	12060357	960785	370049	401208	348406
2010	14847089	1259246	586421	593830	841332

数据来源：Wind，中国民生银行研究院整理。

表 2 –4　　宿迁市与全省及周边地区卫生机构历年净资产比较（万元）

年份	江苏省	徐州市	连云港市	淮安市	宿迁市
2004	3902046	272182	106686	117958	64878
2005	4546612	316874	122112	140743	81732
2006	5051860	356791	138170	175102	90835
2007	5681599	414967	180357	223300	125709
2008	7091421	508597	185963	242302	166331
2009	8049009	641290	220849	302661	218441
2010	9837525	859686	317236	381538	549140

数据来源：Wind，中国民生银行研究院整理。

从表 2 –3、表 2 –4 中不难发现，尽管 2010 年周边地区卫生资产均有大幅增长，而宿迁市卫生资产增加最为显著，总资产及净资产由 2009 年的 34. 8 亿元和 21. 8 亿元猛增至 84. 1 亿元和 54. 9 亿元，增长幅度达到 2. 42 倍和 2. 51 倍。宿迁市 2010 年卫生资产大幅度增加的原因一是在宏观方面，新的医改政策出台，2010 年在许多地区是大投入的一年，宿迁地区也不例外；二是在微观方面，宿迁医改通过近 10 年的磨合，已步入良性发展轨道，由于投资环境的日趋成熟，社会资本纷纷涌入卫生行业。

4. 改革后面临的问题

（1）“看病贵”问题并没有解决。从以上现象看，医疗机构增加了，竞争加强了，医院的挂号费减免了，老百姓看病确实有了更多的选择，也确实感受到医院服务态度的改善。同时，单项检查的收费和药品的单价也确实稳中有降。然而，老百姓并没有获得便利、优质、价廉的医疗服务，原因在于：

一是医疗设备盲目向高端发展的现象非常严重。宿迁的医改已经很明显出现“医疗装备竞赛”的趋势。规模稍微大一点医院努力配备彩超、CT、核磁共振等医疗设备，甚至一些一级医院也都购置了CT，而电子胃镜、全自动生化仪等各种医疗设备在一级医院都是常见设备了。高端医疗设备的增多无形中增加了患者的负担。

二是医生诱导病人多做检查和手术。和其他地区相比，宿迁的医院开大处方问题得到了一定的缓解，收入主要靠检查和手术。但却出现了很多其他不正常的现象，形成了医疗费用的另一种扭曲：医生更多要求病人接受各种医疗检查；不需要开刀的疾病让病人开刀，一些医院的剖腹产率达90%；不严重的疾病故意说得很重。

三是医院的“红包”和“回扣”现象以其他方式表现出来。医院作为一个整体，其盈利的动机并未改变，反而有所加强。主要原因是建立在股份制基础上的医院，如果不以营利最大化为目标，就无法生存。所以，虽然消灭了医生个人收红包、收回扣的问题，但是这部分利益并没有回到患者手里，而是集中到了医院股东的手里。解决“红包问题”唯一的途径，是使医院不再有营利动机。只要这一点不改变，红包和回扣还会以其他的各种方式表现出来。

（2）区域卫生规划缺乏，三级医疗网络被打破。我国原有的覆盖城乡的三级医疗服务网络，初衷是为了通过转诊体系有效配置医疗资源，防止病人的趋高倾向。宿迁在鼓励医院竞争和引入社会资本办医的同时，没有进行任何区域卫生规划，完全打破了原有的三级网络和转诊体系，违背了医疗卫生的特殊性，导致医疗资源的浪费和无效率，使老百姓医疗负担加重。

一是加剧行业内竞争，削弱基层医疗水平。在盈利的动机下，只要具备条件，各级医院都在竞相购买设备、做大手术。同时，病人不管是什么病，到哪一家医院都能看，而医院之间“老死不相往来”，根本没有转诊的动力。加上市场化的医疗环境放宽了医务人员流动的限制，促使很多基层医生到城区新兴的医院找工作，导致乡镇医院的医疗水平下降，直至不能够提供一般的医疗服务。

二是中西医医疗格局的打破。由于中医没有很多检查和手术，而且中药价格更低，完全靠市场生存的当地中医进一步萎缩。据《南方周末》报道，沭阳县中医院二次改制后效益不断增加，2005年收入5500万元，利润率50%，老百姓口碑也比较好，但是作为一个中医院，其中医所占比重越来越小，原有的中医病区取消了，一些老中医的中医药剂、药丸开始慢慢消失，一些中医人才慢慢都转向西医。

三是高水平医疗队伍发展持续性不足。医务人员的流动性加强，稳定性下降，使医院缺乏培养医疗技术人才的动力，高水平医疗队伍发展的持续性面临挑战。此外，随着医疗机构的不断增加，医生随时可以跳槽，各个医院只“抢人”而不“育人”，不愿意培养自己的技术人员，以防培养好后人才流失。医疗卫生人才后继乏人，医疗质量踏步不前。

（3）政府监管模式相对单一，监管水平不足。政府在对民营医疗机构的监管过程中主要采用奖励和惩罚等经济手段，到底管什么，怎么管，没有制定明确的法律规定。

一是缺乏医疗准入的监管。由于审批的手续简单，政府更看重资产，而不是资质。医疗机构准入的审批权不在卫生行政部门，而在市长、县长手中。由于政府审批医院的级别不同，收费标准也不一样，而新办的医院千方百计地想得到高级别的审批，所以政府通过这种权利敛财，也导致一些名不副实的二级医院出现。

二是财务监管不足。宿迁所有医院都进行了改制，而且主要都是转为民营，很多医院申报了非营利医疗机构。但是调研发现，这些非营利性医疗机构还是实行了分红。转制后，卫生部门基本无法掌握医院经营的数据，医院上报什么，就是什么，医院会倾向于上报有利于自身的数据，以非营利性的名义盈利。

三是与上级主管部门的协调机制不畅。医疗卫生领域是自上而下的管理体系，改革后，如何使新的机制与各级卫生主管部门相衔接，也是宿迁医改还没有解决好的问题。

（4）医保财税价格政策不完善，存在“以药养医”现象。一方面，宿迁市社会办医一直执行低于成本的医疗服务收费标准，药品价格也受到严格控制。即使现在可以自主定价，但由于受到医保政策的限制和市场竞争的影响，目前全市民营医院还没有一家按公立医院的标准进行调整，药品收费基本上维持原有水平，平均加价率达到100%，存在“以药养医”现象；另一方面，非营利性组织免税资格认定须同时满足9个条件，这使宿迁民办非营利性医院很难享受免税资格。3年免税期后，宿迁营利性医院或不能通过免税资格认定的非营利医院要交纳25%的企业所得税，同时仍需交纳房产税、城镇土地使用税以及车船使用税，其税种、税率与企业无异，而且民营医院大型医疗设备更新较快，医院运行成本相对较高，如果不能及时完善税收政策，民营医院负担将会更重。

（5）民营医院投资主体分散、融资困难、财务压力大。一是投资主体分散，抗风险能力不足。在宿迁政府大举“卖”公立医院时，购买者多为非医疗专业人士，多为企业家、个体户等，缺乏专业性，投资实力也较小，抵抗行业风险能力不足。而医院是长线投资，必须要有雄厚的资金实力。要按二级以上规模投资一个新院，即便人员到位、管理规范的环境下，一般要5—8年才能实现盈余，若要返还投资成本还要更长时间，在亏损运转时期资金链一旦断裂，将破产倒闭。

二是融资困难。截至2016年，宿迁市民营医院平均负债率达55%，超过了一般警戒线40%的水平，最高超过100%。除了二级甲等以上医院能从银行获得一定数额的贷款外，其他医疗机构无法从银行贷款。宿迁市政府曾出面希望银行贷款给民营医院，因银行顾虑中小民营医院的还贷能力，不予贷款。而一些医疗机构为了引进新技术、新项目等，从社会上借高利贷发展，存在破产风险。

三是产权归属不清，经营性质变更困难。2014年国家颁布《关于非营利组织免税资格认定管理有关问题的通知》规定：民办非营利医疗机构资产不属于投资者，若要通过免税资格认定，必须放弃资产所有权。然而，非营利性医疗机构不是慈善家，谁也不可能将资产无条件交给社会。因此，如不解决资产归属问题，将不利于宿迁民营医院健康发展。

四是患者存在重公轻私的就医偏好。不少受访居民表示，是否选取在本市民营医院看病完全取决于病情的严重性，一般不算严重的疾病愿意到民营医院就诊，但是如果严重的疾病还是会选择去公立医院，可见民营医院的社会认可度普遍不高，影响居民就医选择，还导致了人才引进、医保定点服务等问题。

五是民营医院陷入诚信危机。由于政府对医院的监管涉及物价、卫生计生、社保等多个部门，在监管中，各部门之间各自为政，缺乏有效的协调机制，对各部门发现的问题，缺少信息共享，无法从整体上对医院的发展形成良性的引导作用。正是由于政府对民营医院日常行为监管不力，导致民营医院大量存在违规发布医疗广告、采用不正当手段套骗医保、雇佣“医托”招揽病人、无资格卫技人员占比过高，对外承包医院内部科室等非法行医、过度医疗等现象，严重损害了民营医院的整体形象，公众信任度偏低。

六是自身管理不完善，缺乏长远眼光。宿迁存在部分民营医院由于成本、资金的压力，发展中缺乏长远规划，更关注短期利益的实现，医院发展缺乏技术特色，品牌效应不凸显。此外，虽然宿迁市民营医院机构发展较快，但存在因片面追求自身经济利益而诱导过度医疗的行为，主要表现为“大病小治、不合理检查、不合理用药、不合理治疗、不合理住院”等。

5. 需吸取的教训

(1) 贫困地区医疗卫生需精准定位、明确责任。与世界上大多数市场经济国家通常由中央政府和省级政府为主承担医疗卫生支出的制度安排相反，我国财政体制从传统高度集中的“统收统支”向分级分税财政体制演变，中央政府将更多的医疗卫生支出职责交给了地方政府。上级政府把卫生筹资的责任转给下级政府，下级政府在财政资金拮据的情况下，把筹资的主要任务推给了卫生机构，实质上是把难题交给了原本就失灵的市场。

在以 GDP 增长为政绩指标激励机制下，地方政府只热衷于 GDP、招商引资等指标。贫困地区政府搞医疗卫生和教育既没有积极性，也没有能力。这导致地方政府对一些公立卫生机构经费补助日益减少，或者直接将其变卖。地方财政卸包袱的冲动，可以说是医改市场化的重要原因。因此，解决问题的关键是坚持科学发展观，明确政府职责。中央政府必须通过有效手段保障全体公民都享有公共卫生和最基本的医疗服务，明确对贫困地区和贫困人口的财政补助标准。地区间财政能力差异的问题，应通过强化转移支付来逐级解决。

（2）发挥市场机制，不能回避医疗卫生领域的自身规律。“宿迁模式”把医疗卫生事业定位为“经营性行业”，并认为“只要是经营性的行业，就可以放到市场上去竞争，通过竞争降低价格，提高质量，改善服务”，这一定位是不准确的。理论上，竞争的市场上只要供大于求，价格就可能下降。但是在医疗市场，由于存在的不确定性、外部性、垄断性和信息高度不对称性等特征，过剩的供给可以通过诱导需求来消化，医生可以使出各种招数来“以量定费”，大幅度扩充门诊量，让病人多做检查，增加了不必要的检查和手术，结果导致医院服务量的扩张与整体医疗费用的上升，美国就是典型的例子。因此，通过竞争来控制医疗价格的思路，短期内可能有效，但长期来看，医疗市场的竞争并不能导致医疗价格的下降。这正是医疗卫生市场与其他消费品市场的巨大不同之处，也是当前理论和实践工作中的薄弱认识点之一。

（3）“引入市场机制”和“政府举办医院”并不矛盾。中国市场化的进程已由基本完成的竞争领域转向非竞争领域，事业性单位的市场化将成为改革的重中之重。未来的方向，到底由政府主导，还是由市场主导，殊为关键。“政府主办医疗机构”和“引入市场机制”两者完全可以结合起来，建立既有政府干预的公平性和成本可控性，又具有市场的高效性和灵敏性的制度。从三明市医改历史可以看出，医院所有制并不是医院经营绩效的关键，医院院长和内部管理是医院成功的重要因素。就我国的现状来看，应当保留相当数量的公立医院，并且由政府严格控制总费用。同时，要改进政府对医院的管理机制，使公立医院之间形成竞争，但是要彻底消除公立医院的盈利动机，使其之间的竞争不能是面向利润的竞争，而是控制成本、改进质量的竞争。

（4）政府需引入社会资本建立良性竞争的医疗市场。考虑到准公共卫生物品具有一定的竞争性，政府若要保证其自由配置的公平性，不仅会导致政府的财政压力过大，还会严重浪费资源。政府帮助民营企业进入公共服务的手段有很多，例如政府一次性补助、贷款、税收优惠、机会优先等。若政府的出发点为利用政府资金帮助民营医院发展，则应当限制政府参股的份额，排除政府成为最大股东、控制民营医院、接管民营医院的可能。

五、我国医疗卫生市场需求空间分析

（一）从世界主要经济体比较角度分析，我国医疗卫生市场有较大需求空间

1. 预期寿命

2017年中国平均预期寿命为76.5岁，较2016年增加0.3岁，高于世界平均的72.4岁水平，但距发达国家仍存在较大差距。日本是主要发达国家中人均预期寿命最高的，2017年为84.1岁，高收入国家为80.7岁。

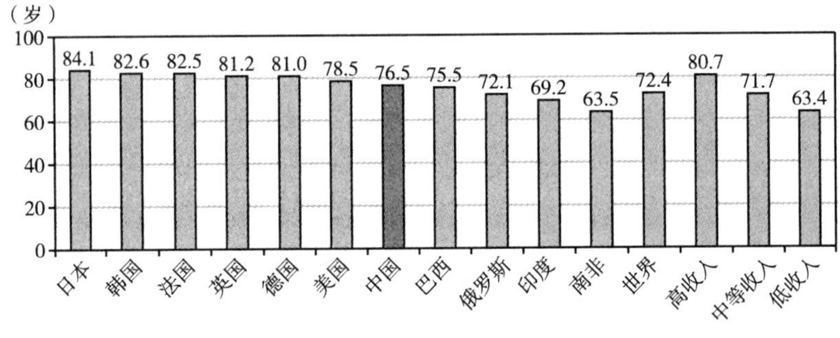

图2-10 世界主要国家2017年预期寿命

数据来源：世界银行WDI。

新中国成立后，随着整体经济的发展与人民生活的改善，我国人均预期寿命显著提高，1963年平均寿命仅为46.0岁，低于54岁的世界平均水平，1969年开始已高于世界平均水平，并以约每4年提高0.5—1.5岁的速度稳步提高。

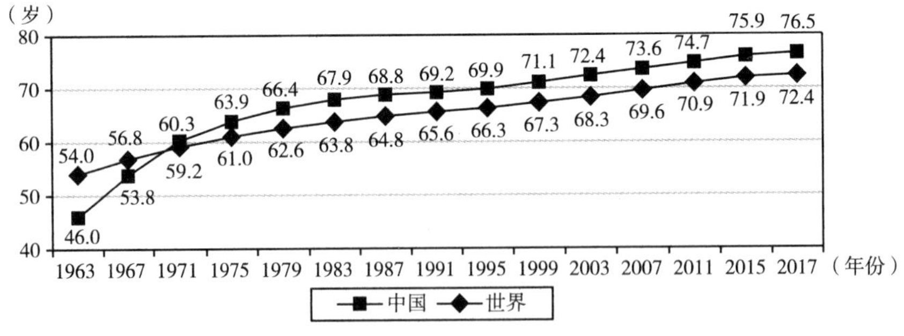

图2-11 中国与世界人均预期寿命历史变化

数据来源：世界银行WDI。

2. 万人医师数

2018年中国每万人拥有执业医师数量为26人，较2017年增加2人，高于东亚国

家的日本和韩国，并首次超越美国25.9人的水平，但仍低于欧洲高福利国家。德国2015年每万人拥有医师41.9人，是全球人均医师人数最多的国家，是中国的1.6倍。此外，同为“金砖国家”的俄罗斯，每万人拥有医师数量也是中国的1.5倍。可见中国的基础医疗水平与世界领先水平的国家仍有一定差距。

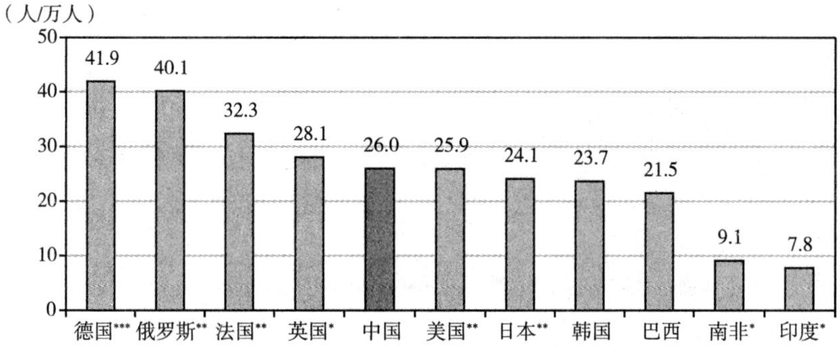

图2-12　世界主要国家2018年万人执业医师数

数据来源：世界银行WDI、国家统计局。

注：标*国家数据时间为2017年，标**为2016年，标***为2015年，其余为2018年。

世界银行公布的数据显示世界平均每万人拥有医师15.0人，其中高收入国家为30.0人，中等收入国家为13.2人，低收入国家仅为3.2人。中国人均医师数量虽已超过中等收入国家水平，但距高收入国家仍存在差距。

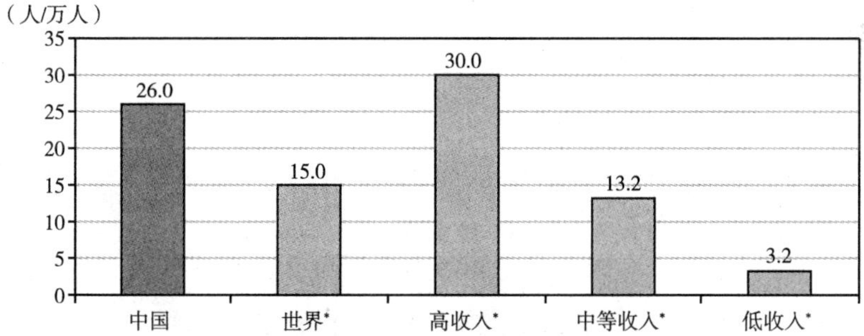

图2-13　世界及按收入分组国家的万人医师数

数据来源：世界银行WDI。

注：中国数据为2018年，标*为2015年。

3. *万人病床数*

2018年中国每万人拥有医院病床数为60.2张，较2017年增加3张，高于美国、英国。但与同为东亚国家的日本、韩国相比，差距巨大。日本万人病床数为134张，列世界第二，是中国的2倍多，韩国为115张，是中国的近2倍。摩纳哥是世界人均病床数最多的国家，为每万人138张。

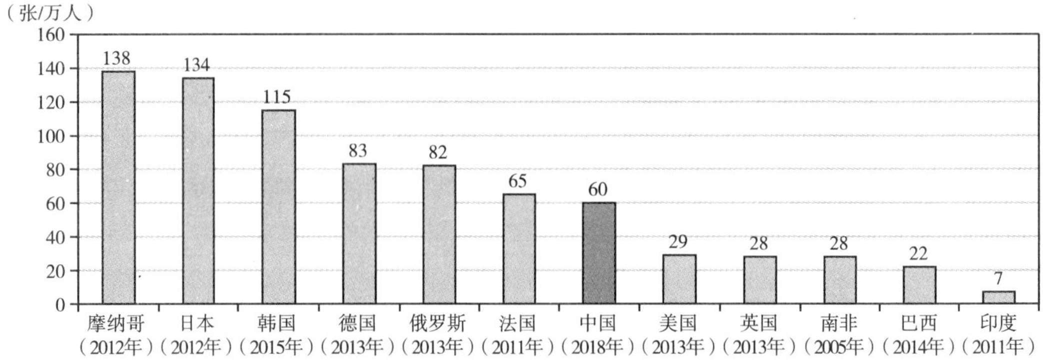

图 2－14　世界主要国家万人病床数

数据来源：世界银行 WDI、中国统计局。

注：因多数国家数据不连续，采用各国可获取的最新数据比较。

高收入国家每万人拥有病床数为 41.1 张，中国目前已超过高收入国家的水平。综合万人病床、万人医师数来看，目前中国约每 450 人配 1 名医师，200 人配 1 张病床。这一水平虽距高收入国家不远，但距世界高医疗水平国家（俄罗斯、日韩等）的差距仍然较大。

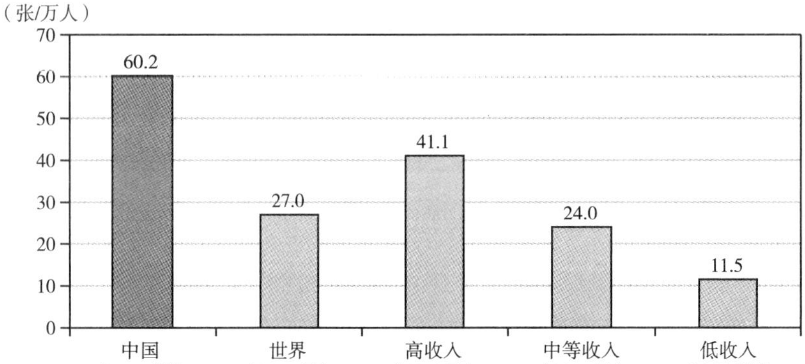

图 2－15　世界及按收入分组国家的万人病床数

数据来源：世界银行 WDI，中国统计局。

注：因数据不连续，采用可获取的最新数据比较。

（二）从我国省级区域比较角度分析，中西部医疗卫生市场有较大增长潜力

我国加快基本公共服务均等化建设，各级各类基本公共服务设施进一步改善，但资源配置不均衡、服务水平差异较大等问题依然存在，尤其是中西部地区医疗卫生条件较为落后，亟需快速发展。

1. 预期寿命

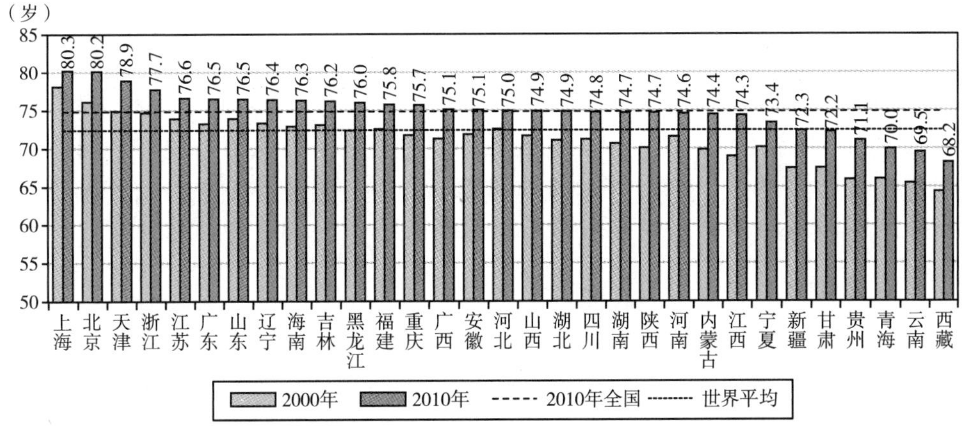

图 2－16　第六次人口普查中国各省（区、市）预期寿命

数据来源：国家统计局、世界银行 WDI。

注：世界平均数据为 2017 年数据。

根据 2010 年第六次全国人口普查数据，2010 年我国人口预期寿命为 74. 8 岁。其中，18 个省区市人口预期寿命高于全国平均水平，13 个省区市低于全国水平。上海、北京两市的预期寿命超过了 80 岁，分别为 80. 3 岁、80. 2 岁。而西部地区的新疆、甘肃、贵州、青海、云南、西藏六个省区人口预期寿命排名靠后，分别为 72. 3 岁、72. 2 岁、71. 1 岁、70. 0 岁、69. 5 岁和 68. 2 岁。整体来看，东部地区人口预期寿命普遍高于中西部地区。与 2000 年人口普查结果相比，2010 年全国人口平均预期寿命提高了 3. 4 岁。

2. 万人医师数

图 2－17　2018 年中国各省（区、市）万人执业（助理）医师数

数据来源：世界银行 WDI、国家统计局。

注：世界平均数据为 2015 年数据。

2018 年，全国每万人执业（助理）医师数为 26 人。其中，13 个省区市高于全国平均水平，15 个省区市低于全国水平。北京万人医师数为 46 人，位列全国第一。甘肃、广西、云南、安徽和江西五省区排在最后，每万人拥有执业（助理）医师数分别为 23 人、22 人、21 人、20 人和 19 人。整体来看，医疗资源主要集中在东部地区，中西部地区万人医师数较低。与 2017 年相比，30 个省区市万人医师数均呈现不同程度上升态势；吉林、重庆、山东、北京和河北等省市增长最快，较 2017 年分别上升了 3 人、2.7 人、2.6 人、2.5 人和 2.5 人。

3. 万人病床数

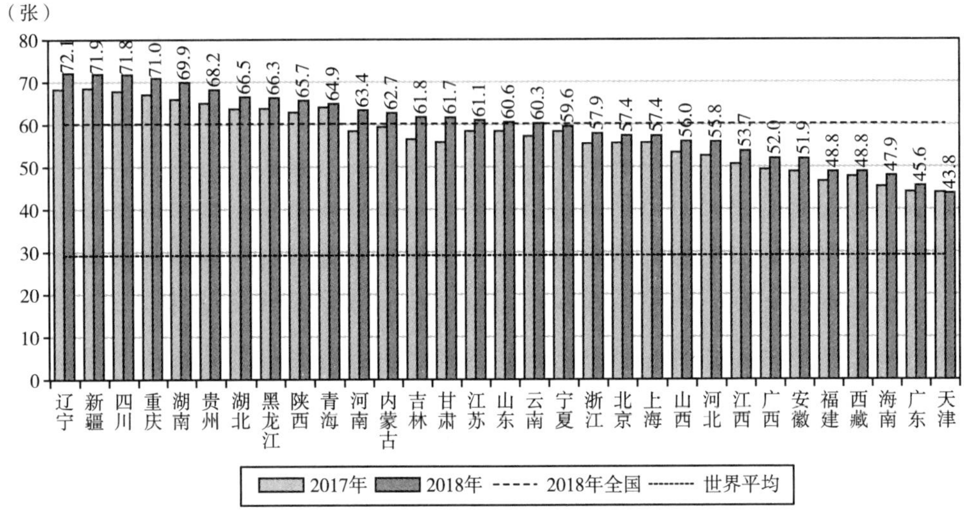

图 2-18　2018 年中国各省（区、市）万人医疗卫生机构床位数

数据来源：世界银行 WDI、国家统计局。

注：世界平均数据为 2015 年数据。

2018 年，我国每万人拥有医疗卫生机构床位为 60.2 张。其中，17 个省区市高于全国平均水平，14 个省区市低于全国水平。辽宁、新疆、四川、重庆四省区市万人拥有医院病床数超过 70 张，分别为 72.1 张、71.9 张、71.8 张和 71 张。西藏、海南、广东和天津四省区市排名最低，万人拥有医院病床数为 48.8 张、47.9 张、45.6 张和 43.8 张。与 2017 年相比，2018 年全国每万人拥有医疗卫生机构床位增加了 3.1 张，30 个省区市万人病床数均呈现不同程度上升态势，仅天津下降 0.2 张，显示全国医疗机构的硬件设施水平不断改善。分地区来看，中西部、东北地区万人拥有医院病床数普遍高于东部。与 2017 年相比，甘肃、吉林、河南三省万人拥有医院病床数提升幅度最大，分别增加了 5.9 张、5.2 张、4.9 张。

（三）从人口结构、居民收入、城镇化水平角度分析，放开计划生育、老龄化将推动医疗卫生需求高速增长

1. 老龄化趋势明显加速，医疗需求明显扩张

新中国成立以来，我国人口生育政策经历了“由松—变紧—再放松”的过程，这不仅改变了我国人口发展趋势和人口结构，也改变了社会的基本构成，对我国经济社会发展产生了深远影响。其中，人口结构变化的一大特征就是老龄化步伐明显加快，见图2-19。

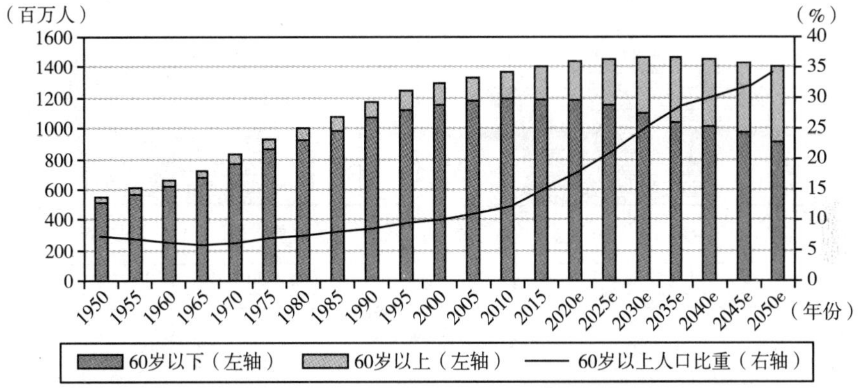

图2-19　1950—2050年我国60岁以上人口数及占比

数据来源：联合国经济和社会事务部（UNDESA），国家统计局，中国民生银行研究院。

2000年，我国60岁以上老年人口占比达到10.03%，正式进入老龄化社会。据联合国经济和社会事业部估算，未来我国60岁以上老年人口占比将逐年提高。预计2025年我国60岁以上老年人口将突破3亿人，人口占比20.55%，成为老龄国家。从老龄化社会进入老龄社会，法国用了115年，英国用了47年，德国用了40年，而日本只用了短短24年，我国与日本速度相近。至2030年我国60岁以上老年人口占比将达到24.83%，2040年将达到29.92%，2050年将达到34.62%。该占比的年均增速将在近20年内保持在10%以上的高位。

从未来我国人口结构变化趋势（见图2-20）可以看出，我国老龄化问题的严重程度。我国各年龄段人口结构已由人口红利充足的“金字塔形”（2000年）逐渐向中老年人口占比较大的“纺锤形”（2030年）过渡。最终，由于低生育率造成20岁以下人口出现不同程度断层，劳动人口占比快速下降，人口结构将表现为老龄化严重的“倒金字塔形”（2050年）。我国经济增长压力明显增大，医疗、养老资源不足等社会问题将逐渐显现，“未富先老”问题突出。

老年人天然具有高患病率、高伤残率、高医疗利用率的特点。老龄化水平快速提升，会给医疗卫生保障等公共服务体系带来越来越大压力。并且，由于我国居民生活

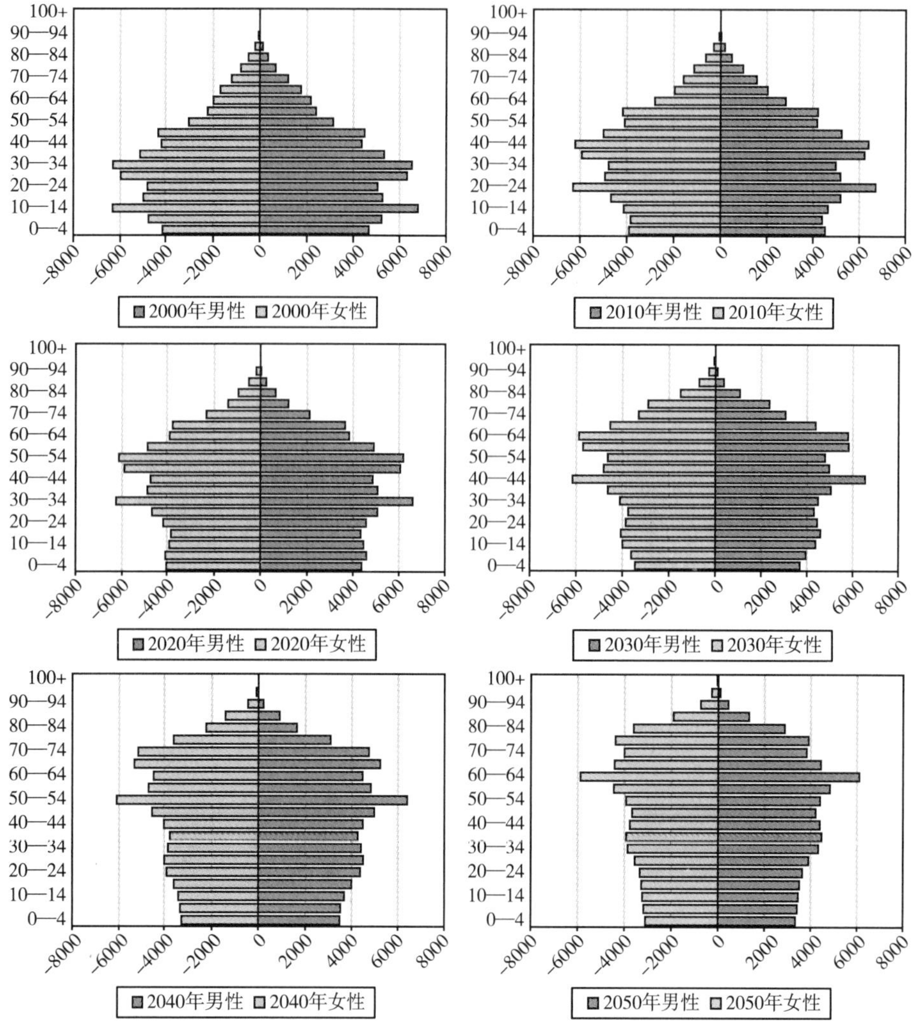

图 2－20　2000—2050 年每十年我国各年龄段人口结构

数据来源：联合国经济和社会事务部（UNDESA），中国民生银行研究院。

水平、医疗水平的提升，各年龄段死亡率均明显下降，人均预期寿命明显提升，医疗服务需求也将明显扩张。

人口老龄化还会导致个人医疗费用的增加，主要包括老年人患病概率明显增加、慢性病较为常见、恢复期限更长、治疗成本提高等多方面因素。据中国卫生统计数据显示，2003—2013 年，65 岁以上老人的两周患病率从 33.8‰上升至 62.2‰，增幅达 61.2%，是人口整体水平的 2.58 倍。2013 年 65 岁以上老人的慢性病患病率为 539.9‰，是整体人口的 1.63 倍①。上述患病率还有城市老人患病率高于农村老人的

① 数据引用自中国卫生统计年鉴（2018）。

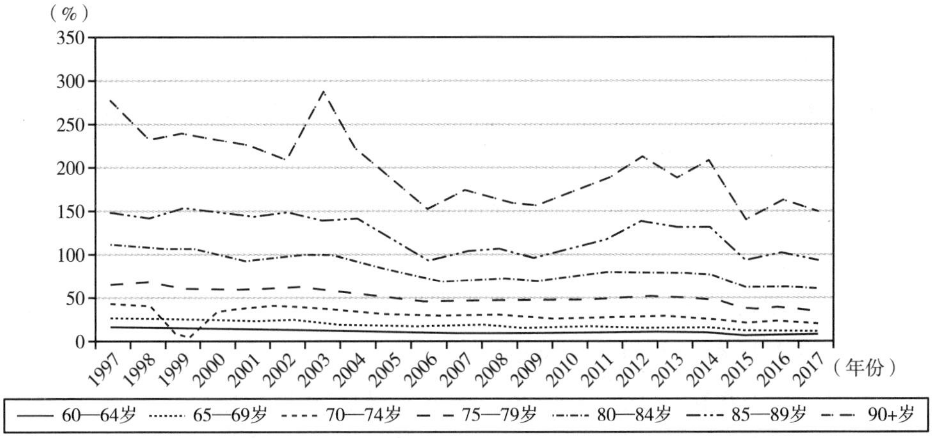

图2－21　1997—2017年我国60—90＋年龄组别人口死亡率

数据来源：国家统计局，中国民生银行研究院。

特征。并且，老年人的居家护理成本、护理设备与专业人员要求更高，也会造成老年人医疗需求和医疗费用的大幅提升。

此外，由于男女患病率、死亡率等因素不同，我国老年男女人数不平衡问题也将较为突出，丧偶、空巢和独居老年人等特殊人群规模快速扩大。适合该部分老人的养老、医疗健康服务需求也将不断提高。

2. 计划生育政策放开，儿童医疗短板明显

为缓解中国人口出生率下行与老龄化进程过快带来的压力，我国政府在2013年实施“单独二孩”政策之后，2015年进一步放开计划生育政策，实施“全面二孩”政策，出生率在2015—2017年出现过短暂小幅上升。但从长期来看，我国人口出生率将逐渐下滑，并长期维持在8‰左右。

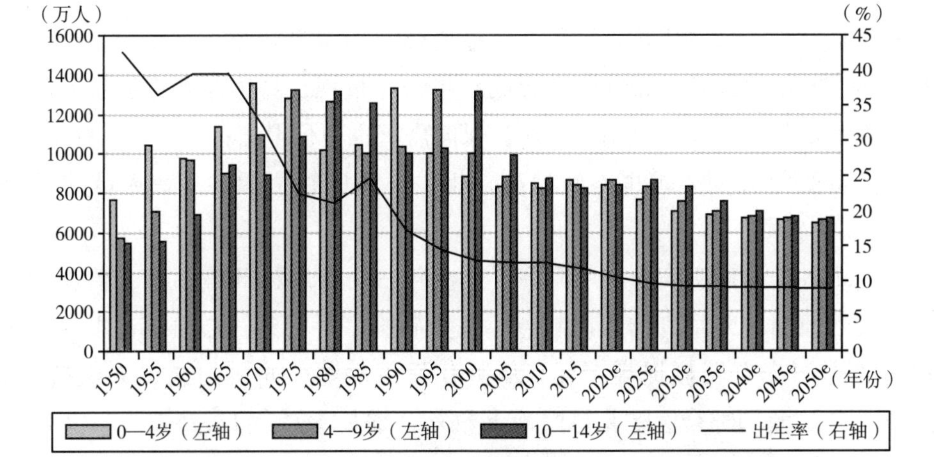

图2－22　1950—2050年我国分年龄段儿童人口数及出生率

数据来源：联合国经济和社会事务部（UNDESA），国家统计局，中国民生银行研究院。

长期儿童人口的数量逐年下降并不意味着我国儿童医疗资源相对充足。我国儿童医疗供需不平衡问题主要体现在以下几个方面。

一是儿童人口绝对数量大，医疗资源相对不足。“全面二孩”政策短期有效提高了出生率，到2030年我国儿童数量很难明显下降，基本维持在2.3亿人左右。到2050年，虽然出生率有所下降，但儿童人口绝对数依然很大，在2亿人左右。

对于高达2亿的儿童人口数量来说，儿童医疗机构与医师人数相对不足。截至2017年，全国范围内设有儿童医院117家、妇幼保健医院（所）3077家，分别占全国医疗机构总数的0.12‰和3.11‰，总量明显不足。其中，高水平儿科专科医院数量明显不足，我国三级甲等医院共有706家，其中三级甲等儿童专科医院仅有22家。同时，儿科专科医生数量也明显不足，截至2017年，每千名儿童当中只有0.45名的儿科医生。

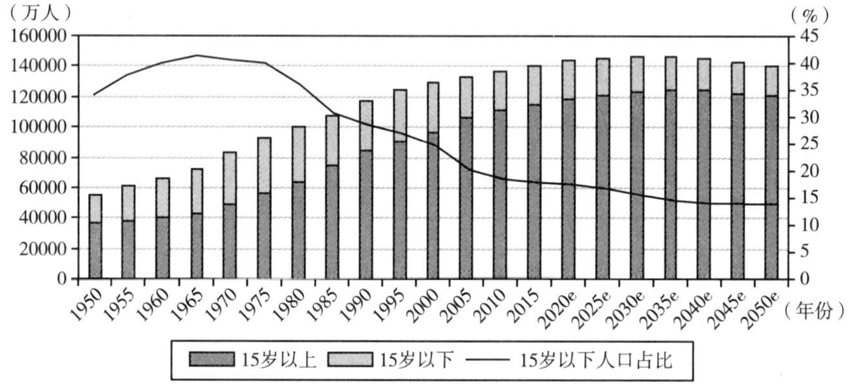

图2-23　1950—2050年我国15岁以下人口数及占比

数据来源：联合国经济和社会事务部（UNDESA），国家统计局，中国民生银行研究院。

二是家长对儿童健康成长重视程度明显增强。随着我国经济发展和人民生活水平的不断提高，家长对儿童能否健康发育成长越来越重视，身体与心理健康并重的医疗保健意识逐渐增强。因此，对相关医疗、保健需求也与日俱增，对相关医疗服务水平、质量和人员资质等方面要求也不断提高，相关儿科医疗资源、专业人员的稀缺问题凸显。

三是儿童各类疾病患病率有所升高。近些年，由于城市环境污染、营养过剩、电子产品普及等原因，儿童身体素质较差，儿童肺部、呼吸道、心血管、眼科、血液等类别疾病的患病率有明显提高，且有低龄化发展趋势，儿科门急诊人数持续攀升。2000—2017年，我国综合医院儿科门诊人数复合增长率高达13.75%。2017年，综合医院儿科门诊接诊人次达24220.1万，占门诊总人次的9.89%，较2000年提高了2.71个百分点，如图2-24所示。

四是儿童专用医疗器械、药品研制发展滞后，市场短板明显。我国药品、医疗器械的研制生产对儿童市场的重视程度不够，儿童专用配方、剂型、规格产品的供给明显不足。儿童用药成人化现象非常普遍，不乏致聋、致死案例。为了解决儿童药短缺问题，量身定制至关重要，这也是未来我国医药研发的重要方向。

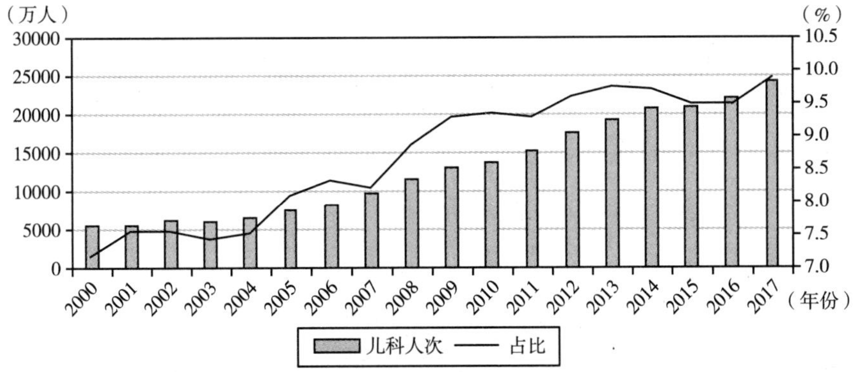

图 2-24　2000—2017 年我国综合医院儿科门诊人次数及占比

数据来源：中国卫生健康统计年鉴（2018），中国民生银行研究院。

3. 人均收入提高，城乡居民医疗消费占比提升

改革开放以来，我国居民人均收入增长明显，居民消费水平也稳步提升。2000—2019 年，我国人均 GDP 从 959.37 美元增长至 9770.85 美元，增长了 10 倍有余。同期，我国城镇居民人均可支配收入由 6280.0 元增长至 42359.0 元，农村居民人均可支配收入由 2282.1 元增长至 16021.0 元，分别增长了 6.74 倍和 7.02 倍。

城乡居民的医疗保健意识也有所提高，相应的医疗保健消费开支也逐渐扩大。一方面，居民可支配收入大幅增长导致对基本医疗开支负担能力有所提高，患病平均就医率上升。另一方面，由于收入提高导致居民生活水平的提高，消费意识和消费理念有所改变，已不满足于吃饱穿暖的基本需求，逐渐向健康高品质生活需求过渡。因此，个人医疗消费中保健支出占比逐渐提高。

2000—2019 年，城镇居民人均医疗保健消费支出由 318.1 元增长至 2283.0 元，农村居民人均医疗保健消费支出也由 87.6 元增长至 1421.0 元，分别增长了 7.17 倍和 16.22 倍。城镇人均医疗保健消费支出占可支配收入比重由 5.065% 增长至 5.390%，农村人均医疗保健消费支出占可支配收入比重由 3.837% 增长至 8.870%。可见，城乡居民医疗保健消费支出增长幅度远大于其收入增长幅度，并且农村居民医疗保健消费支出增速大于城镇居民，其医疗保健支出负担较重。

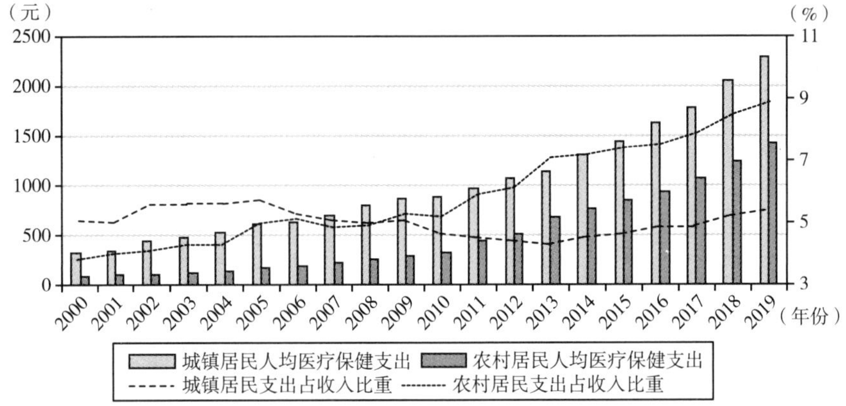

图 2-25　2000—2019 年我国城乡居民医疗保健支出及占收入比重

数据来源：国家统计局，中国民生银行研究院。

4. 城镇化水平不断提高，医疗设施配套激发市场需求

目前，中国城镇化进程进入高速增长期，人口城镇化率已由 2000 年的 36.22% 提升至 2019 年 60.60%，估算至少有 3.7 亿人由农村转移至城镇，增大了城镇医疗卫生资源需求压力，推动我国医疗卫生市场的发展。

人口的城镇化将提高居民医疗保障水平，居民身份将由农村居民转变为城镇居民，其医疗保险种类也将由新农合变为城镇职工医疗保险或城镇居民医疗保险。在我国绝大部分地区，城镇职工医疗保险或城市居民医疗保险的保障水平要高于新农合，这在一定程度上会带来公共医疗支出的上涨。此外，人口城镇化还将提高该部分人口的收入水平，从而提高了个人医疗消费能力和支出水平。

除了上述人口的城镇化外，还有土地城镇化过程。土地的城镇化会带来农村医疗卫生服务体系的城镇化转变，表现为医疗卫生资源数量扩增、质量提升两方面。长期以来，城市医疗卫生资源在数量、质量上大多优于农村，城镇化可有力助推城乡卫生服务体系均衡化发展，刺激居民医疗保健消费需求的释放，促使公共及个人医疗保健支出的稳步增长。

此外，过快的城镇化会对居民健康产生一定负面影响。一是城镇人口的快速增长造成的交通拥挤、能源过度利用都使得空气质量恶化，对居民健康有显著的负效应；二是城镇人口快速增长会造成城镇医疗资源的相对短缺，而人口的拥挤效应也会增加居民人均医疗成本；三是城镇化会重塑居民生活方式，快节奏、高压力、快餐和久坐等城市生活习惯都可能导致居民健康状况下降。上述三方面因素均有可能增加居民个人医疗保健支出水平。

（四）未来我国医疗卫生市场需求空间测算

根据前文所述，我国人口结构、经济发展和城镇化等因素都与公共、居民医疗费

用支出水平具有一定相关关系。这里将利用我国 1978—2018 年的统计数据，通过构建经济模型，定量回归研究人口老龄化、儿童人口增加、居民收入提高、城镇化水平提高对医疗费用支出的影响，并结合对 2020—2050 年全国卫生费用支出总额数据的预测，以此来测算未来医疗卫生市场需求空间的大小。

1. 变量及数据

（1）被解释变量。全国卫生费用支出总额（$ExpH_t$），是指我国在一定时期内（通常是一年）全社会用于医疗卫生服务所消耗的资金总额，可作为衡量我国医疗卫生市场需求大小的替代指标。

（2）解释变量。选用老年抚养比（ODR_t）、少年儿童抚养比（YDR_t）表示我国人口老龄化和儿童人口变动趋势。老年抚养比是指人口中非劳动年龄人口数中老年部分对劳动年龄人口数之比，用以表明每 100 名劳动年龄人口要负担多少名老年人。$ODR=$（65 岁以上人口数/劳动年龄人口数）$\times 100\%$。少年儿童抚养比是指人口中少年儿童人口数与劳动年龄人口数之比，用以反映每 100 名劳动年龄人口要负担多少名少年儿童。YDR =（14 岁以下人口数/劳动年龄人口数）$\times 100\%$。

选用城镇化率（UR_t），反映我国城镇化发展水平，一般采用人口统计学指标，即城镇人口占总人口的比重。

选用城镇居民可支配收入（$City_t$）、农村居民可支配收入（$Country_t$），表示由城镇或农村居民获得并且可以用来自由支配的收入水平增长情况，衡量城镇或农村居民医疗卫生消费能力的大小。

此外，选用两周患病率（$Preva_t$）作为控制变量 1，反映居民健康水平对医疗卫生支出的影响。选用物价水平（CPI_t）作为控制变量 2，反映物价上涨对医疗卫生支出的影响。

上述变量数据样本选用 1978—2018 年年度数据，来源为中国统计年鉴、中国卫生健康统计年鉴。数据样本时间周期跨度较长，能较完整、准确、真实反映我国人口结构、经济发展和城镇化对医疗费用支出水平影响。

其中，两周患病率（$Preva_t$）部分数据缺失，这里用前值替代。物价水平（CPI_t）选用 1978 年为基准的定基指数。

同时，为方便统计回归和体现变量间的弹性关系，对上述变量均取对数。

（3）计量方法与回归结果。利用上述各变量构成时间序列，可得到方程 2－1：

$$
\begin{aligned}
\mathrm{Ln}ExpH_t = &\beta_1 \mathrm{Ln}ODR_t + \beta_2 \mathrm{Ln}YDR_t + \beta_3 \mathrm{Ln}UR_t + \beta_4 \mathrm{Ln}City_t + \beta_5 \mathrm{Ln}Country_t \\
&+ \beta_6 \mathrm{Ln}Preva_t + \beta_7 \mathrm{Ln}CPI_t + c
\end{aligned} \tag{2-1}
$$

上述模型进行共线性检验发现，变量间存在多重共线性问题。并且为了保证自由度。我们这里采用逐步回归方法，自动剔除部分变量①。需说明的是被剔除的解释变量并不意味着其与被解释变量无相关性，只是统计上的优化，得到方程 2－2：

$$\text{Ln}ExpH_t = 1.359218 \times \text{Ln}UR_t + 1.114088 \times \text{Ln}ORD_t + 0.465041 \times \text{Ln}City_t - 0.3893645 \times \text{Ln}YDR_t + 0.6589074 \times \text{Ln}CPI_t + 0.1819284 \times \text{Ln}Preva_t - 6.222783 \quad (2-2)$$

由方程 2－2，我们可得如下结论：

一是城镇化水平对医疗卫生支出的影响最大，呈正相关关系。城镇化水平每提高 1 个百分点，医疗卫生支出水平将提高 1.359218 个百分点，弹性大于 1。

二是人口老龄化对医疗卫生支出水平的影响相对较大，也呈正相关关系。老龄人口（65 岁以上）抚养比每提高 1 个百分点，医疗卫生支出水平将提高 1.114088 个百分点，弹性大于 1。

可见，在现阶段，随着我国城镇化和人口老龄化发展，医疗卫生支出水平的增加有不断放大趋势。

三是城镇居民收入水平的提高对医疗卫生支出水平也存在一定正相关影响。城镇居民收入每增加 1 个百分点，医疗支出卫生水平将提高 0.465041 个百分点。说明我国现阶段居民收入对医疗卫生支出的弹性小于 1，恩格尔曲线递减，如图 2－26 所示。

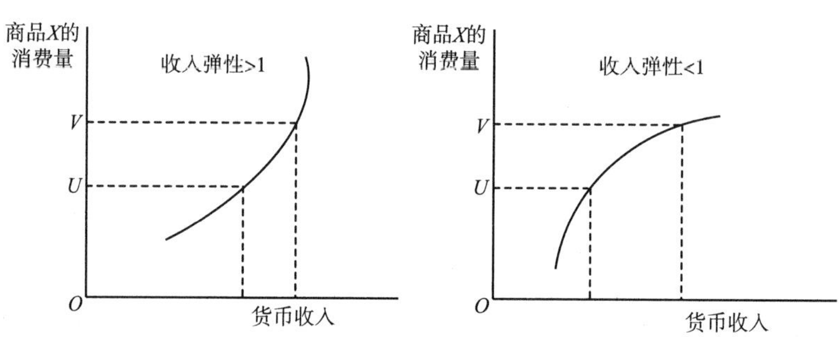

图 2－26　不同形状的恩格尔曲线

四是儿童人口的增多对医疗卫生支出水平的呈负相关关系。儿童人口（0—14 岁）抚养比每提高 1 个百分点，医疗支出水平将降低 0.3893645 个百分点。这主要可能是随着我国家庭收入水平的提高，家长对儿童健康成长重视程度明显增强，单位儿童医

① 逐步回归模型的基本原理是：把每个解释变量以此引入模型并进行 F 检验，同时对已引入的解释变量逐个进行 T 检验。由于引入新的解释变量而造成原解释变量与被解释变量相关性不再显著时，则将不显著的解释变量剔除。以此类推，保证每次引入新解释变量之前回归方程中只包含显著的变量，直到没有更显著的解释变量加入回归方程，也没有次显著的解释变量被剔除。此时，所得到的回归方程是显著性最优的解释变量组合，完成了解释变量间显著性的对比，同时又消除了严重的多重共线性。

疗卫生的支出水平将有所增加。但这段时间内，我国儿童抚养比明显下降，致使医疗卫生支出总额并未明显提高。

同时，物价水平、两周患病率也与医疗卫生支出呈明显正相关关系。这比较好理解，不作赘述。

（4）对我国医疗卫生市场需求空间测算。对方程 2－2 中的解释变量进行预测，以推算出 2020—2050 年每五年间全国卫生费用支出总额，从而估算未来我国医疗卫生市场需求空间。

第一，针对老年抚养比（ODR_t）、儿童抚养比（YDR_t）的预测值采用前文联合国经济和社会事务部的预测数据。

第二，针对城镇居民可支配收入（$City_t$）、城镇化率（UR_t）、物价水平（CPI_t），我们用 ARMA 模型对其进行自回归预测，并根据经济直觉进行专家调整。

此外，由于两周患病率（$Preva_t$）涉及医疗发展、人类生理等复杂因素，这里不做预测，采用最新数据（2013 年）。

依据上述方法预测的各解释变量预测值，代入方程 2－2，计算可得 2020—2050 年每五年的全国卫生费用支出总额预测值，并计算年均复合增长率和人均卫生费用支出，结果如表 2－5 所示：

表 2－5　2020—2050 年我国卫生费用支出预测结果

年份	全国卫生费用支出总额（亿元）	复合增长率（%）	人均卫生费用支出（元）
2020	67943.95		4720.55
2025	102095.28	10.72	7002.86
2030	150573.34	10.20	10282.67
2035	221920.61	10.18	15188.77
2040	292537.52	7.15	20188.49
2045	333755.06	3.35	23350.75
2050	374391.87	2.91	26011.65

数据来源：中国民生银行研究院测算。

一是 2020—2050 年全国卫生费用支出规模将不断提升，医疗卫生市场需求明显扩大。到 2030 年将达到 15 万亿元，2040 年达到 29 万亿元，2050 年达到 37 万亿元。如叠加通货膨胀因素，全国卫生费用支出规模将更大。

二是 2020—2050 年我国居民人均卫生费用支出水平将稳步增长。受居民收入水平和生活品质的不断提高，医疗、卫生、保健、养生等健康消费意识和消费理念逐渐加深，向健康高品质生活需求过渡，我国居民对医疗卫生消费需求将明显增大，消费水平也将不断提高。

三是2020—2050年全国卫生费用支出年均增速整体呈下降趋势。2020—2035年全国卫生费用支出年均复合增长率还保持10%以上的相对高位。自2035年以后，卫生费用支出年均复合增长率将呈现明显阶梯下降态势。这主要是由于未来我国经济增速逐渐下降，居民收入增速减缓，人口结构调整、城镇化基本完成等因素导致居民医疗卫生潜在需求基本释放，医疗卫生行业供需实现相对平衡。

综上所述，未来我国医疗卫生市场需求空间将不断扩大，居民医疗卫生消费能力和消费水平也将不断提高。同时，本篇仅依据我国卫生费用支出数据测算医疗卫生市场需求空间大小，数据口径相对较小。如考虑更大口径，或考虑对上下游或附属产业带动带来的乘数效应，未来我国医疗卫生市场需求空间应将更大。

六、我国医疗卫生体制机制改革的战略愿景及发展目标

我国医疗卫生服务需求将呈高速增长趋势，满足人们日益增长的医疗卫生需求，是我国医疗卫生体制机制改革的根本出发点和落脚点。因此，有必要结合我国现实国情，考虑人口结构、经济发展趋势，匹配医疗卫生服务需求变化，明确我国医疗卫生体制机制改革的战略愿景和各阶段发展目标，在此基础上，以目标导向和问题导向，把握好节奏和力度，推进医疗卫生供给侧改革。

（一）战略愿景

建立“政府市场双到位、公立民营双发展、中医西医双融合、公平效率双兼顾、医生患者双满意”的新时期医疗卫生体制机制。

1. 政府市场双到位

长期以来，我国医疗卫生服务体系由政府主导还是由市场主导存在诸多争论。秉持“政府主导”的观念认为，医疗卫生服务体系具有信息高度不对称性、外部性、垄断性、诱导需求等特征，导致医疗卫生服务体系存有市场失灵。政府为了保障公民获取公平医疗卫生服务的权利，除承担监管职责外，还应在供给端强化筹资分配功能，补贴医疗卫生服务提供方，在需求端建立以“全覆盖、低成本”为原则的全民健康保障体系。秉持“市场主导”的观念认为，政府主导提供医疗卫生服务和医疗保障会导致医疗资源浪费、医疗效率低下等问题，例如，改革开放前医疗卫生服务体系长期低水平发展，而以英国为代表的“政府主导”模式下医疗卫生服务等待时间漫长、效率低下。

本篇认为，过分强调政府或市场一方的作用均有失偏颇，医疗卫生服务体系

应是两者的有机融合。应结合医疗卫生服务体系的公共卫生、医疗服务、药品生产流通以及医疗保障领域各自发展的规律，合理发挥政府和市场的作用。如在公共卫生领域，包括健康教育、疾病预防、传染病防控、母婴保健等方面，具备纯公共性，政府应承担主要责任，由财政投入资金，政府主导开展；在医疗服务领域，政府应承担监管责任和保障责任。在监管方面，应进行清晰明确的责任划分，不干涉市场发挥资源调节的领域，避免既是主办方，又是监管者，造成行政监管越位和错位。同时，对于基本医疗卫生服务需求，应合理调配医疗服务资源，确保公平获取。对于非基本医疗卫生服务需求，应对社会资本放宽准入条件，优化供给结构；在药品生产流通领域，政府主要对准入资格、价格和质量标准等进行监管，药品的生产和流通则主要由市场解决；在医疗保障领域，政府应承担基本医疗保障，政府、企业、个人共同承担社会医疗保险，个人承担高端化、个性化商业型医疗保险。

2. 公立民营双发展

在人口老龄化、二孩政策放开、人民收入水平逐步提升的背景下，我国医疗卫生服务体系的供需矛盾日益突出。公立民营双发展模式，有利于增加医疗卫生供给资源总量，提高医疗卫生服务效率，建立协同互补的医疗卫生服务体系。首先，我国民营医院的床位数、诊疗人次占比不到总量的1/3。在政府投入有限的约束下，加快破除民营医院制度和政策壁垒，有利于增加医疗卫生服务领域投资，创造更多服务供给；其次，民营医院的逐步崛起，将改变当前公立医院的垄断地位，有利于发挥资源配置功能，形成医疗服务市场的有效竞争，提升医疗服务效率；最后，随着我国经济快速发展、经济全球化的不断加深、中高收入人群占比的持续增长，高端化、多元化医疗服务需求快速增长。在保障群众基本医疗卫生服务需求的同时，破除民营医院发展瓶颈，形成公立医院和民营医院优势互补的发展格局，有利于满足多层次医疗服务需求。

3. 中医西医双融合

在现代医学普及之前，全球部分国家和地区发展了自身独有的传统医疗知识体系，包括汉医、苗医、藏医、韩医、印度医、希腊医学等，各国和地区传统医学有悠久的历史，拥有自身独特的哲学体系和医学理论。传统中医是我国几千年来疾病治疗的实践经验总结，其理论体系涵盖古代智慧和哲学思辨，具备整体性、辩证性的特点，以调节整体功能为首务，提倡治未病。西方医学以还原论为基础，以解决局部病灶为首务，针对性进行治疗，我国传统中医与西方医学具备较强的互补性，中西医结合在新冠肺炎等疾病的治疗已被证明行之有效。当前，人类面临的大多数健康与疾病问题，无法通过单一医学体系解决，不论东方医学还是西方医学，都是疾病的治疗手段，其最终目的在于更好地为患者进行治疗。未来，应在继承、发展中国传统医学精华的基础上，用更加开放包容的心态促进中医和西医的优势互补，促进传统医学向现代医学的转变，共同解决人类面临的健康与疾病问题，造福于人类社会。

4. 公平效率双兼顾

长期以来，各国政府都在致力于建立有效的医疗卫生管理体系，合理配置医疗资源，实现医疗卫生服务的公平与效率，但两者往往难以平衡。由于资源的有限性，过分强调公平，配置过多医疗资源将导致国家财政负担过重以及医疗服务效率低下等问题。目前，英国等高福利国家面临此类问题。过分强调效率，将会降低民众的医疗服务公平可及性，如我国 20 世纪 90 年代医改以提高效率为重点，政府医疗卫生支出占比持续减少，向市场化方向改革，导致全国医疗资源配置出现较大的地区差异，加剧民众“看病难、看病贵”的问题。因此，若把握不好公平与效率的度，将会造成医疗卫生事业的曲折发展。在医疗卫生体制机制改革中，应根据实际情况综合运用政府干预手段和市场机制，在制度上进行科学合理的设计，在确保医疗资源分配公平可及的基础上，强调管理和运作的效率，实现公平与效率的兼顾统一。

5. 医生患者双满意

近年来，我国医患矛盾愈演愈烈，暴力伤医事件更是“井喷式”爆发。从患者角度看，就医排队时间长、挂号难问题长期存在、就医费用的持续攀升、对医疗的基本认识不足、对医生信任基础的缺失，均导致患者对医疗服务体系不满。从医生角度看，医生接受教育的漫长艰辛过程、工作中所承担的风险和责任与其收入、受尊重程度的高度不匹配，直接影响医护人员的满意度和工作积极性。从客观环境看，由于基层医疗卫生服务体系的缺失，大量病患涌入大型医院，医生普遍高负荷运转。根据统计，我国医生平均每天看病人数量在 60 人以上，平均每个病患服务时间只有几分钟，更无法与病患进行详细、深入的交流，加剧了医患矛盾。医疗纠纷事件扰乱了医院的运转秩序，牵扯了医疗服务工作者大量精力，甚至威胁到医务人员的安全。建立医生患者双满意的服务体系，是医疗卫生服务事业得以长期健康发展的基础，也是我国构建社会主义和谐社会的基本要求。

（二）发展目标

结合我国宏观经济环境、卫生投入、医疗卫生服务体系状况、人口结构、居民健康意识等多方面因素的现状及趋势，制定如下循序渐进的发展目标。

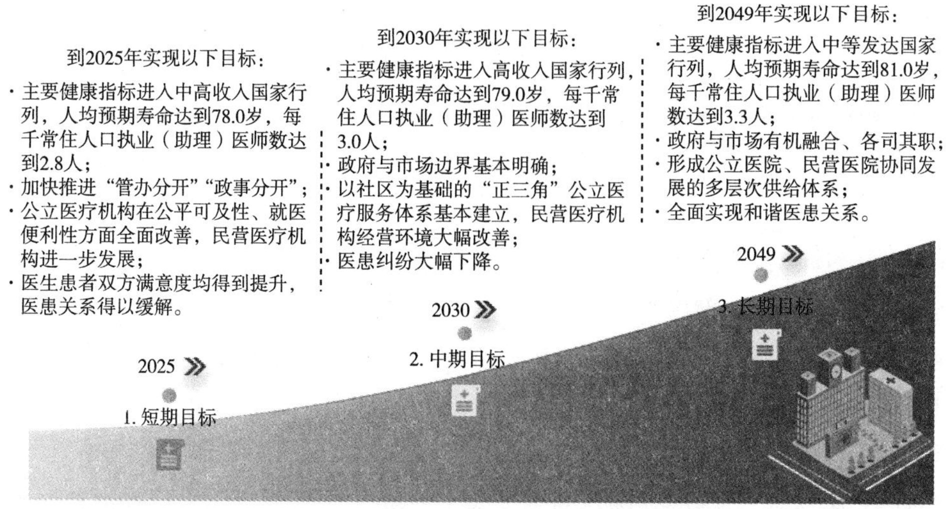

图 2－27　医疗卫生体制机制改革目标①

1. 短期目标

到 2025 年具体实现以下目标：主要健康指标进入中高收入国家行列，人均预期寿命达到 78.0 岁，每千常住人口执业（助理）医师数达到 2.8 人；加快推进"管办分开""政事分开"；公立医疗机构在公平可及性、就医便利性方面全面改善，民营医疗机构进一步发展；医生患者双方满意度均得到提升，医患关系得以缓解。

公共卫生服务体系：传染病防控短板基本补齐，民众健康意识逐步加强，生产生活环境持续改善，食品安全保障持续提升。

医疗服务能力：医疗资源进一步丰富，在城乡、区域分布逐步均衡，基本医疗服务实现公平可及。

医疗保障体系：覆盖城乡居民的多层次医疗保障体系持续完善，个人医药费用负担进一步减轻。基本完成待遇保障、筹资运行、医保支付、基金监管等重要机制和医药服务供给、医保管理服务等关键领域的改革任务。

药品供应保障能力：集中采购持续推进，药品价格基本下降到合理水平，医药研发创新能力持续提升。

2. 中期目标

到 2030 年具体实现以下目标：主要健康指标进入高收入国家行列，人均预期寿命达到 79.0 岁，每千常住人口执业（助理）医师数达到 3.0 人；政府与市场边界基本明确；以社区为基础的"正三角"公立医疗服务体系基本建立，民营医疗机构经营环境

① 参考并部分引用《"健康中国 2030"规划纲要》《中共中央国务院关于深化医疗保障制度改革的意见》。

大幅改善；医患纠纷大幅下降。

公共卫生服务体系：各项传染病得到有效防控，全民健康素养大幅提高，健康生活方式得到全面普及，健康的生产生活环境基本形成，食品安全得到有效保障。

医疗服务能力：医疗服务能力、服务效率大幅提升，居民就医难问题得以显著缓解。

医疗保障体系：全面建成以基本医疗保险为主体，医疗救助为托底，补充医疗保险、商业健康保险、慈善捐赠、医疗互助共同发展的医疗保障制度体系。

药品供应保障能力：医药生产、流通市场规范有序，医药研发、生产领域形成一批具有较强国际竞争力的企业。

3. 长期目标

到2049年具体实现以下目标：主要健康指标进入中等发达国家行列；人均预期寿命达到81.0岁，每千常住人口执业（助理）医师数达到3.3人；政府与市场有机融合、各司其职；形成公立医院、民营医院协同发展的多层次供给体系；全面实现和谐医患关系。

公共卫生服务体系：健康生活方式深入人心，各项传染病防控、生产生活环境、食品药品安全进入世界领先水平。

医疗服务能力：形成公平与效率兼顾、优质高效的医疗卫生服务体系。

医疗保障体系：形成全覆盖、深保障的社会保障体系，商业健康保险在高端医疗方面对社会保险形成有力补充。

药品供应保障能力：医药创新整体实力位居世界前列。

七、政策建议

医疗卫生体制机制改革是较为复杂的系统工程，涉及卫生、医疗、药品、社会保障等多个领域，需要打破利益固化的藩篱，形成新的利益平衡。在实现方式上需要坚持政府行为和市场机制有机融合，加快完善立法、顶层设计和资源投入，中央和地方“一盘棋”统筹推进相关政策落地。同时，高度重视“社会性基础设施”[①] 建设，提升医疗卫生财政支出占比，充分发挥财政支出的补短板、调结构、降费用功能；大力加强覆盖城乡、全民的公立医疗体系建设；加快对内对外开放，鼓励民营医院、外资医院发展，以多元化、高质量、高效率的供给匹配需求；坚持兼顾医生和患者双方利益，保障医护人员合法权益，充分调动医护人员工作积极性，设立医疗卫生消费者权

① 社会性基础设施主要包括教育、科技、医疗卫生、体育、文化等社会事业。

益保护局，不断提升患者满意度；加强医疗卫生领域的国际合作，践行构建人类命运共同体。阶梯式进行公共卫生服务体系、医疗服务体系、医疗保障体系和药品供应保障体系“四位一体”的联动改革。

（一）以理顺政府市场关系为核心，完善顶层设计并统筹推动医改政策落地

1. 推动并完善立法，为医疗卫生体制机制改革提供法制保障

党的十八届四中全会提出，必须全面推进依法治国，促进国家治理体系和治理能力现代化。医疗卫生体制机制改革是重大系统性工程，然而，当前医改的推进却主要依赖行政手段。未来，应以《中华人民共和国基本医疗卫生法》为基本遵循，推动医疗卫生体制机制改革。同时，积极推动现代公共食品卫生立法、公共环境卫生立法等法制体系建设工作，规范公共卫生领域秩序，进一步修订和完善《中华人民共和国传染病防治法》和《中华人民共和国突发事件应对法》，为提高疾病防控能力以及突发公共卫生事件应急能力提供有效的法律支撑。此外，推动修订完善《中华人民共和国社会保险法》《中华人民共和国中医药法》《医疗纠纷预防与处理条例》等法律法规的制修订工作，筑牢法律责任的“高压线”，并依法强化对医院、医生、药品生产流通等机构的监管，提高违法违规成本，充分发挥法治对医疗卫生体制机制改革的引领、规范、推动和保障作用。

2. 补齐公共卫生管理短板，形成“防治并重”的发展模式

一是加快转变“重医轻防”的发展模式。长期以来，我国“重医轻防”的医疗卫生事业发展模式，不仅给家庭造成了沉重的经济负担，也给政府带来难以估量的社会负担，未来应持续推进“重医轻防”向“防治并重”转变。首先，在各地方政府建立公共卫生管理一把手责任制，强化食品安全、环境安全监管，深入开展城乡环境卫生、食品安全整治，加大对野生动物贩卖的整治力度。建立以居民健康绩效为主导的卫生健康工作考核指标体系，加大对疾病预防成效考核力度。其次，加强科技研究对公共卫生与防疫的支撑作用，统筹科技资源，在国家层面成立重大课题组或研究平台，建立重大传染疾病、有关病毒以及疫苗研究的长效机制，切实提高科研成果对公共卫生防疫的应用转化能力。再次，继续实施艾滋病、结核病、疟疾、麻风病等重点传染病及区域性疾病防治规划和行动计划，强化对孕产妇、儿童、老年人、慢性病患者等重点人员的规范化、精细化管理。最后，持续加强全民健康意识培养，针对性加强健康教育，积极利用微信、微博、自媒体等新型传播方式，开展科学规范的健康知识讲座，继续实施全民健康运动，进一步增强群众卫生保健常识和自我防范意识。

二是提升突发公共卫生事件应急管理能力和水平。新冠肺炎疫情的爆发给我国经济社会发展和人民群众健康造成了巨大损失，也暴露出我国在公共卫生防疫和应急管

理的诸多短板。未来，我国须充分吸取此次事件的经验教训，持续性开展公共卫生防疫应急管理体系改革，不断夯实公共卫生防疫及应急管理基础。

首先，提升疾控中心（CDC）管理层级并强化其权责，健全突发公共卫生事件监测预警和信息发布机制。改变当前体制下公共卫生管理技术部门和政府的行政管理分离现状，参考美国等西方国家管理模式，提升疾控中心管理层级，归入中央政府直属部门，由中央政府直接领导并进行垂直条线化管理。赋予疾控中心独立进行突发公共卫生事件信息发布、应急管理响应层级决策以及牵头开展突发公共卫生事件应急管理等行政管理权力，强化疾控中心急慢性传染病防控职责。同时，加强地方政府对于信息披露的相关法律法规培训，完善媒体、群众对信息披露的监督机制，完善各区域垂直化的疾控信息管理体系，建立由医生、医院院校、公共卫生科研机构专业人员共同参与的公共卫生管理信息交流平台，确保在所有基层医疗机构的主要科室有专人对接，实现第一时间掌握各类突发传染病信息并进行快速反应，及时启动预警和应急管理，力争将全部疫情控制在传播初期。

其次，做足突发公共卫生事件管理体系应急准备。完善突发公共卫生事件应急预案，强化各级干部风险意识，定期开展部门联动的应急演练，完善突发公共卫生事件时期紧急征用机制，多举措提升突发公共卫生事件救助体系应急管理能力；推进完善各级政府应急医疗物资储备工作，结合各区域人口、医院规模，建立健全应急医疗物资储备目录并严格按照目录要求进行应急医疗物资储备，更好地应对突发公共卫生事件提供物资保障；在主要城市群中心城市、省会城市规划建设如“小汤山”“雷神山”“火神山”的应急性传染病医疗机构，满足突发公共卫生事件大幅增量需求；积极关注、回应舆情，加强宣传教育、信息公开和舆情引导，加大对正能量信息的宣传力度，积极与媒体开展坦诚的沟通交流。

最后，专业人才队伍是实现疫情的早发现、早隔离、早控制的关键，应持续充实和完善专业人才队伍，大力加强各级政府、各区域疾控人员、各层级医疗机构医护人员传染病甄别知识、相关法律法规以及突发公共卫生事件应急管理能力培训。同时，大幅增加疾控系统经费投入，改革考核激励方式，充分调动疾控人员的积极性和主观能动性。

三是推进公共卫生机构与医疗机构融合发展。进一步明确疾控机构与医疗机构职能定位，在人员设备等多方面实现整合与共享、分工协作。强化医疗机构公共卫生服务职能，将疾控机构预防接种、健康体检等职能转出，将社区卫生组织作为面向当地居民提供公共卫生和管理性医疗服务的基础性网络机构，社区卫生服务内容应体现预防为主的定位功能，承担预防接种、健康体检、健康教育、慢性病预防和管理等基础卫生服务。

3. 转变政府职能，建立公平、高效的医疗服务体系

一是推进“管办分开”“政事分开”。改变当前政府在医疗服务领域中的越位、错位、缺位现状，通过推进“管办分开”“政事分开”，强化卫生行政部门行业监督管理的行政职能，构建有序竞争的医疗供给市场，充分发挥市场机制的作用，提高整个医疗服务供给系统的运行效率、服务水平和质量。促使政府职能从直接行政管理向政府制定规则转变，从“办医院”向“管服务”转变，从直接干预向宏观调控转变。

二是健全“三医联动”协同推进机制，彻底破除“以药补医”。福建“三明模式”通过取消药品加成，转变补偿机制的做法有效遏制诱导需求、消除医疗机构逐利行为、控制医疗服务供给方在药品招标采购中的寻租，合理地规避了药品流通过程造成的医疗服务费用快速增长问题。未来，应效仿“三明模式”，持续推广“医药分开”，并加快完善科学补偿机制，彻底破除“以药补医”，实现诊疗费用的合理增长。首先，继续向纵深推进“医药分开”，破除“以药补医”。全面推行药品、耗材零差率销售，严格规范均次费用、药占比和耗材比，降低高价药、进口药的使用强度。逐步推进医院门诊和药房分离，医生开具不限定品牌、厂家的商品名，患者凭借医生开具的处方，根据医保目录去外部药店自行购买药品。切断医院、医生与药品销售间的直接经济利益联系，转变医院对药品收入和检查收入的依赖，推动药品、耗材合理使用。其次，建立健全科学的补偿机制。按照“总量控制、结构调整、有升有降、逐步到位”的原则，做好医疗服务价格调整工作，以更好地体现医务人员的价值贡献。同时，鼓励公立医院发挥技术服务引领作用，有序开展特需服务，增强特需服务对基本医疗服务的补偿功能，巩固取消药品加成改革成果。最后，兼顾政府和市场调节手段，充分发挥“三医联动”作用，协同推进医疗服务价格调整与医保支付制度改革。通过医保谈判机制约束医疗服务和药品市场定价，通过适当财政补贴体现医疗服务的价值，进一步加强对医院医疗服务收费的监管力度，确保医院收费公开、透明、合理。

4. 推动药品生产流通领域供给侧改革，完善药品供应保障体系

一是进一步推动药品耗材价格合理均衡。采取政府调控和市场调节相结合的方式，通过医保谈判、医保支付、税费调整等手段，引导更多品种药品价格下降到合理水平。持续完善集中带量采购机制，逐步增加集中带量采购药品范围，并逐步推广到耗材、医疗设备等领域，全面抑制药品、耗材价格虚高问题。

二是持续推进医药生产企业转型升级，强化药品供应保障能力。鼓励医药生产企业兼并重组，提高行业市场集中度，减少低端无序竞争，集中资源发展一批具备全球领先优势的知名医药企业；积极鼓励企业研发创新活动，持续优化精简药品、医疗器械审评审批流程，支持企业原研药、专利药研发；加快推进仿制药强制替代政策，推进仿制药质量和疗效一致性评价工作，推动高质量仿制药进入临床应用，落实税收优

惠政策和价格政策，提升企业积极性；加大对低价药、“救命药”“孤儿药”以及儿童用药的供应保障力度。

三是持续巩固完善基本药物制度。动态调整基本药物目录，及时纳入新审批上市、疗效显著、价格合理的药品，进一步扩大公共卫生免费用药所覆盖药品品种和人群范围；强化对基本药物使用监管，持续提高公立医院基本药物使用占比。

四是加快形成规范运营的现代药品流通体系。持续推行“两票制”，持续降低药品流通成本；破除药品流通地方保护，加快形成全国统一开放、竞争有序的市场格局；规范发展医药电子商务、连锁化零售药店，丰富药品流通渠道和发展模式，形成规范化、集约化的现代药品流通体系。

5. 多措并举，加快实现“全覆盖、保基本、多层次、可持续”的医保体系

一是发挥政府主导作用，建立广覆盖、可持续的医疗保障体系。实现人人享有基本医疗保障，是切实解决民众“看病贵”问题，确保民众获得感、幸福感、安全感的关键举措。未来，应以“让全民享有公平可及的健康服务”为目标，持续推进全民基本医疗保障体系完善优化。首先，与时俱进地推进医保基金管理、弱势群体特殊救助等相关制度；持续加大医保谈判力度，降低药品价格；不断完善可持续的筹资和报销比例调整机制，强化政府责任，建立与经济社会发展水平、各方承受能力相适应的筹资运行机制；完善重大疫情医疗救治费用保障机制，确保在突发公共卫生事件期间先救治、后收费。其次，加快推进医疗保障覆盖深度，完善基本医疗保险病种准入标准以及诊疗、药品目录，健全医保目录动态调整机制；强化基本医疗保险、大病保险与医疗救助三重保障功能，促进各类医疗保障互补衔接；逐步加大医疗保险门诊诊疗费用报销范围，实现治疗范围的深度覆盖；最后，加快实现医疗保障区域平衡，完善异地医保结算机制，逐步缩短各区域基本医疗保障制度差距，统筹城乡医疗保障制度，最终实现全国各区域基本医疗保障一体化，城镇职工基本医疗保险制度、城镇居民基本医疗保险制度和新型农村合作医疗制度一体化。

二是积极发挥商业医疗保险的补充作用。首先，明确商业保险和社会医疗保险的互补关系，逐步放宽商业医疗保险的准入条件，为商业医保的发展塑造公平竞争的市场环境；其次，在合法合规的前提下，支持商业医疗保险机构积极开展产品创新，提供多样化、个性化、高端化的商业医疗保险产品；最后，鼓励有条件的居民购买商业医疗保险，鼓励企业在自愿和自主的基础上，采取企业福利的形式为职工购买商业医疗保险，让更多民众获得更高层次的医疗保障。

三是切实维护基金安全，提高基金使用效率。首先，完善医保基金监管体制，建立健全医疗保障信用管理体系，打击欺诈骗保行为；其次，在保证医疗服务质量的前提下，完善医疗服务价格形成机制，积极引入社会力量参与经办服务，有效杜绝诱导

需求、过度消费、浪费医疗资源的行为发生，控制医疗费用不合理增长，确保有限医保基金的合理利用；最后，转变付费模式，逐步推广按病种付费 DRGs 方式，长期住院按床日付费，门诊特殊慢性病按人头付费，通过推进基本医保支付方式改革，有效引导医疗行为，促进医院和医生科学诊治，提升基本医保基金的使用效率。

（二）以民众共享经济发展成果为导向，各级政府逐步加大医疗卫生财政投入

1. 高度重视“社会性基础设施”建设，逐步提升医疗卫生财政支出占比

长期以来，我国各级政府投资聚焦于交通、通信等物质性基础设施，对教育、医疗卫生等社会性基础设施投入相对不足。从民生角度看，加大社会性基础设施投资有利于维护民众基本权益、提升民众幸福感和获得感、推动实现和谐社会。从经济角度看，加大社会性基础设施有利于拉动居民消费增长，实现经济的可持续、高质量发展。2018 年，我国政府卫生费用占财政支出比重为 7.6%，全球平均水平为 9.9%，主要国家中，美国、德国、英国、日本、韩国、南非、俄罗斯、越南分别为 22.6%、21.4%、18.5%、20.3%、12.9%、14.1%、9.6%、7.9%。由此可见，2009 年新医改以来政府卫生费用占财政支出比重虽实现持续增长，但仍有一定提升空间。建议未来财政资源应更多地向教育、医疗卫生等社会性基础设施领域倾斜，明确与经济发展水平相适应的医疗卫生财政支出目标，实现卫生费用占财政支出比重适度增长。

2. 实现政府监督和体制改革相结合，确保财政投入带动效应

完善公共财政转移支付制度改革；加大对财政资金的监管力度，建立严格奖惩制度，对滞留、截留、挤占、挪用经费和未按规定足额配套地方资金的，由财政和卫生行政部门联合督办并限期解决；探索拓宽政府卫生筹资的渠道，确保政府卫生支出规模的适度增长；坚持公共卫生服务、医疗服务、医疗保险制度、医药购销制度同步改革，确保改革方向和目标一致性；财政投入以“补需方”和“补供方”并重，持续探索财政投入的结构优化，推动医疗卫生事业协调发展。

3. 充分发挥补短板、调结构、降费用功能，推动财政资金的合理利用

一是补短板：补公共卫生投入短板，完善政府对专业公共卫生领域的投入机制。在传染病预防控制、突发性公共卫生事件的应急处理等公共卫生领域，确保充分足额的财政支出，并将资金有效地配置到公共卫生服务人员薪资、系统建设、机构日常运营发展等，尤其是加大农村、社区等基层公共卫生投入；补研发投入短板，进一步实施重大科研项目攻关，积极推进疫苗与新药的研发，包括加大艾滋病、结核病、冠状病毒等重大疾病疫苗和特效药的研发投入；补医疗卫生教育投入短板，致力于培养适应我国医疗需求的全球一流高素质医护队伍。投入经费加强医学院师资

队伍培训，引入海外优秀人才，优化师资结构。加大对国内医学院与海外医学院开展学术交流、互换生源的财政支持。改善教育环境、试验设备、教学设备等基础设施。逐步增加学费减免的定向委培生数量，为中西部地区、基层医疗机构输送更多医学人才。

二是调结构：调整城乡结构，提高乡镇卫生院、村卫生所等医疗机构和单位的基本建设运营经费、人员薪资、设备购置等经费；调整区域结构，对于中西部贫困地区，采取转移支付等手段给予补贴，从财政投入源头上缩小区域医疗卫生服务差距；调整医院类型结构，向职业病、传染病防治医院、精神病院等公益性较强的医院给予一定补贴倾斜。

三是降费用：通过补贴公立医院降低就诊费用，政府可考虑设立破除“以药养医”专项补贴基金，进一步加大对公立医院的基本建设、大型设备购置、重点学科发展、人才培养等的投入职责，确保公立医院的公益性基础；通过补贴医疗保险降低居民直接就诊支出，医疗保险属于准公共品，存在一定的供给不足，政府通过加大医疗保险财政投入，克服市场失灵造成的资源配置失效，补足居民基本医疗保险，助力实现医疗服务的公平可及。

（三）以加强覆盖城乡、全民的公立医疗体系建设为重点，着力改革管理体制机制

1. 推进建立覆盖城乡、全民的公立医疗体系

一是持续推进医疗资源在区域、城乡和层级优化配置。区域分布方面，持续推进医疗资源向中西部资源倾斜，强化东部地区对中西部地区的帮扶带动机制，加强东中西部地区的人才交流，提升中西部地区医疗服务质量；城乡分布方面，充分配合在义务教育、社会保障、基础设施、环境卫生等方面城乡二元结构调整的相关工作，积极探索城乡公共卫生服务制度供给的并轨和融合，从制度上完成城乡公共卫生服务供给差距的缩小甚至消除；层级结构方面，着力构建“正三角”的医疗服务体系。根据基层社区人口密度及医疗服务需求的特点，在各个基层社区医院合理配置医疗资源，尤其是大力开展基层医疗技术人才的培养和引进，并通过行政手段和市场激励手段逐步扭转当前大型公立医院对医务人员和患者的“虹吸”现象，严格约束大型公立医院的过度扩张。

二是持续完善分级诊疗体系。长期以来，我国大型医院“门庭若市”、基层医疗机构“门可罗雀”的现象突出。这既导致了有限资源的浪费，也使居民“看病难、看病贵”问题日益凸显。未来，应加快建立患者对于基层医院的信任关系，持续完善“基层首诊、双向转诊、急慢分治、上下联动”的分级诊疗体系。持续完善医疗联合体、对口支援、医师多点执业、家庭医生签约制运行管理体系；强化患者对基层医疗

机构的信任关系，实现良性循环。通过改变公立基层医疗机构的激励机制，激发公立基层医疗机构维系患者的积极性。同时，改革大型医院考核管理方式，推动大医院承担培训中心功能，加强对基层医疗机构常见病、多发病、慢性病的诊疗指导，逐步提升基层医疗机构诊疗水平和患者诊疗体验；借助医保和价格工具，调节医患双方行为。以基层看病就近便利、费用较低、报销比例高为原则，完善不同级别医疗机构医保差异化支付政策，探索按不同级别医疗机构医疗服务项目差异化收费标准，引导患者在基层就诊。

2. 积极推动公立医院管理体制改革

一是转变卫生主管部门对公立医院的直接控制现状。将公立医院的所有权划归非卫生行政机构隶属部门，卫生行政部门不介入公立医院的内部运行管理，转变为中立监管者。

二是强化卫生行政监管和市场监管职能。卫健委在现有职能基础上，进一步整合发改委、民政部、工商行政管理局等多部门医疗服务行业的相关监管职能，高效公正地行使监管职责。充分发挥医疗行业协会、学会等社会组织、患者、新闻媒体和第三方专业机构的社会监督作用，揭露和打击医疗卫生行业违法违规行为。

三是清晰界定政府与公立医院党群、公立医院法人治理结构之间的关系。党群系统继续发挥其政治监督作用，确保公立医院全力贯彻落实国家战略方针政策，实现健康可持续发展。同时，明确公立医院的法人地位，通过法人治理调动医院自主经营权，推动公立医院增强自身活力，提高效率、服务质量和服务效果，在保证公益性的前提下，为社会提供更多优质医疗服务。

3. 推进完善现代公立医院管理机制

长期以来，我国公立医院呈现绝对地垄断地位，发展模式较为粗放，运营效率较为低下，对病患人文关怀备受诟病。未来，应加快完善现代公立医院管理机制，推动公立医院从规模扩张型向质量效益型转变。

一是建立健全以公益性质和运营效率为导向的绩效考核机制。弱化对公立医院盈利能力的考核，医生薪酬分配与对科室收入贡献脱钩，将控制不合理医疗费用、提升医疗服务质量和效率、提高病患满意度作为主要考核指标，将考核结果与政府投入、医护和人员薪酬挂钩，建立内部公平竞争、优胜劣汰、可上可下、流动顺畅的用人机制，促进服务技能和服务数量的良性竞争，提升公立医院运行效率。

二是建立健全“以病患为中心”的服务机制。采取提供预约诊疗服务、畅通急诊绿色就诊通道、优化服务流程等措施，缩短病患就医等待时间、提升就医效率。加大对公共服务区域环境整治的投入力度，营造温馨舒适的就诊环境。

三是强化预算管理和成本核算机制。设立总会计师岗位，由政府部门选聘并由财政支付年薪，承担医院成本核算、预算管理、监督等职责。明确并规范医院各项收入、支出和结余，加强基础设施建设、大型设备购置、运行管理经费监管。

四是逐步推行公立医院编制备案制。在医疗服务需求的快速增长、现代医院制度管理体系逐步建立的背景下，我国公立医院人员编制审批制面临的核定编制数与编制需求错位、法人自主管理权缺位等问题逐步凸显。建议逐步弱化编制审批制，循序渐进推进编制备案制。

（四）以加快对内对外开放为抓手，促进多元化、高质量、高效率的供需匹配

近年来，党中央、国务院高度重视社会办医的健康发展，陆续出台相关政策，持续优化民营医院发展环境，服务业对外开放步伐也在逐渐加快。目前，政策落地效果仍有待加强，社会办医、外资办医等潜力仍有待挖掘。建议各级政府在坚持基本医疗卫生事业公益性的前提下，积极落实相关政策，加快推进民营医院、外资医院健康发展。

1. 加快对内开放，积极发展民营医院

一是积极引入社会资本。在体检、眼科、骨科、口腔、妇产、儿科、医疗美容、康复护理等专科领域以及健康管理、高端医疗等非基本医疗卫生服务领域充分引入社会资本，满足群众多样化、差异化、个性化的健康服务需求。

二是落实国家相关政策导向，逐步突破制约民营医院发展的体制机制障碍，为民营医院发展创造良好环境。如，继续精简整合审批环节，制定跨部门审批的流程，加快审批效率。优化投融资环境，鼓励设置医疗服务产业基金、PPP 等形式，并对民营企业采取一定幅度的贷款利率优惠。优化人才环境，积极推进医师多点执业，对民营医院从业人员在资格认定、职称评定、学术交流等方面采取与公立医院同等待遇。优化经营环境，切实保障社会办医在医保定点、税收优惠等方面的合理待遇。

三是统筹政府部门监管职能，并有效整合社会监管力量，完善监督管理及信用评价体系。引导民营医院规范行业管理、加强自律意识，严厉打击非法行医行为，促进民营医院可持续健康发展。

2. 加快对外开放，积极引入外资医院

推进医疗服务对外开放，引入外资医院有利于增加医疗服务供给，减轻公立医疗机构的诊疗压力；有利于缓解财政对公立医疗机构支出负担；有利于引入先进的医疗技术和管理模式，提升我国医疗机构整体诊疗水平。然而，由于目前我国对外资医疗机构准入门槛较高，对持股比例、投资规模有较为严格的限制，对外资医疗机构的政策缺乏连贯性，审批信息不公开等因素，一定程度上制约了外资医疗机构的发展。建议我国持续完善外资医疗机构的准入制度，稳步加大外资医疗机构服务供给。

一是在特定区域先行先试并逐步推广。积极推进自贸区专科医院、妇产、儿科等非基本医疗卫生服务领域的外资医院设立，在时机成熟时逐步放开试点区域，稳步加大外资医疗机构服务供给。

二是完善外资医疗准入审批相关法律法规。外资医疗机构准入审批涉及商务部、对外经贸合作部、工商行政管理局、税务局等多个部门，有必要通过立法明确外资医疗机构的准入机制、相关审批要求、税收标准等细则，并推进信息公开，避免相关部门在准入审批执行中的随意性，提升外资医疗机构准入审批效率。

三是发挥监督职能，注重对外资医疗机构的监管。确保外资医疗机构为患者提供高质量的医疗服务。

（五）以提升医疗服务覆盖率和便利性为目标，积极布局数字化互联网医疗

1. 完善数字化服务流程，提升民众便利性

建立互联网分级诊疗平台，开展高效的预约诊疗、双向转诊等服务，完善病患健康电子档案数据库，推动各级各类医院逐步实现电子健康档案、检验检查结果的共享互认；完善网上预约就诊，大力优化医院门诊、住院服务流程，通过急病分治、轻重分流、智能导医分诊、候诊提醒，精准定位病患就诊时间，减少病患等待时间；加快实现医疗保障数据联通共享，逐步拓展在线支付功能，推进“一站式”结算；推进医疗卫生机构处方信息与药品零售消费信息互联互通，促进药品网络销售和医疗物流配送等规范发展，实现购药便利。

2. 推进“互联网+”在线诊疗，拓展医疗服务空间和内涵

探索并推广“互联网+”在线诊疗，鼓励一批重点医院在实体医院基础上，运用互联网技术在线开展部分常见病、慢性病复诊；支持医疗卫生机构、符合条件的第三方机构搭建互联网信息平台，开展远程医疗、健康咨询、健康管理服务；鼓励东部发达地区医疗实力强的医院为中西部医疗资源欠缺的医院提供远程会诊、远程心电诊断、远程影像诊断等服务；建立网络科普平台，利用互联网提供健康科普知识教育，普及健康生活方式，提高居民自我健康管理能力和健康素养。

3. 推进医疗服务的数字化技术改进，提高服务质量和效率

加大对数字化医疗服务质量提升的政策鼓励和支持。鼓励运用云计算、大数据等分析技术实时监测并分析个人心电图、血糖、血压数据，预测并提醒各种潜在风险，推进技术在高血压、糖尿病、孕产妇等重点人群的健康管理；鼓励运用人工智能技术，支持新药研发、病毒基因测序、蛋白质筛选等工作；鼓励运用人群流动、气候变化等大数据预测传染性疾病的流行和爆发趋势，实现对传染病的智能监测，提高重大疾病预防和突发公共卫生事件的应急能力。

（六）以提高医务人员职业获得感为关键，切实保障医务人员合法权益

1. 完善薪酬分配机制，推进医务人员收入合法化、合理化、阳光化

我国医务人员正常薪酬待遇偏低，与其高技术含量、高强度工作、高社会价值、高风险承担的工作特征极度不匹配。保障医务人员体面和尊严的收入，不仅是对医务人员劳动价值的合理体现，也是调动医务人员工作积极性的关键。根据国务院发展研究中心数据，OECD 国家医生薪酬水平是社会平均工资的 2.5—4 倍，我国却不到 2 倍。未来应加快建立充分体现出医务人员培养周期长、技术含量高、工作强度大、职业风险高的薪酬制度，逐步提高医务人员平均工资水平到社会平均工资的 2—3 倍以上。同时，坚持推进医务人员收入合法化、合理化、阳光化。改进考核和薪酬分配机制。制定差异化的晋升和考核体系，对于向主治医生和主任医生职业发展路径的医生，以医术、患者满意度、临床业绩为主导考核指标。对向副教授、教授的学术研究职业路径发展的医生，相应减少医疗工作量，并提供必要的科研平台，以研究对临床疗效的实际贡献度为考核。合理拉开收入差距，将收入分配向临床一线员工、业务骨干人员、重点研究人员、关键岗位倾斜，坚决杜绝医生薪酬待遇与检查、化验、开药、医院科室收入等挂钩。

2. 加强权益保障与宣传引导，提高医务人员职业尊严

在多数国家和地区，医务人员是受到社会高度尊重的职业，然而，我国紧张的医患关系非常不利于医疗服务行业的长期健康发展。未来，应加快形成医患互信的良好社会风尚，增强医生的职业获得感。首先，需加快完善医务人员保护制度的法律法规，做到有法可依、有法必依，维护医务人员的合法权益；其次，加强主动发声和社会舆论的正面引导，引导媒体多宣传医疗行业的正面事件、医务人员的真实生存状态，引导群众了解医学技术的局限性和风险性，进行合理的预期管理，构建良好的舆论环境；最后，加强治安管理，加强安全检查，增配警务人员开展定期巡逻，缓解医务人员的心理压力。

（七）以提升患者满意度为宗旨，设立医疗卫生消费者权益保护局

当前，我国部分医疗服务机构和从业人员的服务能力、服务意识欠缺，由于经营不规范侵害消费者权益的事件时有发生，医患之间的信息不对称导致双方缺乏互信，造成医患关系长期紧张。同时，我国医疗卫生领域的纠纷处理、宣传教育机制尚不完善，医疗消费纠纷与《消费者权益保护法》的适用性问题存在争议，不利于医患矛盾的妥善、高效处理。

鉴于医疗卫生领域消费纠纷的覆盖面广、专业性强、调解难度大、社会影响深远，

建议在各级卫健委内部设立专门的医疗卫生消费者权益保护部门，致力于健全完善医疗卫生领域的消费权益保护机制和保护措施；组织受理、调查和调解医疗卫生消费投诉；组织开展监督检查、宣传教育、纠纷咨询等。逐渐建立起顺畅、高效的医疗卫生消费者权益保护制度机制，加强对医患矛盾突出重点领域的专项治理，不断提升患者满意度，缓和医患之间的紧张关系。

（八）以强化医疗卫生领域国际合作为着力点，践行构建人类命运共同体

随着全球化进程的深化，越来越多的问题需要全球共同解决。本次新冠肺炎疫情在全球的快速蔓延，更加凸显了加强医疗卫生领域全球协作的重要性。同时，随着我国经济大国的地位逐步得到认可和巩固，我国也需要更加积极地参与国际卫生事务，承担在医疗卫生领域的国际责任与义务，不断丰富构建人类命运共同体的内涵与实践。

1. 完善重大公共卫生事件应对的国际合作机制

公共卫生危机是人类面临的共同挑战。应以新冠肺炎疫情防控的国际合作为契机，总结历次国际性疫情防控过程中的经验和不足，加强与世界卫生组织、有关国家和地区之间的沟通合作，在疫情预警、信息公开、学术研究、防疫经验分享、防疫资源生产动员、抗病毒药物及疫苗研发、人员和经贸往来等方面建立健全国际合作机制，通过重大疫情的跨国联防联控，共同维护世界公共卫生安全。

2. 开展多层次、常态化的医疗卫生机构与人才交流

从国家、医疗卫生主管部门、社会组织、医疗机构等多个层面，加强国际沟通，建立信息交流机制，实现相互促进、互利共赢；加快充实医疗卫生领域的国际化人才，积极引入具备国际视野的高级管理和专业技术人才，增派优秀人才到海外培训学习，助力我国医疗卫生服务的国际化进程；培养一批熟悉国际卫生组织规则、高技术水平的外事工作队伍，提升医疗卫生外事工作质量，在全球卫生治理方面发挥更加积极的作用。

3. 强化医药创新研发国际合作

打造国际医药技术创新研发平台，建设国际化医药科研实验室，针对当前人类共同面临的健康与疾病问题，与国际知名医药院校、全球知名医药企业联合开展技术研发，共享技术研发成果；推动召开医药技术国际论坛、会议，创造更多国内医药专家与国际知名医药科学家交流的机会。通过聚合全球研发力量，在解决人类共同面临的健康与疾病问题中发挥更重要的作用。

4. 持续推动中西医融合发展

一是加快中医药产业现代化进程。加强中药材质量控制安全监管，促进中成药、中药饮片行业规范化高质量发展。通过产学研结合，聚焦重大疑难疾病，提升中医药

科技创新能力。规范中医服务行业，制定行业标准和服务规范，完善行业从业人员准入资格，推动中医保健服务体系良性健康发展；二是全面推动中西医融合，在人才培养方面，增加同时学习中西医两套医学的学生占比。在理论研究方面，将中国传统医学的理论翻译成现代医学所能理解的语言，运用现代科学知识和方法发扬传统中医理论，与西医融会贯通，形成中西医结合的理论与方法。在临床应用方面，组建恶性肿瘤、呼吸系统疾病、冠心病、高血压、风湿病、糖尿病等重大疾病的中西医联合攻关专家团队，有机融合中西医优势，提高临床疗效。

社保篇

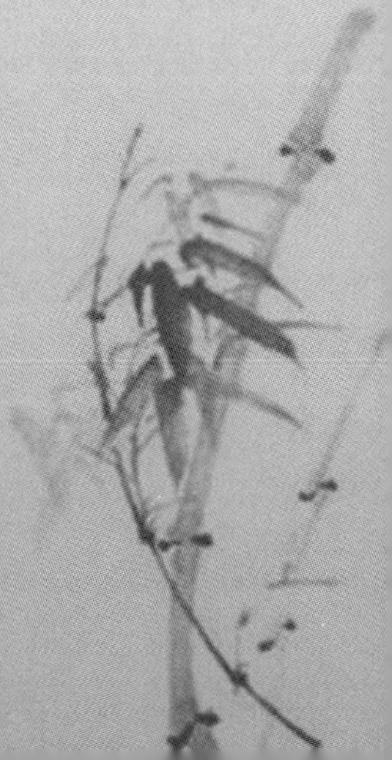

内容提要

经过40余年的改革开放和持续发展，我国已迈入中高收入国家行列，但也面临着老龄化程度加深、收入差距拉大、社会不稳定因素增多等难题。在新的时代背景下，通过构建健全的社会保障体系，解除国民后顾之忧，促进财富合理分配，提供稳定安全预期，是人民日益强烈的呼声和社会公正的体现，也是国民经济实现可持续发展的必要条件，更是构建和谐社会的应有之义。党的十九大报告明确提出，要“按照兜底线、织密网、建机制的要求，全面建成覆盖全民、城乡统筹、权责清晰、保障适度、可持续的多层次社会保障体系”。因此，从战略高度研究中国社会保障制度改革与发展之路，尽快促使其从试验性阶段步入定型、稳定、可持续发展阶段，客观上已经刻不容缓。

本篇以“长周期+广视野+定量分析”的框架研究社保制度改革战略思路。“长周期”即从我国社保制度改革的背景、问题角度出发，分阶段梳理我国社保制度改革的历史沿革，总结经验与不足。“广视野”即通过分析国外社保制度模式的发展特点及主要问题，提炼出值得我国学习借鉴的经验和启示；通过选取部分地方政府社保制度创新典型案例，对我国全面完善社保制度改革提供实践支撑。“定量分析”即通过对我国社保水平进行纵向与横向比较看进步、找差距。基于上述分析，提出了以“完备制度、改革体制、增加投入、覆盖全民、科技支撑”为整体框架的我国社会保障体制改革战略愿景、战略目标及政策建议。

一、迈向2049年的中国亟待加快社会保障制度改革

2020年是全面建成小康社会、实现第一个百年奋斗目标的收官之年，也将开启全面建设社会主义现代化国家和实现第二个百年奋斗目标的新征程。在新的历史阶段，无论从经济角度、社会角度还是国际角度来看，都应加快推动社会保障制度改革。

首先，社会保障制度改革是促进经济结构转型升级的重要基础；其次，社会保障制度改革是实现人民美好生活的题中之意；最后，社会保障制度改革是深度融入全球体系的必由之路。

二、我国社保制度发展历程及改革成效

在新中国成立前，我国社保制度经历了长期低水平发展，社保资源相对匮乏，完

整且稳定的社会保障体系始终没有真正建立。先秦时期，为赢得民众拥戴和促进经济社会发展进而稳固统治，各政权纷纷采取相关措施，形成传统社会保障制度的早期形态；秦汉到唐宋时期，绝大多数王朝制定并实施了各种维护社会安定的政策措施，以灾害救助、尊老养老和扶贫济困为主要内容的传统社会保障制度得到进一步发展；明清时期，民间救助组织蓬勃发展，在传统社会保障体系中发挥越来越重要的作用；民国时期，由于社会长期处于动荡不安状态，社会保障体系有名无实。

中华人民共和国成立以来，我国社会保障体系经历了不断成熟和完善的过程。1949—1965 年，国家单位负责的保障模式初步形成，这是我国初步探索社会保障制度的成果；1966—1977 年，我国政治、经济、文化遭受空前浩劫，劳动保险管理机构被撤销，社会保障事业遭到重创，一度处于瘫痪状态；1978—1991 年，解决历史遗留问题和恢复养老保障制度，维持、巩固和完善“企业保险”制度模式，为此后的社会保障制度改革奠定基础；1992—1997 年，国家确立了建立社会主义市场经济体制的目标，社会保障制度也进行了相应改革，成为市场经济体系的重要支柱；1998—2011 年，社会保障逐渐转为主动积极建设，成为一项基本的独立社会制度安排；2012 年至今，社会保障体系建设全面发力，覆盖范围持续扩大，待遇水平稳步提高，公共服务日趋便捷，建立起世界上覆盖人群最多的社会保障安全网。

三、我国社会保障制度现状及存在问题

（一）随着改革的不断探索和深化，我国基本形成了以社会保险、社会救助、社会福利为基础，包括社会优恤、住房保障、补充保障的社会保障制度

从时间纵向角度来看，我国社会救助中城乡低保标准持续提高，差距逐步缩小。2008—2018 年，全国城市最低生活保障月人均标准和农村最低生活保障月人均标准年均增长 10.9%和 17.2%。全国城市最低生活保障平均标准和农村最低生活保障平均标准之比从 2008 年的 2.49 倍逐年下降至 2018 年的 1.44 倍；社会保险覆盖范围迅速扩大，基金支撑能力增强，待遇水平不断提高。截至 2019 年年底，全国社保卡持卡人数超过 13 亿人，覆盖超过 93% 的人口。截至 2017 年年底，全国基本养老、医疗、失业、工伤和生育五项社会保险基金累计结余 7.06 万亿元，总体支撑能力较强。2005 年以来，职工退休人员月均基本养老金持续大幅增长，年均增长 10%左右；保障性住房建设和住房公积金筹集稳步推进。截至 2018 年年底，全国城镇保障性安居工程合计开工约 7000 万套，我国住房公积金实缴单位 291.59 万个，实缴职工人数为 1.44 亿人，全国住房公积金缴存余额为 5.79 万亿元。

从国际横向角度来看，中国社会保障总支出（含医疗卫生）与 GDP 之比为 6.3%，在世界主要国家中仅高于新加坡和印度，不及韩国，在国际比较中仍处于较低

水平。

（二）面临的主要问题与挑战

1. 我国社会保障制度存在的问题

一是法治欠缺问题日显突出；二是政府主导的法定基本保障独大，市场与社会提供的补充保障发展滞后；三是养老、育幼、助残等方面的基本公共服务发展不足；四是管理服务体制呈现多头格局；五是财源权责不清，发展可持续性不足；六是贫困人群社保待遇低，公平性有待提高。

2. 我国社会保障制度改革面临的挑战

一是城乡分割与地区发展失衡非短期内可以改变，决定了社会保障体系建设只能走渐进发展道路；二是人口老龄化、家庭结构小型化，导致家庭保障功能急剧弱化，对社会保障服务的需求骤然提升；三是流动人口群体庞大，对社会保障制度的整合提出了更为复杂的现实要求；四是快速工业化、城镇化与就业形式多样化，对社会保障制度建设构成了重大挑战。

四、社会保障制度改革的国际经验借鉴

国际主要社会保障制度可以分为三类：一是福利国家型，以英国、瑞典等西欧、北欧国家为代表；二是社会保险型，以美国、德国、日本为代表；三是强制储蓄型，以新加坡、智利等为代表。结合中国国情，汲取国际上社会保障制度建立和改革正反两方面的经验和教训，不断完善我国社会保障制度，是一项重大的理论和实践课题。

各国社会保障制度既有共性也有特性。共性在于，一般都包括社会保险、社会救济、社会福利和社会抚恤四大领域，但在社保资金筹集、给付以及资金运营等方面又存在多处不同。其中，以英国、瑞典为代表的福利国家型，兼具普遍性与全面性，依靠大额财政支出，实行现收现付制；以美国、德国、日本为代表的社会保险型，权利与义务对等，自我保险为主 + 国家资助为辅，兼具强制性与自愿性；以新加坡、智利为代表的企业 + 个人负担型，实质为强制储蓄计划，发挥个人能动性，共济性较弱。

五、我国部分地方政府社会保障制度改革创新实践及启示

从国内来看，各地地方政府在社会保障体制改革各领域进行了有益尝试，为我国建立中国特色社会保障制度提供了借鉴。

北京加强和创新流动人口管理服务，深化社保一体化。从战略高度谋划布局社会保障事业；创新制度率先实现社会保障制度全覆盖；通过机制改革和数字技术助力社保运行效率提高。

福建创新失地农民利益长效保障机制。为建立失地农民利益长效保障机制，出台

了推进新型城镇化有关部署，不断完善公共就业和社会保障服务，促进失地农民在城镇就业并稳定就业，保障失地农民合法权益。

六、我国养老与医疗卫生市场发展趋势分析

养老和医疗是社保体系的主要组成部分。经测算发现，我国养老保险资金最快在2028年就会出现缺口，且缺口会逐年扩大；我国医疗卫生市场需求将会明显上升，居民负担将会加大。因此，需通过完善社会保障体制，以实现扩大覆盖面和维持可持续性之间的平衡。

研究表明，按照我国城镇职工养老保险缴费率在20%左右、养老保险替代率约为50%的配置方案，2028年城镇职工养老保险资金就会出现收支缺口，且缺口逐年扩大。虽然延迟退休政策可以减缓资金收支缺口扩张趋势，但并不能实质性优化资金配置，缩小资金缺口；在现有城乡居民基本养老保险基本政策不出现大的变动情况下，自2040年开始，我国城乡居民基本养老保险账户将出现收不抵支情况，且缺口有逐年扩大趋势，需财政拨款填补该缺口。

利用我国1978—2018年的统计数据，通过构建经济模型，定量回归研究人口老龄化、儿童人口增加、居民收入提高、城镇化水平提高对医疗费用支出的影响，并结合对2020—2050年全国卫生费用支出总额数据的预测，来测算未来医疗卫生市场需求空间。研究表明，2020—2050年全国卫生费用支出规模将不断提升，医疗卫生市场需求明显扩大。预计到2030年，我国医疗卫生市场需求将达到15万亿元，2040年达到29万亿元，2050年达到37万亿元。

七、我国社会保障制度改革的战略愿景及发展目标

通过分析我国社保体制的现状和问题、对比国际先进经验、分析部分地方政府实践以及测算未来的缺口之后，我们认为，有必要对中国特色社会保障制度进行进一步完善。建议按照“完备制度、改革体制、增加投入、覆盖全民、科技支撑”的方向进行完善，并分三个阶段实现发展目标。

2025年：中国特色社会保障制度基本定型，能够基本满足城乡居民的各项社会保障需求，衡量社会保障水平的相关指标在世界主要国家中达到中等水平。

2035年：中国特色社会保障制度进一步完善，能够较充分地满足人民的各项社会保障需求，衡量社会保障水平的相关指标在世界主要国家中达到中等偏上水平。

2049年：迈入中国特色社会主义福利社会阶段，人民能够充分地享有高水准的社会保障及相关服务，社会保障成为普惠公平的制度安排，衡量社会保障水平的相关指标达到或者超过发达国家水平。

八、政策建议

推进社会保障制度改革，沿着普惠公平、可持续的方向发展，必须正视社会保障领域存在的问题与面临的挑战，按照兜底线、织密网、建机制的要求，做好科学顶层设计，在主要制度安排与关键环节上着力推进。

1. 完备制度：以美德日等国经验为借鉴，完善具有中国特色的保险型社会保障制度。使政府主导与市场参与相结合；健全社会保障法律体系；大力发展基本养老保险、医疗保险、最低生活保障、保障性住房、特殊群体保障等社会保障项目。

2. 改革体制：以“政事分开、管办分离”为原则，优化社会保障管理服务体制。合理划定社会保障行政管理部门职能和机构；建立专业、自主的社会保障经办机构；提升社会保障管理人员专业素养和执业能力。

3. 增加投入：以社会保障事业可持续发展为关键，强化财政支持。明晰财政部门相关责任；加强中央财政对地方财政尤其是欠发达地区的社会保障财政转移支付力度；多渠道、多手段拓展社会保障财源；加大力度划转部分国有资本充实社保基金；健全社会保障待遇确定和正常调整机制；建立社会保障预算制度；建立精算报告制度。

4. 覆盖全民：以兼顾公平和效率为价值取向，加快推进社会保障全覆盖。继续扩大社会保障覆盖面；稳步提高社会保障各项待遇水平；统筹城乡发展，完善农村社会保障制度；建立贫困人群基本保障网。

5. 科技支撑：以促进社会保障事业高质量发展为立足点，建设先进的信息技术支撑系统。由中央专项投入，建设社会保障云计算公共服务平台；拓展社会保障服务网络，探索“跨境”社保公共服务；构建完善的平台数据网；提高数据的安全性；加强各个职能部门的合作。

完备制度　改革体制　增加投入
覆盖全民　科技支撑

——迈向2049的我国社会保障制度改革战略研究

经过40余年的改革开放和持续发展，我国已迈入中高收入国家行列，但也面临着老龄化程度加深、收入差距拉大、社会不稳定因素增多等难题。在新的时代背景下，通过构建健全的社会保障体系，解除国民后顾之忧，促进财富合理分配，提供稳定安全预期，不仅是人民日益强烈的呼声和社会公正的体现，也是国民经济实现可持续发展的必要条件，更是构建和谐社会的应有之义。党的十九大报告明确提出，要“按照兜底线、织密网、建机制的要求，全面建成覆盖全民、城乡统筹、权责清晰、保障适度、可持续的多层次社会保障体系”。因此，从战略高度研究中国社会保障制度改革与发展之路，尽快促使其从试验性阶段步入定型、稳定、可持续发展阶段，客观上已经刻不容缓。

本篇以“长周期+广视野+定量分析”的框架研究社保制度改革战略思路。“长周期”即从我国社保制度改革的背景、问题角度出发，分阶段梳理我国社保制度改革的历史沿革，总结经验与不足。“广视野”即通过分析国外社保制度模式的发展特点及主要问题，提炼出值得我国学习借鉴的经验和启示；通过选取部分地方政府社保制度创新典型案例，对我国全面完善社保制度改革提供实践支撑。“定量分析”即通过对我国社保水平进行纵向与横向比较看进步、找差距。综合上述分析，报告提出了以“完备制度、改革体制、增加投入、覆盖全民、科技支撑”为整体框架的我国社会保障体制改革战略愿景、战略目标及政策建议。

一、迈向2049年的中国亟待加快社会保障制度改革

2020年是全面建成小康社会、实现第一个百年奋斗目标的收官之年，也将开启全面建设社会主义现代化国家和实现第二个百年奋斗目标的新征程。在新的历史阶段，无论从经济角度、社会角度还是国际角度来看，都应加快推动社会保障制度改革。

（一）社会保障制度改革是促进经济结构转型升级的重要基础

改革开放以来，我国经济实现了跨越式发展，发展模式发生了深刻的变革，增长驱动力逐渐由投资、出口拉动转向内部消费拉动模式，最终消费支出自2014年起已成为GDP增长贡献率最高的第一大需求。但从全球范围内来看，我国居民储蓄率偏高，而消费意愿相对不强。这与我国先前居民富裕程度相对较低、忧患意识强有很大关联，但更与社会保障体系未有效为广大居民提供足够的安全感有关。因此，促进消费，助力经济增长，最终实现中华民族伟大复兴的关键在于建立完备的社会保障体系，增强广大人民群众的安全感与幸福感，使大家能消费、敢消费、愿消费。具体而言，提升社会保障水平，将在以下几方面催化消费经济的腾飞：

一是熨平经济周期及个人家庭变化对居民收入的冲击，增强确定性消费预期。个人因担忧经济萧条或是家庭突发变故的冲击，倾向于通过降低个人本期消费意愿，储蓄更多资金对冲未来不确定性风险。通过完善应对失业等不利冲击的基本收入保障体系，使居民不再对未来收入的突然降低而过分忧虑，将有效促进当期消费水平的提升，助力储蓄行为向消费行为的转化，对促进消费经济的发展具有非常关键的作用。

二是提高人力资本价值，提升经济活力。社会保障制度的完善能够提升人力资本投资价值，具有明显的经济促进功能。通过系统性社会保障制度的建设，可满足每一位劳动者的安全保障需求，增厚其应对未来不确定性冲击的安全垫，可有效促进劳动者内在资本价值被充分激发。这是因为免除后顾之忧的劳动者可以全身心投入价值创造的工作之中，增进社会经济发展与个人发展的融合度，有利于建设和谐社会，增强社会整体的正能量。此外，通过医疗保障体系的建立，提升居民身体素质，促进身心健康，有利于提升个人的内在价值与工作之中的战斗力。

三是将居民从医疗、养老两座大山中解放出来，提升消费能力。医疗、养老等问题是长期困扰我国广大居民的“两座大山”。每年我国都有部分居民因病返贫、因病致贫，也有部分居民由于无力负担医疗费用耽误了最佳治疗时间。面对我国老龄化逐步加深的现状，公民的基本养老需求亟待得到保障。有效提升医疗、养老等社会保障体系，一方面可以改善居民身体素质与生活质量，提升人力资本价值；另一方面可以解放适龄劳动人口的巨大责任负担，实现工作动能与消费能力的双提升。

（二）社会保障制度改革是实现人民美好生活的题中之意

2020年，是我国全面建成小康社会的收官之年，城乡居民已实现了基本物质生活与精神文明的富足。然而，我国当前的社会保障体系，与广大居民的期待还存在一定的距离，体系内存在的不公平现象尚广泛存在于城乡居民之间、机关事业单位与企业退休人员之间，且存在管理不规范、保障层次不明确等公平性问题。

表 3－1　　城乡社会保障制度对比

保障项目	城镇职工	农村居民
社会保险	普遍建立养老、医疗、失业等“五险”	建立了新型农村社会养老保险、新型农村合作医疗
社会福利	职工福利：福利设施、补贴、休假等 公办福利：社区服务、福利院、敬老院、干休所等 教育福利：九年义务教育	公办福利：五保户供养、养老院等 教育福利：九年义务教育
社会救助	最低生活保障制度及城市扶贫	农村救济、救灾和扶贫
优抚安置	优待、抚恤、安置	优待、抚恤、安置
补充保障	企业保障、商业保险	少量商业保险

资料来源：《社会保障：从二元到三维》。

一是城乡居民间社会保障体系公平性有待提升。当前我国城镇职工已建立涵盖养老、医疗、失业等多重社会保险体系，而在农村地区仅建立有新型农村社会养老保险、新型农村合作医疗，且其保障范围与保障额度较城镇职工养老、医疗保险有一定的差距（见表 3－1）。在社会福利方面，城镇职工可获得福利补贴、福利休假等职工福利保障，以及养老、休养等公办福利保障；而农村居民仅有五保户供养、养老院等少数公办福利。在社会救助方面，城镇职工享有最低生活保障、城市扶贫等措施，农村居民享有农村救济、扶贫等保障措施。总体来看，农村居民的社会保障制度覆盖范围、保障水平都与城镇职工存在不小的差距。特别是农村居民养老金制度尚待完善，与城镇退休职工相比，众多中老年农村居民老年生活收入无法得到有效保障。

二是城镇企业退休人员与机关、事业单位退休人员间养老保障公平性有待改善。根据图 3－1 显示，我国机关离退休人员和事业单位离退休人员月平均养老金相对较为接近，而显著高于企业离退休人员养老金。以 2015 年为例，机关单位离退休人员月均养老金为 3251 元/月，而企业退休人员月均养老金仅为 2251 元/月，两者相差近 45%，表明城镇企业退休人员与机关、事业单位退休人员间养老保障差异长期且广泛存在。

三是社会保障制度其他系统性不公平现象仍广泛存在。其一是管理不规范造成的不公平。如一部分居民因信息不全、基层监督不到位造成冒领最低生活保障，挤占了真正需要帮助的弱势群体社会保障资源，造成不公平。其二是层次不明确造成的不公平。我国社会保障制度由于理念不甚明确，制度尚未完善，一些情况下社会保障与社会福利间并未有明确的界限，政府动用一般财政收入弥补社会保障收支缺口，造成社保缴费与权利的不对等，实质上造成了社保体系内和体系外居民不公平现象。其三是覆盖面不足造成的不公平。我国当前社会保障体系虽日趋完善，但仍有部分需要保障的领域尚未有效覆盖，这种情况在农村地区更为突出。这样的现状造成了我国居民一旦出现不属于社会保障覆盖范围内情形的不利状况，将无法获得社会保障体系的救助，导致出现因社会保障体系覆盖面不足而产生的相对不公平问题。

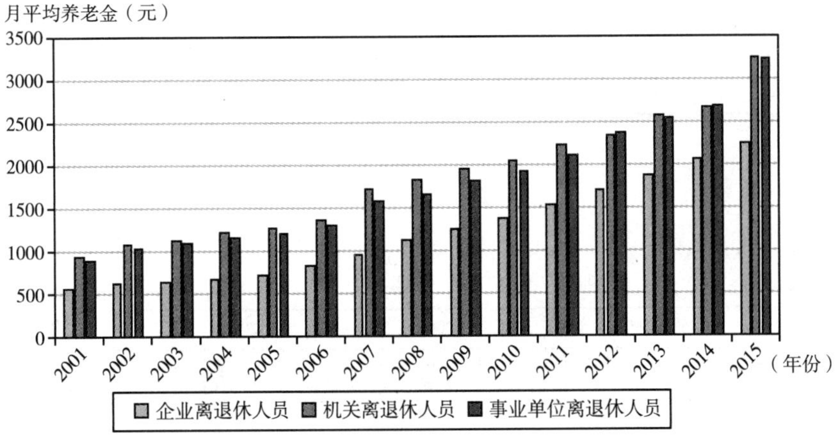

图 3－1　企业、机关事业单位离退休人员月均养老金比较

数据来源：Wind，中国民生银行研究院整理。

注：2015 年之后停止更新。

综上，上述社会保障体系存在的不公平、不公正问题影响了广大居民幸福感的获得，也是构建和谐社会亟待解决的问题。因此，进一步完善社保体系覆盖范围，使之能够惠及每一位公民，实现不同层次间的公平公正，真正满足我国公民在“富起来”之后对幸福生活更高的期待，是建设社会主义富强国家的关键所在，也是社会保障制度改革的原动力。

（三）社会保障制度改革是深度融入全球体系的必由之路

随着我国对外开放程度的不断加深，同全球各国之间货物、资本以及人力资源等交流日益密切。在全球化进程之中，同世界开放体系接轨，全面融入其中，维持并持续提升国家竞争力，是实现中华民族伟大复兴的必由之路。在这一过程中，打造开放、包容、完善、有竞争力的社会保障体系，是维持产业竞争力、留住并不断吸引优秀人才来我国工作的重要前提。

当前我国社会保障整体水平同全球范围内的主要发达国家相比仍存在一定差距。自 1980 年起至今，主要 OECD 国家社会保障支出占 GDP 的比例呈现波动上升的趋势，目前维持在 20% 左右。我国社会保障支出占 GDP 的比重自 2008 年起逐年升高，2015 年达到 11.5%（见表 3－2），但与发达国家相比仍存在不小差距。若比较人均社会保障支出，则差距更为显著。与此同时，我国政府投入占社会保障支出比重近年来呈现下降趋势，占比不足 40%，与欧盟国家政府投入占社会保障支出比重平均值常年维持在 50% 以上水平相比①，同样有不小的差距。

① “社会支出统计指标及可行性研究”课题组：《我国与欧盟社会保障支出对比分析》，2017（9）。

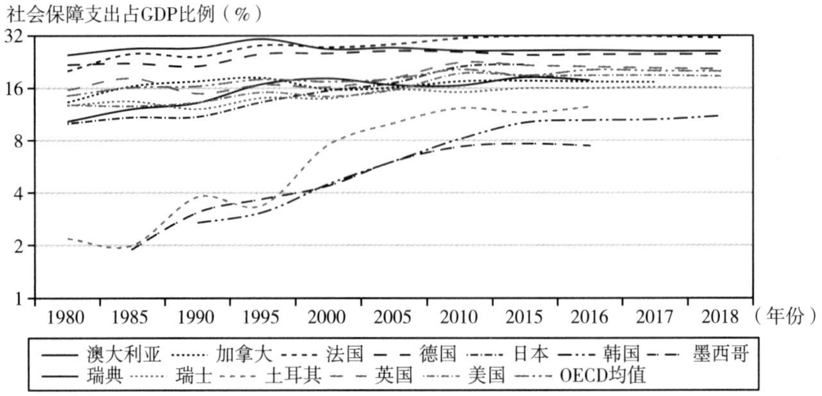

图 3-2 主要 OECD 国家历年社会保障支出比例变动趋势

资料来源：OECD，中国民生银行研究院整理。

表 3-2　　近年来我国社会保障支出情况

年份	社会保障支出（亿元）	社会保障支出与 GDP 之比（%）	人均社会保障支出（元）	政府投入占社会保障支出比重（%）
2008	18922.3	5.9	1428.5	41.4
2009	23651.1	6.8	1776.6	42.3
2010	28737.9	7	2148.3	43.6
2011	36271.2	7.4	2698.5	46.6
2012	43295.2	8	3205.4	45.5
2013	56174.8	9.4	4138.5	40.5
2014	64388.8	10	4719.7	39
2015	78735.1	11.5	5742	37.9

资料来源：国家统计局统计科学研究所，中国民生银行研究院整理。

更重要的是，与发达国家相比，我国社会保障水平在不断提升的过程中仍将面临几个突出的“平衡”问题有待厘清，迫切需要在改革的过程中通过制度性设计加以解决。

一是社会保障水平与经济竞争力间的平衡。全面而充足的社会保障对于居民安居乐业、社会稳定和谐至关重要，但过高的社会保障水平将提高全社会的成本，导致在全球产业竞争过程中部分中低端、成本敏感型产业无立足之地。部分发达国家在福利不断提高的过程中产业“脱实向虚”即是社会保障水平过高削弱本国产业竞争力的现实案例。平衡好社会保障水平与经济竞争力间的关系，防止外资撤离、产业转移，是社会保障制度改革的核心议题之一。

二是政府支出与企业负担间的平衡。在社会保障支出实际负担方面，若政府承担过多，将导致财政赤字严重，削弱政府在市场中的作用，限制了其对国家竞争力的引导效果。而企业若负担过重，将导致生产成本大幅提升，丧失国际竞争力。平衡好社会保障支出结构，将加强政府部门、企业、参保居民之间权利与义务关系的明晰，并有效提升全社会资源配置效率。

三是社会保障水平与劳动积极性之间的平衡。社会保障特别是社会福利若过高，将可能降低劳动者的积极性，甚至“养懒汉”，或使得经验丰富、技能熟练的职业人员过早退休，不利于最大化发挥人力资源价值。而社会保障水平过低，则会降低劳动者的幸福感与安全感，影响工作效率与人力资本价值。因此，在社会保障水平与劳动积极性之间应通过改革寻求新的平衡点。

综上，解决好上述问题，对提升我国全球经济竞争力、人才吸引力的重要意义不言而喻。开启社会保障制度改革，有效提升现有社会保障水平，并在这一过程中，解决好制度性平衡问题，使之能够适应我国日益深化的国际化步伐，同步全球经济发展脉动，吸引国际资本和人才不断扎根中国、建设中国，是实现我国经济进一步高质量发展的关键。

二、我国社保制度发展历程及改革成效

新中国成立之前，我国社保制度经历了长期低水平发展，社保资源相对匮乏，完整并且稳定的社会保障体系始终没有真正建立。新中国成立以来，我国社保体制机制改革取得了较为突出的成就，主要经历了计划经济时期社会保障体系的初创阶段，改革开放后社会保障体系建设迅猛发展，内容完整的社保制度不断得到发展和完善。全面梳理我国社会保障制度的历史沿革，有助于充分吸取历史经验和教训，准确把握社会保障事业改革方向。

（一）先秦至民国时期社保制度演进

我国古代虽无社会保障的名称，但却存在着各种形式的救灾备荒、扶贫济困、养老抚幼机构和制度，实际上发挥了社会保障的作用。中国历代王朝均把对社会弱势群体的救助看作政府责任，作为一种制度形态，最早可以追溯到西周时期。在从西周到清朝近两千年的漫长历史进程中，形成了一套较为完整的社会保障体系。

1. 先秦时期：传统社会保障制度初步形成

先秦时期（主要是指春秋战国时期）诸侯争霸兼并，弱肉强食，统治者逐渐认识到，保障民众基本生活，可以赢得民众拥戴和促进经济社会发展，从而稳固统治。以这种朴素的民本思想为基础，各个政权纷纷采取相关措施，构成了传统社会保障制度的早期形态。

2. 从秦汉到唐宋：传统社会保障事业逐步发展

自秦汉开始，中国进入封建大一统时期，专制主义的中央集权制度得以确立。出于巩固统治的需要，绝大多数王朝均制定并实施了各种维护社会安定的政策措施，以

灾害救助、尊老养老和扶贫济困为主要内容的传统社会保障制度得到进一步发展。

首先，古代中国政府给百姓提供的社会救济往往是通过赐予的方式来呈现；其次，制定了一系列为百姓预防灾害的政策及措施，例如唐朝的义仓（社仓），宋朝的仓储制度，一定程度上保证了农民在饥荒时可以得到补助，帮助其抵抗风险，恢复生产正常生活。

3. 明清时期：传统社会保障体系不断完善

明、清两朝继承并发展了历代王朝的社会保障政策。荒政方面，制定了严格的救灾程序，广泛设立常平仓、义仓和社仓等备荒仓储；在救助社会弱势群体方面，设有养济院、孤老院、惠民药局等救助机构；在养老政策上，颁布各种诏谕法令，承袭了免除老人赋役、赏给老人财物以及提高老人社会地位的种种做法。此外，明清时期还出现了一个引人注目的新动向，即民间救助组织蓬勃发展，在传统社会保障体系中发挥了越来越重要的作用。

总体而言，古代社会保障制度是一种统治阶级被动的、自上而下的对社会大多数成员进行的以救济为主的低水平保障行为，在救助贫困、促进生产、稳定社会方面做出了积极贡献。同时应看到，中国古代社会保障制度仍存在诸多不足：一是国家对行政的控制能力缺失，中央的社会保障政策无法很好地在地方执行；二是由于封建君主专制制度，社会保障政策易出现不稳定性，缺乏连贯性；三是古代社会保障制度过度依赖国家财政，缺少个人储蓄与国家保障相结合的社会保障资金来源。

4. 民国时期：社会保障体系有名无实

进入民国时期，政府制定和颁布了一系列有关社会保险、救灾、福利与救济、优抚安置等方面的社会保障法律法规和政策措施，使民国时期的中国在对劳动者和社会成员生活安全的保障方式、保障内容、保障政策上有了一些新变化。例如，社会保险制度开始建立，政府成立了专门的救灾、救济福利机构，制订了优抚安置计划，等等。不过，由于这些社会保障法律法规和政策措施实施和执行不力，社会保障资金投入太少，保障项目不全，待遇偏低，加之社会长期处于动荡不安状态，致使劳动者和社会成员获益甚微，社会保障体系有名无实。在此期间，真正完整的社会保障制度始终没有建立起来。

（二）新中国成立以来社保制度发展情况

1. 1949—1965 年：创建调整期——国家单位负责的社会保障形式

新中国成立后，实行社会保障制度成了当时的基本国策。政务院于 1950 年发布施行《救济失业工人暂行办法》，对减轻工人生活困难，保护劳动力，帮助失业者就业、转业，特别是对恢复各国营、私营企业的生产，扩大经营范围以及创办新企业，起到了重要的作用。1951 年，《中华人民共和国劳动保险条例》颁布施行，这是新中国第一部内容完整的社会保障法规。由于 1951 年劳动保险条例是在国家财政经济还没有全面恢复的困难情况下制定的，某些保险待遇较低，在实施范围上也只能采取重点试行的办法。随着国家财政经济状况逐步好转和大规模的经济建设全面展开，1953 年 1 月 2 日，政务院修订公布了《中华人民共和国劳动保险条例》，进一步扩大了劳动保险的覆盖范围，又提高了若干劳动保险的标准，到 1956 年已扩大到商业、外贸、粮食、供销社、金融、民航、石油、地质、水产等部门，部分集体企业参照执行，经济条件差的集体企业可以订立劳动合同。1957 年，国家对原有的保障制度进行了修改，主要是放宽退休条件，适当提高退休待遇标准，并实行企事业单位和国家机关职工统一的退休制度，从而解决了企业和机关职工退休办法不统一的矛盾。这段时期的养老保险，事业单位由人事部门管理，企业由劳动部门和工会共同管理。这个阶段还修改、补充了干部和工人退休、退职的规定，加强了对女工的保护，在医疗保险中增加了对职业病的保障，进一步扩大了保障范围。

这一时期，在社会保障领域我国强调国家、单位和个人利益的一致性，形成了国家单位负责的保障模式，这是我国初步探索社会保障制度的成果之一，尽管其中一些政策在改革开放后被新的政策修改或替代，但其开创性意义与取得的成就毋庸置疑。

2. 1966—1977 年：停滞徘徊期——企业自主负责其工人的社会保障

1966 年，“文化大革命”开始。这十年间我国的政治、经济、文化遭受空前浩劫，劳动保险管理机构被撤销，社会保障事业也遭到重创，一度处于瘫痪状态。主管救灾救济、社会福利等事务的内务部于 1969 年被撤销，负责劳动保险事务的工会组织受到严重冲击而瘫痪，国家相关部门已经难以有效地推动社会保障制度实施。1969 年 2 月，财政部发布《关于国营企业财务工作中的几项制度的改革意见（草案）》，规定国营企业一律停止提取劳动保险金，企业职工的退休金和劳动保险金在营业外列支，劳动保险业务由各级劳动部门管理，形成的待遇标准按照国家政策规定执行，所需费用由企业实报实销的“企业保险”模式。至此，社会保险变成了企业保险，完全失去了社会统筹的功能，社会救济和社会优抚工作也受到严重干扰，社会保障制度的责任重心由国家转向了单位，企业办社会的现象日益严重，社会保障在很大程度上走向自我封闭的单位化，社会化的劳动保险被办成了“企业保险”。

3. 1978—1991 年：恢复重建期——解决历史遗留问题和恢复养老保障制度，维持、巩固和完善“企业保险”制度模式

1978 年，十一届三中全会的召开为社会保障事业的全面恢复和健康发展提供了良好条件，国家逐渐恢复了“文革”前的社会保障制度，随着经济体制改革的深入进行，社会保障制度也进行了诸多改革，内容主要有以下几方面。

1984 年 4 月 6 日，中央财经领导小组会议决定对城镇集体企业实行法定养老保险制度，之后制定了《城镇集体所有制企业、事业单位职工养老保险暂行条例》。1984 年，国家在全民所有制企业建立了退休费用社会统筹试点，在市、县一级的国有企业之间按

照以支定收、略有结余的原则，实行养老金的统一收缴、发放以及对职工养老问题的统一管理。1986 年，国务院颁布了《国营企业职工待业保险暂行规定》和《国营企业实行劳动合同制暂行规定》，首次在我国建立了国营企业待业保险制度，并实行了用工制度改革，起到了稳定劳动合同制工人队伍的良好效果。1991 年，国务院原则上通过了《关于企业职工养老保险制度改革的决定》，规定实行基本养老保险、企业补充养老保险和职工个人储蓄性养老保险相结合的养老保险制度，费用由国家、企业、个人共同负担。这个决定走出了个人缴纳部分养老保险费的新路子，并明确规定实行退休费用社会统筹，逐步由市、县级统筹过渡到省级统筹，统筹体制在全国范围内实施。

这一阶段的主要任务是重建政府的社会保障职能。由于特定的历史原因，改革开放初期我国仅针对原有企业保险和社会保障制度的建立进行了一系列探索，尽管从深度和广度上都不及 1992 年以后建立的社会保障体制，但其为之后的制度改革奠定了坚实的基础。

4. 1992—1997 年：全面改革期——建立新型社会保障制度

随着改革的逐步深化，我国社会保障制度建设开始进入一个体制和制度创新的阶段。这段时期确立了建立社会主义市场经济体制的目标，社会保障制度也进行了相应的改革，成为市场经济体系的重要支柱。

1993 年 11 月，党的十四届三中全会出台了《中共中央关于建立社会主义市场经济体制若干问题的决定》，对中国的社会保障体制特别是养老保障体制做了几项原则性规定：（1）建立与我国目前社会生产力发展水平以及各方面的承受能力相适应的多层次的社会保障体系；（2）重点完善企业养老和失业保险制度，城镇职工养老和医疗保险金由单位和个人共同负担，实行社会统筹和个人账户相结合的模式；（3）规定建立统一的社会保障管理机构，基本上按民政部门负则农村保险和社会救济、优抚、社会福利，劳动部门负责城镇保险、企业福利，人事部门负责公务员的福利和保险；（4）规定社会保险不以盈利为目的，社会保障行政管理和社会保险基金运营分开。这次所提出的一些原则在中国的社会保障改革中具有里程碑式的意义。

1995 年，国务院发布了《关于深化企业职工养老保险制度改革的通知》，强调继续深化对企业职工养老保险的改革，并同时制定出台了两个具体操作方案，这两个方案的共同点是将职工和企业缴费分为“社会统筹”和“个人账户”两个部分，但在比例结构上有较大的差异。由于 1995 年的方案回避了以有效方式偿还老职工的养老金问题，导致在各地实际的运行过程中，个人账户普遍为空账户，基金积累也并没有真正形成，没有按照十四届三中全会所提出的目标真正建立个人账户，其他有关的制度建设和发展目标也并没有实现。劳动部、体改委等部门经过协商后形成新方案，1997 年《国务院关于建立统一的企业职工基本养老保险制度的决定》发布，根据过去几年的试点经验，正式建立了统一的企业职工基本养老保险制度。1997 年方案提出后，国家又在多方面采取措施，为此方案的完善提供多方面的有利条件。最重要的是1997年9月党的十五大提出“建立社会保障体系，实行社会统筹和个人账户相结合的养老、医疗保险制度，完善失业保险和社会救济制度，提供最基本的保障”。

5. 1998—2011年：快速发展期——社会保障逐渐转为主动积极建设，成为一项基本的独立社会制度安排

世纪之交，我国社会保障体系走入快速发展期，多项新的制度陆续建立。1998年11月，国务院召开全国城镇职工医疗保险制度改革工作会议，讨论和通过了《国务院关于建立城镇职工基本医疗保险制度的决定》。在失业保险方面，1998年12月通过了《失业保险条例》（1999年1月22日发布施行）。到1998年年底，全国有7932万职工参加了失业保险。到1999年，我国社会保障改革又有新的进展，相继发布了《社会保险费征缴暂行条例》及配套的《社会保险登记管理暂行办法》《社会保险费申报缴纳管理暂行办法》《社会保险费征缴监督检查办法》以及《城镇职工基本医疗保险定点医疗机构管理暂行办法》《城镇职工基本医疗保险定点零售药店管理暂行办法》《城镇职工基本医疗保险用药范围管理暂行办法》。值得特别注意的是，1998年特大洪灾发生之后，我国社会保障体系中的社会救济、慈善等体制都得到了空前的展现。2000年12月25日，国务院发布《关于印发完善城镇社会保障体系试点方案的通知》，标志着中国社会保障制度改革进入了一个新的阶段。党的十六大以来，中共中央提出构建社会主义和谐社会的目标，加快建立覆盖城乡居民的社会保障体系。社会保障开始进入城乡统筹发展和制度创新完善的新阶段。

我国城乡社会保障制度发展严重失衡，在制度设计中长期忽视农村社会保障制度建设。进入2000年以来，党和国家开始重视农村社会保障制度的建设。2003年，新型农村合作医疗制度在全国部分县（市）试点。2005年国务院颁布《关于解决农民工问题的若干意见》，提出积极、稳妥地解决农民工社会保障问题。2007年，国家开始在全国农村建立最低生活保障制度。在城市，2003年国务院发布的《工伤保险条例》进一步完善了工伤保险制度。2009年中央出台了深化医药卫生体制改革的意见，确立基本医疗卫生制度回归公益性、基本公共卫生服务均等化，并逐步实现人人享有基本医疗卫生服务的目标，体现了我国医疗卫生事业发展从理念到体制的重大改革。

这一时期，国家进一步明确了社会保障制度改革的目标、原则，逐步建立起了以社会保险为主体，包括社会救济、社会福利、优抚安置、住房保障以及慈善事业在内的社会保障制度框架。但改革过程中出现的农村社会保障制度缺失、社会保障基金供给不足、社会保障法制化进程缓慢、转制成本等问题也亟待解决，我国社会保障制度的完善仍然任重道远。

6. 2012年至今：巩固提高期——社保服务体系逐步全面化、专业化、信息化

党的十八大以来，我国社会保障体系建设全面发力，覆盖范围持续扩大、待遇水

平稳步提高、公共服务日趋便捷，建立起世界上覆盖人群最多的社会保障安全网。党的十八大报告在阐述全面建成小康社会目标时，把“社会保障全民覆盖”作为重要指标之一，社会保障体系建设的方针也由“广覆盖、保基本、多层次、可持续”调整为“全覆盖、保基本、多层次、可持续”。

养老保险改革方面：2014 年年初国务院发布《关于建立统一的城乡居民基本养老保险制度的意见》，将新型农村社会养老保险和城镇居民社会养老保险合并实施。2015 年 1 月，国务院发布《关于机关事业单位工作人员养老保险制度改革的决定》，将传统的退休制送进历史，终结了养老金“双轨制”。由企业职工基本养老保险、机关事业单位工作人员基本养老保险和城乡居民基本养老保险共同构成的基本养老保险制度正式形成。2017 年中央经济工作会议指出，改革完善基本养老保险制度，加快实现养老保险全国统筹。2018 年 5 月，国务院发布《关于建立企业职工基本养老保险基金中央调剂制度的通知》，迈出养老保险全国统筹的第一步。与此同时，实施全民参保计划，开展基本养老保险基金投资运营，启动划转部分国有资本充实社保基金，做强做大全国社会保障基金。

医疗改革改革方面：2016 年，国家启动建立统一的城乡居民基本医疗保险制度的改革，全面整合城镇居民基本医疗保险和新型农村合作医疗两项制度。改革增强了公平性，城乡居民按照统一的政策参保缴费、享受待遇。改革提升了医保待遇，整合后待遇就高不就低，农村居民看病负担明显减轻。改革让参保者有了更多选择，城乡统筹带来就医层次的提高，参保农村居民的用药范围明显扩大、定点医疗机构成倍增加，实惠更多。

这些政策为我国社会保险制度的可持续发展奠定了坚实基础。同时，大数据、信息化、“互联网 +”等最新前沿数据处理科技助力社会保障体系全面升级，社会保障信息化建设提质加速，实现了社保业务从手工、半手工到全信息化经办的重大转变，极大方便了参保单位和参保群众办理社保业务，有效打造了“让信息多跑路，让群众少跑腿”的社保经办服务新模式，参保群众的获得感、幸福感和安全感明显增强。

改革开放以来，我国社会保障制度进行了全面改革和重构，社会保障体系建设趋于完善，社会保障制度框架构建趋于完成，主要体现在：一是社会保障制度体系基本建成。当前我国建立的社会保障体系涵盖了社会保险制度、社会救助制度、社会福利制度等；二是社会保障制度的覆盖面持续扩展。改革开放前，社会保障的对象主要是国有企业职工，之后逐步扩展到所有城镇职工。进入 21 世纪之后，建立了城乡居民社会保险制度，保障对象扩展到全体国民；三是社会保障项目不断增加。针对城市与农村贫困人口的最低生活保障制度与多项专项救助项目结合，形成了一套新型社会救助制度体系；四是社会保障基金规模不断扩大。2018 年全国社会保障基金收入 7. 26 万亿元，比上年同期增长 24. 3%，我国日益重视采用科学的管理机制，建立可持续的社会保障基金管理制度。取得成绩的同时，应该看到我国社会保障建设面临着经济新常态、新型城镇化和人口老龄化带来的巨大压力，新的发展阶段对我国社会保障事业发展提出了新的要求和挑战。

三、我国社会保障制度现状及存在的问题

（一）我国社会保障制度现状

1. 我国社会保障制度的体系与内涵

作为一国改善民生、促进社会公平的重要制度安排，社会保障制度在维护公民权利、缩小贫富差距以及推动社会和谐等方面有着重要作用。党的十九大报告指出，随着改革的不断探索和深化，我国“覆盖城乡居民的社会保障体系基本建立”。具体来看，我国基本形成了以社会保险、社会救助、社会福利为基础，包括社会优恤、住房保障、补充保障的社会保障制度。就责任主体而言，不再是国家或单位保障，而是社会保障，保障资金由政府、单位和个人共同负担，责任承担机制实现了多元化。同时，我国社会保障制度的对象也实现了从城镇居民向全社会成员的转变，对建设农村社会保障体系更为重视。

（1）社会保险制度。社会保险制度发挥保基本的作用，覆盖范围最广、受益面最大，是我国社会保障体系的核心和主体。我国社会保险由单位和个人缴费，国家给予适当补助。从覆盖人群来看，社会保险制度主要面向劳动者和居民。具体来看，社会保险制度主要包含养老、医疗、失业、工伤和生育五大基本保险种类，统称“五险”。

一是基本养老保险。基本养老保险是我国社会保险项目中内容最全、覆盖面最广、缴费率最高的一个险种。根据现行制度安排，我国基本养老保险由职工基本养老保险和城乡居民基本养老保险两个制度组成，实现了基本养老保险制度的全覆盖。用人单位和劳动者必须依法缴纳养老保险费，在劳动者达到国家规定的退休年龄或因其他原因而退出劳动岗位后，社会保险经办机构依法向其支付养老金等待遇，从而保障其基本生活。参加基本养老保险的个人，达到法定退休年龄时累计缴费满 15 年的，按月领取基本养老金。

二是基本医疗保险。我国基本医疗保险通过用人单位和个人缴费，建立医疗保险基金，参保人员患病就诊发生医疗费用后，由医疗保险经办机构给予一定的经济补偿，以避免或减轻劳动者因患病、治疗等所带来的经济风险。我国基本医疗保险由职工基本医疗保险和城乡居民基本医疗保险两部分组成。其中，城镇职工基本医疗保险针对城镇所有用人单位和职工，以强制参保为原则；城乡居民基本医疗保险由此前的城镇居民基本医疗保险和新型农村合作医疗两项制度整合而成，以大病统筹为主，针对城镇非从业居民和农村居民，城乡居民按照统一的政策参保缴费、享受待遇，大大增加了城乡居民之间的公平性。

三是工伤保险。我国工伤保险通过社会统筹的办法，集中用人单位缴纳的工伤保险费，建立工伤保险基金，在劳动者在生产经营活动中遭受意外伤害或职业病，并由此造成死亡、暂时或永久丧失劳动能力时，给予劳动者及其医疗救治以及必要的经济补偿。这种补偿既包括医疗、康复所需费用，也包括保障基本生活的费用。因工伤发生的相关费用，分别由工伤保险基金和用人单位支付。

四是失业保险。我国失业保险是指国家通过立法强制实行的，由社会集中建立基金，对因失业而暂时中断生活来源的劳动者提供物质帮助进而保障失业人员失业期间的基本生活，促进其再就业的制度。在我国，失业人员在满足三个条件后，方可享受失业保险待遇：一是非因本人意愿中断就业；二是已办理失业登记，并有求职要求；三是按照规定参加失业保险，所在单位和本人已按照规定履行缴费义务满 1 年。

五是生育保险。生育保险是国家通过立法，在怀孕和分娩的妇女劳动者暂时中断劳动时，由国家或社会对生育的职工给予必要的经济补偿和医疗保健的社会保险制度。我国生育保险待遇主要包括两项，一是生育津贴，二是生育医疗待遇。

（2）社会救助制度。我国社会救助制度以城乡居民最低生活保障制度为核心，由国家财政拨款，发挥兜底保障作用，是社会保障体系的最基础层次。我国社会救助制度主要包括最低生活保障、特困人员供养、受灾人员救助、医疗救助、教育救助、住房救助、就业救助、临时救助等内容。社会救济标准由政府制定，救济方式为货币或发放实物，旨在满足社会群体中的贫困以及低收入群体的衣、食、住等日常基本生活所需。其中，最低生活保障是一种直接的现金救助制度。凡共同生活的家庭成员人均收入低于当地低保标准的，均有权从当地政府获得现金救助及其他物质帮助。

（3）社会福利制度。我国社会福利制度以改善社会成员生活质量为目的，主要由国家财政拨款，是社会保障的最高层次。具体来看，我国社会福利制度以老年人福利、残疾人福利、儿童福利为主体，同时还含有妇女福利、职工福利、教育福利等。在服务内容方面，目前我国社会福利的供给内容除了传统的收养安置、日常照料、文体娱乐、教养救助、基本补助以外，还包括一些基本的医疗保健、卫生护理、社区服务、精神慰藉、维权保障、便民利民等服务；服务内容涉及现金福利、服务福利与实物福利、无偿服务、低偿服务与有偿服务等多种形式。

（4）社会优抚制度。我国社会优抚制度包括优待、抚恤和安置三种待遇。优待是指按照国家规定对优抚对象从政治上、经济上给予的优厚待遇；抚恤是指国家对伤残人员和牺牲、病故人员家属所采取的物质抚慰形式，分伤残抚恤和死亡抚恤两类；安置则通常是指对特定对象（复员退伍军人、军队离退休干部及其随军家属、无军籍退休退职职工）或生产、生活有困难者（如遭受毁灭性自然灾害的灾民、流入城市的流浪乞讨人员等）的扶持、帮助或就业安排。社会优抚制度旨在保障优抚对象的生活、提高其社会地位、激励军人保卫祖国、建设祖国。由于社会优抚对象通常具有特殊性，因此社会优抚制度是我国社会保障体系的一项特殊构成部分。

（5）住房保障制度。我国目前基本建立了以普惠性住房公积金为基础、以提供出售型和租赁型保障性住房为主体的住房保障制度。一是住房公积金制度，这一制度在我国住房保障制度中覆盖面最广、受益面最大。在公积金制度下，在职职工及其单位需各自按照规定比例缴存归职工个人所有的长期住房储金。筹集住房公积金的目的在于帮助解决广大城镇职工的建房、购房的资金来源问题，并兼具一定的养老保障功能。二是出售型的保障性住房，包括经济适用房、共有产权房和限价商品房三个种类。三是租赁型的保障性住房，包括廉租房、公共租赁房和农民工保障性住房。

（6）补充保障制度。补充保障作为基本社会保障的重要补充，在提高我国社会保障水平方面发挥着重要作用。2013 年 11 月发布的《中共中央关于全面深化改革若干重大问题的决定》明确指出，“加快发展企业年金、职业年金、商业保险，构建多层次社会保障体系”。以企业年金、职业年金和补充养老、医疗、生育等商业保险为代表的补充保障制度，已成为我国社会保障体系不可或缺的一部分。其中，企业年金是我国补充保障的核心制度。

2. 我国社会保障水平的纵向和横向比较

（1）历史纵向比较。第一，社会救助中城乡低保标准持续提高，差距逐步缩小。

城乡低保标准持续提高。2008—2018 年，全国城市最低生活保障月人均标准和农村最低生活保障月人均标准分别从 2008 年的 205. 3 元和 82. 3 元逐年上升至 2018 年的 579. 7 元和 402. 8 元，年均增长 10. 9% 和 17. 2% 。

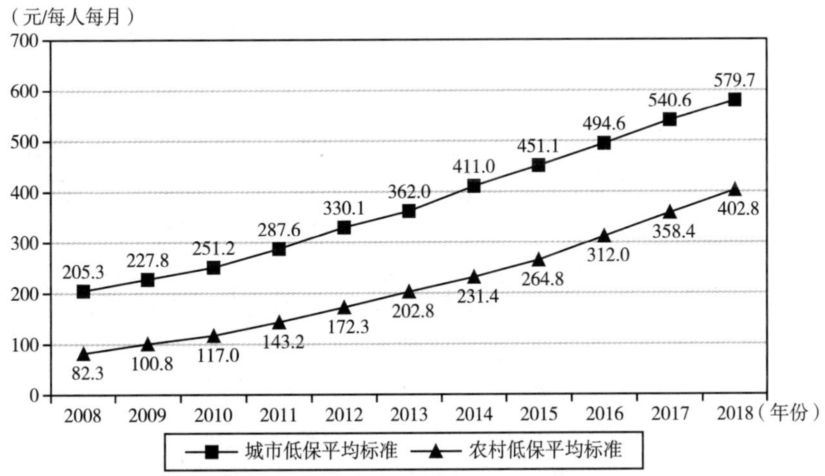

图 3－3　2008—2018 年全国城乡最低生活保障平均标准

资料来源：民政部历年《社会服务发展统计公报》，中国民生银行研究院整理。

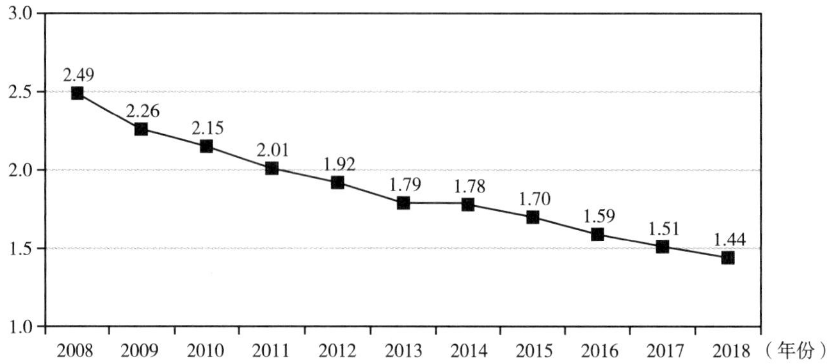

图 3－4　2008—2018 年全国城乡最低生活保障平均标准之比

资料来源：民政部历年《社会服务发展统计公报》，中国民生银行研究院整理。

城乡低保标准差距逐步缩小。2008—2018 年，全国城市最低生活保障平均标准和农村最低生活保障平均标准之比从 2008 年的 2.49 倍逐年下降至 2018 年的 1.44 倍。

第二，社会保险覆盖范围迅速扩大，基金支撑能力增强，待遇水平不断提高。

我国社会保险覆盖范围迅速扩大。2013—2019 年我国参保人数总体保持逐年上升趋势。截至 2019 年年底，我国基本养老、失业、工伤、生育保险参保人数分别达到 9.67 亿人、2.05 亿人、2.55 亿人、2.14 亿人；基本医疗保险覆盖人数自 2018 年起已超 13 亿人，2019 年较 2013 年年底增加了 7.8 亿人。截至 2019 年年底，全国社保卡持卡人数超过 13 亿人，覆盖超过 93% 的人口。

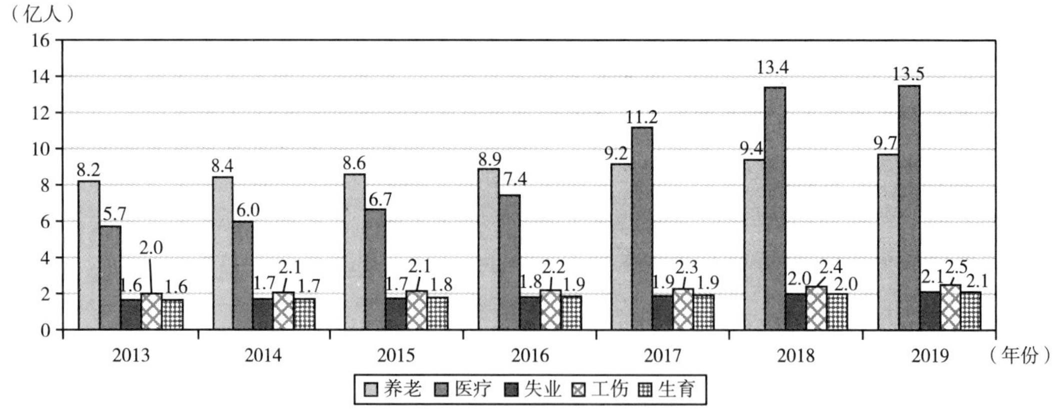

图 3－5　2013—2019 年社会保险参保人数

资料来源：历年《人力事业和社会保障事业发展统计公报》，中国民生银行研究院整理。

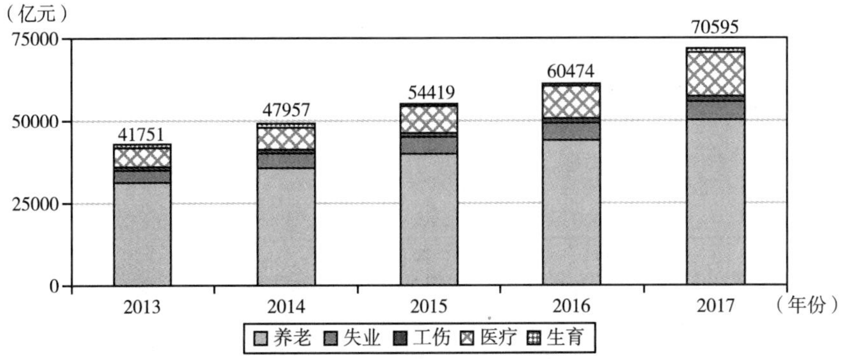

图 3-6　2013—2017 年五项社会保险基金累计结余

资料来源：历年《人力事业和社会保障事业发展统计公报》，中国民生银行研究院整理。

我国社会保险基金支撑能力逐步增强。改革开放以来，受益于我国经济快速发展，社会保险基金积累了比较雄厚的物质基础。近年来，随着全国基本养老、医疗、失业、工伤和生育保险参保人数持续增加，五项社会保险基金累计结存逐年上升。截至 2017 年年底，全国基本养老、医疗、失业、工伤和生育五项社会保险基金累计结余 7.06 万亿元，总体支撑能力较强，可以保障保险金按时足额发放，也可以保障制度长期可持续。

我国社会保险待遇水平不断提高。养老保险方面，2005 年以来，职工退休人员月均基本养老金持续大幅增长，年均增长 10% 左右。2016 年后出现转折，增幅逐年下降，2016—2018 年增幅分别为 6.5%、6% 和 5.5%。同时，城乡居民基本养老保险基础养老金最低标准持续提高。2018 年起，城乡居民基本养老保险基础养老金最低标准在原每人每月 70 元的基础上提高至每人每月 88 元。医疗保险方面，截至 2018 年年底，职工医保和居民医保基金最高支付限额分别为当地职工年平均工资和当地居民年人均可支配收入的 6 倍，政策范围内住院医疗费用报销比例分别达到 80% 和 70% 左右。居民医保财政补助标准从 2007 年的人均 40 元增长到 2018 年的 490 元。大病保险实现城乡居民医保参保人员全覆盖，政策范围内费用报销比例超过 50%，有效缓解了大病患者和困难群体的医疗费用负担。失业、工商和生育保险方面，截至 2018 年年底，全国月人均失业保险金水平已达 1266 元，工伤保险待遇稳步提高，生育待遇水平提高到人均 1.81 万元。

第三，保障性住房建设和住房公积金筹集稳步推进。

1994—2007 年，我国共建设廉租住房、经济适用住房等保障性住房 1000 多万套；自 2008 年大规模实施保障性安居工程以来，到 2018 年年底，全国城镇保障性安居工程合计开工约 7000 万套，其中公租房（含廉租住房）1612 万套、经济适用住房 573 万套、限价商品住房 282 万套、棚改安置住房 4522 万套。截至 2018 年年底，已有 3700 多万困难群众住进公租房，累计近 2200 万困难群众领取了公租房租赁补贴；

5000多万城镇中低收入群体购买了经济适用住房等配售型保障房。同时，自2014年以来，我国住房公积金年度缴存额逐年保持12%以上的增长速度，缴存余额不断扩大。截至2018年年末，我国住房公积金实缴单位291.59万个，实缴职工人数为1.44亿人，全国住房公积金缴存余额为5.79万亿元。

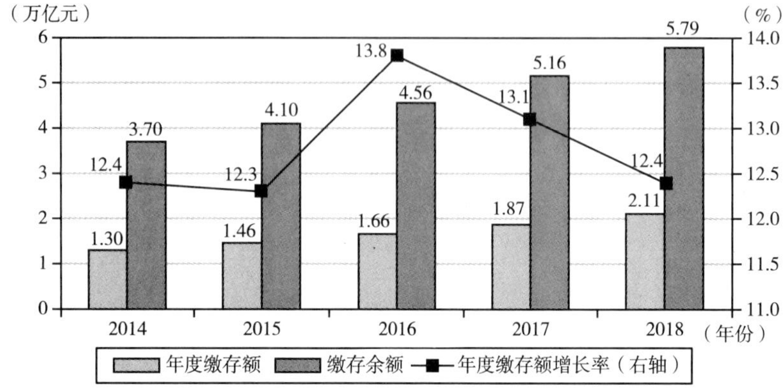

图3-7　2014—2018年住房公积金缴存金额及增长速度

资料来源：《全国住房公积金2018年年度报告》，中国民生银行研究院整理。

（2）国际横向比较。中国社会保障支出在国际比较中仍处于较低水平。国际劳工组织数据显示，中国社会保障总支出（含医疗卫生）与GDP之比为6.3%，在世界主要国家中仅高于新加坡和印度，不及韩国。欧美国家社会保障总支出与GDP之比水平普遍较高，其中法国的比重为31.7%，在主要国家中水平最高，是中国的5倍；美国为19.0%，是中国的3倍。日本社会保障总支出与GDP之比为23.1%，在亚洲国家中最高，是中国的3.7倍。同为金砖国家的巴西、俄罗斯和南非社会保障总支出与GDP之比水平也高于中国，分别为18.3%、15.6%和10.1%。由此可见，中国社会保障支出与世界领先水平仍有一定差距。

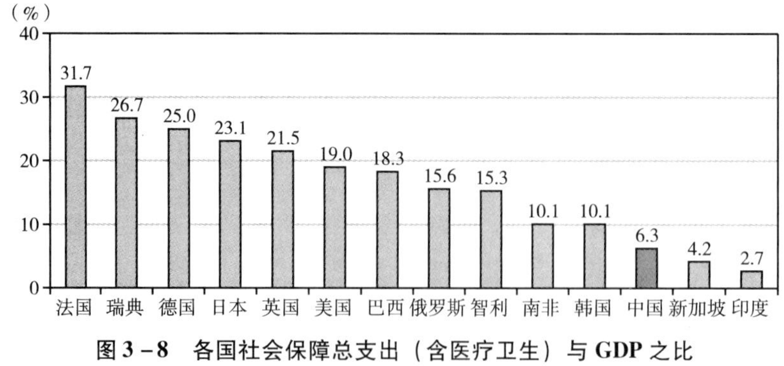

图3-8　各国社会保障总支出（含医疗卫生）与GDP之比

资料来源：International Labour Organization，中国民生银行研究院整理。

注：因各国数据不连续，采用各国可获取的最新数据比较。除印度数据为2014年，日本数据为2013年以外，其余各国数据为2015年。

养老保障方面，中国老年人社会保障支出（不含医疗卫生）与 GDP 之比为 3.7%，在世界主要国家中仅高于南非、智利、韩国和新加坡，略低于印度。欧美国家老年人社会保障支出与 GDP 之比水平普遍较高，其中法国的比重为 14.3%，在主要国家中水平最高，接近中国的 4 倍；美国为 7%，在欧美国家中属于较低水平，但仍为中国的近 2 倍。日本老年人社会保障总支出与 GDP 之比为 12.1%，在亚洲国家中最高，是中国的 3.3 倍。此外，同为金砖国家的巴西和俄罗斯老年人社会保障支出与 GDP 之比水平也高于中国，分别为 9.6% 和 8.7%。由此可见，中国的老年人保障支出与世界领先水平仍有一定差距。

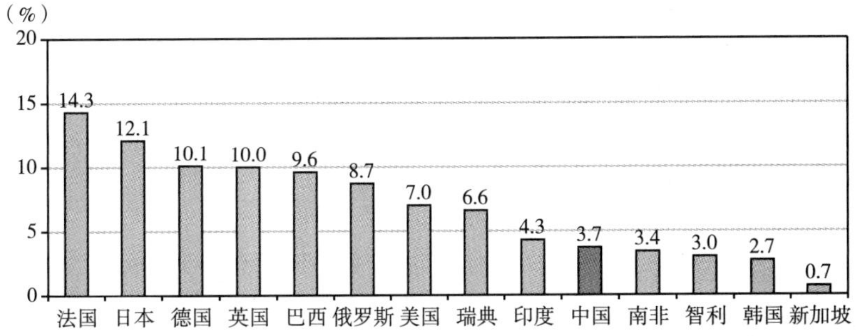

图 3－9　各国老年人社会保障支出（不含医疗卫生）与 GDP 之比

资料来源：International Labour Organization，中国民生银行研究院整理。

注：因各国数据不连续，采用各国可获取的最新数据比较。巴西、俄罗斯、南非、中国、智利数据为 2015 年，韩国数据为 2014 年，印度、新加坡数据为 2011 年，其余各国数据为 2013 年。

失业保障方面，中国失业社会保障支出（活跃年龄人口，不含医疗卫生）与 GDP 之比为 0.1%，在世界主要国家中处于较低水平。欧美国家失业保障支出与 GDP 之比水平普遍较高，其中法国的比重为 1.6%，在主要国家中水平最高，为中国的 16 倍；美国为 0.4%，为中国的 4 倍。韩国失业社会保障总支出与 GDP 之比为 0.3%，在亚洲国家中最高，是中国的 3 倍。此外，巴西失业社会保障支出与 GDP 之比为 0.7%，在金砖国家中最高，处于世界较高水平，是中国的 7 倍。由此可见，中国的失业保障支出仍有较大提升空间。

疾病、生育、工伤、残障保障方面，中国疾病、生育、工伤、残障社会保障支出（活跃年龄人口，不含医疗卫生）与 GDP 之比为 1.6%，在世界主要国家中处于中等水平，略高于美国，在亚洲国家中排名第一。英国疾病、生育、工伤、残障保障支出与 GDP 之比为 4.3%，在主要国家中最高，处于世界较高水平，是中国的 2.7 倍。金砖国家疾病、生育、工伤、残障保障支出与 GDP 之比水平普遍较高，其中俄罗斯和巴西的比重为 2.7% 和 1.7%，均高于中国。

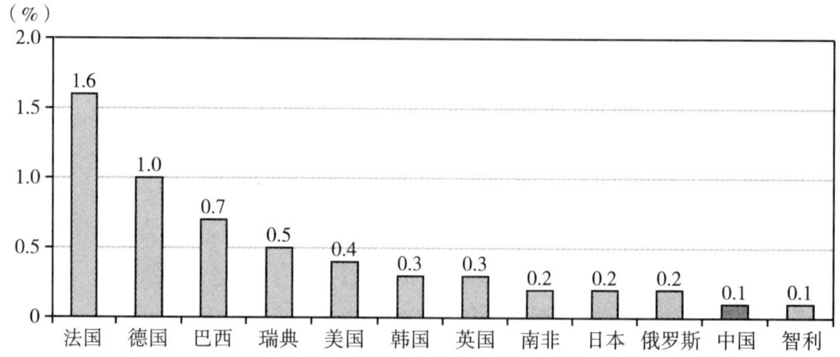

图3－10　各国失业社会保障支出与GDP之比

资料来源：International Labour Organization，中国民生银行研究院整理。

注：因各国数据不连续，采用各国可获取的最新数据比较。南非、中国、智利数据为2015年，韩国数据为2014年，巴西、俄罗斯数据为2010年，其余各国数据为2013年。

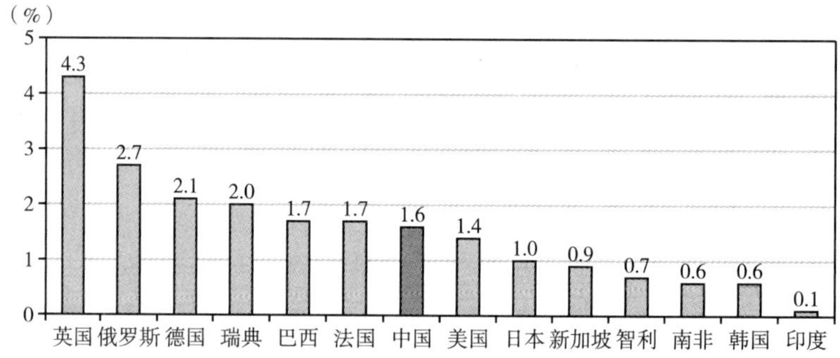

图3－11　各国疾病、生育、工伤、残障社会保障支出与GDP之比

资料来源：International Labour Organization，中国民生银行研究院整理。

注：因各国数据不连续，采用各国可获取的最新数据比较。

（二）我国社会保障制度存在的问题

1. 法治欠缺问题日显突出

一方面，我国社会保障相关立法缺乏整体规划，立法滞后。自新中国成立以来，我国尚未出台过一部专门的社会保障基本法，关于农村社会保障方面的立法几乎空白，社会救济、社会福利的许多相关问题无法可依。我国社会保障立法总体遵循“政策出台—政策试点—政策推广—筹备立法”的制度逻辑，使社会保障立法缺乏关注，立法程序复杂，筹备时间过长，远远滞后于社会保障制度的施行。

另一方面，我国社会保障制度改革主要以部门行政法规的形式出台，法律层次过低，权威性和约束力较弱。零散的地方规定难以协调一致，造成各地对社会保障制度内容和覆盖范围理解有所偏差，导致一些地方政府会根据当地的不同情况作出不同决议，影响我国社会保障制度的规范性和稳定性。同时，由于缺乏相关的管理和监督机制立法，致使对一些不参加社会保险以及拖欠社会保险费、事业救济金和退休人员保险金等行为缺乏处罚权利和措施，从而导致社保资金难以筹集，侵占挪用等事件常有发生，增加了实施社会保障的难度，加剧了社会保障制度实施的风险。

2. 政府主导的法定基本保障独大，市场与社会提供的补充保障发展滞后

当前我国基本社会保险发展相对较快，但补充保障制度发展滞后。由政府主导的法定基本养老保险和基本医疗保险“一支独大”，而由企业年金、补充医疗保险等由市场与社会提供的补充保障发展缓慢，使政府统筹压力加大、财政负担日渐沉重。我国社会保障覆盖面特别是养老保险与医疗保险覆盖面的持续提高，在很大程度上取决于国家财政补贴的增长，是政府负担基础性养老金使这一制度迅速覆盖到所有老年人身上；同样也是政府补贴的提高使全民医保目标得以快速实现，但市场主体与社会力量参与社会保障体系建设的积极性并未得到有效调动。

以职工基本养老保险和企业年金为例，经过20多年的发展，职工基本养老保险几乎已覆盖所有企业，而企业年金只覆盖了一些大中型企业，许多中小企业尚未实施。根据2018年《人力资源和社会保障事业发展统计公报》，2018年末全国企业年金基金累计结存1.48万亿元，但只有8.74万户企业建立了企业年金，参加职工人数仅为2388万人。同时，个人商业养老和医疗保险的参保面同样非常小。市场主体与社会力量参与的缺失，结果必然是整个社会保障体系建设的物质基础无法持续壮大，亦使城乡居民的福利需求得不到有效满足。总体来看，我国补充保障的发展仍较为滞后，保障作用有限。

3. 养老、育幼、助残等方面的基本公共服务发展不足

尽管我国社会保障覆盖范围不断扩大，整个社会保障体系所表现出的特征仍是经济保障受到高度重视并取得了巨大成效，但服务保障供给严重不足。养老服务、托幼服务、残疾人服务等社会福利事业因政府投入有限性与市场、社会投入积极性没有得到有效调动，一直处于发展不充分的状态，既影响了老年人、残疾人、未成年人的健康生活，也构成了家庭的沉重负担。面向“一老一幼一残”三大群体的基本公共服务保障始终处于供给短缺状态，成为我国整个社会保障体系的短板，直接影响到城乡居民后顾之忧的解除，也制约了城乡居民生活质量的持续提高，导致人民群众的获得感、幸福感提升不足。

4. 管理服务体制呈现多头格局

长期以来，我国社会保障呈现多头管理的格局。当前我国社会保障管理呈现由人力资源和社会保障部、民政部两家主管，其他部委多家协管的格局。社会保险由人社

部管理，社会救济和社会福利，特别是最低生活保障由民政部管理；农村合作医疗由卫生部管理；住房公积金和保障性住房由住房和城乡建设部管理；企业年金由人社部、保监会、证监会、银监会按照各自的管辖范围共同管理。多头管理主要造成三方面问题。一是不利于统筹规划多层次社会保障体系。社会保障制度分属不同的部门管理，各部门分别制定发展规划，分别设计保障制度，难以发挥保障体系的整体功能，不利于建立保障层次分明、制度边界清晰、保障功能完善的多层次保障体系。二是不利于人员流动和保障待遇衔接。随着我国城镇化进程加快，人员流动增加，就业方式转变，参保人员身份经常在城镇职工、城镇居民和农村居民中发生转换，人员跨境流动也时有发生，但由于社会保障项目分属不同的部门管理，相互之间缺乏统筹协调，参保人员身份和地域发生变化时，保障关系难以接续。三是不利于规范管理。各部门重复设立经办机构，各自建立信息系统，造成人力和财力浪费。

5. 财源权责不清，发展可持续性不足

我国对社会保障责任在政府、用人单位、个人及家庭之间的划分并不清晰，社会保障存在着重中央轻地方、重政府轻社会、重企业轻个人的特点，同时中央政府与地方政府的责任分担亦处于模糊状态。近年来我国社会保障制度的发展证明，这种权责边界不清使得各方责任分担缺乏合理性，导致政府责任日益加重，个人分担的责任比率不断下降；中央政府责任日益加重，地方政府责任比率亦在不断下降。由此带来了不同地区、不同用人单位、不同群体社会保障权益的失衡。以城乡居民医疗保险为例，2003 年出台农村新型合作医疗试点方案时，政府补贴与个人缴费之比是 2∶1，现在普遍演变为 3∶1、4∶1，甚至个别地区成了 8∶1 或更高，这种情形改变了制度变革追求责任均衡或相对均衡的初衷，承担共建责任的积极性在下降。长此以往，必然会因社会保障制度的刚性发展而致可持续性不足。加之我国社保基金筹资能力尚待加强，资金管理和投资方式较为单一，基金保值增值难度较大，进一步考验着社保基金的支付能力。

6. 贫困人群社保待遇低，公平性有待提高

当前我国中国有 6 亿人口月收入低于 1090 元，占全国人口比重的 42.85%。总体来看，这 6 亿仍处于生存线附近的人口绝大部分在农村，主要分布在中西部地区，家庭人口规模庞大，老人和小孩的人口负担重，小学和文盲教育程度比例高，大部分是自雇就业、家庭就业或失业，甚至已退出了劳动力市场。就养老保险而言，我国农村老弱病残贫困人口大多依赖家庭保障，或者靠子女、配偶供养，或者靠自己极少的劳动收入来养老。同时，贫困人口的最低生活保障福利较低，甚至有些地区没有真正实施这一政策，部分贫困人口仍住危房。加之部分农村居民社会保障意识普遍不高，没有参与社会保险，致使随着医疗费用不断增加，农村居民尤其是低收入家庭因病致贫

的情况屡有发生。这些问题凸显出我国社会保障的共济性和再分配功能仍有不足，社会保障待遇和公平性尚有待提高。

（三）改革面临的困难与挑战

1. 城乡分割与地区发展失衡非短期内可以改变，决定了社会保障体系建设只能走渐进发展道路

从城乡差距来看，我国长期以来的城乡二元社会结构，导致城乡社会保障发展不平衡，农村地区明显落后。社会保障制度改革中，城镇职工的经济承受能力强于农民，公共财政投入也主要向城镇地区倾斜，关于农村社会保障的政策办法或通知较少，从而导致城市与农村在社会保障制度的范围、额度、水平等方面存在着不平衡发展问题。这一格局绝非短期内可以改变，统筹城乡发展仍需一个渐进过程。

从区域差距来看，我国东、中、西部的发展差距较大，发达地区与欠发达地区不仅在社会保障需求方面存在差异，在保障能力等方面也差距巨大。因此我国社会保障制度大部分为区域性管理，导致各区域间在社会保障标准的制定上也存在差异。由于缺乏各地区之间的相互协调机制，各种标准无法统一起来，进而制约了各企业和个人的机会选择，也提高了管理成本。

我国城乡分割与地区发展失衡的现实格局决定了我国社会保障统筹层次不高。因此，在推进我国社会保障制度建设的进程中，需要尽可能防止制度碎片化、努力追求制度整合，采用多元化制度安排和渐进发展的方式进行社会保障体系改革。

2. 人口老龄化、家庭结构小型化，导致家庭保障功能急剧弱化，对社会保障服务的需求骤然提升

一方面，随着我国经济的发展、医疗卫生水平的提高和生育观念的变化，我国已进入了老龄化社会。由于目前我国社会保险制度实行的是现收现付制，据调查目前每一个年轻人平均要养活三个老年人，因此人口结构的失衡使老年人口对社会保障产生的负担正逐步加大。同时，我国城镇职工退休年龄长期以来偏低，加之近年来因国有企业改革或从事特殊工种而提前退休的人员大量增加，使城镇企业职工实际退休年龄平均只有 54 岁。大量职工过早退休，加重了对养老保障的需求。另一方面，随着工业化、城镇化的发展，家庭结构趋于小型化、核心化，传统的家庭保障功能渐渐没落。而一部分单亲家庭、丁克家庭的出现也使人口结构更加失衡。高龄老人的增多，失能、失独老人的增加，以及家庭保障功能的弱化等，这一系列问题都表明，人口老龄化和家庭结构小型化给社会保障服务带来了更多需求。

3. 流动人口群体庞大，对社会保障制度的整合提出了更为复杂的现实要求

在改革开放过程中，我国大量农村剩余劳动力进入城市，形成了庞大的流动人口

群体。2017年，我国流动人口规模达2.44亿，占我国人口总数的17.6%。作为我国最大的流动就业群体，农民具有工作稳定性差、受教育程度低、劳动和生活条件差、劳动合同签订率低、社会保险参加率低等问题，其社会保障水平亟待提高。一是一些用人单位不愿依法为农民工办理参保，即使勉强为农民工办理参保，也往往按较低的工资基数来缴费，或采取拖延、瞒报、漏报等各种手段侵害农民工的合法权益，甚至引发罢工等群体性事件；二是由于农民工工资收入水平较低，一些农民对社会保险的认识不足，也不愿参加城镇职工养老保险、医疗保险等；三是一些农民工在跨城乡流动就业的过程中，分别参加新农合、新农保、城镇职工基本养老保险和医疗保险，造成重复参保缴费；四是尽管政府出台了一些有关养老保险关系转移接续的政策，但在实施过程中仍然存在政策不落实或经办操作不顺畅的现象，一些农民工在流动就业过程中的养老保险关系转移接续问题并没有得到有效解决。这些问题均对我国社会保障制度的整合提出了更为复杂的现实要求。

4. 快速工业化、城镇化与就业形式多样化，对社会保障制度建设构成了重大挑战

一方面，随着我国工业化和城镇化的迅速发展，被征地农民数量急剧增长，形成数千万被征地农民的庞大群体，被征地农民因征地、补偿以及生活保障等问题而引起上访或群体性事件也经常发生。目前，在被征地农民社会保障方面仍存在着一些突出问题亟待解决。一是政策不统一。国家有关被征地农民社会保障的法律法规不健全，全国缺乏统一的被征地农民社会保障政策，各地方制定的被征地农民社会保障政策措施五花八门。二是补偿标准低。现行的《土地管理法》以及相关政策对被征地农民的补偿标准比较低，不足以为被征地农民的社会保障提供充分的资金保证。三是未严格实行先保后征。一些地方没有认真贯彻落实国家规定的先保后征的原则，未提供社会保障就强行征地、征地补偿不到位等现象屡禁不止。四是保障资金难落实。由于对征地单位应承担的保障责任以及土地出让收入中应当提取的社会保障补助资金缺乏严格规定，一些征地项目没有把被征地农民社会保障费用纳入预算，使被征地农民社会保障资金缺乏可靠保障。五是保障水平较低。尽管国家规定被征地农民基本生活或养老保障水准应不低于当地最低生活保障标准，但许多地方未能达到这一最低标准，导致被征地农民的基本生活难以保障。

另一方面，我国当前的社会保障制度已不适应新形势下就业方式多样化和市场化的需要，突出表现为目前的平台经济下的从业人员，如“跑腿小哥”“滴滴司机”等这些无雇主、无劳动合同、无固定劳动时间和劳动场所、收入不稳定的从业人员，被排斥在工伤保险和失业保险等保障之外，这些最需要防范和化解工伤和失业风险的群体，恰恰难以得到社会保障“保护伞”的保护。

四、社会保障制度改革的国际经验借鉴

国际主要社会保障制度可以分为三类，一是福利国家型，以英国、瑞典等西欧、北欧国家为代表；二是社会保险型，以美国、德国、日本为代表；三是强制储蓄型，以新加坡、智利等为代表。结合中国国情，汲取国际上社会保障制度建立和改革正反两方面的经验和教训，不断完善我国社会保障制度，是一项重大的理论和实践课题。

（一）福利国家型

1. 英国：社会化程度高、项目多、管理严的福利国家

英国社会福利制度的重要特点之一，就是全民保障、全面保障。对于英国国民而言，其一生都要与社会保障制度发生或多或少的关系。

一是全民性。英国社会福利制度体现了受益普遍性原则，所有公民都被给予社会保障福利和服务，不论地域差异或收入高低。社会政策的权衡建立在个人权利基础之上，福利制度覆盖着全国不同地区的所有人口和各个不同的社会群体。每个公民达到一定年龄均可领取养老金，每个家庭都能得到政府提供的育儿津贴，所有公民不论收入状况、社会地位，均可得到尽可能好的医疗服务。英国福利保障的全民性也体现了福利享受的平等性。

二是全面性。英国提供的各种社会福利内容全面，包括教育资助、免费医疗、失业救济、老人照料、养老金支付、残疾人救助、单亲父母津贴、家庭和儿童保护等方方面面，十分细致周到。可以说，英国国民的生、老、病、死，包括受教育、找工作都会得到国家的关照，都由国家给予基本的保障。英国社会保障项目之间的体系化，加强了各个项目之间的协调，提高了以前比较薄弱的社会保障水平。

三是强制性。英国社会福利政策制度以《国民保险部法》为准绳，社会保障项目由国家设立确定。在国家统一立法下，由中央政府所属的社会保障部负责集中统一管理。在所有的社会福利领域，国家的介入都是强有力的，国家通过调节税收政策获得了强大的财政能力，使其得以将国民财富在不同的社会群体之间进行再分配。福利政策的有效性建立在社会政治民主化的基础上，任何福利措施的出台或修改，均须经过全体社会不同利益群体之间的讨论、协商和取得共识，并以法律的形式加以确认。因而，福利国家的福利制度得到了本国民众的广泛支持，对社会保障各项福利的有效实施起到保证作用。

2. 瑞典：水平高、覆盖面宽、内容广，公平优先、兼顾效率

瑞典对全体国民实行普遍、全面的福利保障，其社会保障体系内容广泛、细致而

繁琐，分为公共保障安排、集体协议保险安排和私人协议保险安排。总体来看，有以下四方面特征：

一是社会保障水平高、覆盖面宽、内容广。在养老、医疗和福利方面支付的比重较大，范围也相对广泛，这样的支付模式保证了支付水平，同时也大大地提升了人民的生活质量。瑞典政府也正是本着确保社会保障的高水平，以及照顾社会成员的方方面面的宗旨来开展相关工作。

二是坚持公平优先、兼顾效率。在建设中坚持与国别特色相结合的社会保障原则，形成了与收入相匹配且内容涉及人民生活各方面的社会保障制度。

三是现收现付制和高税收。现收现付制这种以支定收的支付方式在一定程度上避免了通货膨胀的影响，能够根据物价不断地调整，具有一定的灵活性，并与瑞典宽松的经济环境相适应。这种现收现付的支付模式配合了保证社会保障水平的高税收，以高税收来维持高福利。

四是政府一直处于主体地位。在各项费用的支付中雇主占主体地位。经过社会保障制度的不断发展，瑞典社会保障制度经历了在责任中强调政府占主体到雇主占主体的过程，最终将政府、雇主、个人三者相结合，强调三者之间的相互协调与配合。

3. 启示与借鉴

一是社会保障制度建设应与经济发展相适应。国家在制定社会福利政策的时候，应该考虑国家资源的再分配需要缓解和解决国内的贫困与不幸，使社会不满降到最低。同时，在追求社会福利结果之时，应充分考虑到国家经济发展的水平与现状以及承受能力。完善我国社会保障制度应与国情相适应，与我国国家和社会现行的经济、政治、文化发展水平相适应，超前或者滞后的社会保障制度都会对我国现在运行的一系列的经济、政治和文化的发展造成不利影响，阻碍我国全面建成小康社会的进程。

二是社会保障制度建设应处理好责任与平等的关系。英国撒切尔时期与布莱尔时期的社会福利制度改革，更多强调的是在享受社会福利待遇的情况下，不能忽视个人责任，撒切尔倾向于社会中富人要承担更多的社会责任，相对应可以享受到更多的社会福利，而布莱尔倾向于针对全体社会成员的责任，即社会责任应由全体社会成员共同承担，提出了“无责任即无权利”原则。所以我国在建设社会保障制度的过程中，不能纵容只索取而不付出的社会不良风气，否则就会进入“干好干坏一个样”“吃大锅饭”的恶性循环中。

三是处理好政府与市场的关系，使政府主导与市场运作相结合。一方面，要坚持政府主导原则，强化政府责任主体地位，建立中央至省、市、县的垂直管理体系，实行集中与分散相结合的管理模式，提高社会保障的统筹层次，由中央进行总调剂；另一方面，更加重视市场和社会功能在社会保障制度中发挥作用，在一些社会保障项目上尝试市场化运作方式，提升运作效率。

（二）社会保险型

1. 美国：保障范围广，保障程度低

美国社会保障制度的主要原则是权利和义务相结合、收益和缴费相结合，主要问题来自财务的可持续性。

从政府的角度看，美国社会保障体系可划分为社会保险和社会福利两大板块。其中，社会保险居于核心地位，它以职工和雇主依法缴费来获取相应的权利资格，主要包括养老、遗属、伤残和医疗保险（OASDHI），失业保险，工伤保险等。养老保险制度主要包括法定养老保险制度、私营企业养老金计划及个人储蓄型养老金计划三个方面；医疗保险制度主要包括国家健康保险及私人医疗保险；伤残保险制度是指政府每月支付定额的伤残津贴给具有“伤残受保”身份的工人。社会福利主要指政府对低收入者及贫困群体提供的各种援助项目，包括社会慈善和社会救助两类，主要以州政府为主要载体来实行。美国社会保障制度强调权利与义务的结合，即在各种社会保障项目中，职工享受的年金补助与其工作或独立劳动时长有较大相关度。

管理体系方面，美国采取集散结合的社会保障管理模式。即将共性较强的社会保障项目集中由统一的机构进行统筹管理，而把特殊性较强的保障项目分给相应的政府机构进行分散化、专业化管理。社会保障总署是负责社会保障体系整体运转的政府部门，属于联邦政府的独立行政机构，直接对美国总统负责。财政部负责总体统筹联邦社会保障基金营运管理，具体管理与投资则由联邦社会保障信托基金托管委员会负责。

2. 德国：多层次的全民社会福利保障网

德国是最早建立社会保障制度的国家，也是目前世界上社会保障制度较为完善的国家之一，但同样日益面临国家财政支出压力增大、职工负担加重和高福利造成社会资源浪费等问题。德国社会保障体系包括社会保险、社会赔偿、社会促进、社会救济四大板块。

社会保险是社会保障体系的核心支柱，主要包括养老保险、医疗保险、失业保险、工伤事故保险和护理保险五个方面。养老、失业、医疗和护理四项保险费由雇主和雇员各承担50%，工伤事故保险费由雇主全额承担。其中，养老保险是德国社会保险乃至整个社会保障中所占基金最多、保险金支出最大的部分，包括法定养老保险、企业补充养老保险和私人养老保险三部分。法定养老保险具有强制性，参保人员覆盖从业人员的90%。企业补充养老保险是一种不具有法律强制力、调动职工积极性的保险。一些高收入者还可以选择参加私人养老保险。医疗保险以法定保险为主、私人保险为辅。义务医疗保险具有强制性，除军人以外的劳动者均需参加义务医疗保险，参保人口占比达90%以上。自愿医疗保险为私人健康保险，参加者多为社会高薪阶层。失业保险除公务员、士兵、一些企业雇主和个体劳动者外，所有雇员都要参加。失业者若不具备获得失业金的条件，或领取失业金的期限已满，可申请失业救济。工伤事故保险分为义务保险和自愿保险，目的是当职工在职业劳动及上下班途中发生事故或患职业病致伤致死时提供保护和帮助。护理保险目的是为保障老弱病残人员的护理需求权利，同时把对老弱病残人员的护理责任由家庭转交给社会。从社会保险管理体制上看，联邦劳动和社会事务部、卫生部等行政当局一般只负责从法律方面对社会保险机构进行监督，并不干涉其内部具体运营和管理。

社会赔偿旨在为公共服务提供者（如公务员、军人等）因服务社会公益而遭受收入损失、导致残疾或死亡时提供补偿性福利，或是为在恐怖袭击、暴力犯罪事件中的受害者等或者家属提供诸如健康护理、养老金、抚育孤儿、住房及教育补贴以及其他福利，带有抚恤性质。

社会促进包括家庭促进、教育促进、住房津贴等多种形式，其资金由国家财政承担。如政府向生育子女的家庭支付子女津贴、养育津贴；发放教育津贴，以资助无能力承担教育费用的中小学生，大学生可以获得无息贷款或补贴；为低收入家庭提供住房津贴等。

社会救济主要指对丧失劳动能力或有特殊困难、不能维持最低生活的人给予救助，使其可维持基本生活。凡是生活在德国的居民，只要符合社会救济法规定的条件，都可以要求得到社会救济，社会救济金来自政府税收，由最低一级行政机构城镇负责管理，无偿发放。

3. 日本：多元化、广覆盖，保障自我化、负担全民化

根据日本政府社会保障制度审议会，狭义的社会保障包括社会保险、社会救济、社会福利和公共卫生与医疗保健四项内容。

社会保险是日本社会保障制度的核心内容，主要包括医疗保险、养老保险、失业保险、劳动灾害补偿保险、护理保险等项目。养老保险体系主要由基本养老保险、补充养老保险（企业年金及职业年金）和个人储蓄型年金构成，而基本养老保险又包括第一支柱国民年金和第二支柱厚生年金、共济年金。国民年金主要面对农民、个体经营者、自由职业者、学生等；厚生年金和共济年金为雇员年金，前者以企事业单位职工为对象，后者以公务员等为对象，2015年共济年金与厚生年金并轨。医疗保险包括健康保险和国民健康保险，前者对象是从业人员及抚养的家庭成员，保险资金由单位、个人和政府共同承担；后者对象是农民、自营业者、退休职工和无业者、儿童及家庭主妇等。就业保险要求所有就业职工都必须加入。劳动灾害补偿保险即工伤保险，向因公务、职业病或因上下班途中遇交通事故而伤残、死亡人员提供赔偿和补助。长期

护理保险针对长期卧床不起的老年人，使其更好地在家里或机构中接受护理服务，减轻家人的护理负担。

社会救济主要是对生活困难的人提供生活、教育、住宅、医疗等方面的公共救济，以保障其最低生活水平，同时以助其自立为目的，包括生活援助、医疗援助、分娩援助、就业援助、教育援助、住宅援助、护理援助、丧葬援助等。

社会福利主要是为老人、儿童、孤寡家庭和残疾人等建设有关福利设施，提供有关福利服务，包括老人福利、残疾人福利、精神病患者福利、儿童福利等。

公共卫生与医疗保健主要是为预防传染病等，向国民提供健康诊断和卫生检查等，包括中老年人保健、健康增进对策、疑难病传染病对策、保健所服务、完善医疗机制、增加医护人数、医疗药品生产、销售和保管方面的规制和药害对策等。

广义的社会保障除以上四项内容外，还包括文官养老金和战争中死亡者的遗属年金，属于国家补偿。

4. 启示与借鉴

一是完善社会保障法律体系建设。我国社会保障方面的立法层次低且不成体系，并存在立法空白、各法衔接不紧密的问题。因此，我国应加快社会保障领域立法步伐，除了对《中华人民共和国社会保险法》进行及时修订完善外，还可出台类似于美国《社会保障法》的综合性法规，明确社会保障制度的理念、基本原则等基本内容，全面涵盖缴费型社会保险和非缴费型社会福利，并在这一法规的基础上就社会保障具体项目出台一系列单项法，搭建起完整的社会保障法律体系。

二是吸取德国过度强调社会福利的教训。中国社会保障支出水平和德国等发达国家相比偏低，需提高社会保障资金在国民收入中的比重。但在增加社会保障支出的过程中，需从国家财政实力和经济发展阶段的实际出发，作出长远规划。应充分考虑国家财政、企业单位和个人的承受能力，将个人储蓄与社会统筹融合在一起，并通过压缩社会保障的行政管理经费或依靠保险机构自治等手段，提高社会保障支出的效率。

三是积极应对老龄化社会的挑战。我国的养老问题将日趋严重，须防范重蹈“福利国家”的覆辙。在养老保险方面，可通过逐步推迟退休年龄、适度加大个人缴费比例、适当延长缴费期限等举措缓解养老保险负担难题。完善社会养老服务体系，发扬家庭养老的优良传统，发展亲属、邻居和社区相互守望、彼此照应的社会服务网络，鼓励社会力量举办各类养老护理机构。探索构建老年长期护理保障制度，开发长期护理保险，积极探索“医养”结合的养老服务新型模式。

四是多渠道、多手段拓展社会保障财源。日本社会保障制度改革的最新动向是进行财源改革，用提高消费税来保证社会保障财源。我国的社会保障资金也存在很大缺口，多省养老金收不抵支，需通过完善养老保险基金中央调剂制度、实施全民参保登记计划、强化社会保险费征收管理、加大各级财政投入、多渠道筹集资金等保障养老金按时足额发放，均衡地区间养老金负担。从长远来看，还要从制度上入手，逐步建立养老保险全国统筹模式，开展基本养老保险基金投资运营，划转部分国有资本充实社保基金，做大全国社会保障战略储备基金，促进养老保险制度的可持续发展。

（三）强制储蓄型

1. 新加坡：中央公积金制度下强制性的多元化社会保障体系

新加坡的社会保障制度具有强制储蓄特征，是以中央公积金制度（Central Provident Fund，CPF）为核心，同时兼具养老保险、医疗保障、房屋购买三大计划的全方位、多层次社会保障体系。

一是养老保障板块。这是中央公积金最主要的功能，帮助新加坡实现了养老保险社会化。当 CPF 会员达到 55 岁时，其个人普通、特殊账户将转移到新的退休账户（RA），形成退休金，并在未来每月收取一笔固定的退休金。为了应对人口老龄化问题，2009 年中央公积金还推出了 CPFLIFE 项目，以确保 CPF 会员终身享有退休金保障。自 2018 年起，CPFLIFE 项目开始提供退休金每年以 2% 增幅增长的升级方案。此外，中央公积金还为提供专为残疾、处于社会 20% 底层老年人口、低收入劳动人口的特殊支持项目。

二是医疗保障板块。MediSave 是一项全国性医疗费用储蓄计划，CPF 会员将收入的一部分存进他们的 Medisave 账户，用于支付其个人、直系亲属或经批准的受抚养人住院、手术、门诊、慢性病治疗以及疫苗接种等费用，拥有高利息、终身医疗费用规划等优点。为保障资金的真实使用，MediSave 对就诊医院、疾病类型、报销范围和限额均作出了细致规定，并定期调整。CPF 还为新生儿、自主创业者推出了 MediSave 特殊账户，满足其医疗保障需求。

三是房屋购买计划板块。20 世纪 60 年代，新加坡政府就提出了“居者有其屋”的施政理念。政府通过发行债券向中央公积金筹措建屋资金，在短时间内建设起一大批廉价公屋。之后，由于养老金运营情况良好，政府计划让每个没有达到退休年龄雇员可以提前支取“个人养老账户”的部分资金，配合公屋（HDB）贷款或商业贷款，购买公屋或私人住宅，或支付由建屋发展局组织的住房翻新计划。如今，新加坡有 90% 以上居民购买了政府兴建公屋或私人房屋。

2. 智利：私营机构市场竞争环境下的强制储蓄社会保障体系

智利社会保障模式是以个人强制储蓄积累为基础，以私营化管理为基本特征，强调自我积累，自我保障，经营性原则的养老保险运行机制。

一是建立强制储蓄的个人积累养老金账户。智利立法强制参保人缴费，强调“缴费即为自我保障”的理念。但和其他国家不同，智利的养老金完全由参保人（雇员）承担。缴纳以月为单位，参保人必须缴纳收入的一定比例（最低为10%），由雇主代扣这笔资金并存入雇员（参保人）个人养老金账户。

参保人可自由选择私营养老金管理机构进行养老金投资管理，个人缴费及其投资增值总和为个人养老金余额。同时，对高收入群体，参保人还可设置“自愿储蓄账户”，在10%的基础上自愿增加缴费比例，以便退休后能够领取更多的养老金。

二是社保基金由多家私营公司运营，市场化竞争，资产分离，建立储备金制度。保障基金由私人公司负责运营是智利社会保障制度的最显著特点。智利社会保障基金由国家批准成立的私营养老金管理公司负责管理（AFP）。目前，智利全国范围内共有18家AFP。AFP依照法律规定吸收参保人养老金，管理参保人个人账户，进行基金投资运营，并按年收取账户余额2%—3%的管理费。智利政府认为市场化竞争将实现社保资金最优配置和维护参保人最大利益。

为了防止AFP破产资产清算、道德风险等问题发生，智利法律规定，AFP管理养老基金资产要独立于公司自身资产，并且账户养老金资产由专门银行托管。这样保证AFP破产情况下，实现参保人养老金资产实现风险隔离，确保了参保人个人资产的安全性。

政府还对AFP投资回报率设有强制性要求：每家AFP每个月都要保障其管理的养老基金在过去36个月（2002年以前为12个月）的实际投资回报达到一定的最低标准，最低收益率不能低于该类基金市场平均收益率2个百分点或低于市场平均收益率的50%（两者孰低者）。

除上述投资回报率要求外，政府还为应对养老金投资波动造成的养老金兑付风险，法律要求每家AFP建立储备金制度，即AFP从自有资金中划出其管理养老基金总额1%的资金作为储备金，并将储备金与其管理的养老基金一起进行投资。

三是由参保者承担养老金缴费和多样化的提取给付选择。政府规定参加社会保障的成员，必须每月缴纳本人工资的10%作为养老基金，3%作为残废和遗属恤金，7%作为医疗保险金。此外，雇主还为雇员每月交纳雇员月收入0.85%作为工伤事故保险金。

按照法律规定参保人达到法定退休年龄（男65岁，女60岁）时即可提取个人账户中的养老金。具体有三种给付方式：其一，定期提取方式，即参保人将个人账户储存的养老金继续存留，并由该APF为其制定个性化提取和投资计划后，按月领取养老金，养老金余额按投资回报率计息。其二，终身年金方式，即参保人将个人账户上的储存额全部取出，并选择一家人寿保险公司，向其购买终身年金产品。人寿保险公司向投保人每月支付终身年金，直至投保人去世。其三，临时提取和终身年金方式，这种方式是上述两种方式的结合。

四是透明、严格的养老基金投资监管政策。其一，智利政府对养老基金投资范围、规模和市场渠道明确划定，主要可投的金融投资产品包括政府债券、金融机构债券及股票、公司债券和股票、国外证券产品以及少量高风险投资标的。一般情况下，涉及养老金投资产品的交易都要在智利国内正式的二级市场内进行。其二，实行养老金投资产品风险评估制度。法律要求私营机构发行的金融投资工具只有经过政府许可的风险评估公司的风险认定后，才能成为 AFP 的投资标的。其三，AFP 投资信息披露要求。AFP 要定期为参保人员提供关于养老基金投资运营、基金收入、管理成本、账户余额等方面信息。其四，禁止 AFP 的关联交易，以防止养老金投资产生利益冲突问题。

五是多样的投资选择。最初各家 AFP 只能设立一只投资基金产品，且投资标的有限。后来，政府逐渐扩充可投标的和规模限制，直至 2002 年 AFP 可设立基金数扩充为五只，可投标的也全面涵盖债权、股权及各类金融产品。这极大地丰富了参保人的可选范围，为不同风险偏好的参保人提供多重选择。同时，有效分散了养老金整体投资风险。

3. 启示与借鉴

一是完善社保基金投资信息披露制度，加强社会监督。目前我国社会保障基金投资报告仅通过每年的《全国社会保险情况》和《全国社会保障基金理事会年度报告》来简要地说明基金的收支、投资情况，在具体投资计划、投资决策、投资产品组合等方面说明较少较粗。而新加坡 CPF 会在官网上披露详细的投资计划说明、投资产品组合、基金分配、收益预期等内容，便于全体国民监督，减少道德风险。因此，我国社会保障基金投资应加强信息披露制度建设，实现全程透明可查，加强社会监督。

二是探索个人账户改革，以收定支。新加坡公积金的个人账户具有相对独立性，采取以收定支模式。而我国养老保险基金存在一定程度的支付风险，有明显的代际转移、个人账户空账运行情况，基金隐性缺口较大。由此，我国可在社保基金管理机构内部设立专门的个人账户管理机构，避免个人账户基金的挤占挪用，保证个人财产的安全。同时要增加个人账户的透明度，确保参保人员的知情权。

三是养老保障基金探索采用公私兼营的管理模式。我国养老保障基金的收缴主体、运营机构、养老金给付和投资等行为都由中央政府下属机构统一管理，会产生监督管理低效、投资收益低、道德风险等多方面潜在问题。我国未来可探索采用公私兼营养老基金管理模式，在实现社会保障的再分配和共济功能的同时，引入私营专业基金投资管理机构，提高市场竞争水平，可获得较高投资回报。

四是建立政府严格养老金投资监管体系。养老金私有化并不意味着国家责任的退出，与自愿性的商业养老保险计划不同。养老金制度是一种社保制度安排，国家出台政策建立养老基金的投资制度框架，强制参保者个人购买养老基金产品，并由政府给予担保和监管，政府与市场作用的这种结合方式能有效地实现社会养老保障的基本目标。应注意加强保障基金的监管，如引入基金管理公司的准入机制，规定公司的注册资本、自有资本、经营范围等问题；立法规定保障基金的投资范围、竞争机制、利益机制等；此外，还有公司的监管机制、退出机制等一系列问题。

五、我国部分地方政府社会保障制度改革创新实践及启示

从国内来看，各地地方政府在社会保障体制改革各领域进行了有益尝试，为我国建立"完备制度、改革体制、增加投入、覆盖全民、科技支撑"的中国特色社会保障制度提供了借鉴。

（一）北京：加强和创新流动人口管理服务，深化社保一体化

在北京市社会保障制度改革过程中，政府始终发挥领导和主导作用，坚持共建共享和"以人为本"的发展理念，秉持问题导向和目标导向，由此取得了重要改革成果和历史成就。当前，北京市社会保障已实现由政府和企业保障向社会保障、由职工保障向全体城乡居民保障的重大变革，在全国率先建立以"职工＋居民"为特征、城乡统一、全民覆盖的社会保障体系，为国家社会保障建设提供了"北京样本"。

总体而言，全市社会保障支出总额和社会保障总水平不断提高，保障总水平近8%。从社保服务结构看，主要形成以市、区两级经办机构和街（乡）社保所为主体，银行及各类定点服务机构为依托的社保公共服务体系。从参保人数基金规模看，截至2018年年底，基本养老、医疗、失业、工伤和生育保险参保人数分别达到1895万人、2020万人、1241万人、1187万人和1104万人。同期社保基金收支规模超7000亿元，其中，社保基金收入4247亿元，支出3024亿元，结余1223亿元。总体较好地保障了北京群众基本生活，为经济高质量发展奠定了坚实基础。

1. 市政府从战略高度谋划布局社会保障事业

北京市政府高度重视社保事业，近年来不断落实国家顶层设计，健全体制机制。一方面，北京市将基本养老保险、企业年金与个人储蓄性养老保险、商业保险相衔接，使多层次养老和医疗保险制度体系，及预防、补偿、康复"三位一体"的工伤保险体系持续健全。机关事业单位养老保险制度深化改革，养老保险个人账户制度不断完善，同时城乡一体化失业保险制度和长期护理保险制度得以推动建立。另一方面，城乡居民养老保险统筹层次不断提高，城乡居民基本医保和大病保险制度得以完善，进一步

增强了制度保障能力。

2. 创新制度率先实现社会保障制度全覆盖

北京市通过打破劳动者“身份、户籍、地域”界限，将在京就业农民工、外国人等纳入职工保险体系等举措，构建了覆盖各类群体的社会保障体系。同时，将基本养老保险、企业年金与个人储蓄性养老保险、商业保险相衔接，形成基本医疗保险、大病保险、补充医疗保险、商业健康保险相结合的多层次社会保障体系，基本实现了人人享有社会保障。尤其在社会保障制度建设发展进程中，农村和农民社会保障制度建设受到高度重视，农村人口社会保障覆盖面和参保率明显扩大，社会保障制度的城乡统筹发展实现历史性进步。此外，作为全国最主要的流动人口聚集区，对于数以百万计、居住不满半年的流动人口，北京市已将其纳入养老保险惠及范围，使其“市民化”待遇有所提升。北京市还正通过“以房屋管人”“以补促管”“以奖促管”等措施，不断探索加强和创新管理服务，让这类人群既流动有序，又能共享发展成果。

3. 机制改革和数字技术助力社保运行效率提高

一方面，北京市通过机制改革显著提升社会保障水平。以医保为例，北京市通过取消药品、医用耗材加成，深化医保支付方式改革，满足群众看病就医需求。与此同时，北京市还注重制度普惠性与精准保障相结合，不断提高医保报销比例和封顶线，扩大医保支付范围，健全医保兜底机制①。另一方面，北京市社保服务充分利用互联网、大数据、云计算等前沿数字技术，打造起高效、便捷的社保网上经办服务平台。绝大部分社保业务已实现网上办理，且在全国率先实现持卡就医和跨省异地就医直接结算，社保转移接续更为便捷，参保人员可享“记录一生、保障一生、服务一生”。

（二）福建：失地农民利益长效保障机制创新

近些年来，伴随着经济社会发展，城镇化进程不断加快。城镇化的必备条件是将农用土地变为城镇建设用地，这就必然使部分农民失去赖以生存的土地，从而产生被征地农民或失地农民这一特殊群体。被征地农民社会保障问题关系到失地农民的民生和农村社会的和谐稳定。为建立失地农民利益长效保障机制，福建出台了推进新型城镇化有关部署，不断完善公共就业和社会保障服务，促进失地农民在城镇就业并稳定就业，保障失地农民合法权益。

2008 年以来，福建省政府先后下发了《福建省人民政府办公厅关于做好被征地农民就业培训和社会保障工作的指导意见》和《福建省人民政府关于做好被征地农民就业培训和社会保障工作的补充通知》等文件，积极采取有效措施，鼓励引导各类企

---

① 实施城乡居民大病保险、特困职工一次性医疗救助，将抗癌靶向药纳入医保，扩大门诊特殊病病种范围，显著减轻了大病患者负担，有效缓解了“因病致困”问题，增进了人民健康福祉。

业、事业单位、社区吸纳农村失地农民就业，支持农村失地农民自谋职业、自主创业；督促各级政府完善被征地农民就业培训和社会保障工作实施办法，确保农村失地农民水平不因征地而降低，长远生活有保障。

1. 建立新型农村社会养老保险制度

根据国务院统一部署，福建省自2009年起开展新型农村社会养老保险试点，经过三年的努力，2011年10月实现制度全覆盖。2013年3月，福建省政府出台《关于城乡居民社会养老保险制度一体化实施意见》（闽政〔2013〕15号），将新型农村社会养老保险与城镇居民社会养老保险两项制度合并实施，形成城乡统一的居民社会养老保险一体化制度，为实现城乡基本公共服务均等化、建立健全统筹城乡的社会保障体系迈出了一大步。截至目前，包括失地农民在内的绝大多数城乡居民已纳入城乡居民社会养老保险制度覆盖范围，数百万城乡居民真正得到实惠。

2. 不断完善被征地农民养老保障制度

2008年，福建省政府办公厅下发了建立被征地农民养老保障制度的指导意见，对被征地农民养老保障作出了制度安排。为了增强制度实施的操作性，更好地维护被征地农民合法权益，2011年，又出台补充通知，对被征地农民养老保障制度进行完善。两份文件均规定，被征地农民养老保障制度原则上实行县级统筹，各市、县（区）政府要建立被征地农民养老保障专项资金账户，且专项资金应按本年度及下一年度被征地农民养老保障金发放的需要保留一定的余额。

明确被征地农民养老保障专项资金来源有四种渠道：一是2007年以来征地的全部养老保障预留资金；二是从国有土地出让总收入中提取一定比例；三是根据被征地农民养老保障专项资金使用情况及保留余额的要求，逐年安排财政预算；四是省级财政按照每征用一亩耕地8000元标准给予各县（市、区）的被征地农民养老保障资金补助。2012年，福建省政府办公厅又转发了省国土资源厅等部门《关于进一步规范征迁工作意见的通知》（闽政办〔2012〕148号），对制定出台被征地农民养老保障实施办法和发放待遇的完成时限再次予以强调，并建立了责任追究制度。

3. 将再就业失地农民纳入失业保险

按照《福建省失业保险条例》第二条规定，福建省行政区域内依法成立的各类企业、事业单位、社会团体、民办非企业单位、有雇工的个体工商户（以下统称单位）及与之建立劳动合同关系的劳动者，应当按照本条例参加失业保险。失地农民有了工作单位后，就可参加失业保险，并享受相应失业保险待遇。

4. 将失地农民纳入基本养老保险

到用人单位就业的农村失地农民，应该参加职工基本养老保险；不在用人单位就业的农村失地农民（如在城镇打零工人员）以及留在农村的失地农民，可自愿参加城乡居民社会养老保险。参加职工基本养老保险的农村失地农民，达到法定退休年龄后，缴费满 15 年及以上的，可按月领取基本养老金的待遇；不满 15 年的，可选择转入城乡居民社会养老保险，除享受个人账户养老金外，还可按月领取基础养老金。

目前，福建省年满 60 周岁的被征地农民，除按规定享受城乡居民保养老金外，多数已叠加享受每月不低于 90 元的被征地农民养老保障金。同时，政府还鼓励有条件的地方不断提高被征地农民养老保障水平，全省有 28 个县（市、区）提高了被征地农民养老保障金。

六、我国养老与医疗卫生市场发展趋势分析

养老和医疗是社保体系的主要组成部分。经测算发现，我国养老保险资金最快在 2028 年就会出现缺口，且缺口会逐年扩大；另外，我国医疗卫生市场需求将会明显上升，居民负担将会加大。因此，通过完善社会保障体制，以实现扩大覆盖面和维持可持续性之间的平衡。

（一）养老保险资金缺口测算

养老保险资金缺口是退休人员对养老保险的需求与参保人养老保险缴费供给之间的差额。基本养老保险制度面临着筹资难度大、统筹层次低、尚未建立财务自动平衡机制等现实问题。从现有公开数据来看，虽然从制度上扩大征缴面仍有一定潜力，但制度赡养负担持续加重，基金收入增速下调，支出形势日趋紧张。我国养老保险缺口主要来自第一支柱——基本养老保险层面。因此，测算未来基本养老保险基金资金缺口大小尤为重要，可为未来养老保险制度改革、财政转移支付等提供参考依据。下文我们将对我国基本养老保险制度下城镇职工基本养老保险和城乡居民基本养老保险两部分资金缺口进行测算。

1. 城镇职工养老保险资金缺口测算

（1）城镇职工规模及结构预测。截至 2019 年年末，全国参加城镇职工基本养老保险人数为 43488 万人，其中参保职工 31177 万人，参保离退休人员 12310 万人。全年城镇职工基本养老保险基金收入 52919 亿元，基金支出 49228 亿元。年末城镇职工基本养老保险基金累计结存 54623 亿元。

新中国成立以来，我国城镇化水平不断提升，城镇化率由 1949 年的 10.64% 提升至 2019 年 60.60%①。国际经验表明 50%—70% 的区间是城镇化进程的减速区间，由

① 该城镇化率为城镇人口占总人口比重。

此未来我国城镇化速度将逐渐由快到慢。在考察诸多其他学者研究后，本篇选用高春亮和魏后凯（2013）的研究结论①，即2020—2050年，我国城镇化率年均提高0.793个百分点，2030年、2040年和2050年城镇化率分别为68.38%、75.37%和81.63%。利用上述数据，可计算出2020—2050年每10年复合增长率，分区间外推各年我国城镇化率，再结合联合国经济和社会事务部（UNDESA）对未来我国分性别、分年龄段人口的预测数据，计算得到2020—2050年我国城镇职工养老保险适龄城镇男、女人口预测数②。

根据2012—2018年我国城镇人口职工率稳定在52%左右（见表3-3），可测算出未来30年我国城镇男、女职工人数（见表3-4）。同时，2012—2018年职工参保率逐年提升，由2012年的61.90%提升至2018年的69.33%，年均复合增长率为1.9%。由此可外推未来30年城镇职工参保率以及男、女职工参保人数，即职工养老保险费用缴纳人数。

从表3-1可以看出，2012—2018年，我国城镇职工养老保险抚养比（离退休人数/在职参保人数）逐年增加，赡养负担越来越重。2019年，该比值为0.3948，也就是说每一名在职职工将负担近0.4名离退休人员的养老保险开支，随着我国人口老龄化问题的逐渐加重，该抚养比将持续上升。本篇利用联合国人口预测数据，分别计算出2020—2050年男、女人口抚养比（见表3-5），作为未来城镇职工基本养老保险抚养比设定的依据。

表3-3　　2012—2018年我国城镇职工基本养老保险覆盖率

年份	城镇人口数	城镇职工人数	城镇人口职工率（%）	参保职工人数（万人）	职工参保率（%）	离退休人数	离退休/在职参保
2012	71182	37126	52.16	22981	61.90	7446	0.3240
2013	73111	38243	52.30	24177	63.22	8041	0.3326
2014	74916	39309	52.47	25531	64.95	8593	0.3366
2015	77116	40412	52.40	26219	64.88	9141	0.3486
2016	79298	41426	52.24	27826	67.17	10103	0.3631
2017	81347	42460	52.20	29268	68.93	11026	0.3767
2018	83137	43421	52.23	30104	69.33	11797	0.3919

数据来源：国家统计局、中国民生银行研究院测算。

① 高春亮，魏后凯：《中国城镇化趋势预测研究》，载《当代经济科学》，2013，35（4）：85-90，127。

② 目前国家法定的企业职工退休年龄是男工人年满60周岁，女工人年满50周岁，女干部年满55周岁，为简化问题，将男性退休年龄设定为60周岁，女性退休年龄统一设定为55周岁。

表 3-4　　2020—2050 年我国城镇职工人数测算

年份	城镇化率（%）	城镇男性人口数（万人）	城镇女性人口数	城镇男职工数	城镇女职工数
2025	64.37	48051.59	45797.72	24986.83	23814.81
2030	68.38	51159.09	48972.49	26602.73	25465.70
2035	71.79	53474.35	51416.76	27806.66	26736.72
2040	75.37	55589.46	53624.04	28906.52	27884.50
2045	78.44	57019.85	55091.93	29650.32	28647.80
2050	81.63	58236.72	56241.61	30283.09	29245.64

数据来源：联合国经济和社会事务部（UNDESA）、中国民生银行研究院测算。

表 3-5　　2020—2050 年我国人口抚养比情况

年份	20—60 岁男性人口数	60+岁男性人口数	20—55 岁女性人口数	55+女性人口数	男性抚养比	女性抚养比	整体抚养比
2020	43835.42	11966.36	36513.86	17889.52	0.27	0.49	0.37
2025	42758.72	14298.39	34001.82	21666.72	0.33	0.64	0.47
2030	40773.41	17302.06	31872.56	24769.33	0.42	0.78	0.58
2035	39138.10	19696.94	31091.62	26277.51	0.50	0.85	0.65
2040	38506.33	20549.52	30068.85	27508.47	0.53	0.91	0.70
2045	37288.72	21271.94	27438.96	29630.20	0.57	1.08	0.79
2050	34399.36	23167.27	26169.07	29840.26	0.67	1.14	0.88

数据来源：联合国经济和社会事务部（UNDESA）、中国民生银行研究院测算。

为应对我国人口老龄化问题，不少专家建议采用延迟退休的办法来降低社会养老成本。从目前情况来看，未来国家落实延迟退休政策或将城镇职工退休年龄延迟至 65 周岁。一般退休政策循序渐进逻辑，以 1 岁为延迟基准量，多年多次实施直至退休年龄达到 65 周岁。本文假设延迟退休政策于 2030 年实施，每隔一年将退休年龄延迟 1 岁，即到 2039 年可将男性城镇职工退休年龄提升至 65 周岁，女性城镇职工退休年龄提升至 60 周岁①。

这里需要说明的是，当 2030 年实施延迟退休后，部分年份参保职工数量需增加因延迟退休政策而未能退休人员部分，该部分职工出生于 1970—1974 年，利用联合国人口预测数据和我国 1970—1974 年出生率数据，推算得到每年该部分职工人数，结合前文测算得到该年总职工数。同时，利用全国第六次人口普查数据，分别计算出 60 岁以上男性死亡率、55 岁以上女性死亡率分别为 3.52% 和 2.06%，计算出无职工退休年份的退休人口死亡人数，从而得到各年退休人数余额。

① 选用 2030 年作为延迟退休政策。

表 3－6　　2035—2050 年我国分性别人口抚养比

年份	65＋男性人口抚养比	60＋女性人口抚养比
2035	0. 33	0. 61
2036	0. 34	0. 62
2037	0. 35	0. 63
2038	0. 36	0. 64
2039	0. 36	0. 65
2040	0. 37	0. 66
2041	0. 38	0. 67
2042	0. 38	0. 68
2043	0. 39	0. 69
2044	0. 39	0. 70
2045	0. 39	0. 71
2046	0. 40	0. 73
2047	0. 40	0. 75
2048	0. 41	0. 78
2049	0. 41	0. 80
2050	0. 42	0. 83

数据来源：联合国经济和社会事务部（UNDESA）、中国民生银行研究院测算。

另外，延迟退休政策的实施，2040 年后男、女人口抚养比数据范围较表 3－5 均上提 5 岁，即男性人口抚养比＝65＋岁人口数/20—65 岁人口数，女性人口抚养比＝60＋岁人口数/20—60 岁人口数，该抚养比利用联合国人口预测数据计算而得，见表 3－6。

表 3－7　　2020—2050 年我国城镇职工参保人数测算

年份	职工参保率（%）	男职工参保人数（万人）	女职工参保人数（万人）	离退休男职工参保人数（万人）	离退休女职工参保人数（万人）
2020	72. 00	16674. 14	15892. 03	4551. 77	7786. 10
2021	73. 38	16898. 90	16036. 18	4804. 19	8280. 79
2022	74. 78	17438. 55	16562. 72	5162. 94	9014. 31
2023	76. 21	17995. 43	17106. 54	5548. 49	9812. 80
2024	77. 66	18570. 10	17668. 22	5962. 82	10682. 03
2025	79. 14	19163. 12	18248. 35	6408. 09	11628. 26
2026	80. 65	19775. 08	18847. 52	6935. 41	12496. 44
2027	82. 19	20406. 58	19466. 36	7506. 13	13429. 45

续表

年份	职工参保率（%）	男职工参保人数（万人）	女职工参保人数（万人）	离退休男职工参保人数（万人）	离退休女职工参保人数（万人）
2028	83.76	21058.24	20105.53	8123.81	14432.12
2029	85.36	21730.72	20765.68	8792.31	15509.66
2030	86.99	22853.11	21920.17	8483.08	15190.39
2031	88.65	23569.22	22624.38	9351.82	16660.33
2032	90.34	24611.25	23699.15	9117.23	16134.63
2033	92.06	25280.83	24361.51	9901.41	17465.78
2034	93.82	26325.66	25436.33	9648.09	16939.65
2035	95.61	27033.45	26137.74	10423.98	18164.51
2036	97.43	28086.25	27218.17	10092.47	17441.49
2037	99.29	28804.56	27925.87	10758.20	18586.27
2038	100.00	29838.76	28980.24	10461.11	17975.45
2039	100.00	30258.65	29402.27	11032.98	18880.99
2040	100.00	30456.52	29495.34	11341.90	19341.04
2041	100.00	30708.49	29836.30	11567.55	19858.74
2042	100.00	30884.76	30101.12	11768.05	20336.20
2043	100.00	31062.26	30373.38	11972.10	20828.64
2044	100.00	31240.99	30653.49	12179.77	21336.74
2045	100.00	31420.95	30941.86	12391.13	21861.25
2046	100.00	31689.68	30936.91	12663.34	22566.32
2047	100.00	31940.92	30975.14	12910.86	23326.65
2048	100.00	32200.44	31020.06	13165.79	24117.77
2049	100.00	32468.73	31071.41	13428.50	24940.82
2050	100.00	32746.29	31128.87	13795.85	25796.96

数据来源：中国民生银行研究院测算。

按此设定，本篇可测算出2020—2050年在职、离退休男女职工人数，见表3－7。

（2）养老保险资金缺口测算。①养老保险筹资。选用2000—2018年全国城镇职工平均工资数据，采用以时间t为自变量二次曲线，拟合预测2020—2050年城镇职工平均工资。设第t年城镇职工平均工资水平变量为$工资_t$，则有式3－1：

$$工资_t = 8264.186 + 786.6868 \times (t - 1999) + 161.9951 \times (t - 1999)^2 \quad (3-1)$$

可测算得2020—2050年城镇职工平均工资预测值，见表3－8。

表 3－8　　2020—2050 年全国城镇平均工资预测值及各年增长率

年份	城镇职工人均工资（元）	增长率（%）	年份	城镇职工人均工资（元）	增长率（%）
2020	96224.45	8.37	2036	259142.89	5.12
2021	103976.92	8.06	2037	272079.21	4.99
2022	112053.39	7.77	2038	285339.52	4.87
2023	120453.85	7.50	2039	298923.82	4.76
2024	129178.29	7.24	2040	312832.11	4.65
2025	138226.73	7.00	2041	327064.39	4.55
2026	147599.16	6.78	2042	341620.66	4.45
2027	157295.57	6.57	2043	356500.92	4.36
2028	167315.98	6.37	2044	371705.17	4.26
2029	177660.38	6.18	2045	387233.41	4.18
2030	188328.77	6.00	2046	403085.64	4.09
2031	199321.15	5.84	2047	419261.86	4.01
2032	210637.51	5.68	2048	435762.07	3.94
2033	222277.87	5.53	2049	452586.28	3.86
2034	234242.22	5.38	2050	469734.47	3.79
2035	246530.56	5.25			

数据来源：中国民生银行研究院测算。

城镇企业职工基本养老保险缴费率是指每年城镇职工人均缴纳基本养老保险费用占城镇职工人均工资总额的比例。近些年来，个人缴费比例为8%，单位缴费比例上限为20%。2019 年4 月，国务院出台《降低社会保险费率综合方案》明确单位缴费比例不高于16%，单位缴费比例有所下调。我国城镇职工基本养老保险缴费率虽存在省际差别，整体来看2019 年我国职工养老保险综合缴费率在20%左右。综合考虑，未来存在继续降低缴费率的可能，本篇城镇企业职工基本养老保险综合缴费率设定为24%、20%和16%三档。

国家为实现养老保险保值增值和稳定市场功能，也会将养老保险余额进行多元化投资。本篇选用2019 年一年期国债到期收益率平均值 2.5%作为无风险投资利率①。为简化问题，本篇忽略养老保险个人账户利息问题。

由此，第 t 年养老保险筹资水平为：

$$\text{养老保险筹资水平}_t = \text{在职职工数量}_t \times \text{在职职工平均工资}_t \times \text{缴费率} + \text{养老保险余额}_{t-1} \times \text{无风险投资收益率} \quad (3-2)$$

②养老保险支出。影响未来养老保险支出水平除受离退休人员数量影响外，还主

① 这里需说明的是，只有当养老金账户还有余额时，才会产生投资收益。

要涉及养老保险替代率的高低问题。养老保险替代率是指劳动者退休时的养老保险领取水平与当时社会平均工资收入水平之间的比率，是衡量劳动者退休前后生活保障水平差异的基本指标。根据国际劳工组织《社会保障最低标准公约》规定，养老保险最低总替代率为55%。按照国际经验，养老保险总替代率大于70%，就可以维持退休前现有的生活水平；如果达到60%—70%，即可维持基本生活水平；如果低于50%，则生活水平对比退休前会有大幅下降。

目前，我国基本养老保险替代率（第一支柱）全国平均水平不足50%，尚未达到国际劳工组织的最低标准。因此，我国政府在大力发展企业年金、职业年金、养老保险等第二、第三支柱，提高我国养老保险综合替代率。这里我们将城镇职工基本养老保险替代率设定为45%、50%和55%三档。

由此可得，第t年养老保险支出水平为：

$$养老保险支出_t = 离退休职工数量_t \times 在职职工平均工资_{t-1} \times 养老保险替代率 \quad (3-3)$$

表3-9　不同情形下2020—2050年全国城镇职工水平养老保险筹资水平预测值

年份	24%缴费率55%替代率	20%缴费率55%替代率	16%缴费率55%替代率	24%缴费率50%替代率	20%缴费率50%替代率	16%缴费率50%替代率	24%缴费率45%替代率	20%缴费率45%替代率	16%缴费率45%替代率
2020	7.66	6.40	5.15	7.66	6.40	5.15	7.66	6.40	5.15
2021	8.40	6.99	5.59	8.41	7.01	5.61	8.42	7.02	5.62
2022	9.36	7.77	6.18	9.39	7.80	6.21	9.42	7.83	6.24
2023	10.39	8.60	6.80	10.44	8.64	6.85	10.49	8.69	6.90
2024	11.50	9.48	7.49	11.58	9.55	7.53	11.65	9.62	7.60
2025	12.69	10.42	8.27	12.79	10.52	8.27	12.89	10.62	8.35
2026	13.96	11.42	9.12	14.09	11.55	9.12	14.22	11.68	9.14
2027	15.31	12.54	10.03	15.48	12.65	10.03	15.64	12.81	10.03
2028	16.74	13.77	11.02	16.95	13.81	11.02	17.16	14.02	11.02
2029	18.27	15.10	12.08	18.52	15.10	12.08	18.78	15.29	12.08
2030	20.28	16.86	13.49	20.60	16.86	13.49	20.91	16.98	13.49
2031	22.10	18.41	14.73	22.45	18.41	14.73	22.82	18.48	14.73
2032	24.42	20.35	16.28	24.72	20.35	16.28	25.17	20.35	16.28
2033	26.48	22.07	17.66	26.77	22.07	17.66	27.29	22.07	17.66
2034	29.10	24.25	19.40	29.33	24.25	19.40	29.94	24.25	19.40
2035	31.46	26.22	20.97	31.69	26.22	20.97	32.39	26.22	20.97
2036	34.40	28.66	22.93	34.58	28.66	22.93	35.38	28.66	22.93
2037	37.04	30.87	24.70	37.25	30.87	24.70	38.15	30.87	24.70
2038	40.28	33.57	26.85	40.46	33.57	26.85	41.48	33.57	26.85

续表

年份	24%缴费率55%替代率	20%缴费率55%替代率	16%缴费率55%替代率	24%缴费率50%替代率	20%缴费率50%替代率	16%缴费率50%替代率	24%缴费率45%替代率	20%缴费率45%替代率	16%缴费率45%替代率
2039	42.80	35.67	28.53	43.03	35.67	28.53	44.17	35.67	28.53
2040	45.01	37.51	30.01	45.25	37.51	30.01	46.52	37.51	30.01
2041	47.52	39.60	31.68	47.74	39.60	31.68	49.17	39.60	31.68
2042	50.00	41.67	33.33	50.19	41.67	33.33	51.77	41.67	33.33
2043	52.56	43.80	35.04	52.69	43.80	35.04	54.44	43.80	35.04
2044	55.22	46.01	36.81	55.26	46.01	36.81	57.20	46.01	36.81
2045	57.96	48.30	38.64	57.96	48.30	38.64	60.02	48.30	38.64
2046	60.59	50.49	40.39	60.59	50.49	40.39	62.72	50.49	40.39
2047	63.31	52.76	42.21	63.31	52.76	42.21	65.47	52.76	42.21
2048	66.12	55.10	44.08	66.12	55.10	44.08	68.28	55.10	44.08
2049	69.02	57.51	46.01	69.02	57.51	46.01	71.13	57.51	46.01
2050	72.01	60.01	48.01	72.01	60.01	48.01	74.02	60.01	48.01

数据来源：中国民生银行研究院测算。
注：单位：万亿元。

利用式3－2、式3－3，在不同缴费率、养老保险替代率水平下，我们可得未来30年我国城镇职工养老保险筹资水平与支出水平，见表3－9、表3－10。

表3－10　不同替代率下2020—2050年全国城镇职工养老保险支出水平预测值

年份	55%替代率	50%替代率	45%替代率	年份	55%替代率	50%替代率	45%替代率
2020	6.03	5.48	4.93	2035	36.83	33.48	30.13
2021	6.93	6.30	5.67	2036	37.33	33.94	30.55
2022	8.11	7.37	6.63	2037	41.82	38.02	34.22
2023	9.47	8.61	7.75	2038	42.55	38.68	34.82
2024	11.03	10.02	9.02	2039	46.95	42.68	38.41
2025	12.81	11.65	10.48	2040	50.45	45.86	41.27
2026	14.77	13.43	12.09	2041	54.07	49.16	44.24
2027	17.00	15.45	13.91	2042	57.75	52.50	47.25
2028	19.51	17.74	15.97	2043	61.63	56.03	50.42
2029	22.36	20.33	18.30	2044	65.72	59.74	53.77
2030	23.13	21.03	18.93	2045	70.02	63.66	57.29
2031	26.94	24.49	22.04	2046	75.03	68.21	61.39
2032	27.68	25.17	22.65	2047	80.34	73.03	65.73
2033	31.71	28.82	25.94	2048	85.97	78.16	70.34
2034	32.50	29.55	26.59	2049	91.96	83.60	75.24
				2050	98.56	89.60	80.64

数据来源：中国民生银行研究院测算。
注：单位：万亿元。

由表3-9、表3-10数据，可计算出不同缴费率、替代率下，2020—2050年全国城镇职工养老保险余额积累值大小，见表3-11。

表3-11　不同情形下2020—2050年全国城镇职工养老保险余额积累值

年份	24%缴费率55%替代率	20%缴费率55%替代率	16%缴费率55%替代率	24%缴费率50%替代率	20%缴费率50%替代率（现有）	16%缴费率50%替代率	24%缴费率45%替代率	20%缴费率45%替代率	16%缴费率45%替代率
2020	7.09	5.84	4.59	7.64	6.39	5.13	8.19	6.94	5.68
2021	8.57	5.91	3.26	9.76	7.10	4.45	10.95	8.29	5.64
2022	9.82	5.57	1.33	11.77	7.53	3.28	13.73	9.49	5.24
2023	10.74	4.70	-1.34	13.61	7.57	1.52	16.48	10.43	4.39
2024	11.22	3.15	-4.88	15.16	7.09	-0.97	19.10	11.04	2.97
2025	11.09	0.76	-9.42	16.30	5.96	-4.35	21.51	11.17	0.83
2026	10.28	-2.59	-15.07	16.96	4.08	-8.66	23.64	10.76	-2.11
2027	8.59	-7.05	-22.03	16.99	1.28	-14.07	25.38	9.67	-5.98
2028	5.83	-12.78	-30.53	16.20	-2.65	-20.79	26.57	7.72	-10.93
2029	1.73	-20.05	-40.81	14.39	-7.88	-29.04	27.06	4.72	-17.15
2030	-1.12	-26.32	-50.45	13.96	-12.05	-36.58	29.05	2.77	-22.58
2031	-5.97	-34.85	-62.66	11.91	-18.13	-46.34	29.83	-0.79	-29.89
2032	-9.23	-42.18	-74.06	11.47	-22.94	-55.23	32.35	-3.09	-36.26
2033	-14.45	-51.81	-88.11	9.41	-29.70	-66.40	33.70	-6.96	-44.55
2034	-17.86	-60.07	-101.22	9.20	-35.00	-76.54	37.04	-9.30	-51.74
2035	-23.23	-70.68	-117.08	7.41	-42.26	-89.05	39.29	-13.22	-60.90
2036	-26.17	-79.35	-131.48	8.05	-47.54	-100.06	44.13	-15.10	-68.52
2037	-30.95	-90.31	-148.61	7.27	-54.69	-113.39	48.06	-18.45	-78.04
2038	-33.22	-99.29	-164.31	9.05	-59.81	-125.22	54.72	-19.70	-86.01
2039	-37.36	-110.57	-182.72	9.40	-66.82	-139.36	60.48	-22.44	-95.88
2040	-42.80	-123.51	-203.16	8.79	-75.17	-155.22	65.73	-26.21	-107.15
2041	-49.34	-137.97	-225.55	7.38	-84.72	-172.69	70.66	-30.84	-119.70
2042	-57.09	-154.06	-249.96	5.06	-95.55	-191.86	75.18	-36.43	-133.62
2043	-66.16	-171.88	-276.55	1.72	-107.78	-212.84	79.19	-43.05	-149.00
2044	-76.66	-191.59	-305.46	-2.76	-121.51	-235.77	82.62	-50.80	-165.96
2045	-88.73	-213.31	-336.84	-8.46	-136.87	-260.79	85.35	-59.80	-184.61
2046	-103.17	-237.86	-371.48	-16.09	-154.59	-288.61	86.68	-70.70	-205.61
2047	-120.20	-265.44	-409.62	-25.81	-174.87	-319.44	86.42	-83.67	-229.14
2048	-140.06	-296.31	-451.51	-37.85	-197.93	-353.52	84.36	-98.92	-255.40

续表

年份	24%缴费率55%替代率	20%缴费率55%替代率	16%缴费率55%替代率	24%缴费率50%替代率	20%缴费率50%替代率（现有）	16%缴费率50%替代率	24%缴费率45%替代率	20%缴费率45%替代率	16%缴费率45%替代率
2049	-163.00	-330.76	-497.46	-52.43	-224.01	-391.11	80.25	-116.64	-284.63
2050	-189.55	-369.31	-548.01	-70.02	-253.60	-432.70	73.63	-137.27	-317.26

数据来源：中国民生银行研究院测算。

注：单位：万亿元。

从表3-11可以看出，上述9种缴费率和替代率组合中8种出现了资金收支缺口。仅高缴费率、低替代率的养老保险配置（24%缴费率、45%替代率）组合资金有结余，但余额较大，未实现养老保险的高效利用，不可取。而低缴费率、高替代率的养老保险配置组合资金缺口较大，会给国家财政带来较大负担，也不可取。其中，24%缴费率、50%替代率的养老保险配置组合可实现相对收支平衡，资金收支缺口出现较晚（2047年），但缴费率较高是其缺点。

目前，我国城镇职工养老保险缴费率在20%左右，养老保险替代率略低于50%，类似于20%缴费率、50%替代率的配置方案。根据预测结果，该方案2028年就会出现资金收支缺口，且缺口逐年扩大。虽延迟退休政策可以未来减缓资金收支缺口扩张趋势，但并不能实质性优化资金配置，缩小资金缺口。同时，目前50%的替代率水平相对较低，虽然各级政府在大力发展第二、第三支柱提高养老保险总替代率水平，但企业年金、商业养老保险等成本高、覆盖率低的问题较为突出，不能完全替代基本养老保险，也无法有效解决基本养老保险替代率较低的问题。

③不同情形下的养老保险资金缺口测算。从表3-9可以看出，下述7种情形下，全国城镇职工养老保险资金收支存在缺口，需财政拨款填补该缺口，经测算上述7种情形下的缺口大小分别为，见表3-12。

表3-12　　　不同情形下2020—2050年全国城镇职工养老保险缺口预测

年份	24%缴费率55%替代率	20%缴费率55%替代率	16%缴费率55%替代率	24%缴费率50%替代率	20%缴费率50%替代率（现有）	16%缴费率50%替代率	20%缴费率45%替代率	16%缴费率45%替代率
2020	—	—	—	—	—	—	—	—
2021	—	—	—	—	—	—	—	—
2022	—	—	—	—	—	—	—	—
2023	—	—	1.34	—	—	—	—	—

续表

年份	24%缴费率55%替代率	20%缴费率55%替代率	16%缴费率55%替代率	24%缴费率50%替代率	20%缴费率50%替代率（现有）	16%缴费率50%替代率	20%缴费率45%替代率	16%缴费率45%替代率
2024	—	—	3.54	—	—	0.97	—	—
2025	—	—	4.54	—	—	3.38	—	—
2026	—	2.59	5.65	—	—	4.31	—	2.11
2027	—	4.45	6.96	—	—	5.42	—	3.87
2028	—	5.74	8.49	—	2.65	6.72	—	4.95
2029	—	7.26	10.28	—	5.23	8.25	—	6.22
2030	-1.12	6.27	9.64	—	4.16	7.54	—	5.43
2031	4.85	8.53	12.21	—	6.08	9.76	0.79	7.31
2032	3.26	7.33	11.40	—	4.81	8.88	2.30	6.37
2033	5.22	9.64	14.05	—	6.75	11.17	3.87	8.29
2034	3.40	8.25	13.10	—	5.30	10.15	2.34	7.19
2035	5.37	10.61	15.86	—	7.27	12.51	3.92	9.16
2036	2.94	8.67	14.40	—	5.28	11.01	1.88	7.62
2037	4.78	10.95	17.13	—	7.15	13.33	3.35	9.52
2038	2.27	8.99	15.70	—	5.12	11.83	1.25	7.96
2039	4.14	11.28	18.41	—	7.01	14.14	2.74	9.88
2040	5.43	12.94	20.44	—	8.35	15.85	3.76	11.27
2041	6.55	14.47	22.39	—	9.55	17.47	4.64	12.56
2042	7.75	16.08	24.42	—	10.83	19.17	5.58	13.92
2043	9.07	17.83	26.59	—	12.22	20.98	6.62	15.38
2044	10.50	19.70	28.91	2.76	13.73	22.93	7.76	16.96
2045	12.07	21.73	31.39	5.70	15.36	25.02	9.00	18.65
2046	14.45	24.54	34.64	7.63	17.72	27.82	10.90	21.00
2047	17.03	27.58	38.13	9.73	20.28	30.83	12.97	23.53
2048	19.86	30.88	41.90	12.04	23.06	34.08	15.24	26.26
2049	22.94	34.44	45.95	14.58	26.08	37.59	17.72	29.23
2050	26.54	38.55	50.55	17.59	29.59	41.59	20.63	32.63

数据来源：中国民生银行研究院测算。
注：单位：万亿元。

从表3-12可以看出，相较现有城镇职工养老保险政策（20%缴费率、50%替代率）相比，如想延缓资金收支缺口出现，无非是选择提高缴费率或降低替代率两种方案，综合考量各方案资金缺口大小，有如下三个方案可选。

一是24%缴费率、55%替代率的养老保险配置方案。该方案资金缺口出现在2030年，较现有方案延迟2年，各年资金缺口总体小于现有方案，替代率也高于现有方案。但缺点在于缴费率较高，企业和个人缴费支出压力相对较大，与现有降低社会保险综合费率的政策相悖。

二是24%缴费率、50%替代率的养老保险配置方案。该方案资金缺口出现最晚，在2047年，较现有方案延迟16年，同时资金缺口也最小。与前述方案一样，缺点在于缴费率较高。

三是20%缴费率、45%替代率的养老保险配置方案。该方案资金缺口出现在2040年，较现有方案延迟3年，各年资金缺口也总体小于现有方案，缴费率也与现有方案相同。但缺点在于养老保险替代率较低，职工福利保障水平所有下降。

除上述三种方案外，20%缴费率、55%替代率和16%缴费率、45%替代率这两种配置方案也可部分借鉴，虽资金收支缺口出现较现有方案均提前两年，但分别具有替代率提升或缴费率下降的优势，同时资金缺口相对可控，这两种方案是否可行，还应结合未来财政收支水平综合进行考量。

此外，单从养老保险收支平衡角度来看，延迟退休政策在减少部分年份养老保险支出、增加养老保险资金筹集水平和延迟资金缺口出现时点等方面能发挥一定作用，但无法从根本上提升我国养老保险资金统筹水平。然而，延迟退休政策的意义也不仅如此，此项政策可以稳定人们对寿命的预期，有助于提高储蓄率和资本积累，由此产生二次人口红利（耿志祥、孙祁祥，2017）①。

综上所述，未来我国政府应积极提升统筹层次，加强长期资金精算和压力测试，确定合理缴费基数，加强缴费和待遇的关联性，完善个人账户作用，进而提高基本养老保险替代率，提升离退休人员福利保障水平，满足其对美好生活向往基本需求。

2. 城乡居民基本养老保险资金缺口测算

（1）城乡居民基本养老保险参保和领取人数测算。2012—2019年，我国城乡居民基本养老保险总参保人数由48369.5万人增加至53266.0万人，年均复合增长率为1.21%。其中，60岁以下参保人数由34987.0万人增加至37234.0万人，年均复合增长率为0.78%。60岁以上领取人数由13075.0万人增加至16032.0万人，年均复合增长率为2.58%。仅从上述三类人员人数增长率大小可看出，未来城乡居民基本养老保险的财务可持续性将越来越差。

2019年全年城乡居民基本养老保险基金收入4107亿元，基金支出3114亿元。2019年年末城乡居民基本养老保险基金累计结存8249亿元②。

① 耿志祥，孙祁祥：《人口老龄化、延迟退休与二次人口红利》，载《金融研究》，2017年第1期。

② 本篇所指60岁以下城乡居民具体为20—60岁城乡居民。

据前文所述，我国基本养老保险分两种，一是城乡居民基本养老保险，二是城镇职工基本养老保险。理论上，单一参保人不可能同时参加两种养老保险。但现实中，仍存在少量例外情况。为简化问题，本篇假定参保人不能同时参加两种养老保险。同时，由于我国城镇化率在不断提高，参加城镇职工基本养老保险职工数不断增加，即未来某个时间节点后城乡居民基本养老保险参保人数将逐年下降。

表3-13　2012—2019年城乡居民基本养老保险概况

年份	参保总人数（万人）	60岁以下参保人数（万人）	60岁以上领取人数（万人）	基金收入（亿元）	基金支出（万元）	累计结存（万元）	人均缴费（万元）	人均支出（万元）
2012	48062.00	34987.00	13075.00	1829.00	1150.00	2302.00	0.052	0.088
2013	49396.00	35628.00	13768.00	2052.00	1348.00	3006.00	0.058	0.098
2014	50107.00	35794.00	14313.00	2310.00	1571.00	3845.00	0.065	0.110
2015	50472.00	35671.70	14800.30	2854.60	2116.70	4592.30	0.080	0.143
2016	50847.00	35576.70	15270.30	2933.29	2150.48	5385.20	0.082	0.141
2017	51255.00	35657.10	15597.90	3304.20	2372.20	6317.60	0.093	0.152
2018	52391.66	36493.52	15898.14	3837.70	2905.50	7250.32	0.105	0.183
2019	53266.00	37234.00	16032.00	4107.00	3114.00	8249.00	0.110	0.194

数据来源：人力资源与社会保障部。

城乡居民基本养老保险60岁以下参保人数的测算：第一步，利用2012—2019年城乡居民养老保险60岁以下参保人数年均复合增长率外推30年。第二步，利用前文所测算的2020—2050年城镇职工人数和联合国人口预测数据，城乡居民养老保险和城镇职工基本养老保险存在替代关系，通过公式：城乡居民养老保险60岁以下参保人数=60岁以下总人口数-60岁以下参保职工人数①。对比上述两次测算结果发现，数据于2027年出现相交，即城镇职工增加造成城乡居民养老保险人数增长拐点的出现。结合上述数据可得60岁以下城乡居民参保人数，见表3-13。

而城乡居民基本养老保险60岁以上领取人数的测算，可利用公式：[城乡居民基本养老保险60岁以上领取人数=20岁以上总人口数-城镇职工医疗保险参与总人数（在职+离退休）-20岁至60岁城乡居民人数]计算而来，见表3-14。

表3-14　2020—2050年城乡居民养老保险参保人数和领取人数预测值

年份	60岁以下参保人数（万人）	60岁以上领取人数（万人）
2020	37492.41	16151.55
2021	37752.61	16399.56

① 60岁以下参保职工人数需从前文参保职工数据中增加55—60岁离退休女职工数。

续表

年份	60 岁以下参保人数（万人）	60 岁以上领取人数（万人）
2022	38014.62	16338.61
2023	38278.45	16223.42
2024	38544.11	16047.61
2025	38811.61	15804.19
2026	39080.97	15562.66
2027	38277.39	15259.86
2028	36133.34	14889.26
2029	33956.81	14443.69
2030	31746.34	15524.27
2031	29718.62	16152.56
2032	27817.64	16867.03
2033	25881.18	17662.28
2034	23908.32	18533.47
2035	21898.15	15531.89
2036	20131.46	14787.96
2037	18389.41	14024.16
2038	16609.51	13208.54
2039	15453.79	12672.03
2040	14687.95	12310.42
2041	13601.08	11848.76
2042	12670.80	11453.54
2043	11736.68	11040.75
2044	10798.39	10609.55
2045	9855.58	10159.05
2046	8574.38	9727.11
2047	7291.01	9271.87
2048	6016.57	8785.21
2049	4751.22	8265.03
2050	3495.17	7612.83

数据来源：中国民生银行研究院测算。

可见，在未来 30 年里城镇职工基本养老保险将对城乡居民养老保险产生明显的替代，城乡居民基本养老保险 60 岁以下参保人数（缴费人数）将在 2026 年后开始出现明显下降。但支取人数则相对稳定，自 2045 年开始超过缴费人数，资金收支压力较大。

（2）养老保险筹资与支出预测。虽然，城乡居民基本养老保险制度框架全国统一，但具体政策主要有地方政府制定并组织实施，即采用地区统筹的方式，事实上绝大部分地区仍然是县级统筹，基础养老保险由中央、省（区、市）、县（市、区）财政分级负担，因而地区间政策差异较大导致各地筹资水平、待遇水平都存在一定差距。

从筹资来看，城乡居民基本养老保险的资金来源包括个人缴费、财政补助和集体补贴三部分，且各省市标准均不统一。为简化问题，将上述三个资金来源统一为一个。

从支出待遇来看，城乡居民养老保险待遇主要包括基础养老保险和个人账户养老保险两部分，并且各地基础养老保险最低标准均不相同。为简化问题，城乡居民养老保险待遇仅为基础养老保险一部分，且不考虑各省具体情况。此外，对于丧葬补贴、领取年限不同而待遇不同等问题也不考虑。

对于未来 30 年城乡居民基本养老保险筹资和待遇水平政策如何调整无法有效预测，本篇对 2020—2050 年养老保险筹资和支出水平的预测，仅采用表 3－13 中 2012—2019 年人均缴费和人均支出的年均复合增长率外推的方法。

同样，国家为实现养老保险保值增值和稳定市场的作用，也会将养老保险余额进行多元化投资，这里为了简化问题，我们选用 2019 年一年期国债到期收益率平均值 2.5% 作为无风险投资利率基准值①。综上计算可得表 3－15。

表 3－15　2020—2050 年全国城乡居民基本养老保险筹资、支出和余额积累值预测

年份	筹资额	支出额	结余
2020	0.47	0.35	0.95
2021	0.53	0.39	1.09
2022	0.58	0.43	1.25
2023	0.64	0.47	1.42
2024	0.71	0.51	1.62
2025	0.79	0.56	1.86
2026	0.87	0.60	2.13
2027	0.94	0.65	2.42
2028	0.98	0.71	2.70
2029	1.02	0.76	2.96
2030	1.05	0.90	3.12
2031	1.08	0.89	3.30
2032	1.12	1.04	3.38
2033	1.14	1.06	3.46

① 这里需说明的是，只有当养老金账户还有余额时，才会产生投资收益。

续表

年份	筹资额	支出额	结余
2034	1. 07	1. 25	3. 27
2035	1. 08	1. 28	3. 07
2036	1. 09	1. 50	2. 66
2037	1. 09	1. 49	2. 25
2038	1. 08	1. 73	1. 60
2039	1. 10	1. 76	0. 94
2040	1. 15	1. 91	0. 18
2041	1. 17	2. 03	-0. 68
2042	1. 20	2. 17	-1. 66
2043	1. 22	2. 31	-2. 75
2044	1. 23	2. 45	-3. 97
2045	1. 23	2. 59	-5. 33
2046	1. 18	2. 74	-6. 90
2047	1. 10	2. 88	-8. 68
2048	0. 99	3. 02	-10. 70
2049	0. 86	3. 13	-12. 97
2050	0. 70	3. 19	-15. 46

数据来源：中国民生银行研究院测算。

注：单位：万亿元。

（3）养老保险缺口预测。根据表 3-15，易得未来 30 年我国城乡居民养老保险账户资金缺口大小，见表 3-16。

表 3-16　　全国城乡居民基本养老保险资金缺口测算

年份	缺口	年份	缺口
2041	0. 68	2046	1. 56
2042	0. 97	2047	1. 79
2043	1. 09	2048	2. 02
2044	1. 22	2049	2. 27
2045	1. 36	2050	2. 49

数据来源：中国民生银行研究院测算。

注：单位：万亿元，资金缺口自 2041 年出现，2020—2039 年省略。

可见，如现有城乡居民基本养老保险基本政策不出现大的变动情况下，自 2040 年开始，我国城乡居民基本养老保险账户将出现收不抵支情况，且缺口有逐年扩大趋势，需财政拨款填补该缺口。

（二）医疗卫生市场需求空间分析

1. 从世界主要经济体比较角度分析，我国医疗卫生市场有较大需求空间

（1）预期寿命。2017 年中国平均预期寿命为 76.5 岁，较 2016 年增加 0.3 岁，高于世界平均的 72.4 岁水平，但距发达国家仍存在较大差距。日本是主要发达国家中人均预期寿命最高的，2017 年为 84.1 岁，高收入国家为 80.7 岁。

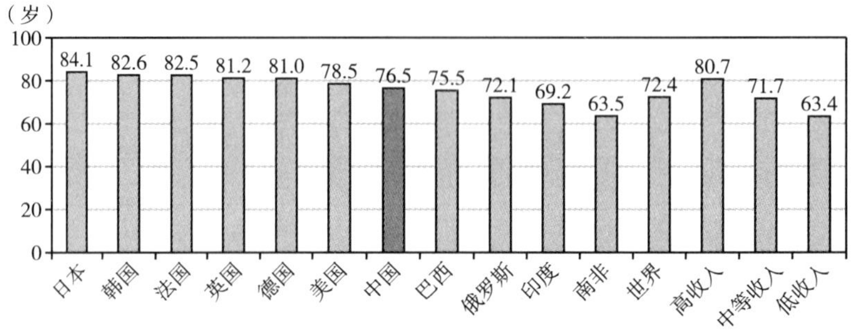

图 3－12　世界主要国家 2017 年预期寿命

数据来源：世界银行 WDI。

新中国成立后，随着中国整体经济的发展与人民生活的改善，人均预期寿命显著提高，1963 年平均寿命仅为 46.0 岁，低于 54 岁的世界平均水平，1969 年开始已高于世界平均水平，并以约每 4 年提高 0.5—1.5 岁的速度稳步提高。

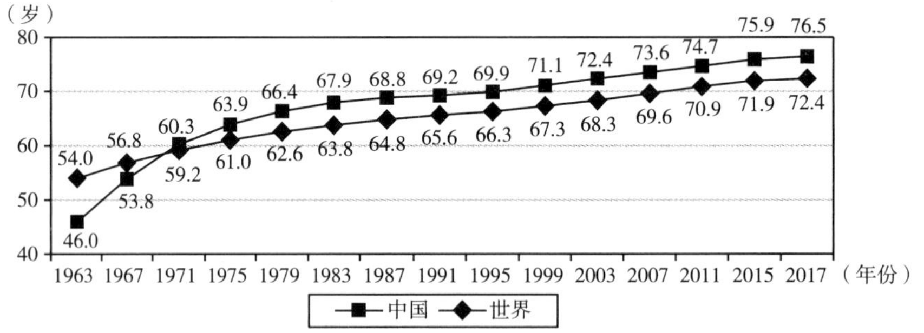

图 3－13　中国与世界人均预期寿命历史变化

数据来源：世界银行 WDI。

（2）万人医师数。2018 年中国每万人拥有执业医师数量为 26 人，较 2017 年增加 2 人，高于东亚国家的日本和韩国，并首次超越美国 25.9 人的水平，但仍低于欧洲高福利国家。德国 2015 年每万人拥有医师 41.9 人，是全球人均医师人数最多的国家，是中国的 1.6 倍。此外，同为“金砖国家”的俄罗斯，每万人拥有医师数量也是中国的 1.5 倍。可见中国的基础医疗水平与世界领先水平的国家仍有一定差距。

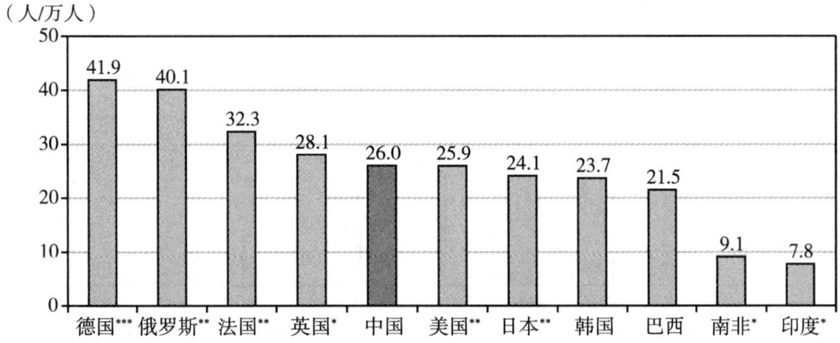

图 3－14　世界主要国家 2018 年万人执业医师数

数据来源：世界银行 WDI、国家统计局。

注：标＊国家数据时间为 2017 年，标＊＊为 2016 年，标＊＊＊为 2015 年，其余为 2018 年。

世界银行公布的数据显示世界平均每万人拥有医师 15.0 人，其中高收入国家为 30.0 人，中等收入国家为 13.2 人，低收入国家仅为 3.2 人。中国人均医师数量虽已超过中等收入国家水平，但距高收入国家仍存在差距。

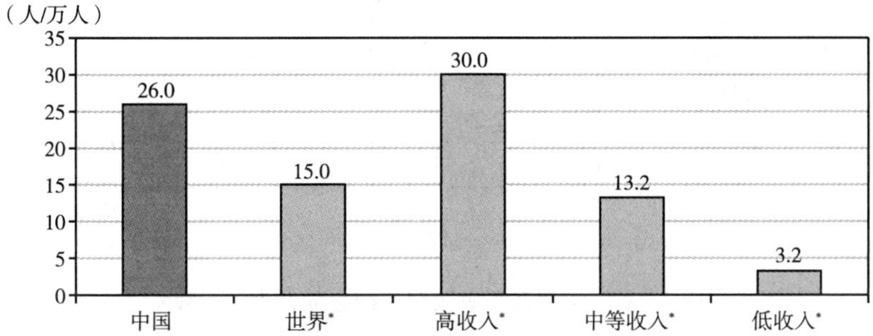

图 3－15　世界及按收入分组国家的万人医师数

数据来源：世界银行 WDI。

注：中国数据为 2018 年，标＊为 2015 年。

（3）万人病床数。2018 年中国每万人拥有医院病床数为 60.2 张，较 2017 年增加 3 张，高于美国、英国。但与同为东亚国家的日本、韩国相比，差距巨大。日本万人病床数为 134 张，列世界第二，是中国的 2 倍多，韩国为 115 张，是中国的近 2 倍。摩纳哥是世界人均病床数最多的国家，为每万人 138 张。

高收入国家每万人拥有病床数为 41.1 张，中国目前已超过高收入国家的水平。综合万人病床、万人医师数来看，目前中国约每 450 人配 1 名医师，200 人配 1 张病床。这一水平虽距高收入国家不远，但距世界高医疗水平国家（俄罗斯、日韩等）的差距仍然较大。

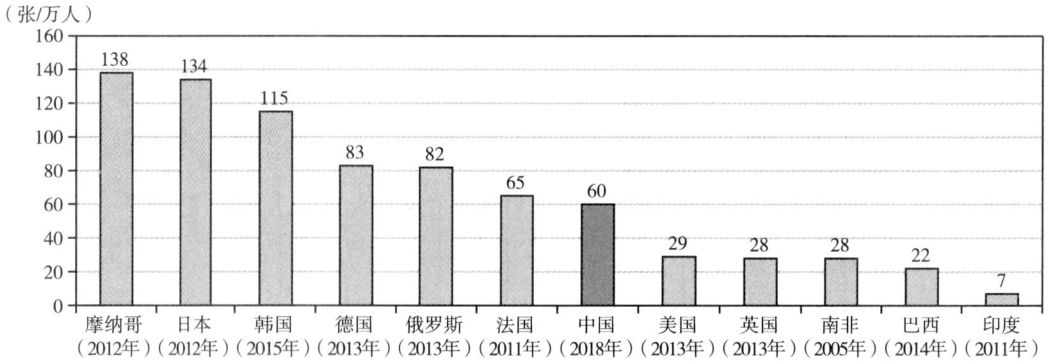

图 3－16　世界主要国家万人病床数

数据来源：世界银行 WDI、中国统计局。

注：因多数国家数据不连续，采用各国可获取的最新数据比较。

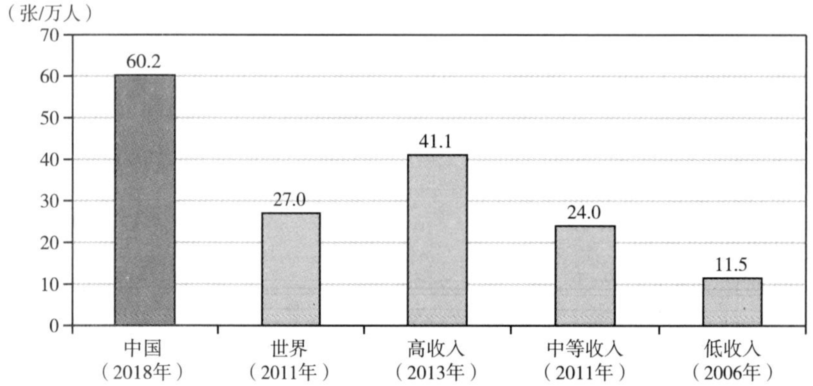

图 3－17　世界及按收入分组国家的万人病床数

数据来源：世界银行 WDI，中国统计局。

注：因数据不连续，采用可获取的最新数据比较。

2. 从我国省级区域比较角度分析，中西部医疗卫生市场有较大增长潜力

我国加快基本公共服务均等化建设，各级各类基本公共服务设施进一步改善，但资源配置不均衡、服务水平差异较大等问题依然存在，尤其是中西部地区医疗卫生条件较为落后，亟需快速发展。

（1）预期寿命。根据 2010 年第六次全国人口普查数据，2010 年我国人口预期寿命为 74.8 岁。其中，18 个省区市人口预期寿命高于全国平均水平，13 个省区市低于全国水平。上海、北京两市的预期寿命超过了 80 岁，分别为 80.3、80.2 岁。而西部地区的新疆、甘肃、贵州、青海、云南、西藏 6 个省区人口预期寿命排名靠后，分别为 72.3 岁、72.2 岁、71.1 岁、70.0 岁、69.5 岁和 68.2 岁。整体来看，东部地区人口预期寿命普遍高于中西部地区。与 2000 年人口普查结果相比，2010 年全国人口平

均预期寿命提高了 3.4 岁。

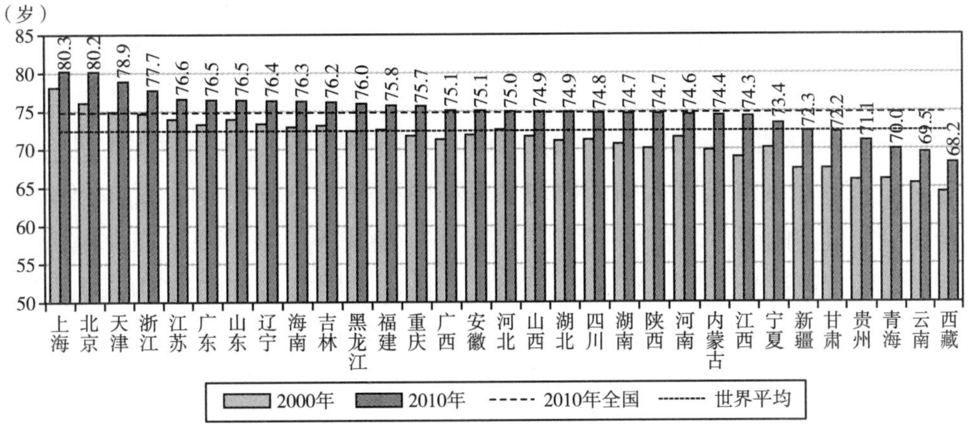

图 3－18　第六次人口普查中国各省（区、市）预期寿命

数据来源：国家统计局、世界银行 WDI。

注：世界平均数据为 2017 年数据。

（2）万人医师数。2018 年，全国每万人执业（助理）医师数为 26 人。其中，13 个省区市高于全国平均水平，15 个省区市低于全国水平。北京万人医师数为 46 人，位列全国第一。甘肃、广西、云南、安徽和江西 5 省区排在最后，每万人拥有执业（助理）医师数分别为 23 人、22 人、21 人、20 人和 19 人。整体来看，医疗资源主要集中在东部地区，中西部地区万人医师数较低。与 2017 年相比，30 个省区市万人医师数均呈现不同程度上升态势；吉林、重庆、山东、北京和河北等省市区增长最快，较 2017 年分别上升了 3 人、2.7 人、2.6 人、2.5 人和 2.5 人。

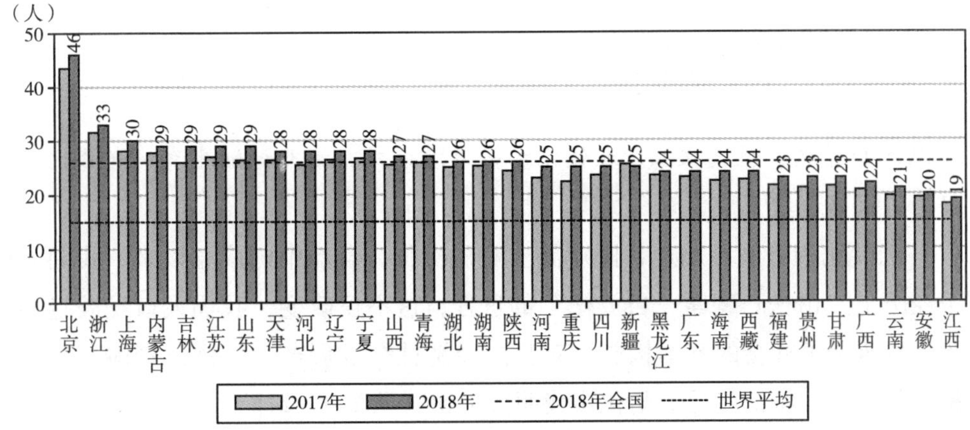

图 3－19　2018 年中国各省（区、市）万人执业（助理）医师数

数据来源：世界银行 WDI、国家统计局。

注：世界平均数据为 2015 年数据。

（3）万人病床数。2018 年，我国每万人拥有医疗卫生机构床位为 60.2 张。其中，17 个省区市高于全国平均水平，14 个省区市低于全国水平。辽宁、新疆、四川、重庆四省区市万人拥有医院病床数超过 70 张，分别为 72.1 张、71.9 张、71.8 张和 71 张。西藏、海南、广东和天津四省区市排名最低，万人拥有医院病床数为 48.8 张、47.9 张、45.6 张和 43.8 张。与 2017 年相比，2018 年全国每万人拥有医疗卫生机构床位增加了 3.1 张，30 个省区市万人病床数均呈现不同程度上升态势，仅天津下降 0.2 张，显示全国医疗机构的硬件设施水平不断改善。分地区来看，中西部、东北地区万人拥有医院病床数普遍高于东部。与 2017 年相比，甘肃、吉林、河南三省万人拥有医院病床数提升幅度最大，分别增加了 5.9 张、5.2 张、4.9 张。

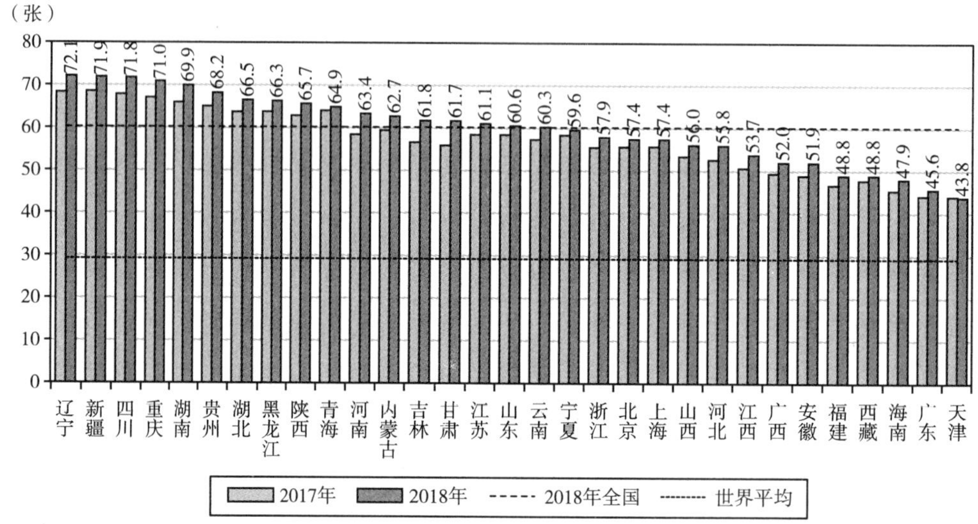

图 3－20　2018 年中国各省（区、市）万人医疗卫生机构床位数

数据来源：世界银行 WDI、国家统计局。

注：世界平均数据为 2015 年数据。

3. 从人口结构、居民收入、城镇化水平角度分析，放开计划生育、老龄化将推动医疗卫生需求高速增长

（1）老龄化趋势明显加速，医疗需求明显扩张。自新中国成立以来，我国人口生育政策经历了“由松—变紧—再放松”的过程，这不仅改变了我国人口发展趋势和人口结构，也改变了社会的基本构成，对我国经济社会发展产生了深远影响。其中，人口结构变化的一大特征就是老龄化步伐明显加快，见图 3－21。

2000 年，我国 60 岁以上老年人口占比达到 10.03%，正式进入老龄化社会。据联合国经济和社会事业部估算，未来我国 60 岁以上老年人口占比将逐年提高。预计 2025 年我国 60 岁以上老年人口将突破 3 亿人，人口占比 20.55%，成为老龄国家。从

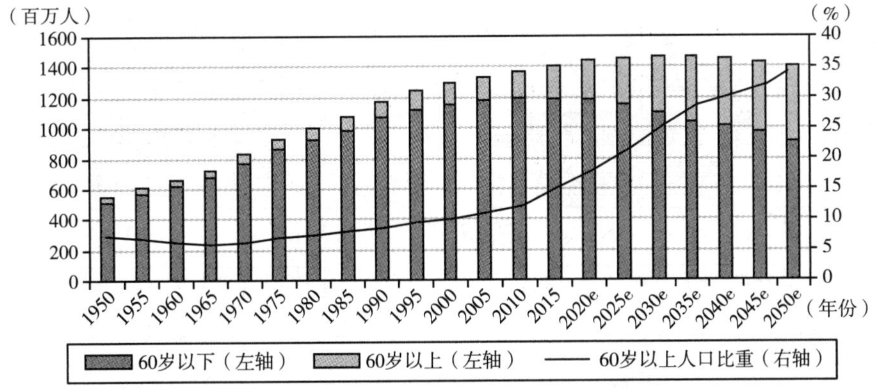

图 3-21　1950—2050 年我国 60 岁以上人口数及占比

数据来源：联合国经济和社会事务部（UNDESA），国家统计局，中国民生银行研究院。

老龄化社会进入老龄社会，法国用了 115 年，英国用了 47 年，德国用了 40 年，而日本只用了短短 24 年，我国与日本速度相近。至 2030 年我国 60 岁以上老年人口占比将达到 24.83%，2040 年将达到 29.92%，2050 年将达到 34.62%。该占比的年均增速将在近 20 年内保持在 10% 以上的高位。

从未来我国人口结构变化趋势（见图 3-22）可以看出，我国老龄化问题的严重程度。我国各年龄段人口结构已由人口红利充足的“金字塔形”（2000 年）逐渐向中老年人口占比较大的“纺锤形”（2030 年）过渡。最终，由于低生育率造成 20 岁以下人口出现不同程度断层，劳动人口占比快速下降，人口结构将表现为老龄化严重的“倒金字塔形”（2050 年）。我国经济增长压力明显增大，医疗、养老资源不足等社会问题将逐渐显现，“未富先老”问题突出。

老年人天然具有高患病率、高伤残率、高医疗利用率的特点。老龄化水平快速提升，会给医疗卫生保障等公共服务体系带来越来越大压力。并且，由于我国居民生活水平、医疗水平的提升，各年龄段死亡率均明显下降，人均预期寿命明显提升，医疗服务需求也将明显扩张。

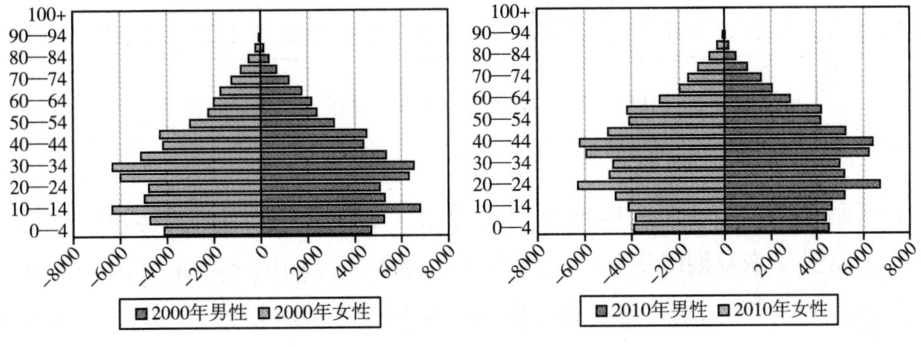

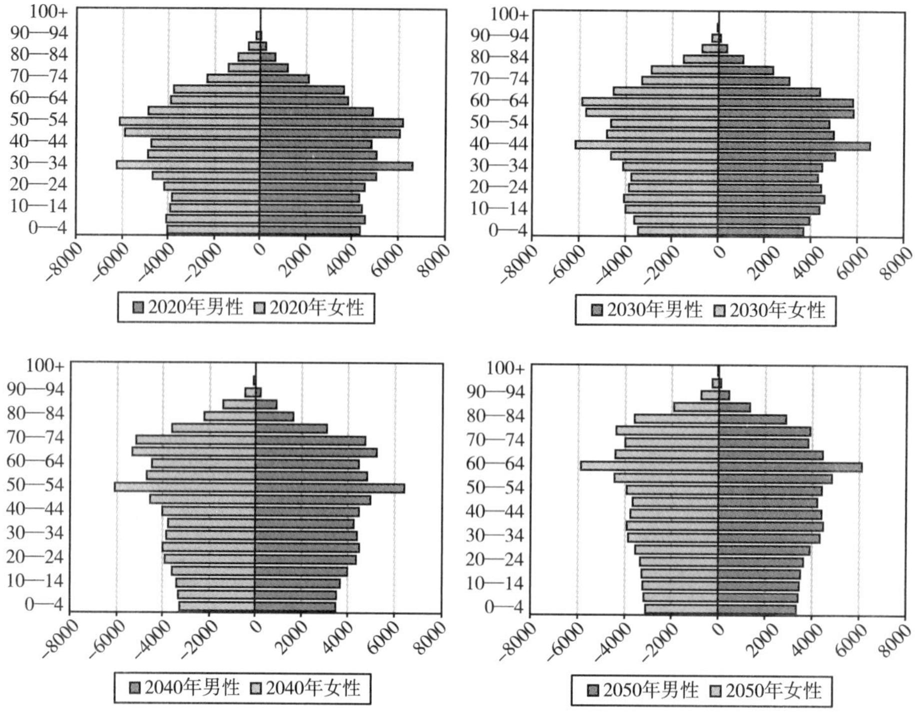

图 3-22　2000—2050 年每十年我国各年龄段人口结构

数据来源：联合国经济和社会事务部（UNDESA），中国民生银行研究院。

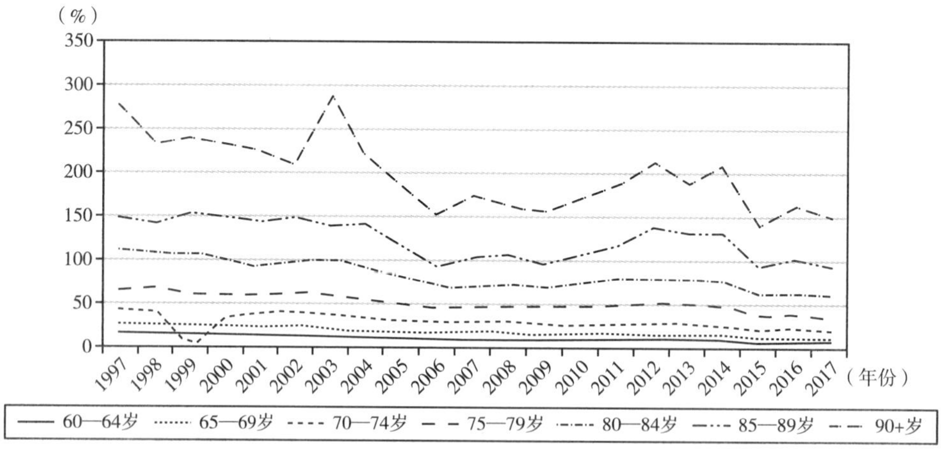

图 3-23　1997—2017 年我国 60—90+ 年龄组别人口死亡率

数据来源：国家统计局，中国民生银行研究院。

人口老龄化还会导致个人医疗费用的增加，主要包括老年人患病概率明显增加、慢性病较为常见、恢复期限更长、治疗成本提高等多方面因素。据中国卫生统计数据显示，2003—2013 年，65 岁以上老人的两周患病率从 33.8‰上升至 62.2‰，增幅达

61.2%，是人口整体水平的2.58倍。2013年65岁以上老人的慢性病患病率为539.9‰，是整体人口的1.63倍①。上述患病率还有城市老人患病率高于农村老人的特征。并且，老年人的居家护理成本、护理设备与专业人员要求更高，也会造成老年人医疗需求和医疗费用的大幅提升。

此外，由于男女患病率、死亡率等因素不同，我国老年男女人数不平衡问题也将较为突出，丧偶、空巢和独居老年人等特殊人群规模快速扩大。适合该部分老人的养老、医疗健康服务需求也将不断提高。

（2）计划生育政策放开，儿童医疗短板明显。为缓解中国人口出生率下行与老龄化进程过快带来的压力，我国政府在2013年实施“单独二孩”政策之后，2015年进一步放开计划生育政策，实施“全面二孩”政策，出生率在2015—2017年出现过短暂小幅上升。但从长期来看，我国人口出生率将逐渐下滑，并长期维持在8‰左右。

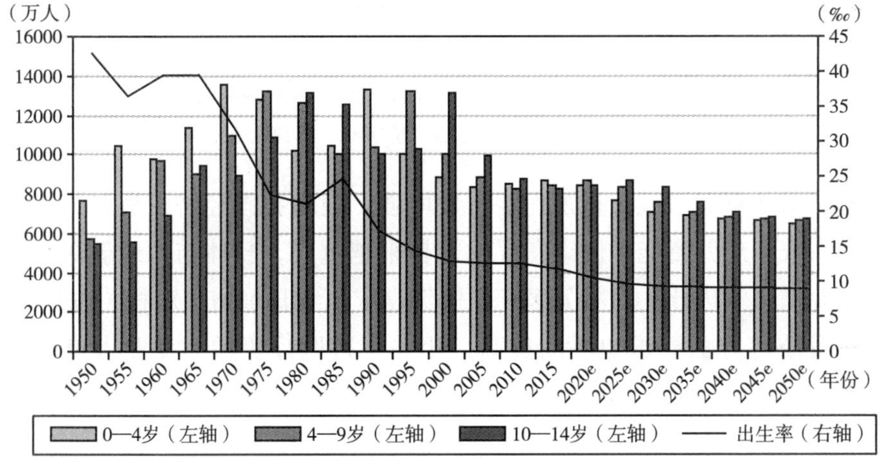

图3-24　1950—2050年我国分年龄段儿童人口数及出生率

数据来源：联合国经济和社会事务部（UNDESA），国家统计局，中国民生银行研究院。

长期儿童人口的数量逐年下降并不意味着我国儿童医疗资源相对充足。我国儿童医疗供需不平衡问题主要体现在以下几个方面。

一是儿童人口绝对数量大，医疗资源相对不足。“全面二孩”政策短期有效提高了出生率，到2030年我国儿童数量很难明显下降，基本维持在2.3亿人左右。到2050年，虽然出生率有所下降，但儿童人口绝对数依然很大，在2亿人左右。

对于高达2亿的儿童人口数量来说，儿童医疗机构与医师人数相对不足。截至

---

① 数据引用自中国卫生统计年鉴（2018）。

2017 年，全国范围内设有儿童医院 117 家、妇幼保健医院（所）3077 家，分别占全国医疗机构总数的 0.12‰和 3.11‰，总量明显不足。其中，高水平儿科专科医院数量明显不足，我国三级甲等医院共有 706 家，其中三级甲等儿童专科医院仅有 22 家。同时，儿科专科医生数量也明显不足，截至 2017 年，每千名儿童当中只有 0.45 名的儿科医生。

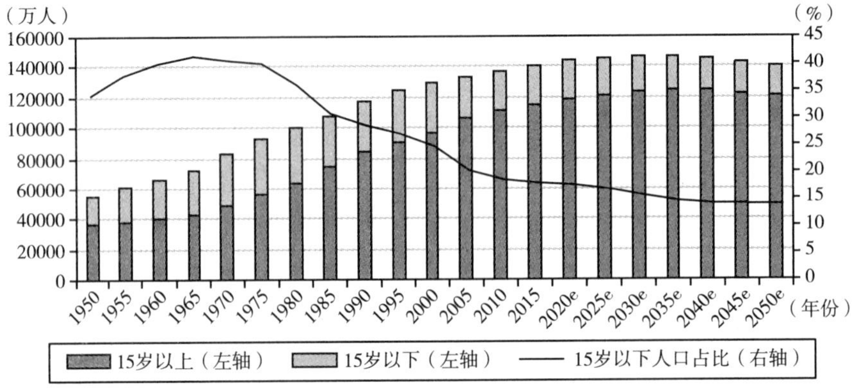

图 3-25 1950—2050 年我国 15 岁以下人口数及占比

数据来源：联合国经济和社会事务部（UNDESA），国家统计局，中国民生银行研究院。

二是家长对儿童健康成长重视程度明显增强。随着我国经济发展和人民生活水平的不断提高，家长对儿童能否健康发育成长越来越重视，身体与心理健康并重的医疗保健意识逐渐增强。因此，对相关医疗、保健需求也与日俱增，对相关医疗服务水平、质量和人员资质等方面要求也不断提高，相关儿科医疗资源、专业人员的稀缺问题凸显。

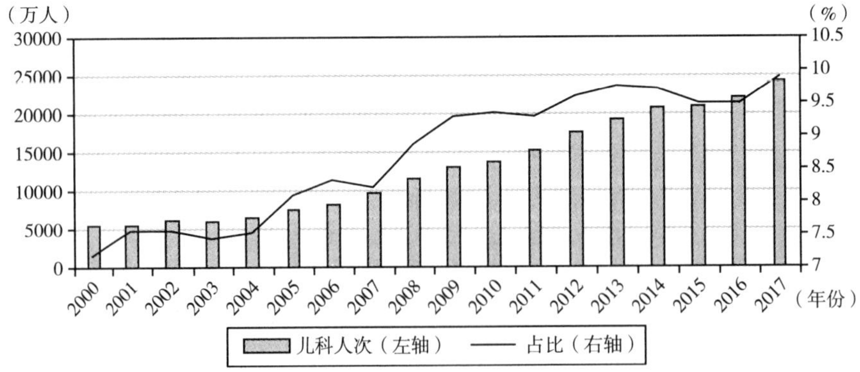

图 3-26 2000—2017 年我国综合医院儿科门诊人次数及占比

数据来源：中国卫生健康统计年鉴（2018），中国民生银行研究院。

三是儿童各类疾病患病率有所升高。近些年，由于城市环境污染、营养过剩、电子产品普及等原因，儿童身体素质较差，儿童肺部、呼吸道、心血管、眼科、血液等类别疾病的患病率有明显提高，且有低龄化发展趋势，儿科门急诊人数持续攀升。2000—2017 年，我国综合医院儿科门诊人数复合增长率高达 13.75%。2017 年，综合医院儿科门诊接诊人次达 24220.1 万，占门诊总人次的 9.89%，较 2000 年提高了 2.71 个百分点，见图 3－26。

四是儿童专用医疗器械、药品研制发展滞后，市场短板明显。我国药品、医疗器械的研制生产对儿童市场的重视程度不够，儿童专用配方、剂型、规格产品的供给明显不足。儿童用药成人化现象非常普遍，不乏致聋、致死案例。为了解决儿童药短缺问题，量身定制至关重要，这也是未来我国医药研发的重要方向。

（3）人均收入提高，城乡居民医疗消费占比提升。改革开放以来，我国居民人均收入增长明显，居民消费水平也稳步提升。2000—2019 年，我国人均 GDP 从 959.37 美元增长至 9770.85 美元，增长了十倍有余。同期，我国城镇居民人均可支配收入由 6280.0 元增长至 42359.0 元，农村居民人均可支配收入由 2282.1 元增长至 16021.0 元，分别增长了 6.74 倍和 7.02 倍。

城乡居民的医疗保健意识也有所提高，相应的医疗保健消费开支也逐渐扩大。一方面，居民可支配收入大幅增长导致对基本医疗开支负担能力有所提高，患病平均就医率上升。另一方面，由于收入提高导致居民生活水平的提高，消费意识和消费理念有所改变，已不满足于吃饱穿暖的基本需求，逐渐向健康高品质生活需求过渡。因此，个人医疗消费中保健支出占比逐渐提高。

2000—2019 年，城镇居民人均医疗保健消费支出也由 318.1 元增长至 2283.0 元，农村居民人均医疗保健消费支出也由 87.6 元增长至 1421.0 元，分别增长了 7.17 倍和 16.22 倍。城镇人均医疗保健消费支出占可支配收入比重由 5.065% 增长至 5.390%，农村人均医疗保健消费支出占可支配收入比重由 3.837% 增长至 8.870%。可见，城乡居民医疗保健消费支出增长幅度远大于其收入增长幅度，并且农村居民医疗保健消费支出增速大于城镇居民，其医疗保健支出负担较重。

（4）城镇化水平不断提高，医疗设施配套激发市场需求。目前，中国城镇化进程进入高速增长期，人口城镇化率已由 2000 年的 36.22% 提升至 2019 年 60.60%，估算至少有 3.7 亿人由农村转移至城镇，增大了城镇医疗卫生资源需求压力，推动我国医疗卫生市场的发展。

人口的城镇化将提高居民医疗保障水平，居民身份将由农村居民转变为城镇居民，其医疗保险种类也将由新农合变为城镇职工医疗保险或城镇居民医疗保险。在我国绝大部分地区，城镇职工医疗保险或城市居民医疗保险的保障水平要高于新农合，

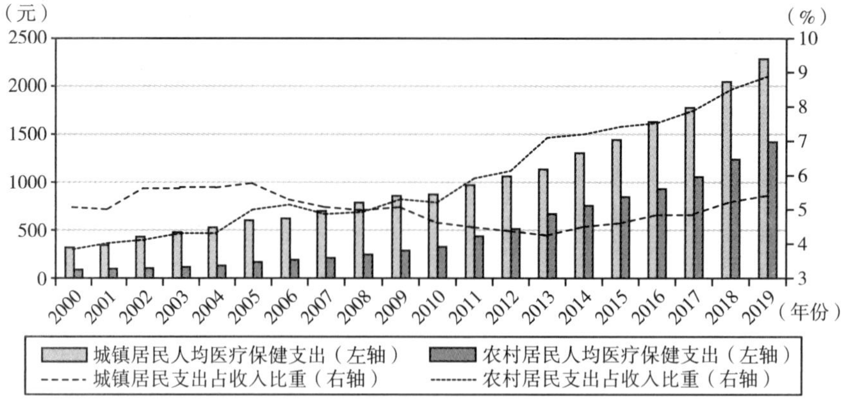

图3-27　2000—2019年我国城乡居民医疗保健支出及占收入比重

数据来源：国家统计局，中国民生银行研究院。

这在一定程度上会带来公共医疗支出的上涨。此外，人口城镇化还将提高该部分人口的收入水平，从而提高了个人医疗消费能力和支出水平。

除了上述人口的城镇化外，还有土地城镇化过程。土地的城镇化会带来农村医疗卫生服务体系的城镇化转变，表现为医疗卫生资源数量扩增、质量提升两方面。长期以来，城市医疗卫生资源在数量、质量上大多优于农村，城镇化可有力助推城乡卫生服务体系均衡化发展，刺激居民医疗保健消费需求的释放，促使公共及个人医疗保健支出的稳步增长。

此外，过快的城镇化会对居民健康产生一定负面影响。一是城镇人口的快速增长，造成交通拥挤、能源过度利用使空气质量恶化，对居民健康有显著的负效应；二是城镇人口快速增长会造成城镇医疗资源的相对短缺，而人口的拥挤效应也会增加居民人均医疗成本；三是城镇化会重塑居民生活方式，快节奏、高压力、快餐和久坐等城市生活习惯都可能导致居民健康状况下降。上述三方面因素均有可能增加居民个人医疗保健支出水平。

4. 未来我国医疗卫生市场需求空间测算

根据前文所述，我国人口结构、经济发展和城镇化等因素都与公共、居民医疗费用支出水平具有一定相关关系。这里将利用我国1978—2018年的统计数据，通过构建经济模型，定量回归研究人口老龄化、儿童人口增加、居民收入提高、城镇化水平提高对医疗费用支出的影响，并结合对2020—2050年全国卫生费用支出总额数据的预测，以此来测算未来医疗卫生市场需求空间的大小。

（1）变量及数据。

被解释变量：

全国卫生费用支出总额（$ExpH_t$），是指我国在一定时期内（通常是一年）全社会用于医疗卫生服务所消耗的资金总额，可作为衡量我国医疗卫生市场需求大小的替代指标。

解释变量：

选用老年抚养比（ODR_t）、少年儿童抚养比（YDR_t）表示我国人口老龄化和儿童人口变动趋势。老年抚养比是指人口中非劳动年龄人口数中老年部分对劳动年龄人口数之比，用以表明每100名劳动年龄人口要负担多少名老年人。ODR =（65岁以上人口数/劳动年龄人口数）×100%。少年儿童抚养比是指人口中少年儿童人口数与劳动年龄人口数之比，用以反映每100名劳动年龄人口要负担多少名少年儿童。YDR =（14岁以下人口数/劳动年龄人口数）×100%。

选用城镇化率（UR_t），反映我国城镇化发展水平，一般采用人口统计学指标，即城镇人口占总人口的比重。

选用城镇居民可支配收入（$City_t$）、农村居民可支配收入（$Country_t$），表示由城镇或农村居民获得并且可以用来自由支配的收入水平增长情况，衡量城镇或农村居民医疗卫生消费能力的大小。

此外，选用两周患病率（$Preva_t$）作为控制变量1，反映居民健康水平对医疗卫生支出的影响。选用物价水平（CPI_t）作为控制变量2，反映物价上涨对医疗卫生支出的影响。

上述变量数据样本选用1978—2018年年度数据，来源为中国统计年鉴、中国卫生健康统计年鉴。数据样本时间周期跨度较长，能较完整、准确、真实反映我国人口结构、经济发展和城镇化对医疗费用支出水平影响。

其中，两周患病率（$Preva_t$）部分数据缺失，这里用前值替代。物价水平（CPI_t）选用1978年为基准的定基指数。

同时，为方便统计回归和体现变量间的弹性关系，对上述变量均取对数。

（2）计量方法与回归结果。利用上述各变量构成时间序列，可得到方程3－1：

$$\mathrm{Ln}ExpH_t = \beta_1 \mathrm{Ln}ODR_t + \beta_2 \mathrm{Ln}YDR_t + \beta_3 \mathrm{Ln}UR_t + \beta_4 \mathrm{Ln}City_t + \beta_5 \mathrm{Ln}Country_t + \beta_6 \mathrm{Ln}Preva_t + \beta_7 \mathrm{Ln}CPI_t + c \quad (3-1)$$

上述模型进行共线性检验发现，变量间存在多重共线性问题。并且为了保证自由度。我们这里采用逐步回归方法，自动剔除部分变量①。需说明的是被剔除的解释变量并不意味着其与被解释变量无相关性，只是统计上的优化，得到方程3－2：

① 逐步回归模型的基本原理是：把每个解释变量以此引入模型并进行F检验，同时对已引入的解释变量逐个进行T检验。由于引入新的解释变量而造成原解释变量与被解释变量相关性不再显著时，则将不显著的解释变量剔除。以此类推，保证每次引入新解释变量之前回归方程中只包含显著的变量，直到没有更显著的解释变量加入回归方程，也没有次显著的解释变量被剔除。此时，所得到的回归方程是显著性最优的解释变量组合，完成了解释变量间显著性的对比，同时又消除了严重的多重共线性。

$$\begin{aligned}\mathrm{Ln}ExpH_t = {} & 1.359218 \times \mathrm{Ln}UR_t + 1.114088 \times \mathrm{Ln}ORD_t + 0.465041 \times \mathrm{Ln}City_t \\ & - 0.3893645 \times \mathrm{Ln}YDR_t + 0.6589074 \times \mathrm{Ln}CPI_t + 0.1819284 \\ & \times \mathrm{Ln}Preva_t - 6.222783 \end{aligned} \tag{3-2}$$

由方程（3－2），我们可得如下结论：

一是城镇化水平对医疗卫生支出的影响最大，呈正相关关系。城镇化水平每提高1个百分点，医疗卫生支出水平将提高1.359218个百分点，弹性大于1。

二是人口老龄化对医疗卫生支出水平的影响相对较大，也呈正相关关系。老龄人口（65岁以上）抚养比每提高1个百分点，医疗卫生支出水平将提高1.114088个百分点，弹性大于1。

可见，在现阶段，随着我国城镇化和人口老龄化发展，医疗卫生支出水平的增加有不断放大趋势。

三是城镇居民收入水平的提高对医疗卫生支出水平也存在一定正相关影响。城镇居民收入每增加1个百分点，医疗支出卫生水平将提高0.465041个百分点。说明我国现阶段居民收入对医疗卫生支出的弹性小于1，恩格尔曲线递减，见图3－28。

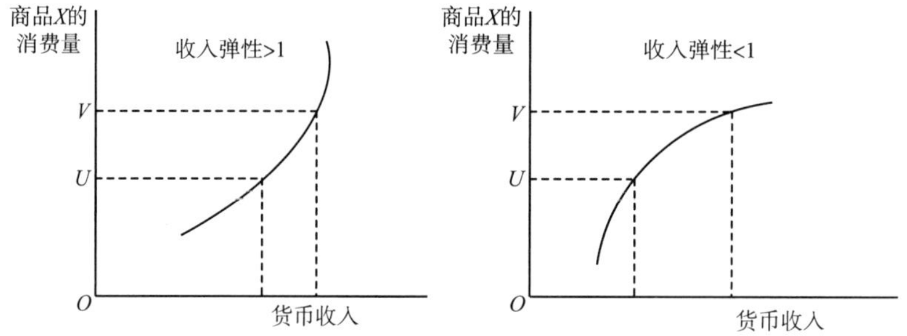

图3－28　不同形状的恩格尔曲线

四是儿童人口的增多对医疗卫生支出水平的呈负相关关系。儿童人口（0—14岁）抚养比每提高1个百分点，医疗支出水平将降低0.3893645个百分点。这主要可能是随着我国家庭收入水平的提高，家长对儿童健康成长重视程度明显增强，单位儿童医疗卫生的支出水平将有所增加。但这段时间内，我国儿童抚养比明显下降，致使医疗卫生支出总额并未明显提高。

同时，物价水平、两周患病率也与医疗卫生支出呈明显正相关关系。这比较好理解，不作赘述。

（3）对我国医疗卫生市场需求空间测算。对方程3－2中的解释变量进行预测，推算出2020—2050年每五年全国卫生费用支出总额，从而估算未来我国医疗卫生市场需求空间。

第一，针对老年抚养比（ODR_t）、儿童抚养比（YDR_t）的预测值采用前文联合国经济和社会事务部的预测数据。

第二，针对城镇居民可支配收入（$City_t$）、城镇化率（UR_t）、物价水平（CPI_t），我们用 ARMA 模型对其进行自回归预测，并根据经济直觉进行专家调整。

此外，由于两周患病率（$Preva_t$）涉及医疗发展、人类生理等复杂因素，这里不做预测，采用最新数据（2013 年）。

依据上述方法预测的各解释变量预测值，代入方程 3－2，计算可得 2020—2050 年每五年的全国卫生费用支出总额预测值，并计算年均复合增长率和人均卫生费用支出，结果见表 3－17。

表 3－17　2020—2050 年我国卫生费用支出预测结果

年份	全国卫生费用支出总额（亿元）	复合增长率（%）	人均卫生费用支出（元）
2020	67943.95		4720.55
2025	102095.28	10.72	7002.86
2030	150573.34	10.20	10282.67
2035	221920.61	10.18	15188.77
2040	292537.52	7.15	20188.49
2045	333755.06	3.35	23350.75
2050	374391.87	2.91	26011.65

数据来源：中国民生银行研究院测算。

一是 2020—2050 年全国卫生费用支出规模将不断提升，医疗卫生市场需求明显扩大。到 2030 年将达到 15 万亿元，2040 年达到 29 万亿元，2050 年达到 37 万亿元。如叠加通货膨胀因素，全国卫生费用支出规模将更大。

二是 2020—2050 年我国居民人均卫生费用支出水平将稳步增长。受居民收入水平和生活品质的不断提高，医疗、卫生、保健、养生等健康消费意识和消费理念逐渐加深，向健康高品质生活需求过渡，我国居民对医疗卫生消费需求将明显增大，消费水平也将不断提高。

三是 2020—2050 年全国卫生费用支出年均增速整体呈下降趋势。2020—2035 年全国卫生费用支出年均复合增长率还保持 10% 以上的相对高位。自 2035 年以后，卫生费用支出年均复合增长率将呈现明显阶梯下降态势。这主要是由于未来我国经济增速逐渐下降，居民收入增速减缓，人口结构调整、城镇化基本完成等因素导致居民医疗卫生潜在需求基本释放，医疗卫生行业供需实现相对平衡。

综上所述，未来我国医疗卫生市场需求空间将不断扩大，居民医疗卫生消费能力和消费水平也将不断提高。同时，本文仅依据我国卫生费用支出数据测算医疗卫生市场需求空间大小，数据口径相对较小。如考虑更大口径，或考虑对上下游或附属产业带动带来的乘数效应，未来我国医疗卫生市场需求空间应将更大。

七、我国社会保障制度改革的战略愿景及发展目标

完善的社会保障制度，是人民生活的“安全网”、社会运行的“稳定器”和收入分配的“调节器”，是维护社会稳定和国家长治久安的重要保障。通过分析我国社保体制的现状和问题、对比国际先进经验、分析部分地方政府实践以及测算未来的缺口之后，我们认为，有必要对中国特色社会保障制度进行进一步完善。

我们建议，在借鉴国外先进经验的基础上，注重结合实际国情国力，沿着“完备制度、改革体制、增加投入、覆盖全民、科技支撑”的方向，在解除人民生活后顾之忧的同时，不断提高人民生活质量，增进人民幸福感，维护个人的自由、平等和尊严，迈向中国特色社会主义的福利社会。

（一）战略愿景

今后一个时期，必须坚持以人民为中心的发展思想，深化改革、锐意创新，全面建成多层次社会保障体系，不断提高保障并改善民生水平，促进国家治理体系和治理能力现代化，推动经济社会发展朝着更高质量、更有效率、更加公平、更可持续方向前进。具体而言，就是要建立“完备制度、改革体制、增加投入、覆盖全民、科技支撑”的中国特色社会保障制度。这既是社会保障体系自身发展完善的必然要求，也与建成富强、民主、文明、和谐的社会主义现代化国家目标相契合。

1. 完备制度

我国需充分借鉴美国、德国、日本社会保障制度改革经验，结合自身国情，进一步完善具有中国特色的保险型社会保障制度。

推进制度建设，应理顺政府与市场关系，使政府主导与市场参与相结合；根据我国社会保障法律体系建设的现实需要和可行性，遵循先易后难、先急后缓的原则逐步完善，最终做到依法全覆盖；完善医疗、工伤、失业、生育保险制度和社会救助制度，完善家庭养老支持政策，大力发展补充保险；加快城乡社会保障统筹，整合城乡社会保障制度和经办管理资源，提高社会保险统筹层次；扩大社会保障覆盖范围，完善被征地农民等的社会保障政策；逐步提高保障标准，缩小城乡、区域、群体之间的差距；加强社会救助体系建设，大力发展社会福利和慈善事业等。

2. 改革体制

社会保障改革过程中，需要特别注意同步推进相关的体制机制改革，通过优化社会保障管理服务体制，实现社会保障体系与管理运行体制的良性互动，促使综合

效能提升。

社会保障制度的实施涉及社会经济的各个层面，既要协调政府、企业和职工之间的关系，保险机构与投保人、受益人之间的关系，又要协调现职人员与退休人员、高收入人员与低收入或无收入人员之间的关系。且随着社会保障的项目及实施范围越来越广，其方式和方法趋于多样化，现代社会保障管理服务体制亦呈现出复杂化、多元化和社会化的特点。为此，社会保障管理服务体制改革，必须遵循“政事分开、管办分离”的原则，理顺和规范管办关系、监督机制，使有关部门和机构权责一致、高效协同。

3. 增加投入

社会保障属于公共服务范畴，在其资金来源上，公共财政作为最重要的渠道，是决定社会保障水平高低和社会保障制度是否具备持续性的主要因素之一。虽然近年来我国持续加大对社会保障支出的投入力度，但仍存在支出比例较低、支出结构不合理等问题。

其一，中国社会保障支出占 GDP 的比重在国际比较中仍处于较低水平。国际劳工组织数据显示，中国社会保障总支出（含医疗卫生）与 GDP 之比为 6.3%，远低于欧美日等发达国家，也低于同为金砖国家的巴西、俄罗斯和南非；其二，社保支出项目结构不平衡。行政事业单位离退休费与社会保障补助支出仍然是社会保障支出中最主要的部分，抚恤和社会福利救济、城镇与农村低保、就业补助、灾害救助等支出占比较少；其三，社保支出地区差异较大，并表现出明显的城市偏向，造成社会保障资源配置失衡与社会保障权益不公，会在一定程度上导致社会矛盾与社会冲突加剧。

因此，有必要不断增加对社会保障投入的同时，持续调整完善社会保障支出结构，这既是完善公共财政的主要内容，也是建设公共服务型政府的必然选择。

4. 覆盖全民

“覆盖全民”，就是要把更多的群众纳入社会保障范围，健全保障项目，实现法定人员全覆盖，这是完善社会保障制度的总体目标。从世界范围看，发达国家社会保障覆盖面广，社会福利政策几乎惠及每个人，而发展中国家一般只能先在劳工中建立社会保障制度，而后逐渐扩大实施范围。我国的社会保障制度就是在逐步扩大职工劳动者社会保险及其他保障制度的实施范围和项目设置，并改革不合理内容的过程中发展起来的。

党的十八大以来，我国坚持把社会保障全民覆盖作为全面建成小康社会的新要求，各项社会保障的覆盖人数迅速增加。截至 2019 年年末，我国养老保险覆盖人数已达 96748 万人，基本医疗保险覆盖人数已达 135436 万人，基本实现全民参保；参加失业保险人数 20543 万人，参加工伤保险人数 25474 万人，参加生育保险人数 21432 万人，已覆盖绝大多数职业群体。

新时期加快推进社会保障全覆盖，重点是中小微企业和广大农民工、灵活就业人员、新就业形态人员、未参保居民等群体。通过全面实施全民参保计划，对各类人员参加社会保险情况进行补充登记，建立全面完整准确的社会保险参保基础数据库，实现全国联网和动态更新。同时采取有效措施，促进中小微企业和重点群体积极参保、持续缴费，促进和引导各类单位和符合条件的人员长期持续参保。

5. 科技支撑

近年来，随着电子网络的普及以及云计算、大数据技术的持续推进，原有的社会保障管理方式已不能满足政府以及公众的多样化需求，推进“互联网＋社保”，促进社会保障与信息化的有机融合，成为信息化社会发展的必然要求。

有必要立足于“大服务、大监管、大协同、大数据”，建设先进的信息技术支撑系统，以提升社保管理服务效率，并为政府掌握社会保障发展现状、预测发展趋势、制定社会保障发展政策提供重要依据。

（二）发展目标

结合我国经济发展水平、人口结构、城镇化进程等多方面因素，建议循序渐进制定如下发展目标。

1. 短期目标

到2025年实现以下目标：中国特色社会保障制度基本定型，能够基本满足城乡居民的各项社会保障需求，衡量社会保障水平的相关指标在世界主要国家中达到中等水平。

社会保障体系：在进一步完善已经确立的医疗保险、养老保险、工伤保险、失业保险和社会救助制度的同时，推进各项社会福利事业及各项补充保障的发展，如老年人福利、残疾人福利、妇女儿童福利、教育福利、住房保障、军人保障等，大力发展慈善事业。

公共财政责任：按照财权与事权相统一的原则，合理划分中央与地方政府在社会保障中的财政责任；逐步提高社会保障支出规模，社会保障总支出（含医疗卫生）占GDP的比重不低于10%，财政性社会保障投入不低于国家财政支出的15%，基尼系数因社会保障制度对收入分配的调节降低到0.45以内。

监督管理与运行：制定新的社会保障法律，修正完善已经制定的社会保障法律，健全社会保障司法制度；建立健全社会保障监督体系，特别是加强对社会保障基金的收支、营运和管理的监督，这是实现社会保障基金依法筹集、专款专用、安全、保值和增值的重要保证；推进社会保障基层服务平台建设，着力提供优质规范服务、打造便捷服务网络、增强队伍能力素质、提高整体服务水平，为城乡居民提供便捷服务。

2. 中期目标

到2035年实现以下目标：中国特色社会保障制度进一步完善，能够较充分地满足人民的各项社会保障需求，衡量社会保障水平的相关指标在世界主要国家中达到中等偏上水平。

社会保障体系：推进全民健康保险制度建设，整合城镇居民医保和新农合两项制度，建立“统一覆盖范围、统一筹资政策、统一保障待遇、统一医保目录、统一定点管理、统一基金管理、统一机构人员”的城乡居民基本医疗保险制度；根据现实情况着力补足养老金保障缺口，大力发展“收益保障、长期锁定、终身领取、互助共济”的商业养老保险，尤其是发挥“终身领取”和“互助共济”的功能；降低失业保险与工伤保险费率；老年人福利、残疾人福利、妇女儿童福利、教育福利、住房保障等制度安排进一步完善。

公共财政责任：建立社会保障预算制度，将社会保障资金收支及各项基金结余的投资运营活动纳入预算管理，从而准确掌握各项社会保障资金支出的管理情况，使之与经济发展水平及财政、企业和个人的负担能力相适应，真正做到将各项社会保障资金统一核算、统筹安排，大大增强政府的宏观调控能力；继续加大社会保障支出投入力度，社会保障总支出（含医疗卫生）占GDP的比重不低于15%，财政性社会保障投入不低于国家财政支出的20%，基尼系数因社会保障制度对收入分配的调节降低到0.40以内。

监督管理与运行：加快社会保障方面的立法，基本形成基本法律、行政法规和政策措施相结合的法律政策体系；健全社会保障管理体制，实现适度集中；设立统一的社会保障行政监管机构，统一监督管理各项社会保障事务；积极推进民主制度建设，保障各阶层参与社会保障制度建设的渠道畅通，并能对其产生实质影响；由中央专项投入，创建全国统一的社会保障信息平台。

3. 长期目标

到2049年实现以下目标：迈入中国特色社会主义福利社会阶段，人民能够充分地享有高水准的社会保障及相关服务，社会保障成为普惠公平的制度安排，衡量社会保障水平的相关指标达到或者超过发达国家水平。

社会保障体系：建成全民健康保险制度，所有参保者缴纳同样参保费并获得同等健保待遇，政府为所有居民参加全民健保提供均等化的财政补贴；根据更高要求提升养老服务质量，通过鼓励发展商业保险、理财、信托、基金等各类形式的养老金融产品，提供居家养老、社区养老、住房养老、商业养老等各种形式的养老安排；补充保障事业发展水平接近或达到发达国家水平，几乎覆盖到所有劳动者并体现出公平原则；与社会保障相关的公共服务发达，人民的各项社会福利服务需求能够获得充分满足；市场化作用得到充分发挥，满足高收入阶层需要的同时节约公共福利资源。

公共财政责任：完善社会保障预算制度，更加科学、合理地安排社会保障工作，推进社会保障资金归口管理，真正发挥社会保障制度所具有的“稳定器”和“安全网”的作用；加强社会保障财力支撑能力建设，社会保障总支出（含医疗卫生）占GDP的比重不低于20%，财政性社会保障投入不低于国家财政支出的25%，基尼系数因社会保障制度对收入分配的调节降低到0.35以内，收入分配相对合理。

监督管理与运行：将各项社会保障制度全面上升到法律规范的层次，形成完备的中国特色社会保障法律体系；建立完善的社会保障管理及服务标准体系，确保各地信息标准和管理标准统一；在实现社会保障信息共享的基础上，充分利用相关信息和社会保障精算预测及技术方法，科学确定缴费和收益水平，实现社会保障制度的长期财务平衡和可持续发展。

八、政策建议

推进社会保障制度改革沿着普惠公平、可持续的方向发展，必须正视社会保障领域存在的问题与面临的挑战，按照“兜底线、织密网、建机制”的要求，做好科学顶层设计，在主要制度安排与关键环节上着力推进。

（一）完备制度：以美德日等国经验为借鉴，完善具有中国特色的保险型社会保障制度

1. 使政府主导与市场参与相结合

（1）坚持政府主导原则。政府是社会保障的责任主体，应在构建、管理、实施和监督社会保障制度过程中承担主导责任。当前我国正处于社会主义初级阶段，市场机制的运行尚不完善，因此需要政府不断增加其在社会保障中的制度投入、财政投入和组织投入。

一是强化立法职责，健全社会保障法律法规体系；二是负担制度改革的转制成本和制度建立的启动成本；三是建立科学高效的社会保障管理制度及相应组织机构；四是在以公平作为首要原则的环节必须发挥主导作用；五是完善社会保障监察制度，健全社会保障监察机构，形成监察机构专查、有关机构和社会组织相配合的工作机制，切实保障社会保障法律法规的实施。

（2）发挥市场在社会保障制度中的重要作用。健全和完善社会保障制度，还需要引入市场机制，推动政府主导与市场职能之间的相互协调。在具体保障项目以效率为

首要原则的环节中，市场机制应取代政府机制发挥主导作用。一是可通过市场竞争机制和利益机制，增加社会及个人在获得社会保障待遇上的投入；二是让不同市场主体竞争提供社会保障服务，以弥补政府机制在追求效率方面的缺陷；三是通过竞标等形式选择社会保障基金投资经营机构，实现社会保障基金保值增值。

2. 健全社会保障法律体系

（1）制定立法规划，明确立法路径。首先，通过立法规划明确立法的先后次序，明确中央和地方立法的划分，明确立新法与完善现有法律的关系，做到全国统一协调、通盘考虑。其次，结合立法的实际情况，选择采取“自上而下”和“自下而上”两种不同的立法路径，前者立法成本相对较低，后者实施风险相对较小，可根据实际情况进行选择。

（2）提高社会保障立法层次。目前我国社会保障立法层次较低、稳定性不足、缺乏战略性。一方面，由国家立法机关制定的社会保障法律较少，国家行政机关制定的部门规章和地方性法规较多；另一方面，已颁布的社会保障法多与非社会保障内容混合在一起，以管理部门制定的相应实施细则为主，不能作为社会保障制度的直接法律依据。因此，必须逐步细化社会保障法律的各项条款，不断调整现有法律中与现实不相适应的部分，在总结实践经验的基础上报请全国人大批准提高其效力层级，以加强民众对其重视程度，助力社会保障工作执法与司法工作有序开展。

（3）健全和完善社会保障法律体系。我国社会保障法律体系按效力由高到低依次为社会保障基本法、社会保障单行法及以下各层次的社会保障法规，形成“金字塔式”纵向结构。社会保障基本法应由全国人大制定，其效力仅次于宪法，在社会保障法律体系中处于核心和基础地位，是制定社会保障各项单行法、配套法的根据。由于中国社会保障改革的渐进性和复杂性，制定社会保障基本法的条件尚不成熟，当务之急是加快制定社会保障各领域的法律，解决相关领域的基本法律缺位问题，补齐社会保障法律体系的“短板”，再着手制定社会保障基本法。

社会保障法律体系的完善还需注意与其他法律的协调。一是与《中华人民共和国劳动法》《中华人民共和国劳动合同法》（以下简称《劳动法》《劳动合同法》）的协调。尽管《劳动法》和《劳动合同法》都规定了企业必须为员工购买社会保险，但仍有一些用人单位逃避为职工缴纳保险金的义务，需要《中华人民共和国社会保险法》制定相应的惩罚措施，维护劳动者合法权益；二是与行政法协调。社会保障行政执法中需要突出行政机关及相关主体的保障和服务理念，强化执法的绩效评价机制，建立问责制，形成有效激励和约束机制，提高社会保障法律法规的实施效果；三是与刑法的协调。针对社会保险领域存在的欺诈现象，如截留、挪用、侵占社会保险资金，应在刑法中增设“社会保险诈骗罪”。

3. 大力发展基本养老保险、医疗保险、最低生活保障、保障性住房、特殊群体保障等社会保障项目

（1）稳步提高基本养老保险统筹层次，缩小各群体间待遇差距。实现基本养老保险全国统筹，有利于均衡地区养老负担畸轻畸重、增强养老保险基金抗风险能力、形成顺畅流动的劳动力大市场、建立人工成本公平的企业竞争环境。要按照公平与效率相结合、权利与义务相对应、改革前后待遇水平相衔接的原则，逐步实现基本养老保险基金在全国范围内的统一筹集与使用。

一是养老保险全国统筹要与央地支出责任划分保持同步推进。从近期来看，在中央调剂金全国统筹体制下，中央政府支出责任主要包括确定中央调剂金比例，确定全国统一的缴费率，统一全国基本养老保险待遇支付办法，合理确定中央对地方的养老金返还额，对中央调剂金实施统一管理；地方政府支出责任主要包括中央调剂金的计算与缴纳，地方基本养老保险经办机构经费供应，分配使用中央调剂金返还额，制定基本养老保险基金征缴、发放、预算管理、投资运营的具体管理办法和操作规程。从中长期来看，在“统收统支”全国统筹体制下，中央政府支出责任主要包括统一征缴，统一经办与发放，加强基本保险基金的预算管理和财政补贴核实工作，建立社会保险卡和基本养老保险信息网络，做好基本养老保险结余资金的投资运营；地方政府支出责任主要包括积极配合分布地方的基本养老保险经办机构做好基本养老保险基金的征缴、发放工作，原来地方政府已经建立的基本养老保险风险准备金可以继续充实准备金并做好投资运营工作。

二是养老保险全国统筹要与“社保降费”同步推进。我国城镇职工基本养老保险制度的法定总缴费率为24%，其中，雇主缴费率为16%，雇员缴费率为8%。根据世界劳工组织对148个国家的统计，基本养老保险雇主费率超过20%的国家仅有20个，雇员费率超过8%的国家只有38个。过高的缴费率必然会影响企业参保及足额缴费的积极性，也会妨碍统筹层次的提高，最终可能危及制度的有效性与可持续性。建议将养老保险总缴费率逐步降至15%左右。

三是延长男女法定退休年龄。延迟退休是应对人口老龄化和养老保险基金支出压力、促进养老保险制度可持续发展的有效手段。应当综合考虑劳动力供需、教育水平、预期寿命、基金收支等多种因素，统筹协调处理各种关系，包括与就业的关系。可以综合考虑运用多种政策手段“打组合拳”，并根据相关的精算分析，确定适当的延长退休年龄目标。

（2）加快实现“全覆盖、保基本、多层次、可持续”的医保体系。实现人人享有基本医疗保障，是切实解决民众“看病贵”问题，确保民众获得感、幸福感、安全感的关键举措，应以“让全民享有公平可及的健康服务”为目标，持续推进全民基本医

疗保障体系完善优化。

一是发挥政府主导作用，建立广覆盖、可持续的医疗保障体系。首先，与时俱进地推进医保基金管理、弱势群体特殊救助等相关制度；持续加大医保谈判力度，降低药品价格；完善重大疫情医疗救治费用保障机制，确保在突发公共卫生事件期间先救治、后收费。其次，加快推进医疗保障覆盖深度，完善基本医疗保险病种准入标准以及诊疗、药品目录，健全医保目录动态调整机制；强化基本医疗保险、大病保险与医疗救助三重保障功能，促进各类医疗保障互补衔接；逐步加大医疗保险门诊诊疗费用报销范围，实现治疗范围的深度覆盖。最后，加快实现医疗保障区域平衡，完善异地医保结算机制，逐步缩短各区域基本医疗保障制度差距，统筹城乡医疗保障制度，最终实现全国各区域基本医疗保障一体化，城镇职工基本医疗保险制度、城镇居民基本医疗保险制度和新型农村合作医疗制度一体化。

二是积极发挥商业医疗保险的补充作用。明确商业保险和社会医疗保险的互补关系，逐步放宽商业医疗保险的准入条件，为商业医保的发展塑造公平竞争的市场环境；在合法合规的前提下，支持商业医疗保险机构积极开展产品创新，提供多样化、个性化、高端化的商业医疗保险产品；鼓励有条件的居民购买商业医疗保险，鼓励企业在自愿和自主的基础上，采取企业福利的形式为职工购买商业医疗保险，让更多民众获得更高层次的医疗保障。

三是切实维护基金安全，提高基金使用效率。完善医保基金监管体制，建立健全医疗保障信用管理体系，打击欺诈骗保行为；在保证医疗服务质量的前提下，完善医疗服务价格形成机制，积极引入社会力量参与经办服务，有效杜绝诱导需求、过度消费浪费医疗资源的行为发生，控制医疗费用不合理增长，确保有限医保基金的合理利用，提升基本医保基金的使用效率。

（3）完善和改进最低生活保障制度，维护困难群众基本生活权益。最低生活保障事关困难群众基本生活，事关社会和谐稳定和公平正义，要努力构建标准科学、对象准确、待遇公正、进出有序的最低生活保障格局，不断提高最低生活保障制度的科学性和执行力。

一是完善最低生活保障对象认定条件。各地要根据当地情况，制定享受最低生活保障待遇的具体条件，形成完善的最低生活保障对象认定标准体系；明确核算和评估最低生活保障申请人家庭收入和家庭财产的具体办法，并对赡养、抚养、扶养义务人履行相关法定义务提出具体要求。

二是完善最低生活保障标准动态调整机制。根据经济社会发展水平和物价变动情况，综合运用基本生活费用支出法、恩格尔系数法、消费支出比例法等测算方法，动态、适时调整最低生活保障标准。各地方政府要按照“尽力而为、量力而行，既不降低标准、又不吊高胃口”的原则确保低保标准，逐步缩小城乡差距、区域差距。

三是加强最低生活保障对象动态管理。对已经纳入最低生活保障范围的救助对象，要采取多种方式加强管理服务，定期跟踪保障对象家庭变化情况，形成最低生活保障对象有进有出、补助水平有升有降的动态管理机制；各地要建立最低生活保障家庭人口、收入和财产状况定期报告制度，并根据报告情况分类、定期开展核查，将不再符合条件的及时退出保障范围。

四是加强最低生活保障与其他社会救助制度的有效衔接。对最低生活保障家庭中的老年人、未成年人、重度残疾人、重病患者等重点救助对象，要采取多种措施提高其救助水平；鼓励机关、企事业单位、社会组织和个人积极开展扶贫帮困活动，形成慈善事业与社会救助的有效衔接。

五是完善城市最低生活保障与就业联动、农村最低生活保障与扶贫开发衔接机制。加大对有劳动能力最低生活保障对象的就业扶持力度。劳动年龄内、有劳动能力、失业的城市困难群众，在申请最低生活保障时，应当先到当地公共就业服务机构办理失业登记；公共就业服务机构应当向登记失业的最低生活保障对象提供及时的就业服务和重点帮助；对实现就业的最低生活保障对象，在核算其家庭收入时，可以扣减必要的就业成本。

（4）强化住房保障体系建设，促进房地产市场平稳健康发展。恢复和完善原有“双轨三类”的制度安排，在坚持住房市场化改革方向基础上，健全住房保障制度体系，合理地做好保障轨和市场轨的双轨统筹，做到政府和市场各归其位，“保障房的事情政府管，商品房的事情市场管”。

首先，完善住房保障立法。适时出台《住房保障法》，明确国家层面住房保障顶层设计和基本制度框架，夯实各级政府住房保障工作责任，对不同城市、不同收入人群采取不同的住房保障方式，为规范保障房准入使用和退出提供法律依据，有效维护居民基本居住权益。

其次，创新供给主体提高供给效率。当前政府垄断土地供给、开发商垄断住房供应的保障模式，缺乏竞争机制、效率低下。迫切需要政府放松土地市场规制，允许市场力量和社会组织进入，参与保障性住房的建设与供应，形成政府、市场、社会三者的相互竞争和制衡。

再次，创新融资机制破除发展瓶颈。完善保障性住房融资体系，发挥政府在保障性住房融资中的主导作用；调整政策性住房金融导向，加大政策性住房金融对保障性住房领域的扶持力度；充分发挥资本市场融资功能，积极引入社会和民间资本。

最后，完善制度设计增强行动动力。实现中央和地方利益的均衡和一致，科学划分中央和地方的事权和财权；构建科学合理的绩效评价机制与激励机制，增加住房保障等民生指标的考核权重；实行严格有效的监督机制，确保住房保障政策有效贯彻落实。

（5）针对老年人、妇女、儿童、残疾人等特殊群体，统筹各类保障措施。应对人口老龄化，着力保障老年人养老需求。修订《中华人民共和国老年人权益保障法》，保障老年人合法权益，发展老龄事业；健全社会养老服务体系，加大老龄事业投入，发展公益性社区养老机构，加强养老服务队伍的专业化建设，提高社区的养老照护能力和服务水平；发展老年慈善事业，发挥社会慈善在老年人扶贫济困中的补充作用，鼓励社会组织和个人认捐、认助、认养孤寡或者贫困老年人；完善高龄津贴制度，鼓励有条件的地方逐步降低年龄，提高补贴标准；确保所有符合条件的老年人按规定纳入最低生活保障、特困人员救助供养等社会救助制度保障范围；发挥为老年人服务公益平台作用，促进供求信息互通，帮助空巢困难老人解决实际问题。

加强妇女社会保障，促进更好地实现妇女的全面发展。贯彻落实社会保险法，制定配套法规，为妇女普遍享有生育保险、医疗保险、养老保险、失业保险和工伤保险提供法制保障；完善城乡生育保障制度，进一步扩大生育保险覆盖范围，覆盖所有城乡妇女；扩大失业保险覆盖范围，切实保障女性失业者的失业保险合法权益；大力支持和规范社会组织和公民的救助活动，鼓励社会组织开展公益活动，多方动员社会资源，为困难妇女提供救助；为重度和贫困残疾妇女参加新型农村合作医疗、城镇居民基本医疗保险、新型农村社会养老保险等社会保险提供保费补贴。

优化儿童生活、教育、医疗和保护福利，提升家庭二孩生育意愿。建立普惠型儿童生活补贴制度和儿童家庭父母带薪照料制度，控制儿童生活用品的价格，降低儿童生活费用；推进《学龄前幼儿教育法》立法进程，建立普惠性的幼儿园，建立学龄前幼儿教育质量监督与评估体系，保障学龄前幼儿教育质量；优化儿童医疗资源配置，提高儿童医疗服务质量，建立“儿童医疗联合体”，实现儿童医疗同质化管理；以《中华人民共和国未成年人保护法》作为立法基础，构建包括儿童免受性侵和拐卖的防治、儿童虐待预防和处置、限制有害儿童媒介的传播、禁止儿童药物滥用、儿童食品安全特殊要求等方面的法律体系，构建儿童保护网络，建立儿童保护计划体系。

完善残疾人社会保障，推进残疾人平等参与发展进程、平等分享发展成果。加大残疾人参加社会保险支持力度，提高对招用符合条件的就业困难残疾人的企业参保补贴，提高对城乡贫困残疾人和重度残疾人参保补贴；完善困难残疾人生活补贴和重度残疾人护理补贴制度，大力发展托养服务，加快农村托养建设进程；按照“普惠 + 特惠”的原则，通过完善社会救助制度保障残疾人的基本生存权利，对贫困残疾人、重度残疾人、一户多残家庭给予重点救助，综合采取措施保障其基本生活。

（二）改革体制：以“政事分开、管办分离”为原则，优化社会保障管理服务体制

1. 合理划定社会保障行政管理部门职能和机构

合理划定社会保障行政管理部门职能和机构，使行政管理部门从复杂的经办服务事务中分离出来，集中精力进行重大决策规划，增强对社会保障经办服务和基金运营的有效监管，减少与防范社会保障基金运营的风险。

在横向上，实行适度集中管理。对主要的社会保障事务，实行集中统一的管理；对社会保障体系中的某一子系统，如对社会救助、社会保险、社会福利、军人保障、补充保障等，由一个部门或多个部门分别集中统一管理；对某一项目，如对教育福利、公积金等，建立专门的管理机构或由某一部门统一管理。

在纵向上，随着社会保障制度逐步成熟、定型，合理确定不同层级管理机构的分工。政策制定职能方面，要逐步向高一级政府机构转移，在更大范围内消除政策碎片化，并为人口跨区域流动提供体制保障；日常监管职能方面，要逐步向基层下沉，缩短与参保人群、社会保障经办机构、各类社会服务机构的距离，实现有效监管；行政管理层级方面，要逐步压减，着重加强县一级机构建设。

2. 建立专业、自主的社会保障经办机构

社会保障具体经办事务和基金运营管理由专门的经办机构承担，可以促使经办机构更科学有效地履行社会保障服务和基金管理运行职能，提高社会保障基金运营的效率和效益。

由于经办机构与行政机构之间不再是管理与被管理的关系，而是委托与被委托的关系，因此要赋予经办机构独立的法人地位，其行政成本列入社会保障基金支出，与服务人群和服务项目挂钩，与事业编制和参公管理脱钩，实现自主发展。

在经办机构独立的基础上，建立“省管县”的垂直管理体系。省级经办服务机构主要负责获取政府委托，降低与政府交易的成本，引入先进管理办法，提升经办服务效率；县级经办服务机构负责生产服务和提供服务，满足公众对社会保障的直接需求。

3. 提升社会保障管理人员专业素养和执业能力

要加强社会保障管理服务机构专业化建设，加强队伍建设，以标准化促进专业化。一是规范社会保障管理人员准入制度。建立统一的执业标准制度，规范录用制度，所有的社会保障管理人员必须持证上岗。相关部门要对上岗人员进行定期审核和评定，工作不合格者需重新进行考试上岗。二是加强社会保障管理人员培训。设立专门的培训机构，定期对上岗人员进行培训，不断提升社会保障管理人员的理论知识和业务操作水平，并对参与培训人员进行阶段考核以保证培训效果。

（三）增加投入：以社会保障事业可持续发展为关键，强化财政支持

1. 明晰财政部门相关责任

要明确国家财政对不同社会保障项目的供款责任并制度化，以确保国家财政支出的相对稳定与各项社会保障事业的理性发展；要明确国家财政对社会保障项目承担供款责任的比例并制度化，以便将政府财政责任控制在适度比例，并促使各项社会保障制度理性发展；要明确划分中央政府和地方政府对社会保障承担的财政责任，根据财权与事权相统一的原则，在完善财政转移支付制度的基础上，确保各级财政的社会保障支出。

2. 加强中央财政对地方财政尤其是欠发达地区的社会保障财政转移支付力度

建立科学的转移支付规模确定机制和地方财政激励约束机制，充分调动中央和地方两个积极性，以平抑地方政府由于财力的不均衡而导致的国民社会保障权益的差别。

3. 多渠道、多手段拓展社会保障财源

我国的社会保障资金存在很大缺口，多省养老金收不抵支，需通过完善养老保险基金中央调剂制度、实施全民参保登记计划、强化社会保险费征收管理、加大各级财政投入、多渠道筹集资金等保障养老金按时足额发放，均衡地区间养老金负担。从长远来看，还要从制度入手，逐步建立养老保险全国统筹模式，开展基本养老保险基金投资运营，划转部分国有资本充实社保基金，做大全国社会保障战略储备基金，促进养老保险制度的可持续发展。

4. 加大力度划转部分国有资本充实社保基金

划转部分国资充实社保，是有效解决社保基金缺口、增强社保基金可持续性的重要方式，有助于国企从一股独大走向多元化股东制衡，推动混改深化，也可以减轻企业缴纳社保费的压力。因此，下一步应加大力度划转部分国有资本充实社保基金。

（1）提高国有资本划转社保比例。2019 年 9 月《关于全面推开划转部分国有资本充实社保基金工作的通知》发布，国资划转社保加速落地，将于 2020 年底前完成。鉴于疫情严重冲击经济，加之 10% 的划转比例不足以弥补巨量的转轨成本，应酌情考虑提高划转比例至 15%。

（2）部分竞争性领域的国有股权可成为划转社保的重点。逐步减小国有资本在竞争性领域的占比，这也是国企改革的方向之一。参考 OECD 对 40 个经济体做的国有企业调查，我国国有股权在金融行业占比高达 58%，远远高于其他经济体。若剔除金融行业，我国国有资本在农业、制造业等行业的占比也明显偏高。

（3）经营绩效较好的国企应为划转首选。经营绩效较好的国企能够为社保带来更多的分红收益。目前我国国有企业在食品饮料、家用电器、休闲服务、汽车、化工、

传媒等行业业绩表现较好，不仅ROA在行业内排名靠前，而且这些行业也基本属于竞争性行业，可以纳入国资划转社保的重点。

5. 健全社会保障待遇确定和正常调整机制

（1）健全待遇动态调整机制。养老保险方面，根据全国城乡居民人均可支配收入和财力状况等因素，合理确定全国基础养老金最低标准；医疗保险方面，应根据经济发展水平及实际医疗费用增加情况，动态确定和调整基本医疗保险待遇。逐步提高基本医疗保险最高支付限额和住院、门诊费用报销比例；失业保险方面，以失业者失业前的工资水平为基础，同时综合考虑经济发展、物价水平、缴费年限、家庭赡养、年龄结构情况等因素，实行差别待遇的发放标准；工伤保险方面，考虑到经济发展及实际医疗卫生费用的上涨，建议每年调整一次；最低生活保障方面，需要充分考虑生活必需品的价格变化和人民生活水平的提高情况。

（2）建全缴费动态调整机制。根据居民收入增长情况，合理确定和调整养老保险、医疗保险、失业保险、工伤保险等缴费档次标准，供城乡居民选择。对重度残疾人等缴费困难群体，提供最低缴费档次标准。

（3）建立缴费补贴动态调整机制。根据经济发展、个人缴费标准提高和财力状况，合理调整缴费补贴水平，对选择较高档次缴费的人员可适当增加缴费补贴，引导城乡居民选择高档次标准缴费。鼓励其他社会组织、公益慈善组织、个人为参保人缴费加大资助。

6. 建立社会保障预算制度

通过建立社会保障预算，将现行的由财政负担的社会保障支出纳入社会保障预算支出，将长期游离于财政预算之外的社会保障基金纳入社会保障预算管理，进而维护国家预算的完整性、方便合理安排和使用资金、增强政府的宏观调控能力。实行社会保障预算后，社会保障预算、决算都要经过人大审查、批准，执行情况要接受人民代表大会的监督，从而提高社会保障预算工作的透明度。

7. 建立精算报告制度

尽快启动社会保险精算报告制度的建设，从养老金精算报告编制开始，逐步编制医疗保险及其他社会保险的精算报告。我国社会保险基金收支状况的地区差异比较突出，相当一部分省区市养老保险基金当期征缴收入不能满足支出需要，部分地区医疗保险统筹基金支付压力较大，甚至已经出现收不抵支现象。通过社会保险精算报告制度，在披露信息的同时，可通过调整机制、缴费率和发放率或增加财政补贴等方式，实现动态调整。

（四）覆盖全民：以兼顾公平和效率为价值取向，加快推进社会保障全覆盖

改革开放以来，我国社会保障事业迅速发展，但同时也面临城乡、区域、群体之

间保障发展不平衡的问题，体现出严重的身份歧视和制度性的不公平性。因此，我国社会保障制度改革需要以人民为中心，继续扩大社会保障覆盖面，稳步提高各类保障待遇水平，优化社会保障资源配置，建设更加公平、更可持续、更有效率的社会保障制度。

1. 继续扩大社会保障覆盖面

目前我国仍然有不少人，如农民工、灵活就业人员等，由于种种原因还没有被社保覆盖到。国家信息中心分享经济研究中心发布的《中国共享经济发展报告（2020）》显示，2019 年我国网约工人数达到 7800 万人，但这一庞大群体中大多数人没有参加社保，属于无劳动合同、无社会保险、无劳动保障的“三无”人员。下一阶段，这类群体理应成为社保重点覆盖的对象。

此外，部分职工或居民只是表面上被覆盖。部分人虽然参加了社保，但由于个人经济压力等原因中断缴费，没有享受社保待遇。一些企业社保缴纳不合规，企业员工虽然被社保覆盖，但实际社保权益受到影响。这都需要采取相应措施加以防范和纠正。

继续扩大社保覆盖面，一方面，要通过落实社保降费、中央调剂金制度、养老金投资、国资充实社保等给群众和企业注入信心；另一方面，要严格落实《中华人民共和国社会保险法》处罚违规企业，发挥教育警示作用。

2. 稳步提高社会保障各项待遇水平

上调退休人员基本养老金，提高城乡居民基础养老金最低标准，确保养老金按时足额发放；提高居民医保财政补助标准，开展门诊费用跨省直接结算；扩大失业保险保障范围，将参保不足 1 年的农民工等失业人员都纳入常住地保障；扩大低保保障范围，对城乡困难家庭应保尽保，对因灾因病遭遇暂时困难的人员要实施救助；对低收入人群或者灵活就业人群，在短期一定特殊阶段内，可以免缴或缓缴社会保险费。

3. 统筹城乡发展，完善农村社会保障制度

相较于城市，农村社会保障制度还存在保障水平偏低、不同区域之间农民享受的社会保障待遇水平相差悬殊、科学合理的政府财政资金投入机制尚未形成、农民缴费能力和缴费意愿不足等问题，需要从以下五个方面进一步完善：

一是继续加大政府公共财政的投入力度，明晰中央政府与地方政府之间以及各级地方政府之间的农村社会保障筹资责任，实质性提升农村社会保障水平。二是从统一覆盖范围、筹资政策、保障待遇、医保目录、定点管理、基金管理等方面进行整合，积极构建保障更加公平、管理服务更加规范、医疗资源利用更加有效的城乡居民医保制度。三是探索实行按照省级行政单位人均可用财力确定中央对各省级行政单位基础养老金补助比例，按县级行政单位的人均可用财力确定省级财政对各个县级行政区补贴的分担比例。四是扩大农村低保制度覆盖范围，把符合条件的农村人口都纳入进去，

实现应保尽保；逐渐提高农村低保标准，对于财政能力弱的县（市、区），在评估、核定其所需资金以及供给能力的基础上，由上级财政弥补供需之间的缺口。五是建立健全低保与单项救助、分类救助相结合，覆盖农民主要生存风险的救助保障体系。

4. 建立贫困人群基本保障网

脱贫攻坚战打响以来，我国已有9300多万人成功脱贫，贫困发生率从10.2%下降至2019年的0.6%，区域性整体贫困基本得到解决。但要实现全面胜利，还需防止或减少返贫、建立稳定脱贫机制、切断贫困代际传递，建立贫困人群基本保障网。

一是坚持保基本、全覆盖。坚持保基本、全覆盖、多层次等基本的保障原则，在推进基本养老、医疗保障全覆盖的同时，逐步提高一些原本过低的保障水平。二是提高贫困人口医疗保障救助水平。完善基本医疗保险、大病保险、医疗救助“三重保障线”，全面提高建档立卡贫困人口医疗保障救助水平，确保贫困人口住院个人自付比例控制在可承受范围内。三是建立完善政策兜底救助机制。将防贫兜底救助与低保制度结合起来，建立低保标准与消费水平挂钩的自然增长机制。做好防范返贫和临时救助间的有效衔接工作，解决临时因病、因灾、因意外致贫返贫家庭困难问题，把“病残”人员全部纳入兜底救助范围。四是确保困难群众住有所居。加强公共租赁住房保障和住房救助。对住房、收入等条件困难的家庭，达到一定标准可到市场自主租赁住房，政府按保障面积标准高限的市场平均租金给予补贴。推进贫困户危房改造。

（五）科技支撑：以促进社会保障事业高质量发展为立足点，建设先进的信息技术支撑系统

1. 由中央专项投入，建设社会保障云计算公共服务平台

社会保障云计算服务平台包括基础设施层、平台层与应用服务层。基础设施层主要包括由大规模计算机组成的网络、存储、其他硬件等设备及服务器群，旨在利用云计算资源池构建、云计算资源调度等技术手段，并运用虚拟技术将基础设施进行整合，然后运用云计算资源管理，使社会保障云计算服务平台具有数据存储、备份等基础功能。平台层是在基础设施层上建立的，满足社会保障系统运行及软件应用的技术环境，从而对社会保障体系进行统一的维护管理。应用服务层在基础设施层与平台层上运行，借助互联网对外提供服务，包括为参保人办理五险业务，为社会保障部门提供信息查询、共享、投诉及日常管理服务等。

2. 拓展社会保障服务网络，探索“跨境”社保公共服务

针对华侨、侨眷回国办理养老参保、退休、待遇资格认证等社保业务存在成本高、耗时多、来回跑等痛点难点问题，积极探索跨境社保公共服务。建议推出“华侨通”服务平台，通过“网络对接、线上办理”的方式，为万里之外的华人华侨提供零距

离、零时差、零阻碍的社保便民服务。

3. 构建完善的平台数据网

要开放思路，引入前沿的大数据智能分析技术和精算云服务技术，实现用数据对问题精准定位，用数据为群众提供精准服务乃至个性化推送服务。人社、民政、公安等部门要发挥各自的职能作用，确保进入平台的各项数据真实、统一。用数据把控社保基金中长远走势，提供科学的决策支持。

4. 提高数据安全性

社会保障信息化建设过程中，需要由专业的技术人员对后台数据库进行定期维护，备份有价值的信息，避免保密信息的泄露和窃取。技术工作人员可以根据整个平台的工作需求和实际信息需求，制定相应的信息获取权限，只有获得相关权限的操作人员才能够从数据库中调阅相应的信息。

5. 加强各职能部门合作

社会保障信息化建设往往涉及多个部门和地区，应进一步加强各部门、各地区的沟通交流，充分发挥信息技术的联动优势。可通过平台提供的网络监控技术、数据分析和智能决策工具，为各地区、各部门提供协同作战保障。相关工作人员在操作过程中，不仅需要掌握本专业的业务知识，也需要熟知信息领域的相关知识和操作技能，不断提高自身专业业务水平，提升工作效率。

住房篇

内容提要

住房问题关系千家万户的基本生活保障。党的十九大报告指出，“人民对美好生活的向往，就是我们的奋斗目标”。2019 年 7 月 30 日政治局会议明确提出，“不将房地产作为短期刺激经济的手段”。当前，我国发展进入新时代，外部环境发生新变化，住房问题的解决面临新挑战、亟需新思路。

通过回顾我国 1998 年住房制度改革以来房地产市场和房地产调控的历程，分析房地产调控政策和住房相关制度存在的问题，梳理德国、新加坡、美国和日本等国家住房制度改革的国际经验，北京、深圳、上海和重庆等地方政府住房制度改革实践，以及格力、华为、阿里等多家民营企业解决员工住房问题的案例，运用供给侧结构性改革有关理论，形成了研究报告。核心观点是：倡导“房住不炒”是必要的，但不能仅限于此，更重要的是必须设计有效的制度安排，实现“居者有其屋”或“居者有其所”。报告建议，从“满足人民对美好生活的向往”出发，变价格目标型调控为发展目标型调控，引入“德国模式 + 新加坡模式 + 中国式创新”，按照“政府市场双到位、商品房保障房双轨并行、供给需求两侧双激活”框架，尽快推出房地产调控长效机制，以促进房地产市场健康发展，满足人民的住房需求。

一、我国房地产市场发展取得积极成效

1998—2018 年，我国房地产市场整体发展状况较为良好，在改善城镇居民住房条件、加快城镇化进程和促进经济增长等方面均发挥了重要作用。城镇居民人均住房建筑面积由 1998 年的 18.66 平方米增加到 2018 年的 39 平方米，城镇化率由 1998 年的 33.35% 提高到 2018 年的 58.58%，房地产业增加值占 GDP 比重由 1998 年的 4% 提高到了 2018 年的 6.6%。

二、房地产调控政策和住房相关制度存在突出问题

在肯定过去 20 多年取得的成绩的同时，也应看到房价高企给民众安居、财务负担带来了很大压力，各方对于当前房地产调控手段和效果满意度不高。表现在：一是商品房行政性调控长期化，扭曲了政府市场关系；二是保障房供给严重不足，中低收入居民负担沉重；三是长期性制度供给缺位，未能有效引导市场预期；四是金

融风险积聚，居民杠杆高企；五是经济下行压力增大，现行制度难以有效激活住房供求。

三、构建房地产市场健康发展长效机制已成当务之急

房地产既连接投资与消费、实体与金融、民生与增长，也关系到地方政府收入，并事关开发商、银行和居民的切身利益，具有牵一发而动全身的作用。截至目前，我国房地产市场调控的有效框架和平稳健康发展的长效机制尚未确立。面对国内外形势的深刻变化，迫切需要加快构建房地产市场发展长效机制，这是实现房地产市场预期理性回归，以及促进经济、金融及社会稳定的重要抓手。

四、发达国家在住房制度体系建设方面积累了宝贵经验

我国现行房地产制度主要借鉴了“香港模式”，问题日益凸显。德国是西方发达国家中唯一住房租赁市场超过销售市场的国家，新加坡是世界公认的住房保障制度最为完善的国家之一，美国拥有西方国家中最完善的房产税制度，日本的房地产税是亚洲国家中发展较早的。借鉴上述国家经验，对于实现“居者有其屋”或“居者有其所”目标，发展住房租赁市场，合理设计房产税制度非常重要。

五、部分地方政府已在住房制度改革方面进行了有益探索

深圳市二次房改致力于构建多主体供给、多渠道保障、租购并举的住房供应与保障体系。北京市共有产权住房政策有利于加快建立符合首都特色的住房基础性制度和长效机制。上海和重庆的房产税试点对于完善房地产税收制度、建立长效机制做出了积极贡献。

六、多家民营企业积极作为解决员工住房问题

格力董事长董明珠承诺要让8万格力员工每人都有两房一厅的房子；华为公司在1995年就提出“将逐步帮助员工购房，让他们安居下来”；顺丰速运多措并举、协调相关政府资源，建设职工公寓；京东公司投入十余亿打造员工公寓，可以容纳1300多名员工；阿里采用与地产公司合作的模式，建房打折低价出售给员工。

七、构建新型宏观调控框架及长效发展机制的政策建议

综合考虑我国具体国情和现实状况，结合部分地方政府、民营企业既有探索以及德、新、美、日等发达国家经验，我们就构建“居者有其屋”或“居者有其所”的长效发展机制提出以下制度框架（见图4－1）。

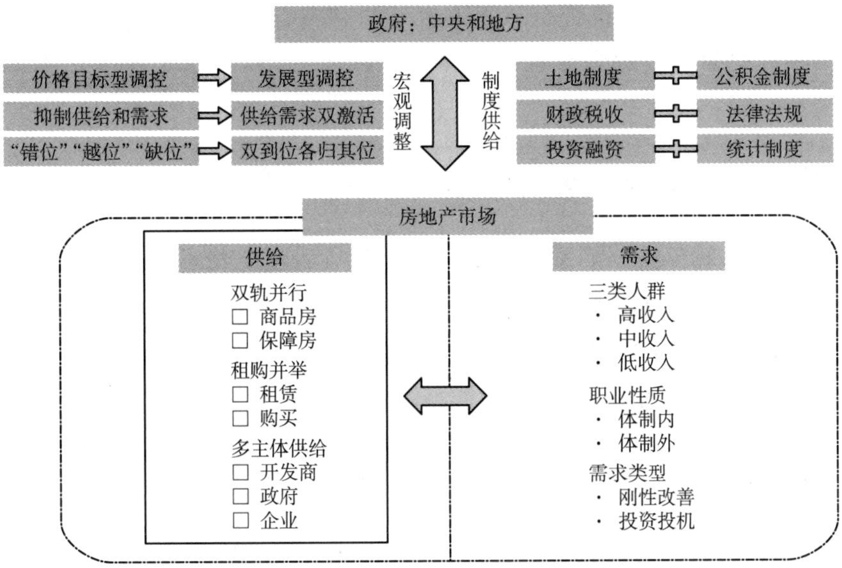

图4－1 房地产市场新型调控框架和长效发展机制建设思路

（一）总体思路

1. 从创新制度供给入手，实现政府市场双到位、商品房保障房双轨并行。扭转房地产市场过度商品化趋势，在促进商品房市场健康发展同时，加强住房保障体系建设，让保障房和商品房各行其道、政府和市场各归其位。

2. 从创新调控思路入手，激活供给需求两端。把党的十九大提出的“满足人民对美好生活的向往”作为出发点和落脚点，将调控目标由稳价格转变为满足民众对住房改善的需要，将通过调控抑制供给和需求转变为同时激活供给和需求，最终实现从以稳房价为目标的“价格型调控”向以持续改善居住条件为目标的“发展型调控”转变。

（二）改革商品房调控机制

在严格控制投资投机需求的同时，积极增加普通商品住房市场供应，引导市场预期，确保市场平稳和有序运行。新型调控框架和长效发展机制建立后，应择机取消商品房的限购、限售、限价、限贷政策，让商品房按市场法则运行，实现“政府的归政府，市场的归市场”。

（三）强化住房保障体系建设

恢复和完善原有“双轨三类”（“双轨”指保障性住房和商品房两种住房供应体系；“三类”指根据低收入、中等收入以及高收入家庭采取不同的住房供应政策）的制度安排，在坚持住房市场化改革方向基础上，健全住房保障制度体系，合理地做好保障轨和市场轨的双轨统筹，政府和市场各归其位，“保障房的事情政府管，商品房的事情市场管”。

（四）基于需求主体分类提供有效供给

1. 在原有“双轨三类”制度按照高、中、低收入制定住房解决方案的基础上，结合不同人群的职业性质和职业发展路径设计住房解决方案，补充和明确对于体制内、体制外两类人群的住房保障制度安排。

2. 发展和壮大租赁市场，推进“租购同权”改革，实现社会基本公共服务均等化；引导形成“先租后买、逐步改善”的住房梯度消费理念，增加租赁市场供给，逐步扩大住房租赁市场规模。

（五）完善房地产投融资政策

把好金融流动性进入房地产市场的闸门，加强房地产市场信贷资金使用和流向监管，防止商品房市场过度金融化。对购房者和开发商实行不同的投融资解决方案。

（六）创新制度供给加快配套制度建设

主要包括：改革和完善土地供给制度；深化住房财税制度改革；改革住房公积金制度；完善法律法规体系；建立和完善房地产基础统计制度。

政府市场双到位　商品房保障房双轨并行 供给需求双激活

——我国房地产市场新型宏观调控框架及长效发展机制研究

从1998年住房市场化改革以来，我国房地产市场发展已历时20余年。房地产市场发展改善了居民住房条件，加快了城镇化进程，促进了经济增长。同时，经济过度房地产化也导致了诸多问题，引起了社会各界的热议和关注。在当前外部贸易保护主义盛行、国内经济下行压力加大的内外部环境下，迫切需要超越稳增长与控房价的狭隘争论，加快构建房地产市场平稳健康发展长效机制，以不断满足、持续改善人民群众对于美好生活的向往和需求，实现“居者有其屋”或“居者有其所”。

本报告从回顾房地产市场发展和宏观调控政策历程入手，分析了房地产调控政策的偏差和房地产市场深层次问题，在借鉴国内外住房制度改革和建设成功经验和启示的基础上，提出了对于构建房地产市场新型调控框架和长效发展机制的总体思路，以及住房制度和配套制度改革方面的相关建议。

一、我国房地产市场的发展历程及成效

（一）房地产市场发展历程

结合宏观经济形势、房地产市场状况和房地产调控政策，我们可以将房地产市场发展和房地产调控大致划分为六个阶段。

第一阶段：1998—2002年，住房制度改革正式启动，房地产市场快速发展，政策着重行业培育和规范。为了应对亚洲金融危机和培育新的经济增长点，1998年国务院启动住房制度改革，印发了《关于进一步深化城镇住房制度改革　加快住房建设的通知》，提出停止住房实物分配，逐步实行住房分配货币化，建立和完善以经济适用房为主的多层次城镇住房供应体系。配套政策方面，1998年《个人住房贷款管理办法》和1999年《关于个人出售住房所得征收个人所得税有关问题的通知》相继出台，2002年开始推行经营性用地招拍挂出让制度。

第二阶段：2003—2008 年，房地产行业支柱产业地位确立，房地产市场持续过热，首轮调控政策出台。2003 年年初，国务院发布《关于促进房地产市场持续健康发展的通知》，明确提出房地产行业为国民经济的支柱产业。此后，房地产市场开始出现过热苗头，房地产调控逐渐升级。2004 年的“8. 31 大限”提高拿地“门槛”，同年央行推出了此前 10 年以来的首次加息。针对全国房价普遍上涨问题，2005 年出台“国八条”，拉开全面、综合、高强度调控序幕。2006 年出台“国十五条”，致力于解决少数大城市房价上涨较快、房屋供应结构矛盾突出问题。2007 年房价仍然快速上涨，主要调控政策包括针对二套住房的贷款新政和加大住房保障力度等。

第三阶段：2008—2009 年，全球金融危机背景下经济增速下滑，房地产行业引擎地位再次被强调，调控政策转向宽松。2008 年，国际金融危机爆发，国内经济增速连续四个季度下滑，商品房销售面积和均价出现大幅下滑。在 GDP 增速保 8% 目标下，政府启动四万亿投资计划，货币政策由稳健从紧转变为适度宽松，房地产行业调控基调由紧转松。2008 年 12 月，国务院发布《关于促进房地产市场健康发展的若干意见》，加大保障性住房建设力度，进一步鼓励普通商品住房消费，支持房地产开发企业积极应对市场变化。房地产市场出现“V”形反弹，商品房销售面积和均价出现大幅上涨。

第四阶段：2010—2013 年，房地产行情由冷转热、房价快速上涨，房地产调控力度多次升级。房价普遍、快速上涨已经成为困扰民生的一大难题。2009 年 12 月，国常会提出以增加供给、抑制投机、加强监管、推进保障房建设为主要内容的“国四条”，遏制部分城市房价过快上涨的势头，并于 2010 年 1 月细化为“国十一条”。2010 年 4 月，被称为史上最严的“国十条”出台，要求房价过高城市进一步收紧住房信贷，允许地方政府采取临时性限购措施，要求加快研究制定房产税。为巩固调控成果，2010 年 9 月的“9. 29 新政”对“国十条”部分内容进行了升级，变成了全国“一刀切”。2011 年 1 月，“新国八条”出台，扩大限购范围，收紧购房信贷和营业税，首次提出限价措施，行政干预色彩继续加重。2012 年，房地产调控政策总体平稳，监管层表态体现出更加注重市场和法制手段的新情况。2013 年 2 月，“国五条”出台再次收紧调控政策，要求完善稳定房价工作责任制，严格执行限购和差别化信贷政策，严格个人所得税征收、扩大房产税试点，下半年开始房地产市场行情回落。

第五阶段：2014—2015 年，房地产市场行情转冷，房地产库存增加，调控政策转向去库存。2014 年，房地产市场行情转冷，加之前期房地产投资过多，导致房地产库存快速上升，其中三四线城市去库存压力尤为明显，房地产调控政策再次转向。2014 年的政府工作报告提出“针对不同城市情况分类调控”，开始打破全国“一刀切”调控模式，当年的“9. 30 新政”加强了对居民购房的金融支持，以刺激市场需求。2015 年，“3. 30 新政”进一步放松购房信贷政策，中央财经领导小组会议提出化解房地产库存，房地产库存首次在中央层面被提及。12 月的中央政治局会议再次提出化解房地产库存，提出通过加快农民工市民化，推动以满足新市民为出发点的住房制度改革。本轮调控政策导致一二线城市房价快速上涨，以及三四线城市房地产行情回暖。

第六阶段：2016 年至今，房地产市场行情分化，宏观调控政策转向“房住不炒”“因城施策”“租购并举”，房地产市场健康发展长效机制建设启动。在房地产市场行情出现分化的背景下，调控政策更加强调“因城施策”。沪深两地“3.25 新政”，打破了过去全国同步宽松的政策走势，开启了部分热点城市紧缩型调控的新进程；非热点城市则继续执行宽松政策，尤其是去库存政策。住房租赁市场发展受到高度重视，2016 年 5 月，国务院办公厅发布《关于加快培育和发展住房租赁市场的若干意见》。2016 年年底的中央经济工作会议指出，要坚持“房子是用来住的、不是用来炒的”定位，综合运用金融、土地、财税、投资、立法等手段，加快建立符合国情、适应市场规模的基础性制度和长效机制。其后，关于房地产市场健康发展长效机制的相关表述经历了“健全”“建立”“加快建立”到“构建”的变化。进入 2019 年，房地产调控政策的顶层设计取得了阶段性进展，长效机制建设由“构建”进入“稳妥实施”阶段，且在其后首次加上“方案”二字。

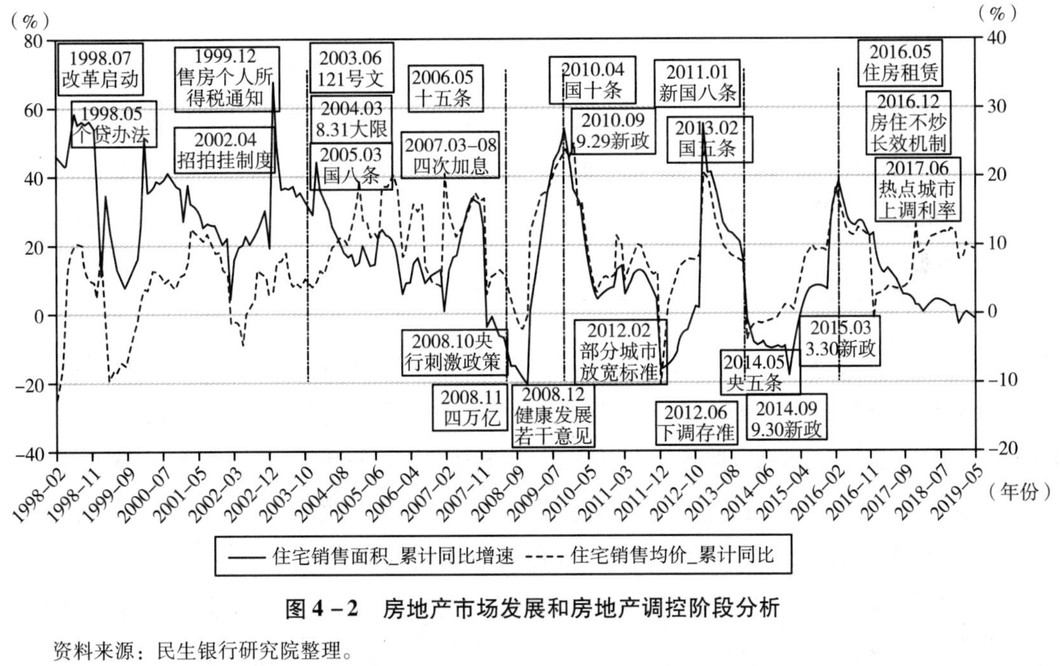

图 4－2　房地产市场发展和房地产调控阶段分析

资料来源：民生银行研究院整理。

（二）房地产市场发展成效

我国房地产市场历经 20 余年的快速发展，对改善城镇居民住房条件、加快城镇化进程和促进经济增长等方面均发挥了重要作用。

房地产市场发展改善居住条件。2012 年，《人民日报》曾估算当年我国户均拥有住房约 1.02 套，预计到“十二五”末的 2015 年时，户均拥有住房套数将到达 1.08 套。国家统计局数据显示，我国城镇居民人均住房建筑面积由 1998 年的 18.66 平方米增加到 2018 年的 39 平方米，翻了一倍多。

房地产发展与城镇化进程相互促进。一方面，城镇化进程导致城市人口增加，带来大量新增住房需求，产生城市建设需求，促进房地产行业发展。另一方面，房地产行业的发展满足了居民的住房需求，完善城市基础设施，进一步提升城市化水平。从 1998 年至 2018 年，我国城镇化率由 33.35% 提高到 58.58%。

房地产业发展促进经济增长。一方面，房地产是国民经济的支柱产业，通过房地产投资和房地产消费，对经济增长具有直接推动作用。另一方面，房地产业与上下游产业具有密切关联，房地产业的发展带动上下游相关产业的发展。从 1998 年至 2018 年，房地产业增加值占 GDP 比重由 4% 提高到 6.6%，2018 年商品房销售额占 GDP 比重则达到 16.66%。

二、我国现行房地产调控政策和房地产制度存在的突出问题

1998 年以来，我国出台了一系列房地产调控和制度建设文件，取得了积极成效，但是也存在突出问题。在肯定过去 20 多年取得成绩的同时，也应看到房价高企给民众安居带来了很大压力，各方对于当前房地产调控手段和效果满意度不高。造成当前房地产市场问题的，既有房地产调控政策方面的原因，也有房地产制度方面的深层原因。

（一）商品房行政调控长期化，扭曲了政府市场关系

1998 年我国结束福利分房制度，开始实行住房商品化，房地产市场迅速兴起，并成为国民经济支柱产业；与此同时，房地产市场中的房价过快上涨、投机需求旺盛等问题也日益突出。从 2003 年至今，以稳定房价为主要目标的房地产调控经历了几轮周期，限购、限贷、限价、限售、限商等限制性调控手段以及松绑、救市等刺激性调控措施轮番使用，商品房市场调控呈现行政化、短期化的特征。

行政性调控措施短期效果比较明显，缓和了房价增速，消化房地产库存，抑制房地产市场过热或过冷，但行政性调控措施具有不可持续性，扭曲了政府和市场关系，“越位”“错位”并存。“越位”表现为政府在商品房市场上通过行政性调控政策干预房价，代替市场来决定价格，由于价格受限，导致商品房质量急剧下降。“错位”体现在政府放任和推动地价、房价上涨，在土地市场上“与民争利”“经营城市”，既当“运动员”，又当“裁判员”。

（二）保障房供给严重不足，中低收入居民负担沉重

与政府市场关系的“越位”“错位”互为因果的是政府“缺位”。住房体制改革之初，二元化住房制度特征明显，高收入者由商品房市场解决，中低收入者由公共住房体系保障。2003年《关于促进房地产市场持续健康发展的通知》体现出明显的单一市场化取向特征，供给重点从经济适用房转向商品房，廉租房、经济适用房和公租房构成的保障性住房体系供给逐渐缺失且日益加剧。

中低收入居民负担沉重，住房问题亟待解决。如果说低收入居民住房问题解决主要依靠政府提供的经济适用房和公租房；夹心阶层既无经济实力购买高价商品房，又不符合条件购买经济适用房，两头不靠，处境尴尬。年轻夫妻如果想要拥有一套自己的住房，需要掏空夫妻双方的父母、爷爷奶奶、外公外婆三代人“六个钱包”积蓄去买。即便如此，很多情况下也只能负担起首付款而已，之后还要背上沉重的还贷压力。

（三）长期性制度供给缺位，未能有效引导市场预期

商品房行政调控长期化、保障房供给严重不足，政府市场关系“越位”“错位”“缺位”并存，源于长期性住房制度供给的缺位。房地产市场长效机制建设在2016年年底的中央经济工作会议上正式上升至国家层面，会议提出，“要坚持‘房子是用来住的、不是用来炒的’定位，综合运用金融、土地、财税、投资、立法等手段，加快建立符合国情、适应市场规模的基础性制度和长效机制”。此后，政府工作报告、中央政治局会议、中央经济工作会议和十九大报告等重要文件中都有所提及。但是，方案正式落地尚有时日，长效发展机制至今仍未形成。

在此情况下，调控政策反复摇摆只能产生只涨不跌预期。每次调控后房价的上涨，都进一步加强了市场信念，导致了明显的适应性预期。政策在控房价后转而依靠房地产稳增长，这种政策摇摆更让民众形成了错误的理性预期。

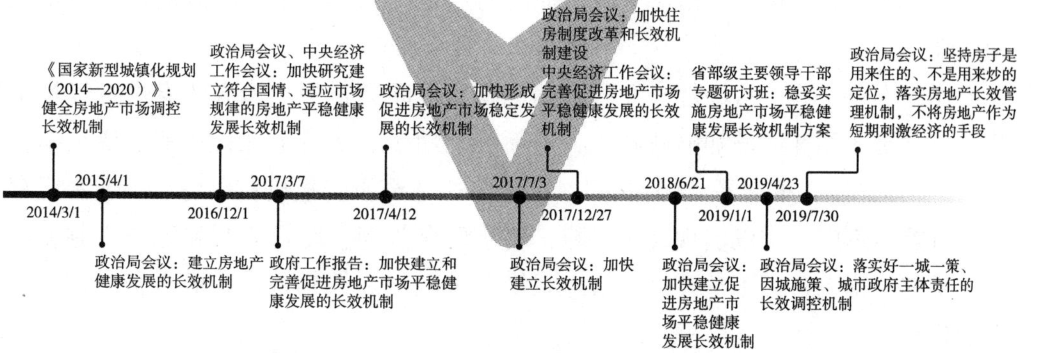

图4－3　重要会议和报告中的长效机制建设

资料来源：民生银行研究院整理。

（四）金融风险积聚，居民杠杆高企

房价过快上涨、房价过高显著增加系统性金融风险。房地产投资和开发过度杠杆化，表内、表外和国内海外融资增加，导致房地产企业债务风险上升；房地产交易混合了大量的避险和投机目的，未来房价上涨的可持续差，房地产存在泡沫化风险；金融资源流向房地产，导致金融服务实体经济不足，加大了房价调整的债务违约风险和经济下行风险。在内外部经济金融环境发生变化时，上述风险将被放大。

房价过快上涨、房价过高导致居民部门杠杆率持续攀升。央行数据显示，2019 年二季度末个人住房贷款余额 27.96 万亿元，同比增长 17.3%；个人住房贷款余额新增 10900 亿元，同比增长 11%，占新增境内贷款比例为 28%，同比上升 4.6 个百分点。随着个人住房贷款余额的快速增长，居民部门杠杆率迅速攀升。2018 年年底，我国住户部门杠杆率为 53.2%，比 2008 年年底增长了 35.3 个百分点，比 1998 年年底增长了 43.6 个百分点。

（五）经济下行压力增大，现行制度难以有效激活住房供求

当前，国民经济运行在合理区间，延续了总体平稳、稳中有进的发展态势。但也要看到，国内外经济形势依然复杂严峻，经济面临更大的下行压力。2020 年二季度，经济增速继续放缓，GDP 增速由 6.4% 回落至 6.2%。外部环境方面，全球经济复苏减弱，外部机构对经济衰退预警不断，中美贸易摩擦局势起伏不定、前景不明。内部需求方面，投资累计增速持续下滑，消费韧性略好但仍显著弱于往年。

在此背景下，再度放松房地产调控，托底经济增长的猜测和呼声再起。目前，中国经济过度依赖房地产、经济房地产化、房地产金融化的问题已经非常明显，如果回归老路，无异于饮鸩止渴。更加现实的问题是，在商品房价格过快上涨、高企的背景下，以稳定房价为目标、供给需求双向抑制的房地产调控政策面临激活市场与稳定房价的两难。

此外，影响房地产市场健康发展的其他制度性问题包括：地方政府过度依赖土地财政，通过卖地弥补或增加财政收入，进而推动地价、房价上涨；房地产税负结构有所失衡，“重开发、重交易、轻保有”，助长了房地产投资投机；住房公积金制度存在缺陷，覆盖面不广、难以实现普遍保障，缺乏配套监管、经营机制和配贷机制；房地产信息系统有待完善，不动产登记信息系统全国联网尚未实现，房地产交易信息缺乏可靠的公布渠道。

三、构建新型房地产调控和长效发展机制已成当务之急

房地产一头连着投资，另一头连着消费；一头接着实体经济，另一头接着金融体系；一头是经济增长，另一头是民生福祉；一头关系到地方政府财政收入，另一头关系到开发商、银行、居民的切身利益，具有牵一发而动全身的效果。随着当前国内外形势的深刻变化与房地产的周期波动，构建新型房地产调控和长效发展机制已成当务之急。

（一）实现房地产市场预期理性回归

自 2016 年调控至今，一二线城市平抑房价的目标基本实现，三四线城市去库存取得积极效果。以行政手段、需求管理为主的房地产调控政策虽然取得了一定成效，但是未能从根本上解决房地产市场的深层次矛盾，无法形成稳定的市场预期。

从历史上看，每当中国经济增长显著放缓时，房地产市场调控就会放松，由此带来新一轮的房地产市场繁荣，而在经济企稳之后，房地产调控又会重新收紧。随着国际国内经济金融形势的深刻变化和经济下行压力的不断加大，要求调控放松的声音又大起来。

2019 年 7 月 30 日的政治局会议一锤定音，明确提出“不将房地产作为短期刺激经济的手段”。我们认为，应客观认识房地产行业体量大、辐射能力强特点，在经济面临下行压力时仍应发挥房地产行业对稳投资、稳增长的积极作用。但与此同时，应坚定“房住不炒”定位和“居者有其屋”目标，抓紧时间构建和完善新型宏观调控框架和房地产健康发展长效机制，完善房地产市场基础性制度，在持续改善国民居住条件的同时，防止房地产市场泡沫化，实现房地产市场预期理性回归。

（二）促进经济、金融及社会稳定

1. 从周期角度来看

在《逃不开的经济周期》一书中，作者特维德指出，经济运行中存在时长大约 18 年的房地产周期（库兹涅茨周期），而且是经济周期之母。现实中，从美国芝加哥到日本再到中国香港，房地产市场基本都存在 18 年的周期定律。1989 年，美国房地产泡沫破裂，导致储贷危机；2007 年，次贷危机爆发，房地产泡沫再次破裂，历时 18 年。日本房地产 1974 年开始为期 3 年的调整，到 1991 年一个更大的泡沫破裂，历时 18 年。香港房地产 1985 年开始复苏，1997 年东南亚金融危机之下泡沫破裂，直至 2003 年再次复苏，历时 18 年。

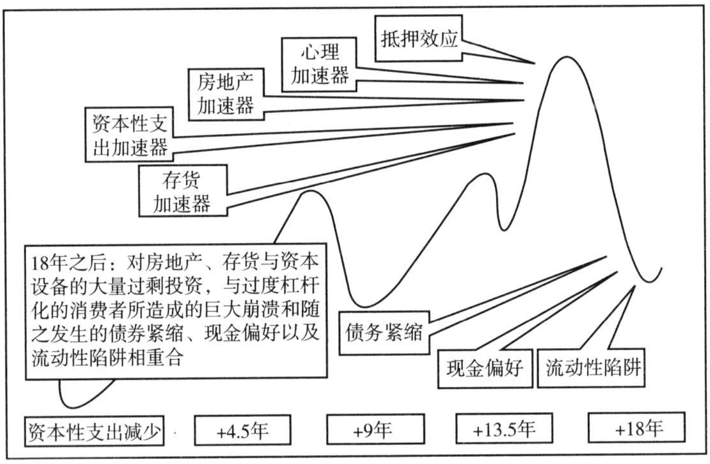

图 4－4　房地产周期

资料来源：《逃不开的经济周期》，特维德著。

具体到中国，总体上因受行政性调控政策影响，既契合又不完全符合 18 年周期理论。具体来说，从 1998 年至 2007 年的 9 年时间里，中国房地产市场经历了三波上升（1998—2000 年、2002—2004 年、2007—2008 年）和两波调整（2001 年、2005—2007 年）过程；其后 6 年，房地产行业迎来了两次上行（2008—2009 年、2010—2012 年）和两波调整行情（2009—2010 年、2012—2013 年）。2014 年 5 月，70 个大中城市新建商品住宅价格指数环比数据正式下跌，房价下行格局正式确立。按照模型这一趋势，房价下行将持续到 2016 年年末或 2017 年年初。但是，其后的“去库存”政策打乱了原有房地产周期演变过程。2016 年 11 月，中央提出“房住不炒”，市场定位发生根本性转向，从这个意义上讲，中国房地产市场也算走完了一个 18 年的周期。

2. 从人口角度来看

房地产发展归根结底要看人口。过去 20 年是我国房地产市场发展的黄金时期，根本原因在于劳动人口数量的不断增长，但随着人口拐点已过，新增人口数量逐渐减少，人口对于房地产发展的支撑作用将逐渐减弱。

从新中国成立至今，我国人口金字塔已经从年轻型逐渐发展为成年型，目前正在向老年型发展。随着人口年龄结构的变化，劳动年龄人口比例和购房适龄人口逐渐下降，社会总抚养比上升、房地产刚性需求大幅减少。我国人口抚养比在 2013 年开始增长，“人口红利”正在逐渐消退，预计 2035 年后将进入人口负债时代，二孩政策短期内无法大幅增加市场需求。人口抚养比出现拐点之后，储蓄率、投资率将下降，房地产发展将会减缓，对国民经济拉动作用也将减弱。

过去 20 年，房地产业的高速发展依赖的是高速的城镇化进程。按照国务院制定的《国家人口发展规划（2016—2030 年）》，常住人口城镇化率会在 2030 年达到 70%，我国的城镇化率和城镇化进程还有一定提升空间。需要注意的是，城镇化进程只是在一定时间范围内、一定程度上抵消人口结构对房地产市场的影响，随着城镇化率达到一定水平，新增城镇人口和适龄购房人口均将大幅减少。

综上，由于总抚养比上升和购房适龄人口减少，房地产市场需求将持续减少，但是家庭户数增多、城镇化进程和住房保障政策将在一定程度上延缓房地产需求的下降。在新型城镇化过程中，中国的住房保障和住房制度改革如何跟上是一个无法回避的焦点。

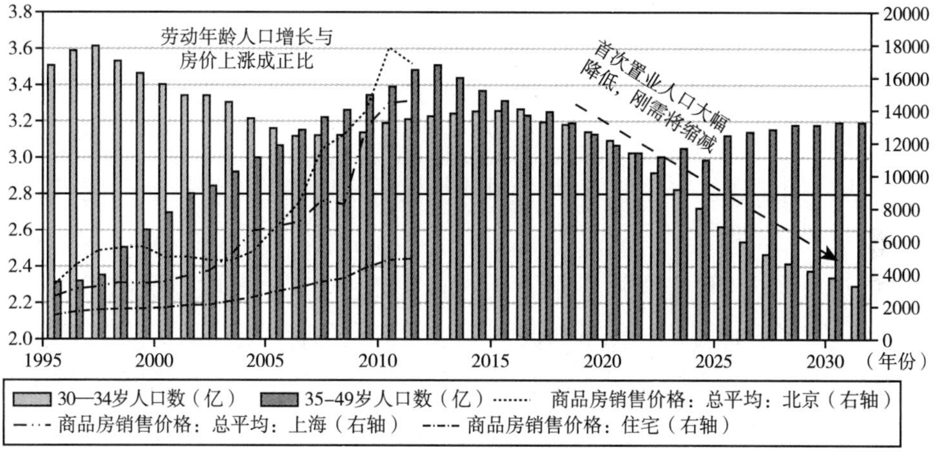

图4－5　劳动年龄人口和购房适龄人口情况

数据来源：Wind，民生银行研究院整理。

四、住房制度改革的国际经验和启示

房地产作为关系国计民生的重要产业，发达国家结合不同的历史环境和国情特点，在住房制度体系建设的理论和实践上做了许多有益的探索，积累了宝贵的经验和教训，其中德国住房租赁制度、新加坡公共住房制度以及美国和日本的房地产税制度值得借鉴。

（一）德国模式——住房租赁制度的典范

1. 德国的住房租赁制度

培育和发展住房租赁市场，加快建立多主体供给、多渠道保障、租购并举的住房制度，是深化住房制度改革的重要内容，是实现城镇居民住有所居的重要途径。目前，我国住房租赁和销售市场发展失衡，租赁市场发展迟缓、供给严重不足。

德国是西方发达国家中唯一的住房租赁市场超过住房销售市场的国家，住房自有率约为40%，住房租赁家庭占比约为60%。经过第二次世界大战后住房极度短缺、两德统一后的移民潮、2015年以来的难民潮等多次社会变革洗礼，德国逐渐形成了制度完善、市场稳定、居民满意的租售均衡的住房制度。

2. 德国住房租赁制度的主要内容

德国的住房租赁制度主要包括福利住房制度、房屋租赁制度、户籍管制制度、住房金融制度和住房补贴制度等。

福利住房制度。第二次世界大战后，为解决房荒严重、国内缺乏储蓄资金和资本市场的困境，德国开始调动社会各方面力量加快住宅建设。德国福利住房建造模式分为两种，一种是运用联邦、州、行政区政府的住房建设基金建造，另一种是房屋投资商或私人利用自有资金和政府优惠贷款建造。1949—1979年，德国共建造福利住房780万套，占同期新建住宅总数的49%。90年代后，德国的住房短缺问题得到了根本解决。

房屋租赁制度。《租房法》对租赁合同的签订、期限、解除以及出租人和承租人的权利义务进行了全面规定，侧重强调对承租人权利的保护。租房租赁市场的核心在于租金控制，德国的租金管制或指导制度非常严格且具有特色。其租金控制工具名为“租金明镜”，可以显示一个地方住房的平均、最高和最低租金情况，租户可以借此评估自己的租金是否合理，房东提高租金必须遵循法规规定。

户籍管理制度。注册性户籍制度从根本上确保租赁和购买住房同权同责，是德国住房租赁制度落实的前提保障。东西德统一后，德国不再对柏林等大城市进行人口限制，开始实施全面户籍注册制度。户籍注册与住房直接关联，但与住房所有权无关。居民只要有合法的房屋居住，无论是购买的还是租赁的，都可以完成户籍注册，以此办理医疗保险和入学登记，享受均等的医疗和教育等社会福利。

住房金融制度。德国房价的长期稳定和住房租赁市场的发达还与完善的政策性住房金融体系有关。大部分德国银行更关注与绝大多数居民的居住权益密切相关且具有稳定收益的住房租赁产业，很少以风险较高的房地产及购房信贷作为收益来源，且对于购房信贷审查严格，对购房首付比例要求较高，实行先存后贷的住房储蓄制度，且需要从多家住房金融机构获得组合贷款。

住房补贴制度。德国的住房补贴制度主要包括住房建设补贴和住房补贴两个方面。住房建设补贴旨在提供用于配租的公共租赁住房，住房补贴旨在针对低收入家庭提供租房和购房的货币补贴，其中租房补贴主要覆盖私人产权的社会租赁住房。具体数额由家庭人口、收入和房租支出情况综合确定，保证每个家庭租金支出不超过家庭可支配收入的25%，当前90%以上的住房补贴发放给租房家庭。

（二）新加坡模式——居者有其屋的典范

1. 新加坡的公共住房供应保障体系

新加坡是世界上公认的住房保障制度最为完善的国家之一，成功解决了国民的住房问题，对世界其他国家构建住房保障体系具有较强的借鉴意义。研究新加坡的住房保障体制，借鉴其成功经验，有利于构建我国的住房保障制度，最终实现“居者有其屋”的住房保障目标。

新加坡的房地产市场是以政府组屋市场为主（2017 年规模占比 73%），以私人住宅市场为辅（规模占比 26%）的二元结构市场。政府通过对组屋市场的有效调控实现房地产市场整体稳定，私人住宅市场的波动对整体市场冲击较小。

新加坡保障性住房政策的最大特点是完全由政府主导。早在 1965 年新加坡建国之初，“开国之父”李光耀就提出了“居者有其屋”计划，并成立了建屋发展局负责住房规划、建设和管理，为中低收入者提供廉价住房。2017 年，新加坡居民家庭住房自有率为 90.7%，82% 的人口居住在政府组屋中，其中，96% 拥有房屋产权，其余为租赁住房。

2. 新加坡的公共住房制度体系

建屋管理局统一运作。新加坡政府设置建屋管理局，全权负责保障性住房的相关事宜，形成了统一规划、建设、分配和管理的集权式运作机制。建屋管理局致力于为新加坡国民提供质优价廉的住房，同时建设和保持市镇活力，以及社区和谐和归属的营造。在行政上，建屋管理局隶属于国家发展部，下设建设研究协会、建设组、不动产组和组织组，各部门分工清晰明确，各自承担保障性住房的建设和管理的各种职能。

土地制度和公积金制度作为必要保障。在新加坡，土地是公有的。政府严格控制土地资源，优先保证组屋建设用地，为组屋的建设提供强有力的土地保障。良性循环的中央公积金制度也是组屋建设和消费经济不可缺少的一环。新加坡的中央公积金制度是一项强制储蓄制度，一方面，通过把公积金归集起来，留足提款后购买政府债券，用于建房开发贷款和购房资金贷款；另一方面，公积金会员可以动用公积金储蓄购买组屋，以现金支付或抵押支付房款，提高购房支付能力。

封闭管理模式。新加坡的住房保障制度实行封闭管理模式，对于准入和退出机制有明确的规定，并且用相应的惩罚机制确保其效力。政府会定期重新审核购房者家庭收入，如果不再符合要求，政府将对组屋进行回购；组屋的出售和转售也均在建屋管理局的封闭式管理中进行，买卖双方须提出申请，由建屋管理局对双方是否符合条件进行审核。此外，准入和退出机制还会随着经济的发展和居民收入的提高适时修改，将更多国民纳入保障体系中来。

调节一、二级市场的税制。在二级市场上，新加坡政府对政府组屋和非住宅转让产生的利润，根据不同持有年限课以不同税负。公民持有房产 1 年以下，为转让利润的全部；小于 2 年，为转让利润的 2/3；少于 3 年，为转让利润的 1/3。在一级市场上，政府用印花税来调节交易热度。任何人购买住宅或非住宅房产，在合同签订之时，必须支付印花税，课税对象为整个住宅交易的价值，税率按照购买价格分别为 1%、2% 和 3% 三个档位。

（三）美国和日本的房地产税制度

主要发达国家的房地产税制度各具特点，如美国的房地产税经历了长期的发展和完善，是西方国家中最完善的房地产税制；日本的房地产税制是亚洲国家中发展较早的，且目前已经形成了一套比较成熟的税收体系。

1. 美国的房地产税制度

美国征收房产税已有 200 多年的历史，经历制度萌芽、完善和重构等阶段，目前已经形成稳定的征收模式。美国房地产税收制度以对土地、房屋统一征收财产税为主体，课税对象既包含房产也包含地产，征税范围涵盖城乡所有的土地和房产，纳税人为财产的所有人。其制度主要内容和特征包括：

房地产税是地方税种，地方政府拥有较大的自主权。美国的房地产税是典型的地方税种，其税收立法权、课税权和税收收入均归属于地方政府。房地产税的立法权源于宪法，再由宪法直接赋权给各州和地方政府。州政府一般在税收评估标准、评估程序的建立以及为评估部门提供培训等方面发挥作用；地方政府负责税率制定、税收豁免以及税款征收等。各州在房地产税制的立法方面相互独立，在税率、税基和征管方法等方面存在较多差异。

征收遵循“以支定收”原则，主要功能为调节财政收支。美国房地产税税率由地方政府根据本年度财政支出预算和税基浮动确定。因此各个地方辖区的税率会有所差异，大部分地区的税率水平在 0.8%—3%，税额一般占地方财政收入的 50%—80%。房地产税是美国平衡地方财政预算的重要手段，可使地方政府组织财政收入的能力得到高效发挥。房地产税主要用于地方政府的教育、公共基础设施和服务以及日常开支等项目，征收和使用体现“取之于民、用之于民”的受益税性质。

税基评估和信息管理体系成熟。地方政府设有独立的房地产价值评估部门，通过房地产计税价值评估体系对房地产的市场价值进行定期评估，并将其作为房地产计税依据。评估系统实现了信息和数据共享，可以将土地、房地产的测绘、评估资料、历年价值变化、征税情况等多方面数据库信息与地图整合链接对外公布。

房产税缴纳流程简明，欠税惩罚措施完善。各地对房产税通常按季度、半年或年度征收。每个房主会定期收到地方税务部门寄送的缴税通知，房主在规定期限内通过支票或网络支付完成房产税的缴纳。纳税人享有延期申报的权利，期限通常为30天；如若未能按期缴清税费，税务机构会处以罚款和加收滞纳金；如长期欠税，地方政府有权处理并出售房主财产以抵扣税费。

税收优惠形式多样，税负处于合理水平。居民在购买第一套非经营性自用房产时免税，各州按规定的免征面积和免征额度对居民的普通住宅给予免征优惠。通常从第二套住房起征收房产税，税率也随之增长。当房产大幅升值时，纳税人可先按财产原值缴纳税款，差额可以延期缴纳。部分区域对于低收入群体实施住房抵免，抵免额可以抵减个人所得税或退休金等，有效减轻纳税人的税收负担。当财产税与个人收入比例超过了法律规定，政府会将超出部分按比例返还给纳税人。直接减免、针对弱势群体的延期纳税和针对低收入群体的税收抵免等措施，使美国整体家庭税负并不高。

2. 日本的房地产税制度

日本政府从20世纪50年代开始征收房地产税，目前相关税收主要包括不动产取得类课税、不动产保有类课税和不动产转让所得类课税三大类，涵盖了获取、保有和转让不动产的全过程。

不动产保有税是日本最主要的房地产税种，主要包括固定资产税、城市规划税等。其中，固定资产税主要对土地、房屋等征税，纳税人是法律意义上的土地、房屋产权所有者。城市规划税纳税人、课税依据等与固定资产税相同，课税对象为城市规划区域里的土地、房屋。

保有环节的房地产税为地方税种，税收权限由中央立法规定。从立法层面看，日本实行中央集中立法制度，地方政府无税收立法权。地方政府税收权限由中央政府立法规定，主要包括课税及税率选择、制定征收条例和征管细则等。

房地产税评估及定价体系比较完善。对房地产科学合理的评估与定价是房地产税有效征管的前提和关键。评估体系上，总务省、总务大臣、都道县府知事、市町村张、资产评估员各司其职。总务大臣签署并发布评估基准，评估员依据基准进行评估，由市町村长基于评估确定价格，登录在课税台账中作为课税依据。房地产税评估形成了调查、评估、审核、修正等一套严格的流程，在评估方法上经过多年运作已比较成熟。

征缴方式便利，登记和台账制度健全。日本房地产税原则上每年分四次缴纳，具体期限由地方自行决定。纳税人可采用多种方式缴纳税款，除到税务部门、银行和邮局的窗口外，还有银行转账、便利店缴纳、银行ATM、信用卡支付和手机支付等多种方式。日本实行不动产登记制度，法定的不动产登记制度使税务机关可以精确掌握房地产税源信息。房地产评估价格登记在课税台账后，须立即公示其内容，且在指定场所向纳税人提供台账的公开阅览。台账登记和阅览制度一方面从最后一个环节确保评估、计算正确，另一方面通过提高信息的透明度提高纳税人的遵从度。

房地产税减免方面，除了对政府、学校、皇室、墓地等有特殊用途的房地产免征固定资产税外，住宅用地面积大小、新旧程度不同的房地产均可获得一定比例的税收优惠。计税价值低于30万日元的土地和计税价值低于20万日元的房屋，均免征固定资产税。除此之外，如果老旧房屋进行抗震翻建和改造，依据不同条件，可以获得1—3年不等的固定资产税和城市规划税的减免；如果对房屋进行节能改造或无障碍通道改建，可依据条件享受1/3的固定资产税减免。

五、部分地方政府住房体制改革实践及启示

2011年以后，特别是2016年以来，旨在促进平抑房价、促进房地产市场平稳健康发展的改革措施不断落地，房地产市场的供给侧结构性改革在房产税、租赁市场、土地供应等多个领域不断推进。本报告选取了深圳市二次房改、北京市共有产权住房改革以及上海和重庆的房产税试点进行分析，梳理相关改革措施，总结相关经验和启示。

（一）深圳启动二次房改

1. 深圳启动二次房改

2018年6月5日，深圳住建委发布《关于深化住房制度改革加快建立多主体供给多渠道保障租购并举的住房供应与保障体系的意见（征求意见稿）》（以下简称《意见》），面向社会公开征求意见。

与1998年那一轮福利分房改为住房商品化的房地产改革相比，深圳市本次房改致力于构建多主体供给、多渠道保障、租购并举的住房供应与保障体系，被市场称为深圳的二次房改。

在征求意见两月后，2018年8月9日，深圳市政府通过深圳政府在线正式发布《意见》全文，房改意见正式落地，深圳二次房改拉开序幕。

2. 深圳市二次房改的主要内容

《意见》总体设计是坚持以住房供给侧结构性改革为主线，突出多层次、差异化、全覆盖，针对不同收入水平的居民和专业人才等各类群体，构建多主体供给、多渠道保障、租购并举的住房供应与保障体系。充分发挥政府、企业、社会组织等各类主体作用，优化调整增量住房结构，盘活规范存量住房市场。

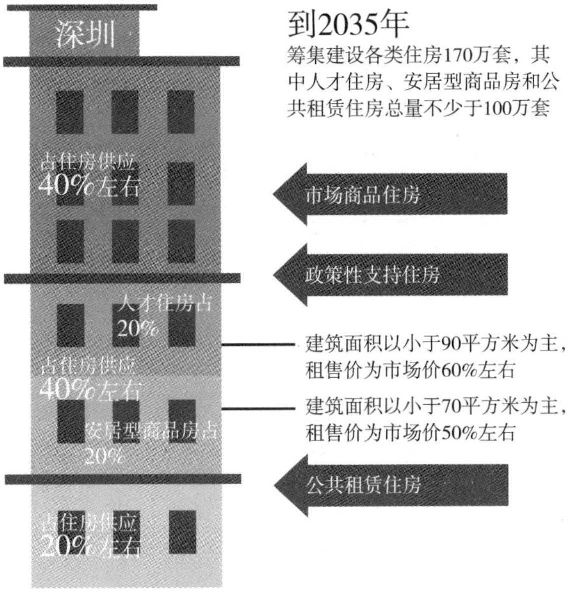

图4-6　深圳市二次房改政策体系

《意见》确立了2018年至2035年深圳市住房发展的三大主要目标。一是统筹解决各类居民的住房问题，构建相对完备的住房供应与保障体系，确保户籍特困人员、低保及低保边缘家庭应保尽保，各类人才和中等偏下收入居民以及为社会提供基本公共服务的相关行业人员、先进制造业职工等群体的住房困难得到有效解决，可通过市场解决的住房需求得到较好满足。

二是到2035年，新增建设筹集各类住房共170万套，其中人才住房、安居型商品房和公共租赁住房总量不少于100万套。

三是住房品质和宜居水平持续提升，住房空间布局更加合理，交通、教育、医疗等市政公共服务配套设施更加完善，住房绿色化、智能化水平显著提高。

此外，《意见》还提出了开展城际合作，落实粤港澳大湾区战略，推动建立都市圈城际住房合作机制，结合轨道交通和产业布局，在临深片区开发建设人才住房、安居型商品房和公共租赁住房。

3. 深圳二次房改的意义

深圳二次房改旨在从顶层设计打造“人口—产业—城市”良性发展的新住房制度，是构建房地产市场健康发展长效机制的一次有益尝试，将深刻影响深圳房地产市场，并为其他城市甚至国家住房制度改革提供借鉴。

一是致力于打造商品房与政策性住房双轨制。《意见》是对1998年住房制度改革以来逐渐确立的以商品房为主导的单轨制的一次纠偏。深圳市将针对不同收入水平的居民和专业人才，构建多层测、差异化、全覆盖的住房供应和保障体系，在未来18年内提供 100 万套以上政策性住房，让住房回归民生属性，平衡市场与民生的关系。

二是致力于构建长效机制。《意见》提出要着力构建面向 2035 年的住房供应和保障体系，编制深圳市住房中长期发展规划（2018—2035 年）。与通常 3—5 年的城市住房建设规划不同，长达 18 年的时间跨度有利于改善深圳居民对房地产市场预期，克服地方政府官员任期制导致的政绩短视行为和短期内对土地财政的过度谋求。

（二）北京推出共有产权住房制度

1. 共有产权住房改革出台

“3. 17 新政”之后，2017 年 9 月 20 日，在严格需求端调控基础上，北京市再次推出共有产权住房政策，深化了住房供给侧结构性改革，进一步完善住房供应体系。

共有产权住房是指政府提供政策支持，由建设单位开发建设，销售价格低于同地段、同品质商品住房价格水平，并限定使用和处分权利，实行政府与购房人按份共有产权的政策性商品住房。

共有产权住房政策的出台，标志着北京市“保基本、分层次、广覆盖”住房供应体系进一步完善，引导居民形成梯级消费理念，加快构建购租并举的住房制度，建立完善符合首都特点的住房基础性制度和长效机制，全力推进住有所居目标实现。

2. 共有产权住房制度安排

目标群体。在当前住房制度安排下，共有产权住房主要面向“夹心层”的住房困难群体，作为中端支持的重要方式，让住房制度更加公平合理，加快构建购租并举的住房制度。

销售价格。共有产权住房项目的销售均价，应低于同地段、同品质普通商品住房的价格，以项目开发建设成本和适当利润为基础，并考虑家庭购房承受能力等因素综合确定。上述安排较大程度降低了房屋出售价格，有效降低购房门槛，最大限度支持夹心层首次购房需求，满足无房家庭住房刚需。

回购和再上市。共有产权住房购房人取得不动产权证未满 5 年的，不允许转让房屋产权份额，因特殊原因确需转让的，可向原分配区住房城乡建设委（房管局）提交申请，由代持机构回购。回购的房屋继续作为共有产权住房使用。新购房人获得房屋产权性质仍为“共有产权住房”，所占房屋产权份额比例不变。

3. 共有产权住房的积极意义

共有产权住房是介于政府基本住房保障与市场化商品住房之间的一种具有政策扶持性质的商品住房，有利于从根本上消除保障房与商品房之间的二元分立，有利于实现住房制度设计对全体居民的全覆盖，有利于加快建立符合首都特色的住房基础性制度和长效机制。

北京市共有产权住房制度的一大特色是封闭运行。在以往的北京市产权型保障房和政策房中，如经济适用房、限价商品房、自住型商品房，在满足一定条件后是可以转换为完全商品住房的。对共有产权住房再上市产权性质上进行了收紧，以“封闭管理、循环使用”为原则，明确共有产权住房的“共有产权”性质在上市后也不能变更，真正实现“封闭管理、循环使用”，满足更多无房家庭住房刚需。

对于购房家庭来说，准入条件更加严格，聚焦无房家庭首次购房需求，有利于解决住房民生问题，建立购租并举的住房制度。共有产权住房改革有效降低住房所有权进入门槛，显著提升家庭购房支付能力，增加了自有住房机会，提高住房自有自住比率。产权和责权清晰，有助于家庭逐步积累财富，压缩了寻租空间，改善了住房保障制度的公平性，实现居住功能、保障属性与财产权利的有机统一。

（三）上海和重庆房产税改革试点

1. 房产税改革背景

房产税的现状形成于1986年。当年，国务院颁布《中华人民共和国房产税暂行条例》，规定“个人所有的非营业用房产免纳房产税”，此后我国商品房市场基本免征房产税。

为了遏制房价过快上涨，房产税扩征改革试点开始。2009—2010年，我国房地产价格的节节攀升，为遏制部分城市的房价过快上涨，国务院于2010年4月发布了“新国十条”。在坚决抑制不合理住房需求部分，文件要求发挥税收政策对住房消费和房地产收益的调节作用，加快研究制定引导个人合理住房消费和调节个人房产收益的税收政策。被市场视为房价调控“杀手锏”的“房产税扩征”则在此背景下应运而生。2010年5月，国务院公布《2010年深化经济体制改革重点工作的意见》，将“逐步推进房产税改革”列入当年的财税体制改革的目标。2010年9月，国务院进一步提出“加快推进房产税改革试点工作，并逐步扩大到全国”。2011年1月，上海和重庆率先响应改革号召，试点个人住房房产税改革，开始对个人住房征收房产税。

2. 上海市和重庆市房产税改革试点情况

2011年年初，上海市和重庆市分别开展房产税改革试点。上海市征收房产税依据文件为2011年1月出台的《上海市开展部分个人住房征收房产税试点的暂行办法》；重庆市房产税的征收依据为2011年1月出台的《重庆市关于开展对部分个人住房征收房产税改革试点的暂行办法》和《重庆市个人住房房产税征收管理实施细则》。2017年1月，为升级对异地炒房的限制，重庆市政府对上述文件进行修订，将征税对象中对无户籍、无企业、无工作的“三无”个人新购二套及以上普通住房征收房产税，修订为对“三无”个人新购首套及以上普通住房征收房产税。

作为房产税试点的两个样本，上海市和重庆市采取了两种不同的路径。通过对比房产税细则可以发现，两地的征税政策既有相似之处，也存在明显差异。相似性体现在：从征税目的上看，两地均强调调节收入分配、引导住房消费；从税收用途上看，上海将税收用于保障性住房建设，重庆将税收用于公共租赁房的建设和维护；对非本市居民的征税条件更为严格，抑制外来投机需求意图明显。

区别主要体现在：从征税范围上看，上海市实施范围较大，重庆市覆盖范围较小；从征税对象上看，上海着重对新购而非存量房征税，重庆则聚焦存量和增量的高档住房；从征收力度上看，重庆应税金额高于上海，但是免征面积高于上海；从减免标准上看，上海按照人均面积扣除，重庆按照家庭套数计算。

表 4-1　上海市和重庆市房产税征税细则

<table>
<tr><td>征税目的</td><td colspan="2">合理调节居民收入分配，正确引导住房消费</td><td colspan="3">为调节收入分配，引导个人合理住房消费</td></tr>
<tr><td>征税区域</td><td colspan="2">上海全市</td><td colspan="3">重庆主城九区</td></tr>
<tr><td>征税对象
面积 M</td><td>本市居民家庭新购
第二套及以上住房</td><td>非本市居民新购住房</td><td>本市居民新购及
原有独栋
商品住房</td><td>本市居民
新购高档住房</td><td>无户籍、无企业、
无工作人员
新购普通住房</td></tr>
<tr><td>税率
单价 P，税率 r</td><td colspan="2">$P \leq 2Pa$，$r = 0.4\%$；
$2Pa < P$，$r = 0.6\%$；</td><td colspan="2">$P < 3Pa$，$r = 0.5\%$；
$3Pa \leq P < 4Pa$，$r = 1.0\%$；
$4Pa \leq P$，$r = 1.2\%$；</td><td>0.5%</td></tr>
<tr><td>免征部分</td><td colspan="2">人均小于 $60m^2$ 部分</td><td>小于 $180m^2$ 部分</td><td>小于 $100m^2$ 部分</td><td>无</td></tr>
<tr><td>缴税额</td><td colspan="2">$(M - 60 \times 人数) \times P \times 70\% \times r$(年)</td><td>$(M - 180) \times P \times r$(年)</td><td>$(M - 100) \times P \times r$(年)</td><td>$M \times P \times r$(年)</td></tr>
<tr><td>缴税方式</td><td colspan="5">按年计征</td></tr>
<tr><td>收入用途</td><td colspan="2">用于保障性住房建设等方面的支出</td><td colspan="3">个人住房房产税收入全部用于公共租赁房的建设和维护</td></tr>
</table>

注：P——应税住房每平方米市场交易价格或独栋商品住宅和高档住房建筑面积交易单价；Pa——上年度新建商品住房平均销售价格或上两年主城九区新建商品住房成交建筑面积均价。重庆市 2017 年 1 月 14 日以前，无户籍、无企业、无工作的个人征税条件为新购的第二套（含第二套）以上的普通住房。

3. 从试点经验看房产税征收效果

关于开征房地产税的理由和必要性，当前主要有三种观点：抑制房价过快上涨、解决土地财政问题和调节财富收入分配。从上海市和重庆市房产税试点情况来看，房产税在抑制房价过快上涨、解决土地财政问题和调节财富收入分配等方面作用有限，当前的房产税改革重点仍是税收制度的完善和长效机制的建设。

控制房价效果并不明显。房产税并不是有效的房价调控工具，期望房产税来解决房价上涨过快和空置问题并不现实。与全国样本均价对比，征收房产税后，上海和重庆的房价并没有得到平抑。重庆房价涨幅相对平和，归根结底是土地供应充足、人口数量少、政策调控等多方面原因综合起效。由于未能在房产保有环节有效增加炒房者的成本，房产税也无法有效让存量房流通起来。

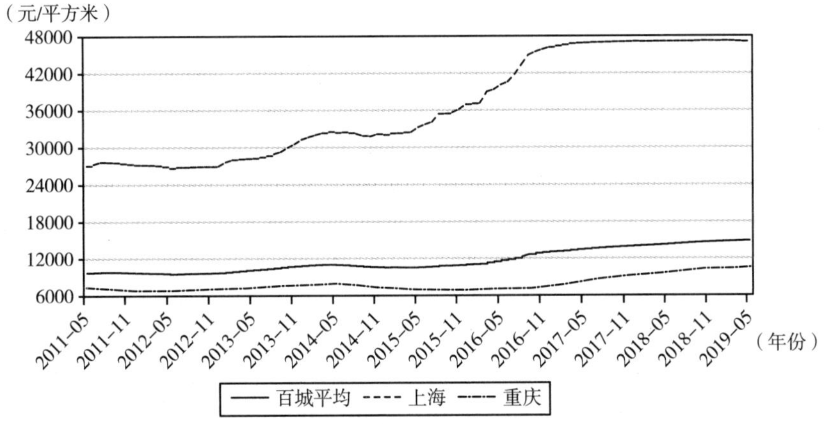

图4-7　全国、上海和重庆商品房平均销售价格

数据来源：Wind，民生银行研究院整理。

未能带来政府财力的现实增长。从上海市和重庆市试点运行情况上看，房产税收入过低，与土地使用权出让收入之间的差距巨大，房产税短期内还无法替代土地财政的角色。即使还原到上海市和重庆市房产税试点征税对象覆盖范围较小、减免措施力度较大的影响因素，房产税仍然与土地使用权出让收入规模存在巨大差距。

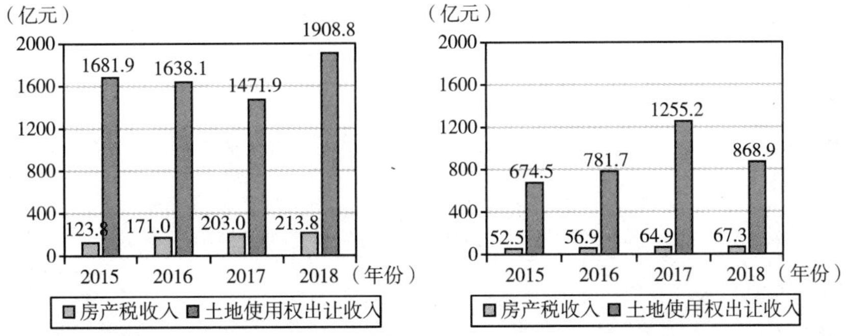

图4-8　上海市和重庆市房产税收入和土地使用权出让收入比较

数据来源：上海市税务局、重庆市财政局，民生银行研究院整理。

财富收入调节效果有限。房地产税调节财富和收入差距的功效有限，且这种目的有悖于国外房产税征收实践。在房产税改革试点相关文件中，上海和重庆两地均强调税收所得用于保障性住房建设或公共租赁房建设和维护。实际上，房产税的实际征收规模与保障性住房或公共租赁住房建设支出差距巨大，收入调节作用有限。从国外经验看，房产税主要用于支持地方政府为纳税人提供有利于保持其物业价值的公共服务，试点与国外房产税征收目的有所差异。真正具有收入调节作用的税收或是资本利得税，对房产转让的净收益征收阶梯累进资本利得税或转让所得税。

六、多家民营企业积极作为解决员工住房问题

为了解决员工住房难题，让员工无后顾之忧，增强员工归属感，推动企业与员工共同发展，近年来格力、华为、阿里等多家民营企业通过提供租金或购房补贴、优惠贷款、职工宿舍和职工公寓等方式，多种方式、多种渠道解决职工住房困难。

（一）格力的员工住房解决实践

早在2017年2月，董明珠做客人民直播时表示，要提升员工薪酬福利，让员工没有后顾之忧，更好地投入工作，目前正在构想建房，让每个员工都享受到两室一厅的待遇，回报他们对公司的贡献。

员工生活区。早在2005年，格力电器就开始建设员工生活区。格力员工宿舍分为康乐园一期、二期，总建筑面积超过20万平方米，小区环境优美，配有员工活动中心等文体娱乐设施以及生活配套设施。

人才公寓。2018年2月6日，珠海市住房和城乡规划建设局在官网上发布了《格力电器人才公寓项目批前公示》。项目公布的信息显示，格力电器拟建设的项目名称叫作“格力人才公寓”，建设单位是珠海格力电器股份有限公司，该地块属于二类住宅（公租房）及其配套的服务设施用地，项目位于珠海前山鞍莲路与翠屏路交义口西侧。

图4-9　员工生活区格力康乐园

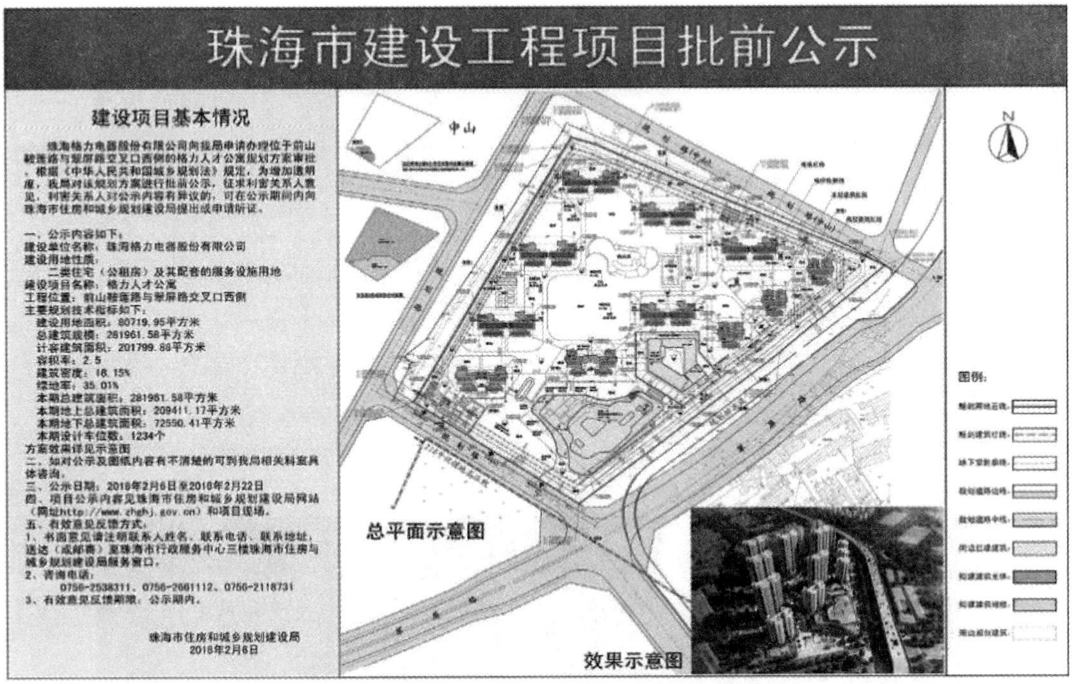

图 4-10　格力人才公寓项目公示

项目建设用地面积 8 万平方米，总建筑面积 28 万平方米。格力内部人士向有关媒体确认，该项目就是格力员工的福利房。据了解，格力电器自 2015 年 11 月就已取得用地手续，开始规划建设 3000 套两室一厅的人才公寓。

（二）华为的员工住房解决实践

华为之所以开建员工福利房，就是让员工不再为房子担忧，更好地体现“以奋斗者为本”。2015 年，华为在东莞松山湖获得了 1900 亩的土地，而且还在追加，其在深圳占有的土地总面积为 2460 亩。据称，除了华为手机研发会留在深圳，无线部分、华为大学、研发中心、中试中心等都将搬至东莞松山湖华为基地。

根据网上流出的相关资料显示，华为在东莞为员工提供了 3 万套住房。其中包括松山湖项目 2000 亩，预计 2 万套；松山湖安居房项目 443 亩，预计 5500 套；湖畔花园 175 亩项目，预计 3000 套；华为松山湖南区公寓 115 亩项目，预计 2500 套。按照分配方案，不区分楼栋、楼层、户型，单价全部统一为 8500 元/平方米，以两房居多，各个部门分配的房型比例也一致，一房占 12%，二房占比 76%，三房占比 12%。前 5 年是租赁，期满后由员工购买（员工拥有完整产权），购买 5 年后才能转让。相当于 10 年后才能入市流通。

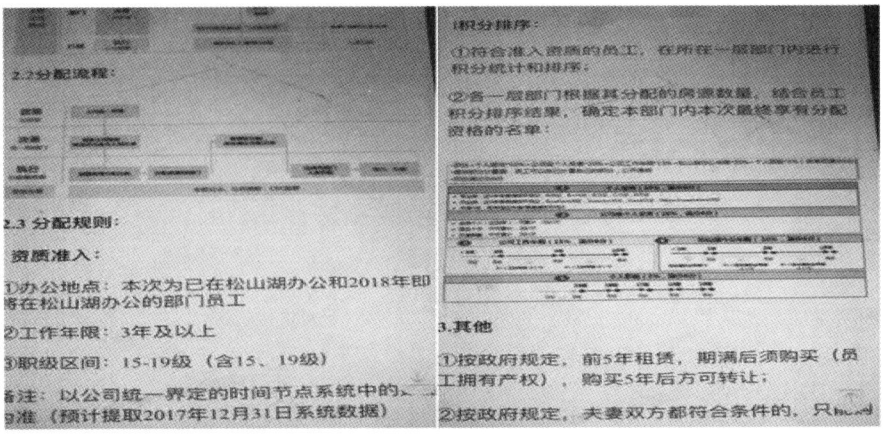

图 4－11　网传的员工住房分配方案

图 4－12　华为松山湖地块示意图

（三）顺丰、阿里、京东等企业的员工住房解决实践

1. 顺丰公寓房

为了更好地解决员工“住”的问题，顺丰速运多措并举探索解决方案，经多方努力，协调相关政府资源，2017 年 12 月 7 日，顺丰速运与杭州吴家墩经济合作社正式签订了吴家墩公寓项目合作协议，为顺丰集团在杭州参与投资建设的首个公租房项目。

该项目总占地 70 余亩，规划建筑面积近 10 万平方米，合计公寓房 1100 余套，项目投资额预计将达到 2.2 亿元左右，幼儿园等基础配套设施齐全，供顺丰集团员工及外来务工者居住。其中一期已于 2015 年完工，第二期已于 2018 年 6 月 25 日正式开建。未来将借鉴公租房运营机制，按一定比例进行内部分配，致力于为员工打造一个有温度、有归属感、社区化的员工之家。

2. 京东员工宿舍

2017 年9 月，京东在宿迁投资13 亿元打造的京东宿迁客户服务中心落成，其6 层至20 层是可以容纳1300 多名员工的公寓，共有700 多间。装修参照高级单身个人公寓标准，分双人标间与单人间。在宿舍旁边，还建造了满足700 人就餐的餐饮中心以及健身区，均向所有员工开放。刚入职京东的员工可申请一个双人间的宿舍。工作满三年以上的员工，每人单独一个房间。房间所有软装均采用标准化设置，员工住宿舍所有费用全部免费。

3. 阿里福利房

企业与其他地产公司合作兴建员工内部房是阿里公司探索的一种模式。2016 年 3 月，阿里与绿城发展置业在杭购地造房380 套，以每平方米约1 万元的价格卖给员工，相当于当时市场价“六折”，房子已于 2018 年交付。在住房福利方面，阿里还有“ihome 计划”。在阿里服务期满 2 年且符合相应条件的大陆正式员工，如果购置工作地首套住房，便可以向公司申请无息住房贷款30 万元作为购房首付。

七、构建新型宏观调控框架及长效发展机制的政策建议

通过对房地产市场发展历程的回顾，归纳现有房地产调控和房地产相关制度的问题，结合部分地方政府、民营企业既有探索以及德、新、美、日等发达国家经验，我们就构建“居者有其屋”或“居者有其所”的长效发展机制提出以下制度框架。

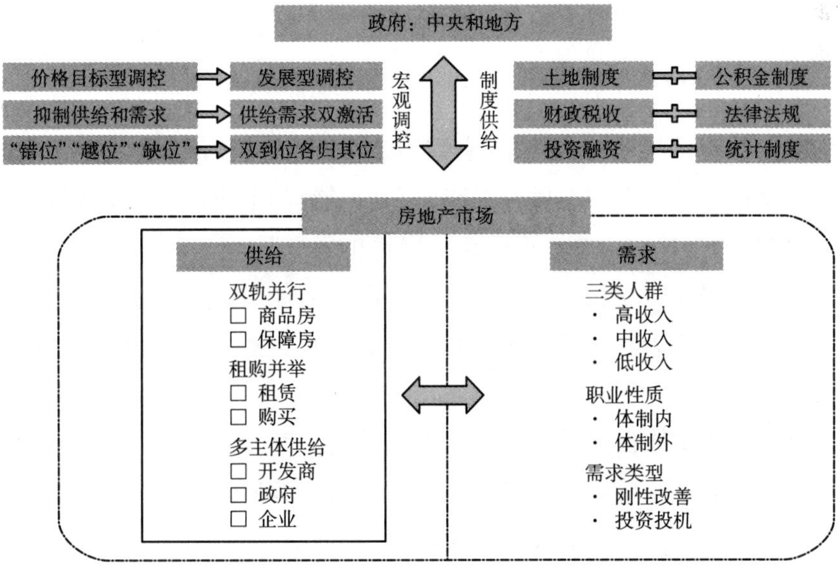

图4－13　房地产市场新型调控框架和长效发展机制建设思路

（一）总体思路

从创新制度供给入手，实现政府市场双到位、商品房保障房双轨并行。重回住房制度改革之初心，聚焦房地产市场过度市场化问题，引入“德国模式＋新加坡模式＋中国式创新”，在促进商品房市场健康发展基础上，健全住房保障制度体系，发展住房租赁市场，致力于商品房和保障房双轨并行，实现政府与市场各归其位。在原有“双轨三类”（“双轨”指保障性住房和商品房两种住房供应体系；“三类”指根据低收入、中等收入以及高收入家庭采取不同的住房供应政策）、按照收入高低确定住房解决方式的基础上，纳入职业性质和发展路径维度，多渠道解决居民住房问题，同时加快配套制度建设。

从创新调控思路入手，激活供给需求两端。把党的十九大提出的“满足人民对美好生活的向往”作为出发点和落脚点，将调控目标由稳价格转变为满足民众对住房改善的需要，将通过调控抑制供给和需求转变为同时激活供给和需求，最终实现从以稳房价为目标的“价格型调控”向以持续改善居住条件为目标的“发展型调控”转变。

（二）改革商品房调控机制

商品住房市场方面，在严格控制投资投机需求的同时，积极增加普通商品住房市场供应，整顿市场秩序，引导市场预期，确保市场平稳和有序运行。

新型调控框架和长效发展机制建立后，应择机取消对商品房的限购、限售、限价、限贷政策，让商品房按市场法则运行，实现“政府的归政府，市场的归市场”。

（三）强化住房保障体系建设

恢复和完善原有“双轨三类”的制度安排，在坚持住房市场化改革方向基础上，健全住房保障制度体系，合理地做好保障轨和市场轨的双轨统筹，做到政府和市场各归其位，“保障房的事情政府管，商品房的事情市场管”。

首先，完善住房保障立法。明确政府住房保障责任，完善住房保障立法，适时出台《住房保障法》，有效维护居民基本居住权益，制定公共政策程序规则，为公民参与住房保障政策提供法律保障。

其次，创新供给主体提高供给效率。当前政府垄断土地供给、开发商垄断住房供应的保障模式，缺乏竞争机制、效率低下。迫切需要政府放松土地市场规制，允许市场力量和社会组织进入，参与保障性住房的建设与供应，形成政府、市场、社会三者的相互竞争和制衡。

再次，创新融资机制破除发展瓶颈。完善保障性住房融资体系，发挥政府在保障性住房融资中的主导作用；调整政策性住房金融导向，加大政策性住房金融对保障性住房领域的扶持力度；充分发挥资本市场融资功能，积极引入社会和民间资本。

最后，完善制度设计增强行动动力。实现中央和地方利益的均衡和一致，科学划分中央和地方的事权和财权；构建科学合理的绩效评价机制与激励机制，增加住房保障等民生指标的考核权重；实行严格有效的监督机制，确保住房保障政策有效贯彻落实。

（四）基于需求主体分类提供有效供给

1. 完善住房解决方案

可以考虑在原有“双轨三类”制度按照高、中、低收入制定住房解决方案的基础上，结合职业性质和发展路径设计住房解决方案，补充和明确对于体制内和体制外两类人群的住房保障制度安排。

（1）对于中央机关和地方公务员群体，建议进一步明确住房解决方案。比如，入职1—3年，由单位提供公寓宿舍或进行货币化租金补贴；入职3—10年，由单位提供保障性住房或经济适用房，并逐年让渡产权；入职10年以上，获得保障性住房或经济适用房的完整产权。

（2）对于企业员工，参考部分企业员工住房解决实践，加强政府、企业和社会在土地供应、住房建设和资金支持等方面的合作，通过发放货币补贴、自建或租赁职工宿舍、建设或购买职工公寓等方式，多渠道、多种方式、合规合法地解决员工住房问题。企业住房有关支出可研究纳入经营成本。

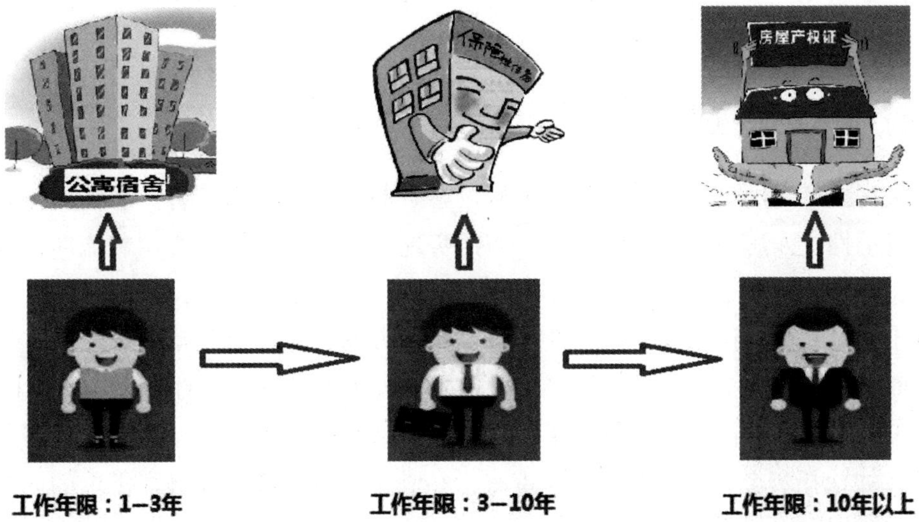

图4－14　政府职员住房解决方案

图 4－15　企业员工住房解决方案

2. 发展壮大住房租赁市场

租赁市场是房地产供给体系的重要组成部分。一直以来，我国房地产市场发展存在“重售轻租”的问题，租赁市场发展滞后。究其原因，除了“安居乐业”的传统观念，更深层次的还有超越居住需求之外的教育、养老和医疗等资源和权利需求无法得到满足，社会基本公共服务不均等。

发展和壮大租赁市场，首先，要推进“租购同权”改革，辅之以户籍制度、教育和医疗资源分配等方面的配套改革，满足民众在居住、教育和医疗等方面的基本需求，实现社会基本公共服务均等化。其次，要引导形成“先租后买、逐步改善”的住房梯度消费理念，逐步扩大住房租赁市场规模，多渠道扩大房源供给，打通存量房与租赁市场的通道。最后，增加租赁市场供给，引导发展专业化、规模化的住房租赁公司，鼓励居民闲置和开发商将自持住房用于出租，推进空置率较高的商住用房纳入租赁住房体系，鼓励集体经营性建设用地建设租赁住房。

（五）完善房地产投融资政策

解决房地产过度金融化的问题，应从投融资制度方面加以完善。总的原则，是把好金融流动性进入房地产市场的闸门，加强房地产市场信贷资金使用和流向监管，防止商品房市场过度金融化。

对于购房者，应优化首套购房者的金融支持方案，完善自住型需求金融支持，提高多套商品房住房拥有者的贷款买房门槛和成本，防止居民部门的杠杆率过度上升。

对于开发商，应提高对房地产开发商自有资金比例的要求，加强对房地产企业资金来源（如信托资金、海外发债）等审查，在满足房地产商合理融资需求的同时，防止资金过度流向房地产。

（六）创新制度供给加强配套制度建设

除此之外，还应从土地、金融、财税、投资、立法等几个方面入手，创新制度供给，加强配套机制建设，形成制度化安排，系统性做好房地产市场调控和长效机制建设。

1. 改革和完善土地供给制度

土地制度是房地产长效机制的基础。在城镇土地供应方面，落实人地挂钩政策，形成“功能—产业—人口—土地”土地调控逻辑链条，产业跟着功能走，人口跟着产业走，土地跟着人口和产业走；优化用地结构比例，合理确定城市用地中住宅开发和商业开发占比，以及保障性住房和商品住房的用地比例和结构；完善城市土地流转制度，盘活城市存量土地；改进招拍挂制度，控制拍卖土地价格。

在土地制度改革方面，打破城乡二元结构，建立多元竞争、多主体供给的土地供给制度，形成一级市场的有效竞争机制；建立规范的二级土地交易市场，保证交易依法合规，保护农民的合法权益；逐步建立和完善以城市群为基础的跨省土地规划，在确保耕地数量不减少、质量不降低红线基础上，增加规划建设用地规模；完善土地增值税制度，对土地交易中大幅溢价的土地征收适当的土地增值税，部分弥补土地出让收入的减少。

2. 深化住房财税制度改革

财税措施是房地产市场调控的重要手段。首先要降低地方政府对土地财政的依赖。加快改革财税体制，使中央和地方财力与事权相匹配；依法规范土地流转收入，通过税收等政策解决土地暴利问题；培育和建立地方税体系，为公共服务和城镇化提供资金支持。其次需要深化住房财税制度改革，促进住房建设和住房消费。目前，房地产开发和经营企业税负较重，需要清理和规范房地产税费，减轻企业税负。住房消费方面，当前税制结构重流通、轻保有，建议减轻流通环节征税，开征消费税性质的房地产税，做到总体税负不增或稳中有降。

3. 改革住房公积金制度

中国缺少的不是资金，而是一种机制、一种有效的制度安排，以引导更多的资金流向与民生相关的住房领域。建议从组织体制入手加以重新规划和设计，将住房公积金行政管理体制改造成为专业化的政策性住宅金融机构，使之成为政府调控住宅市场、完善住房保障的重要工具。改革方向包括进行住房公积金管理中心改制试点，实现由管理型组织向实际金融机构过渡，全面推进住房合作银行的建设，形成较为完整的政策性住房金融体系（详见附件4－2）。

4. 完善房地产调控的法律法规体系

法治是房地产市场长效机制的根基。建议充分发挥法治在房地产调控中的作用，通过法律明确调控的长期导向，合理引导市场预期。制定住房保障法、房地产税法和住房租赁法等，完善我国房地产市场的法律体系。目前，市场对持有环节征收房地产税的效果存在较高的期望。建议将房地产税定位为消费税，在中央统一立法基础上，给予地方政府充分的自主决定权，具体征管细则方面参考上海和重庆试点，对于增量房产征税，并合理设置免征额。

5. 建立和完善房地产基础统计制度

长效机制建设离不开数据支撑，互联互通的信息系统是合理利用房地产信息的有效保障。加快完善房地产信息数据库，确保统一口径的一致性，信息数据的真实性和准确性，为信息联通和管理打好基础；加快推进房地产登记信息系统全国联网，确保国家、省、市、县四级登记信息的实时共享、互联互通，为科学和有效的房地产调控提供信息支撑；完善房地产信息披露制度，实现房地产交易、价格、涨幅等相关信息的透明公开，推进房地产市场信息公开化和透明化。

附件 4－1：

1998 年以来主要房地产调控政策一览表

民生银行研究院课题组

（2019 年 8 月）

出台时间	文件名称	主要内容
1998 年 7 月	《国务院关于进一步深化城镇住房制度改革加快住房建设的通知》（国发〔1998〕23 号）	• 停止住房实物分配，逐步实行住房分配货币化 • 建立和完善以经济适用住房为主的住房供应体系 • 发展住房金融，培育和规范住房交易市场
1998 年 5 月	《个人住房贷款管理办法》（银发〔1998〕190 号）	• 个人购房首付款不低于房价的 30% • 贷款期限不得超过 20 年
1998 年 7 月	《城市房地产开发经营管理条例》（国务院令第 248 号）	• 房地产开发企业设立条件 • 房地产开发企业土地获得及使用规定 • 房地产开发企业预售商品房规定
1999 年 2 月	《关于开展个人消费信贷的指导意见》（银发〔1999〕73 号）	• 降低个人购房首付款至 20%
1999 年 4 月	《住房公积金管理条例》（国务院令〔1999〕第 262 号）	• 规范住房公积金的缴存、提取、使用、管理和监督
1999 年 4 月	《已购公有住房和经济适用住房上市出售管理暂行办法》（建设部令〔1999〕第 69 号）	• 规定了开放二级市场的基本条件和上市交易程序，明确了上市准入制度

续表

出台时间	文件名称	主要内容
1999 年 7 月	《已购公有住房和经济适用住房上市出售土地出让金和收益分配管理的若干规定》（财综字〔1999〕113 号）	• 进一步明确了已购公有住房和经济适用住房上市出售中所涉及的土地出让金缴纳和收益分配的有关政策
1999 年 7 月	《关于调整房地产市场若干税收政策的通知》（财税字〔1999〕210 号）	• 营业税：按取得方式和年限规定免征 • 契税：个人购买普通住宅暂减半征收 • 土地增值税：个人普通住宅转让暂免
1999 年 9 月	《关于调整个人住房贷款期限和利率的通知》（银传〔1999〕44 号）	• 延长个人住房贷款期限至 30 年 • 降低个人住房贷款利率水平
1999 年 12 月	《关于个人出售住房所得征收个人所得税有关问题的通知》（财税字〔1999〕278 号）	• 普通住宅满 5 年、唯一免征个人所得税 • 非满 5 年、唯一按“财产转让所得”项目征收
2000 年 1 月	《关于建立土地有形市场促进土地使用权规范交易的通知》（国土资发〔2000〕11 号）	• 加快建立有形市场，完善土地市场功能 • 规定三类应该进场公开交易的土地交易活动 • 经营性房地产项目应采用招标、拍卖方式进行
2000 年 3 月	《关于做好当前土地登记和城镇地籍调查工作的通知》（国土资发〔2000〕105 号）	• 各级土地行政管理部门加快本地区住房制度改革中的土地登记工作
2000 年 10 月	《关于住房公积金管理中心有关税收政策的通知》（财税〔2000〕94 号）	• 对住房公积金贷款的个人和银行免税
2000 年 12 月	《关于调整住房租赁市场税收政策的通知》（财税〔2000〕125 号）	• 个人按市场价格出租房屋营业税减按 3%、房产税减按 4%，个人所得税减按 10% 征收
2001 年 3 月	《商品房销售管理办法》（建设部令〔2001〕第 88 号）	• 规范商品房现售和预售
2001 年 4 月	《关于对消化空置商品房有关税费政策的通知》（财税〔2001〕44 号）	• 对于积压空置商品房规定减免营业税、契税和行政性收费等，承接（财税字〔1999〕210 号）
2001 年 4 月	《关于加强国有土地资产管理的通知》（国发〔2001〕15 号）	• 严格控制建设用地供应总量 • 严格实行国有土地有偿使用制度 • 大力推行国有土地使用权招标、拍卖 • 加强土地使用权转让管理 • 加强地价管理 • 规范土地审批的行政行为

续表

出台时间	文件名称	主要内容
2001 年 6 月	《国土资源部关于整顿和规范土地市场秩序的通知》（国土资发〔2001〕174 号）	• 重点清理整顿违法违纪行为 • 建立健全土地市场基本制度 • 限期完成基准地价更新工作
2001 年 6 月	《中国人民银行关于规范住房金融业务的通知》（银发〔2001〕195 号）	• 严格审查住房开发贷款发放条件 • 发放个人住房抵押贷款，应严格评估抵押物的实际价值
2002 年 3 月	《住房公积金管理条例》（2002 年修订版）	• 公积金定义、政策执行监督机构、管理决策机构、收益分配方案、设立级别、委托贷款办理
2002 年 3 月	《中国人民银行关于降低个人住房公积金贷款利率的通知》（银发〔2002〕57 号）	• 5 年以下（含 5 年）由现行的 4.14% 下调为 3.6%，5 年以上由现行的 4.59% 下调为 4.05%
2002 年 5 月	《招标拍卖挂牌出让国有土地使用权规定》（国土资源部令〔2002〕年第 11 号）	• 经营性国有土地使用权出让必须以招标、拍卖或者挂牌方式
2002 年 7 月	《关于认真做好土地增值税征收管理工作的通知》（国税函〔2002〕615 号）	• 恢复征收土地增值税
2002 年 8 月	建设部、国家计委、国家经贸委、财政部、国土资源部、国家工商行政总局、监察部《关于整顿和规范房地产市场秩序的通知》（建住房〔2002〕123 号）	• 加强房地产开发项目管理 • 规范商品房面积计算标准和办法 • 加强房地产广告管理 • 完善相关制度规范中介行为
2002 年 11 月	家计委、建设部《关于印发经济适用住房价格管理办法的通知》（计价格〔2002〕2503 号）	• 经济适用房价格实行政府指导价 • 住房价格与中低收入家庭经济承受能力相适应，以保本微利为原则
2003 年 6 月	《中国人民银行关于进一步加强房地产信贷业务管理的通知》（银发〔2003〕121 号）	• 对房地产开发贷款和土地储备贷款提出一系列限制 • 提出对个人购房贷款实行差别化政策
2003 年 6 月	《协议出让国有土地使用权规定》（国土资源部令〔2003〕第 21 号）	• 规范国有土地使用权协议出让
2003 年 7 月	《关于房产税、城镇土地使用税有关政策规定的通知》（国税发〔2003〕89 号）	• 出售的房屋开始计征房地产税

续表

出台时间	文件名称	主要内容
2003 年 8 月	《关于促进房地产市场持续健康发展的通知》（国发〔2003〕18 号）	• 明确提出房地产行业为国民经济的支柱产业
2004 年 3 月	《关于继续开展经营性土地使用权招标拍卖挂牌出让情况执法监察工作的通知》（国土资发〔2004〕71 号）	• 8 月 31 日后，不得再以历史遗留问题为由采用协议方式出让经营性土地使用权
2014 年 5 月	《经济适用住房管理办法》（建住房〔2004〕77 号）	• 规范经济适用房建设、交易和管理行为，保护当事人合法权益
2004 年 8 月	《商业银行房地产贷款风险管理指引》（银监发〔2004〕57 号）	• 土地储备贷款：资本金没有到位或资本金严重不足、经营管理不规范不得发放 • 房地产开发贷款：四证不全不得发放，开发项目资本金比例不低于 35% • 个人住房贷款：所有住房贷款的贷款成数不超过 80%，月房产支出与收入比控制在 50% 以下（含 50%）
2005 年 3 月	房贷优惠政策取消	• 取消住房贷款优惠利率 • 对房地产价格上涨过快的城市或地区，个人住房贷款首付款比例可由现行的 20% 提高到 30%
2005 年 3 月	房地产税改革深入	• 财政部副部长肖捷在出席“中国发展高层论坛”时表示，今后一段时期将重点推进房地产税改革 • 国务院发展研究中心正在筛选试点城市，将开始模拟运行
2005 年 3 月	《国务院办公厅关于切实稳定住房价格的通知》（国办发明电〔2005〕8 号）	• 老国八条，八点意见稳定房价 • 大力调整和改善住房供应结构；严格控制被动性住房需求；正确引导居民合理消费预期；积极贯彻调控住房供求的各项政策措施
2005 年 5 月	《国务院办公厅转发建设部等部门关于做好稳定住房价格工作意见的通知》（国办发〔2005〕26 号）	• 新国八条，要求解决房地产投资规模过大、价格上涨幅度过快等问题 • 改善住房供应结构；加大土地供应调控力度；调整住房转让环节营业税政策；加强房地产信贷管理；明确享受优惠政策普通住房标准；加强经济适用住房建设，完善廉租住房制度等
2005 年 5 月	《国家税务总局财政部建设部关于加强房地产税收管理的通知》（国税发〔2005〕89 号）	• 将普通住房免征营业税期限由 1 年变为 2 年，不满 2 年的实行全额征收营业税
2005 年 8 月	《关于加强信托投资公司部分业务风险提示的通知》（银监办发〔2005〕第 212 号）	• 对房地产信托发行门槛进行了严格限制

续表

出台时间	文件名称	主要内容
2005 年 10 月	《关于实施房地产税收一体化管理若干具体问题的通知》（国税发〔2005〕156 号）	• 个人买卖二手房，必须交纳个人税 • 在办理二手房过户时，要做到各税统管
2006 年 5 月	国六条（国常会）	• 切实调整住房供应结构；进一步发挥税收、信贷、土地政策的调节作用；合理控制城市房屋拆迁规模和进度；进一步整顿和规范房地产市场秩序；加快城镇廉租住房制度建设，规范发展经济适用住房；完善房地产统计和信息披露制度
2006 年 5 月	《关于调整住房供应结构稳定住房价格的意见》（国办发〔2006〕37 号）	• 九部委“十五条”，细化“国六条” • 套型面积、小户型所占比率、新房首付款等方面，90 平方米、双 70% 标准
2006 年 5 月	《关于加强住房营业税征收管理的有关问题的通知》（国税发〔2006〕74 号）	• 二手房营业税，细化“国六条” • 个人出售购买不满 5 年住房，全额征收营业税
2006 年 7 月	《关于进一步整顿规范房地产交易秩序的通知》（建住房〔2006〕166 号）	• 取得房地产开发预售许可证，应在 10 日内开始销售 • 未取得预售许可证，不得发布预售广告
2006 年 7 月	《关于规范房地产市场外资准入和管理的意见》（建住房〔2006〕171 号）	• “外资限炒令”，加强对外商投资企业房地产开发经营、境外机构和个人购房管理
2006 年 7 月	《关于住房转让所得征收个人所得税有关问题的通知》（国税发〔2006〕108 号）	• 全国范围内统一强制性征收二手房转让个人所得税
2006 年 8 月	《招标拍卖挂牌出让国有土地使用权规范》和《协议出让国有土地使用权规范》正式施行	• 土地新政，对招拍挂或协议出让的范围进行了细化，进一步明确六类情形必须招拍挂
2006 年 8 月	《城镇廉租住房工作规范化管理实施办法》（建住房〔2006〕204 号）	• 提出加强城镇廉租住房制度建设，规范城镇廉租住房管理
2006 年 9 月	《国务院办公厅转发建设部等部门关于调整住房供应结构稳定住房价格意见的通知》（国办发〔2006〕37 号）和《关于进一步整顿规范房地产交易秩序的通知》（建住房〔2006〕166 号）	• 房地产交易秩序专项整治活动
2006 年 9 月	《关于加强房地产交易个人无偿赠与不动产税收管理有关问题的通知》（国税发〔2006〕144 号）	• 加强无偿赠与行为、受赠房屋销售、赠与行为后续管理的税收征管，完善二手房市场交易管理

续表

出台时间	文件名称	主要内容
2007 年 1 月	《关于加强房地产经纪管理规范交易结算资金账户管理有关问题的通知》（建住房〔2006〕321 号）	• 二手房交易的资金监管、网上签约和标准买卖等操作规范
2007 年 1 月	《关于房地产开发企业土地增值税清算管理有关问题的通知》（国税发〔2006〕187 号）	• 国税总局清算土地增值税，标志 2007 年新一轮调控开始
2007 年 3 月	《中国人民共和国物权法》（主席令第六十二号）	• 住宅建设用地使用权期间届满的，自动续期 • 为物业税开征奠定了基础
2007 年 8 月	《国务院关于解决城市低收入家庭住房困难的若干意见》（国发〔2007〕24 号）	• “重市场轻保障”开始转变，要求加快建立多层次的住房供应体系，加大保障性住房的建设力度
2007 年 9 月	《关于加强商业性房地产信贷管理的通知》（银发〔2007〕359 号）	• 收紧房地产开发贷、土地储备贷和住房消费贷 • 规定以家庭为单位，第 2 套住房贷款首付不得低于 40%，利率不得低于基准利率的 1.1 倍
2007 年 12 月	《关于加强商业性房地产信贷管理的补充通知》（银发〔2007〕452 号）	• 进一步明确了《通知》中有关“严格住房消费贷款管理”的规定
2007 年 10 月	《关于进一步加强土地供应调控的通知》（国土资发〔2007〕236 号）	• 缩短土地开发周期，每宗地开发建设时间原则上不超过 3 年 • 廉租房、经适房和中低价位、中小户型普通商品住房建设用地年度供应总量不低于住宅供应总量的 70%
2007 年 10 月	物业税“空转”试点扩围	• 首批的北京、辽宁、江苏、深圳、宁夏、重庆，以及第二批安徽、河南、福建、天津四省市，十省市开始物业税“空转”运行
2008 年 1 月	《经济适用住房开发贷款管理办法》（银发〔2008〕13 号）	• 为贯彻落实《国务院关于解决低收入家庭住房困难的若干意见》（国发〔2007〕24 号）精神，支持国家住房保障制度建设
2008 年 1 月	《国务院关于促进节约集约用地的通知》（国发〔2008〕3 号）	• 重拳打击囤地，严格执行土地闲置处置政策
2018 年 2 月	《房屋登记办法》（建设部令第 168 号）	• 规范房屋登记行为，维护房地产交易安全
2008 年 3 月	《关于廉租住房经济适用住房和住房租赁有关税收政策的通知》（财税〔2008〕24 号）	• 免征出租廉租住房租金收入的营业税、房产税，住房用地城镇土地使用税和免征廉租房和经济适用住房的印花税
2008 年 4 月	《关于房地产开发企业所得税预缴问题的通知》（国税函〔2008〕299 号）	• 提高了房地产企业预交的税金额，但是总的税率没有改变

续表

出台时间	文件名称	主要内容
2008 年 7 月	小产权房将不发宅基地证	• 被小产权房占用而未得到“合法使用”的宅基地不具备登记发证的资格
2008 年 9、10、11、12 月	下调存款准备金率和存贷款利率	• 下半年，央行 3 次下调存款准备金率，4 次下调存贷款利率
2008 年 10 月	《继续加大保障民生投入力度切实解决低收入群众基本生活》	• 宣告着政府由“控制”向“救市”的态度转变 • 居民首次购买普通自住房和改善型普通自住房贷款利率的下限扩大为基准利率的 0.7 倍，最低首付款比例调整为 20%，下调个人住房公积金贷款利率
2008 年 10 月	《关于调整房地产交易环节税收政策的通知》（财税〔2008〕137 号）	• 个人首次购买 90 平方米及以下普通住宅，契税统一下调至 1%，暂免征收土地增值税和印花税
2008 年 12 月	《关于个人住房转让营业税政策的通知》（财税〔2008〕174 号）	• 个人购买不足 2 年的非普通住房对外销售全额免征营业税，超过 2 年的非普通住房或不足 2 年的普通住房差额征收营业税，超过 2 年的普通住房免征营业税
2008 年 12 月	《国务院办公厅关于促进房地产市场健康发展的若干意见》（国办发〔2008〕131 号）	• 加大保障性住房建设力度，进一步鼓励普通商品住房消费，支持房地产开发企业合理融资需求，取消城市房地产税
2009 年 1 月	住建部部长姜伟新《落实科学发展观，做好今年住房和城乡建设工作》	• 要求在 2009 年要做好 9 个方面的工作 • 其中全面推进保证性住房建设和促进房地产市场健康稳定发展这两条被普遍认为是 2009 年我国房地产政策发展的主线，也是 2008 年房地产调控政策的延续和深化
2009 年 4 月	治理房地产开发领域违规变更规划、调整容积率问题专项工作电视电话会议	• 将重点对国家机关工作人员在建设用地规划变更、容积率调整中玩忽职守、权钱交易等违纪违法行为进行严厉查处
2009 年 5 月	《关于印发土地增值税清算管理规程的通知》（国税发〔2008〕91 号）	• 加强房地产开发企业的土地增值税征收管理，对土地增值税清算的前期管理、清算受理、清算审核和核定征收等具体问题做出具体规定
2009 年 5 月	《关于调整固定资产投资项目资本金比例的通知》（国发〔2009〕27 号）	• 保障性住房和普通商品住房项目的最低资本金比例为 20%，其他房地产开发项目的最低资本金比例为 30% • 2004 年以来执行 35% 自由资本金贷款比例后首次下调，预示紧缩多年的房地产信贷政策开始松绑
2009 年 5 月	《国务院办公厅关于 2009 年深化经济体制改革工作的意见》（国发〔2009〕26 号）	• 由财政部、税务总局、发改委、建设部负责研究开征物业税，成为 2009 年上半年焦点话题之一
2009 年 6 月	国土资源部要求严查“小产权房”	• 国土资源部强调，“小产权房”实质是违法建筑，它违反土地管理法律，违反城乡规划、建设管理的法律，违反相关政策，各地要严格依法查处大量存在的“小产权房”等违法用地、违法建筑行为

续表

出台时间	文件名称	主要内容
2009 年 6 月	《关于印发 2009—2011 年廉租住房保障规划的通知》（建保〔2009〕91 号）	• 争取用三年时间，基本解决 747 万户现有城市低收入住房困难家庭的住房问题
2009 年 6 月	《关于进一步加强按揭贷款风险管理的通知》（银监发〔2009〕59 号）	• 严格贷前检查和按揭贷款发放标准，进一步完善按揭贷款风险防控制度
2009 年 9 月	《国土资源部关于严格建设用地管理促进批而未用土地利用的通知》（国土资发〔2009〕106 号）	• 要求地方政府要加强建设用地批后监管
2009 年 12 月	个人住房转让营业税征免时限调整	• 国务院常务会议确定，个人住房转让营业税征免时限由 2 年恢复到 5 年，此举旨在对炒房现象进行遏制
2009 年 12 月	国四条	• 国务院常务会议要求各地加强市场监管，稳定市场预期，遏制部分城市房价过快上涨的势头，会议强调“地方政府要切实负起责任”
2009 年 12 月	《关于进一步加强土地出让收支管理的通知》（财综〔2009〕74 号）	• 将开发商拿地的首付款比例提高到了五成，且分期缴纳全部价款的期限原则上不超过一年 • 此前各地方土地出让大多执行 20% 至 30% 的首付政策
2009 年 12 月	《关于个人住房转让营业税政策的通知》（财税〔2009〕157 号）	• 5 年以上普通住房免征营业税，非普通住宅差额征收；5 年以内，普通住宅差额征收，非普通住宅全额征收 • 政策收缩幅度小于预期
2010 年 1 月	《国务院办公厅关于促进房地产市场平稳健康发展的通知》（国办发〔2010〕4 号），又称“国十一条”	• 明确二套房贷首付不能低于 40%，贷款利率严格按照风险定价，同时要求增加保障性住房和普通商品住房有效供给，合理引导住房消费抑制投资投机性购房需求等
2010 年 3 月	国资委要求 78 家央企退市	• 国资委要求 78 家不以房地产为主业的中央企业，加快进行调整重组，在 15 个工作日内制定有序退出方案
2010 年 3 月	《关于首次购买普通住房有关契税政策的通知》（财税〔2010〕13 号）	• 对两个或两个以上个人共同购买 90 平方米及以下普通住房，其中一人或多人已有购房记录的，该套房产的共同购买人均不适用首次购买普通住房的契税优惠政策
2010 年 4 月	《国务院关于坚决遏制部分城房价过快上涨的通知》（国办发〔2010〕10 号）	• 首套建筑面积 90 平方米以上的首付比例不低于 30%，二套首付比例不低于 50% 且利率不低于基准利率的 1.1 倍，部分地区暂停发放购买第三套及以上住房贷款
2010 年 4 月	《关于进一步加强房地产市场监管完善商品住房预售制度有关问题的通知》（建房〔2010〕53 号）	• 未取得预售许可的商品房项目，不得向买受人收取或变相收取订金、预付款等性质的费用 • 取得预售许可证的项目应在 10 日内一次公开全部预售房源及每套房屋价格，明码标价对外销售

续表

出台时间	文件名称	主要内容
2010 年 5 月	《关于规范商业性个人住房贷款中第二套住房认定标准的通知》（建房〔2010〕83 号）	• 借款人名下有房或者有贷款购房记录再次购房均被视为购买第二套住房
2010 年 9 月	《完善差别化的住房信贷政策，调节和引导住房需求》	• 暂停发放第三套及以上住房贷款；对不能提供一年以上当地纳税证明或社会报销缴纳证明的非本地居民暂停发放购房贷 • 对贷款购买商品住房，首付款比例调整到 30% 及以上
2010 年 9 月	《关于调整地产交易环节契税、个人所得税优惠政策通知》（财税〔2010〕94 号）	• 个人购买普通住房，且该住房属于家庭唯一住房的，减半征收契税，90 平以下且是家庭唯一住房的，减按 1% 征收 • 对出售自有住房并在 1 年内重新购房的纳税人不再减免个人所得税
2010 年 9 月	《关于进一步加强房地产用地和建设管理调控的通知》（国土资发〔2010〕151 号）	• 严格查处囤地炒地闲置土地行为，企业违约开发土地、因自身原因土地闲置一年的，将禁止土地竞买资格
2010 年 11 月	《关于规范住房公积金个人住房贷款政策有关问题的通知》（建金〔2010〕179 号）	• 第二套住房公积金个人住房贷款首付比例不得低于 50%，停止向购买第三套及以上住房的缴存职工家庭发放住房公积金个人住房贷款
2010 年 11 月	《关于进一步规范境外机构和个人购房管理的通知》（建房〔2010〕186 号）	• 境外个人在境内只能购买一套用于自主的住房，在境内设立分支、代表机构的境外机构只能在注册城市购买办公所需的非住宅房屋
2011 年 1 月	《国务院办公厅关于进一步做好房地产市场调控工作有关问题的通知》（国办发〔2011〕1 号），“新国八条”	• 对贷款购买第二套住房的家庭，首付比例不低于 60%，贷款利率不低于基准利率的 1.1 倍 • 部分城市从严制定和执行住房限购措施
2011 年 1 月	《关于调整个人住房转让营业税政策的通知》（财税〔2011〕12 号）	• 规定个人将购买不足 5 年的住房对外销售的，将全部征收营业税
2011 年 1 月	《房地产经纪管理办法》（住房和城乡建设部 8 号令）	• 规范房地产经纪活动，保护房地产交易及经纪活动当事人的合法权益，促进房地产市场健康发展
2011 年 1 月	房产税试点	• 上海和重庆正式实施房产税
2011 年 2 月	《关于调整住房公积金存贷款利率的通知》（建金〔2011〕15 号）	• 上调个人住房公积金贷款利率 • 五年期以上个人住房公积金贷款利率上调 0.20 个百分点，调至 4.50%。五年期以下（含五年）个人住房公积金贷款利率上调 0.25 个百分点，调至 4.00%
2011 年 3 月	《关于发布〈商品房销售明码标价规定〉的通知》（发改价检〔2011〕548 号）	• 切实加强房地产市场价格监管，着力解决商品房销售中存在的标价混乱、信息不透明、价格欺诈等问题

续表

出台时间	文件名称	主要内容
2011 年 5 月	推进城镇保障性安居工程	• 住建部下发了《关于公开城镇保障性安居工程建设信息的通知》，要求各地在下发文件后的 20 个工作日内公布保障房建设计划、开工和竣工相关信息 • 与各省、自治区、直辖市签订《保障性住房日标责任书》，完成 1000 万套保障性安居工程住房的分配任务
2011 年 7 月	国务院召开会议部署房地产调控	• 称部分城市房价上涨压力仍然较大，要求继续严格执行限购政策，上涨过快的二、三线城市也要采取限购
2011 年 8 月	住房城乡建设部公布对各地列入新增限购城市名单的 5 项建议标准	• 6 月份新建住房价格指数同比增幅或 1—6 月新建住房价格指数月环比增幅较高、排名靠前的；6 月份新建商品住房均价比去年年底涨幅超过或者接近全年房价控制目标的；1—6 月新建商品住房成交量同比增幅较高的；位于已限购区域中心城市周边，外地购房比例较高的；存在房价上涨过快、调控政策执行不严格等突出问题，社会反映强烈的
2011 年 12 月	政治局会议要求坚持房地产调控政策不动摇，促进房价合理回归	• 会议要求明年实施积极财政政策和稳健货币政策，根据形势变化做出预调、微调 • 坚持房地产调控政策不动摇，促进房价合理回归 • 保证物价总水平基本稳定
2012 年 1 月	住建部表示将加快推进个人住房信息系统建设	• 住建部部长姜伟新指出，2012 年除继续落实各项房地产调控政策外，各地要加快推进个人住房信息系统建设
2012 年 2 月	发改委《关于 2012 年深化经济体制改革重点工作的意见》	• 在部署 2012 年工作重点时，已经将对个人住房征收房地产税作为房地产领域长效机制建设任务的一部分，要求配合有关部门加快研究推进对个人住房征收房产税工作
2012 年 2 月	国土部严打小产权房	• 国土资源部执法监察局巡视员王宗亚重申小产权房不予确权登记，不受法律保护的规定
2012 年 3 月	《关于做好 2012 年城镇保障性安居工程工作的通知》	• 积极落实建设项目；加大基础设施投入；拓宽资金渠道来源；建立健全监管机制；做好信息公开；强化部门协调配合；完善相关工作机制
2012 年 4 月	国土部警惕一些地方放松调控	• 国土资源部表示，2012 年房地产用地管理和调控的中心任务是，以保障性安居工程用地落实为重点做好住房用地供应工作，努力保持土地市场平稳运行 • 以促进形成住房有效供应为重点做好已供住房用地的监管工作，加强住房用地供应和开发利用的动态监测监管
2012 年 5 月	国务院明确今年扩大房产税试点	• 住建部政策研究中心主任秦虹表示：政府调控的目的，是想让市场持续、稳定、活跃，这就需要保护好刚性需求。秦虹称，“支持首次置业的需求是没有政策风险的”
2012 年 5 月	住建部关键期定调：决不让调控反复	• 地方政府小动作不断，各方声音此起彼伏。房地产调控关键时刻，住建部终于发出声音：明确调控方向不改，回调仍是主基调，并称“决不让调控出现反复”

续表

出台时间	文件名称	主要内容
2012 年 6 月	住建部第三次表态坚持房地产调控不动摇	• 住房和城乡建设部发文，强调将继续坚定不移地抓好房地产市场调控各项政策措施的贯彻落实工作
2012 年 7 月	《闲置土地处置办法》正式实施	• 强化对闲置土地的预防和监管，明确了闲置土地的认定标准，完善了闲置土地的处置程序
2012 年 7 月	《关于进一步严格房地产用地管理巩固房地产市场调控成果的经济通知》（国土资电发〔2012〕87 号）	• 要求坚决防止房价反弹 • 对保障性安居工程用地和普通商品住房用地供应月度指导 • “限房价、竞地价”或配建保障房、公共设施等办法出让土地 • 鼓励和引导开发企业将在建的大套型、高档住房依法依规转化为中小套型普通商品住房
2012 年 7 月	财政部表示下半年严格实施差别化住房税收政策	• 严格实施差别化住房税收政策，加强交易环节和持有环节相关税收征管，抑制投机投资性购房需求 • 要落实和完善结构性减税政策 • 加快和扩大营业税改征增值税试点，促进服务业发展
2012 年 11 月	《中华人民共和国土地管理法修正案（草案）》	• 在国务院常务会议上，讨论通过《中华人民共和国土地管理法修正案（草案）》，对农民集体所有土地征收补偿制度作了修改
2012 年 12 月	国土部表示将坚持楼市调控不动摇	• 国土资源部表示，将认真贯彻落实中央经济工作会议精神，继续坚持房地产调控政策不动摇，保持从严从紧调控基调
2012 年 12 月	住建部表示明年继续限购，房价过快上涨问责	• 全国住房城乡建设工作会议上，住房和城乡建设部部长姜伟新明确表示，2013 年将继续严格执行限购、差别化住房信贷、税收政策，并配合有关部门继续加快推进房产税改革试点扩大工作
2013 年 2 月	国务院常务会议确定的五项加强房地产市场调控的政策措施，新国五条出台	• 完善稳定房价工作责任制；坚决抑制投机投资性购房；增加普通商品住房及用地供应；加快保障性安居工程规划建设；加强市场监管
2013 年 3 月	《国务院办公厅关于继续做好房地产市场调控工作的通知》（国办发〔2013〕17 号）	• 其中二手房交易的个人所得税由交易总额的 1% 调整为按差额 20% 征收，被称为此次新政的最大亮点
2013 年 5 月	《国务院批转发展改革委关于 2013 年深化经济体制改革重点工作意见的通知》（国发〔2013〕20 号）	• 《意见》提出扩大个人住房房产税改革试点范围
2013 年 9 月	国土资源部专题会议研究房地产用地调控和管理	• 将严防高价地作为近期稳定市场的首要工作目标 • 重点城市要释放“政府增加土地供应”的积极信号 • 要敢于逆周期考虑，加大城郊地块、低价地块供应力度

续表

出台时间	文件名称	主要内容
2013 年 11 月	十八届三中全国《中共中央关于全面深化改革若干重大问题的决定》	• 要“建立城乡统一的建设用地市场”“加快房地产税立法并适时推进改革” • 未专门提及房地产市场调控手段，但在深化户籍、土地、金融等多要素改革促房地产长效机制建立健全方面有所布局
2013 年 11 月	国常会布置建立不动产统一登记制度	• 国务院召开常务会议，决定整合不动产登记职责，建立统一登记制度
2013 年 11 月	国土部和住建部联合发布《关于坚决遏制违法建设、销售“小产权房”的紧急通知》	• 要求各地坚决遏制最近一些地方出现的违法建设、违法销售“小产权房”问题
2013 年 12 月	《关于公共租赁住房和廉租住房并轨运行的通知》（建保〔2013〕178 号）	• 从 2014 年起，各地公租房和廉租房并轨统称为公共租赁住房，统一轮候配租、统一申请标准、统一租金补贴
2014 年 3 月	总理答记者问	• 根据不同人群的需求，不同城市的情况，分类施策、分成施策
2014 年 3 月	《国务院办公厅关于继续做好房地产市场调控工作的通知》（国办发〔2013〕17 号）	• 完善稳定房价工作责任制；坚决抑制投机投资性购房；增加普通商品住房及用地供应；加快保障性安居工程规划建设；加强市场监管和预期管理；加快建立和完善引导房地产市场健康发展的长效机制
2014 年 6 月	银监会答记者问	• 继续差别化房贷政策，首次提出大力支持首套房需求
2014 年 9 月	《关于进一步做好住房金融服务工作的通知》，“9·30 房贷新政”	• 内容涉及加大对保障房金融支持、支持居民合理住房贷款需求、支持房企合理融资需求等多项政策 • 其中，最受购房者欢迎的是“贷清不认房”、贷款利率下限为基准利率的 0.7 倍等措施
2014 年 10 月	《关于发展住房公积金个人住房贷款业务的通知》（建金〔2014〕48 号）	• 连续缴存 6 个月即可申请公积金贷款，并取消四项收费，而此前是须连续缴存 12 个月 • 未来公积金贷款额度将有所放宽，比如将支持首套房贷款、适当调高贷款额度等 • 还将推进公积金异地使用，实现异地互认、转移接续
2014 年 10 月	二套房贷放宽	• 央行和银监会放松二套房贷，政策从中央层面转向
2014 年 10 月	稳定住房需求	• 国务院常务会议首次提出，稳定住房消费，加强保障房建设，放宽提取公积金支付房租条件，房地产市场得到政策支撑
2015 年 1 月	《关于加快培育和发展住房租赁市场的指导意见》（建房〔2015〕4 号）	• 多管齐下发展住房租赁市场，鼓励 REITs 试点，多来源增加住房租赁市场资金供给
2015 年 1 月	《关于放宽提取住房公积金支付房租条件的通知》（建金〔2015〕19 号）	• 放宽提取住房公积金支付房租的条件，进一步加大对租赁市场的支持力度

续表

出台时间	文件名称	主要内容
2015 年 2 月	《关于全面深化公安改革若干重大问题的框架意见》	• 正式提出要取消暂住证制度，全面实施居住证制度
2015 年 2 月	《不动产登记暂行条例》正式公布	
2015 年 3 月	政府工作报告	• 稳定住房消费，坚持分类指导，支持居民自住和改善住房需求
2015 年 3 月	《关于进一步调整住房公积金个人贷款有关问题的通知》（国机房资〔2015〕3 号）	• 加大对职工购买首套房的贷款支持力度 • 借款人申请购买首套自住住房且贷款受理前 1 年之内未提取住房公积金的，将原规定的个人账户余额不足 2 万元按照 2 万元计算，调整为个人账户余额不足 5 万元的按照 5 万元计算
2015 年 3 月	《关于个人住房贷款政策有关问题的通知》（银发〔2015〕98 号），330 政策	• 对于拥有一套住房且相应购房贷款未结清的居民家庭购二套房，最低首付比例调整为不低于 40% • 使用住房公积金贷款购买首套普通自住房，最低首付 20%；拥有一套住房并已结清贷款的家庭，再次申请住房公积金购房，最低首付 30%
2015 年 3 月	《关于调整个人住房转让营业税政策的通知》（财税〔2015〕39 号）	• 个人将购买不足 2 年的住房对外销售的，全额征收营业税 • 个人将购买 2 年以上（含 2 年）的非普通住房对外销售的，按照其销售收入减去购买房屋的价款后的差额征收营业税；个人将购买 2 年以上（含 2 年）的普通住房对外销售的，免征营业税
2015 年 4 月	政治局会议	• 完善市场环境，盘活存量资产，建立房地产健康发展的长效机制
2015 年 7 月	《关于简化个人无偿赠与不动产土地使用权免征营业税手续的公告》（国家税务总局公告 2015 年第 50 号）	• 个人以离婚财产分割、赠与特定亲属、赠与抚养人或赡养人方式无偿赠与不动产、土地使用权，在办理营业税免税手续时，无需提供房产所有人“赠与公证书”、受赠人“接受赠与公证书”，或双方“赠与合同公证书”
2015 年 8 月	《关于调整住房公积金个人住房贷款购房最低首付款比例的通知》	• 对拥有 1 套住房并已结清相应购房贷款的居民家庭，为改善居住条件再次申请住房公积金委托贷款购买住房的，首付款比例由 30% 降低至 20% • 北京、上海、广州、深圳可在国家统一政策基础上，结合本地实际，自主决定申请住房公积金委托贷款购买第二套住房的首付款比例
2015 年 9 月	《关于切实提高住房公积金使用效率的通知》（建金〔2015〕150 号）	• 提高实际贷款额度，月还款额与月收入比例上限控制在 50%—60%、延长贷款偿还期限 • 拓宽贷款资金筹集渠道 • 全面推行异地贷款业务
2015 年 9 月	《关于进一步完善差别化住房信贷政策有关问题的通知》，930 新政	• 在不实施“限购”措施的城市，对居民家庭首次购买普通住房的商业性个人住房贷款，最低首付款比例调整为不低于 25%

续表

出台时间	文件名称	主要内容
2016 年 2 月	《关于调整房地产交易环节契税、营业税优惠政策的通知》（财税〔2016〕23 号）	• 对个人购买家庭唯一住房及第二套改善性住房契税 • 个人将购买住房对外销售的营业税 • 北京市、上海市、广州市、深圳市暂不实施改善性住房契税优惠政策及营业税优惠政策
2016 年 2 月	《关于调整个人住房贷款政策有关问题的通知》（银发〔2016〕26 号）	• 在不实施“限购”措施的城市，居民家庭首次购买普通住房的商业性个人住房贷款，原则上最低首付款比例为 25%，各地可向下浮动 5 个百分点；对拥有 1 套住房且相应购房贷款未结清的居民家庭，为改善居住条件再次申请商业性个人住房贷款购买普通住房，最低首付款比例调整为不低于 30%
2016 年 6 月	《国务院办公厅关于加快培育和发展住房租赁市场的若干意见》（国办发〔2016〕39 号）	• 支持住房租赁消费，促进住房租赁市场健康发展
2016 年 8 月	《关于加强房地产中介管理促进行业健康发展的意见》（建房〔2016〕168 号）	• 规范中介服务行为，完善行业管理制度，加强中介市场监管
2016 年 10 月	《国务院办公厅关于印发互联网金融风险专项整治工作实施方案的通知》（国办发〔2016〕21 号）	• 规范互联网“众筹买房”等行为，严禁各类机构开展“首付贷”性质业务
2016 年 12 月	《关于不动产登记收费标准等有关问题的通知》（发改价格规〔2016〕2559 号）	• 明确不动产登记收费标准及收费优惠减免政策，规范不动产登记收费行为，保护不动产权利人合法权益，并对 16 种不动产登记实行收费减免优惠
2017 年 1 月	《关于做好城镇住房保障家庭租赁补贴工作的指导意见》（建保〔2016〕281 号）	• 住房保障家庭户均租赁补贴面积不超 60 平方米
2017 年 2 月	《关于调整个人住房贷款政策有关问题的通知》	• 非“限购”城市房贷首付款比例最低可达 20%
2017 年 4 月	《关于加强近期住房及用地供应管理和调控有关工作的通知》（建房〔2017〕80 号）	• 对消化周期在 36 个月以上的，应停止供地；36—18 个月的，要减少供地；12—6 个月的，要增加供地；6 个月以下的，不仅要显著增加供地，还要加快供地节奏
2017 年 5 月	住建部公布《住房租赁和销售管理条例（征求意见稿）》	• 鼓励出租人与承租人签订 3 年以上的租赁合同，房租按月支付；同时拟严禁开发商捂盘惜售，要求买房中介服务费施行明码标价
2017 年 6 月	《关于印发〈关于对房地产领域相关失信责任主体实施联合惩戒的合作备忘录〉的通知》（发改财金〔2017〕1206 号）	• 推出 37 条惩戒措施，对失信的房地产企业、个人进行联合惩戒

续表

出台时间	文件名称	主要内容
2017 年 7 月	《关于在人口净流入的大中城市加快发展住房租赁市场的通知》（建房〔2017〕153 号）	• 将广州、深圳、南京、杭州、厦门、武汉、成都、沈阳、合肥、郑州、佛山、肇庆 12 个城市作为首批开展住房租赁改革的试点
2017 年 8 月	《关于印发〈利用集体建设用地建设租赁住房试点方案〉的通知》（国土资发〔2017〕100 号）	• 确定第一批 13 个试点城市，包括北京、上海、沈阳、南京、杭州、合肥、厦门、郑州、武汉、广州、佛山、肇庆和成都
2017 年 9 月	《关于房屋交易与不动产登记衔接有关问题的通知》（国土资发〔2017〕108 号）	• 防止小产权房通过不动产登记合法化
2017 年 9 月	《国务院办公厅关于进一步激发民间有效投资活力促进经济持续健康发展的指导意见》（国办发〔2017〕79 号）	• 落实适当降低企业住房公积金缴存比例政策，推动各地出台或完善户口迁移政策和配套措施
2017 年 10 月	十九大报告	• 坚持房子是用来住的、不是用来炒的定位，加快建立多主体供给、多渠道保障、租购并举的住房制度，让全体人民住有所居
2017 年 12 月	政治局会议	• 提出加快住房制度改革和长效机制建设是明年要着力抓好的一项重点工作
2017 年 12 月	《关于维护住房公积金缴存职工购房贷款权益的通知》（建金〔2017〕246 号）	• 要求开发商不得拒绝购房者使用公积金贷款
2018 年 1 月	全国国土资源工作会议	• 改变政府作为居住用地唯一供应者情况，研究非房地产企业依法取得使用权的土地作为住宅用地办法，深化农村集体经营性建设用地建设租赁住房试点
2018 年 1 月	《关于沈阳等 11 个城市利用集体建设用地建设租赁住房试点实施方案意见的函》	• 原则同意沈阳、南京、杭州、合肥、厦门、郑州、武汉、广州、佛山、肇庆、成都 11 个城市利用集体建设用地建设租赁住房试点实施方案
2018 年 2 月	《基本公共服务领域中央与地方共同财政事权和支出责任划分改革方案》（国办发〔2018〕6 号）	• 将一定范围的主要基本公共服务事项，首先纳入中央与地方共同财政事权范围
2018 年 3 月	政府工作报告	• 更好解决群众住房问题，进一步强调“房子是用来住的、不是用来炒的”定位，落实地方主体责任，继续实行差别化调控，建立健全长效机制，促进房地产市场平稳健康发展
2018 年 3 月	稳妥推进房地产税立法	• 政府工作报告指出，要稳妥推进房地产税立法，总体思路是立法先行、充分授权、分步推进 • 9 月 7 日，十三届全国人大常委会立法规划将房地产税法列入条件比较成熟、任期内拟提请审议法律草案的一类项目

续表

出台时间	文件名称	主要内容
2018 年 4 月	《关于推进住房租赁资产证券化相关工作的通知》（证监发〔2018〕30 号）	• 重点支持住房租赁企业发行以其持有的不动产物业作为底层资产的权益类资产证券化产品 • 住房租赁资产证券化领域的首份政策落地文件
2018 年 5 月	住建部约谈成都和太原两市政府负责人	• 强调要坚持房地产市场调控目标不动摇、力度不放松，认真落实稳房价、稳租金的调控目标
2018 年 5 月	《关于改进住房公积金缴存机制进一步降低企业成本的通知》（函金监字〔2018〕602 号）	• 在 2016 年阶段性适当降低企业住房公积金缴存比例政策到期后，继续延长执行期至 2020 年 4 月 30 日 • 缴存比例下限为 5%，上限最高不得超过 12%
2018 年 5 月	《关于进一步做好房地产市场调控工作有关问题的通知》（建房〔2018〕49 号）	• 再度重申坚持房地产调控目标不动摇、力度不放松 • 热点城市要提高住房用地比例，住房用地占城市建设用地的比例建议按不低于 25% 安排 • 力争用 3—5 年时间，公租房、租赁住房、共有产权住房用地在新增住房用地供应中的比例达到 50% 以上
2018 年 6 月	《关于保险资金参与长租市场有关事项的通知》（银保监发〔2018〕26 号）	• 支持符合条件的保险公司才与长租市场建设
2018 年 6 月	《关于在部分城市先行开展打击侵害群众利益违法违规行为治理房地产市场乱象专项行动的通知》（建房〔2018〕58 号）	• 在 2018 年 7—12 月，在 30 个城市先行开展治理房地产市场乱象专项行动
2018 年 7 月	政治局会议	• 坚持因城施策，促进供求平衡，合理引导预期，整治市场秩序，坚决遏制房价上涨，加快建立促进房地产市场平稳健康发展的长效机制
2018 年 8 月	《国务院办公厅关于印发跨省域补充耕地国家统筹管理办法和城乡建设用地增减挂钩节余指标跨省域调剂管理办法的通知》（国办发〔2018〕16 号）	• 有序实施深度贫困地区城乡建设用地增减挂钩节余指标跨省域调剂，规范深度贫困地区城乡建设用地增减挂钩节余指标跨省域调剂资金收支管理工作
2018 年 8 月	住建部召开部分城市房地产工作座谈会	• 提出坚决遏制投机炒房，对工作不力、市场波动大、未能实现调控目标的地方坚决问责
2018 年 8 月	住建部约谈海口、三亚、烟台、宜昌、扬州五市负责人	• 要求压力打击投机炒作，坚决遏制房价上涨
2018 年 10 月	住建部发布《关于巡视整改进展情况的通报》	• 坚决落实坚持房子是用来住的，不是用来炒的定位
2018 年 12 月	中央经济工作会议	• 要构建房地产市场健康发展长效机制，坚持房子是用来住的、不是用来炒的定位，因城施策、分类指导，夯实城市政府主体责任，完善住房市场体系和住房保障体系

续表

出台时间	文件名称	主要内容
2018 年 12 月	全国住房和城乡建设工作会议	• 将以稳地价稳房价稳预期为目标，促进房地产市场平稳健康发展作为明年重点工作之一，坚持房子是用来住的、不是用来炒的定位，着力建立和完善房地产市场平稳健康发展的长效机制，坚决防范化解房地产市场风险

附件 4－2：

住房公积金制度的改革建议

中国民生银行研究院课题组

（2019 年 9 月）

自 1991 年 2 月 8 日上海率先推出住房公积金制度迄今，住房公积金制度出台已近 28 年。总体来看，在解决计划经济体制下城镇职工工资中住房消费支出含量不足，并以此来促进住房实物分配向货币分配的转化方面，住房公积金作出了重要贡献。然而，随着中国经济、金融环境以及住房市场发生巨大变化，当年效仿新加坡的这套机制已经日益暴露出弊端。目前，我们亟需对住房公积金的功能、发展目标、运行模式和监管体制进行重新设计，以趋利避害，继续发挥其对我国住房市场发展和居民住房保障的积极作用。

一、普遍住房保障制度的主要模式和启示

衣食住行关乎国计民生。从各国情况看，虽然住房市场化是主流和趋势，但是，建立和完善住房保障制度依然是各国政府的基本任务。因此，重构和完善中国的住房保障制度，让全体国民“住有所居”是构建社会主义和谐社会的基础工程，是“以人为本”执政治国方略的具体体现，也是我国社会经济、政治、文化进步的重要标志。

（一）住房保障制度的基本概念及框架

住房保障制度是住房领域的社会保障，是政府为弥补市场“失灵”，通过运用经济、行政和法律手段，为保障满足居民的基本住房需求所作出的多种制度安排。

政府是住房保障制度建立与完善的责任主体，只有政府才能对社会成员实施特殊和普遍性住房保障。但住房保障的对象不同，政府实施保障的方式也有所不同。从保

障切入点或方式上讲，又可以将住房保障制度分为住房供给面的保障和需求面的保障（参见附表 4－2－1）。

附表 4－2－1　　住房保障制度基本框架

保障对象	需求保障	供给保障
普遍保障	住宅金融扶持（美国政府主导的抵押市场模式、德国住房储蓄银行模式、英国建筑社模式、新加坡公积金模式）、税收减免等	公共组屋
特殊保障	如：为低收入家庭租房提供补贴、为特殊群体购房提供担保等	廉租房制度

进一步细分普遍性的住房保障制度可以看出，各国因经济、金融、人口、地域等因素的不同而采取了不同形式和制度安排。由于普遍性保障范围更广，基本上都采取了需求保障的方式，且多借助于建立一套完善高效的政策性住宅金融体系。

（二）政策性住宅金融的基本模式及比较

政策性住宅金融既包括依据政府政策法令而设立的特殊住宅金融机构，也包括引导商业化金融机构为政府住宅政策目标服务的融资活动。各国政策性住宅金融体系概括起来主要有三种模式：第一，美国政府主导的抵押市场模式；第二，德国的住房储蓄银行模式；第三，新加坡的公积金＋组屋模式。

1. 美国政府主导的抵押市场模式

在经历多次经济危机和社会动荡之后，美国政府经过多年探索，形成了由若干政府担保机构和证券化机构主导的住宅金融体系推动的普遍住房保障制度模式。

在住房抵押一级市场上，美国于 1932 年创建了联邦住宅银行体系（FHLBs）①。在住房抵押二级市场上，政府主导着抵押贷款的证券化，其要点有三：第一，由政府出资设立企业或者成立政府发起设立企业（GSE）②；第二，这些有政府背景的企业通过担保和购买银行贷款来间接支持住房按揭贷款的发放银行，并通过对贷款标准的规定来影响银行的经营行为；第三，在资本市场出售包含政府信用的住房按揭贷款抵押证券（MBS），在为资本市场提供品种丰富的固定收益证券的同时，获得购买贷款的融资。

① FHLB 的法律地位是政府发起设立私营企业（GSE）。

② GSE 是指按政府特定的法律成立的、为公共目标服务的私营股份制公司。美国目前有五大政府发起设立的企业：农户信贷公司、联邦国民抵押协会、联邦住宅抵押公司、联邦住宅贷款银行体系和学生贷款市场协会。尽管这类企业的法律权力、组织结构和运作方式各有不同，但都有以下共性：都是私营股份制公司、经营范围全国化、有专业化的信贷能力及拥有某种政府担保，这大大增强了这些企业的借贷能力。

2. 德国的住房储蓄银行模式

德国的政策性住宅金融体系采用的住房储蓄银行模式，其基本特点是“自愿储蓄、先存后贷、低存低贷、政府奖励”。

在银行主导的金融体系下，德国住房金融市场的一级市场非常发达，但二级市场远远落后于美国。住房储蓄银行的资金来源主要是购房者的自愿储蓄，借款人必须先履行储蓄义务，才有获得贷款的权利。在资金运用上，德国住宅互助储蓄银行有一套完善的配贷机制，除了按常规审查借款的支付能力外，还有借款人资格评定标准和与商业银行合作的融资安排。

3. 新加坡“公积金＋公共组屋”模式

新加坡的普遍住房保障制度包括两个相辅相成的组成部分：第一，强制性、自我积累的公积金制度；第二，以政府建设的公共组屋为主体的住房分配制度。公积金管理由中央公积金局负责，该机构隶属劳工部，负责公积金归集、管理和增值。

新加坡的公积金之所以成为住宅金融的重要融资工具，在于它有一独特的住房供给和分配体系。在新加坡，80%以上的住宅都是由政府建屋局统一设计、统一兴建、统一定价并有偿分配给国民，85%的国民享有公共组屋，其中93%为产权房。通过“公积金＋公共组屋”模式，政府一手控制了购房储蓄资金的规模和价值，另一手又控制了住房建设的规模和住房价格，两相匹配形成了福利主义色彩浓厚的普遍性住房保障制度。

附表4－2－2　住房普遍保障制度的模式及主要社会、经济指标

	美国	德国	新加坡	中国
制度特点	需求保障，政府主导抵押市场模式	需求保障，住房储蓄银行模式	需求保障＋供给保障，“公积金＋公共组屋”模式	
人口（亿人）	3.28	0.83	0.06	13.95
国土面积（万平方千米）	916	34.9	0.1	960
人均GDP（美元）	62853	48210	64567	9776
城市化和工业化 城市人口占比 第一产业就业占比	完成； 82.26%； 1.42%	完成； 77.31%； 1.27%	完成； 100%； 0.47%	未完成； 59.58%； 26.77%
社会保障制度	部分积累制，涵盖所有居民	现收现付制，涵盖所有居民，福利成本高昂	部分积累制，以公积金为核心，涵盖所有居民	社会统筹资金（现收现付部分）亏空，积累体系尚未建立
金融体系	资本市场发达	银行主导	离岸金融中心	银行主导

数据来源：CEIC，数据更新至2018年，民生银行研究院整理。

（三）三种模式的社会经济背景及对中国的启示

考虑三种普遍住房保障制度模式赖以生存的社会、经济背景，才对中国具有启示意义。

1. 美国模式的启示和在中国实施的问题

首先，普遍性住房保障制度的建立应以需求为切入点。其次，建立健全政策性住宅金融体系是实施普遍保障的重要工具。美国的运作模式堪称“市场机制与政府干预相结合”的最佳范例，值得借鉴。再次，政府主导的抵押贷款证券化模式近期尚难以适用于中国。

2. 德国模式的启示和在中国实施的问题

发展以需求主导的普遍住房保障制度需要考虑本国的金融体系特征。与德国一样，中国的金融体系也是以银行为主导的。因此，我们同样需要依靠而非脱离庞大的银行体系来构造政策性金融体制，进而推进普遍住房保障制度。

3. 新加坡模式的启示和在中国实施的问题

中国的普遍住房保障制度一直是学习新加坡模式。新加坡模式对于中国的启示意义在于，凭借政府的强制力，可在较短时间内为职工购房、养老等目的迅速积累所需要的资金。

不过，由于中国的人口、地域和经济规模远非新加坡这样的城市国家可以相比，因此，简单照搬新加坡模式几乎不可能。这里，有三个关键差异：

第一，中国不可能建立覆盖全国的类似于“公共组屋”的经济适用房制度。

第二，在新加坡模式中，公积金制度和公共组屋建设是两个不可或缺的组成部分。然而，在中国，只能效仿“公积金＋公共组屋”模式中的公积金制度。

第三，作为一个城市国家，新加坡的公积金完全由中央公积金局管理，全国统一标准，管理相对简单。但是，中国地区差异巨大，难以建立整齐划一的经营管理模式。

鉴于以上三点，在实际运行中，中国的公积金模式出现了许多问题，如覆盖面不广、各地公积金的使用程度差异巨大、公积金中心事实上在直接做金融业务等。

二、住房公积金存在的缺陷和改革方向

中国的住房公积金制度是一种强制性、互助性的职工住房储蓄资金积累与运用的制度。筹集住房公积金的目的在于帮助解决广大城镇职工的建房、购房的资金来源问题，并兼具一定的养老保障功能。据统计，截至 2018 年年末，住房公积金实缴

单位291.59万个，实缴职工人数为1.44亿人，全国住房公积金缴存总额为14.59万亿元①。

与新加坡的公积金模式类似，目前，我国普遍住房保障制度主要依靠的就是住房公积金制度。在住房保障方面，公积金制度的功能主要体现在三个方面：第一，通过强制性储蓄，一方面为职工购房积累了资金，另一方面也增加了职工的实际可支配收入；第二，通过低存低贷，极大地降低了职工购房后的月供负担；第三，通过将增值收益用于当地的廉租房建设，公积金还支持了整个社会特殊住房保障制度的建设。

由于机制设计不符合中国的现实国情，目前的住房公积金体制存在着严重缺陷。按照住房公积金运转流程，即资金归集、资金使用和增值收益分配三个环节，依次分析问题。

（一）归集环节问题：覆盖面不广、难以担当普遍保障之职能

关于住房公积金的覆盖面可以从多个角度予以观察。从城镇在岗职工人数来看，2018年实际缴存人数占80.5%。这意味着，在“单位”就业职工中，尚且有3000万到4000万的职工未进入公积金体系。按非农就业人数和城镇就业人数统计，2018年公积金实际缴存人数仅分别占25.1%和33.2%，即有大约2亿到4亿人未被纳入保障体系。由此观之，当前的公积金制度远远没有达到普遍保障的程度。公积金覆盖范围狭窄，其原因在于以下两个方面：

1. 地方政府没有积极性

中国政府层级结构复杂，中央、省级和县市级政府在政策取向上存在差异。统一的、覆盖全国的公积金制度符合中央政府公共利益取向，但是需要依靠地方政府的积极参与。可是，地方政府一方面要承担此项公共服务的事权，另一方面又没有相应的财权，强制企业实施公积金制度还可能导致招商引资的失败，在这种情况下，试图推广公积金覆盖面就枉然了。

很多地方在贯彻执行《条例》时作了限制，将强制缴交范围限定在具有本市城镇户口的职工，对外省市人员、农业户口职工等非强制缴交群体，放任由单位自愿缴交。另外，虽然政策规定城镇个体工商户、自由职业人员可申请缴存住房公积金，但实施情况并不令人满意。

2. 法律框架不健全

从法律层面看，对于我国的住房公积金制度，只有《住房公积金管理条例》这一

① 资料来源：住房和城乡建设部《全国住房公积金2018年年度报告》。

“条例”层次的规定，权威性不高。而在这种权威不高的条例中又存在诸多模糊、甚至是漏洞的地方：

第一，公积金缴存群体的界定模糊。修改后的《条例》第二条第二款对于缴存个人的范围仅规定为“在职职工”，至于在职职工具体包括哪些人，未作明确规定。

第二，公积金管理中心缺乏执法权限和手段。虽然《条例》第三十七条明确授予中心行政处理和行政处罚的权力，但管理中心的行政执法权限不够，缺乏必要的检查权，导致行政执法却难以有力进行。在实际操作中，单位完全有用缴纳罚款来保持违法状态的可能。

第三，没有解决纠纷的机制。《条例》未明确规定住房公积金纠纷的解决途径。在实际操作中，单位不给职工开立账户的行为不被劳动仲裁部门仲裁，法院也不予受理劳动争议。纠纷往往只能寻求中心的行政处理，但中心执法权限不够，不能从根本上解决问题。

（二）使用环节问题之一：政策目标不清，盲目发放贷款

住房公积金作为政策性住宅金融的重要组成部分，在贷款的对象、贷款上限、购房价位，购房用途，可贷金额与个人住房储蓄存款比例上，应更好为参加公积金的广大中低收入储户服务，以实现普通性住房保障的政策目标。一些城市资金管理中心利用住房公积金低息的优势，盲目追求资金使用率。降低借款条件、“来者不拒”的信贷政策虽有利于扩大个贷规模，提高公积金的资金使用率，但在借款对象界定不清、购房用途、购房价位无任何限定的情况下，资金使用率越高可能与扶持中低收入可支付能力的政策目标越远。

（三）使用环节问题之二：从事金融信贷业务，却没有配套监管和经营机制

中国公积金管理中心吸收缴存资金后，除留存部分资金用于缴存人提取之外，还要对缴存人发放贷款和进行国债投资。因此，各地的公积金管理中心事实上都在从事金融信贷业务，除资金来源（归集）与银行不同之外，其本质就是银行类金融机构。对于这些机构，目前不仅没有适当的监管框架，而且，其经营模式也是效率低下、风险隐患极大的行政管治模式。

多年来住房公积金实行“管委会决策、中心运作、银行专户、财政监督”管理体制。“住房公积金管理委员会”作为公积金管理决策机构，委员多为政府官员，致使“房委会决策”变成政府部门决策、政府官员决策。2002 年《条例》① 修改后，管委

① 2002 年 3 月 24 日，国务院颁布了关于修改《住房公积金管理条例》的决定，即中华人民共和国国务院令第 350 号。

会成员中增设工会代表、职工代表和专家席位，但是，一些官员常常仍将广大储户缴存的公积金当作“准”政府资金支配。而具体经办业务的“中心”，多是具有实权的市财政局或建委隶属机构。受地方或部门利益驱使，公积金管理“行政化”导致“内部人控制”和“寻租”行为泛滥，挤占、截留、挪用公积金现象屡屡发生，严重侵害了公积金所有者利益。

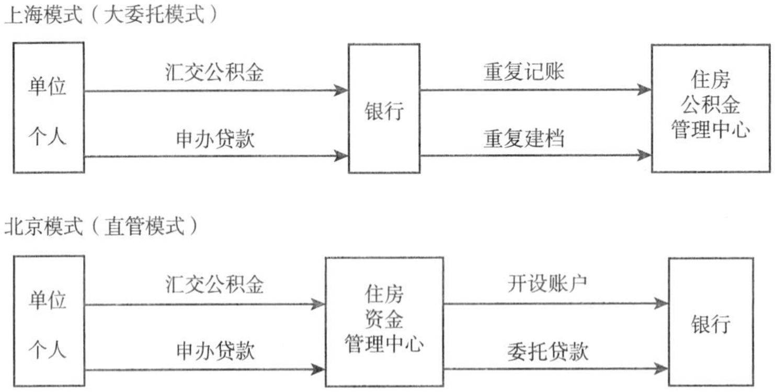

附图 4－2－1　住房公积金的两种管理模式

制度安排上的矛盾，在具体执行过程中导致多种问题。许多城市（如先前的上海模式）公积金的资金归集、贷款发放全部委托银行办理，为防止委托业务过程中出现风险，一些“中心”不得不从后台走向前台，直接管理，重复建档、重复记账，这无疑加大了资金营运成本。

北京模式下的住房公积金汇交和贷款发放，均由“中心”负责办理，受托银行变成“中心”的出纳（附图 4－2－1）。但“中心”可经营范围仍十分有限制，多将买卖国债业务委托给银行或证券公司，由于我国股票市场不规范，部分证券公司和上市公司濒临破产危及“中心”资金运用的安全。

（四）使用环节问题之三：缺乏合理的配贷机制

“配贷”是指公积金有偿让渡所筹集资金给借款人，以满足储户建房购房的资金需求。为保障住房储蓄资金在使用过程中的公正、公平和安全性，各国都建立了严格的配贷机制。

而我国住房公积金的配贷随意性很大。许多资金中心盲目追求信贷规模，对住房公积金贷款无最低储蓄年限和存款额限制，贷款限额依资金充裕程度而定。这种配贷“随意”性似乎有利于刺激居民消费需求，但却违背住房储蓄权利与义务对称及互助、公平原则。

低息政策不仅为“寻租”提供了便利，而且越来越多的借款要求导致住房公积金出现巨额资金缺口。与少数资金短缺城市相反，目前困扰大多数城市住房公积金的主要问题是资金闲置。特别是贵州、陕西等省，大量资金沉淀于银行，未能充分发挥促进住房消费的功能。

上述分析表明，我国的住房公积金虽具有一定的聚集资金功能，但是，管理体制上、信贷政策设计上的种种缺陷，降低了资金使用效率，加大了金融风险。

（五）增值收益分配问题：侵犯了公积金作为缴存人私有财产的性质

按照《条例》规定，住房公积金增值收益可用于建设城市廉租住房补充资金。一些地方政府误读《条例》立法原意，将建设城市廉租住房的“补充资金”变成“主要资金”甚至“全部资金”，让住房公积金增值收益承担了额外“负担”，这并不符合现有法规。

住房公积金增值收益从根本上来源于缴交职工，用于风险备付和管理费用符合法理逻辑，但将其用于廉租房资金的政府行为，则超出了住房公积金使用和受益范围，不尽合理。住房公积金特点在于其政策性、强制性和互助性，从这个意义上说，增值收益应更多地服务于住房公积金制度覆盖范围的低收入住房困难职工。但在实际运作中，高收入群体反而得到了更多政策优惠，这有悖于制度设计的政策初衷和资金的互助性质。因此，首先应研究住房公积金增值收益对缴存公积金职工中、低收入住房困难职工进行贴息、补贴等方式的帮助；其次，对于廉租房资金，应形成财政资金为主、社会资金为辅的融资模式。住房公积金可以参与支持廉租房、经济适用房建设，但一定要给公积金所有者更多知情权、参与和决策权，保障公积金增值收益使用公开、公正与高效，为中低收入家庭改善住房条件发挥更大住房保障作用。

三、住房公积金的改革目标和模式选择

住宅市场发展离不开金融支持，政府除鼓励规范商业银行、保险公司介入住宅金融市场外，还应研究借鉴美国、德国经验，加快建立政策性住宅金融体系，使之成为政府调控住宅市场、完善住房保障的重要工具。如前文所述，住房公积金应是我国政策性住房金融体系的核心，也是实施普遍性住房保障的重要组成部分，但目前其组织管理体系以及其他各方面的条件均难以达到相关的要求。因此，有必要从组织体制入手加以重新规划和设计，其目标是将住房公积金行政管理体制改造成为专业化的政策性住宅金融机构——住房合作银行。其具体的改革方向可以分为三个阶段：

（一）改革的目标和阶段

1. 第一阶段：选择条件成熟的城市进行改革试点

首先，进行住房公积金改制的试点。在实际的改革操作中，可以采取先试点、后

推广的做法，先选取部分发展较为规范的（能达到监管部门的相关标准）地方公积金管理中心（如大连、常州、上海等）作为改革试点，向住房合作银行转制。试点公积金管理中心，可以根据当地具体情况，选择直接管理模式或委托+直管模式，进行组织管理体制的调整（两种模式差异列在后续章节）。其他各城市公积金则根据其规范发展的程度，成熟一个改制一个，以达到整体改革与局部改革的相互协调，加快公积金管理体制改革的顺利进行。

其次，统一和规范住房公积金的管理体系。在对个别城市进行改制试点的同时，应积极推进其他城市住房公积金管理的规范和统一。其主要任务是统一和规范目前公积金的相关管理，其管理体制可基本沿用目前的住房公积金体系。在此阶段，对全国公积金的相关管理与经营应逐步实现规范化和金融化。

2. 第二阶段：（由管理型组织向实际金融机构过渡）

在有条件的地区，将住房公积金管理中心改组为住房合作银行，获得银行牌照，从事与住房相关的金融业务。

3. 第三阶段：（全面推进住房合作银行的建设，形成较为完整的政策性住房金融体系）

在此阶段中，应在全国范围内推进住房合作银行建设，形成全国性住房合作银行体系。

附表4-2-3　住房公积金体系的改革阶段

	实施阶段		
	第一阶段	第二阶段	第三阶段
改革目标	落实统一规范管理： 1. 明确其监管框架 2. 统一财务管理制度 3. 统一信息系统建设 4. 从业人员资格认定	组织架构调整： 1. 重塑组织管理架构 2. 完善风险管理架构	成立统一的住房合作银行体系，并使之成为我国政策性住房金融体系的核心
改革内容	1. 将公积金中心与地方行政脱钩 2. 成立省级和中央公积金管理中心，明确公积金中心的业务管理权限	部分符合条件的地区，将公积金中心转型为住房合作银行	地方公积金中心全面改组为住房合作银行，同时将省住房公积金中心和中央住房公积金中心改组为省住房合作银行和中央住房合作银行
组织架构	维持现有模式，在条件成熟的城市进行组建住房合作银行的试点	以合作制为基础，吸纳部分法人投资，建立合作银行	由地方公积金中心自下而上反向持股，并吸纳地方财政和中央财政出资，形成较为完整的三级独立法人系统，各级法人自负盈亏、独立核算

续表

	实施阶段		
	第一阶段	第二阶段	第三阶段
业务范围	1. 现有业务 2. 系统内进行资金调剂	1. 现有业务 2. 系统内进行资金调剂 3. 扩大贷款业务范围 4. 银行间市场短期资金交易 5. 直接进行债券投资等业务 6. 全面推行自愿住房储蓄制度	1. 现有业务 2. 系统内进行资金调剂 3. 扩大贷款业务范围 4. 银行间市场短期资金交易 5. 直接进行债券投资等业务 6. 全面推行自愿住房储蓄制度 7. 发行特种大额可转让存单 8. 发行特种住房国债 9. 其他业务
业务模式	委托＋直接管理	委托＋直接管理	委托＋直接管理

（二）住房合作银行的治理及监管架构

完全意义的合作制治理模式不符合住房合作银行作为我国政策性住房金融体系核心的定位。为充分发挥其政策性职能，保留其合作性质，建议采用官民结合的混合治理模式。

1. 股权结构

A. 地市级住房合作银行

地市级住房合作银行是住房合作银行体系的基层组织，是公积金贷款以及其他政策性住房金融业务的执行单位。建议地市级住房合作银行采用股份合作制的股权模式，即在传统合作制度基础上吸收股份制运作机制。具体而言，将地市级住房合作银行的资本金划分为自然人股和法人股两类，自然人股即由住房公积金缴交者所缴纳的股金，法人股由企业法人、金融机构和其他经济组织入股形成。为确保发挥政策性金融功能，也可以考虑由地方财政部分参股。

B. 省级住房合作银行

省级（自治区、直辖市）住房合作银行的主要职责是负责省域内住房合作银行的业务指导和监督，同时提供省域内的业务合作平台。其股权结构以股份制为主，股份可由各地市级住房合作银行持有，鉴于住房合作银行的政策性金融定位，还可以考虑由省级财政入股。

C. 国家住房合作银行

国家住房合作银行（总行）是全国住房合作银行体系的法人代表，负责全行业业务发展的制定及监督管理工作。为贯彻和执行国家相关的住房金融业务，国家住房合作银行的资本金来源应以财政拨款为主，同时，可以考虑由各省级住房合作银行参股。

2. 组织管理架构及内部治理结构

从现代银行理论来看，“三会一层”（股东大会、董事会、监事会和管理层）是较科学的银行治理模式，因此，我们推荐用这种模式构建住房合作银行的组织管理架构和内部治理结构。建议在“三会一层”基础上，各住房合作银行进行必要的法人治理模式调整。

A. 地市级住房合作银行

地市级住房合作银行按股份合作制原则进行管理，以民主管理为其核心。治理结构如附图4－2－2所示。

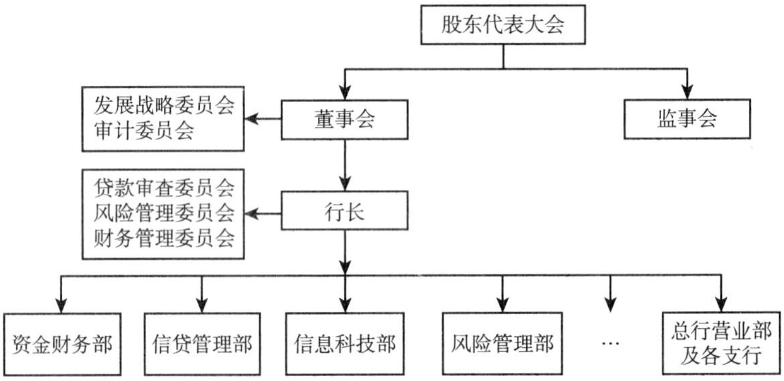

附图4－2－2　住房合作银行组织架构图（全部自营模式）

附图4－2－3列出住房合作银行的组织管理框架。总体看来，各家住房合作银行在基本机构设置上没有大的差异，而在营业部门的设立和管理环节，可能会因其目前不同的业务发展模式而有所不同。北京、大连、常州等城市，可将各办事处或分中心直接改组为相应的营业部或支行，形成“总行—支行”比较完整的银行组织架构。

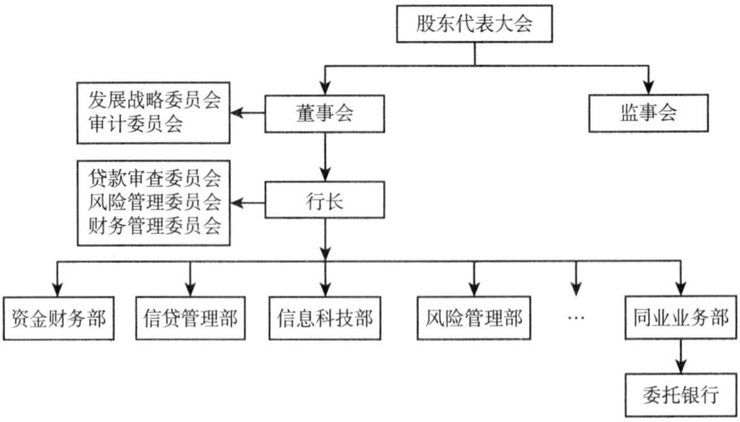

附图4－2－3　住房合作银行组织架构图（全部委托模式）

以上海为代表的一些城市，可将所有前台业务均委托给相关银行代理，同时在总行成立同业业务部，负责与委托银行之间的业务往来。

附图 4－2－4、附图 4－2－5 是改制后住房合作银行的内部治理结构。

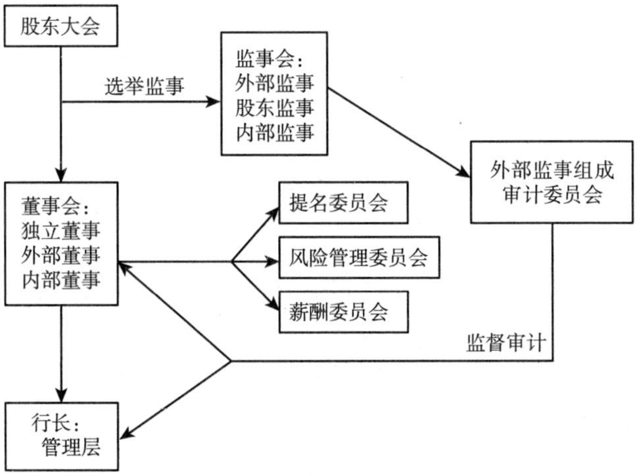

附图 4－2－4　住房合作银行内部治理结构（全部自营模式）

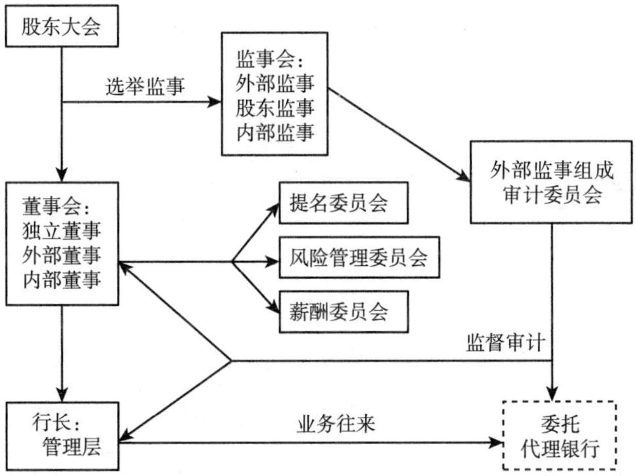

附图 4－2－5　住房合作银行内部治理结构（全部委托模式）

B. 省级住房合作银行

（1）股东大会为省级住房合作银行的最高权力机构，负责选举和更换董事、审议和批准省级住房合作银行的经营方针等重大事宜。

（2）董事会是省级住房合作银行的决策机构，其成员由股东大会从各地市级住房合作银行董事会成员中选出，一般应为各地市级住房合作银行的董事会主席。

（3）行长对董事会负责，主持省级住房合作银行的日常经营管理工作。

(4) 成立监事会，监督机构负责对董事会、高级管理人员的职责履行状况进行监督。

C. 国家住房合作银行（总行）

国家住房合作银行为政策性金融机构，应具有官办性质，资本金主要来源于财政拨付。

(1) 董事会为最高决策机构，董事会主席由国家任命，其成员部分由政府制定，部分由各省级住房合作银行推选，负责全国政策性住房金融政策的拟定。

(2) 行长对董事会负责，主持国家住房合作银行的日常经营管理工作。

3. 监管架构

作为政策性金融机构，住房合作银行的监管应归属银保监会及人民银行等。

银保监会应按照审慎监管原则，对住房合作银行拟定全面的监管框架。

人民银行根据其现有权限，对住房合作银行相关业务开展进行审批和监管。

住建部作为行业主管机关，对住房合作银行的相关政策性业务开展进行指导和监督。

财政部作为国家住房合作银行主要股东，在国家住房合作银行的经营管理及业务开展中行使出资人权利；地方财政作为省级住房合作银行的股东，对省级住房合作银行行使出资人权利。

附表 4-2-4　住房合作银行监管体系设计

监管层级	实施机构	主要监管职能	主要监管内容
中央层级	中国人民银行	业务监管	利率制定、信贷政策以及其他相关业务
	银保监会	审慎性银行监管	机构、高官、治理结构、业务以及风险控制
	住房和城乡建设部	行业管理	对相关政策性业务进行指导和监督
	财政部	出资人监管	履行出资人权利
行业自控机制	中央住房合作银行和省级住房合作银行	行业自控	制定相关的行业政策和标准，并监督其执行
地方层级	各地方财政	出资人监管	履行出资人权利，对地方住房合作银行进行审计

（三）住房合作银行运行模式的具体设计

1. 住房合作银行的资本金来源

A. 地市级住房合作银行

如前所述，地市级合作银行实行股份合作制模式，其初始资本金主要来源于自然人入股和法人入股两个部分。

住房合作银行的自然人股东为所有公积金缴交者，可考虑从各缴交者的公积金账户中扣除一定金额资金，用作住房合作银行的资本金。对已经获得公积金贷款的个人，按其最高贷款额度的一定比率缴纳合作银行资本金。对后加入的强制以及自愿公积金缴交者，均按相同原则处理。各自然人股东的投票权实行“一人一票原则”，与其所实际缴纳的资本金多少无关。

符合监管当局规定的法人也可以现金方式，认购住房合作银行股份。为确保合作金融的性质，需要限制法人入股的比率。同时对其在股东大会中的投票权需要有一定的规定。

以上两部分构成了住房合作银行核心资本的主要来源，各公积金中心现有的未分配利润（增值收益），也可转入住房合作银行的核心资本。

各公积金已提取的风险准备，按《巴塞尔协议》要求，可转入住房合作银行附属资本。

B. 省级住房合作银行

省级住房合作银行由地方住房合作银行反向持股，资本金主要来自地市级合作银行，同时再由地方财政拨付一定的资本金。

C. 国家住房合作银行

为确保其政策性银行的性质，国家住房合作银行的资本金主要来自中央财政拨付，其余股份可由各省级住房合作银行反向持有。

2. 住房合作银行的资金来源模式

资金来源限制是公积金发展的障碍，因此，对于改制后的住房合作银行，有必要逐步放宽其资金筹集渠道，通过多样化的资金来源来确保政策性住房信贷业务长期稳定增长。

（1）强制性公积金缴交；

（2）通过拆借或回购交易在货币市场上借入短期资金；

（3）国家住房合作银行发行特种住房债券（政策性金融机构可以国家信用作担保）；

（4）通过住房抵押贷款的证券化获取资金，以提高资产流动性；

（5）建立以全体国民为对象的个人自由加入的住房储蓄（自愿性公积金）制度；

（6）发行特种大额可转让定期存单，获得稳定的资金来源；

（7）政府对政策性业务开展提供一定的资金支持（如补贴等），这也是一种资金来源；

（8）地方财政在住房银行开立账户，存入与住房政策实施相关的资金，形成浮存金。

3. 住房合作银行的资金运用模式

合作银行资金运用应多元化发展，在保证可持续发展的同时，考虑流动性和安全性。

（1）以较为优惠的利率个人住房抵押贷款业务（即目前的公积金贷款）；

（2）除了向个人发放住房抵押贷款外，还可以向开发商提供以土地为担保的政策性贷款；

（3）获得银行间债券市场的参与资格，直接持有监管当局所认可的债券；

（4）在系统内对其他住房合作银行进行贷款；

（5）在银行间市场对其他金融机构进行短期资金拆放，提高剩余资金的运用效率。

附表 4－2－5　住房合作银行的资金来源及运用概况

资金来源	资产
零售资金来源： 　公积金存款 　自愿住房储蓄存款 批发资金来源： 　特种大额可转让存单 　同业资金往来 　特种住房债券 　财政存款 　财政拨付 　中央银行再贷款	现金 同业资金往来 贷款 　公积金抵押贷款 　其他政策性贷款 债券投资

4. 住房合作银行的风险管理体系

转型后的住房合作银行在资金来源和用途上方面都将有较大的拓展，由此也带来了更多的风险。合作银行应根据自身的经营和业务特点，建立和完善全面风险管理框架：

（1）优化风险管理环境。风险管理环境包括银行价值取向、管理风格、风险管理组织结构、风险管理文化等。其中，风险管理组织结构是全面风险管理得以实施的组织保障和支撑。

对于住房合作银行而言，在转型过程中，必须加快内部风险管理文化的培育；同时设立专门的风险管理委员会，负责全行风险偏好的确定、明确统一的风险管理政策，包括信用风险管理政策、市场风险管理政策、操作风险管理政策等。附图 4－2－6 列出了比较典型的按照现代商业银行模式建立的风险管理组织架构。

（2）提高风险监测与识别能力。成立风险管理部门，跟踪有关情况并识别风险。

（3）提高风险评估能力。风险管理部门应从定性和定量方面评估信用风险和市场风险。

（4）加强内部控制机制建设。住房合作银行应建立健全的内部控制体系以防范操

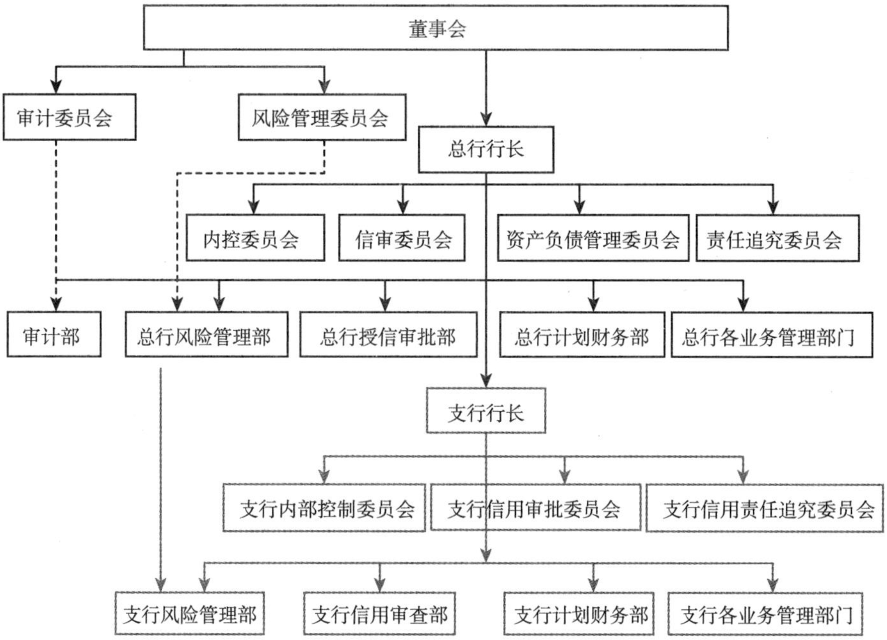

附图 4 -2 -6　住房合作银行风险管理组织架构图

作风险，对各种风险报告路径进行明确规定，加强风险事前防范、事中控制、事后监督和纠正。

附图 4 -2 -7 列出了典型的风险管理报告路线图。

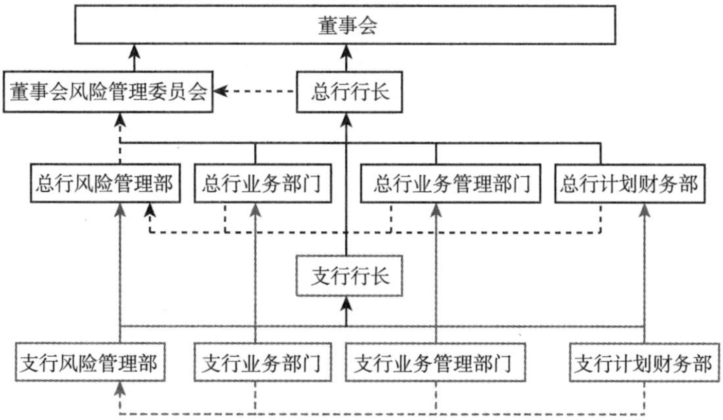

附图 4 -2 -7　住房合作银行风险管理报告路线图

（5）后续评价和持续改进。风险管理部门应该对全行规章制度、信贷管理流程、风险管理流程的执行情况进行后评价，并建立相应的授权调整和问责制度。同时，风险管理部门应根据外部环境、监管当局要求以及后评价中发现的问题，对风险管理体系中有关内容提出调整和完善意见，由决策层来对全面风险管理体系进行持续改进。

综上所述，中国缺少的不是资金，而是一种有效的制度安排，以引导更多的资金流向与民生相关的住房领域。加快政策性住宅金融体制建设，就是建立一种长效机制，为政府住房保障目标的实现、为让全体国民“住有所居”提供充足的资金支持。